Aus Feldpostbriefen junger Christen 1939–1945

HMRG

Historische Mitteilungen
Im Auftrage der Ranke-Gesellschaft

HERAUSGEGEBEN VON
Jürgen Elvert und Michael Salewski

Band 60

Karl-Theodor Schleicher /
Heinrich Walle (Hg.)

Aus Feldpostbriefen junger Christen 1939–1945

Ein Beitrag zur Geschichte der
Katholischen Jugend im Felde

Mit einem Vorwort des Katholischen
Militärbischofs Walter Mixa

Franz Steiner Verlag 2005

Umschlagabbildung: Erzengel Michael als Schutzpatron der Sturmschar. Holzschnitt von Anton Wendling aus den 30er Jahren.

Mit Unterstützung der Gemeinschaft Katholischer Soldaten, der Gemeinschaft Katholischer Männer und Frauen im Bund Neudeutschland, des Fördervereins des BDKJ in der Erzdiözese Paderborn e.V., dem Diözesanrat der Katholiken im Erzbistum Köln und dem Dekanatsrat des katholischen Stadtdekanats Erftstadt sowie Herrn Willi Strunck aus Bergisch Gladbach.

Bibliografische Information der Deutschen Bibliothek
Die Deutsche Bibliothek verzeichnet diese Publikation in der Deutschen Nationalbibliografie; detaillierte bibliografische Daten sind im Internet über <http://dnb.ddb.de> abrufbar.

ISBN 3-515-08759-1

ISO 9706

Gedruckt auf säurefreiem, alterungsbeständigem Papier.
Druck: Printservice Decker & Bokor, München
Printed in Germany

Dem Jugendpriester Johannes Böhner gewidmet

Monsignore Johannes Böhner, geb. 15. Mai 1904 in Düsseldorf. NDer der ersten Stunde. Beitritt als 15jähriger in Düsseldorf. Zum Priester geweiht am 28. Februar 1928. Ab 1934 Erzbischöflicher Kaplan und Geheimsekretär bei Kardinal Schulte in Köln. Ab 1941 u. a. Seelsorger an St. Gereon in Köln.
"Rektor Hans Böhner" widmete sich sein Leben lang der Jugendarbeit und hielt im Kriege Verbindung zu den ihm anvertrauten Jugendlichen an der Front. Nach dem Kriege war es ihm ein besonderes Anliegen, die Geschichte der Katholischen Jugend schriftlich festzuhalten.
Am 27. Mai 1993 im Alter von 89 Jahren verstarb er als Rektor und Religionslehrer i. R. in Paderborn.
Aufnahme von 1988

Erzengel Michael als Schutzpatron der Sturmschar
„Wir und St. Michael: Kämpferischer Jungmannschaft kann kaum ein herrlicheres Vorbild und kein glanzvollerer Beschützer vorgestellt werden als St. Michael. Von ihm lernen wir Kraft, Treue und Demut. Kraft zum Kampf als Gottes heilige Kirche, die wir selber sind. ‚Wer ist wie Gott!' das ist sein und unser Kampfruf auch in dieser Zeit".
Der Rundbrief 1934, S. 124 aus: Sie hielten stand. Sturmschar im Katholischen Jungmännerverband Deutschlands, hrsg. von Bernd Börger und Hans Schroer, Düsseldorf 1989, S. 47
Holzschnitt von Anton Wendling aus den 30er Jahren, aus ebd. Titelbild

Inhalt

Vorwort des Militärbischofs

Die hier vorgelegte Dokumentation von Feldpostbriefen katholischer Wehrmachtsoldaten – alles Angehörige damals verbotener Jugendverbände – legt ein erschütterndes Zeugnis darüber ab, wie sich diese jungen Männer nach einem Wort von Dr. Alfred Delp SJ geweigert haben, „... das ‚Dogma' von der ‚Dreieinigkeit von NSDAP – Drittes Reich – Deutsches Volk' anzuerkennen."

All diese Briefe zeigen aber auch, dass diese Männer ihren Wehrdienst zutiefst aus christlicher Motivation geleistet haben. Auch hier ist der Widerstandskämpfer Alfred Delp ein unverdächtiger Zeuge, wenn er 1940 in einem Aufsatz diese Pflicht für das Vaterland theologisch-naturrechtlich aus dem 4. Gebot ableitet, jedoch die Loyalität zu der geschichtlich gewachsenen Staatsführung hinterfragt.

Wie die Briefe immer wieder zeigen, haben ihre Schreiber sich bei allem Patriotismus in keiner Weise mit den verbrecherischen Zielen dieses Krieges identifiziert. Statt dessen wollten sie ihr Vaterland verteidigen. Damit setzten sie sich ganz in Gegensatz zur NS-Propaganda.

Aus diesen leidvollen Erfahrungen des Missbrauches soldatischer Tugenden durch das NS-Regime brachte die spätere „Gemeinschaft Katholischer Soldaten" die Neubestimmung der Friedensethik durch das II. Vatikanische Konzil in die geistige Neuausrichtung der Bundeswehr ein. Auch wenn die Wehrmacht des nationalsozialistischen Staates zu Recht als nicht traditionswürdig für unsere Bundeswehr betrachtet wird, so zeigen die Zeugnisse gläubiger Soldaten der Kriegszeit doch, welche moralischen und charakterlichen Kräfte auch für die Bundeswehr unverzichtbar sind.

Den beiden Autoren, die diese Glaubenszeugnisse gesammelt und erläutert haben, gelten mein Dank und meine Anerkennung. Die in diesen Briefen bewiesenen religiösen Überzeugungen sind zeitlos gültig. Daraus haben die Briefschreiber in schwerster Not geistige Kraft geschöpft und auch ein Vermächtnis für die Soldaten der Bundeswehr hinterlassen.

+ Walter Mixa

Dr. Walter Mixa
Katholischer Militärbischof für die Deutsche Bundeswehr
Bischof von Eichstätt

im Juni 2005

Vorwort der Verfasser

Mit den Feldpostbriefen junger Christen wird eine Dokumentation zur Katholizismusgeschichte vorgelegt, die das Vermächtnis junger Männer weitergeben soll, die als deutsche Soldaten für ihr Vaterland kämpfen, sich aber nicht von der Propaganda des von ihnen als gottlos empfundenen NS-Regimes gleichschalten lassen wollten.

Sie haben sich vielfach in aussichtsloser Lage oft nur auf das Fundament ihres Glaubens stellen und sich allenfalls im engsten Umkreis der Unmenschlichkeit des NS-Regimes widersetzen können.

Die Idee zu diesem Buch kam bereits 1989 auf. Mein am 27.05.1993 verstorbener Bundesbruder Monsignore Hans Böhner hatte im November 1989 in Köln anlässlich des 70. Jubiläumsfestes des katholischen Bundes NEUDEUTSCHLAND die Bitte an mich herangetragen, als aktiver Soldat für die Reihe „Geschichte der katholischen Jugend", die er bearbeitete, den Bereich „Katholische Jugend im Kriege" zu übernehmen. Dies sagte ich dann auch – vor allem für die Zeit nach meiner für Ende 1995 zu erwartenden Pensionierung – zu. Mit der notwendigen Quellenforschung beschäftigte ich mich jedoch schon früher.

Nach umfangreichen Recherchen in der Dokumentationsstelle des Erzbistums Paderborn in Hardehausen, dem Archiv des Bundes Neudeutschland in Köln, dem Archiv des Katholischen Militärbischofsamtes in Bonn sowie Gesprächen mit Zeitzeugen hatte ich 1994 einen Arbeitsentwurf mit einer kurzen Einführung erstellt und diesen zur Vorprüfung an ca. 10 Personen (Verbandsvertreter, Zeitzeugen und Fachleuten) gegeben. Diese signalisierten insgesamt Zustimmung zu dem Vorhaben und zur Auswahl der Briefe. Allerdings wurde auch darauf hingewiesen, dass die Herausgabe des Buches ohne ausführliche wissenschaftliche Kommentierung über Entstehung und Situation der katholischen Jugend im Dritten Reich zu Missverständnissen führen könnte.

Für die wissenschaftliche Kommentierung gewann ich den Militärhistoriker Dr. Heinrich Walle, als Schüler ebenfalls zum Bund Neudeutschland gehörend und später als Fregattenkapitän am Militärgeschichtlichen Forschungsamt tätig.

Nach seiner Pensionierung hatte Dr. Walle katholische Theologie studiert und konnte jetzt zusätzlich auch mit theologischem Fachverstand die Briefauswahl überprüfen und durch weitere Dokumente aus meiner Sammlung ergänzen.

Es ist uns ein besonderes Anliegen, Damen und Herren Dank zu sagen, ohne deren engagierte Hilfe diese Dokumentation nie druckfertig geworden wäre:

So danken wir an erster Stelle den Zeitzeugen und neudeutschen Bundesbrüdern Pfarrer Alfred Hockel und Leo Custodis, beide bereits verstorben, ferner Pfarrer Clemens Hürten und Willi Strunck, die uns in mehreren Gesprächen wertvolle Aufschlüsse über die Hintergründe ihrer verbotenerweise während des Krieges durchgeführten Briefaktionen gegeben haben.

Dem Vorsitzenden der Ranke Gesellschaft, Professor Dr. Jürgen Elvert, und seinem Vorgänger im Amt, Professor Dr. Michael Salewski, danken wir ganz besonders, weil sie von Anfang an eine Publikation dieser Dokumentation als Beiheft der von der Ranke-Gesellschaft herausgegebenen Historischen Mitteilungen zugesagt haben.

Wir danken Professor Dr. Arno Klönne und Dr. Georg Pahlke für ihre wissenschaftliche Beratung.

Den Leitern der Dokumentationsstelle für kirchliche Jugendarbeit/BDKJ im Jugendhaus Hardehausen, Dr. phil. Bernadette Grawe und ihrem Nachfolger, dem Diplom-Theologen Franz Hucht, gilt unser besonderer Dank für fachliche Beratung und Bereitstellung der Dokumente.

Dies gilt in gleicher Weise für das Archiv des Bundes Neudeutschland in Köln und für das Archiv des Katholischen Militärbischofsamtes.

Ohne die unermüdliche und geduldige Bearbeitung und Erfassung der Originaltexte und unserer Manuskripte durch Frau Hanne-Lore Kuhl wäre unsere Dokumentation nicht so schnell vorangekommen. So gilt ihr unser besondere Dank.

Frau Ingrid Kuritz sei herzlich gedankt für das gewissenhafte und gründliche Lektorat.

Dank auch den Sponsoren, der Gemeinschaft Katholischer Soldaten (GKS), der Gemeinschaft Katholischer Männer und Frauen im Bund Neudeutschland (KMF/ND), dem Förderverein des BDKJ in der Erzdiözese Paderborn e.V., dem Diözesanrat der Katholiken im Erzbistum Köln und dem Dekanatsrat des Stadtdekanats Erftstadt sowie Herrn Willi Strunck aus Bergisch Gladbach, die durch Druckkostenzuschüsse und Ankaufzusagen die Herausgabe wesentlich unterstützt haben.

Dem Franz Steiner Verlag danken wir für die fachkundige Gestaltung und Produktion des Buches.

Karl-Theodor Schleicher — Heinrich Walle

Erftstadt/Bonn, im Juli 2005

Alle kommentierenden und erläuternden Textbeiträge sind nach der neuen Rechtschreibung verfasst. Bei Abschrift der Briefe und zeitgenössischen Veröffentlichungen wurde die dort verwendete Rechtschreibung beibehalten.

Willi Strunck

Leo Custodis †

Clemens Hürten

Alfred Hockel †

Zeitzeugen, die diese Arbeit mit wertvollen Hinweisen unterstützt haben.

Bilder Schleicher 2001, 1997, 1996, 1997

Vorwort von Jürgen Elvert

Die hier vorgelegten Briefe sind Zeugnisse von Wehrmachtsoldaten, die alle vor ihrer Dienstzeit den von den Nationalsozialisten verbotenen katholischen Jugendorganisationen angehörten. Damit zählten sie nicht zu den „Bündischen" im Mohlerschen Sinn. Gleichwohl wuchsen sie im Weimarer Deutschland in einer Zeit heran, die vom Geist des Revisionismus geprägt war. Ein positives Demokratieverständnis konnte sich unter diesen Vorzeichen nur schwer entwickeln, statt dessen vermochten monarchistische und deutsch-nationale Werte größere Anziehungskräfte entfalten. Andererseits bestanden gerade auch in katholischen Jugendorganisationen erhebliche Vorbehalte gegenüber dem Nationalsozialismus. Das hiermit nur angedeutete ideengeschichtliche Spannungsfeld sollte, wie die Lektüre der in diesem Band veröffentlichten Feldpostbriefe zeigt, das politische Denken einer Vielzahl ehemaliger Mitglieder katholischer Jugendorganisationen nachhaltig prägen. Die Inhalte der Briefe aus dem Felde an ihre früheren Jugendseelsorger sind, wie die wissenschaftliche Kommentierung eindeutig ergab, signifikant für die Geisteshaltung junger Katholiken in Deutschland, die damals in den verschiedenen Bünden der inzwischen verbotenen katholischen Jugendorganisationen angehörten.

Die Geschlossenheit des hier veröffentlichten Briefbestandes macht diesen zu einer Ausnahme in dieser Quellengattung. Die Sammlung, die vom verstorbenen Prälaten Hans Böhner begonnen wurde, führte auf seine Anregung hin Oberst Karl-Theodor Schleicher fort, wie Prälat Böhner ein ehemaliges Mitglied des katholischen Schülerbundes Neudeutschland. Karl-Theodor Schleicher erkannte rasch, dass diese Briefe einer grundlegenden wissenschaftlichen Interpretation bedurften und gewann hierfür den Militärhistoriker und Theologen Dr. Heinrich Walle, der ebenfalls als Schüler im Bund Neudeutschland aktiv gewesen war.

Der Beitrag von Pater Alfred Delp S.J., den dieser im Sommer 1940 in der renommierten Zeitschrift „Stimmen der Zeit" kurz vor deren Verbot veröffentlicht hatte, zeigt deutlich, dass die Briefe auch die Grundeinstellung der katholischen Kirche in Deutschland repräsentierten. Das hat der spätere Widerstandskämpfer Delp in seinem Aufsatz mit bestechender Eindeutigkeit wiedergegeben.

Damit und durch die Heranziehung anderer Zeugnisse vermochte der wissenschaftliche Kommentator überzeugend nachzuweisen, dass der in den Briefen geäußerte Patriotismus auf völlig anderen Grundlagen beruhte, als dies von der NS-Propaganda vorgesehen war. Diese jungen katholischen Wehrmachtsoldaten waren, wie große Teile der deutschen katholischen Bevölkerung auch, immer noch vom Trauma des Kulturkampfes aus den 70er Jahren des 19. Jh. geprägt, als eine staatliche Obrigkeit Katholiken die Loyalität absprechen und sie zu Staatsbürgern Zweiter Klasse degradieren wollte. Daher handelt es sich bei dem in den Briefdokumenten zu Tage tretenden Patriotismus in der Regel nicht um Spiegelungen nationalsozialistischer Ideologie, sondern allenfalls um Schnittstellen, so wie sie es in vielen anderen Fällen zwischen Konservatismus und Nationalsozialismus gegeben hatte. Das war auch den damaligen Machthabern bewusst, da sie die Organisatoren von Rundbriefen an die Front als Straftäter verfolgten, die sich verbotener Weise in der Jugendarbeit betätigt hatten.

Durch die eingehende wissenschaftliche Kommentierung wurde somit eine wichtige Quellenedition zur Katholizismus- und damit auch zur Geistes- und Gesellschaftsgeschichte vorgelegt.Ich danke den beiden Herausgebern für ihre verdienstvolle Tätigkeit bei der Sammlung, Kommentierung und Herausgabe dieses Briefbestandes, ich danke ferner allen beteiligten Institutionen und deren Repräsentanten, die durch ihre tatkräftige Hilfe die Drucklegung dieses Buches erst ermöglicht haben.

Jürgen Elvert
Köln, im Juni 2005

Aus: Sie hielten stand, S. 53

Bamberger Reiter

Das im Bamberger Dom befindliche Reiterstandbild aus dem Hochmittelalter galt katholischen Jugendlichen während der NS-Zeit als Idealbild eines christlichen Kämpfers.

Aus: Bamberger Diözesanmuseum

HEINRICH WALLE

ZUR EINFÜHRUNG

WEHRMOTIVATION KATHOLISCHER WEHRMACHTSSOLDATEN. PATRIOTISMUS AUFGRUND DES GLAUBENS ODER TEILIDENTITÄT MIT DEM NATIONALSOZIALISMUS?

„Eine Woche sind wir nach dem plötzlichen und unverhofften Aufbruch unterwegs. Immer auf dem Vormarsch. Im Westen, schon weit in Feindesland. Starkes unvergessliches Erleben füllten diese Tage aus. Nach ganz anderen Maßstäben vollzieht sich nun das Leben.

Es lebt die Begierde nach Wagnis und Kampf. Wann kommst du, Schlacht! Bisher folgten wir der schon vorpreschenden Spitze des Heeres. Jede Nacht. Jetzt spürt man die unmittelbare Nähe der Front. Ein Teil unserer Kompanie bereits in Stellung. Ich warte auf die Stunde der Ablösung, die unser und mein Einsatz sein wird. Die Organisation dieser gewaltigen Bewegung ist bewundernswert. Groß sind die Leistungen männlicher Kraft.

In dieses Geschehen bin ich hineingestellt als einer unter Tausenden. Aber an meinem Platz soll keiner besser gestanden sein!

... Der Soldat weiß nicht wohin, nicht wann, nicht warum. Weiß nur den Befehl. Tut seine Pflicht – und fertig. Der Christ sieht nicht durch das Dunkel, weiß nicht, warum Gottes Wille anders ist als der Wunsch seines Herzens. Tut aber den Willen Gottes – und fertig! So einfach ist es nicht immer. Und doch, Soldat und Christ. Der erste muß hart sein. Der andere härter[1].“

Diese Gedanken schrieb der Schütze Johannes Niermann am 17. Mai 1940 auf dem Vormarsch in Frankreich in sein Tagebuch. Am 18. Juni 1940 ist er als MG-Schütze im Alter von 26 Jahren bei der Erstürmung eines Dorfes an der Aisne gefallen. Hans Niermann (1914–1940), ein einfacher Arbeiterjunge aus Rheine in Westfalen, war 1935 auf der Wallfahrt katholischer Jugendverbände in Rom zum Reichsführer der Sturmschar im Katholischen Jungmänner-Verband (KJMV), der damals größten katholischen Jugendorganisation in Deutschland, gewählt worden und im gleichen Jahr kurz nach der Rückkehr ins Reich zusammen mit dem Generalpräses der katholischen Jugendverbände, Prälat Ludwig Wolker, wegen illegaler Betätigung in der katholischen Jugend kurze Zeit von der Gestapo in Haft genommen worden. Barbara Schellenberger kommt zu der Feststellung, dass die Briefe Niermanns an seine Eltern und Geschwister von 1934 bis 1939 ein eindrucksvolles Zeugnis von der Widerstandskraft katholischer Jugend vermitteln. Im Dezember 1939 wurde er zur Wehrmacht eingezogen[2].

Von der Ostfront schrieb am 6. April 1945 ein Sanitätsobergefreiter an seinen Jugendseelsorger:

1 Tagebuchnotiz vom 17. Mai 1940 des Schützen Johannes Niermann, aus: Der Weg des Soldaten Johannes. Aus seinen Briefen und Tagebuchblättern zusammengestellt von Michael Brink, als Manuskript gedruckt, Düsseldorf 1940, Original im Besitz des Verf.

2 Barbara Schellenberger: Katholische Jugend und Drittes Reich. Eine Geschichte des katholischen Jungmännerverbandes 1933–1939 unter besonderer Berücksichtigung der Rheinprovinz, Veröffentlichungen der Kommission für Zeitgeschichte, Reihe B: Forschungen, Bd. 17, Mainz 1975, S. 133.

Hans Niermann (1913–1940) letzter Reichsführer der Sturmschar

Aus: Sie hielten stand, S. 187

„Lieber Herr Kurat!

Seit einigen Tagen stehe ich in der vordersten Linie als Kp. Sani bei einer Jägerkompanie. Damit begann wieder ein neues Leben – inniger mit Gott verbunden als vorher. Ich fühle wie Christus gerade auf dem Schlachtfeld zugegen ist und die Seinen leitet und führt. –

So hoffe ich, dass ich glücklich durch dieses Dunkel hindurchgelange und einmal wieder heimkehren kann, um dem Ruf des Herrn ganz bis ans Ende zu folgen. Mit diesem Wunsch will ich für heute schließen und bin mit vielen Grüßen

Ihr Hermann[3]."

Der Briefschreiber, von dem nur der Vorname bekannt ist, war offensichtlich ein Student der katholischen Theologie, der sich auf den Priesterberuf vorbereitete und als Sanitätssoldat zur Wehrmacht eingezogen worden war.

In Vorahnung seines baldigen Soldatentodes schrieb Leutnant Alfred Urban, im Alter von 23 ½ Jahren gefallen am 5. Mai 1945 als letzter Offizier des Bataillons in Friedland in der Tschechoslowakei, an seine Eltern:

„Meine Lieben!

Der vorletzte Abend, ich komme vom Abschiedsabend bei den Buben. Ich will Euch nun einiges sagen. Wenn Euch dieser Brief erreicht, bin ich irgendwo in Rußlandserde, doch das Unsterbliche ist daheim – beim Vater. Wenn ich heute daran denke, so kommt mich das Sterben gar nicht hart an – ich denke nur an Mama. Wie wirst Du das tragen. Und Dir sei als Trost geschrieben. Ich bin bereit – fürs Letzte. Endlich habe ich es fertig gebracht, zu sagen: Herr, Dein Wille nur! Wenn es heute so ungeheuer viel Leid gibt, wenn die Erde wie wund schreit und klagt, so deswegen, weil der Herr das zulässt, weil wir gesündigt. Und ich glaub an eine gewisse Kollektivschuld des Volkes. Da ist es bei Gott vielleicht denn besser, es stirbt ein Aufrechter und Edler als dass 10 Dutzendmenschen hingemäht werden. Soll ich Priester werden – ich bin bereit – soll ich opfern, alles, auch das Leben – ich bin ebenso bereit. So gehe ich denn in Dankbarkeit hinaus für die 2 Jahre, die mich so reifen ließen, daß ich den letzten Schritt nicht blind machen muß sondern mit Augen, mit Menschenaugen. Ich habe nie um mein Leben gebetet, sondern nur um Kraft. Ich will nicht nur als Offizier tapfer gewesen sein, sondern auch viel mehr als Christ. Ich wollte, ich könnte Euch ein sorgenfreies Alter bereiten. Eure Liebe und Güte Euch zu danken – nun muß ich Euch diesen Schmerz zufügen. Und trotzdem bitte ich Euch, seid nicht traurig, es ist ja hier doch nur Kampf und Streit, beim Vater aber ewige tiefe Herrlichkeit! So freut Euch denn! Auf Wiedersehen!

Euer dankbarer Alfred.

Du, mein liebes Schwesterlein,
hilf unserer Mutter und sei recht stark! In Liebe Dein Alfred[4]."

Wie der Totenzettel, den die Eltern, die erst ein Jahr später die traurige Gewissheit seines Todes erhielten, ausweist, war der am 8. September 1921 in München geborene Alfred Urban Mitglied der Pfarrjugend seiner Heimatpfarrei und hat sich offenbar noch nach

3 Brief des Sanitätsobergefreiten Hermann… an seinen Jugendseelsorger S. Wellenhofer in München vom 6. April 1945, DstHdh: Nachlass Wellenhofer 35.

4 Undatierter Brief des Leutnants Alfred Urban an seine Eltern und Geschwister.

dem Verbot katholischer Jugendverbände illegal in der Jugendarbeit betätigt, worauf auch der Hinweis auf den „Abschiedsabend bei den Buben" hinweist. Urban muss sich offensichtlich noch mit seiner Jugendgruppe getroffen haben. Alfred hatte ebenfalls vor, Priester zu werden; nach Ableistung des Arbeitsdienstes hatte er noch ein Semester katholische Theologie studieren können[5].

Die vorangehend erwähnten Briefe sind drei Beispiele einer Sammlung von etwas über 300 Korrespondenzen, die als Feldpostbriefe von katholischen Wehrmachtsoldaten – alle Mitglieder der von den Nationalsozialisten verbotenen katholischen Jugendorganisationen – an ihre ehemaligen Jugendseelsorger gerichtet waren, bzw. Rundbriefe dieser Geistlichen und von in der Heimat verbliebenen Kameraden oder Bundesbrüdern, mit denen diese den Zusammenhalt der früher von ihnen betreuten Jungen im Kriege stärken wollten. Das Verschicken von Rundbriefen an ehemals seelsorgerisch betreute Jugendliche galt damals bereits als der Kirche verbotene Jugendarbeit und konnte von der Gestapo verfolgt werden[6], wie dies auch der Fall war, wenn die noch nicht zum Wehrdienst eingezogenen Mitglieder katholischer Jugendgruppen solche Rundbriefe aus der Heimat an ihre mittlerweile an der Front stehenden Kameraden verschickten. Die vom Verfasser für eine Veröffentlichung vorgesehenen etwas über 300 Briefe sind eine Auswahl von rund 3000 Einzelstücken, die Oberst a. D. Karl-Theodor Schleicher, seit seiner Gymnasialzeit im katholischen Jungmännerbund Neudeutschland aktiv, noch während seiner aktiven Dienstzeit in der Bundeswehr zu kompilieren begonnen hatte. Ein Teil der Briefe stammt aus dem Nachlass des 1993 verstorbenen Prälaten Hans Böhner, der ebenfalls als Jugendlicher im Bund Neudeutschland aktiv und dann seit 1928 dort als Jugendseelsorger tätig gewesen war[7]. Die meisten Briefe stammen aus einer Sammlung der „Dokumentationsstelle für Kirchliche Jugendarbeit/BDKJ im Jugendhaus Hardehausen" bei Paderborn (DstHdh), weitere aus Nachlässen des Freundeskreises von Karl-Theodor Schleicher. Diese wurden alle in der „Sammlung Karl-Theodor Schleicher" (SKTS) nach den Adressaten in Gruppen geordnet, in denen die Briefe in chronologischer Reihenfolge enthalten sind. Für Hans Böhner, der kurz vor seinem Tode die Edition einer solchen Briefsammlung gefordert hatte, enthielten diese Soldatenbriefe Glaubenszeugnisse junger Christen, deren Ideale von einem verbrecherischen Regime hemmungslos missbraucht wurden. Wie die überwiegende Mehrheit der damaligen deutschen Katholiken wollten auch diese jungen Männer deutsche Patrioten sein und sahen den Krieg als eine von Gott zugelassene Herausforderung an, in der sie sich als Christen bewähren wollten. In allen Briefen – und die vorangegangenen Beispiele sind hier durchaus für die ganze Sammlung zutreffend – tritt eine gemeinsame Grundeinstellung zu Tage: Die Verfasser waren Männer, die sich, gemäß eines Wortes von Dr. Alfred Delp SJ (1907–1945), dem am 2. Februar 1945 als Bekenner christlicher Lehre und wegen seiner Teilnahme an der Verschwörung vom 20.Juli 1944 hingerichteten Jesuitenpater, geweigert haben," ... das ‚Dogma' von der

5 Totenzettel für Leutnant Alfred Urban aus München. DstHdh: Nachlass Wellenhofer 41.

6 Heinz Boberach: Propaganda-Überwachung-Unterdrückung. Die Instrumente des NS-Staates im Kampf gegen die Kirchen, in: Glaube als Widerstandskraft, Edith Stein, Alfred Delp, Dietrich Bonhoeffer, hrsg. von Georg Fuchs, Frankfurt 1986, S. 56.

7 Hans Böhner/Arno Klönne: Was wißt ihr von der Erde. Dokumente katholischer Jugendbewegung, Witzenhausen 1995, S. 209 ff.

‚Dreieinigkeit‘ von ‚NSDAP – Drittes Reich – Deutsches Volk‘ anzuerkennen[8].“ Aus geistesgeschichtlicher Sicht sind diese Briefe aber wichtige Quellen für die Wehrmotivation katholischer Wehrmachtsoldaten, wobei sich die Frage stellt ob und in welcher Weise der darin enthaltene Patriotismus eine Teilidentität mit dem Nationalsozialismus darstellt oder ob hier nicht Wehrmotivation aus ganz anderen Quellen, nämlich aufgrund christlicher, katholischer Wertvorstellungen herrührt.

Damit sind diese Briefe einer Gruppe von christlichen Soldaten der Wehrmacht auch eine Brücke zum Verständnis für die deutschen Soldaten des Zweiten Weltkrieges, die aus ihrem christlichen Glauben heraus treu und guten Glaubens ihre Pflicht für das Vaterland erfüllt und sich dabei ehrenvoll verhalten haben. Ein Ausklammern solcher Soldaten der Wehrmacht für das Traditionsverständnis der Bundeswehr[9] ist auch schon deshalb nicht möglich, da ehemalige Soldaten der Wehrmacht aller Dienstgrade beim Aufbau dieser Streitkräfte Wesentliches geleistet haben und nicht zuletzt aufgrund der schrecklichen Erfahrungen eines Missbrauchs soldatischer Tugenden neue Wege zur geistigen Neuorientierung der Armee vorgezeichnet haben.

Es waren Angehörige verbotener katholischer Jugendgruppen, die als ehemalige Wehrmachtsoffiziere von der Bundeswehr reaktiviert, 1961 den Königsteiner Offizierkreis (KOK) ins Leben riefen, der seit 1970 als Gemeinschaft Katholischer Soldaten (GKS) für Soldaten aller Dienstgrade geöffnet wurde und die mit diesem Zusammenschluss gleichsam eine „Lobby für den Frieden“ gebildet haben[10]. In gleicher Weise, wie es ihre Kriegskameraden aus den katholischen Jugendverbänden getan hatten, begreift die GKS den militärischen Dienst aus dem Ethos christlichen Glaubens, d. h. konkret aus dem Glaubensgut der katholischen Kirche.

Aus der gleichen geistigen Einstellung, wie sie uns in den nachfolgenden Briefen deutlich wird, haben die Gründer von KOK/GKS aus den leidvollen Erfahrungen eines Missbrauchs soldatischer Tugenden während ihres Einsatzes im Zweiten Weltkrieg zu einer geistigen Neubestimmung des Militärdienstes für deutsche Soldaten gefunden. In Anbetracht des Umstandes, dass nach dem Grundgesetz der Bundesrepublik erstmalig in der deutschen Geschichte in Artikel 26 eine Abkehr vom Krieg als der „ultima ratio“ der Politik vollzogen wurde und in voller Übereinstimmung mit dem Leitbild der Inneren Führung vom „Staatsbürger in Uniform“, wurde, vor allem unter der Federführung des Mitbegründers und damaligen Vorsitzenden der GKS, des 1983 verstorbenen Oberst i. G. Dr. Helmut Korn, als Jugendlicher Mitglied einer verbotenen katholischen Jugendgruppe und bei Kriegsende Oberleutnant des Heeres[11], die in der Pastoralen Konstitution über die Kirche in der Welt von heute, „Gaudium et Spes (GS) vom II. Vatikanischen Konzil ent-

8 Alfred Delp SJ: Gesammelte Schriften, hrsg. von Roman Bleistein, Bd. I – IV, Frankfurt 1982–1984, hier: Bd. IV, S. 106 f.

9 Vgl. dazu: Heinrich Walle: Die Tragödie des Oberleutnants Oskar Kusch, hrsg. im Auftrag der Ranke-Gesellschaft, Vereinigung für Geschichte im öffentlichen Leben e.V und vom Deutschen Marineinstitut mit Unterstützung des MGFA von Michael Salewski und Christian Giermann, Beiheft der hist. Mitteilungen der Ranke-Gesellschaft hrsg. von Michael Salewski und Jürgen Elvert, Stuttgart 1995, Seite 253.

10 Derselbe: Gemeinschaft Katholischer Soldaten (GKS), eine Lobby für den Frieden in: Katholische Christen in der Bundeswehr, hrsg. vom Katholischen Militärbischofsamt, Köln 1987, Seite 19 ff.

11 Ebd., S. 48 ff.

haltene Friedensethik auch für die Soldaten der Bundeswehr verpflichtend gemacht[12]. Sie ist im V. Kapitel von GS unter die Überschrift „Die Förderung des Friedens und der Aufbau der Völkergemeinschaft“ gestellt und unter V 79 heißt es dort: „Wer als Soldat im Dienst des Vaterlandes steht, betrachte sich als Diener der Sicherheit und Freiheit der Völker. Indem er diese Aufgabe recht erfüllt, trägt er wahrhaft zur Festigung des Friedens bei[13]“.

Aus der in diesem Konzilsdokument enthaltenen Friedensethik erkannte man bei der GKS, dass die Schaffung einer gerechten Friedensordnung der sicherste Garant für die Erhaltung des Friedens ist und folgerte daraus, dass sich alle Soldaten einer Armee, deren Auftrag es ist, durch Demonstration einer glaubhaften militärischen Abschreckung einen Krieg zu verhindern, über den klassischen Auftrag einer Sicherung und Verteidigung des Friedens mit militärischen Mitteln hinausgehend aktiv an der Schaffung einer gerechten Friedensordnung zu beteiligen haben. Dieses Postulat fand dann Eingang in die Zentrale Dienstvorschrift (ZDv) 12/2 „Politische Bildung in der Bundeswehr“ vom 29. Januar 1973[14].

Mit der Umsetzung der Erkenntnis, dass vor einer militärischen Verteidigung des Friedens die Schaffung einer gerechten Friedensordnung unter den Völkern stehen muss, zu deren Mitgestaltung auch die Soldaten in Ausübung ihrer staatsbürgerlichen Pflichten aufgerufen sind, wurde ein Wandel von der traditionell überkommenen Aufgabe der Friedenssicherung zur Friedensgestaltung eingeleitet, der im Grunde genommen einen totalen Wandel der Legitimation militärischen Dienstes bedeutet. Wie die Entwicklung der Bundeswehr seit der Wiedervereinigung von 1990 zeigt, wird mit den Einsätzen der Bundeswehr im Rahmen internationaler Friedensbemühungen seit 1992 dieser Weg von der Friedenssicherung zur Friedensgestaltung immer mehr beschritten[15]. Mit dem hier skizzierten Weg von der Friedenssicherung zur Friedensgestaltung sollte eine neue Tradition deutschen Soldatentums aufgezeigt werden, deren Wurzeln zu einem nicht geringen Teil in der geistigen Haltung katholischer Wehrmachtsoldaten liegen, deren Briefe an die Jugendseelsorger aus der Zeit des Zweiten Weltkrieges Zeugnis von einem Vermächtnis geben, das es auch in Zukunft fortzusetzen gilt und zu einer Tradition wurde, die auch für deutsche Soldaten der neuen Bundeswehr verbindlich ist.

Die wissenschaftliche Kommentierung der nachfolgenden Dokumente beginnt mit einigen quellenkritischen Überlegungen über Feldpostbriefe als Quellen zur Geistesge-

12 Pastorale Konstitution über die Kirche und die Welt von heute „Gaudium et Spes“, in: Karl Rahner, Herbert Vorgrimmler: Kleines Konzilskompendium, Freiburg 1994, S. 449 ff.

13 Walle, Gemeinschaft Katholischer Soldaten, wie Anm. 10, S. 48 ff.

14 Vgl. dazu: Derselbe: Tradition – Floskel oder Form? Neue Wege zu alten Werten, in: Von der Friedenssicherung zur Friedensgestaltung, Deutsche Streitköpfe im Wandel, hrsg. im Auftrag des Militärgeschichtlichen Forschungsamtes (MGFA), hrsg. von Heinrich Walle, Herford-Bonn 1991, S. 247. In diesem Aufsatz sind auch die noch für die Bundeswehr gültigen Traditionserlasse von 1982 und 1965 abgedruckt, welche die Wehrmacht als Vorbild für die Bundeswehr ausschließen.
Zentrale Dienstvorschrift (ZDv) 12/1: Politische Bildung für die Bundeswehr vom 29. 1. 1973, Kap. 3, S. 5 und Kap. 3, 304, S. 6.
Vgl. auch: Derselbe: Gemeinschaft Katholischer Soldaten, wie Anm. 10, S. 48 ff.

15 Hans-Martin Ottmer: Die Entwicklung deutscher Sicherheitspolitik und die Geschichte der Bundeswehr, 2. Überarbeitete und erweiterte Auflage, im Auftrag des Bundesministeriums der Verteidigung (BMVg), hrsg. von Hans-Martin Ottmer und Karl Diefenbach, ergänzt von Heinrich Walle, Berlin-Bonn-Hamburg 1995, S. 124 ff.

schichte. Mit einer Skizzierung der Situation der katholischen Kirche in Deutschland während der NS-Herrschaft soll dann der kirchengeschichtliche Hintergrund aufgezeigt werden, woran sich eine Darstellung der Entwicklung der katholischen Jugendorganisationen in den Jahren 1918–1945 anschließt. Nach einer Skizzierung der Wehrmotivation katholischer Wehrmachtsoldaten aus einem Patriotismus, der auf genuin katholischem Glaubensgut beruhte und einer Darstellung, wie nach dem Verbot katholischer Jugendorganisationen Jugendarbeit nunmehr als Jugendseelsorge geleistet wurde, wird auf die inhaltlichen Schwerpunkte der Briefe eingegangen, die alle als Ausdruck einer neuen Art von Jugendseelsorge zu sehen sind. Die Kommentierung endet mit Erörterungen, inwieweit diese Briefe als Artikulationen eines Dissenses zur NS-Ideologie als Anfangsstufen einer Widerständlichkeit gegen das NS-Regime zu deuten sind und dem Versuch, das Vermächtnis dieser Briefschreiber für uns Nachgeborene aufzuzeigen.

Feldpostbriefe als Quellen zur Geistesgeschichte

Als einzige Verbindung zur Heimat kam der Feldpost in beiden Weltkriegen eine herausragende Bedeutung zu. Außer dem spärlich erteilten Urlaub übernahm vor allem die Feldpost eine wichtige Rolle im mentalen, die Motivation stärkenden oder stabilisierenden Bereich. Dies hatte die militärische Führung bereits seit dem deutsch-französischen Krieg von 1870/71 und dann vor allem auch im Zweiten Weltkrieg erkannt[16]. Im Bereich der Wehrmacht sollen vom Herbst 1939 bis Mai 1945 etwa 30 bis 40 Milliarden Feldpostbriefe befördert worden sein[17]. Klaus Latzel sieht den besonderen Quellenwert von Feldpostbriefen aus dem Krieg 1939–1945 vor allem darin, dass sie, heute gelesen, gerade wegen ihrer Nähe zum Geschehen eine Form der Erinnerung ermöglichen, die dem Gedächtnis der Kriegsteilnehmer im Abstand der Jahre nicht mehr möglich ist, wobei aber einige spezifische Nachteile zu berücksichtigen sind, die eben aus dieser Nähe des Geschehens resultieren. „Dennoch können Feldpostbriefe behaupten, vergleichsweise direkt zu sprechen. Sie werden helfen, dem ‚Vorrat an Vergessenem' ein paar Dinge zu entreißen, um sie der Erinnerung neu zuzuführen[18]." Feldpostbriefe sind stets persönliche und private Zeugnisse und geben daher vornehmlich subjektive Eindrücke wieder. Klaus Latzel bezeichnet sie als „schriftliche Gesprächsmedien und als sprachliche Objektivationen von sozialen Wissensbeständen…[19]" Das trifft auch für die hier zu behandelnden Feldpostbriefe zu, wobei sich die „sozialen Wissensbestände" in besonders spezifischer Form aus der Sozialisierung ihrer Verfasser aus dem von der katholischen Kirche dieser Zeit

16 Bernd Ulrich: Die Augenzeugen. Deutsche Feldpostbriefe in Kriegs- und Nachkriegszeit 1914–1933. Schriften der Bibliothek für Zeitgeschichte, Neue Folge, hrsg. von Gerhard Hirschfeld, Bd.8, Essen 1997, S. 39. K.Schracke: Geschichte der deutschen Feldpost im Kriege 1914–1918, Berlin 1921, S. 3.

17 „Ich will raus aus diesem Wahnsinn". Deutsche Feldpostbriefe von der Ostfront 1941–1945. Aus sowjetischen Archiven, hrsg. von A. Golovchansky, V. Osipov, A. Propenko, Ute Daniel und Jürgen Reulecke, Reinbek, Hamburg [2] 1993 (1991), Nachwort der dt. Herausgeber, S. 303.

18 Klaus Latzel: Deutsche Soldaten – nationalsozialistischer Krieg? Kriegserlebnis – Kriegsserfahrung 1939–1945. Krieg in der Geschichte, Bd. 1, hrsg. von Stig Förster, Bernhard R. Kroener, Bernd Wegner, Paderborn-München-Wien-Zürich 1998, zugl. Diss. Phil. Bielefeld 1996, S. 14.

19 Klaus Latzel, wie Anm., 18, S. 17.

geprägten Umfeld und den von der Kirche mitgetragenen katholischen Jugendverbänden ergeben. So zeigen unsere Briefe eine subjektive Betrachtung des Krieges von jungen Wehrmachtsoldaten, die als Mannschaftsdienstgrade, Unteroffiziere oder in einigen Fällen als Subalternoffiziere nicht zur militärischen Führungselite gehörten und als Angehörige verbotener kirchlicher Jugendorganisationen in einen Krieg hineingezogen wurden, den sie nicht gewollt hatten. Aus Gründen der Geheimhaltung, Stimmungserkundung und Generalprävention unterlagen Feldpostbriefe der Zensur[20]. Das war zwar international üblich, hatte jedoch in Deutschland mit der berüchtigten „Kriegssonderstrafrechtsverordnung (KSSVO)“ vom 17. August 1938 potentiell mörderische Konsequenzen für einen Briefschreiber, denn nach §5 der KSSVO konnten auch in privaten Feldpostbriefen gemachte Äußerungen, wie beispielsweise Zweifel am „Endsieg“ oder am Sinn des Krieges oder Kritik am NS-Regime oder seiner Vertreter, als Tatbestände der Wehrkraftzersetzung bewertet und mit dem Tode bestraft werden[21]. Dieser Umstand, der auch durch zahlreiche Todesurteile bestätigt worden ist, war sowohl den Soldaten und ihren Adressaten in der Heimat bekannt und hat unbestreitbar auch in den vorliegenden Briefen seinen Niederschlag gefunden. So beschränken sich die an ihre an der Front stehenden Jungmänner schreibenden Geistlichen vornehmlich auf die Behandlung religiöser Fragen, um damit formal ihren Rundbriefen den Charakter einer rein religiösen Seelsorgemaßnahme zu verleihen. Hans Niermanns Sehnsucht nach der Bewährung in der Schlacht im o.g. Beispiel erinnert eher an Walter Flex[22] oder Ernst Jünger[23] und sieht den Frankreichfeldzug fast wie eine Großfahrt aus früheren Tagen der Jugendbewegung, während die Motivation zur soldatischen Pflichterfüllung in den letzten Tagen des Krieges aus den beiden anderen Briefen keineswegs aufgrund nationalsozialistischer Durchhalteparolen sondern aus einer tiefreligiösen Grundhaltung erfolgt.

Wenngleich die Feldpostbriefe als Privatbriefe subjektive Aussagen sind, so liegt ihr Faszinosum gerade in ihrer o. g. Nähe zum Geschehen, wodurch sie vielfach „Zeugnisse ‚unter dem Schlagschatten des Todes (Ernst Jünger)[24]‘ aus den Zentren der Gewaltgeschichte der ersten Hälfte des zwanzigsten Jahrhunderts …[25]“ sind. Aus diesem Grunde wurden Feldpostbriefe nach dem Ersten Weltkrieg und auch noch bis 1945 propagandistisch ausgenutzt, indem in solchen Briefeditionen die subjektiven Äußerungen vieler in der Weise objektiviert wurden, dass man daraus quantitative Aussagen über die Übereinstimmung mit den Kriegszielen im Sinn einer Legitimierung abzuleiten versuchte, wie dies die Historiker Klaus Latzel und Bernd Ulrich[26] kritisch untersucht haben.

Selbstverständlich lassen sich subjektive Aussagen dergestalt objektivieren, dass man daraus quantitative Angaben über die Vertretung von Wertvorstellungen bei Angehörigen bestimmter gesellschaftlicher oder weltanschaulicher Gruppierungen machen kann. Allerdings müssten dann die gleichen aufwendigen statistischen und sozialwissenschaftlichen Überprüfungen und Bewertungen angestellt werden, wie dies bei der Interpretation

20 Reichsgesetzblatt 1933, Teil I, S. 141.

21 Reichsgesetzblatt 1938, Teil I, S. 1683.

22 Walter Flex: Der Wanderer zwischen beiden Welten, München o. J.

23 Ernst Jünger: Der Kampf als inneres Erlebnis, Berlin 1929.

24 Derselbe: In Stahlgewittern. Aus dem Tagebuch eines Stoßtruppführers, Berlin [8] 1927, S. 3.

25 Klaus Latzel, wie Anm. 18, S. 14.

26 Bernd Ulrich, wie Anm. 16, Klaus Latzel, wie Anm. 18.

von Untersuchungsergebnissen oder Befragungen von Patienten für wissenschaftliche Veröffentlichungen in der Humanmedizin als Voraussetzung angesehen wird. Wenn in der Forschung inzwischen durchaus ein Konsens darin besteht, dass „die Wehrmacht … als Organisation von vornherein in das nationalsozialistische Versklavungs- und Vernichtungsprogramm mit einbezogen war, so dass mittlerweile das Heer als ‚Faktor der arbeitsteiligen Täterschaft (Manfred Messerschmidt)[27]' gelten kann[28]", so beruht dieses Bild auf einer Betrachtung von außen. Von 1935 bis 1945, dem Zeitraum der offiziellen Existenz der Wehrmacht, haben in Heer, Marine und Luftwaffe in dieser Dekade 17,3 Millionen Mann gedient, zusammen mit den Soldaten der Waffen-SS waren es 18,2 Millionen Männer, von denen 5,3 Millionen als Tote zu beklagen waren[29]. Angesichts der Tatsache, dass von den o.g. 30 bis 40 Milliarden Feldpostbriefen Editionen[30] oder wissenschaftliche Auswertungen von Briefsammlungen[31], die bereits mehrere Tausend Exemplare berücksichtigen, nur kleine Splitter dieser Quellengattung auswerten konnten, wird deutlich, dass dadurch quantitative Aussagen über die moralische Einstellung „der" deutschen Soldaten des Zweiten Weltkrieges kaum möglich sind. Es würde in makabrer Weise eine nachträgliche Bestätigung der NS-Propaganda bedeuten, wollte man pauschal all diese Männer als Vorkämpfer des Nationalsozialismus abstempeln. Die Soldaten der Wehrmacht waren keineswegs ein monolithischer Block, als der sie von der NS-Propaganda hingestellt wurden. Die Millionenarmee der Wehrmacht bestand aus Männern, die die gesamte Palette menschlichen Verhaltens vom Positiven bis zum absolut Negativen aufwiesen. Außer Soldaten, die in den unterschiedlichsten Formen eines militärischen Widerstandes ihr Leben riskierten und auch opferten[32], gab es auch einen beträchtlichen Anteil von Soldaten, die sich nicht allein nicht mit dem Nationalsozialismus und seinen verbrecherischen Zielen identifizierten, sondern sich auch in einem geradezu tragischen Konflikt befanden, an der Front erkennen zu müssen, dass der Feind keineswegs eine Befreiung Deutschlands vom Nationalsozialismus zum Ziele hatte, sondern die totale Zerschlagung des Vaterlandes anstrebte. Das Anderssein als von der NS-Propaganda vorgeschrieben, konnte bereits zur strafrechtlichen Verfolgung mit grausamen Konsequenzen führen, vielmehr noch seine offene Artikulierung, eben die von Alfred Delp SJ eingangs zitierte Ablehnung, das Dogma einer sog. Dreieinigkeit von NSDAP, Drittem Reich und Deutschem Volk anzuerkennen.

Ist es bereits an Hand der vorgenannten notwendigen moralischen Differenzierung unmöglich, aus Feldpostbriefsammlungen quantitative Angaben darüber zu machen, wie viele Wehrmachtsoldaten bestimmte Wertvorstellungen vertreten haben, so ist dies auch

27 Manfred Messerschmidt: Das Heer als Faktor der arbeitsteiligen Täterschaft, in: Holocaust: Die Grenzen des Verstehens. Eine Debatte über die Besetzung der Geschichte, hrsg. von Hanno Loewy, Reinbek, Hamburg 1992, S. 166–190.

28 Klaus Latzel, wie Anm. 18, S. 15.

29 Rüdiger Overmanns: Deutsche militärische Verluste im Zweiten Weltkrieg. Beiträge zur Militärgeschichte, hrsg. vom Militärgeschichtlichen Forschungsamt, Bd. 46, München 1999, S. 214 f und S. 232.

30 Vgl. dazu nur ein Beispiel: „Ich will raus aus diesem Wahnsinn", wie Anm. 17.

31 Vgl. dazu ebenfalls als Beispiel: Klaus Latzel, wie Anm. 18.

32 Vgl. dazu: Aufstand des Gewissens. Militärischer Widerstand gegen Hitler und das NS-Regime 1933–1945. Katalog zur Wanderausstellung, im Auftrag des Militärgeschichtlichen Forschungsamtes hrsg. von Heinrich Walle, Berlin-Bonn-Herford, 4. durchgesehene und wesentlich erweiterte Auflage 1994.

angesichts einer ungemein vielfältigen sozialen Gliederung dieser Millionenarmee, die sich in drei Wehrmachtsteile, einer sehr ausgeprägten Hierarchie von Mannschaften, Unteroffizieren und Offizieren, sowie in eine Vielzahl von unterschiedlichsten Verwendungen in den jeweiligen Truppenteilen aufgliederte, unmöglich. Allenfalls lassen sich an Hand von Häufigkeiten und unter Hinzuziehung anderer Quellen gewisse, wenn auch recht vage Trendaussagen machen, dass eine mehr oder weniger größere Anzahl von Männern diese oder jene Auffassungen vertraten. Trotz dieser großen Unsicherheiten über das Ausmaß lässt sich an Hand der Feldpostbriefe sehr wohl aufzeigen, dass Wehrmachtsoldaten aus bestimmten sozialen oder weltanschaulichen Gruppierungen gruppenspezifische Auffassungen vertraten, die sie vor allem in der Phase ihrer jeweiligen Sozialisierung aufgenommen hatten.

Ein Grundstock von etwa 3000 Briefen, von denen etwas über 300 Exemplare zur Veröffentlichung ausgewählt wurden, ist im Vergleich zu den bisherigen Briefeditionen ein erstaunlich hoher und homogener Bestand, zumal die Briefschreiber zum überwiegenden Teil als Mannschaften, einigen Unteroffizieren und vereinzelten Subalternoffizieren und bis auf einige wenige Ausnahmen alle aus dem Wehrmachtsteil Heer stammend, sozusagen die Schicht der „einfachen Soldaten" repräsentieren. Die gruppenspezifische Homogenität der Briefschreiber ist ebenfalls sehr ausgeprägt, da sie alle Angehörige der bereits verbotenen katholischen Jugendorganisationen waren und sich bereits hier durch ihre illegalen Aktivitäten zahlenmäßig weit von ihren Altersgenossen, selbst unter den katholischen Jugendlichen der damaligen Zeit, abhoben. Innerhalb der Wehrmacht waren sie eine absolute Minderheit und von Kriegsbeginn bis zum bitteren Ende haben sie in ihren Briefen auf ihre Vereinzelung hingewiesen und waren froh, wenn sie gelegentlich auf einen gleichgesinnten Kameraden trafen[33].

Dieses Phänomen einer durchaus als schmerzlich empfundenen Vereinzelung war dann auch der Grund dafür, dass die Briefschreiber sehr dankbar waren, wenn sie von ihren ehemaligen Seelsorgern und geistlichen Jugendführern oder von in der Heimat verbliebenen Kameraden aus den kirchlichen Jugendbünden in Einzel- oder Rundbriefen geistlichen Zuspruch oder auch nur Zeichen einer Solidarität von gleichgesinnten Freunden aus der Heimat erhielten. Eine solche Korrespondenz mit den Jugendseelsorgern, die damals zur geistlichen Obrigkeit gehörten, hatte zur Folge, dass spirituelle Themen im Mittelpunkt standen.

So stellt sich die Frage nach dem geistesgeschichtlichen Ertrag dieser Briefedition. Eine generelle Aussage über die Einstellung von Wehrmachtsoldaten ist daraus in keinem Fall abzuleiten; dafür sind die Briefe ihrer Menge und Zahl der Briefschreiber nach zu wenige. Die jungen Wehmachtsoldaten, die hier mit ihren geistlichen Führern und Bundesbrüdern in der Heimat korrespondierten, waren alle vor ihrer Einberufung zum Wehr-

33 Vgl. dazu: Brief von Hans … an Kurat Wellenhofer aus dem Lazarettt in Hannover vom 17. 12. 1939. DstHdh: Nachlass Wellenhofer 27.
Werner Sallermann. an den Jugendseelsorger Hans Böhner vom 4. 8. 1940. SKTS: Böhner.
Clemens Hürten in einem Rundbrief an NDer vom November 1940. SKTS. Brief von Jackl Hirschbold an Kurat Wellenhofer vom 7. 11. 1941 aus Russland. DstHdh: Nachlass Wellenhofer 27. Brief des Priestersoldaten Alfons Geuther an Kurat Wellenhofer vom 26. 3. 1942 aus Russland. Und letzter Brief von Sepp Pöschl an Kurat Wellenhofer vom 24. 10. 1942 aus Russland. Beide: DstHdh: Nachlass Wellenhofer 27.

dienst in katholischen Jugendverbänden aktiv gewesen. Der größte Dachverband in Deutschland war damals der Katholische Jungmännerverband (KJMV), der 1929 mit 390.000 Mitgliedern im Deutschen Reich seinen Höchststand erreichte, 1933 immerhin noch 360.000 Mitglieder umfasste, dann infolge der nationalsozialistischen Verfolgung, die ab Mitte 1937 zum Verbot aller katholischen Jugendverbände führte, zu diesem Zeitpunkt auf etwas weniger als 100.000 Jugendliche zurückgegangen war[34]. Danach war katholische Jugendarbeit nur noch als rein religiöse Seelsorgemaßnahme innerhalb der Kirche, bzw. der Sakristei, möglich. Aktivitäten wie beispielsweise gemeinsame Fahrten oder nur die Abhaltung von Gruppenabenden galten als verbotene Tätigkeiten der Jugendarbeit, auf die die Hitler-Jugend per Gesetz ein Monopol erhalten hatte, so dass katholische Jugendliche, die solche Aktionen durchführten, damit bereits in die Illegalität gegangen waren und sich schwersten Sanktionen aussetzten[35]. Dass dies nur wenige katholische Jugendliche wagten, liegt auf der Hand. Wenn in manchen Soldatenbriefen aus den Kriegsjahren Erinnerungen an gemeinsame Fahrten oder Zusammenkünfte gemacht werden, so dürfte es sich hier bereits in vielen Fällen schon um Zeugnisse einer illegalen Betätigung handeln[36].

Damit ist anzunehmen, dass die Briefschreiber aus einem relativ begrenzten Personenkreis aus katholischen Jugendverbänden stammen, dass es sich aber um durchaus überzeugte und engagierte Angehörige dieser inzwischen bereits verbotenen Organisationen handelte. Da sie sich, wie es aus den drei eingangs zitierten Briefen deutlich wird, in ihrer Motivation zum Einsatz für das Vaterland, wie noch darzulegen ist, durchaus mit den Auffassungen der katholischen Amtskirche in Deutschland identifizierten und dies auch ihren Kameraden an der Front vermitteln wollten, sind diese Feldpostbriefe durchaus zutreffende Zeugnisse über Patriotismus und Wehrmotivation junger katholischer Wehrmachtsoldaten, die als Angehörige inzwischen verbotener katholischer Jugendorganisationen, von ihrem Glauben geprägt, in einem engen Verhältnis zu ihrer Kirche standen.

34 Barbara Schellenberger, wie Anm. 2, S. 169 ff und S. 194, 197.

35 Vgl. hierzu: Arno Klönne: Gegen den Strom. Bericht über den Jugendwiderstand im Dritten Reich, hrsg. vom Hessischen Jugendring in Verbindung mit der Hessischen Landeszentrale für Heimatdienst, Hannover-Frankfurt/Main 1958.
Vgl. dazu: Brief von Alois Hofmeister an seinen Jugendseelsorger vom 30. 9. 1939 aus Polen. DstHdh: Nachlass Wellenhofer 35.
Brief von Werner Sallermann an Hans Böhner aus Ostpreußen vom 1. 10. 1939. SKTS: Böhner.

36 Brief von Poldl … an Kurat Wellenhofer vom 21. 4. 1940. DstHdh: Nachlass Wellenhofer 35.
Brief von Bernhard Utters an Hans Böhner vom 22. 5. 1940 aus Belgien. SKTS: Böhner.
Brief des NDers Uli Wenzel an Hans Böhner vom 12. 11. 1940 aus Norwegen. SKTS: Böhner.
Brief von Lenz Hogger an Kurat Wellenhofer vom 29. 5. 1941. DstHdh: Nachlass Wellenhofer 33.
Brief des NDers Willi Strunck an den NDer Leo Custodis vom 4. 8. 1941 aus dem Osten. SKTS: Strunck.

Die geistesgeschichtliche Prägung des Katholizismus in Deutschland während der ersten Hälfte des 20. Jahrhunderts: Milieukatholizismus

Diese jungen Wehrmachtsoldaten gehörten zu den deutschen Katholiken, einer Minderheit innerhalb der deutschen Bevölkerung, deren Anteil von 36,39% an der Gesamtbevölkerung im Jahre 1910 auf 33,4% im Jahre 1939 gesunken war[37]. Nach Heinz Hürten war der deutsche Katholizismus der Vorkriegszeit ein regionales Phänomen mit Schwerpunkten im Osten, Süden und Westen. Während die Kernlande des Deutschen Reiches, bei denen es sich nicht nur um Zentralräume im geographischen Sinne handelte, sondern um Regionen, in denen das nationale Bewusstsein der Zeit, die deutsche Eigenart und die deutsche Tradition eine besonders starke Ausprägung besaßen, die vielen von evangelischen Mehrheiten besiedelten Gebiete waren[38]. Die deutschen Katholiken standen auch nach der Reichsgründung von 1871 nicht im Mittelpunkt des Bewusstseins der geeinten kleindeutschen Nation und dieses Drittel der Reichsbevölkerung galt auch nicht als gleichberechtigter Teilhaber an der von einer liberalen Öffentlichkeit empfundenen deutschen Tradition oder Kultur. „Am eigentlichen Deutschland, eben jener ‚norddeutsch-protestantischen Welt‘ hatten sie keinen Anteil[39].“ Dieser Außenseiterposition entsprach auch eine materielle Inferiorität, die u. a. auch eine Folge einer Unterrepräsentation in den freien Berufen, in der Kapitalwirtschaft und vor allem auch in den Führungsschichten des damaligen Deutschen Reiches, vor allem im Offizierkorps und in der höheren Beamtenschaft, war[40].

Von diesem Drittel der katholischen Reichsbevölkerung betrug der Anteil derer, die man als „praktizierende Katholiken“, d. h. als „die Katholiken“ betrachten kann, nämlich die kirchentreuen, „ultramontanen“, in katholischen Verbänden zusammengeschlossenen, das Zentrum bzw. die Bayerische Volkspartei wählenden katholischen Bürger, also das, was man als „deutschen Katholizismus“ bezeichnet, um 1933 nach grober Schätzung gerade noch etwa 20% der Gesamtbevölkerung, wobei die Tendenz fallend war. Dieses Bevölkerungssegment hob sich, nicht allein nach seiner durch die Kirche bis in die alltäglichen Lebensgewohnheiten geprägten Verhaltensweise, sondern auch durch ein hohes Maß gemeinsamer Überzeugungen und Traditionen von der Gesamtheit ab. Ungeachtet besonderer sozialer und regionaler Differenzierungen dieser Gruppe, bildeten diese Menschen damals ein „katholisches Sozialmilieu“[41], von dem gerade die Angehörigen der katholischen Jugendverbände bis zu deren Auflösung am Ende der dreißiger Jahre besonders geprägt waren und in dem sie als Aktivisten eine führende Rolle gespielt haben.

Dieser „Milieukatholizismus“ prägte äußerlich während der zwanziger und dreißiger Jahre die Ekklesiologie der katholischen Kirche in Deutschland, welche sich erst nach dem II. Vatikanischen Konzil (1962–1965) ändern sollte. Der Milieukatholizismus wird von der Forschung immer wieder als Sinngebung für das Verhalten deutscher Katholiken

37 Klaus Gotto, Konrad Repgen (Hrsg.): Die Katholiken und das Dritte Reich, Mainz[3] 1990, S. 199 ff.
38 Heinz Hürten: deutsche Katholiken 1918–1945, Paderborn 1992, S. 14.
39 Ebd., S. 14.
40 Ebd., S. 14 f.
41 Ebd., S. 18 f.

in der ersten Hälfte des 20. Jahrhunderts erwähnt[42]. Er basierte auf einem Selbstverständnis des Katholizismus als Sozialform der neuzeitlichen Christentumsgeschichte, wie sie sich seit dem 19. Jahrhundert nach Beseitigung aller feudalkirchlichen Gegenkräfte zu einer säkularen Staatlichkeit in Gestalt eines machtvollen, adelsständischen Episkopats und eines durch Pfründen ökonomisch autonomen Pfarrklerus durch die Französische Revolution herauszubilden begann. Dieser Katholizismus war gekennzeichnet durch eine verstärkte und mit Mitteln der modernen Kommunikationstechnik und Organisationsformen geprägte Bürokratisierung, durch Sakralisierung der kirchlichen Organisationsstruktur als Nebenfolge des Dogmas von der Unfehlbarkeit des Papstes und durch eine sondergesellschaftliche Formierung der katholischen Gläubigen in katholischen Milieus[43]. „Im Rückgriff auf bürokratische Organisation als dem Selbstbehauptungsmittel des Jahrhunderts gelang der katholisch geprägten christlichen Tradition die Erhaltung einer der staatlichen gegenüber autonomen sozialen Organisation, wie das Faktum und der Ausgang des Kulturkampfes in Europa belegen[44].“ Der Grund für die Gewissheit des Glaubens war jetzt nicht mehr in dem schwankenden Bewusstsein des einzelnen zu suchen, „... sondern in der Organisation der Kirche mit ihrer sakramental-hierarchischen Struktur. Die Zentralthemen des Trienter Konzils waren entsprechend die Sakramentenlehre und ihr enger Bezug zur kirchlichen Hierarchie[45].“

Diese Idee wurde im 19. Jahrhundert zu einem ekklesiologischen System, d.h. zu einer „hierarchologischen Kirchentheorie“ ausgebaut. Einer ausgeprägt christomonistischen Ekklesiologie, deren Monismus eine Verkürzung bedeutete[46], die darin bestand, dass die Rolle des nach der Auferstehung erhöhten Herrn gegenüber des im Heiligen Geist gegenwärtig wirkenden Christus so gut wie nicht ins Gewicht fällt, entsprach ihre hierarchologisch-klerikale und zentralistische Rechtsordnung mit ihrem einlinigen Kommunikationsablauf von oben nach unten[47].

Galt im Mittelalter die hierarchisch strukturierte Gesellschaft insgesamt als Abbild des heiligen Kosmos, „ ... so war es nun die sakramentalisierte kirchliche Kernorganisation mit dem charismatischen Papst an der Spitze, die diese Funktion erhielt[48].“ Als Mittel zur Wahrung seiner traditionellen Identität entstand eine sondergesellschaftliche Form der kirchlichen Klientel in Gestalt katholischer Milieus, worunter im einzelnen der „...Aufbau eines alle Lebensbereiche und alle Lebensphasen umfassenden Netzes möglicher Sozialbeziehungen auf konfessioneller Basis zu verstehen ist. ... Es sollte dazu dienen, ein mit gesicherten sozialen Gesetzen versehenes, konfessionell geprägtes sozio-kulturelles Milieu zu schaffen, innerhalb dessen die in der traditionellen Symbolsinnwelt veranker-

42 Ebd., S. 19–34. Leo Karrer: Die Stunde des Laien. Von der Würde eines namenlosen Standes, Freiburg i. Br.– Basel-Wien 1999, S. 59–78.

43 Karl Gabriel: Die neuzeitliche Gesellschaftsentwicklung und der Katholizismus als Sozialform der Christentumsgeschichte, in: Karl Gabriel, Franz Xaver Kaufmann (Hrsg.): Zur Soziologie des Katholizismus, Mainz 1980, S. 201–225.

44 Ebd., S. 215.

45 Ebd., S. 217.

46 Herrmann Pottmeyer: Der eine Geist als Prinzip der Einheit der Kirche in Vielfalt. Auswege aus einer christomonistischen Ekklesiologie, in: Pastoraltheologie 2, 1985, S. 253–284, besonders S. 257 und 279.

47 Ebd., S. 257 und 279.

48 Karl Gabriel, wie Anm. 43, S. 217.

ten alltäglichen Deutungsschemata ihre soziale Bestätigung finden konnten[49]." Das prägte sich nun von Land zu Land auf verschiedene Weise aus[50].

Einen solchen Milieukatholizismus nennt der Pastoraltheologe Leo Karrer die „Bildung des Katholizismus als volkskirchlicher ‚Block' und als defensiver Schild der Kirche[51]", womit im Grunde genommen der Weg zur Formierung einer Art von katholischer Gegenwelt im Sinne einer societas perfecta, wie im Mittelalter, d.h. dem auf Erden vorweggenommenen Versuch zur Schaffung einer idealen Gesellschaft, wie sie nach dem Ende der Zeiten verheißen ist, zu beschreiben versucht wurde.

Wegen dieses Trends zur Bildung einer katholischen Sonderkultur wurden die Katholiken im Deutschen Reich angefeindet und die Elite des deutschen Laienkatholizismus focht für eine Transformation dieser Sonderkultur zu einer katholisch geprägten Teilkultur als Bestandteil einer allgemeinen deutschen Kultur[52]. Gegen diese Anfeindung, die sich als Ausgrenzung der Katholiken als Staatsbürger zweiter Klasse in dem seit 1871 einsetzenden Kulturkampf manifestierte, setzten sich die deutschen Katholiken zur Wehr und bekundeten einmal ihre Solidarität und Verbundenheit mit der Kirche durch Zusammenschlüsse unterschiedlichster Art, wozu auch die Jugendverbände zählten, denen die Verfasser der Soldatenbriefe angehörten. Andererseits aber muss die durch den Kulturkampf betriebene Ausgrenzung der deutschen Katholiken als „Staatsfeinde" geradezu traumatische Züge angenommen haben, deren Auswirkungen noch gut sechs Jahrzehnte später in den Soldatenbriefen deutlich erkennbar sind. So war bei den deutschen Katholiken nach dem Abflauen des Kulturkampfes ein geradezu übersteigert erscheinender Patriotismus von stark nationalistischen Zügen erkennbar, womit diese trotz aller Zurückstellung ihre Identität als Deutsche und Katholiken bekunden wollten. Von geradezu symptomatischer Bedeutung ist hier die Aussage aus dem o. g. Brief von Hans Niermann: „Aber an meinem Platz soll keiner besser gestanden sein!"

Diese Entwicklung hatte aber auch eine bedeutende Aufwertung der Laien, d.h. des Kirchenvolks, zur Folge, denn ohne dessen Loyalität, die der aller säkularen Sanktionsmöglichkeiten verlustig gegangene Klerus nicht mehr erzwingen konnte, hätte die Kirche ihren Rückhalt in der Bevölkerung verloren. Mit dem Aufbau eines vielgestaltigen katholischen Vereinswesens, schon seit der ersten Hälfte des 19. Jahrhunderts, wurde ganz allmählich ein Prozess der Laienemanzipation in der katholischen Kirche eingeleitet[53], der bis zur Gegenwart noch andauert. Dieses weitverzeigte Vereins- und Verbandswesen, das fast alle Lebensbereiche des deutschen Katholiken betraf, war eine Abschottung und führte zu einer „Summe von Sozialmilieus[54]". Das war aber auch Zeichen einer innerkirchlichen Solidarisierung nach außen[55], wodurch der deutsche Katholizismus nicht nur Sozialmi-

49 Ebd., S. 219.

50 Ebd., S. 219 und Heinz Hürten, wie Anm. 38, S.19–34.

51 Leo Karrer, wie Anm. 42, S. 54.

52 Wilfried Loth: Zentrum und Kolonialpolitik, in: Die Verschränkung von Innen-, Konfessions- und Kolonialpolitik im Deutschen Reich vor 1914, hrsg. von Johannes Horstmann, mit Beiträgen von Winfried Becker, Horst Günder u .a. Schwerte 1987, S. 67–84.

53 Leo Karrer, wie Anm. 42, S. 54.

54 Heinz Hürten, wie Anm. 38, S. 24.

55 Ulrich von Hehl: Das Kirchenvolk im Dritten Reich, in: Klaus Gotto, Konrad Repgen, wie Anm. 37, S. 93.

lieu sondern auch „Bewegung[56]" war. Am Vorabend des Dritten Reiches gab es in Deutschland ungefähr 280 katholische „große und kleine Organisationen und Organisatiönchen[57]".

Die katholischen Milieus hatten allerdings nie zu einer völligen Abschottung von der Außenwelt, wie z. B. in den osteuropäischen jüdischen Ghettos, geführt. Als Folge der durch die zunehmende Industrialisierung beginnenden Umstrukturierung der Bevölkerung in Teilen Deutschlands, begann die Prägekraft vieler katholischer Milieus zu schwinden. Dennoch war der Milieukatholizismus bis in die Zeit nach dem Zweiten Weltkrieg in Deutschland dominierend.

Ein neuer Aufbruch des deutschen Katholizismus zeichnete sich nach dem Ende des Ersten Weltkrieges ab. In dieser Zeit nach dem Zusammenbruch der alten Ordnung und Ende des verlorenen Krieges war die römisch-katholische Kirche die einzige noch intakte Ordnungsmacht, deren geistliche Hierarchie ungebrochen war und die eine gesellschaftliche Unter- und Überordnung sowie berufsständische Kategorien auch weiterhin mit Nachdruck zu vertreten wusste. Angesichts des Scheiterns der antikatholischen liberalen und aufgeklärten Kultur bekamen die traditionellen katholischen Ordnungen und Werte nach ihrem über lange Jahre dauernden Schattendasein in der öffentlichen Entwicklung geradezu eine Hochkonjunktur[58]. Dies führte auf religiösem Sektor zu einer wachsenden Neubesinnung auf den Wert der Gemeinschaft und zur Bindung an feste Normen und damit auch für Dogma, Kirche, Bibel und Liturgie[59].

So war der deutsche Katholizismus der zwanziger und frühen dreißiger Jahre von einem gewissen Aufbruch „aus dem Exil ins Reich der nationalen Kultur" gekennzeichnet, wobei ein „neues Selbstbewusstsein ..., welche jeden Schatten von Inferiorität verleugnete[60]", für seine Selbstdarstellungen typisch war. Dies zeigte sich auch in der Entwicklung des katholischen Organisationswesens in der Zwischenkriegszeit deutlich, wobei es zur Bildung von Großorganisationen kam, wofür die Entstehung des Katholischen Jungmänner-Verbandes (KJMV) als größte katholische Jugendorganisation beispielhaft ist. Als Ausdruck einer Verstärkung der kirchlichen Bindung, waren diese Zusammenschlüsse nicht mehr Laienvereine nach der Art des 19. Jahrhunderts, sondern kirchliche Vereinigungen mit geistlicher Leitung. In ihrer Führungsstruktur besaß zwar das Laienelement einen stärkeren Anteil, dieser war allerdings begrenzt[61]. So war der o. g. Hans Niermann zwar Reichsführer der Sturmschar des KJMV, die tatsächliche Leitung aber hatte dessen Präses, Prälat Ludwig Wolker, inne, der den KJMV vor allem vor den deutschen Bischöfen vertrat[62].

Diese Vorherrschaft, die von Klerus und Episkopat in den katholischen Vereinigungen ausgeübt wurde, die nunmehr kirchliche Organisationen waren und die Geistliche

56 Heinz Hürten, wie Anm. 38, S. 24.

57 Ulrich von Hehl, wie Anm. 55, S. 94.

58 Thomas Ruster: Die verlorene Nützlichkeit der Religion. Katholizismus und Moderne in der Weimarer Republik, Paderborn-München-Wien-Zürich 1992, S. 16.

59 Karl Bihlmeyer, Hermann Tüchle: Kirchengeschichte, Bd. 3: Die Neuzeit und neueste Zeit, Paderborn u. a.[20] 1996, S. 486.

60 Heinz Hürten , wie Anm. 38, S. 144.

61 Ebd., S. 123.

62 Barbara Schellenberger, wie Anm. 2, passim

Programmblatt zu den Veranstaltungen zur Feier des 25jährigen Jubiläums des Verbandes der Katholischen Jugend- und Jungmännervereine Deutschlands, Pfingsten 1921 in Düsseldorf (1. Verbandstag des KJMV)

Archivbestand DstHdh Reg. Nr. 1. 3207.1

auch in der politischen Führung des deutschen Katholizismus (vgl. Prälat Ludwig Kaas als Führer der Zentrumspartei) inne hatten, war ein Erbe des Kulturkampfes. Damals hatte sich das katholische Kirchenvolk in der Abwehr gegen eine staatliche Obrigkeit, die sein religiöses Lebensrecht bedrohte, eng um seine Priester und Bischöfe geschart, als diejenigen, gegen die sich die staatlichen Verfolgungsmaßnahmen am unmittelbarsten gerichtet hatten und sah entsprechend der oben skizzierten damaligen Ekklesiologie in ihnen seine eigentlichen Führer auch im weltlich-politischen Bereich[63].

Das zeigt sich auch in allen Briefen, die katholische Wehrmachtsoldaten an ihre Jugendseelsorger schrieben. Die Geistlichen werden auch bei engster Verbundenheit stets als Inhaber ihrer hierarchischen Stellung und als geistliche Führer behandelt.

Den katholischen Laien, die sich in den zahlreichen und unterschiedlichen katholischen Vereinigungen engagierten, ging es nicht um Strukturveränderungen innerhalb der

63 Ernst Wolfgang Böckenförde: Der deutsche Katholizismus im Jahre 1933. Kirche und demokratisches Ethos, mit einem historiographischen Rückblick von Karl Egon Lönne. Schriften zu Staat-Gesellschaft-Kirche, Bd. 1, Freiburg i. Br.-Basel-Wien 1988, S. 41.

Kirche, wenngleich das in einigen wenigen Briefen aus der zweiten Kriegshälfte von einigen jungen Soldaten durchaus angedeutet wurde[64]. Ernst Wolfgang Böckenförde beschreibt diese Einstellung: „Das politische Denken und Wollen des Christen, insbesondere des Katholiken, ist an inhaltlichen Werten orientiert, nicht an einer formellen Verfassung. Es geht ihm um die Ordnung und Gestaltung des staatlichen und gesellschaftlichen Lebens nach den aus Offenbarung und Naturrecht sich ergebenden Grundsätzen und deren Anwendung, soweit sie den sozialen Bereich betreffen. Demgegenüber sind Fragen der Staatsform von untergeordneter Bedeutung; der Christ ist geneigt, sie danach zu beurteilen, inwieweit die einzelne Staatsform die Verwirklichung dieser gültigen Prinzipien verbürgt oder doch erleichtert[65]." Das hatte u. a. zur Folge, dass die damaligen Katholiken in Deutschland, wie auch die Führer und Angehörigen der katholischen Jugendverbände in einer autoritären Staats- und Regierungsform an sich keine Bedrohung erkannten.

Die hier skizzierte Verstärkung der kirchlichen Bindung mit ihrer Akzeptanz der Führungsrolle von Bischöfen und Priestern erfuhr dann in den Jahren der Bedrängnis durch die Machthaber des NS-Regimes eine besondere Ausprägung und ist letztlich auch die Ursache für das Zustandekommen der zahlreichen Soldatenbriefe, die Mitglieder der inzwischen verbotenen katholischen Jugendorganisationen vornehmlich an ihre geistlichen Führer und Seelsorger gerichtet haben.

Katholische Jugendorganisationen im Deutschland der 20er und 30er Jahre; Jugendseelsorge mit Methoden der Jugendbewegung

Verfasser und Adressaten der Briefe, d. h. junge katholische Wehrmachtsoldaten und Jugendseelsorger standen in einer Tradition katholischer Jugendvereinigungen, die vor gut 300 Jahren in der ersten Hälfte des 17. Jahrhunderts mit Vereinigungen von Schülern und Jünglingen an den Wirkungsstätten der Jesuiten nach dem Vorbild der Marianischen Kongregation ihren Anfang genommen hatte. Dies geschah im Rahmen der seit dem Mittelalter erkennbaren Bemühung der katholischen Kirche um eine personen- und gesellschaftsspezifische Seelsorge, indem man immer wieder neue Wege beschritt, um den Erfordernissen der jeweiligen Zeit zu entsprechen. Im Rahmen des o.g. katholischen Vereinswesens gingen seit der Mitte des 19. Jahrhunderts von der Gründung der ersten Gesellenvereine durch den Priester Adolf Kolping (1813–1865) neue Impulse für die Vereinigungen katholischer Jugend aus. In Düsseldorf erfolgte 1896 ein erster Zusammenschluss von 600 Vereinen der werktätigen männlichen Jugend als „Verband der Katholischen Jugend- und Jungmännervereine Deutschlands", der im wesentlichen ein Zusammenschluss der geistlichen Präsides, d. h. der kirchlichen Führungskräfte war, die sich bei ihren jährlichen Zusammenkünften über die Methoden der Jugendführung berieten. 1907 umfasste

64 Brief von Bernhard Utters an den Jugendseelsorger Hans Böhner vom 10. 5. 1941 aus dem Osten. SKTS: Böhner. Brief von Bernhard Utters an den Jugendseelsorger Hans Böhner vom 25. 9. 1941 aus Russland. SKTS: Böhner. Brief des NDers Tom Pontzen an den NDer Karl Heinrichs aus Paris vom 10. 5. 1942. SKTS: Strunck.

65 Ernst Wolfgang Böckenförde, wie Anm. 63, S. 31.

dieser Dachverband etwa 150.000 Jugendliche, 1918 war die Mitgliederzahl bereits auf 350.000 angewachsen. Im Stil der alten Kongregationen sollten die Mitglieder zu einem bewussten Christentum erzogen und bei ihnen der Sinn für das Apostolat geweckt werden. Zusätzlich wollte man aber auch vollwertige Bildungs- und Erziehungsarbeit leisten und Voraussetzungen für die Einfügung bzw. Erweiterung der beruflichen und sozialen Aufgaben in der Tätigkeit der in diesem Dachverband zusammengeschlossenen Vereine schaffen.

Erste Gruppen katholischer Bündischer Jugend entstanden 1909[66], wobei der aus abstinenten Schülerzirkeln hervorgegangene, seit 1913 „Quickborn" genannte Bund unter seinem geistlichen Führer, dem Theologen Romano Guardini (1885–1968), als Promotor der „Liturgischen Bewegung" eine für die gesamte katholische Jugendbewegung prägende Rolle spielen sollte.

1919 gründete der Erzbischof von Köln, Kardinal Hartmann, zusammen mit dem Jesuitenpater Ludwig Esch SJ als erstem geistlichen Führer den Schülerbund „Neudeutschland" (ND), der sich 1923 im „Hirschbergprogramm" zur Jugendbewegung bekannte. In Würzburg entstand 1920 die „Deutsche Jugendkraft" (DJK) als Zusammenschluss von Sportgruppen innerhalb des „Verbandes der katholischen Jugend- und Jünglingsvereine Deutschlands" und anderer katholischer Jugendverbände[67], der 1933 690.000 Mitglieder umfasste[68].

In den 20er Jahren bildete sich aus dem 1896 gebildeten Dachverband der „Katholische Jungmännerverband" (KJMV), der ab 1930 diese Bezeichnung auch offiziell führte. An seine Spitze wurde 1927 der spätere Prälat Ludwig Wolker (1887–1955) als Generalpräses berufen. Der aus Bayern stammende Ludwig Wolker war ein geistlicher Jugendführer von hohem Charisma, der den Verband endgültig von den traditionellen Formen des katholischen Vereinslebens, d.h. von vorherrschenden Betreuungs- und Jugendpflegetendenzen loslöste und ihn dem Geist und für die Übernahme der Methoden der Jugendbewegung öffnete. 1928 änderte sich die Verbandsarbeit grundlegend, wobei die Jungmännerbewegung voll zum Durchbruch kam. Barbara Schellenberger resümiert diese Wende: „Den Jugendlichen selbst wurde die Verantwortung für die technisch-organisatorische Verbandsführung und für die persönliche Führung anderer junger Menschen anvertraut. Weitere Marksteine in der Geschichte des KJMV setzte Wolker 1931 auf der Reichstagung zu Trier – zum ersten Mal wurde hier neben einer organisatorischen, einer religiös-kirchlichen, einer erzieherischen und sozial-karitativen auch von einer volkspolitischen Aufgabe gesprochen – und 1932 durch die Festlegung des organisatorischen Aufbaus im ‚Grundgesetz'[69]", d.h. in der Satzung des KJMV. Der KJMV gliederte sich in drei Altersgruppen (Jungschar, bis 14 Jahre, Jungenschaft, 14–18 Jahre, Jungmannschaft, über 18 Jahre), ferner gehörten ihm fünf selbständige Gemeinschaften an, von denen hier nur der Bund Neudeutschland, die Deutsche Pfadfinderschaft St. Georg (DPSG) und die Sturmschar zu nennen sind[70].

66 Barbara Schellenberger, wie Anm. 2, S. 1–5.

67 Gerold Schmitz OFM: Die katholische Jugendbewegung, Stein a. Rhein 1997, S. 31.

68 Barbara Schellenberger, wie Anm. 2, S. 192.

69 Dieselbe: Ludwig Wolker (1887–1955), in: Zeitgeschichte in Lebensbildern: Aus dem deutschen Katholizismus des 19. und 20. Jahrhunderts, hrsg. von Jürgen Aretz u. a., Mainz 1982, S. 136 f.

70 Dieselbe, wie Anm. 2, S. 14.

Reichssturmscharführer Franz Steber (links) und Generalpräses Ludwig Wolker bei der Abschlusskundgebung des Reichstreffens der Sturmschar 1932 in Koblenz.

Aus: Sie hielten stand, S. 25

Die aus den im Verband der Katholischen Jugend- und Jungmännervereine zusammengeschlossenen Wandergruppen 1928 entstandene Sturmschar war ein später Zweig der Bündischen Jugend[71] und sollte für die Wirksamkeit des KJMV von besonderer Bedeutung sein[72], da die an Ideenreichtum und Initiative gewöhnte Bündische Jugend in der Sturmschar das Hauptkontingent an Führungskräften für den KJMV stellte[73]. Nach §15 des „Grundgesetzes" des KJMV war sie definiert: „Sie ist die junge Bewegung des Verbandes, die ... Ziel und Wollen des Jungmännerverbandes unmittelbar vorantragen will und darum in Verein und Verband zu Dienst und zu Führung sich bereitstellt[74]." Im Rundbrief der Sturmschar von 1930 wurde das Wesen der sich unter dem Christuszeichen (gebildet aus den griechischen Buchstaben Chi und Rho=PX) formierenden Bewegung be-

71 Sie hielten stand. Sturmschar im Katholischen Jungmännerverband Deutschlands, hrsg. von Bernd Borger, Hans Schroer, Düsseldorf 1989, S. 11 und S. 226.
72 Barbara Schellenberger, wie Anm. 2, S. 14.
73 Gerold Schmitz, wie Anm. 67, S. 30.
74 Barbara Schellenberger, wie Anm. 2, S. 15.

schrieben: „Sturmschar heißt also etwas Kräftiges, Wuchtiges sein. Die zu ihr gehören, müssen Kerle sein. Ganz müssen sie sein – der Sturm kennt kein Hindernis, kein Ausweichen, keine Halbheit. Eroberer müssen sie sein – der Sturm ruht auch nicht eher bis er Sieger ist. Schwach dürfen sie nicht sein – Sturm bedeutet Kraft ... Es sollen Menschen sein, die nicht an sich denken, die nur ihre Aufgabe erfüllen für den, der sie gesandt hat, Christus[75].“

Franz Steber (1904–1983) von 1930 bis 1935 als Reichssturmscharführer diesen Bund am nachhaltigsten prägend, formulierte als umfassendes Erziehungsziel des Sturmschärlers, in dessen Leben der Glaube eine zentrale Stelle einnimmt: „Wachrufen des Jungen und der Jungengemeinschaft, dass sie selbständig wird, reif und verantwortlich, das Leben in der Welt neu zu gestalten; ein lebendiges und innerliches Verbundensein mit den Dingen der Welt zu bekommen, damit der lebendige Christus aus unserer Jugend sich darin ergieße und so alle und alles durchdringt. Darum ist unser Jugendreich nicht nur Jugendreich, sondern Erziehung zum Mann geworden, zum mündig gewordenen, selbstentscheidenden, selbstverantwortlichen der Gemeinschaft verpflichtenden katholischen Menschen[76].“ Mit dieser Forderung nach einer aus dem katholischen Glauben geprägten Individualität zog sich Franz Steber schon 1932 den Hass der Nationalsozialisten zu, als er in Trier öffentlich erklärte: „Wir wehren uns als Katholiken und auch als junge Deutsche gegen alle Formen eines absolutistischen Machtstaates.“ Steber wurde 1937 vom Volksgerichtshof zu fünf Jahren Zuchthaus verurteilt[77]. Von dieser Haltung, wie sie in dem o. g., im pathetischen Stil der damaligen Zeit formulierten Rundbrief von 1930 und in der Aussage von Franz Steber, dem Vorgänger des eingangs zitierten Hans Niermann, zum Ausdruck kommt, sind fast alle der 243 Briefe junger katholischer Wehrmachtsoldaten geprägt. Diese Männer gehörten zumeist der Sturmschar an, dem Bund Neudeutschland oder der Pfadfinderschaft St.Georg.

Georg Pahlke kommt in seiner Untersuchung „Trotz Verbot nicht tot; Katholische Jugend in ihrer Zeit“ zu dem Ergebnis, dass 1933 zu Beginn der nationalsozialistischen Herrschaft etwa 30% der männlichen katholischen Jugendlichen Mitglieder katholischer Jugendorganisationen waren, wobei es von diesem Durchschnittswert erhebliche Abweichungen gab, je nach dem Anteil der Katholiken in der jeweiligen Region. Auch der Schülerbund Neudeutschland umfasste 1933 mit 21.472 Mitgliedern 30% aller katholischen Gymnasiasten in Deutschland[78].

Mit seiner Hinwendung zu den Ideen der Jugendbewegung, die der KJMV als Dachorganisation fast aller katholischen Jugendorganisationen offiziell seit 1928 vollzog, hatte sich die katholische Jugendseelsorge Ideen und Methoden eines Aufbruchs von Jugendlichen zu eigen gemacht, die sich um 1900 von der Starrheit der wilhelminischen Gesellschaft, von „Bürger und Verbindungsmief“ und von den Erziehungsnormen der Welt der „Alten“ freimachen wollten[79], weil sie die hiervon erzwungenen Lebensformen

75 Hans Schroer: Sturmschar im Aufbruch, in: Sie hielten stand, wie Anm. 64, S. 14.

76 Gerold Schmitz, wie Anm. 67, S. 56 f.

77 Ebd., S. 57.

78 Georg Pahlke: Trotz Verbot nicht tot. Katholische Jugend in ihrer Zeit, Bd. III: 1933–1945, Paderborn 1995, S. 52 und S. 445, Anm. 177–179.

79 Winfried Mogge: „Wann wir schreiten Seit' an Seit' ...“. Das Phänomen „Jugend“ in der deutschen Jugendbewegung, in: Typisch deutsch: Die Jugendbewegung. Beiträge zu einer Phänomengeschichte,

und Gesinnungen vielfach als hemmend und niederdrückend empfand. Dabei strebte man keine Freiheit an, die zur Zügellosigkeit ausartete, sondern man wollte sich unter strenge, aber selbstgewählte Gesetze stellen. Diese Jugendlichen wollten zunächst einmal jung sein nach Art der Jungen und sie wollten den Alten beweisen, dass in der Jugend neue Kräfte lebendig sind, die neue Werte schaffen können[80].

Dieser Aufbruch von Jugendlichen, der dann zur Jugendbewegung wurde, begann aus verschiedenen Anfängen im letzten Jahrzehnt des 19. Jahrhunderts, wobei das Gymnasium in Berlin-Steglitz der bekannteste Ausgangspunkt wurde. Schülergruppen begannen unter nur wenig älteren Führern Wanderungen zu unternehmen. Erste Organisationen entstanden, 1901 gab man sich den Namen „Wandervogel" und gründete als eingetragenen Verein den „Wandervogel, Ausschuss für Schülerfahrten", der sich nach 1904 in verschiedenen Gruppierungen zu spalten begann[81]. Diese von Schülern in Gang gesetzte Entwicklung einer Jugendkultur wurde aber schon bald als Modell freier jugendlicher Lebensart auch von jugendlichen Arbeitern übernommen, die sich ebenfalls zu ähnlichen Gruppierungen wie die der Wandervögel zusammenzuschließen begannen, wobei dies dann aus Motiven geschah, die mit der belastenden Arbeitswelt zusammenhingen. Damit war es kurz vor Ausbruch des Ersten Weltkrieges in Deutschland zu einer weit verzweigten Aufbruchstimmung in der Jugend gekommen, die bis in die Universitäten vordrang[82].

Joachim H. Knoll sieht in der Jugendbewegung zunächst einen besonders ausgeprägten Anspruch auf Eigenerziehung und Eigenverantwortlichkeit, „also das besondere Konzept einer neuen jugendlichen Bewußtheit und Eigenwertigkeit[83]." Dies drückt auch die auf dem „Freideutschen Jugendtag" im Oktober 1913 auf dem Hohen Meißner, einem Treffen von zwei- bis dreitausend Vertretern jugendbewegter und lebensreformerischer Verbände, nach heftigen Diskussionen entstandene Formel eines neuen Jugendwillens aus: „Die Freideutsche Jugend will aus eigener Bestimmung, vor eigener Verantwortung mit innerer Wahrhaftigkeit ihr Leben gestalten. Für diese innere Freiheit tritt sie unter allen Umständen geschlossen ein[84]." Die Jugendbewegung speiste sich aus den unterschiedlichsten Quellen der damaligen Zeitstimmung, wie beispielsweise Zivilisationskritik, um nur eine zu nennen, wobei der Selbsterziehungsanspruch Jugendlicher auch zu einer Ideologie von spezifischer Jugendkultur und Jugendreich führte.

In Walter Flex (1887–1917), dem am 15. Oktober 1917 auf Ösel gefallenen Infanterieleutnant erwuchs der Jugendbewegung ein Dichter, der als „Romantiker des Krieges" mit seinem 1916 veröffentlichten Roman „Der Wanderer zwischen beiden Welten" eine idealistisch, im christlichen Glauben fundierte, Schilderung der Kriegskameradschaft vorgelegt hatte, die die Jugendbewegung der zwanziger Jahre nachhaltig beeinflußte[85], des-

hrsg. von Joachim Knoll und Julius H. Schoeps, mit Beiträgen von G. Fiedler u. a., Opladen 1988, S. 240.

80 Rolf Eilers: Konfession und Lebenswelt. 75 Jahre Bund Neudeutschland 1919–1994, Mainz 1998, S. 58 f.

81 Winfried Mogge, wie Anm. 79, S. 39.

82 Gerold Schmitz, wie Anm. 67, S. 23 f.

83 Joachim H. Knoll: Typisch deutsch? Die Jugendbewegung, in: Typisch deutsch, wie Anm. 79, S. 11.

84 Ebd., S. 11 f.

85 Anselm Salzer, Eduard von Funk: Illustrierte Geschichte der deutschen Literatur, neu bearbeitet von Claus Heinrich, Jutta Munster-Holzlar, Bd. IV: Vom jungen Deutschland bis zum Naturalismus, Köln o. J. S. 367.

sen Nachwirkungen auch in den Briefen der katholischen Wehrmachtsoldaten zu finden sind. Der Kernsatz seines Romans: „Rein bleiben und reif werden – das ist die schönste und schwerste Lebenskunst[86]," womit er den Geist des Wandervogels auf die knappste Formel brachte, sollte sich als Leitspruch tief in die Jugendbwegung einprägen, vor allem aber auch in ihren konfessionellen Teil[87].

In seiner Analyse der Jugendbewegung verweist Joachim H. Knoll auch darauf, dass sie „viel stilbildende Potenz hervorgebracht und vermehrt hat und dass ihr Ertrag über die individuelle Lebensformung hinaus auch zu einer öffentlich zu nennenden pädagogischen Bewußtheit verholfen hat[88]." So ist die Jugendbewegung mit ihrer damaligen Reformpädagogik in einen engen Zusammenhang zu stellen, da sie sich mit dieser „aus jenem Veränderungswillen speist, der mit: Zivilisationskritik, Natursehnsucht und Wiederentdeckung des Volkstümlichen und Volkstumhaften verknüpft ist[89]."

Die Jugendbewegung war durchaus ein typisch deutsches Phänomen, das sich im eigentlichen Sinne nur im Deutschen Reich, Österreich, der Schweiz und „eher beiläufig im flämischen Belgien und in den Niederlanden[90]" ereignete. Als „typisch deutsch" lässt sich nach Knoll die Jugendbewegung unter Stichworten kennzeichnen, „die auch in Übereinstimmung mit einer völkerpsychologischen Betrachtungsweise zu sehen wären: – mittelalterliche jugendliche Rittergesinnung, – romantischer Jugendkult, – volkstumhafte Rückerinnerung an das Kulturerbe, das sich in Sprache, Lied und Tanzgut ausdrückt, – Führer- und Gefolgschaftsideologie, also eine Form von Bündigung, die geschichtlich zu begründen ist, – kosmopolitische Weite und Heimatflucht, die Völker in einem volkstumhaften Verband begreift, die zwar geographisch fernerliegend, gleichzeitig aber emotional als näherstehend empfunden werden[91].

Mit diesen Stichworten sind Phänomene bezeichnet worden, die in unterschiedlich starker Ausprägung bei allen der Jugendbewegung zuzuordnenden Jugendorganisationen zu finden waren, wenngleich diese selbst – und das ist für die Jugendbewegung charakteristisch – auf unterschiedlichsten und teilweise diametral entgegengesetzten weltanschaulichen Fundamenten beruhten. Auch in den vorliegenden Soldatenbriefen trat dies zutage, wenn beispielsweise die Feldzüge der ersten Kriegsjahre als „Fernfahrten" erlebt werden, wie das aus der eingangs zitierten Tagebuchnotiz von Hans Niermann deutlich wird.

Mit Ausnahme des letzten Stichwortes von der „kosmopolitischen Weite und Heimatflucht", was in der Tat vorrangig Gedankengut jugendbewegter Jugendbünde war, werden hiermit Richtungen von Zeitgeisttendenzen gekennzeichnet, wie sie von vielen Gruppierungen in Deutschland schon um die Jahrhundertwende vertreten wurden. Bezogen auf die deutschen Katholiken lagen die Wurzeln solcher Ideen in der o.g. Skizzierung einer Traditionalisierung, als dem von der katholischen Kirche in Deutschland in Folge der Romantik des 19. Jahrhunderts gemachten Versuch einer Anknüpfung an ein christlich geprägtes Imperium Romanum des Mittelalters. Ähnlichen Motiven entsprang auch eine Betonung der Volksgemeinschaft als völkische, nationale Kulturgesellschaft, was

86 Walter Flex, wie Anm. 22, S. 37.
87 Gerold Schmitz, wie Anm. 67, S. 26.
88 Joachim H. Knoll, in: Typisch deutsch?, wie Anm. 79, S. 13.
89 Ebd., S. 18.
90 Ebd., S. 17.
91 Ebd., S. 17 f.

Der Bamberger Reiter als Symbolfigur für ein ideales christliches Reich.
Der Kupfertiefdruck von L. Schwan, Düsseldorf, zeigt den Kopf dieses Reiterstandbildes aus dem Hochmittelalter im Bamberger Dom. In der NS-Zeit galt der Bamberger Reiter der katholischen Jugend Deutschlands als Ideal eines christlichen Ritters und Herrschers.

Aus: Sie hielten stand, S. 55

Der Bamberger Reiter
Nachzeichnung von Willi Krause, Titelbild der einmaligen Festschrift „Uns ruft die Stunde" der katholischen Kirchengemeinde in P. O. W. – Camp Fort Devens, Mass., USA 1945

DstHdh: A 1.3204 Norbert Katz

Das aus der 2. Hälfte des 13. Jahrhunderts stammende Reiterstandbild im Dom zu Bamberg galt jungen Katholiken im Deutschland der 30er und 40er Jahre geradezu als Idealbild eines christlichen Kämpfers und heiligen Ritters. Selbst noch in der Kriegsgefangenschaft in den USA fühlte sich Willi Krause 1945 zu einer Nachzeichnung inspiriert.

dann später in der NS-Propaganda zu einem regelrechten Kult von Natur und Ländlichkeit, Blut und Boden, selbst bis zur Wiederanknüpfung an heidnisch-vorchristliche Traditionen führen sollte. Diese völkische Bewegung war eine seit Ende des 19. Jahrhunderts in Deutschland sich weitverbreitende Geisteshaltung, die u. a. auch zu durchaus positiven Erscheinungen, wie zur Gründung von Heimatvereinen oder zur Sammlung von Gegenständen der vorindustriellen bäuerlichen Kultur in Heimatmuseen führte. Auch die völkische Bewegung dürfte ihre geistigen Wurzeln in der Romantik des 19. Jahrhunderts besessen haben und war seit der Jahrhundertwende ein in Deutschland typischer Zeitgeisttrend, der dann auch von den deutschen Katholiken mitgetragen und umgeformt wurde. Dieser Volksgedanke hatte in der katholischen Literatur dieser Zeit nach dem Ersten Weltkrieg einen festen Platz und entsprach einer Sehnsucht nach innerer Einheit und Gemeinschaft, mit der sich unschwer die Brücke vom Mythos zum Reich schlagen ließ[92].

Auch von der katholischen Jugend wurde die völkische Bewegung rezipiert, aber in einen christlichen Sinnzusammenhang gebracht. Weil die katholische Welt die völkische in sich enthielte und sie durch Erlösung auch ihrer natürlichen Isolierung und ihren Einseitigkeiten und Verzerrungen befreie, glaubte der damals bekannte katholische Soziologe und Pädagoge Waldemar Gurian 1924, dass mit einer solchen katholischen Umformung von Ideen der völkischen Bewegung ein Wettlauf der Völkischen um die Gunst der Massen zu gewinnen sei[93]. Denn das in der Welt der katholischen Jugend enthaltene „Völkische“ entsprang der Sehnsucht nach Gemeinschaft und der festgegründeten Verbundenheit Gleichgesinnter, der Suche nach dem Eigentlichen in der Liturgie, in der Natur, in der Kunst, im gemeinsamen Fühlen und Wollen, in der Abkehr von der Bürgerlichkeit und der Wirklichkeit des pluralistischen Staates, einer Verherrlichung von Kraft, Ritterlichkeit, Kampfeswillen und Unterordnung unter die gemeinsame Sache sowie einem starken Bedürfnis nach Autorität und rechtmäßiger Obrigkeit, als die man letztlich die Weimarer Demokratie nicht ansehen wollte[94], Gedanken, die sich auch in den oben zitierten Passagen aus dem Rundbrief der Sturmschar von 1930 und den Aussagen von Franz Steber finden. In den katholischen Jugendbünden fand dies vor allem nach 1933 seinen Niederschlag in der Verehrung ritterlicher Heiligen, wie dem Erzengel Michael als Anführer ritterlicher Himmelsheere gegen den Satan, in der Verehrung des hl. Georgs, in Christkönigsliedern und in zahlreichen Loyalitätskundgebungen gegenüber den Bischöfen, die zwar immer als religiöse Veranstaltungen durchgeführt wurden, wobei die Gestapo und der Sicherheitsdienst (SD) solche öffentlichen Sympathiekundgebungen, in denen die Bischöfe quasi als „Gegenführer“ zu den Funktionären des NS-Regimes von den Jugendlichen herausgestellt wurden, als politische Artikulationen gegen den Nationalsozialismus interpretierten[95]. Auch in den vorliegenden Soldatenbriefen finden sich für all diese Motive zahlreiche Belege.

92 Thomas Ruster, wie Anm. 58, S. 100.

93 Waldemar Gurian: Die religiöse Gedankenwelt der Proletarier-Jugend, in: Hochland, 21. Jg. Heft 2, 1924, S. 435–439.

94 Thomas Ruster, wie Anm. 58, S. 101.

95 Georg Pahlke, wie Anm. 78, S. 193.
Armin Hildebrand: Das Limburger Domjubiläum 1935 in der Auseinandersetzung zwischen Kirche und NS-Staat, in: Archiv für mittelrheinische Kirchengeschichte, 32. Jg., 1980, S. 147–200.

Mit einem solchen Anschluss an die nationale und völkische Bewegung, die in den Jahren nach 1933 dann vom Nationalsozialismus aufgesogen und dann als genuin nationalsozialistisches Gedankengut hingestellt werden sollte, sah der deutsche Katholizismus damals offenbar die Möglichkeit zu einem endgültigen Verlassen des katholischen Kulturkampfghettos[96].

Die katholische Jugendbewegung in Deutschland wurde aber auch von der Pfadfinderbewegung geprägt[97]. Ihr Begründer war der britische General Sir Robert Baden-Powell (1857–1941), der nach den Burenkriegen Jugendliche aus dem englischen Arbeitermilieu zu brauchbaren Anwärtern für die Kolonialtruppen heranbilden wollte und dabei das pädagogische Potential seiner auf Religiosität, Naturverbundenheit, Handfertigkeit, Kameradschaft und Dienstbereitschaft beruhenden Methoden erkannte. Seit 1907 entwickelte er auf diesen Grundlagen eine internationale Jugendorganisation, die sich in rascher Folge als Pfadfinderei weltweit auszubreiten begann. Im Gegensatz zur deutschen Jugendbewegung lag hier der Akzent eher auf jugendpflegerischem Gebiet. In der deutschen Pfadfinderschaft St. Georg entstand dann in den 20er Jahren ein Zweig der Pfadfinderschaft, wo diese Methoden der Jugendpflege auf der Grundlage christkatholischer Sinngebung mit Ideen der Jugendbewegung verschmolzen wurden. Eine ganze Reihe von Verfassern der vorliegenden Briefe gehörten der Deutschen Pfadfinderschaft St. Georg an.

Dass die geistlichen Führer katholischer Jugendverbände sich so nachhaltig der Jugendbewegung zuwandten, lag einmal in ihrem hohen pädagogischen Potential von aktuellen und jugendspezifischen Erziehungsmethoden, wie es vorangehend beschrieben wurde, was am deutlichsten in dem von 1923 bis 1926 unter der Ägide von Jesuitenpatres, wie Ludwig Esch SJ (1883–1956), als theologisch besonders fundiertem Grundsatzprogramm, dem Hirschbergprogramm, erarbeitet wurde. Darin bekannte sich der Bund Neudeutschland zur „Lebensgestaltung in Christus". Getreu des thomistischen Lehrsatzes „Die Gnade setzt die Natur voraus und erhebt sie" (gratia supponit naturam, elevat et perficit eam.), waren sich die Autoren darin einig, dass ein solches spirituelles Ziel nur auf einer angepassten weltlichen Basis mit natürlichen Mitteln erreichbar ist. Bezogen auf die praktische Erziehungsarbeit bedeutet das, Gott kommt dem Menschen bei seinem Streben nach Vollkommenheit mit seiner Gnade in dem Maße zur Hilfe, wie weit der Mensch in eigenem Bemühen nach einer möglichst eigenen Vollkommenheit strebt. Mit einer an den von der Jugendbewegung proklamierten Werten Einfachheit, Natürlichkeit und innere Wahrhaftigkeit ausgerichteten Lebensführung sah man einen Weg zur Vollkommenheit. Dies wurde als Voraussetzung gesehen, das Ziel, das sich Neudeutschland gesetzt hatte, zu realisieren: Lebensgestaltung in Christus[98]. Ein anderer wesentlicher Beweggrund war die Akzentsetzung der Jugendbewegung auf Bildung und Pflege von Gemeinschaft. Nach katholischer Lehre ist der Christ zwar ein Individuum und ist als Person durchaus für sein Handeln verantwortlich, er wird aber stets in der Gemeinschaft der Gläubigen gesehen. Daher wurden die katholischen Jugendorganisationen wohl am nachhaltigsten von einer auf dem religiösen Sektor entstandenen und wachsenden Neubesinnung auf den Wert von

96 Rudolf Morsey: Die Katholiken und das Dritte Reich, in: Klaus Gotto, Konrad Repgen, wie Anm. 37, S. 23.
97 Gerold Schmitz, wie Anm. 67, S. 22.
Georg Pahlke, wie Anm. 78, S. 84.
98 Rolf Eilers, wie Anm. 80, S. 83.

Gemeinschaft und für die Bindung an feste Normen und damit auch für Dogma, Kirche, Bibel und Liturgie geprägt[99].

Zum entscheidenden Träger dieser Neubesinnung wurde die Liturgische Bewegung, deren Wurzeln in der im späten 19. Jahrhundert einsetzenden Erneuerung des benediktinischen Mönchtums lagen. Ausgehend von einer nunmehr verstärkten Pflege des bei den Benediktinern besonders hochgehaltenen gemeinschaftlichen Gebetes, regte der Benediktinermönch der belgischen Abtei Mont César, Dom Lambert Beaudin, auf dem Katholikentag in Mecheln 1909 an, die Liturgie als das eigentliche Gebet der Kirche zur Grundlage der Volksfrömmigkeit zu machen. Das sollte durch die Bereitstellung der lateinischen Messtexte und der Sonntagsvesper in landessprachlichen Übersetzungen für das Kirchenvolk geschehen. Dom Beaudin konnte sich dabei auf entsprechende Dekrete von Papst Pius X. von 1903, 1904 und 1905 berufen, die zur aktiven Teilnahme der Gläubigen an den heiligen Mysterien und an dem öffentlichen und feierlichen Gebet der Kirche aufgerufen hatten, was dann auch von den deutschen Benediktinern aufgegriffen wurde. Die nun langsam entstehende Liturgische Bewegung, deren geistliche Führung bei der Benediktinerabtei Maria Laach unter ihrem dort seit 1913 wirkenden Abt Ildefons Herwegen (1875–1946) lag, beschränkte sich zunächst in Deutschland auf Akademikerkreise. Der Theologe Romano Guardini gab dieser Bewegung durch seine Schriften die theologische Fundierung, wie sie sich dann ausgehend durch den von ihm geleiteten und an der Jugendbewegung orientierten Jugendbund „Quickborn“ als Liturgische Bewegung in den katholischen Jugendorganisationen zu verbreiten begann. Auch in den Pfarrgemeinden fing die Liturgische Bewegung etwa um 1930 an, unter dem Motto „Volksliturgie und Seelsorge“ als tragende Elemente der Gemeindearbeit Fuß zu fassen[100]. Das Hauptanliegen der Liturgischen Bewegung hatte Romano Guardini in seiner erstmals 1918 veröffentlichten Schrift „Vom Geist der Liturgie“ dargelegt, die in den folgenden Jahren immer wieder neu aufgelegt wurde. „Nächster und eigentümlicher Zweck der Liturgie ist nicht, die Gottesverehrung des einzelnen auszudrücken. ... Das Ich der Liturgie ist vielmehr das Ganze der gläubigen Gemeinschaft als solcher, ein über die bloße Gesamtzahl der Einzelwesen hinausliegendes Mehr, die Kirche. Liturgie ist der öffentliche, gesetzliche Gottesdienst der Kirche und wird durch eigens von ihr dazu gewählte und bestellte Amtsträger, die Priester, geleitet[101].“ Durch das liturgische Beten sollte somit Gemeinschaft gebildet werden, indem der einzelne die Demut aufbringt, Verzicht auf Selbständigkeit zu leisten, wenn er sich als Individuum, d.h. als Person, in die neu zu bildende christliche Gemeinschaft der Kirche einbringt[102], mithin Gemeindebildung vom Altartisch aus. Den dahinterstehenden Trend des Zeitgeistes hatte Abt Ildefons Herwegen im Vorwort direkt angesprochen: „Das Individuum... hat sich ausgelebt. Es verlangt nach Gemeinschaft, ... Gemeinschaft im höchsten Sinn ist aber die Kirche. Die Bestrebungen will unsere Ecclesia orans unterstützen[103].“ Mit der Betonung des Priesters als Amtsträ-

99 Biehlmeyer, Tüchle, wie Anm. 59, S. 486.

100 Erwin Iserloh: Innerkirchliche Bewegungen und ihre Spiritualität (9. Kapitel), in: Hubert Jedin, Konrad Repgen (Hrsg.): Handbuch der Kirchengeschichte, Bd. 8: Die Weltkirche im 20. Jahrhundert, Freiburg i.Br..-Basel-Wien 1985, unveränderter Nachdruck der Sonderausgabe von 1985, S. 303–305.

101 Romano Guardini: Vom Geist der Liturgie, Freiburg i. Br. 1957, S. 20.

102 Ebd., S. 45–55.

103 Ebd., S. 9–12.

Der wortgewaltige „Verbandsprälat“ bei der Abschlusskundgebung des Sturmschartreffens 1932 in Koblenz

Prälat Ludwig Wolker (1887–1955)
von 1927 bis 1955 Generalpräses des Katholischen Jungmännerverbandes
Aus: Sie hielten stand, S. 215

ger und der christlichen Gemeinschaft, in die der einzelne sich einzuordnen hatte, entsprach auch die Liturgische Bewegung durchaus der vorangehend skizzierten christomonistischen Ekklesiologie der Zeit vor dem II. Vatikanischen Konzil. Allerdings, Gemeinschaft im Sinne der Liturgischen Bewegung war stets ein Zusammenschluss von für ihr Handeln selbstverantwortlichen Individuen und unterschied sich grundsätzlich von der wenig später nach der Devise „Du bist nichts, dein Volk ist alles!" von den Nationalsozialisten vollzogenen Perversion eines Begriffes von Gemeinschaft.

Für die katholischen Jugendverbände war nach ihrem endgültigen Verbot und der Ausübung jeglicher weltlicher Aktivitäten in der Jugendpflege das in religiösem Tun erlebte Gemeinschaftserlebnis von zentraler Bedeutung. Hand in Hand gehend mit den seit 1933 beginnenden Einschränkungen und Verboten durch die Machthaber des NS-Regimes bildeten gemeinsame Messfeiern, Andachten, Wallfahrten und Bekenntnisfeiern einen regelrechten Ersatz für Zeltlager, Fahrten und Gruppenabende[104]. Auch in den vorliegenden Soldatenbriefen kommt das allenthalben zum Ausdruck, wenn sich die Briefschreiber voller Freude darüber äußern, dass sie in ihrer Vereinzelung in den Einheiten und an der Front gelegentlich an einem Feldgottesdienst teilnehmen konnten, oder wenn sie das Glück hatten, mit einem Priestersoldaten, d.h. einem zum Priester geweihten und als Sanitätssoldat eingesetzten Kameraden, zusammenzutreffen, der mit ihnen das Messopfer feierte. Hier erlebten sie die Gemeinschaft mit Gleichgesinnten im Glauben und betrachteten dies stets als wichtige Kraftquelle zum Durchhalten.

Zum Verhältnis Jugendbewegung und Katholische Jugendorganisationen lässt sich abschließend feststellen: „Die Kirche bot ihrer Jugend die Lebensorientierung und damit Inhalte, Richtung und den normativen Rahmen für ihre Selbstverwirklichung. Von der Jugendbewegung übernahm die katholische Jugend die Formen des Gruppenlebens, Fahrt, Lager, Musik, Rituale – und so viel Romantik, wie neben der Arbeit an sich selbst, für die Gemeinschaft der Gleichaltrigen und für die Kirche noch Platz war[105]."

KATHOLISCHE JUGENDLICHE ALS WEHRMACHTSOLDATEN, MILITES JESU CHRISTI?

Die vorangehende Skizzierung der Ekklesiologie der katholischen Kirche in Deutschland in der ersten Hälfte des 20. Jahrhunderts und die geistige Befindlichkeit der deutschen Katholiken selbst machen deutlich, dass man in der überwiegenden Mehrheit die militärische Verteidigung des Vaterlandes bejahte und hierin den nichtkatholischen Mitbürgern in keiner Weise nachstehen wollte. Durch eine Teilnahme am aktiven Wehrdienst wollte man auch seine staatsbürgerliche Gleichwertigkeit demonstrieren. Der eingangs zitierte Satz von Hans Niermann, dem ehemaligen Reichsführer der Sturmschar: „An meinem Platz soll keiner besser gestanden haben!" dürfte damals durchaus eine gängige Devise für viele deutsche Katholiken gewesen sein.

Nachdem durch Reichspräsident von Hindenburg am 13. September 1932 das Reichskuratorium für Jugendertüchtigung konstituiert worden war, worin sich kooperationswillige deutsche Jugendverbände zum Zweck einer vormilitärischen Ausbildung zusammen-

104 Georg Pahlke, wie Anm. 78, S. 252, ff.
105 Paul Hastenteufel: Katholische Jugend in ihrer Zeit, Bd. II: 1919–1932, Bamberg 1989, S. 538.

schließen sollten, hatte sich Prälat Wolker nach heftigen Auseinandersetzungen mit Gegnern dieses Vorhabens im eigenen Verband zu einer Mitgliedschaft der DJK in diesem Kuratorium entschlossen. Er tat diesen Schritt aus vaterländischem Pflichtbewusstsein, nach dem katholische Weltauffassung vom Glauben her nicht das Recht und die Pflicht der Vaterlandsverteidigung ablehnen könne[106].

Entschließung zur Wehrsportfrage

Die Sitzung des Diözesanvorstandes des Jungmännerverbandes Erzdiözese Köln am 18. September 1932 nahm in gründlicher Aussprache Stellung zum jüngsten Erlaß des Reichspräsidenten zur Ertüchtigung der Jugend und faßte einstimmig folgende Entschließung:

Wir bejahen grundsätzlich die Notwendigkeit besonderer Maßnahmen für die körperliche und geistige Förderung der nichtorganisierten arbeitslosen Jugend, bedauern aber, daß ohne Anhören der bestehenden Jugendverbände ein Erlaß von solcher Tragweite und Zielstellung ins Land hinausgeht, der tief in die Wesensaufgaben und die Freiheit der Verbände einzugreifen droht.

Wir lehnen es ab, eine abwartende Haltung einzunehmen und eventuell nach erfolgter Bekanntgabe der Durchführungsbestimmungen die Vornahme von Korrekturen zu beantragen. Das scheint uns ein aussichtsloses Beginnen.

Mit noch größerer Entschiedenheit wehren wir uns gegen jedwede Zumutung einer aktiven Teilnahme des Jungmännerverbandes an den geplanten „Ertüchtigungsmethoden" zur Erziehung der Jugend.

Für unsere Haltung diesen Maßnahmen gegenüber sind nicht konjunkturpolitische, sondern letztlich grundsätzliche religiöse und pädagogische, sowie volkspolitische und nationale Erwägungen maßgebend.

Die Erziehungsweisheit der Kirche sowie die Tradition und das „Grundgesetz" des Jungmännerverbandes zeigen uns hier den für uns einzig gangbaren Weg. Ziel und Form der wahren nationalen Jugendbildung, die mit der vom Heiligen Vater geforderten Erziehung zum Frieden unter den Völkern in vollem Einklang steht, sind in unserem „Grundgesetz" eindeutig umrissen.

Die körperliche Ertüchtigung unserer Jugend, im rechten Maße und im rechten Geiste, ist ureigenste Aufgabe des Reichsverbandes der DJK. Sie hat eine 12jährige Bewährung bestanden und dafür von den verschiedensten Regierungen der Nachkriegszeit höchste Anerkennung und Auszeichnung erfahren. Auch Sturmschar und Deutsche Pfadfinderschaft St. Georg dienen in gleicher Weise der körperlichen Ertüchtigung sowie der Erziehung zur Disziplin und Ordnung.

Demgegenüber scheinen uns die angekündigten Maßnahmen den Richtlinien der im August 1914 gebildeten „Jugendwehren zur militärischen Vorbereitung" verdächtig ähnlich. Wenngleich die Heranziehung aller Organisationen im Erlaß angekündigt und die Freiheit der bestehenden Jugendverbände versichert wird, so sehen wir doch in der Tendenz des Erlasses und der Unterstellung des Reichskuratoriums unter das Kommando eines Generals und nicht eines in der Erziehung der Volksjugend bewährten Führers einen deutlichen Fingerzeig, wohin die neue Verordnung zielt. Die geplante Indienststellung verabschiedeter Offiziere verstärkt diesen Eindruck.

Wir stehen vor der Frage: Gilt es eine rein sportliche Jugendbildung? Für diese ist in den bestehenden Organisationen, auch im nichtkatholischen Lager, reichlich gesorgt. Gilt es aber eine wehrdienstmäßige Jugendausbildung, d. h. eine Wehrhaftmachung im Sinne militärischer oder vormilitärischer Schulung? Diese lehnen wir ab. Denn im Wesen des Wehrdienstes und noch mehr der Wehrpflicht liegt keimhaft eine Erziehung zum Kriege hin, insofern, als die immer wiederholte Felddienstübung mit psychologischer Konsequenz den jungen Menschen zum Ernstmachen und zur wirklichen Anwendung der mühsam errungenen Fertigkeiten drängt.

Unsere Abwehr solcher Eingriffe ist um so schärfer, als wir allen Grund haben, die aus dem Wirrwarr des gegenwärtigen Regierungssystems geborenen Maßnahmen mit großer Vorsicht aufzunehmen.

Darum bittet der Diözesanvorstand des Jungmännerverbandes Erzdiözese Köln den hochwürdigen Monsignore Wolker als den Generalpräses des Katholischen Jungmännerverbandes Deutschlands und als den 1. Vorsitzenden des Reichsverbandes der Deutschen Jugendkraft dringend, an maßgebender Stelle innerhalb der „Katholischen Jugend Deutschlands", des Reichsausschusses der deutschen Jugendverbände und bei Reichs- und Staatsbehörden mit aller Entschiedenheit gegen die Durchführung der geplanten Maßnahmen Einspruch zu erheben und neue Vorschläge auszuarbeiten, nach denen den Massen unorganisierter arbeitsloser Jugend eine wertvolle geistig-leibliche Erziehung ermöglicht werden kann.

Düsseldorf, am 18. Sept. 32.

Der Diözesanleiter:
Hugo Fritzen.

Der Diözesanpräses:
J. Clemens.

Aus: Sie hielten stand, S. 129

106 Barbara Schellenberger: Ludwig Wolker, wie Anm. 69, S. 137.

Friedenskundgebung am Deutschen Eck beim Reichstreffen der Sturmschar 1932 in Koblenz.
Die Teilnehmer sind in militärischer Ordnung angetreten, links im Bild als "Schwarze Hundertschaft" die Jugendseelsorger.

Aus: Sie hielten stand, hinterer Vorsatz

Ohnehin spielten soldatische Formen und Metaphern in den katholischen Jugendorganisationen der 30er Jahre eine große Rolle, wie das beispielsweise in den zeitgenössischen Photos im Gleichschritt marschierender oder in militärischer Ordnung angetretener Jugendgruppen des KJMV deutlich wird[107]. Zwar wollten männliche katholische Jugendverbände keine paramilitärischen Organisationen werden, aber die Hochschätzung soldatischer Tugenden, wie Opferbereitschaft, Kameradschaft und Treue, spielte hier eine wichtige Rolle, wie auch soldatische Formen als Ausdruck dieser Tugenden eine Selbstverständlichkeit waren[108].

Eben an diese Tugenden appellierte Adalbert Probst, der am 2. Juli 1934 von den Nationalsozialisten im Rahmen der Liquidationswelle der Röhmkrise ermordete Referent für Geländesport der DJK[109], in einem im Mai 1933 in der „Wacht", dem Hauptorgan des KJMV, veröffentlichten Artikel „Wie komme ich als katholischer Jungmann zur Reichswehr[110]". Resümierend stellte Probst hier fest: „Soldat sein heißt ein ganzer Kerl und echter Christ sein, der nichts für sich, aber alles für seinen Schöpfer und sein Vaterland erringen will[111]."Ein Jahr später veröffentlichte Adalbert Probst als Reichsführer der DJK in der Verbandszeitschrift „Deutsche Jugendkraft" im Mai 1934 in seinem Beitrag „Vom Wesen der Wehrhaftigkeit" die gleichen Gedanken, wobei jetzt bereits unter dem Eindruck der beginnenden Verfolgung katholischer Jugendorganisationen durch die Nationalsozialisten der Schwerpunkt darauf gelegt wurde, durch die Ausübung soldatischer Tugenden: Vaterlandsliebe, Gemeinschaftssinn, Einsatz- und Opferbereitschaft, die Gleichberechtigung in der von den Nationalsozialisten propagierten neuen „Volksgemeinschaft" behaupten zu können[112]. Dem seit 1933 immer häufiger erhobenen Vorwurf, die katholischen Jugendorganisationen seien „national nicht zuverlässig", begegnete Ludwig Wolker mit verschiedenen Reden, die 1935 auf Schallplatten in vielen katholischen Jugendheimen verbreitet wurden, worin er programmatisch feststellte: „Für Christi Reich in einem neuen Deutschland. Dahin geht unser Kampfruf. ... Ja, es ist unser Deutschland! Auch unser, die wir das Christusbanner führen und junge Kirche heißen. Nichts und niemand kann uns den deutschen Namen, kann uns die deutsche Ehre nehmen, nicht Schmähung und Gewalt. Denn dieser Name und diese Ehre, sie sind in uns und nicht außer uns. Und nichts und niemand kann unsere deutsche Treue brechen, kein Feind von außen und kein Feind von innen, denn unsere Treue wurzelt im innersten Wesen und Willen des Herrn[113]." Der hierdurch für junge Katholiken beanspruchte Platz in der „Volksgemeinschaft" wurde damals mit Stilmitteln zum Ausdruck gebracht, die dem gerade in den katholischen Jugendverbänden gepflegten Schwärmen für ein romantisches mittelalterliches

107 Vgl. die Illustrationen in: Sie hielten stand, wie Anm. 71.

108 Georg Pahlke, wie Anm. 78, S. 275.

109 Barbara Schellenberger: Adalbert Probst (1900–1934). Katholischer Jugendführer – Opfer des Nationalsozialismus, in: Düsseldorfer Jahrbuch. Beiträge zur Geschichte des Niederrheins, Bd. 69, Düsseldorf 1998, S. 285.

110 Adalbert Probst: Wie komme ich als katholischer Jungmann zur Reichswehr, in: Die Wacht, Mai 1933, S. 136–137.

111 Ebd., S. 137.

112 Derselbe: Vom Wesen der Wehrhaftigkeit, in: Deutsche Jugend Kraft, 15. Mai 1934, S. 74.

113 Walter Berger (Hrsg.): ad personam: Ludwig Wolker, Buxheim 1975, S. 392 und 398. Vgl. auch: Georg Pahlke, wie Anm. 78, S. 177.

Gottesstreiter

von Georg Thurmair

Nun stehet alle Mann für Mann
und ziehet Gottes Waffen an,
das Böse zu bekriegen;
umgürtet mit Wahrhaftigkeit,
gepanzert mit Gerechtigkeit,
so sollt ihr es besiegen.
Den Schild des Glaubens haltet vor
und hebt den Helm zum Licht empor
ohn Furcht und Todesbangen;
dann nehmt den bösen Geist der Welt,
der über Land und Völker fällt,
zum Dienst für Gott gefangen.
Und stürmt auf uns der Hölle Macht
und überkommt uns wie die Nacht
mit schrecklichen Gewittern,
erhebt das scharfe Glaubensschwert,
mit dem euch Gottes Wort bewehrt,
und laßt euch nicht erschüttern.
Denn Gott ist unsre ganze Kraft
und wir sind seine Ritterschaft
und wolln ihn ewig loben,
so ziehet Gottes Waffen an
und macht die Erde untertan
dem Herrn im Himmel droben

Aus: Sie hielten stand, S. 137

Weltbild entstammten und die damals Möglichkeiten zu verdeckten aktuellen Aussagen boten, die jedoch in ihrer religiösen Diktion nicht ohne weiteres angreifbar waren. Ihr Duktus war aber auch kennzeichnend für die kommende Situation. Katholische Jugendliche rüsteten sich für einen Kampf um die Weltanschauung, den sie nach dem Vorbild mittelalterlicher christlicher Ritter –, oder besser nach ihrer Vorstellung davon, – führen wollten, gegen einen Gegner, der mit moderner, auch mit zeitgemäßer weltanschaulicher, Kriegstechnik vertraut war[114]. So waren der Christkönigskult, die Verehrung des Erzengels Michael als Patron der Deutschen und des hl. Georg als ritterlicher Heiliger in der damaligen katholischen Jugend weit verbreitet und für viele Jungen war ein Bild der hochmittelalterlichen Skulptur des Bamberger Reiters das Idealbild eines christlichen Kämpfers. In den Soldatenbriefen tauchen diese Motive immer wieder auf. So wurde trotz weltanschaulicher Konflikte mit dem Nationalsozialismus von den katholischen Jugendlichen und ihren geistlichen Führern Soldatentum nicht in Frage gestellt und eine grundsätzliche patriotische und nationale Verpflichtung zum Militärdienst für das Vaterland wurde nicht bezweifelt. Eine schon vor Kriegsbeginn häufig gebrauchte Metapher für christliche Lebensgestaltung war damals ein Zitat aus dem zweiten Timoteusbrief: „Als wackerer Strei-

114 Georg Pahlke, wie Anm. 78, S. 177.

ter Christi Jesu ertrage mit mir Leiden. Kein Krieger lässt sich in weltliche Geschäfte ein, dem Kriegsherrn zu Gefallen[115] (2. Tim. 2, 3 f.)." Unbestreitbar sollte mit dem „miles Jesu Christi" auch ein bewusster Gegensatz zum „Soldaten Adolf Hitlers" ausgedrückt werden, für katholische Jugendliche wurde der Dienst als Soldaten im Kriegsfall damals als durchaus selbstverständlich angesehen. Prälat Wolker hatte dies 1939 mit den Worten ausgedrückt: „Unser Dienst: ‚Gib dem Kaiser, was des Kaisers ist, und Gott, was Gottes ist.' … Der biblische Sinn ist eindeutig der: Das eine und das andere, der Dienst an Volk und Staat und der Dienst am Reich Gottes. So mag uns das Herrenwort ein Leitwort sein[116]!" Zwar wurde die Wehrmacht in ihrer Gesamtheit als bewaffnete Macht von ihrer Führung den Zielsetzungen der nationalsozialistischen Machthaber zur Verfügung gestellt, im internen Bereich war man aber nachhaltig bestrebt, den Eingriff von Parteifunktionären zu verhindern. Die Soldaten besaßen bis 1945, wie schon ihre Kameraden aus den Heeren der Kaiserzeit, kein Wahlrecht und eine Mitgliedschaft in einer politischen Partei war ebenfalls verboten. Die goldenen Parteiabzeichen, die hohe Militärs verliehen bekamen, waren eine Art von Auszeichnungen und beinhalteten keine Mitgliedschaft in der NSDAP. In den am 25. Mai 1934 noch von Reichspräsident Paul von Hindenburg unterschriebenen „Pflichten des deutschen Soldaten", einem Pflichtenkatalog von acht Punkten, die allen Wehrmachtsoldaten bekannt gemacht wurden, lauteten die letzten Passus: "Selbstbewusst und doch bescheiden, aufrecht und treu, gottesfürchtig und wahrhaft, verschwiegen und unbestechlich soll der Soldat dem ganzen Volk ein Vorbild männlicher Kraft sein. Nur Leistungen berechtigen zum Stolz. Größten Lohn und höchstes Glück findet der Soldat im Bewusstsein freudig erfüllter Pflicht. Charakter und Leistung bestimmen seinen Weg und Wert[117].

Solche Forderungen wurden, wie bereits erwähnt, damals auch von den Führern katholischer Jugendverbände voll und ganz mitgetragen und dieses Ethos wird auch in den vorliegenden Soldatenbriefen immer wieder deutlich. Hinzu kommt, dass der Erlebnishorizont und die Prägung der Briefschreiber, die im Grunde genommen alles „einfache Soldaten" waren, d.h. Mannschaftsdienstgrade, Unteroffiziere und einige wenige Subalternoffiziere, fast ausschließlich durch den Mikrokosmos der militärischen Organisation geprägt wurden, d.h. von den untersten taktischen Gliederungen, wie Gruppe (ca. 10–20 Mann), Zug (ca.30–60 Mann) und Kompanie (ca. 150 Mann) bis hin zum Bataillon. Der soziale Zusammenhalt dieser militärischen Kleingruppen bestimmte in entscheidendem Maß das Verhalten des einzelnen Soldaten[118]. Von daher konnte der Dienst in der Wehrmacht, d.h. die Zugehörigkeit zu einer solchen militärischen Kleingruppe, durchaus eine Nische sein, in der man sich dem Zugriff durch Parteinstanzen oder sogar der Gestapo entziehen konnte, vor allem, wenn man den Umstand berücksichtigt, dass solche Einheiten in ungewöhnlich starkem Maß durch die Persönlichkeit ihrer jeweiligen Führer ge-

115 Übersetzung nach der damals in katholischen Jugendverbänden viel benutzen Ausgabe: Konstantin Rösch: Das Neue Testament, Paderborn 19234, S. 465: 2. Tim. 2, 3 f.

116 Ludwig Wolker, aus Georg Pahlke, wie Anm. 78, S. 275 f.

117 Die Pflichten des deutschen Soldaten vom 25. Mai 1934, in: Waffenträger der Nation. Ein Buch der deutschen Wehrmacht für das deutsche Volk, hrsg. vom Reichswehrministerium, Berlin 1934, S. 1.

118 Martin van Creveld: Kampfkraft. Militärische Organisation und militärische Leistung 1939–1945. Einzelschriften zur Militärgeschichte Bd. 31. hrsg. vom Militärgeschichtlichen Forschungsamt, Freiburg i. Br. 1989.

prägt wurden. So ist es durchaus häufig vorgekommen, dass die entsprechenden militärischen Vorgesetzten ihre Untergebenen gegen Übergriffe von NS-Organen aufgrund eigener christlicher Einstellung oder auch nur wegen ihrer inneren Distanz zum Nationalsozialismus in Schutz genommen haben. Für nicht wenige war dies auch ein Grund zur freiwilligen Meldung zur Wehrmacht[119]. Wenn Prälat Ludwig Wolker als Generalpräses des KJMV den Dienst an Volk und Staat in gleicher Weise wie den Dienst am Reich Gottes forderte, so tat er das als praktischer Seelsorger unter der damals realistischen Einschätzung, dass nur durch die Erfüllung beider Dienste die von ihm betreuten katholische Jungmänner angesichts des nationalsozialistischen Totalitarismus überhaupt noch eine Möglichkeit hatten, ihre christliche Identität zu bewahren. Schon mit der Unterscheidung zwischen einem Dienst für Volk und Staat und dem Dienst für das Gottesreich hatte er sich in den Widerspruch zur NS-Propaganda gesetzt und sich geweigert, „…das ‚Dogma' von der ‚Drei-Einigkeit' von ‚NSDAP-Drittes Reich-Deutsches Volk' anzuerkennen", womit der Jesuitenpater Dr. Alfred Delp im o. g. Zitat die Haltung vieler Katholiken der damaligen Zeit gekennzeichnet hatte[120]. Bereits die eingangs zitierten Briefe zeigen, dass dies aber auch ein in fast allen vorliegenden Soldatenbriefen durchgängiger Topos war.

Was Ludwig Wolker sozusagen als programmatische Devise formulierte, hat Alfred Delp SJ in der von seinem Orden herausgegebenen traditionsreichen Zeitschrift „Stimmen der Zeit" im Juli 1940 in dem Artikel „Der Krieg als geistige Leistung" in theologischer Argumentation kurz vor dem Verbot dieser Zeitschrift niedergelegt[121]. Der Aufsatz erschien unmittelbar nach dem auch von der Wehrmachtführung unerwartet schnell errungenen Sieg über Frankreich und setzt sich aus Sicht katholischer Theologie mit dem Wesen des Krieges auseinander, wobei Delp Auffassungen von Hermann Stegemann, Max Scheler[122], von Ernst Jünger, dem damals viel gelesenen Autor der Grabenkämpfe des Ersten Weltkrieges[123] und das Werk des als Philosophen des Krieges schlechthin angesehenen preußischen Generals Carl von Clausewitz „Vom Kriege[124]" diskutiert. Mit Clausewitz ist er der Ansicht, dass der Krieg einen Menschen und ein Volk, die ihn nur durch physischen Einsatz meistern wollen, unterlegen findet. Zu seiner Meisterung verlangt der Krieg eine geistige Leistung, die sich keineswegs auf einen Aufschwung von Verstandes- und Charakterkräften beschränkt. Sie erstreckt sich bis in den Bereich des Sittlichen und erhält erst hier ihre letzte Höhe, Schärfe und Tragfähigkeitsprobe[125]. Will man den Krieg ertragen, ohne an ihm zu verderben, muß er ausdrücklich geistige Leistung sein. Damit

119 Georg Pahlke, wie Anm. 78, S.277. Vgl. auch: Heinrich Walle: Die Tragödie des Oberleutnants zur See Oskar Kusch, Stuttgart 1995. Vgl. auch: Christen im Krieg. Katholische Soldaten, Ärzte und Krankenschwestern im Zweiten Weltkrieg, hrsg. vom Katholischen Militärbischofsamt und Hans Jürgen Brandt, München 2001.

120 Alfred Delp, wie Anm. 8, S. 106 f.

121 Derselbe: Der Krieg als geistige Leistung, in: Stimmen der Zeit. Katholische Monatsschrift für das Geistesleben der Gegenwart, Bd. 137, Heft 7, 1940, S. 207–210.

122 Hermann Stegemann: Der Krieg, sein Wesen und seine Wandlung, Stuttgart 1939. Max Scheler: Der Genius des Krieges, Leipzig 1915.

123 Ernst Jünger: Der Kampf als inneres Erlebnis, wie Anm. 23.

124 Carl von Clausewitz: Sämtliche hinterlassenen Werke über Krieg und Kriegführung, Bd. 1: Vom Kriege, hrsg. von Wolfgang von Seidlitz, o. O. 1999.

125 Carl von Clausewitz: Vom Kriege, S. 61, 57 f und S. 38.

stellt sich die Frage nach der sittlichen Haltung im Kriege. Sie ist keine allgemeine, sondern eine konkrete. Es wird eine sittliche Meisterung des Krieges verlangt. Der Krieg wurde nicht von uns gerufen und es ist auch nicht in unsere Macht gestellt, ihn aus der Welt der Realität herauszunehmen. Wir müssen mit ihm fertig werden[126].

„Die Antwort auf diese Frage, wie sie sich uns stellt, ergibt sich aus dem inneren Gesetz heutiger Kriege, vielleicht des Krieges überhaupt[127]." Delp findet die Lösung Ernst Jüngers als ungenügend, wonach die Eleganz der kämpferischen Methode ohne Rücksicht auf das „Warum[128]" als Sinngebung ausreicht. Er lehnt diesen Weg ab, weil hier kein Wert sichtbar wird, der Einsatz und Leistung möglich macht, versittlicht und verdient. Auch Hermann Stegemanns Auffassung, von einer katastrophenartigen Notwendigkeit und Tatsächlichkeit des Krieges[129] lehnt er ab, da hier trotz aller Wucht des Einsatzes letztlich doch Resignation, Verzicht auf geistige Erfassung und Durchdringung vorherrscht[130]. Aus Clausewitz' Erkenntnis, dass der einmal existente Krieg sein eigenes Gesetz habe und kein isolierter Akt[131] sei, im Zusammenhang mit dem politischen Geschehen zur Schaffung einer neuen Ordnung tendiere, als Akt der Gewalt den Gegner zur Erfüllung des eigenen Willens zwingen will[132], ferner dass es absurd sei, wenn in die Philosophie des Krieges ein Element der Mäßigung hineingetragen würde[133] und dass es im Kriege letztlich als Akt der Gewalt keine Grenzen der Gewaltanwendung gebe[134], zieht Alfred Delp, auf die damalige Kriegssituation bezogen, die folgenden Schlüsse: Aufgrund seines Gesetzes, vor allem aber bedingt durch die heutigen Kriegsmittel, hat der moderne Krieg letztlich nichts anderes als die totale Vernichtung des Gegners zum Ziel.

Die Frage der sittlichen Erlaubtheit einer solchen Kriegführung oder eine Ethik des Krieges überhaupt klammert er bewusst aus, es geht ausschließlich um die Tatsächlichkeit des Krieges. „Und diese Tatsächlichkeit des Krieges geht – zum mindesten heute – auf die Entmachtung, die Vernichtung des letzten Substrates der gegnerischen Kampfkraft – und das ist über alles Geordnete und Gestaltete hinaus das Volk mit seiner Einheit und Gemeinschaft. Die letzte geistige Leistung dem Kriege gegnüber ist also bedingt durch das Verhältnis, in dem der Mensch und Christ zu seinem Volk steht[135]." Damit hat Alfred Delp Krieg, nach der damals weit verbreiteten Auffassung und gestützt auf die Literatur seiner Zeit, als katastrophenartiges Naturereignis angesehen, dem der einzelne unentrinnbar ausgeliefert ist und nur durch entsprechende moralische Kräfte unbeschadet überstehen kann. Der Krieg hat letztendlich nur die Vernichtung des Volkes bzw. der Volksgemeinschaft zum Ziel und damit weist der Jesuitenpater zu Zeiten des Höhepunktes deutscher militärischer Erfolge im Zweiten Weltkrieg deutlich darauf hin, dass durch den von Hitler angezettelten Krieg nach Erschöpfung der deutschen Kriegsmittel die Existenz des deutschen Volkes der Auslöschung durch den Gegner aufs Spiel gesetzt wird.

126 Ebd., S. 153 f.
127 Alfred Delp, wie Anm. 121, S. 208.
128 Ernst Jünger, wie Anm. 23, S. 37, 46, 78 und 50.
129 Hermann Stegemann, wie Anm. 122, S. 3 und 20.
130 Alfred Delp, wie Anm. 121, S. 208.
131 Carl von Clausewitz, wie Anm. 124, S. 29.
132 Ebd., S. 25.
133 Ebd., S. 26.
134 Ebd., S. 27.
135 Alfred Delp, wie Anm. 121, S. 209.

Nach dieser pragmatischen Argumentation ist der Einsatz des einzelnen im Kriege, in den er schicksalhaft und ohne eigenes Zutun hineingeworfen wurde, ein Dienst zur Erhaltung seines Volkes, der sich aus dem Verhältnis des einzelnen zu seinem Volk legitimiert.

„Wie wir Katholiken in der Frage nach der Stellung des Christen zum Staate auf eine klare und saubere Tradition hinweisen müssen und ihr verpflichtet sind, so auch in der Frage nach dem Verhältnis zum Volk, das ein anderes und anders begründetes ist als die Stellung zum Staate. Das Volk ist ein Ergebnis der Schöpfungsordnung, an das uns ursprüngliche Beziehungen und Pflichten binden[136]". Hier trifft Delp eine wesentliche Unterscheidung, indem er das Volk als unmittelbares Ergebnis der Schöpfungsordnung vom Staat als geschichtlich gewachsener Institution abgrenzt. Als Mann des Widerstandes war Alfred Delp dann auch an der Beseitigung einer von ihm als verbrecherisch erkannten und den Bestand des Volkes aufs Spiel setzenden Staatsführung beteiligt, weil von dieser das Allgemeinwohl (bonum commune) auf das Schlimmste verletzt wurde. In der Begründung dieser Tradition von Bindung und Beziehung des einzelnen zu seinem Volk beruft sich Delp gemäß der im Jesuitenorden gepflegten Tradition der Scholastik auf Thomas von Aquin, was dieser in seiner Summa Theologica über die „pietas" ausgesagt hat, worunter von den Denkern der Antike das Verhältnis des einzelnen zum Volk auf naturrechtlicher Basis thematisiert wird. In der Quaestio 101 wird festgestellt: Der Mensch ist zuerst Gott verpflichtet, dann vor allem den Eltern und dem Vaterland. So wie es Aufgabe der Religion ist, Gott die Ehre zu erweisen, ist es nachfolgend Gegenstand der „pietas", den Eltern und dem Vaterland die gebührende Ehre zu erweisen (S. Th. II. II. q. 101, a. 1 c.).

Erneut weist Delp auf den Unterschied von der Verpflichtung zum Staat hin, die eine andere Begründung und Absicht hat und beruft sich wiederum auf Thomas: Die „pietas" erstreckt sich auf das Vaterland, weil dieses sozusagen unseren Seinsgrund darstellt, während hingegen die Gerechtigkeit der Gesetze, sofern sie ein Allgemeinwohl darstellt, das Wohl des Vaterlandes zum Gegenstand hat. (S. T. II. II. q. 101, a. 3 ad 3). Für Thomas hat diese Bindung an das Volk den Charakter eines „debitum legale" (S. T. II. II. q. 80, a. 1), d. h. sie ist ein Rechtsanspruch des Volkes, der sein Maß in dem der Bedürftigkeit des Rechtssubjektes findet[137]. So trifft Pater Delp dann am Ende seines Aufsatzes die Feststellung: „Kein Christ ist durch sein Christsein aus der Seinsordnung und ihren Bindungen entlassen. Wir beweisen höhere Treue nicht durch Treulosigkeit. Es ist nicht unsere Art, den Krieg zu verherrlichen als Idealzustand männlichen Lebens, aber da er existente Wirklichkeit ist, muss und wird er uns willig finden, mit ihm fertig zu werden und ihn zu meistern, auch aus einer letzten geistigen Haltung und Verantwortung heraus. Für die letzten und äußersten Horizonte unseres Daseins aber gilt das Bewußtsein, daß jede geschichtliche Stunde ‚direkt zu Gott' ist, und daß jede echte Situation, die wir gemeistert haben in Einsatz und Bewährung, Tor und Weg ist unmittelbar in die Heimat Gottes – ob wir den Sieg unseres Volkes selber noch schauen, oder ob wir – wie unsere gefallenen Helden – ihm unser Leben weihen durften[138]."

136 Ebd., S. 209.
137 Ebd., S. 210.
138 Ebd., S. 210.

Wehrmotivation katholischer Wehrmachtsoldaten aufgrund religiöser Spiritualität oder Teilidentität mit dem Nationalsozialismus?

Mit Sicherheit hat keiner der Autoren unserer Soldatenbriefe Delp's Aufsatz in den Stimmen der Zeit gelesen. Dennoch liegt in diesem Aufsatz aus dem Juli-Heft „Stimmen der Zeit" von 1940 die nach Ansicht des Verfassers bisher klarste nach der katholischen Theologie der damaligen Zeit begründete Motivation für den Dienst in der Wehrmacht vor, wie sie von zahllosen deutschen Soldaten des Zweiten Weltkrieges aufgrund ihres christlichen Glaubens vertreten wurde und in den Briefen junger Wehrmachtsoldaten, die aus den Reihen der inzwischen verbotenen katholischen Jugendbünde kamen, allenthalben greifbar ist, wenngleich nicht in solch systematischer Begründung.

Im Grunde genommen handelt es sich hier um fünf prinzipielle Aussagen:

1. Der Krieg wird als unentrinnbare Tatsächlichkeit begriffen, dessen Entstehung die Soldaten nicht zu verantworten haben. So klammert Delp auch eine Hinterfragung nach einer Kriegsethik oder sittlichen Erlaubtheit des Krieges aus. In den Soldatenbriefen wird diese Auffassung ebenfalls vertreten und der Krieg als schicksalhafte von Gott zugelassene Prüfung verstanden. Den Krieg unbeschadet zu meistern, gelingt nur durch moralische Kräfte. Delp, wie auch die Briefschreiber sehen ihren christlichen Glauben als die alles entscheidende moralische Kraftquelle an. Entschieden wendet sich Delp dagegen, im Krieg eine naturgegebene Lebensform zur Bestätigung männlicher Kraft zu sehen und tritt damit schon, ohne es direkt zu sagen, der NS-Propaganda entgegen, die im Krieg das Mittel zur Praktizierung der Überlegenheit der germanischen Herrenrasse sehen will. Auch in allen Soldatenbriefen ist hiervon nie die Rede, ganz im Gegenteil, man sieht hier eine Prüfung Gottes, die es aus der Kraft des Glaubens zu bestehen gilt.
2. Ziel des Krieges und vor allem des modernen Krieges ist die Vernichtung der Substanz des Volkes. Was der von Hitler angezettelte Krieg zunächst über die Völker des Gegners brachte, wendet sich nach 1942/43 gegen das eigene Volk.
3. Der in der Wehrmacht geleistete Dienst gilt deshalb als ein Dienst zur Verhinderung von Schaden am eigenen Volk. Auch hier besteht ein grundlegender Widerspruch zum Nationalsozialismus, der den Krieg als Mittel zur Eroberung des Raumes für das germanische Herrenvolk begreift, ein Topos, der in keinem der Soldatenbriefe enthalten ist.
4. Die wohl wichtigste Aussage macht Delp in seiner dezidierten Unterscheidung zwischen Volk/Vaterland und Staat. Als Ergebnis der göttlichen Schöpfungsordnung gehört der einzelne von seinen Eltern her zum Vaterland, das gewissermaßen sein Seinsursprung ist. Aufgrund des vierten Gebots aus dem Dekalog (Ehrung der Eltern) und des Naturrechts (pietas) hat er gegenüber dem Vaterland bindende Verpflichtungen. Da der Krieg die Existenz von Volk und Vaterland bedroht, ist der Wehrdienst in erster Linie ein Dienst für das Volk. Dieses Volk ist hier im Gegensatz zum Nationalsozialismus nicht eine Masse von „Nullen", sondern als Volk Gottes eine Gemeinschaft von Idividuen, die für ihr sittliches Handeln verantwortlich sind. Damit entspricht Delp voll und ganz dem Begriff der Gemeinschaft, wie sie nach der o.g. Skizzierung von der katholischen Kirche und auch von der liturgischen Bewegung vertreten wurde. Auch dies zeigt sich allenthalben in den Soldatenbriefen.

Der Staat in seiner je geschichtlich gewachsenen Ausprägung hat seine Legitimität nur, insoweit er in der Gerechtigkeit seiner Gesetze und Forderungen dem Allgemeingut (bonum commune) dient. Damit hat Delp indirekt dem Totalitätsanspruch des Nationalsozialismus entschieden widersprochen. Auch in den Soldatenbriefen wird der Dienst mit der Waffe nie als Einsatz für den Nationalsozialismus oder nationalsozialistischer Zielsetzungen artikuliert sondern ausschließlich als Einsatz für Volk und Vaterland. Eine solche Unterscheidung zwischen dem Dienst für Volk und Vaterland und einem Einsatz für den Nationalsozialismus oder ein nationalsozialistisches Deutschland haben in der Wehrmacht zahllose Soldaten auch anderer Konfession gemacht.

5. Als letzte Aussage trifft Delp die pragmatische Feststellung: „Kein Christ ist durch sein Christsein aus der Seinsordnung und ihren Bindungen entlassen." Bei einem Einsatz unter Gefährdung oder sogar bewusster Aufopferung des eigenen Lebens, wie das aus dem oben zitierten Brief des Leutnants Alfred Urban deutlich wird, werden moralische Kraftquellen benötigt, die nicht aus dem Diesseits kommen, sondern für den Christen in seinem Glauben liegen, wofür sich in den Soldatenbriefen zahlreiche Belege finden. Auch das war eine Kampfansage an den Nationalsozialismus, nach dessen Lehre der deutsche Soldat aufgrund seiner Zugehörigkeit zur germanischen Herrenrasse und im Glauben an den „Führer" ein fanatischer und unüberwindbarer Kämpfer sein sollte.

Mögen die o. g. Leitbilder, die katholische Jugendorganisationen z. T. aus der bündischen Jugend übernommen hatten, wie beispielsweise „Führer und Gefolgschaft", „Nation und Volksgemeinschaft", „Blut und Boden", „Soldatische Tugenden", die „Begeisterung für ein romantisch verklärtes Bild des mittelalterlichen Römischen Reiches deutscher Nation" von der nationalsozialistischen Propaganda und der Hitler-Jugend übernommen worden sein, so handelt es sich hier nicht um genuin nationalsozialistisches Gedankengut. Ihre Ursprünge lagen oft weit vor der Entstehung des Nationalsozialismus und hatten diametral entgegenstehende Zielsetzungen. Sie wurden jedoch aufgrund ihrer Publikumswirksamkeit von der NS-Führung und -Propaganda usurpiert und zur Manipulation missbraucht. Hier ist nicht von „Teilidentität" sondern nach Arno Klönne von „Schnittmengen mit der nationalsozialistischen Ideen- und Begriffswelt[139]" zu sprechen. Mit ihrer in den Briefen allenthalben bekundeten Religiosität und ihrer daraus begründeten Einsatz- und Opferbereitschaft für das Vaterland und ihr Volk haben sich diese katholischen Wehrmachtsoldaten zunächst einmal dem totalen Zugriff durch die nationalsozialistischen Machthaber und ihrer übermächtigen Propaganda zu entziehen versucht. Zum anderen haben sie als Angehörige der verbotenen katholischen Jugendorganisationen auf diese Weise ihre Identität als junge katholische Christen zu wahren versucht.

Wie ein Vergleich der Briefe – die eingangs zitierten Briefe bringen dies am deutlichsten zum Ausdruck – mit den oben erwähnten programmatischen Äußerungen von Generalpräses des KJMV, Prälat Ludwig Wolker, und den systematischen Darlegungen des Theologen Dr. Alfred Delp SJ zeigt, befanden sich diese Soldaten auch im vollen Einklang mit ihrer Kirche, die ebenfalls eine Gleichsetzung von Deutschem Reich und

139 Arno Klönne: Jugendbündische Gegenkultur im Zeichen der Staatsjugend, in: Typisch deutsch, wie Anm. 79, S. 180.

NSDAP strikt ablehnte, was u. a. daran deutlich wird, dass unmittelbar nach Abschluss des Reichskonkordates, das von der NS-Propaganda als päpstliche Legitimation des Nationalsozialismus hinzustellen versucht wurde, Kardinalstaatssekretär Eugenio Pacelli sich zur Abgabe einer offiziellen Erklärung veranlasst sah, dass der Heilige Stuhl in keiner Weise einen Vertrag mit einer Partei, sondern ausschließlich mit der legalen Reichsregierung des Deutschen Reiches abgeschlossen und damit kein, wie auch immer geartetes, ideologisches Regime legitimiert hatte[140].

Diese katholischen Wehrmachtsoldaten artikulierten in ihren Briefen eine deutliche Verweigerung der hier schon mehrfach erwähnten Gleichsetzung von NSDAP, Drittem Reich und Deutschem Volk. Hier trotz aller durchaus erkennbaren „Schnittmengen mit der nationalsozialistischen Ideen- und Begriffswelt" von einer Teilidentität zu sprechen, würde eine nachträgliche Bestätigung der NS-Propaganda bedeuten.

Die Zerschlagung der katholischen Jugendorganisationen und die Neugestaltung katholischer Jugendarbeit als Jugendseelsorge

Mit dem am 20. Juli 1933 von der Reichsregierung mit dem Heiligen Stuhl abgeschlossenen Konkordat war für die katholische Kirche in Deutschland eine völkerrechtliche Basis geschaffen worden, die sich als alleinige Rechtsgrundlage für jegliche Wirkungsmöglichkeit der katholischen Kirche in Deutschland während der NS-Herrschaft erweisen sollte. In diesem Reichskonkordat, das, wie anfangs erwähnt, kein Bündnis des Vatikans mit einer Partei war, hatte die neue Regierung von vornherein das angeboten, vor allem im Schulrecht, was die Kurie in ihren Verhandlungen seit 1920 von keiner Weimarer Regierung rechtlich zugestanden erhalten hatte[141]. Angesichts der für die katholische Kirche Deutschlands durch die braunen Machthaber entstandenen Gefahrensituation war der Vatikan auf das vom katholischen Reichsvizekanzler Franz von Papen vorgelegte Angebot sofort verhandlungsbereit. Mit der sogenannten Notverordnung, d. h. der „Verordnung des Reichspräsidenten zum Schutz von Volk und Staat" vom 28. Februar 1933 und dem sog. „Ermächtigungsgesetz" vom 24. März 1933 hatte sich Hitler im Grunde genommen die gesetzlichen Grundlagen für den werdenden NS-Staat geschaffen, indem die Regierung nunmehr im Bedarfsfall ein Abweichen von der Reichsverfassung selbst bestimmen konnte. Damit wurde der katholischen Kirche in Deutschland jeder bisherige Rechtsschutz entzogen. Konrad Repgen kommt deshalb zu der Feststellung: Die katholische Kirche in Deutschland war jetzt „… in einem bisher ungekannten Ausmaß ‚konkordatbedürftig'; denn wenn die früheren rechtlichen Sicherungen versagten, mußte sie sich, wenn möglich, nach anderen umsehen. So ist das Reichskonkordat vom Heiligen Stuhl seit den Verhandlungen 1933 als eine Defensivwaffe verstanden worden – im Unterschied zu den Lateranverträgen[142]."

140 Konrad Repgen: Die Außenpolitk der Päpste im Zeitalter der Weltkirche, in: Handbuch der Kirchengeschichte, Bd. 7, wie Anm. 100, S. 70 f.

141 Ebd., S. 67.

142 Ebd., S. 67.

Von den Abmachungen dieses Vertragswerkes sind hier im Zusammenhang mit den nachfolgenden Briefen nur Artikel 32 und 31 zu erwähnen. Artikel 32 bestimmte die Entpolitisierung des Klerus, wonach die Kurie darauf verzichtete, dass sich katholische Geistliche parteipolitisch betätigen, was diese damals ohnehin nur in der Zentrumspartei oder in der Bayerischen Volkspartei taten, die sich am 4. Juli (BVP) und am 5. Juli (Zentrum) 1933 selbst aufgelöst hatten, so dass zum Zeitpunkt des Abschlusses am 20. Juli 1933 keine eigentliche Konzession der Kirche mehr vorlag, sondern im Gegenteil ein Schutz der Kirche gegen eine nationalsozialistische Unterwanderung oder Inanspruchnahme, weil damit den katholischen Geistlichen auch die Mitgliedschaft in der NSDAP verboten war.

Artikel 31 betraf den Schutz des Verbandskatholizismus. In einer endgültigen Formulierung enthielt dieser Artikel nur eine Garantie für katholische Organisationen, die ausschließlich religiösen, rein kulturellen und karitativen Zwecken dienten (Abs. 1). Die anderen Organisationen genossen diesen Schutz nur unter bestimmten Voraussetzungen (Abs. 2), während eine Klärung, welche Verbände Konkordatsschutz erhalten sollten (Abs. 3) in künftigen Verhandlungen zwischen der Reichsregierung und den deutschen Bischöfen zu regeln sei. Kriterien oder Kompetenzen für diese Regelung waren nicht im Reichskonkordat enthalten[143].

Wenn der zuständige Referent im Reichsinnenministerium die Unterzeichnung des Reichskonkordates am 20. Juli 1933 mit dem so vage formulierten Artikel 31 als „schwersten taktischen Fehler" der Kurie bezeichnete, so ist zu bedenken, dass sich die deutschen Bischöfe und der Heilige Stuhl angesichts der beginnenden Gleichschaltung und Auflösung aller Verbände und dem Verbot der Parteien durch die braunen Machthaber vor die Wahl gestellt sahen, entweder das Konkordat nicht zu unterzeichnen oder ein völkerrechtliches Abkommen zu akzeptieren, das trotz aller Mängel, derer man sich voll bewusst war, immerhin der Fortführung der Seelsorge einen rechtlichen Schutz gewährte. Da Hitler nach Etablierung seiner Macht im Sommer 1933 offensichtlich das Interesse am Abschluss eines Konkordates zu verlieren begann, sah man sich auf Seiten der Kirche unter Zugzwang gebracht, das Reichskonkordat zum Abschluss zu bringen[144].

Sofort nach dem Inkrafttreten des Konkordates beanspruchte der Staat unter Ausnutzung dieser in Art. 31 enthaltenen Lücke die entscheidende Zuständigkeit für die Festlegung der Prinzipien und die Aufstellung einer Schutzliste, was der Vatikan allerdings nicht hinnahm. „Der für die Kirche erfolglose Kampf um die ‚Ausgliederungsgrundsätze' und um die Verbände-Schutzliste macht einen wesentlichen Teil der vatikanisch-deutschen Beziehungen nach dem Abschluss des Reichskonkordates aus[145]", charakterisiert Konrad Repgen den nun einsetzenden Kampf des deutschen Episkopats um Erhalt und Fortbestehen katholischer Organisationen.

Unmittelbar nach der Machtergreifung begannen die braunen Machthaber im Rahmen der sog. Gleichschaltung mit der Auflösung von Jugendverbänden, da von nun an die Hitlerjugend (HJ) als staatliche Jugendorganisation ein regelrechtes Monopol für Jugenderziehung und Jugendpflege beanspruchte und mit Hilfe der Polizei durchzusetzen begann. Vom direkten Verbot waren katholische Jugendverbände zunächst noch nicht be-

143 Ebd., S. 70.
144 Ebd., S. 70 f.
145 Ebd., S. 70.

troffen, jedoch kam es schon vor Abschluss des Konkordates im Frühjahr 1933 zu ersten Verboten gemeinsamer Fahrten, Auftreten in der Öffentlichkeit mit bundeseigener Kluft u. a. öffentlichen Aktivitäten, wobei die katholischen Jugendverbände durch das Konkordat sozusagen noch eine gewisse Schonfrist erhielten. Arno Klönne[146], Barbara Schellenberger und Georg Pahlke haben in ihren hier erwähnten Arbeiten über diese beginnende Verfolgung detailliert berichtet, wie auch Rolf Eilers in seiner Geschichte des Schülerbundes Neudeutschland[147] diese eingehend beschreibt. Auf die Einzelheiten kann hier im Rahmen dieser Einleitung nicht näher eingegangen werden.

Zeitgenössisches Schmuckblatt mit einer Zeile aus dem 1934 von Georg Thurmair veröffentlichten Lied

Aus: Sie hielten stand, S. 124

Hatte die HJ schon 1933 ein Verbot der Doppelmitgliedschaft für ihre Mitglieder erlassen, wodurch vor allem den noch bestehenden katholischen Jugendverbänden die Mitglieder abspenstig gemacht werden sollten und war in einigen Regionen Deutschlands bereits ab Mitte September 1933 allen katholischen Verbänden jede nach außen gerichtete Aktivität trotz Abschluss des Konkordates untersagt[148], so war mit dem „Gesetz über die Hitlerjugend" vom 1. Dezember 1936 das endgültige Ende des Bundeslebens für die katholischen Jugendverbände eingeleitet worden. Es verpflichtete analog zum Reichsarbeitsdienstgesetz und zum Wehrdienstgesetz alle deutschen Jugendlichen vom 10. Lebensjahr an zum Dienst in der HJ. An den Schulen wurden jetzt alle Jugendlichen des

146 Arno Klönne: Jugend im Dritten Reich. Die Hitler-Jugend und ihre Gegner. München-Zürich 1995
147 Rolf Eilers: Konfession und Lebenswelt – wie Anm. 80.
148 Arno Klönne, wie Anm. 146, S. 179.

vierten Schuljahres erfasst und am 20. April auf den „Führer“ verpflichtet. Die totale Erfassung aller Jugendlichen vom 10. bis zum 18. Lebensjahr zog sich dann allerdings wegen des Erlasses von Durchführungsvorschriften noch einige Zeit hin[149].

Nachdem Mitte 1934 allen Jugendverbänden die Ausführung nicht rein religiöser Aktionen verboten worden war, entwickelten katholische Jugendverbände sozusagen als „stummer Protest“ neue Formen des religiösen Bekenntnisses[150]. Der damals bekannte katholische Jugenddichter Georg Thurmair (1909–1984) hatte unter dem Pseudonym „T. Klausner“ in der Märzausgabe der Wacht, zu dieser Zeit die auflagenstärkste vom KJMV herausgegebene katholische Jugendzeitschrift, einen Liedtext veröffentlicht, der diese passive Kamphaltung am deutlichsten zum Ausdruck brachte:

„Rollt eure Fahnen um den Schaft und geht wie stumme Boten:
Die Macht ist über unsere Kraft. Die Macht hat es geboten.
Die Straße frei, der Lärm vergeht, wir ziehen in die Stille,
und wenn auch keine Fahne weht, es bleibt doch unser Wille:
Wir wollen Deutschland, und wir mahnen das Volk an seine Kraft.
Nun sind Gesichter unsere Fahnen und Leiber unser Schaft![151]“

Vorderseite einer Postkarte vom 3. 4. 1943

DstHdh: Wellenhofer 27

149 Rolf Eilers, wie Anm. 80, S. 194 f.
150 Barbara Schellenberger, wie Anm. 2, S. 178.
151 Ebd. S. 127.

Gestützt auf die vorangehend skizzierten Prinzipien der liturgischen Bewegung, begannen die katholischen Jugendverbände nun in zunehmendem Maße „rein religiöse" Aktivitäten zu entwickeln und zu pflegen. Die Teilnahme an Gemeinschaftsmessen, an kirchlichen Prozessionen und vor allem an Wallfahrten traten an die Stelle der früheren Fahrten und Zeltlager. Nach dem Verbot, sich in Jugendheimen zu treffen, bzw. nach der zunehmenden Beschlagnahme solcher Einrichtungen, wurden Sakristeien, Krypten oder Unterkirchen Orte zur Abhaltung von Heimabenden, die außerdem vielfach als religiöse Unterweisungen getarnt wurden. Neben diesem „stummen Protest" haben auch manche Jugendgruppen ihre jugendbewegten Aktivitäten heimlich fortgesetzt und sich damit einer nachhaltigen Verfolgung durch die Gestapo ausgesetzt. Im Falle der Entdeckung wurden solche Jugendliche vor Gericht regelrecht inkriminiert und zu empfindlichen Strafen verurteilt. Arno Klönne hat hiervon in seiner bereits 1958 erschienen Schrift „Gegen den Strom" eindrucksvolle Beispiele vorgelegt[152]. Barbara Schellenberger und Georg Pahlke schildern ebenfalls eine Vielzahl solcher Fälle.

Ein besonderes Ereignis war die große Romwallfahrt der Sturmschar vom 13. bis 17. April 1935, an der 1500 Sturmschärler und 300 Neudeutsche teilnahmen. Die fast 2000 jugendlichen Pilger wurden von Papst Pius XI. in deutscher Sprache begrüßt und jubelten dem Heiligen Vater mit „Heil"-Rufen zu. Anläßlich dieser Romfahrt, die ein Gemeinschaftserlebnis ohnegleichen gewesen sein muss, wurde auch Hans Niermann, dessen Feldpostbriefe eingangs zitiert wurden, zum Reichsführer der Sturmschar gewählt. Bei ihrer Rückkehr nach Deutschland erwartete die Jungen ein ernüchternder Empfang an der Reichsgrenze. Die NS-Machthaber waren durch die Berichterstattung der internationalen Presse mit den Bildern der geradezu in militärischer Ordnung durch Rom marschierenden Kolonnen der Sturmschar aufgebracht und übten nun Vergeltung. Es kam zu Verhören an den Grenzstellen, die mitgeführten Banner, Zelte, Fahrtenhemden, Fotoapparate, Musikinstrumente wurden beschlagnahmt und vielfach wurden die Namen der Teilnehmer an die örtlichen Gestapostellen weitergemeldet[153]

Unter dem Druck der zunehmenden Verfolgung katholischer Jugendverbände sahen sich die deutschen Bischöfe veranlasst, „Richtlinien für die katholische Jugendseelsorge" ausarbeiten zu lassen. Im Auftrag der Fuldaer Bischofskonferenz entwarf eine Kommission unter Leitung des Trierer Bischofs Franz Rudolf Bornewasser diese „Richtlinien", die in neun Abschnitten die Pflicht und das Recht der Kirche zur Jugenderziehung artikulierten und die am 1. April 1936 veröffentlicht wurden. Ohne auf Einzelheiten eingehen zu wollen, wurde darin, gestützt auf das im Reichskonkordat zugestandene Recht der flächendeckenden Ausübung einer Volksseelsorge, Jugendarbeit nunmehr als Jugendseelsorge definiert. Wenigstens im spirituellen, katechetischen und liturgischen Bereich wollte man auf diese Weise einen gewissen Freiraum für eine eigene Jugendarbeit erhalten. „Die kirchliche Jugendarbeit sollte durchgeführt werden in Form der allgemeinen Pfarrjugendseelsorge mit dem Ziele, möglichst alle Jugendlichen zum bewußten, frohen Leben in der Kirche zu führen und in der Form der jugendlichen Lebensgemeinschaft mit dem Ziele, eine Kernschar religiös zu vertiefen und für besondere Aufgaben zu bereiten[154]."

152 Arno Klönne, wie Anm. 35, passim.

153 Franz-Josef Krehwinkel: Sturmschar unter dem NS-Regime, in: Sie hielten Stand, wie Anm. 71, S. 109 f.

154 Barbara Schellenberger, wie Anm. 2, S. 165. Vgl. auch Georg Pahlke, wie Anm. 78, S. 221 ff.

Der in den „Richtlinien" enthaltene Abschnitt über die allgemeine Jugendseelsorge war nach Ansicht von Prälat Wolker ein „gewaltiger Fortschritt" und angesichts der damaligen Verhältnisse auch ein „brauchbares Programm[155]". Als Konsequenz dieses Programms bildete nun Jugendseelsorge ein genuines Aufgabengebiet in den Pfarreien und einzelne Geistliche, zumeist junge Kapläne, die selbst aus den katholischen Jugendverbänden hervorgegangen waren, wurden mit der speziellen Ausübung der Jugendseelsorge beauftragt. Ein Jahr später, 1937, wurden in den deutschen Bistümern eigene Diözesanjugendämter eingerichtet, Einrichtungen, die bis zum heutigen Tage bestehen[156]. An ihre Spitze wurden als Diözesanjugendpfarrer junge Kleriker gestellt, die sich ebenfalls durch ihr Charisma und oft auch eine Betätigung in katholischen Jugendorganisationen ausgezeichnet hatten. So wurde beispielsweise im Bistum Limburg am 31. Oktober 1937 das „Bischöfliche Jugendamt für die Diözese Limburg" gegründet und am 1. November 1937 Ferdinand Dirichs mit Verleihung des Titels „Pfarrer" zum ersten Diözesanjugendpfarrer in Limburg ernannt. Der 1894 geborene Ferdinand Dirichs hatte im Ersten Weltkrieg sein Theologiestudium unterbrochen und als Kriegsfreiwilliger am Weltkrieg teilgenommen. Als Leutnant war er bei Verdun schwer verwundet worden und hatte sich nach seiner Priesterweihe 1922 in verschiedenen Pfarreien als Kaplan dank seines Charismas und seiner soldatisch frischen Art in besonderer Weise als Jugendseelsorger qualifiziert, so dass er 1931 zum Diözesanpräses der Jungemännervereine ernannt wurde. Dieser heiligmäßige Priester und mutige Verfechter der Kirche gegenüber den NS-Machthabern wurde 1947 zum Bischof von Limburg ernannt und starb nach einer ungemein segensreichen aber kurzen Tätigkeit am 27. Dezember 1948 an den Folgen eines Autounfalles[157].

Von 1937 an wurden überall in Deutschland die noch existierenden katholischen Jugendorganisationen von den NS-Machthabern endgültig verboten. Am 6. Februar 1939 wurde der katholische Jungmännerverband im gesamten Reich aufgelöst und verboten. Am 27. Juli 1939 hatte das Reichsinnenministerium auch die Auflösung des katholischen Schülerbundes Neudeutschland, sozusagen als letzte katholische Jugendorganisation, verfügt[158], so dass es bei Ausbruch des Krieges keine katholischen Jugendverbände mehr gab.

Von Ministrantengruppen, Bibelkreisen oder Zirkeln, die sich zu katechetischer Unterweisung trafen, waren angesichts der Verfolgung durch die NS-Machthaber keine Formen „jugendlicher Lebensgemeinschaft" aufrechtzuerhalten, wie es die Bischöfe in den „Richtlinien" postuliert hatten. Von den Zeitgenossen wurden die „Richtlinien" teilweise und mit großer Bitterkeit gleichsam als Verrat an den Verbänden empfunden[159] und in der Tat, mit diesem Programm sollte angesichts der äußeren Bedrohung nicht der Fortbestand von Verbänden, sondern eine Möglichkeit jugendgemäßer religiöser Erziehung in einer kirchenfeindlichen Umwelt erhalten werden. Der Bamberger Pädagoge Professor Dr. Paul Hastenteufel kennzeichnet den Erlaß der „Richtlinien" als einen erziehungsgeschichtli-

155 Barbara Schellenberger, wie Anm. 2, S. 165.

156 Georg Pahlke, wie Anm. 78, S. 234 ff.

157 Karl Janisch (Hrsg.): Ferdinand Dirichs. Bischof von Limburg, Frankfurt 1963 passim.

158 Reinhard Stachwitz: Zeit der Bewährung. Der Bund Neudeutschland 1933–1945, Münster i. Westfalen 1939, S. 129.

159 Georg Pahlke, wie Anm. 78, S. 221 ff.

chen Wendepunkt,"...da sich intensive pädagogische Bemühung der gesamten Kirche erstmals in vollem Ausmaß auf die gesamte Jugend der Kirche erstreckte[160]."

Theologisch gesehen hatten sich die deutschen Bischöfe eindeutig nach dem Grundanliegen der katholischen Kirche, den Gläubigen das Wort Gottes zu verkünden, verhalten und in den katholischen Jugendorganisationen, so segensreich diese auch gewirkt hatten, ein akzidentielles Mittel gesehen, dessen man sich unter dem Zwang der Verhältnisse begeben musste, um damit eine inhaltliche und organisatorische Neugestaltung der kirchlichen Jugendarbeit vorzunehmen. Das war allerdings nur möglich, weil man hier auf ein reichhaltiges Reservoir an pädagogischen Erfahrungen aus den früheren, der Jugendbewegung nahestehenden katholischen Jugendbünden zurückgreifen konnte. Die Rolle der Laien, die auch in der jetzt nach dem Religiösen hin verlagerten Schwerpunktbildung eine der wichtigsten Säulen werden sollte, wurde mit den Ideen eines allgemeinen Priestertums aller Gläubigen theologisch untermauert[161].

Diese neue Schwerpunktbildung zum Religiösen schlägt sich auch in den nachfolgenden Soldatenbriefen nieder, die fast alle spirituelle Themen zum Inhalt haben. Zu den neuen Aufgaben einer pfarrlichen Jugendseelsorge gehörte auch, dass die Jugendseelsorger nach Möglichkeit Briefkontakte zu ihren in der Wehrmacht dienenden Jugendlichen unterhalten sollten, wofür die Briefsammlungen von Prälat Hans Böhner, geistlichem Rektor Alfred Hockel, die beide im Bund Neudeutschland als Jugendseelsorger aktiv waren und Pfarrer Stefan Wellenhofer, ein deutliches Zeugnis geben. Dass dies auch in anderen Pfarreien üblich war, darüber berichtet Kurt Krämer in seiner Dokumentation über die Katholische Jugend der Pfarrei in Bonn-Beuel[162].

Wie sich katholische Jugendliche in dieser Zeit der Verfolgung immer wieder bemühten, jugendgemäße Lebensformen, z. T. in der Illegalität, zu praktizieren und dabei auch bei der Ausübung „rein-religiöser" Aktionen ihre Identität zu bewahren suchten, wobei sie stets mit den Organen des NS-Regimes in Konflikt gerieten, zeigen ausser den hier erwähnten Autoren vor allem lokalgeschichtliche Dokumentationen, wie beispielsweise der o. g. Bericht von Kurt Krämer, aber auch Darstellungen von Nikolaus Homm über die Katholische Mannesjugend in Villmar an der Lahn[163] oder von Karl-Wilhelm Bruno und Hans-Günther Seyfried aus Wiesbaden[164].

160 Ebd. S. 224.

161 Ebd. S. 224.

162 Bernhard Bertram/Kurt Krämer: Junge Kirche. Katholische Jugend der Pfarrei St. Josef in Bonn-Beuel. Aufbruch-Unterdrückung-Neubeginn 1930–1950, Studien zur Heimatgeschichte des Stadtbezirks Bonn-Beuel, Heft 33, Bonn 2000, S. 86 f und S. 100 ff.

163 Die Katholische Mannesjugend Villmar in der Abwehr des Nationalsozialismus, dokumentarische Erinnerungen von Nikolaus Homm, hrsg. von der Katholischen Kirchengemeinde Villmar, Villmar 1987.

164 Zeugen jener Zeit. Berichte katholischer Jugend in Wiesbaden aus den Jahren 1933–1949, hrsg. von Karl-Wilhem Bruno und Hans-Günther Seyfried, Wiesbaden 1989.

INHALTLICHE SCHWERPUNKTE DER NACHFOLGEND EDITIERTEN FELDPOSTBRIEFE

Unsere Feldpostbriefe weisen eine Reihe inhaltlicher Besonderheiten auf, worauf in der Literatur vor allem Georg Pahlke[165] und, speziell bezogen auf Angehörige des Bundes Neudeutschland, Rolf Eilers[166] hingewiesen haben. Wenn als deutlichstes Merkmal dieser an die Jugendseelsorger gerichteten Briefe junger Soldaten und in den Antworten ihrer ehemaligen geistlichen Führer spirituelle Themen eindeutig im Vordergrund stehen, so geht das einmal aus dem Vorangegangenen hervor. Nach dem Verbot aller katholischen Jugendverbände konnte seit der Wende 1936/37 Jugendarbeit nur noch „rein-religiös" als Jugendseelsorge betrieben werden. Georg Pahlke hat das Phänomen der Feldpostbriefe katholischer Soldaten „der Briefkasten als ‚Gruppenraum': Feldpostbriefe in der katholischen Jugendarbeit"[167] genannt. Dass diejenigen, die solche Betreuungsmaßnahmen in der Heimat für die im Feld stehenden Glaubensbrüder organisierten, sich damit bereits der Verfolgung durch die Gestapo aussetzten, wurde eingangs erwähnt, auch geistlicher Rektor Alfred Hockel und der als Jugendführer bei Neudeutschland aktive Leo Custodis hatten dem Verfasser geschildert, dass man bei ihnen Hausdurchsuchungen durchgeführt hatte. Leo Custodis wurde von der Gestapo einem unangenehmen Verhör unterzogen.

Alle Soldatenbriefe sind von der Grundhaltung einer Wehrmotivation aus dem katholischen Glauben getragen, die hier im Vorangegangenen erörtert wurde. Auffallend ist hier jedoch, dass an keiner Stelle die Legitimität des Krieges angesprochen oder diskutiert wurde. Das hat einerseits ganz pragmatische Gründe: Da die gesamte Feldpost der Zensur unterlag, hätte sich ein Briefschreiber, der auch nur geringste Zweifel an der moralischen Legitimität des von Deutschland geführten Krieges als potentieller „Wehrkraftzersetzer" hatte, einer tödlichen Verfolgung ausgesetzt. Andererseits ist hier aber auch auf eine Haltung hinzuweisen, wie sie in dem von Alfred Delp SJ verfassten Artikel in den Stimmen der Zeit vertreten wird, wonach der Jesuitenpater und spätere Widerstandskämpfer eine solche Frage für die deutschen Katholiken seiner Zeit ausklammert, da weder die Kirche, noch ihre Führer und schon gar nicht das Kirchenvolk für die Entfesselung des Krieges verantwortlich waren. Den Krieg sah Pater Delp als eine von Gott zugelassene Realität an, in der sich der Mensch als Christ zu erweisen hatte. In diesem Zusammenhang sei auch darauf hingewiesen, dass sich die Überlegungen des heiligen Thomas von Aquin über den „gerechten Krieg" keineswegs an die Adresse der Soldaten, sondern vor allem an die Fürsten, als die für Krieg und Frieden Verantwortlichen, wandte.

Zwar gab es in den katholischen Jugendverbänden durchaus auch Sympathisanten mit der Friedensbewegung, die vor allem im Friedensbund Deutscher Katholiken aktiv waren, wo teilweise auch pazifistisches Gedankengut vertreten wurde[168], doch waren diese eher eine Randerscheinung und zahlenmäßig kaum ins Gewicht fallend. Prälat Ludwig

165 Georg Pahlke, wie Anm. 78, S. 279–296.
166 Rolf Eilers, wie Anm. 80, S. 205–217.
167 Georg Pahlke, wie Anm. 79, S. 290–293.
168 Walter Vorderwübecke: Wehrsport, Wehrdienst und Kriegsdienst als Herausforderung in: Sie hielten stand, wie Anm. 71, S. 131.
Vgl. auch Barbara Schellenberger, wie Anm. 2, S. 82 f.

Wolker hatte sich, wie oben erwähnt, gegen alle Widerstände zu einer Bejahung des Wehrdienstes katholischer Jugendlicher durchgesetzt. So gab es nur vereinzelt Fälle von Wehrdienstverweigerung aus genuin katholisch begründeten Gewissensentscheidungen, wie beispielsweise dem aus Österreich stammenden Franz Jägerstetter[168a]. Selbst der als Wehrdienstverweigerer hingestellte Pallotinerpater Franz Reinisch, der am 21. August 1942 hingerichtet wurde, ist nachweislich der Gerichtsakten des am 7. Juli 1942 vom Reichskriegsgericht gefällten Todesurteils nicht verurteilt worden, weil er den Wehrdienst als Sanitätssoldat abgelehnt hätte, sondern weil er sich standhaft geweigert hatte, den Eid auf die Person des von ihm als gottlos eingeschätzten Führers Adolf Hitler zu leisten. Er glaubte, den von ihm, wie von allen Wehrmachtsoldaten, verlangten persönlichen Eid auf Hitler nicht vor seinem Gewissen verantworten zu können und musste dies mit seinem Leben bezahlen. Pater Reinisch wollte keineswegs den Wehrdienst verweigern[169]!

Immer wieder ist in den Feldpostbriefen die Rede von einer Vereinsamung der Briefschreiber. Wie bereits im Vorangegangenen dargelegt, waren Katholiken in der Bevölkerung des Deutschen Reiches eine Minderheit und junge Männer, die sich noch als Soldaten zu ihren inzwischen verbotenen katholischen Jugendbünden bekannten, müssen in dem Millionenheer der Wehrmacht eine geradezu verschwindende Minderheit gewesen sein. Oft berichteten sie von ihrer Vereinzelung und geben mit z. T. emphatischen Worten ihrer Freude Ausdruck, endlich einmal einen Gleichgesinnten, einen Glaubensbruder oder sogar einen anderen Kameraden getroffen zu haben, der ebenfalls einem der verbotenen Bünde angehört hatte. Pastoraltheologisch gesehen befanden sich die Briefschreiber in einer absoluten Diasporasituation und konnten nur durch ihr Beispiel als katholische Christen wirken. Der letzte Vers von Georg Thurmairs Lied „Nun sind Gesichter unsere Fahnen und Leiber unser Schaft!" wird hier zu einem real umzusetzenden Programm des Bekenntnisses christkatholischen Glaubens. So schildern die Soldaten dann auch, wie sie durch solche Begegnungen Kraft und Stärkung gefunden haben, so wie insgesamt der Briefkontakt mit den geistlichen Jugendführern oder Freunden aus dem Bund in der Heimat eine weit über den spirituellen Inhalt hinausgehende Kraftquelle zum Ertragen der Härten des Krieges wurde.

Auf den ersten Blick mag es erstaunen, dass in den vorliegenden Briefen die offizielle Militärseelsorge, die es in der Wehrmacht lediglich beim Heer und der Marine gab, nur gelegentlich die Rede ist. Das hat zunächst durchaus sehr einfache, im Organisatorischen liegende Gründe: In der seit 1935 existierenden Wehrmacht gab es nach einer Verfügung von 1935 insgesamt 1342 Planstellen für Standortpfarrer im Hauptamt und solche im Nebenamt für Geistliche beider Konfessionen[170]. Vor Kriegsbeginn gab es 1939 in der Wehrmacht insgesamt 309 katholische Militärgeistliche bei Heer und Marine, eine Zahl, die sich im Verlauf des Zweiten Weltkrieges auf 1500 katholische Divisions- und Kriegs-

168a Norbert Haase: Desertion-Kriegsdienstverweigerung-Widerstand, in: Peter Steinbach/Johannes Tuchel (Hrsg.): Widerstand gegen den Nationalsozialismus, Schriftenreihe der Bundesanstalt für politische Bildung, Band 323, Bonn 1994, S. 530.

169 Heinrich Walle: Die Tragödie des Leutnants zur See Oskar Kusch, wie Anm. 9, S. 238.

170 Hans Jürgen Brandt: Zwischen Weltflucht und Anpassung. Zur Geschichte der Militärseelsorge und ihrer Rolle im Zweiten Weltkrieg, in: Mensch, was wollt ihr denen sagen? Katholische Feldseelsorge im Zweiten Weltkrieg, hrsg. vom Katholischen Militärbischofsamt, Augsburg 1991, S. 17.

Priestersoldat Wilhelm Pfau (r.) als Krankenträger

Benediktinerbruder Karl Käßmair (OSB) als Kanonier

Aus: Weltbild vom 03. 02. 1995, S. 21

pfarrer steigerte[171]. In dem Millionenheer der Wehrmacht, deren Verbände auf nahezu ganz Europa verteilt waren, konnten diese wenigen Militärgeistlichen, schon von ihrer Zahl her gesehen, eine intensive seelsorgerische Betreuung, wie sie in den Pfarreien im Reichsgebiet noch möglich war, kaum leisten. Diese wenigen Militärpfarrer haben dann den Schwerpunkt ihrer Tätigkeit offensichtlich im Einsatz in den Lazaretten gelegt, wo sie unzähligen Soldaten in ihrer letzten Stunde Beistand leisten konnten. So berichten die katholischen Soldaten nur gelegentlich von ihrer Teilnahme an einem Feldgottesdienst, den sie als relativ seltenes Erlebnis mitfeiern durften und empfanden auch dies als wichtige Kraftquelle für ihren schweren Dienst. Von besonderer Bedeutung war das segensreiche Wirken der sog. Priestersoldaten, d. h. jungen Klerikern, die trotz der im Konkordat zugesagten Freistellung vom Wehrdienst als Soldaten eingezogen wurden. Nach den Forschungen von Hans Jürgen Brandt betrug ihre Zahl fast 10.000 Männer. Sie dienten als Sanitätssoldaten und waren dort als Krankenträger an der Front, Operationsgehilfen im Lazarett, Apothekenhelfer oder Nachlassunteroffiziere eingesetzt. Trotz aller Verbote und Behinderungen wirkten sie neben ihrer enormen dienstlichen Belastung als Seelsorger und versahen ihren Dienst an den Kameraden, mit denen sie als Mannschaftsdienstgrade oder Unteroffiziere den gleichen Härten und Entbehrungen ausgesetzt waren, wie er von den NS-Machthabern weder vorgesehen noch erwünscht war[172]. Unter den vorliegenden Feldpostbriefen befinden sich zahlreiche Briefe aus der Feder solcher Priestersoldaten, die zumeist vor ihrem Studium und danach in katholischen Jugendorganisationen, vornehmlich im Schülerbund Neudeutschland, aktiv gewesen sind. Hier liegt ein Glaubenszeugnis junger Priester vor, das viele Ähnlichkeiten mit dem Wirken der sog. Arbeiterpriester in den späten vierziger und frühen fünfziger Jahren in Frankreich aufweist. Auch diese Männer handelten nach dem Grundsatz: „Nun sind Gesichter unsere Fahnen und Leiber unser Schaft!“

171 Biographisches Lexikon der Katholischen Militärseelsorge Deutschlands 1848 bis 1945, hrsg. von Hans Jürgen Brandt und Peter Höger im Auftrag des Katholischen Militärbischofsamtes Berlin, Paderborn 2002, S. XX und LXIX.

172 Priester in Uniform. Seelsorger, Ordensleute und Theologen als Soldaten im Zweiten Weltkrieg, hrsg. vom Katholischen Militärbischofsamt und Hans Jürgen Brandt, Augsburg 1994.

In den ersten Kriegsjahren, d. h. bis Mitte 1941, den Jahren der sog. Blitzkriege , als die Wehrmacht in kurzen Feldzügen fast ganz Europa besetzte, werden Krieg und Militärdienst in einigen Briefen regelrecht als eine neue Art von Fahrt- und Lagererlebnis geschildert. In den eingangs zitierten Briefen von Johannes Niermann klingt das bereits an. Das Biwakieren unter bloßem Himmel, die langen Märsche und das Erleben fremder Länder im Kreise der Kameraden wurden in der Tat als eine neue Art von Fahrtenerlebnis empfunden, zumal hier die Kleinlichkeiten des Kommiß nur wenig und die Verluste noch nicht so ausgeprägt waren, so dass die überstandenen Gefahren durchaus noch als patriotisch motivierte Bewährungsproben empfunden wurden. Dies war keineswegs für Angehörige nunmehr verbotener katholischer Jugendverbände typisch, sondern dürfte allgemein für nicht wenige deutsche Soldaten dieser Zeit gegolten haben. So erinnert sich der Verfasser noch an die Erzählungen aus den 50er Jahren, in denen der Vater eines Klassenkameraden mit Begeisterung davon berichtete, wie weit er als Wehrmachtssoldat in Europa herumgekommen war. Als Mechaniker einer Instandsetzungseinheit habe er Skandinavien, die französische Atlantikküste, das Mittelmeer in Griechenland, aber auch Finnland und Russland kennen gelernt. Bei diesen Assoziationen mit abenteuerlichen Fahrtenerlebnissen beziehen sich dann die Briefschreiber auch auf jugendbewegte, idealisierte Offizierstypen, wie sie in der Literatur von dem bereits erwähnten Walter Flex und von Hans Grimm, aber in gewisser Weise auch bei Ernst Jünger, wie o. g. dargestellt wurden. Der Leutnant Wurche bei Walter Flex ist ein charismatischer, jugendbewegter und mutiger Patriot, der frei von kommißhafter Enge seinen Soldaten alles vorlebt, mit ihnen Freude und Leid teilt und sie besonnen, aber entschieden zur Erfüllung ihres militärischen Auftrages mitreißt. Ähnlich, wenngleich nicht so den typischen Idealen der Jugendbewegung verpflichtet, verhalten sich auch die Zug- und Stoßtruppführer in den Jüngerschen Kriegsromanen. Auch der von Hans Grimm in seinem Buch „Der Zug des Hauptmanns von Erckert[173] beschriebene Hauptmann der Schutztruppe Friedrich von Erckert, der am 16. März 1908 als Führer einer Strafexpedition gegen den Nama-Häuptling Simon Kopper im heutigen Namibia gefallen war[174], muss geradezu ein Vorläufer dieser von den Anhängern der Jugendbewegung verehrten charismatischen Offiziervorbilder gewesen sein. Erckert hatte sich in der Schutztruppe als umsichtiger, aber entschlossen handelnder Offizier bewährt, der, kommißhaften Kleinlichkeiten abhold, seine Soldaten zu eigenverantwortlich handelnden Einzelkämpfern heranbildete, die die Möglichkeiten des Geländes voll auszunutzen in der Lage waren. Dazu muss von Erckert auch ein militärischer Führer von ausgesprochenem Charisma gewesen sein. So nimmt es nicht wunder, dass deutsche Jugendliche der dreißiger Jahre in ihm so etwas wie einen deutschen Baden Powell sahen.

Der mit dem Überfall auf die Sowjetunion am 22. Juni 1941 begonnene Rußlandfeldzug schlägt sich in den Soldatenbriefen als Kreuzzug gegen den Kommunismus und Sowjetrussland als Sitz des Bösen nieder, in dem es um die Befreiung der Russen vom Kommunismus und um ihre Rechristianisierung ging. In dieser Haltung fühlten sich die Briefschreiber als Angehörige katholischer Jugendbünde durchaus von der katholischen Kir-

173 Hans Grimm: Der Zug des Hauptmanns von Erckert, München 1932.

174 Walter Nuhn: Feind überall. Guerilla-Krieg in Südwest. Der große Nama-Aufstand 1904–1908, Bonn 2000, S. 254 ff.

chenführung bestärkt[175]. Die deutschen Bischöfe hatten in ihren Hirtenbriefen von 1921 bis 1936 immer wieder vor der Macht des Bolschewismus gewarnt und das Kirchenvolk zur Wachsamkeit gegen den Kommunismus angehalten. „Infolge ihrer grundsätzlichen Ablehnung ist die Kirche immer noch die stärkste geistige Macht gegenüber dem Bolschewismus und die gesamte Seelsorgearbeit ihrer Priester im Kampf gegen die Lehren, Grundsätze und Ziele des Bolschewismus die wirkungsvollste Abwehr[176]." Berichte über kommunistische Kirchenverfolgungen seit 1917 im Osten, in den zwanziger und dreißiger Jahren in Mexiko und dann im Spanischen Bürgerkrieg waren unter den deutschen Katholiken der damaligen Zeit weit verbreitet und waren eine wichtige Grundlage, im Kampf gegen die Sowjetunion einen Kreuzzug gegen die Gottlosigkeit zu sehen. Das überschnitt sich durchaus mit einer allgemeinen Angst vor dem Kommunismus und seiner totalitären Herrschaft, die man als erheblich schlimmer ansah als das gegenwärtige NS-Regime. Diese vor allem beim deutschen Mittelstand vorherrschende Kommunistenangst, die durch Erfahrungen aus den revolutionären Wirren der frühen 20er Jahre und Erlebnisse beim Einmarsch der Roten Armee 1945 in Deutschland gestützt wurde, war so weit verbreitet und wirkte sich noch bis in die 50er Jahre auf das Wahlverhalten der Bürger in der jungen Bundesrepublik aus.

Die Soldaten beschrieben in ihren Briefen, wie sie die Zerstörung der Kirchen in Rußland erlebten und wie dann nach der deutschen Besatzung sich teilweise wieder das religiöse Leben zu regenerieren begann. Sie waren aber auch zutiefst von der Armut und Kargheit Sowjetrußlands erschüttert, die zusammen mit dem Kommunismus die Menschen schier entwurzelt hatte. Dass dann aber die Russen mit einer Zähigkeit und einem Fanatismus ohnegleichen trotzdem ihre Heimat gegen die deutschen Eindringlinge zu verteidigen begannen, konnten sie offensichtlich nicht begreifen. Dennoch zeigen alle Briefe, in denen der Krieg gegen die Sowjetunion thematisiert wurde, völlig entgegengesetzte Begründungen als sie in Form der Schlagworte vom „Kampf um Lebensraum im Osten", vom „Krieg gegen die sowjetischen Untermenschen" oder der notwendigen Vernichtung der „slawisch/jüdischen Rasse" den Wehrmachtsoldaten von der NS-Propaganda vermittelt wurden. Wie stark dieser aus heutiger Sicht naive und die grausame Realität der von den NS-Machthabern vorgegebenen Ziele völlig verkennende, auf religiösen Motiven beruhende Idealismus war, den nicht nur katholische Wehrmachtsoldaten vertraten, zeigen die Tagebuchberichte von Alfred Mann. Dr. theol. Alfred Mann, Jahrgang 1919, war als Theologiestudent zur Wehrmacht eingezogen worden und diente als Sanitätssoldat. Von 1942 bis 1943 war er als Sanitäter bei den zur Wehrmacht übergelaufenen Freiwilligen, einer Einheit von Kosaken, eingesetzt und veröffentlichte nach der Pensionierung als Pfarrer 1999 seine Tagebuchaufzeichnungen. Dieser kluge Geistliche, der 1972 bis 1988 Seelsorgehilfe in Kasachstan leistete, gibt hier ein erschütterndes Zeugnis über den Missbrauch mit dem religiös begründeten Idealismus eines jungen Theologen[177].

Als der Krieg dann seit dem Fall von Stalingrad im Januar 1943 immer brutaler wurde, die Verluste dramatisch anstiegen und damit auch bei den einfachen Soldaten die Ein-

175 Pahlke, wie Anm. 78, S. 279 ff.

176 Ludwig Volk SJ (Bearb.): Akten deutscher Bischöfe über die Lage der Kirche 1933–1945, Bd. V, 1940–1942 (Veröffentlichungen der KfZG Reihe A: Quellen Bd. 34), Mainz 1983, S. 705.

177 Alfred Mann: Die Ost-Reiterschwadron 299. Ein Studenten-Tagebuch berichtet, ergänzt aus den Akten des Bundesmilitärarchivs, Ulm 1999.

sicht zu schwinden begann, dass hier ein Endsieg überhaupt noch erreichbar war, findet auch dies seinen Niederschlag in den Soldatenbriefen. Die Briefschreiber erkennen, dass jetzt eine Sinngebung nur noch ausschließlich aus dem Glauben heraus möglich ist. Der Krieg mit all seiner Brutalität und dem immer gegenwärtigen Tod kann bestenfalls noch als Prüfung Gottes begriffen werden, indem es letztlich ums Überleben geht, um danach ein neues christliches Deutschland aufzubauen. Auch dies waren Sinngebungen, die der NS-Propaganda diametral entgegengesetzt waren.

Spruch von P. Albrecht Schräder / Geschrieben: Pitt Arend

DstHdh: Überlassung Beilmann III,2

Die Briefe katholischer Wehrmachtsoldaten als Dokumente eines Widerstandes gegen das NS-Regime?

In allen hier vorliegenden Briefen wurde an keiner Stelle zu Handlungen aufgerufen, die zu Dienstverweigerungen, zu Sabotageakten oder Demonstrationen gegen die Machthaber des Nationalsozialismus aufriefen. Dennoch wurden Männer, wie der NDer Leo Custodis oder der geistliche Rektor Alfred Hockel, von der Gestapo vernommen, weil sie verbotener Weise mit ihren Briefaktionen Jugendarbeit geleistet hätten. Dass dies keine Einzelfälle waren, darauf wurde bereits am Anfang hingewiesen. Noch im Ersten Weltkrieg wurden Zivilisten, die auf diese Weise Truppenbetreuung leisteten, mit Auszeichnung geehrt. Widerstand gegen das NS-Regime, und das gilt für alle totalitären Systeme, definiert sich vornehmlich aus den Sanktionen, die gegen durchaus moralisch einwandfreie Handlungen verhängt werden, die sich allerdings einer totalen Gleichschaltung entgegenstellen. So wurden wegen Wehrkraftzersetzung Personen zum Tode verurteilt und hingerichtet, die bereits schon im Kameradenkreis „Zweifel am Endsieg“ äußerten oder wie der Pallotiner Pater Franz Reinisch den Eid auf den „gottlosen Führer Adolf Hitler“ verweigerten. Ganz zu schweigen von den Männern, die sich an Vorbereitung und Ausführung des Attentats und Staatsstreichversuches vom 20. Juli 1944 beteiligt hatten oder „nur“ Mitwisser waren. Hier ist zwischen der geschichtlichen Tragweite und der moralischen Bewertung zu unterscheiden. Zweifellos waren die Aktionen des 20. Juli, wie auch die Flugblattaktionen der „Weißen Rose“, wozu auch der NDer Willi Graf als Feldwebel der Sanitätstruppe gehörte, Handlungen, die unumstritten als Widerstand bewertet werden. Ohne auf die Diskussion über Widerstand gegen das NS-Regime eingehen zu wollen, muss hier festgehalten werden, dass der Widerstandsbegriff gerade wegen der schweren Sanktionen, mit der nach heutigen Maßstäben nur geringfügig erscheinende Artikulationen eines Dissenses mit der NS-Ideologie belegt wurden, erheblich weiter zu fassen ist, als allein zur Beschreibung von Aktivitäten, die unmittelbar auf eine Veränderung der Verhältnisse gerichtet waren[178]. Speziell über den Widerstand katholischer Jugendlicher hat Barbara Schellenberger den Begriff Widerstand in drei Stufen unterteilt:

„1. Punktuelle Unzufriedenheit, die sich in Widerspruchshaltung äußert.
2. Resistenz durch Nichtanpassung, Selbstbewahrung der Identität, indem man sich der Gleichschaltung zu entziehen versuchte.
3. Ein auf den politischen Umsturz ausgerichteter aktiver Widerstand, verbunden mit einem generellen Nein zum NS-System[179]."

Unabhängig von der Tatsache, dass in keinem der Briefe ein Hinweis auf Handlungen eines aktiven Widerstandes enthalten ist, ein solcher hätte für Briefschreiber, wie auch Adressaten damals tödliche Folgen gehabt, tritt in diesen Briefen eine Geisteshaltung zutage, die in völligem Gegensatz zur Ideologie des Nationalsozialismus steht. Hier ist durchaus eine Widerspruchshaltung zu erkennen. Generell zeigen auch alle Briefe, dass die Verfasser an der Front, wie auch in der Heimat, ihre christlich begründete Identität zu wahren suchten und sich damit der Gleichschaltung entzogen. Die Aktionen der Gestapo gegen Leo Custodis und Alfred Hockel zeigen deutlich, dass man dies von seiten der dem NS-Regime dienenden Behörden auch so auffasste. Indem diese Männer ihre Identität und ihren Dienst für das Vaterland allein aus ihrem christkatholischen Glauben begründeten, hatten sie ein Nein zum NS-System gesagt, das auch in seiner Deutlichkeit nach sechs Jahrzehnten unübersehbar ist. Die Briefe katholischer Wehrmachtsoldaten an ihre Jugendseelsorger sind damit mehr als die Glaubenszeugnisse junger Katholiken.

Authentischer und treffender als es ein nachgeborener Historiker vermag, fasst der Hirtenbrief des Freiburger Erzbischofs Dr. Conrad Gröber (1872–1948) vom 8. Mai 1945 die Gedankenwelt und das Anliegen der hier veröffentlichten Feldpostbriefe zusammen, mit dem die Dokumentation abgeschlossen wird[180]. Der Freiburger Erzbischof hatte sich 1933 noch als Mittler zwischen Nationalsozialismus und Katholischer Kirche versucht, indem er durch den geschlossenen Eintritt katholischer Jugendgruppen in die HJ, diese Parteiorganisation mit katholischem Geist unterwandern zu können glaubte. „Ein brüskes Stoppsignal aus Rom, Zurechtweisung aus den eigenen Reihen und die unversöhnliche Gegnerschaft örtlicher Parteiführer heilten ihn schon nach wenigen Monaten von sei-

178 Vgl. dazu: Heinrich Walle: Widerstehen im NS-Regime. Methodologische Überlegungen über das Spektrum von Artikulationen gegen die nationalsozialistische Gewaltherrschaft, in: Aufstand des Gewissens, wie Anm. 32, S. 493–502. Derselbe: Die Tragödie des Oberleutnants zur See Oskar Kusch, wie Anm. 9, S. 243–253.

179 Barbara Schellenberger: Katholischer Jugendwiderstand, in: Widerstand gegen den Nationalsozialismus. Die deutsche Gesellschaft und der Widerstand gegen Hitler. Hrsg. von Jürgen Schmödeke und Peter Steinbach, München ^{2}1986, S. 324.

180 Dr. Conrad Gröber: Erzbischof von Freiburg: Rückblick und Ausschau, Hirtenschreiben vom 8. Mai 1945, Originalkopie einer maschinenschriftlichen Abschrift von 1945 von Pfarrer i. R. Norbert Weber, Wiesbaden-Nierstein, vgl. auch: Akten deutscher Bischöfe über die Lage der Kirche, Bd. VI 1943–1945, bearb. von Ludwig Volk SJ, Mainz 1985, Nr. 976, S. 474–486.

nem Mittlerehrgeiz[181]“, wie Ludwig Volk SJ feststellt. Dr. Gröber war zwar ein national denkender , konservativer Kirchenfürst, aber alles andere als ein Sympathisant mit dem NS-Regime. Der von der Gestapo fortwährend überwachte Erzbischof hatte u. a. als Leiter des Deutschen Caritasverbandes eine Dienststelle eingerichtet, die deutschen Juden zur Emigration oder zur Flucht aus dem Reich vor der nationalsozialistischen Verfolgung verhalf[182]. Der Hirtenbrief datiert vom 8. Mai 1945, dem letzten Tag des Dritten Reiches vor dem Inkrafttreten der bedingungslosen Kapitulation und 14 Tage nach der Besetzung Freiburgs durch die Franzosen, deren marokkanische Besatzungssoldaten sich keineswegs als die Befreier der Deutschen vom Nationalsozialismus aufführten. In seiner Botschaft stellt Gröber fest, dass die Machtergreifung der Nationalsozialisten nicht von den Katholiken Deutschlands herbeigeführt, aber auch nicht von ihnen als Minderheit im Deutschen Reich verhindert werden konnte, eine Auffassung, die Rudolf Morsey auch sechs Jahrzehnte später noch vertritt. Zwar muss dieser bekannte Historiker zugeben, dass die deutschen Katholiken die Machtbefestigung des Nationalsozialismus nicht zusätzlich erschwerten.“ Hingegen vermochte sich der Katholizismus als Institution und soziale Großgruppe, trotz des Verschwindens der konfessionellen Parteien, der allgemeinen ‚Gleichschaltung‘ zu entziehen, die 1933 so rasch zu dem von den Machthabern erstrebten Ziel führte [183].“

Wie auch die katholischen Soldaten in ihren Briefen, sieht Bischof Gröber das unsägliche Leid, das der Krieg über Deutschland gebracht hat, als Prüfung Gottes, aber auch als Sühne für das in deutschem Namen und von Deutschen begangene Unrecht. Die Ursachen dafür sieht er in der Gottlosigkeit der NS-Ideologie, die er eingehend darlegt. Als national denkender Patriot appelliert er auch an die alliierten Besatzer, das von Deutschen begangene Unrecht nicht mit Gleichem zu vergelten, weil es kein Unrecht gutmacht und nur Unschuldige trifft. Das war zu diesem Zeitpunkt eine durchaus mutige Haltung.

Auf die Frage, ob die deutschen Katholiken sich nicht entschlossener dem Unrechtsregime hätten entgegenstellen sollen, stellt er fest, dass ein Aufruf zum aktiven Widerstand nur die Vernichtung der katholischen Minderheit zur Folge gehabt hätte. Denn bei jeder Berufung auf das Recht habe man ihm seitens der Gestapo geantwortet: „Und wir haben die Macht!“ Mit der Feststellung: „Und doch trifft auch uns, wenigstens vor Gott, manche Schuld“, enthält dieser Hirtenbrief wohl eines der frühesten Eingeständnisse einer gewissen Mitschuld, ähnlich wie es Albrecht Haushofer, der in der Nacht vom 22. zum 23. April 1945 ermordet wurde, in seinem Moabiter Sonett festgehalten hatte:

181 Ludwig Volk SJ: Nationalsozialistischer Kirchenkampf und deutscher Episkopat, in: Die Katholiken und das Dritte Reich, wie Anm. 37, S. 59.

182 „Betrifft: Nachrichtenzentrale des Erzbischofs Gröber in Freiburg“. Die Ermittlungen der Geheimen Staatspolizei gegen Gertrud Luckner 1942–1944, bearb. u. erläutert von Hans Josef Wollasch, Karlsruher Beiträge zur Geschichte des Nationalsozialismus, Bd. 4, Konstanz 1999.

183 Rudolf Morsey: Der Aufstieg des Nationalsozialismus 1930–1933, in Rainer Bendel (Hrsg.): Die katholische Schuld? Katholizismus im Dritten Reich zwischen Arrangement und Widerstand. Wissenschaftliche Paperbacks, Bd. 14, Münster-Hamburg-London 2002, S. 55.

„Schuld

Ich trage leicht an dem, was das Gericht
mir Schuld benennen wird: an Plan und Sorgen.
Verbrecher wär' ich, hätt' ich für das Morgen
des Volkes nicht geplant aus eig'ner Pflicht.

Doch schuldig bin ich anders als ihr denkt,
ich musste früher meine Pflicht erkennen,
ich musste schärfer Unheil Unheil nennen –
mein Urteil hab ich viel zu lang gelenkt …

Ich klage mich in meinem Herzen an:
ich habe mein Gewissen lang betrogen,
ich hab mich selbst und andere belogen –

ich kannte früh des Jammers ganze Bahn –
ich habe gewarnt – nicht hart genug und klar!
und heute weiß ich, was ich schuldig war … [184]"

Als Konsequenz ruft Erzbischof Gröber zur Sühne auf, um im Geist der Buße alles Schwere, das gegenwärtig und in der nächsten Zeit sogar noch in steigendem Maße auf uns zukommt, zu ertragen. Das darniederliegende Deutschland muss durch eine Rückbesinnung auf die christlichen Werte erneuert werden und dazu sind vor allem auch diejenigen aufgerufen, die in der Zeit der Bedrängnis, gestützt auf das Bekenntnis ihres Glaubens, standgehalten haben. Dies war auch das Anliegen und Vermächtnis der katholischen Wehrmachtsoldaten, das sie immer wieder in ihren Briefen zum Ausdruck gebracht haben. Auf den kürzesten Nenner gebracht, enthalten diese Briefe unverkennbare Zeichen einer „Bekennertreue durch Gewissensbildung". Ludwig Volk SJ stellte hierzu fest: „Als Konzept kirchlichen Widerstandes mag die Maxime ‚Bekennertreue durch Gewissensbildung' minimalistisch anmuten. Immerhin spricht für seine Vertretbarkeit die Bewährungsprobe, die es über 1945 hinaus durchlaufen hat. Es blieb oder wurde überall aktuell, wo katholische Gemeinden und Diözesen hinter kommunistischen Vorzeichen unter totalitäre Herrschaft gerieten und ähnlicher oder schlimmerer Unfreiheit ausgesetzt wurden als im NS-Staat [185]."

184 Albrecht Haushofer: Schuld, in Aufstand des Gewissens, wie Anm. 32, S. 203.

185 Ludwig Volk SJ: Nationalsozialistischer Kirchenkampf und deutscher Episkopat, in: Die Katholische Schuld?, wie Anm. 183, S. 101.

Briefdokumente

Zusammengestellt und ausgewählt
von Karl-Theodor Schleicher.

Kommentiert von Heinrich Walle.

Die Kommentierung ist *kursiv* gedruckt.

Von Hand gefertigtes Schmuckblatt im Folioformat. Einzelblatt der Festausgabe der Katholischen Mannesjugend der Dekanate des Erzbistums Paderborn für Erzbischof Dr. Caspar Klein anlässlich der Feier seines Goldenen Priesterjubiläums 1940, hier: Schmuckblatt des Dekanates Attendorn, unterzeichnet von Erich Berghoff und Vikar K. Hoberg.

Archivbestand DstHdh, Reg. Nr. 1. 2301

Teil I:
Auszüge von Briefen z. T. ohne Verfasserangabe und Datierung von 1939 bis 1945 aus der „Dokumentationsstelle für Kirchliche Jugendarbeit/BDKJ im Jugendhaus Hardehausen“ (Dst Hdh) bei Paderborn.

Hoffnung wider alle Hoffnung
Soldatenbriefe junger Christen, aus:
Der Fährmann Nov. 1946, S. 1–2, Exemplar in der Dst Hdh.

Die hier wiedergegebenen Auszüge von Feldpostbriefen erschienen schon 1946 als Artikel im Fährmann, einer großen katholischen Jugendzeitschrift, die in Freiburg gemacht wurde. Die Briefauszüge stammen offenkundig aus der Zeit des Frankreichfeldzuges im Frühjahr/Sommer 1940. Die Briefe stehen noch ganz im Zeichen des Jugendbewegung, unter der man nach 1945 die Katholische Jugendarbeit regenerieren wollte.

Alles Sichtbare ist nur ein Gleichnis, auch das Soldatentum.
Ein Gleichnis mir für ein anderes Soldatentum, die Militia Christi.
Beides ist nur möglich aus Liebe.

Hans Niermann

Hans Niermann, 1914–1940 war 1936 zum Reichsführer der Sturmschar gewählt worden.

Ich bin hinausgezogen mit freiem, glücklichem Herzen. Noch selten war ich innerlich so froh und zufrieden, wie gerade jetzt. Ich weiß: Gott hat mich berufen, gerade jetzt und gerade hier für Ihn und Sein Reich zu wirken und meine große Bewährungsprobe zu bestehen. Dieses Wissen gibt mir einerseits ein so beglückendes Gefühl des Geborgenseins, andrerseits aber gibt es mir auch einen solchen Mut zum Einsatz. Ich habe gerade dieser Tage den Flex wieder vorgenommen, obwohl ich das Büchlein schon oft gelesen habe. Noch nie war ich so offen, so hingezogen zu all dem Großen und Idealen, das gerade für mich als Christen und jungen Kerl daraus spricht. Ist es nicht so, daß wir uns selbst eigentlich in diesem Wunsche wiederfinden? Könnte er nicht genau so einer von uns sein?

Sepp Löffler

Das Leben führt die Jugend in Werden und Reifen von selbst zur vollen Wirklichkeit. Früh bricht nun dieser Reif der Erkenntnis über die junge Saat, gebe Gott, daß sie sich wieder erholt! Nur da, wo Gott der Grund ist, auf dem sie steht, wird sie in stärkerer Weise und reifer sich wieder aufrichten, und an diesen Schauern, die ans Leben greifen, größer werden. Wäre dies nicht eine schöne Frucht dafür, daß unsere Jugend so früh von uns genommen wurde? Würden wir im Memento mori nicht in einer herrlichen Weise das Memento vivere erfahren?

Wilhelm Hauser

Nütze den Tag! Ich kann Dir sagen: wenn man vor dem Feind steht, kommt einem das Leben arg kurz vor! Und es ist ein Trost, sich sagen zu können, wie mir neulich einer schrieb: „Es kommt ja nicht darauf an, daß unser Leben lang oder harmonisch im griechischen Sinne war, daß wir diesen oder jenen Berufsstand ergreifen, sondern daß in unserem Leben die Aufgabe erfüllt wird, die Gott für uns persönlich bestimmt hat. In diesem Sinne stehen wir in der Zeit und doch über der Zeit".

Peter Brenk

Die Frage nach dem Sinn des Lebens drängt sich mir immer wieder von neuem auf. Alles will neu geklärt werden. Das Antlitz des Todes leuchtet mir immer wieder auf mit ungeheurer Wucht. Die Liebe fordert hier ganz tiefe Quellen. Wer kennt sie? Was für Gedanken leben unterm Stahlhelm der Kameraden? Dort erhielt einer einen Brief, daß die Frau seiner drei Kinder vor zwei Monaten beerdigt sei. Er geht zum Bataillonsstab und will das melden, unterwegs trifft ihn eine Granate und alles ist aus .... Die Gerechtigkeit und Liebe unseres Lebens muß tief wurzeln. An der Oberfläche müßte man hier verzweifeln. Aber jene Kameraden ziehen mich hinab in jene Tiefen, und die Liebe läßt mich folgen. Gerade die Bereitschaft zum Höchsten und Letzten führt uns im Glauben an den Sinn und das Walten eines Höheren auch in dieser Kriegszeit zu einem Lebensübermut, der alles Blut und alle Not ganz klein werden läßt. Das Spiel beginnt. Dieses Spiel klingt so hell und klar. Das ist der letzte Anker, mit dem wir grunden. Und wie blöde ist dagegen das Geklingel und Getändel im Radio, das uns an allen Fronten auffrischen will. Du kennst das ja. Voll Schauder schiebt man den ganzen Wust beiseite. Wir brauchen diese Erfrischungen nicht. Wir trinken klareren Wein.

Fritz Fetterer

Ja, es ist wahr: und die dabei waren irgendwo, die wissen es: der Krieg ist hart. Die endlosen Straßen, die glühenden in Sonne und Staub, die die Sohlen brennen lassen und den Gaumen kleben, die Waffen des Feindes, die Nächte, frierend in die Zeltbahn gewickelt in einem kleinen Loch, das uns die Erde schenkte: ja wir wissen es, das alles ist hart und schwer, fordert manchmal letzte Kraft. Aber glaubt ihr, daß es leichter ist, den Kampf zu bestehen, den der Gottesgeist von uns fordert, wider den Ungeist der Stunde? Glauben wir dieser Einsatz sei leichter?
Dann sind wir jetzt schon vor dem rechten Beginn, am Ende! Dann können wir gehen und geruhsam tun.
Halbe und Laue sind – wie schon immer – zum Untergang verdammt. Eine Abscheu sind sie vor dem Herrn, zum Sündigen zu feige, zum Gutes-Tun zu schwach, wie Hans Niermann einmal sagte. Gott Dank – sie werden immer weniger. Und hoffentlich wird es bald unmöglich sein, als Halber und Lauer das Christentum zu mimen, Gott und den Menschen zum Betrug!

Wie oft macht man die schmerzliche Erfahrung, daß wir vom herrlichen Leben sprechen und schreiben, daß wir in großen Stunden meinen, jetzt sei alles gewonnen. Aber kommt dann – gerade in diesen harten Kriegszeiten – die Bewährung, der Tag, an dem man wirken soll, dann ist alles wieder so klein, so manches zerrinnt in den Händen, was man als festen Besitz glaubte, die Menschen gehen an uns vorüber, hunderte, tausende, und keiner

wird versengt vom Gluthauch, der uns wehen sollte. Kalt sind wir wieder geworden, in einer kalten Umwelt.
Was sollen wir entgegensetzen? Eine neue Begeisterungswelle? Nein! sondern unser tägliches Bemühen, Ringen, ein frohes und tapferes Wort, das uns gegenseitig aufrütteln soll, immer und immer wieder. Und vor allem ein himmelstürmendes Gebet um die Gnade, denn am Ende ist doch alles Gnade.

Albin Müller

Glaube mir, es gibt Dinge, die die letzte Kraft eines Menschen aufzehren und erstarren lassen in Nüchternheit und Härte. Mir wurde beides zuteil: Kampf sowohl und alle Gefahr der Front, wie auch dieser tagelange, wochenlange zermürbende Kampf gegen meine eigene Schwäche, der Kampf der Märsche ohne Rast und Ende. Und wieder muß ich sagen: die bösesten Stunden waren meine glücklichsten. So nahe bin ich meinem großen Gott noch niemals gewesen wie in der Pfingstmontagnacht vor Montmedy, am 9. Juni, jenem unvergeßlichen Kampfsonntag an der Aisne.
Da war nichts mehr an mir, da habe ich mich ganz aufgegeben, daß ich Gott mich ganz anheimgeben konnte. Ich verstehe nicht, daß ich nicht irgendwo liegen geblieben bin. Es gibt an der Aisne Getreidefelder genug, auf denen man heute meinen Namen sehen könnte. Und ich war doch so bereit, so bereit! Ich habe meinem Gott mein bißchen Leben angeboten, und wie es auf mich niederhagelte und der Tod Lücken riß in unsere Reihen, da habe ich gejubelt, ja gejubelt habe ich, Gott heiß gedankt für die Möglichkeit, in jedem Augenblick auslöschen zu können und im Sonnenlicht neu aufzustrahlen. Begreifst Du das?
Aber Gott hat mich noch nicht gewollt. Ich war ihm noch nicht reif genug. Vielleicht langt es das nächste Mal? Nun muß ich danken, kindlich danken für das Leben, das er mir gleichsam neu geschenkt hat. Seither ist mir auch soviel Lebensfreude und Zuversicht geworden. Es ist mir alles recht, wie es kommt und geht. Ich spüre: Gott will so übermächtig in mir werden, daß alles andere gegen Ihn machtlos wird. Jetzt bleibt mir nur mehr übrig, einfach zu tun, was er will, möcht sagen, was jeder Tag neu von mir fordert. Ich weiß, daß sich in mir vieles vereinfacht hat.

Albert Hin

Jetzt, wo die Armeen marschieren, weiß ich wieder, daß wir Menschen unterwegs sind, daß wir Pilger sind. Wo wollen die Armeen hin? Da begegnet uns das Gegensätzliche: wir suchen die Heimat in der Ferne. Je weiter wir sie hinter uns lassen, desto glühender lieben wir sie. Wir sind wieder Wanderer, Pilger in den Frühling, der jenseits der Nacht und des Todes erblüht.
Wenn ich dieses Jahr doch nur auch wieder so ziehen könnte, daß meine Seele wieder mit glühenden Ängsten und unmenschlichen Mühen geläutert würde, daß mein erschöpfter, gequälter Leib wie ein schönes wortloses Gebet würde, wie schon einmal:
„Gott, nimm mich hin, wenn's Dir gefällt! – das war schön, schön in allem Elend.

Albert Hin

Wißt Ihr, man wird so froh, wenn man an dieses Neuerwachen glühenden Lebens in der Kirche unserer Tage denkt! Mitten in der Not des Krieges bahnt ein gewaltiges Leben

sich an. Karle hat mir einmal geschrieben: „Albin, es muß ein herrliches Leben werden später!“
Und ich meine: herrlich und groß auf jeden Fall, auch wenn wir zerbrochene Kirchtürme finden sollten. Denn das Leben in der Fülle macht nicht der Kirchturm aus, nicht das Pfarramt und kein Kult, keine Liturgie, keine Masse und keine Gemeinschaft, sondern allein nur Er.
Und alles andere nehmen wir, wie es uns gegeben wird. Wenn wir darum wissen und vor allem aus diesem Wissen leben, dann wird unsere Gemeinschaft jetzt das Leben aus seiner Fülle bewahren trotz allem. Und dann wird einmal auch der Einzelne bestehen können und glauben an das herrliche Leben.
Denn – so meint der Heilige Ignatius – auch das Hintreten vor die wilden Tiere ist noch ein Stück von herrlichem Leben, vielleicht das herrlichste! Doch hier müssen wir schweigen, denn das ist Gnade.

Albin Müller

DstHdh: A1. 3204: Rundbriefe von Pfadfindern aus Magdeburg

Aus dem Testament des Hauptmanns Friedrich von Erckert:

In erster Linie die größte Selbstachtung, nichts Gemeines tun,
Leib und Seele reinhalten,
sich stets beherrschen;
selbstlos, heiter und mutig sein.
Sich sagen:
daß eine gerade, aufrechte Haltung
auch die Äußerung einer geraden
aufrechten Seele ist.
Sich an einfachen Dingen erfreuen;
nichts unmögliches verlangen, an ein erreichbares Ziel aber
Geduld, Ausdauer, gesammelten Willen wenden.
Bleibe nie im Schmutz.
Auch der Beste kann hineingeraten,
aber darin zu bleiben braucht niemand ....

Hier wird an den am 16. März 1908 im ehemaligen Deutsch Südwestafrika gefallenen Hauptmann der Schutztruppe von Erckert erinnert, der ähnlich wie Walter Flex als charismatischer, unkomißhafter Offizier von deutschen Jugendlichen aus der bündischen Jugend sozusagen als jugendbewegter militärischer Jugendführer verehrt wurde.

St. Georg als Ritter
Holzschnitt als Anlage zu den Rundbriefen von Pfadfindern aus Magdeburg

DstHdh: A. 1.3204

DstHdh: A1. 3204: Rundbriefe von Pfadfindern aus Magdeburg

Über die Treue

Lächerlich der,
der in Treue stehen kann,
wenn alle stehen.

Bewundernswert,
der in Treue schafft,
wenn wenige den Mut dazu haben.

Ein ganzer Kerl,
der in Treue steht und schafft,
wenn er verlassen ist.

DstHdh: Nachlass Wellenhofer 63: Christenbriefe: Bilder jungen Christentums aus dem Felde

An seine junge Frau

---------- Früh 5 Uhr haben wir das Opfer dargebracht. Die Sonne erhellte das kleine Kirchlein und die frischen Frühlingsblumen auf dem Altar dufteten so herrlich.. In solcher Stunde ist alle Zeit und alle Not aufgehoben und nichts scheint mehr wesentlich zu sein als die Liebe. Zuerst hat Gott uns geliebt. Und durch ihn haben wir gelernt, einander zu lieben. „Allen, die ihn aufnahmen, gab er Macht, Kinder Gottes zu werden.“ Wie herrlich, daß wir Ihn Vater nennen dürfen, und daß er uns zusammengeführt hat, damit wir Zeugnis ablegen können für Ihn. In unserer Liebe und in unserem gemeinsamen Leben... Und um das Kind? Verlassen wir uns schon sonst auf Ihn, dann erst recht in dieser Sache. Wir wollen darum beten, daß Er uns die Kraft und die Gnade gibt, die wir für unser gemeinsames Leben brauchen. Und schenkt Er unserer Liebe neue Kinder, wollen wir sie annehmen als Gabe von Ihm und sie erziehen in Seinem Auftrag. Gott schütze Dich und die Kinder!

Es handelt sich hier um Entwürfe zur Publikation in Form hektographierter Umdrucke für das Bischöfliche Ordinariat Regensburg.

Das Wachsen des Reiches Gottes

Hier haben wir einen ganz netten Kreis zusammengefunden und erreicht, daß wir jeden Sonntag nachmittag Gemeinschaftsmesse halten können. Es sind so 12 bis 15 bayerische und Tiroler Landesschützen und einige vom Niederrhein, lauter Leute meiner Dienststelle. Dazu eine Anzahl Eisenbahner und Infanteristen, und was mich besonders freut, bis zu 10 Luftwaffenhelferinnen, die regelmäßig teilnehmen. Nachdem wir erst mit 19 Leuten angefangen, sind wir jetzt schon auf rund 70 gekommen. Man freut sich schon die halbe Woche darauf. Ein Mädel ist dabei, das in Kürze konvertieren will. Schon eine Seltenheit bei der Luftwaffe. Und nach dem Gottesdienst sitzen wir oft im Kreise beisammen, darunter ein Oberhausener, ein Werkjungmann und Duisburger aus dem Gesellenverband und auch wieder ein Protestant. So läßt sich die Einförmigkeit der Dienste um vieles leichter ertragen.

Aus den Briefen eines Gefallenen

Wir müßten verzweifeln, wenn Gott sich nicht in Seiner allerbarmenden Liebe zu uns niedergebeugt hätte und unser Bruder geworden wäre. Meine Weltanschauung ist die Frohe Botschaft! All mein Streben soll nur dahin gerichtet sein, Gott näher zu kommen und darum will ich kämpfen mit all meinen Kräften... Alles sehe ich von Gott gewollt an und nehme es als Buße auf mich... Ich unterwerfe mich dem Gesetz und je lieber ich es abschütteln will, um so tiefer beuge ich mich...Ich fürchte den Tod nicht, ich sehe nur einen Sinn im Leben: Das Evangelium. Ein Wort steht leuchtend über mir: Credo – Ich glaube.

Tarzisius

In Rußland ... Wir feierten das hl. Opfer – staunen möchte man über das Land, das die Kraft solchen Betens und Singens und Opferns wohl zum ersten Male in sich eingeatmet hat... Nach dem Opfer kommt ein Gefreiter, ein junger offener Mensch zu uns. Die Ergriffenheit des Erlebnisses ruht noch auf seinem Gesicht. Er muß gleich wieder in die vordere Linie an die Front, von wo sein Freund nicht kommen konnte. Mit einer kühnen Bitte wendet er sich an den Kriegspfarrer: Der möge ihm das hl. Sakrament anvertrauen, um es dem Freund nach vorne zu bringen. Die Zeiten des hl. Tarzisius sind wieder lebendig, da die Kirche ihr Allerheiligstes den Helden anvertraute. Sorgfältig in ein Tuch eingeschlagen überreicht der Kriegspfarrer dem Kameraden die hl. Hostie. Dieser birgt das Geheimnis und trägt es durch schweren Kampf hinaus zu seinem Freund. Diese Freude, wenn der Freund aus der Hand des Freundes das Brot des Lebens empfängt. Größer ward wohl nie eine Freundschaft begnadet.

Der heilige Tarzisius soll im 3. Jahrhundert n. Christus in Rom als Diakon den Märtyrertod erlitten haben, weil er sich geweigert hatte, neugierigen Heiden, die ihn verhöhnten, die hl. Eucharistie zu zeigen, die er gerade einem Kranken bringen wollte. Der hl. Tarzisius wird als Patron der Arbeiter und Ministranten verehrt.
Der Briefschreiber vergleicht den Kameraden, der hier vom Kriegspfarrer die heilige Wegzehrung anvertraut bekommt, mit dem heldenhaften Märtyrerdiakon. Die Geschichte vom heldenhaften Martyrium des hl. Tarzisius war damals eine weit verbreitete Abenteuergeschichte im Kommunionunterricht und in den Messdienerstunden.

Bernhard

B., der junge Priestersoldat ist kommandiert zum Dienst im Lazarettzug P., einer russischen Seestadt. Massenangriffe der Russen. Sie sind daran, die Stadt zurückzuerobern. Befehl: „Zurück." Der Offizier ruft B., er soll sich retten. B. bleibt bis zum Tod getreu im Dienste seiner Verwundeten. Bald hatten die Deutschen die Stadt aufs Neue erobert. B. war unter den Toten, Opfer der russischen Grausamkeit, Opfer der dienenden Liebe... „Eine größere Liebe hat niemand als wer sein Leben hingibt für seine Freunde".

Priestersoldat: Ein geweihter Priester, der trotz der im Reichskonkordat zugesagten Freistellung vom Wehrdienst zur Wehrmacht eingezogen worden war und als Sanitäter diente.

Licht in Finsternissen

3000 km sind wir getippelt .... Harte blutige Kämpfe ... Dazu die furchtbare Härte des russischen Winters. Wo soll ich anfangen und wo aufhören, das zu schildern, was wir in diesen 9 Monaten im Osten erlebt haben, und wie es einschneidend auf unser ganzes Sein gewirkt hat. Eine einzigartige Frucht hat es in unserem Innern gezeitigt: einen unbändigen Drang zum Licht, zum Guten, zur Wahrheit hin. Und dazu eine gelassene Zuversicht, daß die Fahne Christi immer im Letzten siegen wird... Auch in anderen erwachen bewußt oder unbewußt, Ahnungen der Wahrheit.

Der Brief stammt offenkundig vom März 1942.

Weit und nah

Die Nacht, die Lieder, der rote Wein in den Bechern,...Wandern Wolken, weht der Wind, weint ein Mädchen...? Wie weit die Heimat ist und das Mädchen, von dem man noch Gang und Gestalt ahnt, das scheue Streicheln der Wange, einen bangen Kuß, bevor der Krieg einen erneut in die Weite warf. Wie weit die Heimat ist...? Aber dann ist's manchmal wieder, als rauschten die heimischen Wälder, als klängen die Glocken unseres Domes als Ruf Gottes: „Nein, es ist nicht weit, in mir seid ihr immer nah." Ja, immer nah.

Heiligabend

Draußen alles schneeverweht; in der Ecke unserer Stube stand der Christbaum.3 Kerzen hatten wir. Da: Volltreffer nebenan in der Funkerbude. Ein Mann gleich tot.
In der Stube lagen Verwundete. Der eine Kopfschuß, hoffnungslos. Der andere Brustschuß. Der mit Granatsplittern am ganzen Körper verwundet. Meine Hände waren blutig. Es gehörte Kraft dazu, zu helfen. Wir teilten Schnaps aus und Tee. Da: Alarm, die Russen durchgebrochen. Heraus mit den Waffen. Sie waren von dem Dorf bald zurückgetrieben. Mit den Stiefeln und Waffen dann ein paar Stunden Ruhe .... Heiligabend!!

Front und Heimat

Weit liegt der Urlaub schon wieder zurück und doch stehe ich in Gedanken oft noch mitten drin. Es tauchen die verschiedenen Begegnungen auf und klingen in mir wider die Gespräche. Wie verschieden sind wir doch vielfach geworden im Fühlen, im Denken und Handeln. Wir Soldaten und die Menschen daheim. Die Sorgen um die Belange des Lebens, auch des geistigen und religiösen, sind uns zwar nach wie vor gemeinsam. Die Bewertung und die Beurteilung der Dinge aber ist oft so grundverschieden. Was dort oft als unwesentlich angesehen wird, scheint uns am Rande zu liegen. Was uns wichtig wird, daheim schon manchmal einer Häresie gleichgestellt.Über uns steht als Verhängnis der Krieg. Und wir möchten in diesem, was uns geschickt ist, unsren Dienst vollgültig tun, möchten treu befunden werden. Währenddessen fand ich daheim oft, daß man um den

Krieg theoretisiert. Daß man den Fragen nachgrübelt, wozu wir kämpfen und den Sieg erfechten. Diese Fragen, zur Unzeit gestellt, zersplittern die Kraft. Und baut nicht auf. Ich glaube, daß die Christen oft zu sehr Rechner sind und Theoretiker und daß sie zu wenig all ihre Sorge auf Gott werfen… Jetzt kommt die Nacht. Es wird kalt. Wir hocken tief in der Erde.

Trost Christi

Unser Blick wendet sich hin zu Dem, der alles Leid, alle Not, Verachtung, Todesangst und Qual durchgekostet hat. Zu Ihm, der den Kelch des Leidens bis zum letzten Tropfen geleert hat. Er ist uns Soldaten, die wir Ihn kennen, nahe gerückt. Er steht groß in unseren Denken, in unserem Sein. All unser Hoffen, Glauben und Lieben ist bei Ihm. Ja, Er tröstet uns , wie auch Er einst in seiner schwersten Stunde Trost erfuhr. Er sagt uns, daß der Tod, wann er auch kommen mag, nicht das Letzte ist, daß es der Sieg ist.

Ave Maria

Herzlich grüß Gott von der Front. Es ist Festtag unserer lieben Frau. In mir singt es und klingt es.– „Ave Maria„. Mag auch der Russe schießen und seine Bomber über uns schikken – „freuen wir uns alle im Herrn, da wir festlich begehen den Tag zu Ehren der allerheiligsten Jungfrau Maria…"

Michael

Wo wir auch stehen, muß unser Leben Gottes Herrlichkeit künden. „Wer ist wie Gott?"… Wir kamen hier im Osten als Befreier – können wir das Leben des Herrn nicht auch in unsrem Land befreien? Aus Jammern und Klagen wächst kein neues Volk des Herrn im Reich. St. Michael geht uns den Weg des Kampfes und Sieges voran, im Namen des Herrn. „Wer ist wie Gott?!" Unser Leben im Volk der Deutschen soll eine große Antwort werden: Keiner ist wie Gott!

Der Erzengel Michael gehört neben Gabriel, Rafael und Uriel zu den vier Erzengeln, die im Alten Testament erwähnt werden. Im Buch Daniel wird er erstmalig genannt. In Daniel 10,21 tritt er als Engelfürst auf, der in der letzten Schlacht gegen das Böse das Engelheer anführt. Sein Name Michael ist hebräisch und lautet zu Deutsch „Wer ist wie Gott?" In der Offenbarung des hl. Johannes ist er Anführer der rechtschaffenen Engel, die den Satan vertreiben. St. Michael wird als Patron der Deutschen und der Soldaten verehrt.

Tunis

Nach herrlicher Fahrt durch südliches Land und noch erlebnisreicherem Flug über das Meer, war ich am…im fremden Erdteil. Gleich die ersten Stunden brachten harten Kampf, die ersten Toten.
Feuertaufe in erbitterter Panzerschlacht. Nach 14 Tagen war ich Gruppenführer in der Panzerabwehr. Ich scheine Schutzengel mit ehernen Flügeln zu haben … Mehrere Tage war ich mit 2 Mann als Araber verkleidet zwischen den Feindstützpunkten. Das war ein Erleben! Wir stehen vor schweren Dingen… Doch uns geht die Sonne nicht unter!

Der Briefausschnitt datiert offenkundig aus der Zeit der Anfangskämpfe in Tunesien, nach der Landung der Amerikaner am 7./8. November 1942. Am 9. November wurden in aller Eile deutsch/italienische Verbämde zur Abwehr der Alliierten Streitkämpfe nach Tunesien übergesetzt.

Opfer

Beim Abtransport des letzten Schwerkranken traf eine Brandbombe die Rotkreuzschwester. Sie lebte noch bis Mittag. Trotz der eigenen schweren Brandwundenschmerzen munterte sie die anderen Kranken noch auf – bis der Tod sie erlöste. Ihr junges Leben hatte sie zuvor schon Gott angeboten, „auf daß ein Soldat den Glauben wiederfinde!"

Heimkehr

In vielen Briefen steht: „Wir hoffen, daß du gesund wieder heimkommst." Warum soll man das hoffen? Wenn man wieder heimkommt, was dann? Dann beginnt die Arbeit, das Leben mit seinem Schönen und Häßlichen. Man wird alt, grau und glatzköpfig oder auch beides. Eines schönen Tages legt man sich ins Bett und stirbt.
Soll man das jemand wünschen? Ist es nicht größer, jung zu sterben in der Hingabe? Gewiß es kann Feigheit dabei sein, wenn man wünscht, jung zu sterben. Flucht vor dem Alltag. Aber soll man anderen nur das Weiterleben wünschen? Gewiß, die man lieb hat, will man bei sich haben. Aber: Wir müssen als allererstes unseren Kameraden und Freunden wünschen, daß groß und edel sei, was sie tun, ob sie leben oder sterben, daß es Christus zur Ehre gereiche, er in ihnen sichtbar werde. Alles andere ist zweitrangig.

Die brennende Kerze

... Mein kleines Zelt ist mir lieb geworden. Wie oft bietet es mir seine Dienste, ob des Nachts oder am Tage. Dies graue Segel hat ein wirkliches Gesicht mit seinem Gestänge und seinen Verschwörungen. Viel buntes Land, wohl ganz Nordafrika östlich Tripolitanien haben diese Segel gesehen. Herrlich so ein Leben im kleinen Zelt ... Wenn ich das „Flammende Wort" zur Hand nehme, dann ist in mir der Gedanke, die Bereitschaft des Herzens zu erneuern.... schon die Kerze, die mir täglich ihr warmes Licht spendet, ist immer bereit und sie verzehrt sich in ihrem Dienst. So auch der Soldat, der gerufen ist zu ernster Aufgabe ... Er verschenkt seine Kraft, wie die Kerze ihr Wachs. Und er ist glücklich. Denn wie das Licht der entzündeten Kerze das Dunkel besiegt, siegt er über die Welt und ihre Feigheit.

Auch dieser Briefabschnitt stammt aus den Kämpfen in Tunesien 1942/43.

Der kleine Bolschewik

Im Dezember war es, Nikolai, etwa 15 Jahre alt, hatte eben meine Stube geheizt. Ich zeigte ihm mein Kreuz an meinem Schiffchen. „Ah, Kriost!" Ich: „Ja, Swieschinnik – ich bin ein Pfarrer." Er staunte und wiederholte „Du ein Pfarrer!" Ich: „Und du ein Bolschewik!" Er sträubte sich dagegen: „Oh, nix Bolschewik. Bolschewik nix gut!" Ich : „Aber du bist doch ein Bolschewik!" Da wurde er traurig und um mir zu beweisen, daß er keiner sei, holte er unter seiner Bluse ein Kreuz hervor.

Das hat offensichtlich ein Priestersoldat geschrieben.

Das Priesterbild

Einer ganz gegen uns eingestellt, sagte mir: „Das eine habt ihr Theologen jetzt im Krieg erreicht und nehmt es mit in den Frieden: die kameradschaftliche Verbundenheit mit uns allen, mit den Landsern. Wir haben oft ein anderes Bild gehabt vom Pfarrer. Ich habe sie gehaßt und manchen schon... Jetzt denken wir anders.

Hier wird die pastoraltheologische Situation der späteren Arbeiterpriester deutlich.

Er ist...

Der Russe geht wieder einmal an! Um 1/2 12 Uhr in der Nacht steht er vor unserem Drahtverhau und da geht auch schon der Feuerzauber los. Wütend bellen die Feuerstöße der LMG, dazwischen der trockene, harte Klang des Schützenfeuers. Hallend jagen die Garben der SMG über die Schlucht hinweg und bestreichen den Hang, den der Angreifer hinunter kommt. Dazwischen krachen die Granaten schwerer und leichter Granatwerfer. Hinter uns peitschen die Abschüsse der PAK durch die Nacht, von rückwärts kommt es heran: Pfeifend, heulend, brausend und mit ohrenbetäubendem Krachen alles vernichtend: Das Feuer meiner Batterie. Ein Höllenlärm, wie wir ihn jetzt schon gewohnt sind. Und doch ergreift einen immer wieder die Gewalt dieser Stunden. Mit einem Schlag bricht plötzlich das Feuer ab. Es ist wie ein Atemholen. Da erhebt sich aus dem Vorfeld, das eben noch unter stärkstem Kugelregen lag, eine Lerche und schmettert ihr strahlendes Lied in den grauen Schein des dämmernden Morgens. Ich kann Dir nicht beschreiben, welche Stimmung mich dabei erfaßte. Aber fast den gleichen Eindruck hatte ich, als ich gestern und auch heute wieder in aller Frühe, während die Sonne mächtig und sieghaft dem Horizont entgegen stieg, den „Ostergruß" las. Wie das Morgenlied der Lerche, so erklingt mir das „Surrexit (Er ist auferstanden), alleluja!" Wie ein Flammenschwert steigt es nach oben und reißt einen hoch von der dunklen, düsteren Schwere des Bodens zum Licht. Wie das Lied der Lerche, so erhält auch dieses „Surrexit" seine strahlende Leuchtkraft durch den Hintergrund des Kampfes, des Leidens und Sterbens des Karfreitags. Schon lange hab ich solche Worte nicht mehr gehört und über sie nachgedacht. Vieles ist mir so recht aus dem Herzen gesprochen: „Alles mühselige Denken um Gott ist mir entfallen ... Aller Zweifel ist gestorben unter der Gewißheit: Er ist da!.."

LMG: Leichtes Maschinengewehr,
SMG: Schweres Maschinengewehr,
Pak: Panzerabwehrkanone.

Altenberg

Ich bin auf vorgeschobener Beobachtungsstelle am Rand von Stalingrad.
Hier ist mächtig was los... Oft denke ich zurück, habe Heimweh nach Altenberg – einmal wieder knien vor dem Bild unserer Madonna! Daß die Kerzen dort noch brennen, freut mich riesig.

Diese Zeilen sind wohl im November geschrieben worden, am 22. November 1942 begann die Einkesselung durch die Rote Armee.

Letzter Gruß eines Stalingradkämpfers
Erscheinen meines Gottes Wege
Mir seltsam, rätselhaft und schwer,
Und gehn die Wünsche, die ich hege,
Still unter in der Sorgen Meer;
Will trüb und schwer der Tag verrinnen,
Der mir viel Schmerz und Qual gebracht,
Dann will ich mich auf eins besinnen:
Daß Gott nie einen Fehler macht.

Wenn über ungelösten Fragen
Mein Herz verzweiflungsvoll erbebt,
An Gottes Liebe will verzagen,
Weil sich der Unverstand erhebt,
Dann darf ich all mein müdes Sehnen
In Gottes Hände legen sacht,
Und dieses sprechen unter Tränen:
Daß Gott nie einen Fehler macht.

Drum still mein Herz und laß vergehen,
Was irdisch und vergänglich heißt;
Im Lichte droben wirst Du sehen,
Daß gut die Wege, die er weist;
Und müßtest Du Dein Liebstes missen,
Ja ging's durch kalte, finstre Nacht,
Halt froh an deinem selgen Wissen:
Daß Gott nie einen Fehler macht. –

Vom 22. November 1942 bis zur Kapitulation am 31. Januar und am 2. Februar 1943 dauerte die Kesselschlacht von Stalingrad.

Das rechte Mädel

Meine Tage im Urlaub hätten nicht schöner sein können. Ich bin so froh und so glücklich darüber. Gott hat mir ein Mädel geschenkt, das ganz aus dem Geist und Erleben der Gemeinschaft gewachsen ist. Es ist herrlich, wenn man ein Mädel so ganz von Herzen lieben kann; wenn man ihm in die klaren Augen schauen kann, Augen, die mit ihrem Blick noch in die Sterne greifen können. Was ist es doch um Reinheit und Unberührtheit einer Mädchenseele. Dank sei Gott, daß Er, der Große und Gute, in allen Wirbeln der Welt solche Mädel bewahrt hat! Gerade, wo wir Soldaten soviel von der ganz anderen Welt sehen und erleben müssen, da können wir so ganz tief empfinden, was es um ein Frauenideal ist. Solch ein Mädel ist vielleicht für uns auch ein Geschenk des Herrgotts für allen tapfer durchgestandenen Kampf. Mir tun nur die deutschen Menschen leid, die sich selbst um das köstlichste Erleben einer wirklichen und sauberen Liebe betrügen. Gott sei Dank, wir gehen unseren Weg bewußt und frei, damit endlich wieder christhaft werde unser Volk und das zuerst und zuletzt in der Zelle der Familie. Unsere zukünftigen jungen Familien sollen diesen Geist tragen! Wie schön war der Urlaub. Dann ging's wieder an die Italienfront ....

Ab September 1943 nach der Landung der Alliierten und dem Abfall Italiens wird in Italien gegen Briten und Amerikaner gekämpft.

Mein Weg

Bald ist die Zeit reif. So glaube ich. Es warten die Schnitter auf den Erntegang. Wie lange schon haben wir unser Schwert geschliffen. Oder sind wir die junge Ernte, die der Schnitter Tod holt? – Bin ich es? Wie es auch sei ich bin bereit. Mit festen Gedanken an die Zukunft habe ich mein Sturmgepäck geschnürt. Zwar verlassen wir unser Quartier nicht für weit. Doch der Stein, der einmal ins Rollen kommt, wird bald weiter rollen bis zum letzten Ziel.
Marschieren wir ins Ungewisse, so ist mein Weg dennoch klar und gewiß aufgezeichnet.– Wäre es der Weg des Soldaten Johannes! Reif und bereit verließ er uns, der für vieles noch geboren schien. Könnte ich so sein wie er! Nicht im Rampenlicht vieler Kameraden! Nein, nur vor mir selbst! Nicht um mein Leben abzuschließen, sondern um es zu beginnen.

Der Briefschreiber erinnert hier an die Briefedition der Briefe von Johannes Niermann: Der Weg des Soldaten Johannes.

Tod und Leben

Auf 8 Tage bin ich wieder etwas hinter der Front...
Gestern schöner, würdiger Gottesdienst. Heute durch Bombenabwurf Erwachen. Unter den 3 Toten sind zwei Theologen, die gestern mehrere Kilometer weit zur Messe gekommen waren. Der eine hat mit mir ministriert. Der andere hat vorgebetet. Rätselhafte Wirklichkeit des Krieges. Gestern mittag sah ich die beiden zum ersten Mal – heute sah ich sie tot. Beten wir für einander, daß wir uns selbst und unsere Sendung gegenüber Gott und Volk erkennen und gut erfüllen.

DstHdh: Nachlass Wellenhofer 27:

Gewaltiges Unwetter über der Welt

... Und es zog ein gewaltiges Unwetter über die Welt. Bis in den engsten Winkel dröhnte das Grollen des Donners und drang der grelle Strahl des Blitzes. Gegeneinander zogen die Völker, und sie schlugen auf einander ein und mordeten und sengten und zerstörten, was Jahrtausende an herrlichen Werken geschaffen. Nichts widerstand ihren grimmigen Streichen. Doch kein Halten gab's in ihrem Wahne. Auf ihren Fahnen hatten sie geschrieben: Harte Zeit, harte Herzen, und ihr Schlachtruf war: Sieg oder Untergang!

Sie sprachen viel von einer neuen Zeit, die kommen sollte, und die sie bannen und in Besitz nehmen wollten, aber wer kann sein Jahrhundert wenden, der nicht zuerst hingeht, sich selbst zu kehren? Nicht mehr sie waren die Herren der Schlacht, nein der Krieg hatte sie in seine harte Frohn genommen. Und riesengroß wuchs aus Gräbern und Trümmerstätten die Not ...
Und die Menschen verloren nicht nur sich selbst und ihre Lieben, die Zeit schritt über sie hinweg, sie verloren auch ihren letzten inneren Halt. Ungeheuer frei dünkten sie sich und spürten nicht den würgenden Druck der Galgenleine ihrer eigenen Freiheit.
Übergroß wuchs ja ihre Leistung, ganz gewaltige Anstrengungen meisterten sie aus eigener Kraft. Und ihr Selbstgefühl stieg ins Unermeßliche. Kommt, laßt uns einen Gott machen, der uns Übermenschen recht ist, sprachen sie zueinander, und sie sagten: Wir wollen uns selbst anbeten. Wer ist denn höher, denn wir? Und sie bauten sich Altäre und nannten ihren Gott: Volk! In goldenen Lettern trugen sie ihren Wahlspruch vor sich her: Ein Volk zu sein ist die Religion unserer Zeit! Doch kein Ende nahm das Grauen. Weiter rollte der Donner des Krieges und zogen dunkle Brandherde von Horizont zu Horizont.
Und doch sind welche da, die sind anders! Genauso wie die anderen stehen sie im Leben, sie tragen dasselbe graue Kleid der Not wie ein jeder; aber sie haben andere Augen, sie haben andere Münder, ja, sie haben andere Herzen! Sie sehen die Welt anders, sie sprechen andere Worte und es ist wie verhaltene Glut in ihren Herzen. Auch wie sie beten! Aber wenn sie niederknien, schweigen Weltenräume, wenn sie traurig sind, bringen heilige Engel ihnen Trost aus lichten Himmelsräumen, wenn sie opfern, steigt der Rauch ihres Altars hinauf bis vor den Thron des Allerhöchsten und wenn sie bitten, wird ihnen Erfüllung aus unergründlicher Gnade.
Was sie mit strahlenden Augen sehen aber, ist Christus, was ihr Mund verkündet und lobt und preist, ist Christus u. was aus ihren Herzen helle, leuchtende Feuer schlagen läßt, es ist Christus! Und sie tragen in ihren Gebeten die ganze Welt. Wenn die anderen aber lästern, demütigen sie sich, wenn die anderen spotten, dulden sie, wenn sie die anderen schlagen, rühmen sie sich im Herrn und der Tod im Dienste ihres Herrn Jesus Christus ist ihnen höchste Vollkommenheit! Aus ihren Opfern wird Gott seine neue Welt errichten. Es ist ihr großes Wissen um ihre Aufgabe und mit heißem Ernst gehen sie ihren vorgeschriebenen Weg: Den Kreuzweg ihres Meisters für alle anderen, die unerlöst die breite Straße des Nicht-könnens oder Nicht-wollens gehen. In ihre Liebesflammen schließen sie die ganze Menschheit ein und lassen sie emporlodern in heiligem Feuer. Wo nur einer von ihnen aus tiefstem Herzen wirkt, da reißt er alle Menschheit mit sich empor zum Throne des ewigen Gottes. Hier und da spürt dann einer der anderen, wie ihn eine bislang ungeahnte Seligkeit überkommt, und es gibt unendlich viele Wege, die ins göttliche Herz des Heilandes mitten hinein führen. Und nun sind es schon einige, die es wissen, mehrere, die es ahnen und vielleicht schon eine große Schar, die unbewußt fühlt: Es ist einer, der trägt die neue Zeit auf beiden Händen uns Menschen entgegen. O, bekehrt euch zu ihm, Brüder! Er bringt uns allen den Frieden! O, nehmt ihn auf, dann seid ihr geborgen! Spürt ihr denn nicht, wie sein Atem über die Welt streift, einen jeden mündig zu machen seiner Herrlichkeit? Im Osten gehet er auf, wie die Sonne und im Westen gehet er unter. Aber sein Lauf ist wie der der Sonne.: Er scheinet ohne Unterlaß, und es ist kein Graben und kein Erdloch, das nicht von seinen wärmenden Strahlen getroffen wird! Es ist auch kein Herz zu hart, kein Gewissen zu verdorrt, daß es nicht erweiche und zu frischem Wachs-

tum führe! Seid bereit, Brüder, daß ihr nicht schlafet, wenn er mit großer Macht einziehen wird in sein Reich! Seht ihr die Lichter nicht brennen am Wege? Es sind eure guten Werke, die ihr aus Liebe zu Ihm getan. O, mehret sie, daß sein Adventsweg ein einziges Lichtermeer werde! Auf dieser Lichterstraße wird Er einziehen und in Seiner leuchtenden Glorie wird alles verschmelzen, und Er wird mit den Seinen am höchsten Thron ein ewiges Liebesmahl halten. Rings um uns her grollt das Ungewitter des Krieges. Nichts bleibt uns an Härte und Entbehrung erspart, aber wir haben eine alles verklärende heilige Gewißheit in uns. O Herr, laß uns immer unter Deinen Augen stehen, laß uns ständig bewußt sein, wie unendlich gütig und barmherzig Du uns mit Gnaden überhäufst, laß uns nie nachlässig werden im Gebet für unsere Brüder. Laß Deine gesamte Menschheit die Lichterstraße Deines Advents betreten und Deinem ewigen Weihnachtsfest entgegengehen! Laß uns in Not und Pein dieses elenden Erdenlebens nie den Blick von Deinen herrlichen Verheißungen wenden, daß wir die Kraft finden, standhaft und treu Deine Befehle zu erfüllen. Laß uns in der großen heiligen Nacht niederknien an Deiner Krippe mit dem Glauben eines Kindes, das sagt: Ja, Vater! Denn Du allein bist der Heilige, Du allein der Herr, Du allein der Höchste, Jesus Christus mit dem Heiligen Geiste in der Herrlichkeit Gottes des Vaters. Amen.

Das Original dieses Textes waren zwei hektographierte, mit Schreibmaschine geschriebene Blätter, die wohl Teil eines Rundbriefes gewesen sind.

DstHdh: Nachlass Wellenhofer 27:

Kriegsweihnacht

Ausgelöscht sind alle Lichter
unten auf der warmen Welt –
droben funkelt um so dichter Stern
bei Stern am engen Zelt.

Heilig nennt ihr diese Nacht?
Unser Stern gehört dem Kriege!
Unaufhörlich tobt die Schlacht –
Und ein Kind liegt in der Wiege!

Ach, wie reimen wir's zusammen?
Rettet diese Welt ein Kind?
Retten wir es vor den Flammen,
die nach ihm begierig sind?

Alles, was dem Kind gehört,
Dom, Kirche und Kapelle
hat das Feuer aufgezehrt –
glüht nicht schon die heilge Schwelle?

Willst du wieder zu uns kommen
in die Finsternis,
die dich niemals aufgenommen,
sondern von sich stieß?

Kind, die Welt ist voller Schrecken,
keiner wird den Stern entdecken,
der den Weg zur Krippe wies.

Ach, was deine Engel sprachen, klang zu wundersam,
über deinem Kinderlachen bleibt das Herz uns klamm.
Kind, wie sollen wir verstehen,
was zu Bethlehem geschehen,
daß der Friede zu uns kam.

Dennoch, während wir marschieren,
ruhst du irgendwo
bei den Hirten, bei den Tieren auf ein wenig Stroh.
Kind, du schenkst uns deine Nähe,
daß das Herz uns übergehe
und wir werden wieder froh!

Brennt nicht schon die arme Hütte,
die das Heiligste umschloß?
Wo das Kind in unserer Mitte
lag in einer Mutter Schoß.

Fürchtet sich's vorm Flammentore?
Wird's von Engeln fortgetragen?
Nein vom Weltenbrand umloht
hat's die Augen aufgeschlagen,
beugt sich zu den frommen Hirten,
lächelt mit den weisen Herren
und zu Häupten den Verwirrten
lächelt klar der Liebe Stern.

Von einem Unbekannten

Auch dieses Gedicht besteht im Original als hektographierter, maschinengeschriebener Text und war als Anlage für einen Rundbrief gedacht.

H y m n u s

….. Doch es hält noch ein anderer Erntetag am Tag meiner Ernte:
Sein Arm ist stark wie ein Schwert und seine Sichel weiß um kein Ermüden.
Tausendjähriges Wachstum holt er heim in einer einz'gen Stunde
und hundertjähriges Edeltum sinkt ihm in einer einz'gen Nacht.
Er mäht die Heiligtümer unserer Väter ab wie schlichte Ähren,

er keltert sich von ihren königlichen Hängen finstern Wein.
Ich gehe wie im Sterngestöber. das vom Himmel fällt und wie im Getrümmer zersplitterter Sonnen.
Siehe, die Gestalten unseres Geistes sammeln sich zu Heeren und ziehen von uns hinweg mit fliegenden Flammen –
Meines Volkes Erntekronen wurden Opferkränze!
Unsere Städte sind wie große Altäre, die Tag und Nacht brennen und unsere Dome liegen da wie offene Weihegefäße,
Unsere Türme stehen wie Kerzen in den Nächten.
Unsere Bilder haben Flügel bekommen und die Seiten unserer Bücher wehen durch die Luft wie brennendes Laub:
Wir hatten eine Welt beschenkt und wir beschenken nun die unsichtbaren Räume –
Wer will eine Ernte rauben, die im Schoß des Unsichtbaren keimt?
Das Geopferte ist unser Reichtum und das Entschwundene unser heil'ger
Überfluß!
Zerstöre unsere Dächer – Sturm, und Verstreue unsre niedre Habe!
Unser Edelgut ist längst geborgen, es hat nur den Raum und die Gestalt vertauscht:
Wie Abendrot geht es vor unsern Tränen unter – wie Morgenrot geht es vor unsern Seelen wieder auf –
Wer will uns das Geliebte aus den Seelen reißen?

Gertrud von Le Fort

Auch dieses Gedicht der damals von der NS-Propaganda als „fanatisch gläubige Katholikin" stigmatisierten katholischen Dichterin Gertrud Freiin von Le Fort (1876–1971), die damals gerade von katholischen Gegnern des NS-Regimes hoch geschätzt wurde, existiert in dieser Sammlung als maschinengeschriebene Hektographie.

TEIL II:
DATIERTE UND VERFASSERN ZUZUORDNENDE BRIEFE VON 1937 BIS 1945

Die Briefe entstammen verschiedenartigen Quellennachlässen von Prälat Hans Böhner oder Stadtpfarrer Stefan Wellenhofer aus München, der dort als langjähriger Jugensdseelsorger wirkte, bzw. aus den Sammlungen von Willi Strunck und anderen.
Der Nachlass Wellenhofer, d. h. hier die Sammlung einer Korrespondenz von beachtlichem Umfang aus den Kriegsjahren, die der Jugendseelsorger Wellenhofer mit zahlreichen seiner ihm anvertrauten Jugendlichen unterhielt, während sie an der Front im Einsatz waren, befindet sich in der „Dokumentationsstelle für Kirchliche Jugendarbeit/BDKJ im Jugendhaus Hardehausen" (DstHdh), 34414 Warburg bei Paderborn.
Die Briefe aus der Sammlung von Prälat Böhner, den NDern Willi Strunck, Leo Custodis und anderen wurden in der „Sammlung Karl-Theodor Schleicher" (SKTS) zumeist unter ihrer Konvenienz zusammengefasst.
Der Nachlass Wellenhofer, bei dem es sich offensichtlich um die Ablage seiner Korrespondenz während seiner Tätigkeit als Jugendseelsorger in der Kriegszeit in München handelte, gelangte durch den Bamberger Pädagogen Professor Dr. Paul Hastenteufel in den Bestand der „Dokumentationsstelle für Kirchliche Jugendarbeit/BDKJ im Jugendhaus Hardehausen.
Hans Böhner hatte offenbar eine Briefedition beabsichtigt und deshalb viele originalschriftliche Briefe maschinenschriftlich erfasst, von denen dann in seinem Nachlass nur noch die hier publizierten Abschriften vorhanden waren.
Hans Böhner hatte teilweise diese Abschriften nur auszugsweise angefertigt und mit eigenen, in Klammern gesetzten, Kommentaren versehen.
Der NDer Leo Custodis, der zusammen mit seinem Bundesbruder Willi Strunck während des Krieges Rundbriefe an die im Felde stehenden Bundesbrüder versandte, hatte viele Originalbriefe seiner Kameraden zum Versand als Rundbrief mit der Schreibmaschine abgeschrieben. In dem von ihm zusammengetragenen Bestand (SKTS: Strunck) existierten daher oft nur noch seine Abschriften als Rundbriefvorlagen.
Die hier als Faksimile wiedergegebenen Postkarten sind Zeugnisse für den damaligen Zeitgeist. Teilweise enthalten sie religiöse Motive, aber auch NS-Parolen, wobei letztere durch den Inhalt der Briefschreiber konterkariert werden.

Briefe aus der Vorkriegszeit

SKTS: Böhner, S. 15:
Werner Sallermann an Hans Böhner

Wunstorf, 8. 12. 1937

Der Dienst ist abwechslungsreich, interessant und natürlich hart. Man kann sich ihm aber mit ganzer Seele hingeben, sofern man seinen Sinn anerkennt. Hehr und groß war die Vereidigung Ende November. Selten habe ich Gott so nahe gestanden wie in dieser Stunde, immer wird dieser Schwur in uns brennen. „Ihr habt Euch Eurem Gott und Eurem Vaterland auf ewig verschworen!“ Das waren die Schlußworte des Feldgeistlichen. Später werde ich darüber erzählen. Die Märkische Heide habe ich schon liebgewonnen (er beschreibt sie ausführlich) … Meine Kameraden können mich nicht verstehen, weshalb ich sonntags statt auf den Tanzboden in die Heide gehe, die gerade sonntags einsam und verlassen in ihrer Schönheit sich bietet. So lebe ich in gewissem Grade „zufrieden“, sogar glücklich…

Werner Sallermann gehörte dem Schülerbund Neudeutschland (ND) an. Er diente bei der neuen Panzertruppe und war am Ende des Krieges Oberleutnant und Kompanieführer 5./ Panzerregiment 25. Er ist am 19./2o. Februar 1945 in Kurland gefallen.
Der spätere Prälat Hans Böhner war damals als Jugendseelsorger und als Religionslehrer tätig. Noch vor Kriegsbeginn begann er durch Briefkontakte Verbindung mit seinen früheren Schülern und NDern zu pflegen, als diese zur Wehrmacht eingezogen wurden.

SKTS: Böhner, S. 15:
Werner Sallermann an Hans Böhner

Wunstorf, 30. 1. 1938

Die harte Arbeit macht froh und stolz und zeitigt schon Erfolge: Ich bin Kommandant eines Panzerwagens geworden, ein verantwortungsvoller, auch ein schöner Posten. Das herrlichste dabei ist die Handlungs- und Bewegungsfreiheit, das „Ganz-auf-sich-Gestelltsein“. Und immer wieder packt einen die „Jungenfreude“ im dahinbrausenden Panzer, im ratternden M.G.-Feuer und beim Anblick klirrender Waffen und Helme.– lachende, eitle, stolze Kampfesfreude! Nur an das Todbringende unserer Kraft, nicht an die eigene Todesempfänglichkeit gemahnt uns der Totenkopf auf der schwarzen Uniform. Wer könnte zagen und wägen im solch’ jauchzenden, schäumenden Leben! Warme Wirklichkeit wird uns Heimat und Vaterland! Sinn und Wille! „Heija, noch schäumt uns das Leben!“.

SKTS: Böhner, S. 15:
Werner Sallermann an Hans Böhner

Berlin 20. 3. 1938

Es wäre besser, man betete um Blitz und Donner als um milden Wind, es wäre schon besser, der Sturm der letzten Jahre würde noch heftiger und damit säubernder, denn immer ist noch zu viel Falschheit und Unechtheit, Morsches und Krüppelhaftes in der Welt, in Kirche und Staat. Ein Krieg, ein herzhaftes Aufraffen und Aufwecken aller Kräfte, er würde gewiß reinigen und das Kleinliche bannen, aber er würde auch zu viel Edles zerstören, die Besten der Nation fallen ihm leider immer zum Opfer. Wenn dieses Opfer dann wenigstens nicht sinnlos würde, würden viele hochherzige Männer auferstehen in opfermütiger Bereitschaft. Das sage ich so ganz aus meinen Gedanken heraus, vielleicht ein wenig zusammenhanglos und scheinbar unmotiviert. Aber man stellt das immer wieder fest, diese Erbärmlichkeiten und spießerhaften Mißstände. Ohne Resignation macht man diese Beobachtungen, mit einem mitleidigen, verächtlichen Lächeln sogar. Mein Dienst, mein Leben geht weiter; über all diesem hinweggehend die eine große Linie: die Idee und der Idealismus. Ich bin ganz erfüllt, zum ersten Mal in meinem Leben – will's mir scheinen – erfüllt von meinem Leben. Und sehr schön ist es auch, in einer Arbeit so viel offensichtliche Erfolge, fast täglich, zu sehen. Gewiß, man lebt und strebt nicht um der Erfolge willen; aber es hat uns (auch früher!) doch immer wieder gestärkt, und umgekehrt: blieben die Erfolge unsichtbar, sehr geschwächt auf die Dauer. Denn so felsenfest ist der Glaube und der Idealismus in uns doch nicht immer, als daß wir unabhängig davon wären...

SKTS: Stumpf:

Gott mit uns!

F a h n e u n d S c h w e r t

D u s e l b s t b i s t d i e F a h n e,
D u s e l b s t b i s t i h r T r ä g e r,
D u s e l b s t b i s t d a s S c h w e r t,
D a s i m K a m p f z u i h r s t e h t.

Die Fahne ist heilig, die Fahne ist rein. Sinnbild der Heimat und Sinnbild der Kraft lockt sie wie Hornruf im Kampfgetümmel jeden, der Heimat und Kämpfen liebt.
Flatternde Fahnen knallen im Winde,
leuchten und künden. Der Sturm bricht sie nicht. Du selbst bist die Fahne. Dein Antlitz muß künden, dein Wort muß scheiden, wo immer du stehst. Sei stolz wie die Fahne, verlache die Feigen. Leuchte den Kämpfern im Streit und im Sieg. Laß dich nicht biegen, trotze den Stürmen, leuchte und künde weit über das Land.

Der Fahne verschworen siehst du den Träger immer im Angriff, dem Heere voran.
Wo Waffen klingen und Feldgeschrei hallt, führt er die Spitze im Sturm auf die Höh'n.
Der Träger mag fallen, die Fahne fällt nicht, sie leuchtet und kündet im Sieg und im Tod.
Du selbst bist der Träger, Du selbst bist die Fahne,
zum Kämpfer geboren, zum Siegen bestimmt.

Zur Fahne stehn Männer mit Leib und mit Leben,
die lieben den Kampf und lieben das Schwert.
Sie selber sind Schwerter, die Fahne zu schirmen,

ihr leben ist Treue, ihr Leben ist Mut.
Ein Schwert mag zerbrechen, es wird sich nie biegen,
darum ist es wert, an der Fahne zu stehn.

Du selbst bist das Schwert, das im Kampf zu ihr steht.
Drum mußt du bereit sein, dich ganz hinzugeben,
den Kämpfern zu dienen, den Feinden zu schaden,
die Fahne zu ehren, die Heimat zu schirmen.
Sei hart wie das Schwert, sei treu wie das Schwert.
Und zerbricht auch das Schwert, zerbricht nie der Mut.

Du selbst bist die Fahne,
Du selbst bist ihr Träger,
Du selbst bist das Schwert,
Das im Kampf zu ihr steht!

Robert Stumpf, 4.2.1939

Robert Stumpf war ein NDer aus Köln, der auch zu NDern aus Bonn Kontakt hielt. Er studierte Katholische Theologie und betätigte sich als Verfasser und Versender von Rundbriefen an seine im Felde stehenden Bundesbrüder. Als Gefeiter in einem Infanterieregiment ist er am 25. Juni 1941 vor Libau gefallen.

SKTS: Böhner, S. 23:
Heinrich Linssen an Hans Böhner
Bonn, 6. 4. 39 (Gründonnerstag)

Heute muß ich Dir von einer großen Sorge schreiben, ohne lange Einleitung: es ist der bevorstehende Krieg! Hoffentlich gelingt es den Regierenden, die Gefahr zu bannen. Hoffentlich läßt unser Herr die Vernichtung hoher Kulturgüter und so vieler Menschen nicht zu! Aber nicht unser, sein Heiliger Wille geschehe! Jedenfalls scheint mir der Bankrott der abendländischen = fanatischen (?) (im Sinne Oswald Spenglers) Kultur vor der Tür zu stehen. Der Fortschritt, der nicht nur ein leerer Wahn war, ist dadurch geendet, daß sich, wie mir scheint, das Ethos der Regierenden nicht auf eine Stufe höherer Gesittung erheben konnte, sondern nach kurzem Anstieg in dieser Richtung wieder auf eine Werthöhe (Werteethik) niedrigster Art zurückgefallen ist. Der „Anstieg“, den ich zeitweilig rückschauend selbst bemerkt zu haben glaubte, war also in Wirklichkeit nur eine Reaktion auf die Schrecken des 1. Weltkrieges, nicht höhere „Gesittung“ – sondern Schwäche. Benito Mussolinis offene Worte gegen den „ewigen“ Frieden, der den Großen so vieler Zeiten das höchste Ideal schien, sollte zu denken geben. Für ihn ist Friedensideal „Pazifismus“, Reaktion auf die Schrecken eines Krieges, also Schwäche. Auf einen anderen Standpunkt kann er sich gar nicht stellen. Es ist der Standpunkt des „gesunden Menschenverstandes“ wie es den meisten Menschen unserer Zeit erscheinen muß, in Wirklichkeit aber ist es der Standpunkt des Ethos der Gegenwart, noch niedriger als das Ethos des Mittelalters.

Es handelt sich hier um einen Brief von Dr. phil. Heinrich Leonard Linssen, der zu diesem Zeitpunkt geistlicher Studienrat an der Oberschule für Jungen in Mönchengladbach war. Vgl. seinen Brief an Hans Böhner aus Stalingrad vom 3. November 1942.

SKTS: Böhner, S. 24:
L. B. an Hans Böhner
Bonn, 7. 4. 39 (Karfreitag)

Die beiden Kartage dieses Jahres ziehen mich mehr als früher zum Heiligen hin. Ich sehne mich nach der Heiligen Schrift, die ich wirklich einmal genau kennenlernen möchte, sehne mich nach dem hl. Augustinus und den Vätern, ich freue mich auf die Theologie. Viele Ansichten, die bisher doch noch bei mir schwankend waren, haben sich gefestigt. Mein Ziel steht mir deutlicher vor Augen. Ich glaube, es wäre eine große Gnade unseres Herrn, wenn ich für ihn einmal das Martyrium auf mich nehmen dürfte – am Karfreitag darf man solches einmal schreiben. Mein sehnlichster Wunsch wäre dann, daß ich vorher die hl. Weihe empfangen hätte. Lieber Hans, ich weiß nicht wieso, aber es scheint mir: „Die Luft riecht nach Blut!" Was ich eben von meinen Zielen sagte, ist natürlich nicht auf das Martyrium gerichtet, sondern auf den Teil der Gestaltung meines Lebens, den ich selbst zuwege bringen muß: Nur zu Ihm will ich, Ihm, dem Gekreuzigten und Auferstandenen, denen sei alles in Liebe dargebracht.

L. B. ist ein NDer aus Bonn gewesen, der schon in einem engen Freundschaftsverhältnis zu Hans Böhner stand, weil er ihn in seinem Brief vertrauensvoll mit „Du" anredet. Diese Verbindung wird noch unterstrichen, weil L. B. sich offensichtlich dazu berufen fühlt, Priester zu werden.

Briefe aus der Kriegszeit

Briefe von 1939

SKTS: Stumpf:

3. 09. 1939

Roberts letzter Gruß

Mit diesen Zeilen grüße ich Euch Alle zum letzten Mal, die ihr mir auf meinem Lebensweg durch die Bande des Blutes oder der Freundschaft verbunden gewesen seid. Ich grüße Euch, liebe Eltern, und auch, meine Geschwister Willi und Anni. Ich grüße Euch, liebe Großeltern. Ich grüße Dich, Paul, als meinen treuen Freund. Ich grüße Sie, P. Thielen, und dann Euch Bonner Kameraden: Paul Zincken, Hubert Kourth und einen jeden aus unserer Bonner Gemeinschaft. Der Herr hat mich abberufen. Sein Wille sei gepriesen!

„Weder Tod noch Leben, weder Engel noch Herrschaften, weder Gegenwärtiges noch Zukünftiges, weder Mächte, weder Hohes noch Niederes noch sonst etwas Erschaffenes wird uns scheiden können von der Liebe Gottes, die da ist in Christus Jesus unserm Herrn“
(Röm.8, 38/39).

Als Neudeutscher und Ritter Christi, des Königs habe ich mich allezeit um die Erfüllung seines Willens gemüht. Dies tat ich in hartem Ringen um eine reine Jugendzeit; ich tat es nach Kräften in der Jungengemeinschaft des Neudeutschen Bundes. Ich tat es in dem Mühen um straffe Selbstzucht und vorbildliche Pflichterfüllung. Ich tat es zuletzt auf dem Posten, auf den ich in diesen unheilvollen Krieg gerufen ward. Ich bin mir klar darüber, daß ich bei diesem Mühen und Ringen manche Niederlage erlitten habe, aber nie habe ich den Kampf aufgegeben. In manchem Leid und vielen schweren Stunden, die ich durchleben mußte, ohne daß meine Nächsten etwas davon erfahren haben, habe ich mich zu dem beglückenden Glauben durchgerungen, daß dem aufrichtigen Kämpfer weder irdische Drangsal noch persönliches Leid den Frieden, die Freude und das Glück zu rauben vermögen, das uns als Christen zuteil ward und -wird durch Christus, unsern Herrn, der uns Heilung verleiht und Heil nach dem Maß seiner Liebe. Dieser Liebe uns allezeit würdig zu zeigen und unsere Gegenliebe in Gesinnung und Tat zu beweisen ist die Aufgabe, die mein Leben geformt hat. Darüber hinaus habe ich mich auf das Priestertum vorbereitet, um ausschließlich der Ehre Gottes und dem wahren Heil meiner Mitmenschen zu leben und zu dienen. Immer war ich durchdrungen von dem Bewußtsein, daß Gott mich in Liebe und Weisheit geführt hat und daß Leben, Gesundheit und irdisches wie ewiges Glück in seinen Händen am besten geborgen liegen. Der liebenden Fürsorge des Herrn gewiß habe ich diesen Teilen das Wort Pauli aus dem Kapitel des Römerbriefes vorangestellt.
Ich weile jetzt nicht mehr auf dieser Erde. Sorgt Euch nicht um meinen toten Leib, sondern gedenkt meiner Seele in einem kurzen Gebet. Aber eine heilige Aufgabe stelle ich Euch als mein letztes Vermächtnis: meinen Geist fortzutragen, lebendig zuhalten und zu erwecken in unserem geliebten deutschen Reich, in dem Christus geehrt, verkündet und gelebt werden soll.

Euch, die Ihr mir Alle in besonderer Weise verbunden gewesen seid, empfehle ich der Liebe des Herrn. Möge er Euch nach seiner Weisheit Heil für Seele und Leib verleihen!

Benedictio Dei omnipotentis, Pa + tris et Fi + lii et Spi + ritus Sancti descendat super vos et super omnes homines bonae voluntatis et maneat semper! Amen !
Köln-Lindenthal, den 3. September 1939.

gez. Robert Stumpf

bestätigt am 2. März 1941. R. St.
Handschriftlich Anmerkung: (gefallen am 26. 06. 1941)

Mit diesem zweiseitigen maschinengeschriebenen Text hatte Robert Stumpf zwei Tage nach Kriegsbeginn am 1. September 1939 und acht Monate vor seiner Einberufung zur Wehrmacht sein geistiges Vermächtnis vorgelegt. Er hat es offensichtlich am 2. März 1941 noch einmal bestätigt. Am 26. Juni 1941 ist er dann gefallen.

SKTS: ND-Rundbrief, Rausch:

O. U. 10. 9. 1939

Liebe Brüder und Freunde!

Seitdem wir uns zuletzt gesehen, hat sich vieles geändert für uns alle. Es hat den Anschein, als wollte man unserem Volke wieder eine ganz große Not aufbürden. Bis zur Stunde haben sich die Fronten noch nicht ganz geklärt, aber vieles deutet darauf hin, daß eine Auseinandersetzung mit England früher oder später kommen wird. Was wir über (*Das Folgende ist im Original geschwärzt, aber es stand dort: „Hitlers*, Anm. d. Hrsg.) Politik denken, darüber haben wir oft gesprochen und damit kann kein Deutscher und ehrlich denkender Mensch einverstanden sein.– Nun habe ich an Euch, wenn ich das alles überlege, eine große Bitte: Laßt Euch in der Zeit der Not in der Liebe zu Land und Volk von niemand übertreffen. Sorgt dafür, daß jetzt das zur Tat wird, was oft in feierlicher Stunde ein ernstes Wort zu uns sprach. Wenn andere schimpfen und stänkern, seid Ihr so treu und fest in Eurer Gesinnung, daß Ihr gern jedes 0pfer bringt, das Volk und Reich von Euch fordert. Daß Euch früher viele verkannten und nicht kennen wollten, müßt Ihr jetzt vergessen können: Ihr seid Christen!

Noch etwas anderes: Wenn die Zeiten ganz schwer werden sollten – und dass die Lage ernst ist, darüber sind wir uns alle klar – dann lernt, tiefer zu sehen und fragt Euch bei allem, was geschieht, welches Planen Gottes dahinter steht. Vielleicht beginnen wir in einer Zeit zu leben, in der sich das Kreuz von neuem offenbaren soll.
Vielleicht dürfen wir eine Zeit erleben, in der Gott von neuem aufstrahlt auf den Gesichtern deutscher Menschen.

Haltet die Augen offen, wo Ihr helfen könnt. Ihr könnt die Waffe noch nicht in die Hand nehmen und unser Land schützen, wenn ich auch weiß, daß Ihr das alle gern möchtet, denn ein echter Kerl will immer dort sein, wo es am schwersten ist. Aber Ihr könnt dort helfen, wo man vielleicht gedrückt ist: zu Hause oder sonst wo. Sorgt dafür, daß da, wo man traurig ist, wohl aus einem gerechten Grund, Eure Freudigkeit neues Leben bringt.

Reift in dieser harten Zeit zu Männern, die Soldaten werden, hart wie Stahl und gut wie ein Kind, ritterlich wie die Zeit unserer Ahnen. Und werdet stark im Bewußtsein, daß einer mit Euch kämpft, der gesagt hat, daß wir ohne ihn nichts, aber mit ihm alles vollbringen können. Jede innere Niederlage raubt Euch diese Kraft, und es ist schwer, Verlorenes wieder zu erlangen.

So bleiben wir miteinander verbunden durch unser gemeinsames Ziel und den gemeinsamen Weg. Lebt wohl!
In Treue!

Ernst Rausch war ein NDer aus Köln. Er versandte regelmäßig Rundbriefe. Ernst Rausch hat den Krieg überlebt und ist am 23. September 1994 verstorben.
Doppelseitig maschinengeschriebener Text.
Das Kürzel „O.U." bedeutet „Ort ungenannt" und war vor allem in Feldpostbriefen aus Geheimhaltungsgründen vorgeschrieben.

SKTS: Böhner, S. 15:

Ostpreußen, 26. 9. 39, also wenige Wochen nach Kriegsausbruch in Polen

Werner Sallermann an Hans Böhner:

Dank für den „feinen" Brief und Gedenken, die erste Feldpost, die ich erhielt. Hinter uns liegt nur Tod und Elend, rauchende Dörfer – ein verzweifeltes Land, durch das grauenvoll die Kriegsfurie raste. Wir befinden uns nun auf dem Rückmarsch. Viele Kameraden, die froh und zuversichtlich an meiner Seite mit auszogen, kehren nun nicht mehr wieder. Wir alle haben mit stillem Ernst unsere Pflicht erfüllt: Gekämpft für des Vaterlandes Ruhm, für der Heimat heiligen Boden. Ohne zu wägen, ohne zu zaudern:– wir waren eben Soldaten. Auch Du hast in der Heimat Deinen Dienst getan, ohne daß Dich und Deine Taten heller Waffenruhm überstrahlt. Deiner wird man nicht mit lauten Siegesfeiern gedenken. Aber ich weiß, daß wir beide zusammengehören: Du, der Priester, und ich der Soldat. Darum sei mir in dieser Stunde besonders herzlich gegrüßt in treuer Kameradschaft.

Dein Werner

DstHdh: Nachlass Wellenhofer 35:
Im Osten, 3o. 9. 1939
Grüß Gott, lieber Herr H. H.!

Recht vielen Dank für Ihren lieben Gruß.
Wir sind jetzt schon beinahe so weit, daß wir in Bälde in Jaroslaw verladen werden, hoffentlich aber nach Hause. Unser Einsatz war hier wieder mit viel Glück beschert, aber auch mit vielen Opfern und Entbehrungen .Ich kann nur meinem Herrgott danken, daß ich noch lebe. Gar manche Kameraden haben uns verlassen müssen. Ich weiß nur nicht, wie es meinen anderen Brüdern erging, weil ich bisher keine einzige Nachricht von ihnen erhielt. Daß unsere junge Kirche stark ist, ist mir nicht unbekannt, denn gar viele unserer

Abteilung sah ich Sonntag bei der Messe im Feindesland beim Gebete. Der Schutz Michaels war allen gewiß. Ich spürte hier erst recht den Drang zum freien Gebete. Manchmal als ich eine hl. Maria oder ein Kreuz sah, jubelte ich innerlich zu ihr, zog meine Mundharmonika und spielte ein Lied. Des Abends, wenn ich im Zelte lag, dachte ich noch an all die schönen Fahrten und Lager, die mir jetzt als Soldaten jegliche Entbehrungen und Opfer überwinden halfen Drum bin ich auch glücklich, als Christi Soldat, den Kampf zu stehen. Mein Freund Alfred Schw. und manche andere Kameraden saßen oft am Lagerfeuer bis tief in die Nacht und sangen unsere Lieder beim hellen Sternenhimmel. Oft hatten wir noch ein Huhn oder eine Gans am Spieß, wie so wilde Gesellen und ließen inzwischen den Polen Gelegenheit zum Rückzug, der ihnen sowieso zum Verderben wurde.
Man muß sich den Kopf schütteln, wie die Polen mit ihren Pferden und Bauernkarren nach Berlin einmarschieren wollten.Ihr Oberhaupt wird sich sehr schwer vor Gott verantworten müssen. Möge Gott unser Land und sein Volk vor Krieg und Unheil bewahren. Ich muß mich dabei an einen schönen Spruch erinnern, den ich in meinem Zimmer an der Wand hängen habe: „Unser Wesen ist nicht Furchtsamkeit, die zum Verderben führt, sondern der Glaube, der das Leben gewinnt."
So freue ich mich, mitleben zu dürfen in Gottes junger K i r c h e .
Einen frohen Gruß und Gottes reichen Segen wünscht
Ihnen vom Felde

Ihr Alois Hofmeister

Vielleicht ist mit dem Kürzel „H. H." der Titel „Hochwürdiger Herr", die damals übliche Anrede für Priester gemeint.
Über Alois Hofmeister ist nichts bekannt.

SKTS: Böhner, S. 15:

Heilsberg/Ostpr. 1. 10. 39

Winfried Schnippenkötter an Hans Böhner:

Nun sind wir nicht in die Heimat, wie geplant, sondern ins Ruhrgebiet gekommen. Herbstliche Kühle zieht schon über das Land, Müdigkeit lauert wie ein böser Feind auf uns. Eigenartig: ich habe leichter das Kämpfen und das rastlose Marschieren ertragen als die Ruhe, die doch keine ist. Zu sehr hängt das Herz am Streit, zu groß ist die Liebe zum wilden jauchzenden Landsknechtsleben geworden. Alle die alten, zünftigen Lieder, die wir als Jungen am Lagerfeuer sangen, sind nun zur Wirklichkeit geworden, haben Sinn und Leben bekommen .... geben der Situation Ausdruck und Schönheit. Wer denkt nicht an Geyers schwarze Haufen, wenn wir in unserer schwarzen Montur, beschmutzt und zerrissen, durch die brennenden Dörfer ziehen. Wenn wir lachend dem Tod, der „über den Krieg sein garstiges Lied singt" ins Angesicht schauen. Wenn wir im Morgengrauen dem toten Kameraden die Augen zudrücken. „Stirbt unser Leib, unser Geist bleibt bestehen, erben soll ihn unser teures Vaterland." Aber auch: „Weit ist der Weg zurück ins Heimatland, und wir reiten und reiten und singen, im Herzen die bittere Not. Die Sehnsucht will uns bezwingen, doch wir reiten die Sehnsucht tot."

In Brest-Litowsk haben wir mit russischen Soldaten am Biwakfeuer Liedergut getauscht: Soldatenlieder und Volkslieder. So ist der Krieg reich an Erlebnissen, an blutigen und schönen, aber nichts möchte ich davon missen.
Hans, ich habe noch eine Bitte: Unterrichte mich doch bitte über neue Literatur, wie überhaupt über Ereignisse im kulturellen Leben der Heimat (!). Geistige Interessen sind ja immer noch bei mir vorhanden, letzten Endes ist nur die Schale rauh geworden. Entschuldige das bunte Durcheinander…

Winfried Schnippenkötter war ein NDer aus Köln. Er ist 1942 in Russland gefallen.

Aus: 30 Jahre Bund Neudeutschland 1919–1949, hrsg. von Heinrich Jansen Cron, als Manuskript gedruckt O. J. Bergisch Gladbach.
Aus Dokumenten unserer Vermissten und Gefallenen, S. 97:

Im Felde im Westen, am 15. 10. 1939

…Ereignisreiche und entscheidende Tage erlebt unser Vaterland, und das Schicksal unseres Volkes geht nun über das eigene, persönliche unseres kleinen Ich. Wir stehen mit unseren jungen Jahren an der Front eines großen Krieges, der im Westen allerdings noch nicht seine schreckliche Seite zeigt, er aber jederzeit entfesselt werden kann und dessen unbarmherzige Pranke auch uns schlagen kann.
Neben dem schicksalsschweren Geschehen unserer Tage und den äußeren Eindrücken, die auf mich einstürmen, weiß ich auch um eine innere Umwandlung in mir mit ihrem Sehnen und Hoffen, ihren Enttäuschungen und Bitterkeiten, um eine innere Umwandlung, die keineswegs plötzlich und neu, aber dennoch doppelt drängend und fühlbar geworden ist.

Die trostlose Wirklichkeit hat eine unbeugsame Entschlossenheit und Klarheit bei mir erwirkt – noch kenne ich nicht den Weg, ja, ich weiß nicht einmal, ob es mir überhaupt vergönnt sein wird, ihn zu beschreiten. Wer weiß, was der Krieg noch fordern wird !
Aber lassen Sie mich heute ein Wort des Dankes und der Bitte an Sie richten. Ein Wort des Dankes, das ich schuldig bin der Gemeinschaft unseres Bundes, dem ich Formung und Führung verdanke. Und ein Wort der Bitte um Ihr Gebet und ein Gedenken beim Heiligen Opfer, auf daß der Allerhöchste mich segne im Wollen, im Kampf und im Sieg, auf daß er mich erhöre im Ringen um Klarheit und Kraft, im Ringen um meine Sendung und Sein Licht, und auf daß ich nur ihm lebe, Deutschland diene und den Menschen helfe…

Winfried Schnippenkötter

DstHdh: Nachlass Wellenhofer 27:

Füssen, den 16.Oktober 1939.

Hochwürdiger Herr Kurat!

Recht herzlichen Dank für die Mitteilungen der Theologen-Adressen.
Wie ich aus dem Verzeichnis ersehe, können wir, von ein paar Ausnahmen abgesehen,

noch alle in den friedlichen Kasernen wohnen. Doch, vielleicht ergeht schon bald an den einen und anderen von uns der Ruf, den Brüdern draußen im Feld zu Hilfe zu kommen. – Gebe der Lenker der Schlachten, daß wir uns dann als ganze Kerle halten, würdig der Theologen des Grossen Krieges, um dann einmal, eisern geworden im Kampfe, in eisernen Zeiten bestehen zu können, echte Soldaten Christi.

Beste Grüße!
Gez. Hinterwimmer Simon

In Ergänzung des übersandten Verzeichnisses darf ich noch eine weitere Theologenadresse mitteilen:
Gefr. Lex, Korbinian, 3./Jnf.Ers.Btl.199, Brannenburg.

Simon Hinterwimmer war Kandidat der Theologie.. Er schreibt an seinen Kuraten, den Pfarrer Stefan Wellenhofer, in München. Stefan Wellenhofer war Kurat und Präses und dann auch Diözesanjugendseelsorger im Erzbistum München-Freising.

SKTS: Böhner, S. 8:

Werner Cormann an Hans Böhner

Sein 1. Brief schon unter Feldpost vom 9.11. 39 knüpft an das „feine Ehrensteinlager“ an und dankt für die Zusendung einer Karte mit dem Bild des Bamberger Reiters und schreibt dazu (wie mit ihm wohl die ganze kath. Jugend dachte): Dieses Standwerk ist ein Symbol für uns. Er ist der Christ, der Deutsche, der Kämpfer. Man hat schon viel über ihn geschrieben, aber am meisten liest man doch aus dem Anblick des Bildwerkes selbst. Er lehrt uns die rechte Auffassung vom Kampf. Kein verbissener Trotz, keine brutale Gewalt nichts dergleichen spricht aus den Zügen, die doch ganz entschlossen und hart sind. Er kämpft eben für das Gute in der Welt, und das weiß er auch, daß er einen großen Bundesgenossen hat. Dieser wird ihm helfen, dessen ist er gewiß. Und so kann er in ruhiger Entschlossenheit reiten, kein Tod und kein Teufel kann ihn schrecken. Er hat ein hohes Ziel vor Augen, und mag sein Weg durch Finsternisse führen, er wird dieses Ziel nicht aufgeben. Es kommt eben nicht darauf an, in welcher Rüstung und mit welchen Waffen man kämpft, sondern ausschlaggebend ist die Gesinnung. Und wir kennen die Gesinnung des Bamberger Reiters. Wir wissen, daß er der christliche Mensch sein soll. Das ist Verpflichtung für uns. Der Bamberger Reiter ist ein Idealbild, und jedes Ideal verpflichtet. Wir Soldaten von heute wollen es ebenso halten wie er. Kämpfen ist schwer, ist hart; am schönsten kämpft es sich noch als Christ.
Ich weiß nicht, was uns noch bevorsteht. Die Verhältnisse auf dieser Erde sind halt reichlich wandelbar. Und wenn es uns heute auch noch gut geht, so kann es morgen doch schon anders sein. Da ist es gut, wenn man sich ein Ziel wählt, daß außerhalb dieser wandelbaren Erde liegt. Dann hat man wenigstens einen festen Punkt, und man kann mit Ruhe und sicherer Entschlossenheit den kommenden Dingen entgegensehen. Mag Schönes kommen oder Schreckliches, hinter allem sieht der Christ Gottes Antlitz. Gott ist voll Liebe und Erbarmen. Er wird uns arme Sünder nicht verlassen…

Werner Cormann war ein NDer aus Düsseldorf.

SKTS: ND-Rundbrief, Rausch:

O. U. 17. 11. 1939

Liebe Kameraden!

Der Krieg dauert länger und länger und die Zukunft und das Ende sind noch nicht abzusehen. Einer schrieb aus dem Felde: „Das Leben ist stumpfsinnig und eine harte Nervenprobe. Vielleicht auch noch mehr als das, vielleicht ist es die Probe, die man bestehen muß, um reif zu werden für den Frieden und das Leben. Der Krieg scheint mir die Oberklasse unserer Lebensschule zu sein ! " – Lebt nicht an der Zeit vorbei! Sucht nicht den Herrgott mit seinem Kreuz in einem Winkel, wo er gar nicht zu finden ist. Das Kreuz ist für uns der Krieg. Und vom Kreuze heißt es, daß „in ihm alles Heil" ist. Wer sich gegen das sträubt, was er tragen muß, hat eben noch nicht verstanden, worum es geht. Die Zeit ist dazu da, daß wir in ihr christliches Leben formen.
Ein weitschauender Mensch schrieb vor zehn Jahren einen Satz, der mir neulich in die Hände fiel! „Es ist heute schon gewiß, daß die Menschen den Dogmen, den Sakramenten, dem Kirchenwesen des Christentums unaufhaltsam und unwiderruflich den Rücken kehren werden, wenn nicht die Früchte des christlichen Lebens, die Erscheinung eines wirklich erlösten Menschentyps sich zeigen".
Er hatte nur zu recht. Die Menschen wollen heute keine Bücher über das Christentum lesen, sondern sie wollen Menschen sehen, die Christen sind und als Christen leben. Und solche Menschen aus Euch zu machen, das ist Eure Aufgabe. Altes und Überkommenes haben wir abgelegt – und vielleicht war es gut so: es war Sein Wille. Nun ist es an Euch, dem Leben, das Ihr in Euch tragt, eine neue und große Form zu geben. Wo Leben ist, wo ein Mensch einmal ein persönliches „Du" zum Herrgott gefunden hat und daraus lebt, da hat er begriffen, daß sein Leben Dienst ist an seinem Herrn und dieser Dienst wird ihm keine Ruhe mehr lassen. Da kommt der Spießer in ihm nicht mehr zu Wort, da bringt das volle Leben Kraft und die Tat hervor, die nicht ruhen kann, bis die höchsten Ideale erreicht sind. Versteht doch, was der Herr durch die Not unserer Zeit zu uns spricht. Denn wenn wir es nicht verstehen, daß wir die Verpflichtung haben, den Menschen das Christentum vorzuleben, dann wird der Baum der Kirche, der seine Wurzeln in die Herzen der Menschen senkt, verdorren, weil dort nichts mehr lebt, und nichts wird übrig bleiben als das kalte und tote Geäst leerer Worte, denen kein Leben mehr entspricht.

Aber wenn ich die vielen Briefe lese, die Ihr schreibt, dann weiß ich, daß für Euch die Treue und das Bekenntnis kein leeres Wort sondern Verpflichtung zu echtestem Leben sind. Seid stolz auf Eure Gemeinschaften und auf das, was Ihr schafft! Und wenn jetzt der große Tag der Mutter Gottes im Dezember kommt, dann weiß ich, daß das stille Wort der Treue am Tisch des Herrn genau so schwer wiegt, wie das feierliche einer vergangenen Zeit.

Stellt Euch ganz in den Dienst unseres Volkes, das in großer Not ist und zeigt allen, was Christen sind.

„Oh, Gott
die Zeit ist voller Bedrängnis,
die Sache Christi liegt wie im Todeskampf.
Und doch – nie schritt Christus
mächtiger durch die Erdenzeit
nie war sein Kommen deutlicher
nie seine Nähe spürbarer,
nie sein Dienst köstlicher als jetzt.
Darum laßt uns in diesem Augenblick des Ewigen
in der Erdenzeit zu Dir beten:
Oh Gott, Du kannst das Dunkel erleuchten,
Du kannst es allein."

Bleiben wir miteinander verbunden und denken wir an die Not unseres Volkes!
In Treue! Euer

SKTS: Böhner, S. 15:

Neuruppin, 3. 12. 39

Werner Sallermann an Hans Böhner

Ich bin nicht mehr in Wunstorf, ich wurde nach hier kommandiert, um Rekruten auszubilden, gewiß eine feine Aufgabe, aber nicht während des Krieges.
Über den ersten Schmerz der Enttäuschung bin ich weg. Aber schmerzlich ist es, in der Heimat bleiben zu müssen, wenn Kameraden wieder ausrücken. Aber alle Vorstellungen waren zwecklos: überall nur Ablehnung, Verständnislosigkeit. So habe ich mich denn ganz in die Arbeit gestürzt, die wirklich vorhanden ist, gilt es doch, unter schwierigsten Voraussetzungen in kürzester Zeit aus einem Haufen von Zivilisten eine kriegstüchtige, geschlossene Einheit zu schaffen. Die Aufgabe ist interessant und anregend, ja wenn nicht die Sehnsucht zur Front wäre ...

SKTS: Niermann, vgl. auch: Der Weg des Soldaten Johannes, wie Anm. 1.
Die kleine Broschüre hat keine Seitenzählung.

Aus den Briefen und Tagebucheintragungen von Johannes Niermann:

> Johannes, der Soldat! zum 14. Dezember 1939 einberufen, zur Infanterie nach Ostpreußen.
> Mittags 12 Uhr Abfahrt von Köln über Berlin, Dirschau nach Deutsch-Eylau.

Abschiedsgruß 14. 12 1939

... Macht Euch keine Sorgen ... Eure Gedanken sind bei mir, und meine bei Euch. Schließt mich ein in Euer Gebet ... Es gilt Rilkes Spruch: Meine gute Mutter, hab mich lieb, ich trage die Fahne.

Aus der Kaserne, 18.12.1939

Nun bin ich schon einige Tage Soldat – Viel berichten kann ich nicht. Alles ist sehr neu. Und die Zeit sehr knapp. Aber trotz allem … Es ist ein stolzes Gefühl, im grauen Rock und Stahlhelm in der Kompanie zu stehen. Heute sind wir vereidigt worden.

Advent… Weihnachten! Den Minuten vor dem Einschlafen gehören solche Gedanken.

Schon schrillt das Kommando: Kompanie fertig machen zum Dienst! Frohen Gruß denn!

Der Dienst wird länger und schärfer. Wir lernen schnell und kommen gut voran. Auch im Gelände, das ist schön.

… Ich staune ja doch, in wie kurzer Zeit aus einem Haufen Zivilisten eine Truppe wird, ein Körper. Die eiserne Klammer des Dienstes vollbringt es. Das Letzte, die Gemeinschaft der Herzen, die echte Kameradschaft, will anders erreicht werden. Immer zum Dienst bereit sein und im Dienst hart sein, das ist das Erste. Wenn das einigermaßen gelungen ist, ist es oft schwer, die müden Knochen zu vielen kleinen Hilfereichungen für die Kameraden zu zwingen. Doch das ist die Brücke zu den Herzen. Dann verzeihen sie auch, daß man z.B. in den Kneipen ein Säugling ist.

DstHdh: Nachlass Wellenhofer 27:

Hannover, am 17. 12. 39

Lieber Herr Kurat!

Endlich bin ich wieder in der Heimat! Gestern nachts um 1/2 2 kam ich hier mit einem anderen Verwundeten aus Warschau an. Der Krieg hat ja das Leben ganz anders gestaltet. Zum ersten Mal sah ich eine verdunkelte Stadt und hab gleich viel Humorvolles erlebt. Von der Straße stolperten wir auf den Bürgersteig. Die Anschlagsäule begrüßten wir mit einem wohlwollenden Aha, und im nächsten Augenblick fielen wir über Sandsäcke. All das konnte unsere gute Laune nicht trüben, denn wir waren ja endlich dem Polenlande entronnen. Welche Gegensätze herrschen zwischen dort und hier? Die Schwestern tun alles, um uns das Leben sehr angenehm zu gestalten. Für all das wird gesorgt, was wir in Polen entbehren mußten. Trotzdem sehne ich mich danach, möglichst bald aus dem Lazarett zu kommen. Die Wunde verheilt ganz schön, und ich kann schon wieder tadellos laufen. Anfang Januar rechne ich endgültig mit meiner Entlassung. Leider muß ich Weihnachten im Lazarett feiern, obwohl ich mich schon darauf freute, zu Hause das schönste aller Feste erleben zu dürfen. Ich freute mich schon auf die Christmette und eine würdige Kommunionmesse. Seit dem August bin ich in keine Kirche gekommen, und ich merke von Tag zu Tag, daß es mit dem religiösen Leben immer weiter abwärts geht. Man muß schon ganz feste auf die Zähne beißen, um seinem Standpunkt treu zu bleiben. In der Kaserne schien mir dies ein Leichtes zu sein. Ganz anders jetzt im Krieg. Herrgott muß man da kämpfen! Gerade in den letzten 7 Wochen, da ich fast nur liegen konnte, hab ich mir oft so meinen Lebenslauf überlegt und wie wohl alles so ausgehen wird. Oft ist es zum „Aus der Haut fahren“. Wenn ich sehen muß, daß junge Kerle infolge Mangel in der Rüstungsindustrie entlassen werden, und mir sind alle Hände gebunden, mein Studium vorderhand wieder aufnehmen zu können, da packt mich so richtig die Wut, denn von

Tag zu Tag merke ich die Lücken, welche in meinem Wissen entstehen. Das Wenige, was ich mir angeeignet habe, suche ich mit allen Mitteln zu halten. Im Urlaub werde ich mir so ganz dünne Auszüge von Latein und Griechisch besorgen, um wenigstens nicht alles zu vergessen. Hoffentlich wird der Krieg bald aus. Mit keinem Menschen kann man sich vernünftig unterhalten, denn jeder schimpft über das Pfaffentum, so daß man bestimmt nicht weiß, auf welchem Erdteil man sich befindet. Dies sind so die Gedanken, die ich mir in meiner Muße zurechtlege, und leider ertappe ich mich schon öfters dabei, daß ich so ein richtiger Schwarzseher werde.
Aber dann erinnere ich mich immer wieder an das Gleichnis von den Spatzen und werde dabei wieder froh und unternehmungslustig.
Zum Schluß, lieber Herr Kurat, füge ich meine Weihnachtsgrüße bei. Ich wünsche Ihnen eine recht gnadenreiche Erlösernacht und frohe Weihnachtstage. Zu Ihrem heiligen Namensfeste, sowie zum Jahreswechsel wünsche ich Ihnen viel Glück und Segen und recht große Erfolge im kommenden Jahr.

Mit Treugrüßen von
Ihrem Hans.

Dieser Briefschreiber ist nicht mit Johannes Niermann identisch.

Hans Niermann als Soldat. Aus: Sie hielten stand, S. 199

Schmuckkarte mit einem oft von Hans Niermann gebrauchten Ausspruch.
DstHdh: Nachlass Wellenhofer 61

Aus: Der Weg des Soldaten Johannes:

Johannes Niermann,

30. 12. 1939

Der Marsch war heute schön. Das Stück durch den verschneiten Wald war richtig zum Träumen. An der ehemaligen Grenze verließen wir den Wald und damit auch jeden Schutz gegen den Nordost. Unaufhörlich sang der Sturm sein Lied, sein Spottlied auf unsere Kopfschützer, Fäustlinge und sonstige Dinge. Kurze Rast hinter einem ärmlichen, ausgestorbenen Gehöft. Dann querfeldein. Weit und weiß und klirrend kalt. Unter den harten Schritten schrie der Schnee. Wieder arme Hütten und ein Ortsschild. Auf der Straße Gleichschritt. Gewehr umhängen! Ein Lied! „Es lebe die deutsche Infanterie."
Wirklich, das ist seltsam, wie aus den Männern, den Zivilisten, eine Truppe wird, eine graue Kolonne, ein Körper, der einem Befehl gehorcht.

Der am 10. August 1913 in Recklinghausen geborene Hans Niermann hatte das Handwerk eines Tuchwebers erlernt. 1934 wurde er hauptamtlicher Diözesanführer der Sturmschar in der Diözese Münster und am 17. März 1935 auf der Romfahrt der Sturmschar in Rom zum Reichsführer der Sturmschar gewählt. Am 11. Dezember 1939 wurde er zum Wehrdienst eingezogen. Wegen seiner Aktivitäten in der Sturmschar war er bereits 1933 für kurze Zeit von der Staatspolizeistelle in Recklinghausen in Schutzhaft und 1936 9 Monate lang in Haft genommen worden.
Als Schütze in einem Infanterieregiment ist er am 18. Juli 1940 in Frankreich gefallen. Bereits kurz nach seinem Tode erschien eine hektographierte Schrift mit dem Titel „Der Weg des Soldaten Johannes", die tagebuchartige Notizen und Auszüge seiner Briefe sowie Berichte von Kameraden über seine Teilnahme am Frankreichfeldzug und seinen Tod enthielt. Wenig später wurde dann eine inhaltlich unveränderte gedruckte Fassung als Broschüre in Düsseldorf veröffentlicht. Walter Vorderwülbecke und vor allem Wilhelm Damberg stellten fest, dass diese Textsammlung von Prälat Ludwig Wolker redigiert und stilistisch überarbeitet worden war. Vor allem Wilhelm Damberg zeigt in Vergleichen mit Originalbriefen Niermanns auf, wie Ludwig Wolker die Texte „geschönt" hatte. Die erwähnten Passagen zeigen aber nach Ansicht d. Hrsg. nur, dass Wolker Niermans Schilderungen von Banalitäten aus dem Soldatenalltag stilistisch aufpoliert hatte. Die Tendenz von Niermanns Texten, so wie sie im „Weg des Soldaten Johannes" vorliegen, sind aber durchaus eines der „eindrucksvollsten Zeugnisse über die Auffassung eines jungen Katholiken über Krieg und Soldatentum" (Heinz Hürten) in dieser Epoche. Sie stehen voll und ganz im Einklang mit den hier wiedergegebenen Originalbriefen der anderen Briefschreiber.
Vgl. hierzu: Der Weg des Soldaten Johannes, Aus seinen Briefen und Tagebuchblättern, Düsseldorf o. J.
Walter Vorderwülbecke: Hans Niermann, in: Bernd Börger/Hans Schroer (Hrsg.): Sie hielten stand. Sturmschar im Katholischen Jungmännerverband Deutschland, Düsseldorf 1989, S. 185–203
Wilhelm Damberg: Kriegserfahrung und Kriegstheologie 1939–1945, in: Theologische Quartalsschrift, Tübingen, 182 Jg., Heft 4, 2002, S. 321–341

AUS DEM PARZIVAL
niedergeschrieben im Tagebuch

Ich bin auf einer Fahrt,
von der mich nichts mehr wenden mag.
Ich reite bis zum Herbergsziele
Tag um Tag,
ob's Wetter trocken sei oder naß,
und wie die Wasser fließen in den Ländern.
Ich fürchte mich vor Mördern nicht
und vor Gefahr der Räuber auf den Straßen
das ist wahr.
Ich laß die Fahrt auch nicht um Königs Haß,
noch dem der Fürsten, wie sie's wollten ändern
und wollten mir's die Grafen wehren . . .
und gar die starken Städte erst in aller Welt:
sie irrten meiner Fahrt mich nicht,
auf die ich muß,
wie schwer sie mir auch fällt.
Ich bin auf einer Fahrt,
von der mich nichts mehr wenden mag,
ich reite bis zum Herbergsziele
Tag um Tag.

Eine Seite aus der Broschüre: Der Weg des Soldaten Johannes

Briefe von 1940

Aus: Der Weg des Soldaten Johannes

Brief von Johannes Niermann

Neujahr 1940

...Alle Weichen menschlichen Lebens sind mir plötzlich anders gestellt worden. Es ist gut, daß der Glaube da ist. Es ist gut, daß wir jung sind und alles voller Hoffnung ist.
... Morgen beginnt der Dienst, dann bin ich wieder Soldat. Ich spüre die Gewalt der Masse und die Kraft der exerzierten Formation. Und ich glaube, daß das etwas Großes sein kann, die Macht einzusetzen für die Gerechtigkeit. Gut ist es auch für den Mann, dienen zu müssen, restlos einem Befehl folgen zu müssen bis zum Ende. „Alles Sichtbare ist nur ein Gleichnis." Auch das Soldatentum. Ein Gleichnis für ein anderes Soldatentum, die militia Christi. Beides ist nur möglich aus Liebe...

Brief von Johannes Niermann

21. 1. 1940

Wegen der Zukunft mache ich mir nicht allzuviel Sorgen. Zunächst steht das Schicksal aller zur Entscheidung, Sieg und Frieden. Und dann? Wenn der Herrgott eine neue Situation schickt, dann wird er auch den Weg zeigen, dieselbe zu meistern. Jeder Mensch hat sein Maß. Das muß er zu erfüllen streben. Gott allein weiß, wann eine Frucht reif ist, gepflückt zu werden. Gewiß, es brennt die Sehnsucht zu anderen Werken und zu einem anderen Leben.
Als Soldat lernt man alle Stunden zu nehmen wie sie sind. Die harten Augenblicke und die kurzen Freuden und die langen Stunden des Dienstes und des Wartens. Aus allem soll die Freiheit werden und der beherrschte Wille und die Bereitschaft zum Kampf.
Alles wird uns zum Heile gereichen.

DstHdh: Nachlass Wellenhofer 27:
Abschiedsbrief von Georg Kolb an seine Braut Kordula

5. Februar 1940

Und ohne daß ich das letzte Grauen verspüre, ahne ich, nein weiß ich, daß ich sterben werde. Lange starrte ich hinein in die Nacht, die mich umfing wie ein naßkaltes Ungeheuer. Ölbergstunde – nur wer eine solche Stunde selbst erlebte, kann empfinden, was ich empfand. Ich schauderte und begann zu beten bis ich das Adsum fand! Hatte ich nicht selbst oft diesen Tod als den herrlichsten gepriesen? Ich werde fallen! (Wie der Falke Dima Schiptschinski) für mein Volk und für Christentum in diesem Volke.

Meine Liebe!

Man wird Dir die Kunde von meinem Tode bringen, Du aber mußt wissen: Ich starb als Christ! Mit meinem Allzeit bereit! Auf den Lippen. Niemanden wird der Tod weniger überraschen als mich, der ich heute schon weiß, daß ich fallen werde.

Du meine liebe Kordula sollst Deiner Sendung gemäß leben. Gott ist unser Vater in allem und sein Wille soll geschehen, denn der ist gut. Du sollst nicht traurig sein über meinen Tod, denn ich bin selbst stolz, der Sache, der ich durch mein Leben so wenig dienen konnte, durch meinen Tod unermeßlich reichen Segen zu bringen. Gott, ich bitte Dich, nimm mein Opfer an und mache meine Gesinnung rein und lauter.
Wenn es sein Wille ist, so heirate, bleib mir nicht in falscher Weise treu. Halte und bewahre meine Lilie und vergiß mich nicht. Heute kann ich es Dir noch einmal sagen: Ich habe Dich so sehr geliebt! Doch Gottes Wille hat meinem Weg eine andere Bestimmung gegeben. Immer sind wir uns nahe im Gebet.
Ich küsse Dich auf Deine Stirne.

Meine Seele segnet Dich, wir werden uns wiedersehen, bleib rein und gut
Dein Georg

Wenn Du Mutter bist und einen Jungen hast, so lehre ihn das Wort: Allzeit bereit!

DstHdh: Nachlass Wellenhofer 27:
Georg Kolb am 5.Februar 1940 in einem Brief, der erst nach seinem Tode zu öffnen war:

Und ich sah einen neuen Himmel und eine neue Erde. Und darauf die Heilige Stadt aus dem Himmel herniedersteigen. Und ich hörte eine gewaltige Stimme vom Throne her: Siehe das Zelt Gottes unter den Menschen. Und er wird bei ihnen wohnen. Und sie werden sein Volk sein. Und er wird Gott mit ihnen sein.
Aus der Geheimen Offenbarung des hl. Johannes!

Und ohne daß ich jenes letzte Grauen verspüre, ahne ich, nein weiß ich, daß ich sterben werde. Lange starrte ich hinein in die Nacht, die mich umfing wie ein naßkaltes Ungeheuer. Ölbergstunde – nur wer eine solche Stunde selbst erlebte, kann empfinden, was ich empfand. Ich schauderte und begann zu beten, bis ich das Adsum fand. Hatte ich nicht selbst oft diesen Tod als den herrlichsten gepriesen? Ich werde fallen! Für mein Volk und für Christus in diesem Volke.
Man wird Euch die Kunde von meinem Tod bringen, Ihr aber müßt wissen: Ich starb als Christ! Mit meinem Allzeit bereit! auf den Lippen. Niemanden wird der Tod weniger überraschen können als mich, der ich schon heute weiß, daß ich fallen werde. Gott ist unser Vater in allem und sein Wille soll geschehen, denn der ist gut. Ihr sollt nicht traurig sein über meinen Tod, denn ich selbst bin stolz, der Sache, der ich durch mein Leben so wenig dienen konnte, durch meinen Tod unermeßlich reichen Segen zu bringen. Gott, ich bitte Dich, nimm mein Opfer an und mache meine Gesinnung rein und lauter.

Der Gefallene:
Nun ruhe ich
Und Stille ist in mir,
tot – und dennoch:
voller ist mein Leben,
da ich im Namen
meines Königs starb
und auferstanden ist,

was ewig an mir war
und nicht verworfen wurde
von einem guten Gott!

2. 2. 40 (aus den Gedichten von Georg Kolb)

Georg Kolb, geboren am 19. 12. 1920 ist am 29. 5. 1940 gefallen. Auf dem Totenzettel, den seine Eltern zu seinem Andenken drucken ließen, ist ein Gedicht veröffentlicht, das er am 2. 2. 1940 geschrieben hatte. Sein letztes Wort: „Wenn es sein muss, ich bin bereit!"

Der Gefallene:

Nun ruhe ich
und Stille ist in mir,
tot - und dennoch:
voller ist mein Leben,
da ich im Namen
meines Königs starb
und auferstanden ist,
was ewig an mir war
und nicht verworfen wurde
von einem guten Gott!

2. 2. 40
(Aus seinen Gedichten)

Georg Kolb
19. Dezember 1920
29. Mai 1940

Sein letztes Wort:
„Wenn es sein muß: Ich bin bereit!"

DstHdh: Nachlass Wellenhofer 27

Aus: Der Weg des Soldaten Johannes

Brief von Johannes Niermann

11. 2. 1940

Du kommst, o Schlacht! singt Hölderlin. Und Th. ging ihr entgegen wie einem Fest. Es lebt die Sehnsucht nach Frieden und nach den Werken des Friedens, aber Friede ist die Krone des Kampfes.
Mir scheint, der Krieg lenkt viele Menschen vom eigentlichen Kampf, von den größeren Entscheidungen, die die Gedanken und die Herzen der Menschen vollziehen müssen. Sicher aber wird er eine Gelegenheit sein, größeres Leben aus allen Opfern zu wecken.

So seltsam das klingen mag, die Waffe ist mir wie ein Gefährte geworden. Ich freue mich jetzt, Soldat zu sein. Ich möchte nirgendwo anders stehen, als im Heer, unter der kämpfenden Mannschaft unseres Volkes.
Wie früher auf den Fahrtenwegen, so treffen sich jetzt auf den Heerstraßen alte Kameraden. Und das Wiedersehen ist gleich freudig. Auch hier habe ich schon manchen Kerl gefunden und ich bin von manchem gefunden worden. Dieses vorsichtige Anpirschen!

Der Docht der Lampe brennt klein. Auf der Ofenbank sitzen Bauer und Bäuerin und schlafen. Um mich her streicht die Katze. Ihr lacht sicher über dieses Idyll! Aber wenn am Abend die kalten Glieder in der warmen Bauernstube sich auftauen und der hungrige Magen gefüllt ist – meist mit Knödel und Kraut! Dann kommt der Bruder Schlaf mit großer Gewalt.

DstHdh: Nachlass Wellenhofer 27:

Lindau, den 22.2.40

Sehr geehrter Hochw. Herr Kurat!

Nun muß ich mich doch endlich einmal bedanken für die schönen Heftchen und Karten, die sie uns Soldaten immer zuschicken. Sie machen uns ja damit bestimmt eine große Freude, wenn Sie uns auf diese Art in Gebiete führen, in denen die Seele wieder Ruhe und Kraft erlangt. Ja, Kraft, das braucht der Theologe im Waffenrock; denn es ist wahrhaftig nicht leicht, in einer ganz anderen Umgebung, unter ganz anderen Verhältnissen das zu bleiben, was man war; und – es soll auch nicht leicht sein. Nicht dazu sind wir ja berufen, in einschläferndem Frieden das Leben zu verleben, sondern einmal als principes Christi die Fahne zu tragen in die Schlacht. Und ist da nicht die heutige Zeit für uns eine Zeit der Bewährung und des Starkwerdens. – Mögen wir alle im feldgrauen Rock immer und überall „ein entscheidendes Gebet" sprechen dürfen.
Wie Sie aus der Datumsangabe ersehen können, habe ich meine Garnison gewechselt. Es gefällt mir in dem schönen Lindau ganz gut. Übrigens in Füssen, wo ich vorher war, habe ich einen Kameraden kennengelernt, den Sie bestimmt auch gut kennen, den Wenzl Franz; ich soll Ihnen viele Grüße von ihm bestellen.
Wie lange ich hier bleiben kann, ist unbestimmt. Die Hauptsache, wenn ich Gottes Willen tun darf.

Beste Grüße! In Dankbarkeit!

Hinterwimmer Simon

SKTS: Böhner, S. 8:

Werner Cormann an Hans Böhner

Münster, 17. 3. 40

Das ist mir jetzt schon klar: ich werde entweder ganz Arzt, d. h. ein Mensch, der eben nur zum Helfen da ist, oder ich werde Wissenschaftler, der zwar auch den Menschen hilft, aber nur indirekt – durch seine Erkenntnisse – wenn er welche hat. Ich sehe zwar ein, daß das erstere schöner idealer ist, aber ich weiß noch nicht, ob ich dort mehr sein werde als irgendein ein unbedeutender Handwerker, der im Grunde genommen nur Geld kassiert und doch nicht im entscheidenden Augenblick helfen kann. An den „Wissenschaftlern" hätte ich schon Interesse, und ich glaube, daß ich darin etwas leisten könnte; die Praxis wird es lehren, ob ich zum helfenden, praktischen Arzt tauge oder nicht. Ich werde bald die Gelegenheit haben, das unter Beweis zu stellen; denn nach diesem Semester werde ich nach Ostpreußen kommandiert zu einer Sanitätsabteilung und dann an die Front geschickt. Der Spruch auf der mir geschickten Karte, „daß Christus seine Soldaten nicht schont“, hat mir ausgezeichnet gefallen. Da spricht ganz starkes, männliches Christentum. Man verspricht uns kein Paradies auf Erden, keine allein seligmachende Sozialreform, keine Revolution, die alles anders machen soll, aber später wieder verebbt, kurz: überhaupt keine Illusionen. Man sagt, daß Kampf sein wird, es immer auf dieser Erde schwer sein wird. Daran will auch der Erlöser nichts ändern, denn er hat zuerst gekämpft und gesiegt. Das mit dem Kampf auf dieser Erde wissen wohl alle vernünftigen Menschen, aber den Glauben an den Sieg haben sie bestimmt nicht alle. Das ist das besonders Schöne am Christentum: es kennt einen Sieg über die Finsternis. Wir feiern bald dieses Siegerfest. Unsere Ahnen feierten ebenfalls alljährlich den Sieg des Lichtes über das Dunkel, aber dieser Sieg war nur ein zeitliches; es war nur ein Kreislauf in der Natur, des Stirb und Werde, weil die Natur auch in der Zeit ist. Aber Ostern ragt aus der Zeit in die Ewigkeit. Dadurch erhält unser Glaube an den Sieg des Guten eine besondere Festigkeit. Frohe Zuversicht erwächst uns daraus, und so ist es schon angebracht, daß ich Ihnen frohe Ostern wünsche!

SKTS: Böhner, S. 15:

Neuruppin, Ostern 40

Werner Sallermann an Hans Böhner

Kommentar von Hans Böhner: Ein sehr ausführlicher Brief, der wie auch die ff. zeigt, wie ernst Werner seine ihm „ungeliebte“ Aufgabe wertete und meisterte.

Mir ist gestern als Nebenaufgabe das Herrichten des Feldgottesdienstes übertragen worden, eine Aufgabe, die ich so stilvoll wie möglich erfüllt habe und die mich jäh in das Schaffen der Vergangenheit zurückführte. Zu der von Dir übersandten Broschüre „Soldat und Mädchen“: Meine persönliche Einstellung ist Dir bekannt, daran hat sich auch hier nichts geändert. Das Echo unter den Soldaten ist schwer zu beschreiben. Es ist eine Gemeinschaft aus einem so gewaltigen Mosaik aller menschlichen Typen und Charaktere, deren einzelne Personen gänzlich unabhängig voneinander ihre geistige und ethische Entwicklung durchmachen. Zudem kommt als einziges soldatisches Erbe die seit jeher bestehende völlige Freiheit in religiösen und moralischen Angelegenheiten: ein Privileg aller sinnlichen Begierden niederer Naturen – eine adlige, natürliche Ritterlichkeit auf der anderen Seite. Dementsprechend würde die Broschüre die gegensätzlichsten Kritiken erfahren: der eine bedarf ihrer nicht mehr – der andere weist sie mit brutalem Spott ab. Zudem glaube ich nicht, daß eine Beeinflussung auf diese Weise möglich ist. Der Außenstehende ist versucht, 80 % aller „Landser“ zu der mehr oder weniger demoralisierten Kategorie zu rechnen – er kennt sie nicht. Viele, viele die mit lautem Lärm ihre „Ethik“ über Bord werfen, sind in ihrem Inneren harmlose, reine Kinder. Sie glauben eben, oft unbewußt, ihr Soldaten- und Mannestum dadurch unter Beweis stellen zu müssen. daß sie eben alles Feminine (und eigenartigerweise auch religiöse) in den Schmutz zerren. Aber unter dieser rauhen „Landknechtspose“ birgt sich doch ein anständiger Kern. Also ist die Zahl derer, die wirklich verschlammt sind, nur gering. Im übrigen, dem Reinen ist alles rein, dem Schwein.....
Und nun einen recht frohen Gruß zum Jubelfest der Auferstehung!

DstHdh: Nachlass Wellenhofer:27:

Eger, den 19. 3. 40

Lieber Herr Präses !

Fein ist das Büchlein von der „Botschaft vom Leben“. Obwohl ich erst einige Abschnitte gelesen habe, bin ich begeistert davon. Bestimmt wird dies Büchlein auch von meinen anderen Brüdern, die irgendwo am Westwall liegen, oder in einem Hafen auf ihren Einsatz warten, mit der gebührenden Osterfreude aufgenommen. Mit Ihrem Begleitschreiben spricht es aus unseren Reihen zu unseren Reihen. Ihre Sätze sind herausgenommen aus dem Trubel der Welt und stehen doch mitten im Weltenbummel. Ja, der junge Mensch braucht ab und zu etwas, sei es eine kleine Zeitschrift oder ein Vortrag, sei es das Beispiel anderer Kameraden oder die Worte eines echten Freundes, was ihn wieder anfeuert. Ihr Ostergruß hat mich sehr gefreut und sage Ihnen dafür ein herzliches vergelt's Gott.
Im Stillen hoffe ich eigentlich, die Passionstage im Urlaub verleben zu können, aber leider werde ich wohl noch einige Wochen warten müssen, denn es dürfen vorderhand über Ostern nur 5% wegfahren. Nun die Leute, welche bei jeder Witterung an der Front liegen, haben den Urlaub natürlich eher verdient, als wir, die ziemlich im Trockenen sitzen. Es tut mir sehr leid unter 4 Wochen nicht an die Front kommen zu können, da meine Wunde von neuem wieder geplatzt ist. Sollte eigentlich ins Lazarett eingeliefert werden, doch ich versuchte es mit einigen Tagen Innendienst und schiebe nun schon wieder vollen Dienst. Vielleicht bringt mir der Osterhase völlige Genesung.
Ich wünsche Ihnen zu diesem Hochfeste, an dem der Heiland den Tod bezwang und durch seine Auferstehung der ganzen Menschheit die Wahrheit seiner Lehre bezeugte, recht viele Freuden durch Ihre Erfolge in der Passionszeit.

In alter Treue Ihr Hans

Aus: Der Weg des Soldaten Johannes

Brief von Johannes Niermann

2. 4. 1940

Die Sonne liegt über dem Land. Das Frühjahr macht etwas müde. Unsere Gesichter sind schon gebräunt. Aber ich bin so froh, daß es da ist. Nach solchem Winter!
Das Herz wird weit und die Gedanken suchen unruhevoll Wege der Zukunft. Ich sage wie es ist, nirgendwo sind solche Wege zu sehen. Tag für Tag tun wir unseren Dienst. Wechseln die Quartiere, kosten die Stunden der Begegnung mit alten Kameraden, freuen uns über jeden Brief und Gruß aus der Heimat und spüren doch die heimliche Angst, das Leben möchte an uns vorübergehen, möchte von uns nichts anderes wollen, als unsere Bereitschaft, Same zu sein für ein kommendes Geschlecht und reich. Oder ist das bei Dir anders? Ich weiß, Du wirst mich an Ostern erinnern, wie Du es ja in Deinem Brief getan hast. Ja, darum bete ich, um die Kraft des Glaubens, des Glaubens, der die Welt überwindet. Ein anderer reicht nämlich nicht mehr aus. Auch bei mir waren Kar- und Ostertage nur reich an Armut, an Erinnerung und erfüllt von dem Bemühen, den Herrn zu finden und die Weise, wie ich ihm folgen kann; denn ich glaube, die Nachfolge ist für jeden Jünger anders gefordert und bestimmt.

SKTS: Stumpf:

Köln-Lindenthal, im April 1940

Gott mit uns!

„Heilig Vaterland ! In Gefahren
deine Söhne sich um dich scharen.
Von Gefahr umringt, heilig Vaterland,
alle stehen wir Hand in Hand."

(Nach R. A. Schröder, 1914)

Kamerad und Bruder !

Nun gehöre ich ganz zu euch! Heute früh erhielt ich meinen Stellungsbefehl zum Inf.K.Btl.167 in Deutsch-Eylau. Ich folge diesem Ruf mit hellen Augen, bereitem Herzen und dem unbeugsamen Willen, mich unserem geliebten deutschen Volk ganz hinzugeben und ihm zu dienen an seinem Leben, an seinem Geist und an seiner Seele.

Darum ist dieser Schrieb vorerst der letzte, was ich Dir in dieser Art zusenden kann. Doch ich hoffe, unsere Verbindung wird damit nicht abreißen. Ich baue auf Deine Treue und Dein Gebet, so wie auch ich Deiner gedenke und für Dich bete. Im übrigen stehen wir allseits in Gottes Hand. Was immer auch geschehen mag wie schlimm es auch aussehe, ich vertraue stets darauf, daß es das Beste für uns ist, und ich will nie vergessen, daß Gottes Weisheit in der Vorsehung untrennbar verbunden ist mit seiner Liebe.
Du wirst wohl verstehen, daß es mich heute vieles zu sagen drängt; und wenn der Schrieb auch über den gewohnten Umfang hinaus gewachsen ist, so weiß ich dennoch, daß manches zu knapp oder wenig gut gesagt ist. Halte diesen Mangel meiner Eile zugute !
Nun aber laß mich zu Dir sprechen vom alten treuen Gott, von unserem lieben deutschen Volk und von dem kostbaren Erbe, dessen Hüter wir sind.

„Ihr alle, die ihr Deutsche heißet und in deutscher Zunge redet … sollet in Einmütigkeit und Friedseligkeit erkennen, daß ihr einen Gott habet, den alten treuen Gott, und daß ihr ein Vaterland habet, das alte treue Deutschland !
Und sollet gedenken, wie ihr ein freies Land von euren Vätern empfangen habet, und wie ihr euren Kindern und Kindeskindern die Freiheit hinterlassen müsset !"

(Ernst Moritz Arndt).

……….
Für das Leben, die Freiheit und die Gesundheit des Volkes haben ganze Generationen ihre Schaffenskraft, ihren Besitz und ihr Blut eingesetzt. Was uns überkommen ist, wäre nicht ohne das Opfer derer, die vor uns waren. So dürfen wir auch keine Opfer scheuen, auf daß unser Volk in Freiheit, Kraft und Schönheit lebe!

……….
Der Leib ist die Hülle für das Leben des Geistes. Und sind wir denn nicht stolz auf die Tiefe und die Kraft des deutschen Geistes, auf all das, was uns die Größten unseres Volkes an Kunst, Kultur und Wissenschaft überliefert haben ! Laßt uns dies Erbe des Geistes zu unserem ureigensten Besitz machen ! Laßt uns darum ringen und, wenn es Not tut, dafür einstehen ! Wenn schon das Volk unseren Einsatz fordert und wenn wir diesem Ruf mit der Waffe in der Hand Folge leisten, vergessen wir doch nie, daß wir zwar eine schwere

Verantwortung für das Leben unseres Volkes tragen, aber eine schwerere noch für seinen Geist.

………..

Die Schicksalsstunde unseres Volkes fordert unseren Einsatz für das besonders gefährdete Gut, nämlich das Leben des Volkes und die deutsche Freiheit. Wenn ihr aber, Brüder, Waffendienst für unser Volk leistet, so vergeßt nie das andere, den Einsatz für Geist und Seele des Volkes! Wenn ihr nur tut, was ihr müßt, so geht ihr stur in einer Tretmühle, wie so viele. An euch aber liegt es, mehr zu tun, von eurem Besten zu geben.
Dieser Dienst währt freilich ein ganzes Leben; aber er macht auch erst eure Hingabe zu einer völligen. Der Waffendienst ist wohl ein Teil davon und, sobald das Volk in seiner Existenz bedroht ist, ein wichtiger Teil und eine vordringliche Pflicht.
Damit ist die Verpflichtung zum völligen Dienst aber nicht aufgehoben. Siegen wird letztlich der Geist und die Opferbereitschaft. Und darum soll uns niemand übertreffen !

Nun schließe ich mit einer Widmung, die ich meinem Bruder in ein Kriegsbuch geschrieben habe:

Ein Opfer, das in edlem Geist getragen wird, ist niemals vergebens. Im Kampf bewährt sich der Soldat; in der Not reift der Mann; im Leid erst erweist sich die Kraft der Gesinnung; im Opfer seiner Söhne bewährt sich ein Volk.

Dem mutigen Sturm und dem zähen Durchhalten unserer Feldgrauen und der tapferen Blaujacken ist 1918 der Sieg nicht beschieden gewesen. Aus dem todbereiten Einsatz zu Lande, zu Wasser und in der Luft aber erwuchs als Erbe der Front jene geistige Haltung, welche – so hoffe ich – die Ehre und Größe unseres geliebten Volkes neu begründen und festigen wird.

Mögen wir uns allezeit des deutschen und christlichen Erbes unserer Vorfahren würdig erweisen! Dann wird der Geist der Toten aus vielen Jahrhunderten zum Samen neuen Lebens und des Reiches neuer Herrlichkeit.
So soll der Einsatz, der heute von uns gefordert wird, an Lauterkeit und Tapferkeit dem gleichkommen, was die Besten unseres Volkes geleistet haben. Auch an uns geht der Ruf zur Bewährung !

„Frisch auf in Gottes Namen du werte teutsche Nation! Fürwahr, ihr sollt euch schemen, würd eur gut Lob jetzt untergen, das ihr habt lang behalten mit Ehr und Ritterschaft ! Darum tut wie die Alten; der lieb Gott muß es walten.
Der verleih euch Siegeskraft!“
(Aus dem 16. Jahrhundert).

Gott segne Dich !
Gott segne Deutschland!

Dein gez. Robert

Es handelt sich hier um einen Rundbrief, den der Theologe und NDer Robert Stumpf verfasst hat und dabei mehrere Autoren zitiert.

In Reaktion auf seinen Gestellungsbefehl schrieb Robert Stumpf im April 1940:
„Ich folge diesem Ruf mit hellen Augen, bereitem Herzen und dem unbeugsamen Willen, mich unserem geliebten Vaterland ganz hinzugeben und ihm zu dienen an seinem Leben, an seinem Geist und an seiner Seele."
Betrachtungen über die Tugenden Treue und Tapferkeit. Im Handeln dem Erbe der Ahnen verpflichtet.

Aus: Der Weg des Soldaten Johannes:

Brief von Johannes Niermann

15. 4. 1940

Zu deiner Frage, Mutter ... Mein Leben kann nur eine Aufgabe haben. Diese Aufgabe heißt: Christus zu künden! Besonders junge Menschen, junge Deutsche zu Christus zu führen. Christus und Deutschland, das sind die großen Pole, zwischen die mein Leben gespannt sein soll. Mit zunehmendem Alter habe ich mich bemüht, diese Aufgabe zu erfüllen. Gott hat mir eine herrliche Aufgabe gewiesen und mich gütig einen Weg geführt. Dafür bin ich dankbar und glücklich. Schon öfter und sehr früh stiegen die Gedanken und das Verlangen auf, Priester zu werden. Ich habe mich dagegen gesträubt. Äußerst mißtrauisch bin ich diesen Regungen begegnet, und erschrocken habe ich den Gedanken an eine solche Berufung abgewehrt. Das Priestertum ist etwas Gewaltiges. Das künftige Priesterleben und -wirken wird die Gewalt wieder zeigen müssen. Aus Not und Forderung der Zeit heraus wird auch die bürgerliche Verkleidung, mit der es weithin gefesselt ist, fallen. Die Stimme in mir wurde so stark, daß ich ihr nachgab und mich entschloß, mich auf den Weg zu machen, den Gott mir zeigt. Dabei war mir auch klar, nicht der äußere Weg ist der schwierigste, das Abitur und die Examen und die Kosten und die Zeit und was man alles dazu rechnen mag, sondern der innere Weg, die Glut des Herzens, die Reinheit der Gesinnung, die Festigkeit zu opfern, ein Leben der Liebe! Unverständlich ist mir die leichte Sicherheit vieler Theologen, durch nichts beunruhigt oder gar erschüttert machen sie ihre Karriere und richten ihren Haushalt ein.
Wie der Glaube nicht ruhig und stetig wächst, ähnlich einer Pflanze, sondern Krisen und Erschütterungen mancher Art durchzumachen hat, um von immer tieferen Schichten unseres Wesens um so totaler Besitz zu ergreifen, so scheint es sich auch mit einer Berufung zu verhalten.....
Ich habe dir geschrieben von jenem starken Einbruch in meinem Leben, es muß ertragen werden. Ruft Gott mich noch an den Altar, dann komme ich mit einem großen Opfer, mit einer Wunde, die immerfort blühen wird, die mich aber stark machen wird, und bewahren vor vieler Gefahr.
Fast scheint mir dieser Krieg und mein Soldatenleben eine Fügung zu sein.

DstHdh: Nachlass Wellenhofer: 27:
Rundbrief, den Ludwig Bals im Auftrag von Pfarrer Wellenhofer verfasst hat.

Am Sonntag nach Ostern 1940

Liebe Kameraden!
Liebe Schwestern!

„Erlahmet nicht im Eifer! Feurigen Geistes dienet dem Herrn! Seid fröhlich in der Hoffnung, geduldig in der Trübsal und beharrlich im Gebet. Nehmet Anteil an den Nöten der Heiligen. Pfleget eifrig die Gastfreundschaft!" (Röm. 12)

Diese Stelle aus dem Brief des Apostels Paulus an die Römer stelle ich an den Anfang meines Briefes.
Wir sind zerstreut in alle Winde und trotzdem hält uns ein Band zusammen: Das Band der Lebens-, Gebets- und Opfergemeinschaft. Was jahrelang Quell und Kraft unserer Gemeinschaft war, das muß jetzt in den Tagen der Trennung ebenso und noch mehr unser Herzensanliegen sein.
Nun kommen mir Berichte aus der Heimat zu, die mich dazu stimmen, von meiner Sicht als junger Soldat einige aufmunternde Worte an die Brüder und Schwestern in unserer Gemeinschaft zu richten. Bis vor 2 Monaten konnte ich zu Euch allen noch aus der Heimat sprechen, jetzt bin ich selbst ein Glied unserer Wehrmacht geworden.

Lebensgemeinschaft: Solange wir alle daheim waren, spürten wir nie so recht das Große unserer Gemeinschaft. Nur einigen von uns war es vergönnt, tiefer zu sehen und unsere Gemeinschaft als ihren Lebensraum anzuerkennen. Unsere Gemeinde hatte das Glück, jederzeit Apostelnaturen zu besitzen, die ihr Leben immer wieder entfachten und in die Höhe führten. Unstimmigkeiten und Kleinmut blieben uns nie erspart. Wochen, selbst Monate voll von Stürmen und Vereinsamung haben wir alle durchgekostet. Aber letztlich siegte immer wieder der gute Wille und führte uns wunderbar zusammen. Das waren die größten Stunden unserer Lebensgemeinschaft. Ehe wir dann zum letzten Male, es war in den Monaten Juni bis August vorigen Jahres, so recht das Fest der Wiedervereinigung feiern konnten, kam der Krieg. Einer nach dem andern wurde zu den Fahnen gerufen und heute stehen an die Dreißig im Heer und erfüllen mit der ihnen eigenen Treue ihre Pflicht für Führer und Heimat. „Und die die Besten waren, ließen die Treue nicht."
Wie sehr wir um diese Lebensgemeinschaft wissen und in ihr aufgegangen sind, zeigen die vielen Briefe, die wir Soldaten aus der Heimat bekommen, die wir uns gegenseitig schreiben und Euch daheim zuschicken dürfen. Aus jeder Zeile dieser Briefe spricht die Treue und Zuversicht zu unserer Gemeinschaft. Ja es scheint mir, daß mancher, der bisher aus seinem Phlegma heraus bescheiden mitmarschierte, in den Tagen der Trennung unsere Gemeinschaft besser versteht und ihr Leben stärker verspürt. Diese Feststellung ist für mich sehr tröstlich und erfüllt mich mit einer heißen Liebe, in dieser Gemeinschaft in Freude und Leid auszuharren. Und neben mir weiß ich Brüder, die dasselbe erleben wie ich.

Gebetsgemeinschaft: Darum müssen wir alle so innig beten, daß Gott unserem Volk bald einen ehrenvollen Frieden schenkt, der uns alle wieder glücklich und im Vollbesitz unserer körperlichen und geistigen Kräfte zusammenbringt. Kein Opfer dürfen wir scheuen und kein Weg darf uns zu weit sein, um Gott tagtäglich um diesen Frieden zu bitten. „Seid geduldig in der Trübsal und beharrlich im Gebet." Darum bitte ich Euch, Schwestern und Brüder in der Heimat, betet in der Gemeinschaft für Eure Brüder im Soldatenkleid. Wir stehen für Euch und vertrauen auf Eure Gebetskraft. Wenn uns der Herr für würdig findet, werden wir uns alle wiedersehen dürfen.

„Dann geht ein Hallen von den vielen Hämmern
Und durch die Berge geht es Stoß um Stoß
Erst wenn es dunkelt, lassen wir Dich los
Und Deine kommenden Konturen dämmern:
Gott, Du bist groß!"

Was wir als betende Gemeinschaft geschaffen haben: Wöchentliche Gemeinschaftsmesse, Komplet, Monatsopfer – dieses Erbe müßt Ihr treu bewahren. Wir fordern von Euch Rechenschaft, wenn wir heimkommen. „Darum betet allezeit und ohne Unterlaß."

Opfergemeinschaft: Vom Soldaten wird Opferbereitschaft, ja selbst das Opfer seines Lebens im Kampfe für sein Vaterland verlangt. Im Fahneneid wird er darauf feierlich verpflichtet. Was dem Soldaten eine Verpflichtung ist, ist dem echten Christen eine Selbstverständlichkeit. Dem Soldaten ist der Dank des Vaterlandes gewiß. Uns Christen, die wir in der heiligen Messe Brot und Wein, ja uns selbst Gott als Opfer darbringen – wir werden von ihm durch seinen eingeborenen Sohn Jesus Christus in der Kommunion übernatürlich belohnt, Christus bietet sich uns selbst als Nahrung dar und kehrt wahrhaft bei uns ein. Aus dem Gedanken des Meßopfers schließe ich auf das Opfer im allgemeinen. Wir sind eine Opfergemeinschaft, nachdem wir das sakramentale Leben, das Leben in Christus führen. Daher verstehen wir recht den Opfergedanken! Viele Menschen opfern aus Angst oder Egoismus. Opfer um einer Idee willen, können nur wenige. Der Christ versteht zu opfern aus der Opfergemeinschaft des Altares her. So ist das Opfer ein Wesenszug unserer Gemeinschaft. Jede Gabe, jedes Wort, jede freie Minute, die wir einander schenken, ist eine Verherrlichung Gottes in Christus. Nichts wird uns zu schwer, wenn wir es in diesem Sinne erfassen.

So leben, beten und opfern wir in der Gemeinschaft als Brüder und Schwestern in Christus.
„Wo zwei oder drei in meinem Namen versammelt sind, da bin ich mitten unter ihnen."
Wo wir auch stehen – jeder erfülle seine Pflicht als verantwortungsbewußtes Glied unserer Gemeinschaft! In diesem Sinne grüße ich Euch alle, Brüder und Schwestern, und danke zugleich für Euer herzliches Gedenken in Briefen und Feldpostgaben.

In Treuen! Euer Ludwig

Verantwortlich für Herausgabe: Pfarramt St. Vinzenz, München 2.

SKTS: Böhner, S. 15:

Werner Sallermann an Hans Böhner

Neuruppin, 20. 4. 40

Kommentar von Hans Böhner: Kein Wort etwa von Hitlers Geburtstag, sondern:

Die Ereignisse im Norden sind nicht spurlos an uns vorübergegangen, aber anders als Du annimmst: In wilder Leidenschaft zum Kampf und zur Ferne hat sich in mir alles aufgebäumt gegen das tatenlose Zuschauen. Wieviel, fast körperliche Überwindung mich das gekostet hat! Aber unerbittlich hart ist die Pflicht und die Aufgabe hier, und noch ist kein Ende dafür abzusehen. Immer neue Scharen werden eingezogen, ausgebildet und wieder „verschickt". Wie habe ich mich gefreut, daß Du meines Namenstages gedacht hast, Dank Dir! Aber mache Dir keine Sorgen um Gaben – es bedarf derer doch wirklich zwischen uns nicht! Das prachtvolle sommerliche Wetter lockt mich immer wieder hinaus, es ist herrlich, einfach nach draußen zu laufen in Wald und Heide. Am Sonntag fand ich das erste Maiglöckchen: noch lagen die zarten, schmalen, blaßgrünen Blätter schützend auf den feinen Blütenglocken. Wenn man so still daher zieht, überkommt einen wieder die alte Fahrtensehnsucht. Es kommt mir gar nicht so vor, als lägen Jahre voll schicksalhaften Geschehens zwischen meinem Jugendleben und heute, nein, mir ist, als wäre ich vor kurzem erst von großer Fahrt heimgekehrt. Nun, das ist vielleicht gut so. – (Und dann als PS: Man hat sich doch gewogen gefühlt, mich zum Obergefreiten avancieren zu lassen, nett, nicht wahr?)

Der Inhalt der Klammer ist ein Kommentar von Hans Böhner, der das post scriptum in die Abschrift einfügte.

SKTS: Stumpf

Maschinengeschriebene Abschriften von Passagen aus Briefen Robert Stumpfs.

Deutsch-Eylau, am 21. April 1940

Meine Eltern, Geschwister und Freunde bitte ich für den Fall, daß ich fallen sollte, nicht zu trauern und zu verzagen, sondern auf Gott zu vertrauen und sich seiner Weisheit zu beugen in dem Glauben, daß sich in ihr Gottes überströmende Liebe verbirgt.

Möge der Geist eines jungen, mannhaften Christentums recht bald der Geist meines geliebten deutschen Volkes sein!

Im übrigen Vertrauen und Starkmut! Das ist eines Christen würdig.

„Verzagen wir nicht, und wenn auch unser äußerer Mensch zugrunde geht, unser innerer wird erneuert Tag um Tag. Denn unsere augenblickliche geringe Lust an Trübsal schafft uns eine über alle Maßen große, ewige Fülle von Herrlichkeit. Nur dürfen wir nicht auf das Sichtbare schauen, sondern auf das Unsichtbare; denn das Sichtbare ist vergänglich, das Unsichtbare aber ist ewig". (2. Kor., 4, 16–18).
„Amen, komm Herr Jesus! "

Gebet im Kriege

Wir bitten Dich, allmächtiger Gott, hilf uns, unbefleckt und stark durch die Wirrnis unserer Zeit hindurchzuschreiten. Schirme alle, die an Dich glauben und auf Dich vertrauen. Führe endlich die Gerechten zum Siege und laß die Sieger als gerecht empfunden werden, auf daß Deine Ehre gemehrt werde und unser Heil. Amen.

21. April 1940

Morgengebet des Soldaten

Gott, Du hast mich zu einem neuen Tag gelangen lassen. Du rufst mich auf zu treuem Dienst und zu männlicher Bewährung. So mach Du mich denn stark, nach Deinem Willen zu leben und zu dienen. Sei bei mir in guten und in schweren Stunden und führe Du mich allezeit, auf daß ich gesichert zu jenem Aufgang der ewigen Herrlichkeit gelange. Amen!

28. April 1940

DstHdh: Nachlass Wellenhofer 35:

21. IV. 1940

Werter Herr Präses!

Vorerst meinen besten Dank für Ihr Schreiben und das Heftchen. Wie ich feststellen konnte, hat Ihr Brief allerhand lang gebraucht bis er mich erreichte. Wundert mich aber nicht, nachdem ich nun seit Ostern meinen dritten Stellungswechsel hinter mir habe. Allerdings ist zufällig die Feldpostnummer die Gleiche geblieben gegenüber früher. Überhaupt wundert mich beim Barras gar nichts mehr. Mir gefällt's ganz gut und ich möchte gar nicht Zivilist sein, wenigstens im Kriege nicht.
Bin in diesem halben Jahr ganz schön weit umher gekommen und habe von Deutschland allerhand gesehen. Vom August bis Anfang Januar hatte ich das Vergnügen, von Karlsruhe bis weit über Freiburg hinaus den Westwall zu bereisen und jetzt die letzten 3 Monate in Steyr/Oberösterreich festzusitzen. Dort wurden wir etwas unter Dampf genommen und dann in Stellung geschickt. Mir tut es ganz gut, daß ich von der Kasernenluft und dem bekannten Ton nichts mehr rieche. Mich ärgert nur, daß es mit einer Norwegenreise oder nach Dänemark nichts geworden ist. Nun sitze ich hier und warte und warte auf die Flieger, die nicht kommen. Aber obwohl es mich ärgert, daß kein Tommy oder Franzmann einen K. d. F.-Flug unternimmt, so kann es mich trotzdem nicht erschüttern.

Herzlichen Gruß — Ihr Poldl

Handschriftlicher Brief eines Soldaten, von dem nur der Vorname Poldl (Leopold) bekannt ist, an Präses Wellenhofer

Aus: Dreißig Jahre Bund Neudeutschland 1919–1949, hrsg. von Heinrich Jansen-Cron, als Manuskript gedruckt, Bergisch Gladbach o. J.

MEIN TESTAMENT

Gepriesen seist Du, Herr, durch unseren Bruder, den leiblichen Tod.

In der Nacht, die mir die Stunde bringt, da ich zum aktiven Wehrdienst antreten muß, sind diese Zeilen geschrieben. Sie sind geschrieben im Angesichte des möglichen Todes, dem Bruder Franz sein Lob gesungen.
Wenn ich nachher in meiner Heimatpfarrkirche das hl Opfer feiere – vielleicht mein letztes hl Opfer, dann weiß ich, daß dieses Opfer Christi auch im wirklichen und letzten Sinne mein persönliches Opfer wird und werden muß. Ich möchte in diesem Augenblick, wo viele Eigenwünsche zerbrochen werden, nicht heroischer sein als Christus es war. Und wenn es sich bei Christus begab, daß er zagte und zitterte vor dem Tode, dann wüßte ich nicht, warum ich es nicht dürfte. Es kann gar niemand begreifen, wie sehr ich möchte, daß meine junge priesterliche Bereitschaft noch viel für die Kirche wirken kann. Und es kann auch wohl niemand abmessen, wie schwer mir das f i a t zu dieser Notwendigkeit wird. Stunden wie diese sind nicht geeignet, viele Worte zu rnachen.
Es ist meine priesterliche Aufgabe, immer und überall Christus zu verkünden. Das ist Auftrag des Herrn. Und wie sollte es ihm entzogen sein, auch darüber zu bestimmen, wie ich diesen Auftrag zu erfüllen habe!
So möchte ich das, was jetzt eingetreten ist, von Christus – und n u r von Christus her sehen. Und wenn der Krieg mein Leben fordert, dann will ich es frei hingeben, damit durch dieses Sterben Christus in einer verblendeten Zeit wieder Gestalt gewinne.

Ich bin ein junger Mensch. Und wie lange noch müßte mein Leben dauern, damit ich die Güte und Menschenfreundlichkeit des Herrn gebührend preisen kann. Ich bin ein junger Mensch. Ich habe doch Christus in mir noch gar nicht verwirklicht. Ich brauche noch Zeit, daß ich es kann. Es ist so schwer, wirklich Christus zu sein. Ich habe mich darum bemüht. Wie wenig es mir gelungen ist, weiß niemand. Meine Liebe gilt Christus und der Kirche, deren Diener ich sein will. Daß aber diese Liebe so wenig sich im Tun verwirklichte, das ist meine große Sorge. Es kann nur meine Hoffnung sein, daß Gottes Liebe und Erbarmen größer ist als meine Schwäche. Wie ich mir die Verwirklichung Christi im Menschen denke, habe ich in Predigten darzustellen versucht, die ich denen schenke, die im Leben neben mir gestanden haben.

Es soll so etwas wie Dankbarkeit sein für treue Weggenossenschaft. Wie ich es überhaupt aussprechen möchte ganz ohne Phrase, daß ich denen danke, daß ich allen danke für manches und vieles, denen ich im Leben begegnet bin.
Insbesondere danke ich meinen lieben Eltern, die mir dieses irdische Leben schenkten; vor allem meiner über alles geliebten Mutter, nach der ich blutendes Heimweh im Herzen trage bis heute. Auf ihrem toten Antlitz habe ich zum ersten Male jenes kindliche leuchtende Staunen gesehen über das verklärende Wunder der Begegnung mit Gott.
Ich danke der hl. römischen Kirche, die mir im Sakrament der Neugeburt das übernatürliche Leben zurückgab.
Ich danke allen Priestern, die an der Gestaltung meines Lebens ihren Anteil haben. Was sind Namen in dieser Stunde?
Ich gehe diesen Weg in den Krieg in der gläubigen Hingabe an die Wirklichkeit des dreieinigen Gottes, in der Liebe zur hl. röm.-katholischen Kirche, in der Hoffnung auf die

alles überwindende Liebe des Herrn und als Opfer für alle, die des priesterlichen Dienstes bedürfen.

Christus siegt! Christus regiert!

Christus herrscht!

Bielefeld, in der Nacht vom 2. auf den 3. März 1940

Reinhold Bernhard Antonius Maria Heißenberg, Priester, Diener Christi

Anmerkung: Die Einberufung wurde zunächst rückgängig gemacht. Es folgte am 30. März 1940 seine erste Anstellung als Vikar in Dortmund-Brackel. Dann kam am 14. Mai, die Einberufung. In einem dem Testament angefügten Zusatz lautet der letzte Satz: Ich gebe mein Leben für die Christusgestaltung im deutschen Vaterland, wenn Gott es von mir verlangt.

Dortmund-Brackel, den 8. Mai 1940. Reinhold Heißenberg

SKTS: Stumpf

Deutsch-Eylau, am 13. Mai 1940.

Briefe von Robert Stumpf

Gebet für das Volk im Kampf.

Gott, Du hast unser Volk in eine schicksalhafte Entscheidung gestellt und forderst den Einsatz und das Blut seiner Söhne, damit das Reich bestehe, das Volk lebe, das Erbe bewahrt werde.

Stärke uns zu kraftvollem Einsatz und mutiger Hingabe und hilf uns, rein durch die Drangsal unserer Zeit hindurch zu schreiten. So laß unser deutsches Volk durch die Not geläutert, durch das Schicksal gehärtet und durch das Blut seiner Söhne geheiligt werden, auf daß es sich in alter Treue und junger Kraft auf sein ruhmvolles christliches und deutsches Erbe besinne.

Schirme unser Leben, läutere unsern Geist und schütze unsere Seele. Segne dein Volk und bewahre sein Erbe! Amen!

Deutsch-Eylau, am 19. Mai 1940.

Gebet für die Gefallenen!

Gott, Du hast uns erschaffen, um Deiner Ehre zu dienen und in der Erfüllung Deines Willens unser Heil zu wirken. Du bist der Anfang, Du bist das Ziel.

Du hast meine Kameraden aus diesem Leben abberufen und so ihrer Pilgerschaft ein Ende gesetzt. Nun schenke ihnen in väterlicher Liebe die Frucht der Bewährung, die Herrlichkeit, und laß sie vom Tode hinüber geführt werden ins Leben, daß sich ihr Untergang wandelt in den strahlenden Aufgang im Reich des Lichtes, der Freude und der Fülle.

Unser Volk aber laß geheiligt werden durch das Blut dieser seiner Söhne, und laß es in Treue hüten und pflegen, was die Toten als kostbares Erbe hinterließen. Ihr Geist soll leben, wenn ihr Leib auch in der Erde ruht.

So spende Du Deinen belebenden Geist, daß aus dem Opfer und dem Untergang dieser unserer + Brüder neues Leben entstehe zum Heile unseres Volkes und zu Deiner Ehre. Amen!

Aus: Der Weg des Soldaten Johannes

Brief von Johannes Niermann

17. 5. 1940

Eine Woche sind wir nun nach dem plötzlichen und unverhofften Aufbruch unterwegs. Immer auf dem Vormarsch. Im Westen, schon weit in Feindesland. Starkes, unvergeßliches Erleben füllten diese Tage aus. Nach ganz anderen Maßstäben vollzieht sich nun das Leben.
Es lebt die Begierde nach Wagnis und Kampf. Wann kommst Du, Schlacht!
Bisher folgen wir der schon vorbrechenden Spitze des Heeres. Jede Nacht. Jetzt spürt man die unmittelbare Nähe der Front. Ein Teil unsere Kompanie bereits in Stellung. Ich warte auf die Stunde der Ablösung, die unser und mein Einsatz wird. Die Organisation dieser gewaltigen Bewegung ist bewundernswert. Groß sind die Leistungen männlicher Kraft.
In dieses Geschehen bin ich hineingestellt als Einer unter Tausenden. Aber an meinem Platz soll keiner besser gestanden sein!
... Der Soldat weiß nicht wohin, nicht wann, nicht warum, weiß nur den Befehl. Tut seine Pflicht – und fertig. Der Christ sieht nicht durch das Dunkel, weiß nicht, warum Gottes Wille anders ist als der Wunsch seines Herzens. Tut aber den Willen Gottes .. und fertig! So einfach ist es nicht immer. Und doch Soldat und Christ. Der erst muß hart sein, der andere härter.

SKTS: Böhner, S. 17:

Bernhard Utters an Hans Böhner:

Belgien, 22. 5. 40

(J. ist bereits Unteroffizier, wohl seit Beginn „dabei“).
Unaufhaltsam ging der Vormarsch quer durch Belgien. Seit gestern liegen wir vor starken französischen Werken fest, uns gegenüber eine Division Engländer und Franzosen. Bald werden wir zustoßen. Fast gehe ich ganz auf in diesem Landsknechtleben! Ich gehöre zu einem „schnellen Zug“ auf Rädern, das gefällt mir, sehe ich doch Erfolge, und hoffe auf ein nahes Ende! Bitte, gedenke mein!

Bernhard Utters gehörte dem Schülerbund Neudeutschland an.
Die Anmerkung in Klammer ist durch Hans Böhner beigefügt.

Aus: Der Weg des Soldaten Johannes:

Johannes Niermann

Tagebuch im Mai (23. 5. 1940)

Sonntag, man muß es sich vorsagen, um es zu glauben! Drei Uhr früh nach vorn …Flugabwehr für den Kompaniegefechtsstand. Zahlreiche Granateneinschläge in nächster Nähe. Jetzt ist Ruhe und tiefer Friede – wie lang? So schön und reich ist das Land. Wo mögen seine Bewohner sein? 19. 5. Das war eine Nacht, die Feuertaufe. Ununterbrochen Artilleriefeuer bis morgens fünf. Eine nie gekannte Erregung packt die Sinne, wenn das Pfeifen des Geschosses hörbar wird. Der Körper duckt sich. Dann weiter oder näher die Detonation der Granate. Vorbei. Wann kommt die nächste? Und so stundenlang… Die ersten beiden Verwundeten der Kompanie.
Wache. Keine Aussicht auf Schlaf. Unteroffizier Sch. tot …
Doch schwerer als die Kämpfe hier sind die Entscheidungen des Herzens. Wo ist der rechte Weg? Wie zwei Steine drehen sich Liebe und Pflicht und zermalmen mich.
G. schrieb mir einen herrlichen Brief. Wieviel Dank schulde ich ihm. Zu ihm wachsen Vertrauen und Liebe. Dank Dir, G., für dein Dominus tecum.

Sonntagabend

Zweifel stehen auf und fressen mich/ Und schwelen meines Glaubens helle Flamme ein/ Schick deine Stürme , Herr, die mich befrein/ Und sollten es auch Todesboten sein./ Nur laß mich glauben, Gott!/ Laß mich dich sehen, Licht!/ Senk dich in mich. Verwirf mich nicht!

DstHdh: Nachlass Wellenhofer 35:

05705CV

Auf dem Vormarsch in Frankreich, 27. 5. 1940

Werter Herr Kurat:

Danke Ihnen herzlichst für das nette Büchlein und die lieben Zeilen, die Sie mir übersandten. Erhielt sie leider erst heute.
Von einem Büchlein an Ostern von „Botschaft des Lebens“ habe ich nicht erhalten! Leider, aber bei dem großen Betrieb der Feldpost ist es ja möglich! Um so mehr freut mich das eben erhaltene. Bei Ruhetagen bietet es mir eine willkommene Ablenkung und geistige Erfrischung bei dem jetzigen Geschehen!
Auch wir sind wieder mitten drin!
Kamen auf unserem raschen Vormarsch durch Luxemburg, Belgien u. sind jetzt in Nordfrankreich, Nähe Laon! Rd. 100 km trennen uns noch von Paris! Und wann werden wir dort einziehen? Und viel lieber wann siegreich u. gesund u. munter in der Heimat? Hoffen wir bald!
Mit dem festen Wunsch auf baldiges, gesundes Wiedersehen in der Heimat grüßt Sie

Ihr (gez. Unterschrift)

Ausser der links aufgeführten (Feldpostnummer) enthält das handschriftliche Original keine Hinweise auf den Verfasser, die Unterschrift ist unleserlich.

DstHdh: Nachlass Wellenhofer 42:

Toni Rösch 29. 5. 1940

Grüß Gott, lieber Herr Präses!

Für Ihre lieben, feinen Zeilen, die ich mit großer Freude erhalten habe, recht herzlichen Dank. Leider konnte ich Ihnen nicht früher antworten, denn in den letzten Tagen war ich mit meiner Funkstelle in vorderster Linie eingesetzt. Tag und Nacht heißt es da am Gerät sitzen und die Gedanken beisammen halten und die Ruhe bewahren, trotz schwersten Artillerie- und M.G. Feuers.
Aber lieber Herr Präses, ein starkes Vertrauen auf unsern lieben Herrgott hilft einem über alles leichter hinweg. Hier zeigt sich, wer ein ganzer Kerle ist. Gerade wir junge Christen wollen hier besonders pflichtbewußt einstehen und Opfer bringen für unser geliebtes Vaterland. Nicht viele Wort, sondern die Tat soll sprechen. Der Herrgott gibt uns die Kraft und den Segen, tapfer und frohen Herzens diese ernste Zeit durchzustehen.
Lieber Herr Präses, ich bin bis jetzt immer gesund und munter. Was die kommende Zeit auch noch alles bringen mag, der Herrgott ist ja mit uns, auf ihn vertrauen wir, und sein Wille geschehe.
Sonst, lieber Herr Präses, geht es uns nicht schlecht. Im Essen und Trinken lassen wir nichts abgehen. Schokolade und Keks gibt es genug, aber vor allem auch den berühmten Champagnerwein. Es ist schon was Wahres daran, wie es das Sprichwort sagt: „Der Champagner-Wein wird so er wächst am besten sein."
Nun lieber Herr Präses, die liebe Wally hat sich damals über Ihre feinen Worte riesig gefreut. Da Herr Coop immer noch im Krankenhaus liegt, konnte sie noch nicht Aussprache mit ihm darüber halten. Aber so viel ich weiß, ist die ganze Angelegenheit wieder erledigt. Aber glauben Sie mir, lieber Herr Präses, jeden Tag danke ich dem Herrgott für ein so edles reines Mädchen. Wenn man in der Heimat ein so feines Mädchen hat wie die liebe Wally, so ist das eine große Stütze und Trost.
Ich hoffe, lieber Herr Präses, daß Sie immer gesund und wohlauf sind, und grüße Sie herzlich.

In alter Treue!

Ihr Toni

Bitte grüßen Sie auch die alten Freunde, die noch in der Heimat sind.

SKTS: Stumpf

Robert Stumpf

Über die V e r s u c h u n g .
Ich bin ganz ruhig in dem Gedanken, völlig in Gottes Hand zu sein. Besser als er mein Schicksal gestaltet, kann es nicht kommen; es müßte denn zuvor jemand Ihn an Liebe, Weisheit und Allmacht übertreffen; das aber ist unmöglich. So will ich Gesundheit und Erfolg, Leben und Tod, Verwundung und Verstümmelung, Sieg oder Niederlage aus seiner Hand vertrauensvoll entgegennehmen. Was auch immer geschehen mag, ich glaube, daß es mir letztlich zum Heile gereicht. Dieser Glaube wird sich bewähren müssen, wenn die Stunde an mich herantritt. Von aller menschlichen Furcht, vor dem Hunger nach Freude, vor angstvollem Grauen und der Sehnsucht nach einem bißchen Glück sind wir gerade so wenig frei wie die anderen. Pauls Brief klingt daran an. So wird es einen Kampf setzen zwischen Geist und Fleisch, Gott und Welt, einen Kampf, der in unserer Situation besonders heftig ist, der aber in seiner grundsätzlichen Entscheidung zwischen Jetzt und Einst, zwischen Sichtbarem und Unsichtbarem, zwischen Kleinmut und Glaubensstärke jedes Christenleben durchzieht. Wir mögen vielleicht wie in Fieberschauern liegen, aber das letzt Wort wird doch unser Glaube haben. Und das ist der Sieg, der die Welt überwindet:

U n s e r G l a u b e !
(aus einem Brief vom 2. Juni 1940, R. Stumpf)
L e b e n .
sein Inhalt und seine Aufgabe
Der Krieg hat an manche junge Menschen die Frage gestellt, was denn eigentlich der Sinn des Geschehens ist, wenn er vielleicht heute oder morgen von einer Kugel getötet oder einer Granate zerfetzt wird.
Die einen sagen: Es ist schade um den, der so jung ins Gras beißen muß. Er hat ja vom Leben noch gar nichts gehabt.
Dann kommt eine zweite Gruppe mit der bedrückenden Aussage: Wenn ich so jung sterben muß, was habe ich dann leisten können? Gibt das überhaupt einen vernünftigen Sinn?
Die wenigsten aber fragen sich, ob sie ihr eigenes Wesen entfaltet haben, ob sie ausgereift waren. Und der Gedanke, letztlich unfertig zu sein, drückt auch diese nieder.
Und nun soll der Christ unbekümmert sprechen können: Du hast mich gerufen, Herr: Siehe, ich komme, Deinen Willen zu erfüllen. Komm Du auch zu mir! Amen. Komm, Herr Jesus!

Maschinengeschriebene Auszüge von Robert Stumpfs Rundbriefen.

DstHdh: Nachlass Wellenhofer 27:

Vom Schlachtfeld Mai/Juni 1940

Meine liebe Schwester!

Gut, daß ich eine Maschine erwischt habe. Sonst hätte ich nicht einmal Zeit, um Dir zu schreiben.
Nun bin ich schon seit 8 Tagen in Frankreich, mitten im Schlachtfeld. Man kann sich von hier kein Bild machen, wenn man nicht selbst hier sein kann. Ich bin in Rethol als Seelsorger. Du kannst Dir meine Arbeit denken. Innerhalb zwei Tagen schickte ich 300 Seelen zum Himmel. Teils waren es auch versteckte Sünder, die doch den Weg zum Himmel fanden. Nun mußt Du nicht meinen, man stände da an einem Sterbebett, sondern hier mußt Du über Leichen treten, um Lebende ausfindig zu machen. Es ist einfach ein Bild des Entsetzens. Hier liegt ein Arm oder ein Bein, dort liegt ein Kopf oder ein ganzer Körperteil. Nun beim Heiland holte ich mir die Kraft. Und immer mehr fühlte man, daß man ohne Gnade nichts kann, aber mit der Gnade alles. Und wie froh ist mein Priesterherz! Hier kann ich mich auswirken. Hier kann ich den Seelen unendlich viel sein! Ganz allein stehe ich hier in diesem jammervollen Zustande, kein Priester, der mir hilft. Die ganzen Tage habe ich keine Minute geschlafen. Ich trage Tag und Nacht den Heiland bei mir, um immer bereit zu sein, ihn anderen zu bringen. O, meine liebe Schwester, die Seelen, wie ich sie liebe, aber noch nicht so, wie der Heiland sie liebt! Ich will mich ganz einsetzen für ihn, keine Mühe scheuen. Darum wage ich mich auch immer an die gefährlichsten Stellen heran, um den Seelen zu helfen. Schwester, ich glaube, Du hast volles Verständnis dafür, ich konnte einfach nicht anders, ich wollte ja nie ein Durchschnittspriester werden, sondern ein heiliger Priester sein. Jetzt bietet sich besondere Gelegenheit, dem Herrn sein Leben anzubieten für andere. Weil ich hier meinen Tod vor Augen sehe und nicht weiß, ob eine Kugel oder etwas anderes mich treffen könnte, so möchte ich mich noch einmal bei Dir bedanken für alle Liebe und Opfer, die Du mir entgegengebracht hast. Liebes Schwesterchen, Du hast Deinem Heiland geholfen, daß ich Priester wurde. O, ich danke Dir tausendmal. O, wie herrlich ist mein Leben als Priester. Und dann, meine treue Seele, denke jetzt auch mal an Dich! Ich weiß, daß Du den Armen gut sein willst. Bewahre Dein Haus und Herz dafür. Halte dich immer an D.Z. und an P. Benninghaus! Sie werden Dir immer zur Seite stehen, auch wenn ich nicht mehr bin, nicht mehr sein sollte.....

In inniger Liebe bin ich

Dein glücklicher Bruder Erich

Brief eines Priestersoldaten, von dem nur der Vorname Erich bekannt ist. Er sieht den Soldatendienst als Herausforderung zu seelsorgerischem Einsatz für die Kameraden.

DstHdh: Nachlass Wellenhofer 27:

Brief eines Priesters vom Schlachtfeld, 19. 6. 40

Du meine treue Seele! Meine geliebte Schwester!

Du darfst nicht traurig sein, wenn Du diesen Brief erhältst. Nein, freue Dich mit mir und jauchze mit mir. In einigen Tagen fährt mein guter Freund nach Hause. Er hat Heimaturlaub. Er darf Dir diesen Brief erst geben, wenn es an der Zeit ist. Dieser gute Mensch schreibt diesen Brief an Dich, weil ich es nicht mehr kann. Schwesterchen, sei tapfer, wenn Du diese Zeilen liest! Ich kenne Dich zu genau und weiß, daß man Dich am besten vor Tatsachen stellt. O, wie ich mich freue!
Am 19.6.40 traf mich das Unglück mitten im Schlachtfeld. Eine schwere Bauchverletzung trug ich davon, es fehlen mir beide Arme und das rechte Bein. Ich habe viele Schmerzen, aber für den Heiland und meine Seelen. Nun muß mein Kamerad eine Pause machen, es geht nicht mehr weiter.
Liebe Schwester! Ich weiß, daß Du die Wahrheit liebst, daß Du gern alles wissen möchtest, wie ich leide und was mir fehlt. Du, ich trage es stille und freudig, ich gebe mein junges Priesterleben dem Heiland zurück.. Ich gebe es ihm so zurück, wie ich es vor zwei Jahren von ihm empfangen habe..... Liebste Schwester, ich darf zum Heiland gehen und werde zu ihm in den Himmel kommen. Ich freue mich, dann wird mein Lohn groß sein.... O, ich sterbe gern, Schwesterchen! Ich lasse Dich nicht gern einsam zurück. Aber Du wirst stark sein, wie Du, meine Kleine immer warst. Weine keine Träne mehr, keine hörst Du! Und wenn Du eine hl. Messe lesen läßt, dann bitte nicht in Schwarz! – Ich ziehe ja zu ihm, zu ihm!....
Benachrichtige meine Freunde von meinem Tod, aber sie sollen sich alle freuen. Nimm für alle einen dicken Gruß mit! Jetzt, meine kleine Schwester, kann ich bestimmt nicht mehr. Unsere Herzen und Seelen bleiben vereint. Beuron wird Dir in nächster Zeit etwas Schönes schicken. Du wirst Dich freuen. Nun kann ich Dir keinen Segen mehr geben – aber ich küsse Dich mit meinem reinen Priestermund zum letzten Male. Sei tapfer, wir beide haben alles zusammen geteilt. Nun teile auch meine Freude mit mir.

In inniger Liebe bin ich

Dein vom Himmel aus betender Bruder Erich

Es ist der gleiche Verfasser, der Priestersoldat Erich, der noch während des Diktates seinen schweren Verwundungen erlegen ist.

Aus: Der Weg des Soldaten Johannes

Johannes Niermann

Tagebuch 7. 6. 1940

Es ist so sonderbar, ich habe eigentlich keine Angst. Nur diese ungeheure Spannung in den Stunden, da man im Feuer liegt. Furchtbar sind die Zerstörungen des Krieges. Das kann sich keiner vorstellen...

Vieh liegt verendet an den Straßen/ Kühe mit geschwollenen Bäuchen/ In verglasten Augen toter Pferde steht Entsetzen/ Wie ekelhafte Klumpen faulen dort Kaninchen/ Katzen schleichen um zerschossene Häuser/ Abends betteln Ziegen vor dem Stall, aus dem man sie vertrieben/ Im Gestank verhallt ein Schuß – / Der schwarze Köter dem er galt, wird faul und kalt,/ wie Fleisch, das er gefressen hat/ Schwarze Fliegen haben fette Tage.

Tagebuch 8. 6. 1940

Wohin willst du uns rufen, Herr/ was steht für uns bereit?
Wir stiegen schon die Stufen schwer/ in diese neue Zeit./
Auf Rossen unsrer Sehnsucht/ als Jungen ritten wir her/
in den Augen staunende Fragen/ in der Hand einen brennenden Speer.
In heißen Fahrten suchten wir Land/ und des Wollens heiliges Reich.
Um Altäre und Feuer schloß sich der Bund/ Im Verschwenden wurden wir reich.

Plötzlicher Aufbruch unseres Zuges.
Der ersehnte Tag! Division greift an. Unser MG bleibt zurück. Ich bin nicht niedergedrückt, weil wir nicht mit dürfen.

Sonntag früh plötzlicher Einsatz. Angriff zunächst gelungen. Aber auch der Gegenangriff erfolgreich. Erschütternde Bilder zurückflutender versprengter Gruppen. Viele Verwundete. Gefangene Franzosen. Bis zum Abend haben wir die vorderste Stellung. Neues Bataillon angriffsbereit. Mich packt eine wilde Lust des Kampfes. Die Feigheit vieler treibt mich an. Ich möchte mich selbst unter Beweis stellen. Die Bilder der Zerstörung sind furchtbar. Nun beginnt der Krieg.
Im Stollen. Die Franzmänner haben ihn gut gebaut. Seit gestern ruhen die Deutschen hier aus. Voll Schweiß und Kalk aus dem Kalk fremder Erde. In den Gesichtern die Berührung des Todes. Lippen rufen einen Namen. Keine Antwort. Tote sprechen nur durch Wunden. Bald werden die Männer erwachen und lachen, weil sie zu trinken haben, und die Waffen gegen feindliche Gräben tragen. Bald, wenn der Morgen graut.
Gefangenenlager. Schwarze. Aufbruch, Fahrt ohne Rast. Übergang über die Aisne und Kanal.
Schlachtfeld, Feld der Toten.
Spuren der Marneschlacht. Paris soll schon in deutscher Hand sein? Gerüchte über den Waffenstillstand?
Vormarsch. Spuren französischen Rückzuges.

Aus: Der Weg des Soldaten Johannes

Johannes Niermann

12 .6. 1940

Die letzten Tage waren die erlebnisstärksten seit Kriegsbeginn. Unsere Division ist seit Sonntag früh im Angriff. Diese Stunden zwischen Nacht und Tag und dieser Tag in der brütenden Sonne. Herrgott! Das Bataillon stürmt die stark ausgebauten Stellungen an der

Aisne. So ähnlich muß Langemark gewesen sein. Jetzt halten wir Rast auf der anstrengenden Verfolgung. Und dann? Weiter! Und dann?
Ich glaube, nie mehr werde ich soviel und so sehr Priester sein können wie hier. Wenn in den zerschlagenen Körpern die Seelen erwachen. Wenn bei den überreizten Nerven noch ein ruhiges Wort gesprochen wird. Hier kommt wieder das große Fragen. Nach dem Allerletzten! Nach dem Ewigen!
Für den Brief, für das Dominus tecum, das mich gerade vor der ersten Feuertaufe erreichte, danke ich herzlich. Es ist gut, so etwas mitnehmen zu können.
Lieber C., auf Wiedersehen! Trotz, trotz allem, das Leben ist groß und Gott ist gut.

UNSER HERR JESUS CHRISTUS
rief am 18. Juni 1940 aus der großen Schlacht in Frankreich Seinen getreuen Bannerträger in deutscher Jugend

JOHANNES NIERMANN

zu Sich in das Reich Seiner Herrlichkeit.

So vollendete Er das Leben, das in ungeteilter Liebe Ihm und Deutschland gehörte, wie Sein eigenes im Opfertod. Und Er erwies darin, daß diese Liebe zugleich Gnade und Berufung war, worin Er das Wesen des Gefallenen begründete. Niemand konnte sich dieser Liebe, die in Reinheit und Freude durch die Welt ging, verschließen, nichts konnte sie zerstören. Wie er reifer und stärker aus der Prüfung hervorging, wird er - das ist unser Glaube und unsere Hoffnung - jetzt in der Herrlichkeit Christi leben und von dort mächtiger im Leben seiner Brüder sein.

+

Sankt Michael, du Wächter Gottes über Deutschland, geleite ihn, der dich zum mächtigen Helfer seines Lebens sich erkor, vom Schlachtfeld in das ewige Licht. Amen.

G/0635

DstHdh: Nachlass Wellenhofer 27

Aus: Der Weg des Soldaten Johannes

Johannes Nierman

Tagebuch, 15. 6. 1940

Regiment in zügigem Vormarsch. Den ersten Schwarzen sah ich jenseits der Aisne erstarrt in der letzten Gebärde der Abwehr. Im schwarzen Schädel die klaffende Todeswunde.
Gefangene hockten am Feuer. Rissen halb rohes Fleisch von den Knochen. Kauten es wie Tiere. Und hatten Gesichter, die ich nicht lesen konnte. Täglich höre ich die Berichte von ihrer Grausamkeit und der Art ihres Kampfes, die uns feige dünkt. Alle brechen den Stab über sie und fordern ihr Leben.
Was, du schwarzer Mann, denkst du von uns? Und von deinem Kampf? Was lebt in deiner Seele? Und wohin geht deine Seele? Wirst du den Funken entfachen und erwachen zu größerer Menschlichkeit?
17. 6. Ein Heer zieht vor/ und sucht den Feind/ viel tausend Männer stehen bereit / zu wagen und zu schlagen./ Ein Heer greift an/ da gilt der Mann/ der alle Kraft und allen Mut verschwendet/ für seines Volkes Herrlichkeit./ Ein Heer ist stark/ wie es die reinen Hände sind/ die seine Waffen tragen/ sein Sieg ist groß/ wenn reine Hände ihn erfochten haben.

Aus: Der Weg des Soldaten Johannes

Johannes Niermann

An seinem Todestag, 18. 6. 1940.

Der Sonntag, an dem Ihr so an mich gedacht und mir zum Namenstag geschrieben habt, war für uns der bisher schwerste Tag. Das Regiment griff im Morgengrauen die festen Stellungen des Feindes an der Aisne an und hat schwer und blutig gekämpft.
Gott sei Dank, ich bin heil und gesund herausgekommen. Erschütternd ist solch Erleben. Nun stößt die Division nach. Hart und kurz ist meist das Gefecht, das die Franzosen auf dem Rückzug machen. Aber ihre Flucht ist nicht mehr zu wenden, der deutsche Vormarsch nicht mehr aufzuhalten. So jagen wir vorbei an den Heldenfriedhöfen des Weltkrieges, über die alten Schlachtfelder, ziehen durch brennende Dörfer und tote Städte. Bis aufs äußerste ist alles angespannt, Mensch, Tier und Maschine. Vor allem aber die marschierenden Kolonnen der Infanterie.
Aufgewühlt hat mich auch die Begegnung mit den Negern. Das hätte ich mir nicht so vorgestellt. Die Stunden der Rast sind kurz. Und doch, gestern abends, eine wunderschöne Nacht – klangen plötzlich Lieder auf, klang eine Geige: „Im schönsten Wiesengrunde".
So bin ich froh, daß unser Heim in Ordnung ist, daß Ihr gesund und zufrieden seid, daß irgendwo auf der Welt Friede ist.
Habt Dank für Eure Liebe!

Alle Briefauszüge von Johannes Niermann stammen aus der zitierten Broschüre „Der Weg des Soldaten Johannes". Sie lagen aber auch als maschinengeschriebene Texte zur weiteren Verbreitung vor.

Aus: Der Weg des Soldaten Johannes

Bericht des Kameraden A. über den Tod von Hans Niermann

Hans und ich hatten uns gegenseitig versprochen, wenn einer von uns fallen sollte, den Angehörigen Bericht zu geben. Dies möchte ich hier tun:

Wir waren auf dem siegreichen Vormarsch unserer Truppen. Plötzlich am 18. 6., 15 Uhr, erhielt unsere Kompanie den Befehl, ein abseits vom Feind noch nicht geräumtes Dorf zu säubern. Mit Freude und Begeisterung nahm unsere Kompanie den Befehl auf. Vor allem Hans war voll Freude, nun endlich mit aktiv mit seinem MG ins Gefecht zu kommen. Unser 4. Zug geht als erster gegen das Dorf vor. Der Franzose schießt aus allen Fenstern und Luken. Wir greifen mit unserer Pak-Kanone und MG an. Wir liegen mit unserem MG ganz vorne, etwa 100 m vom Feind. Hans als MG-Schütze I schießt, was an Munition vorhanden ist.
Plötzlich, abends gegen ½9 Uhr, trifft ein Maschinengewehrschuß des Feindes unseren Hans. Die Kugel durchbohrte den ganzen Körper. Ein Leberschuß, der den sofortigen Tod zur Folge hatte. Noch wenige Minuten vorher hatten wir gelacht und uns gefreut über das Weichen des Feindes.

Nun liegt er tot vor uns, Hans, unser lieber Kamerad, noch lächelnd im Tode. Der Kampf geht voran, das Dorf wird genommen. Die Leiche war liegengeblieben. Nachts gegen 12 Uhr suchten wir sie, luden sie auf ein Auto und brachten sie etwa 8 Kilometer südöstlich zum Dorf Doncourt. Ein kleiner, ergreifender Trauerzug durch die Nacht. Wir tragen ihn in die Kirche – und legen ihn auf die Stufen des Altars, mit dem Kopf nach oben. Ein Kamerad nimmt ein Altartuch und legt es unter den Toten, wir hüllen den Körper in eine Zeltbahn und stellen Altarkerzen zu beiden Seiten. Sie brennen die ganze Nacht.
In das Opfertuch des Altars eingehüllt, die Hände in Kreuzesform auf die Brust gelegt, so liegt Hans nun selbst als reine Opfergabe vor dem Altar des Herrn, so brachte er sein großes Opfer dar.
Am 19. Juni, nachmittags 4 Uhr, ist die schlichte Beerdigung. Kameraden hatten im Friedhof bei der Kirche das Grab ausgeschaufelt, ein Stellmacher hatte Sarg und Kreuz gezimmert.
Der Hauptmann geht mit einigen Leuten zur Kirche, die Unteroffiziere tragen die Leiche. Der Hauptmann hält die Ansprache in militärischer Kürze: „Der Krieger war ein Vorbild für alle, ein guter Kamerad und ein Soldat, der den Kampf geliebt hat, der nun in seinem ersten Kampf schon den Heldentod erlitten hat.“ Die Kameraden geben die Ehrenbezeugung, das Grab wird zugedeckt, das Kreuz daraufgepflanzt. Wir holen Blumen, was wir fassen können und schmücken das erste und einzige deutsche Heldengrab auf diesem Dorffriedhof.
Am späten Nachmittag ist die Kompanie weitergezogen – der Waffenstillstand wurde verkündet. Am 19. 8. fuhr ein Unteroffzier im Auftrag des Hauptmanns zurück nach D., um nach dem Grab zu sehen. Es wird in Ordnung gebracht, umzäumt mit Birkenstämmchen und geschmückt mit einem neuen, bei der Kompanie angefertigten Kreuz:

Soldat Johannes Niermann
Geboren 10. 8. 1913
Gefallen 18. 6. 1940

DstHdh: Nachlass Wellenhofer 42:

Toni Rösch

29. Juni 1940

Grüß Gott, lieber Herr Präses!

Vor einigen Tagen erreichten mich Ihre feinen Zeilen mit den Wünschen zu meinem Namenstag, für die ich Ihnen, lieber Herr Präses, herzlich danke. Ebenfalls auch für die schönen Kunstkarten.
Ungefähr seit einer Woche ist jetzt das große Ringen in Frankreich beendet. Harte und schwere Stunden haben wir hinter uns. Dem Herrgott gilt unser großer Dank. Er hat uns durch tausend Gefahren geleitet und wird uns auch in Zukunft nicht verlassen, davon bin ich felsenfest überzeugt.
Jetzt zur Zeit lieber Herr Präses, haben wir Ruhe und sind in einer wunderbaren Gegend Südfrankreichs, die nur wenig vom Krieg berührt wurde. Es geht uns hier so weit ganz gut. Die südländische Sonne meint es fast zu gut mit uns. Sonst bin ich immer recht gesund, froh und heiter, und halte mir die Parole vor Augen, sich jederzeit ein fröhliches

Herz zu bewahren, denn der Herrgott verläßt uns nie. Gestern bekam ich von Wally ein Brieflein, ich soll an Sie recht frohe Grüße ausrichten. Sie schreibt, daß H. C. Dahlus von der damaligen Angelegenheit überhaupt nichts mehr erwähnt.

Nun lieber Herr Präses grüße ich Sie in alter Treue

Ihr dankbarer Toni

Brief von Toni Rösch an Präses Wellenhofer

SKTS: Angenendt:

Köln, Marienplatz 19, den 1. Juli 1940

Grüß Gott!

Wie vor längerer Zeit kommt auch jetzt ein Brief der Heimat in diesen Zeilen zu Dir als Gruß junger Kirche Kölns, mit der Du so vielfach verbunden bist. Ich wollte Dir kurz über unsere Deutsche Komplet berichten, die wir das Kirchenjahr hindurch in steigender Zahl und wachsender innerer Kraft gesungen haben. Vielleicht warst Du sogar noch in diesem Jahr dabei und weißt aus eigener Erfahrung, daß nicht Dunkelheit und Kälte des Winters, nicht Regen und Schnee den Eifer der Vielen haben erlahmen lassen. Bewundernswert sind die Opfer, die unsere Brüder und Schwestern bereits gebracht haben im Bewußtsein der Verantwortung vor den größeren Opfern, die unsere Soldaten bringen. Sie haben darin ihre Verpflichtung erkannt vor dem Erbe der Väter wie auch die Verantwortung vor den Vielen, die draußen sind. So haben wir das Wochenwerk der jungen Christen der Stadt am Abend der Woche vor den Herrn gebracht und der Brüder in der Ferne gedacht, die im Dienste unseres Volkes oder ihres Berufes stehen. Besonders haben wir unsere Soldaten dem Herrn befohlen in dem großen Psalm des Gottvertrauens (Ps. 90): „Wer im Schutz des Allerhöchsten lebt, im Schatten des Allmächtigen, der spricht zum Herrn: Mein Schirm und meine Wehr, mein Gott auf den ich baue."
Man spürt die innere Andacht, wenn für die junge Kirche und die Brüder im Felde gebetet wurde und das nachfolgende Schweigen war erfüllt von der Kraft und Weihe heiliger Sammlung vor Gott.
Von Monat zu Monat zogen nun unsere Brüder aus. Sie verabschiedeten sich an einem letzten Samstag von der jungen Kirche Kölns mit dem Bewußtsein einer Gebetsgemeinschaft, an der sie als Glieder der wandernden Kirche am Samstag Abend teilnehmen.
Oft kam auch von draußen der Gruß an uns und vielfach vernahmen wir das Sendschreiben eines Bruders von draußen an die junge Kirche Kölns. Darin stärkten sich Bereitschaft und Treue. Und wenn frohe Stunden des Urlaubs geschenkt waren, kamen unsere Soldaten, um wieder dabei zu sein und freuten sich des Eifers der Getreuen daheim und gingen mit neuem Mut und frischer Kraft wieder fort.
Es kamen aber auch an uns die Kunde von Krankheit und Tod. Auch darin erkannten wir den Anruf zu Opfer und Gebet für die Brüder.
Wir dürfen es schon sagen: Diese Samstagsstunde (von 8–9) ist uns steigendes Anliegen geworden. In dieser Meinung grüße ich Dich im Namen der Heimat. Da wir den neuen Jahresring unserer Komplet beginnen mit der besonderen Bitte: auch weiterhin mit uns Gemeinschaft des Gebetes zu halten in dieser scheidenden Abendstunde der Woche. Vielleicht sind Dir dazu einige stille Minuten gegeben. Darin lebt dann die Verbindung mit

den heimatlichen Brüdern und Schwestern in Christo. Was dem Leib nach getrennt, ist dann im Geiste nach im Herrn vereint.

Sei dem Herrn befohlen

(gez. Reinhard Angenendt, Kaplan)

Rundbrief des 1907 geborenen Kaplans Reinhard Angenendt. Als Jugendseelsorger wurde er 1936 Mitarbeiter im Jugendhaus Düsseldorf, nach dessen Schließung durch die braunen Machthaber am 26. 1. 1939 Kaplan in Köln, nach dem Kriege Pfarrer in Köln an St. Maria im Kapitol.

SKTS: Böhner, S. 8:

Werner Cormann an Hans Böhner

Im Feld, 2. 7. 40

Ich bin jetzt in einem Feldlazarett. An den hervorragenden Waffentaten unserer Wehrmacht habe ich keinen Anteil. Ich muß schön still sein, wenn die anderen von ihren Fronterlebnissen sprechen. Meine Arbeit ist aber manchmal auch nicht leicht. Als Gehilfe im Operationssaal habe ich einen Posten, der für mich sehr lehrreich ist, ich habe das kennengelernt, was ich immer so gewünscht habe: die Praxis des Arztes. An Tagen des Hochbetriebes gab es nur einige Stunden Ruhe. Ich habe Freude am Operieren gehabt so schrecklich es manchmal anzusehen war, denn hier konnte man helfen. Stündlich werden hier Menschen gerettet. Aber auch beim Kriegschirurgen kann man nicht von handwerklicher Arbeit sprechen. Der Arzt weiß immer, daß es kein toter Werkstoff ist, den er zu bearbeiten hat, sondern auf ihm lastet eine gewaltige Verantwortung. Ich habe festgestellt, wie ungeheuer anstrengend eine solche Arbeit unter dem Druck der Verantwortung bei Operation auf Leben und Tod werden kann. Meine Arbeit bestand ja nur in Handreichungen, aber ich war mit froh und stolz, wenn eine schwere Operation glücklich lief. Ich habe aber auch erlebt, daß der Tod stärker war als alle ärztliche Kunst. In diesen Wochen habe ich zum ersten Mal Menschen sterben sehen, es ist etwas eigenartiges um dieses Erlebnis. Eben noch schlug das Herz des Menschen, die wachsfarbenen Hände irrten über die Bettdecke, und dann auf einmal ist es aus! Die Augen verlieren ihren Glanz, der Körper wird kalt, und was jetzt noch im Bett liegt, ist tote Materie. Die Seele, die dem Körper das Leben, das Bewußtsein, den Verstand und alle dem Menschen eigentümlichen Eigenschaften verleiht, ist entschwunden. In diesen Augenblicken muß sich der Glaube bewähren, der Glaube an ein Jenseits, an die Auferstehung der Toten. Wenn man das einmal gesehen hat, spricht man nicht mehr so leichtfertig über die letzten Worte des Credo hinweg, als wären sie nur eine Art verschonenden Abschlusses. Inzwischen kommen Nachrichten vom Tod der Kameraden, erschütternd besonders für die Angehörigen. Manches Leid bringt der Krieg mit sich. Da ist es ein Glück, daß unsere Führung die Feldzüge so schnell und sicher zu Ende führt. Möge auch der letzte gegen England schnell zum siegreichen Ende gebracht werden! Herzlichen Gruß von Ihrem

DstHdh: Nachlass Wellenhofer 35:

St. Dié, den 9. Juli 1940

Lieber Herr Kurat!

Für das Brieflein und den Brief recht herzlichen Dank. Sie sind mir in Frankreich nachgekommen; denn nach langem sehnsüchtigem Warten sind auch wir über die Grenze. Die Erlebnisse sind ja nicht groß. Es kommt halt immer darauf an, welcher Truppe man zugeteilt ist. Ich bin noch dazu in der Schreibstube und erfülle hier meine Pflicht. Wir haben die Hoffnung, daß wir bald nach Hause kommen. Ich vermute, daß unser Truppenteil aufgelöst wird, da wir für die uns zugedachte Aufgabe keine weitere Bedeutung mehr haben. Es wäre ja möglich, daß wir von München aus noch einer anderen Truppe zugeteilt werden. Ich bin nur froh, wenn wir wieder in deutsches Land kommen, denn wenn man nichts mehr versteht, wird die Sache auf die Dauer ungemütlich. Ich wäre froh, wenn ich bald wieder in meine Berufstätigkeit zurückkehren könnte. Auf Wiedersehen!

Es grüßt Sie recht herzlich

J. Thanbichler

SKTS: Strunck:

Köln, den 12. Juli 1940

Lieber Leo!

Seit gut 14 Tagen warte ich nun schon auf eine Antwort und einen Vorschlag von Dir. Scheinbar hast Du sehr wenig Zeit. Da aber eine große Sache immer schnell in Angriff genommen werden muß, werde ich Dir nun keine Ruhe mehr lassen. Die Sache ist nun soweit gediehen, daß wir heute noch an unsere erste Zusammenstellung gehen können. Die „Briefe der Kameraden" werden zwar fürs erste Mal sehr dünn sein, aber wir müssen endlich anfangen, wenn die Sache nicht wieder einschlafen soll. Hans Bolder und auch Franz Fein haben mir schon ihre Mitarbeit zugesichert, von den anderen habe ich noch keine Nachricht. Ich lege aber vor allen Dingen auf Deine Mitarbeit Wert. Wir wollen so vorgehen, daß wir aus den einzelnen Briefen das Wesentliche, das über das Leben und Tun der Brüder Aufschluß geben kann, herausschreiben und dann vervielfältigen und jedem einzelnen Kameraden zuschicken. Ich erwarte also ab heute regelmäßig von Dir Vorschläge.

In Treue!

Dein Willi

Brief von Willi Strunck an seinen Bundesbruder Leo Custodis. Der NDer Leo Custodis war als Ingenieur bei den Messerschmidt-Werken u. k. (unabkömmlich) gestellt und war daher nicht zur Wehrmacht eingezogen worden. So konnte er an seine im Feld stehenden Bundesbrüder Rundbriefe schreiben. Damit zog er sich die Verfolgung durch die Gestapo zu. Der NDer Willi Strunck war an der Eismeerfront eingesetzt und hat den Krieg überlebt.

SKTS: Stumpf:

Aus Rundbriefen von Robert Stumpf

16. 7. 1940

„Es gibt kein Schicksal, sei es noch so grausam und hart, es sei denn ein Mensch, der es meistert und gestaltet."
(Reichsehrenmal bei Hohenstein. Gedenktafel für die deutschen Kriegsgefangenen)

Brechen – aber nicht besiegen; kämpfen, aber nicht kneifen; fallen – aber nicht weichen; seine Pflicht erfüllen – aber nicht nach eitlem Ruhm haschen – ist das nicht das Bild eines christlichen deutschen Mannes, wie wir ihn uns wünschen, wie unsere Zeit ihn fordert? ... Christlich, mannhaft, deutsch ! das ist das Ideal unserer Jugend, unseres Lebens. Christliche Haltung aus der Kraft eines Glaubens, mit dem wir wirklich ernst machen ! — Gehen wir mutig unseren Weg! Gehen wir ihn froh und siegesbewusst! Gehen wir ihn betend und arbeitend !

Gott ist mit uns; er ist in uns; wir sind in ihm. Laßt uns diese kostbare Gemeinschaft mit IHM hüten und bewahren! Sie ist Gabe und Aufgabe zugleich.

Möge der Herr seinen Segen geben! Der die Seele in uns hineinsenkte, wird uns Reifung und Frucht nicht vorenthalten. All unsere Arbeit, unser Ringen, all unsere Freude und unser Leid ist in IHM geheiligt. „Herr, segne unserer Hände Werk; ja, laß gelingen unserer Hände Werk!" (aus der Prim)

(Nach einem Brief an Hans Wingensiefen)

SKTS: Böhner, S. 17:

Bernhard Utters an Hans Böhner

Suippes (Frankreich, bei Reims-Verdun), 21. 7. 40

Bei wüstem Sonnenbrand 250 km gewetzt, böse Strapazen! An einem Tage 3 Pferde krepiert, 31 Mann umgefallen. Ich habe alles gut überstanden. Nun haben wir hier unseren Besatzungsraum erreicht. Vor uns haben unsere Flieger den Ort weitgehend zerbombt. Wir haben uns einige Häuser hergerichtet mit Stücken aus der ganzen Stadt. Nach und nach kehren auch Einwohner wieder. Sie haben zu uns Zutrauen gefaßt und werden auch von uns mit verpflegt und auf alle Art versorgt, soweit überhaupt etwas da ist! Dafür müssen sie alle fest mitarbeiten am Wiederaufbau. Auch 200 hier untergebrachte Gefangene müssen mit heran. Der Hunger ist groß. Bei den Leuten herrscht große Verbitterung, weil sie genau wissen, daß sie das den Engländern zu verdanken haben. Mit uns möchten sie in Kameradschaft leben und tragen uns nichts nach. Sehr häufig erlebt man Begeisterungstürme für Hitler, vornehmlich im Proletariat. Gebe Gott, daß dieses verlorene Volk bald wieder zu sich selbst zurückfindet. Und wir wollen hoffen, auch mit England bald einen gerechten Frieden schließen zu können. Wir sehnen uns alle nach Heimat und Beruf. Möge es mir bald vergönnt sein, ein Familienleben zu begründen. Sobald ich Urlaub habe, werde ich heiraten. Wenige Wochen noch, Du erfährst davon.
In dankbarer Treue

Bernd Utters gehörte dem Schülerbund ND an.
In den kurzen politischen Passagen wird der Krieg offenbar noch als eine Art Revision der im Versailler Vertrag von 1919 empfundenen Demütigung Deutschlans als gerechtfertigt empfunden, eine Haltung, die damals weit verbreitet war.

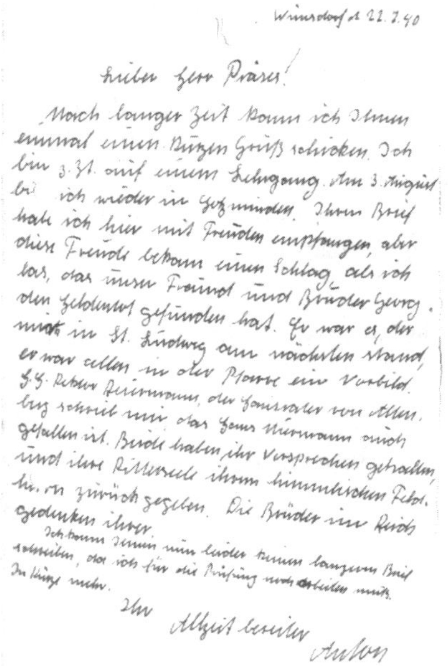

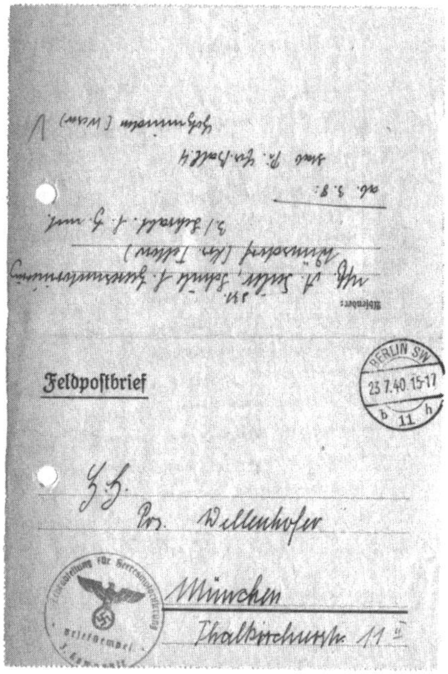

DstHdh: Nachlass Wellenhofer 42

DstHdh: Nachlass Wellenhofer: 42:

Uffz. A. Seiler an Prs. Wellenhofer

Wunstorf, 22. 07. 1940

Lieber Herr Präses!

Nach langer Zeit kann ich Ihnen einmal einen kurzen Gruß schicken. Ich bin z. Zt. auf einem Lehrgang. Am 3. August bin ich wieder in Holzminden. Ihren Brief habe ich hier mit Freuden empfangen, aber diese Freude bekam einen Schlag, als ich las, daß unser Freund und Bruder Georg den Heldentod gefunden hat. Er war es, der mir in St. Ludwig am nächsten stand, er war allen in der Pfarre ein Vorbild. H. H. Rektor Auermann, der Hausvater von Altenberg, schrieb mir, daß Hans Niermann auch gefallen ist. Beide haben ihr Versprechen gehalten, und ihre Ritterseele ihrem himmlischen Feldherrn zurückgegeben. Die Brüder im Reich gedenken ihrer.
Ich kann Ihnen leider keinen langen Brief schreiben, da ich für die Prüfung noch arbeiten muß.

In Kürze mehr.

Ihr allzeit bereiter Anton

Im Original ein auf einem vorgedruckten Feldpostbriefbogen kurzer handschriftlicher Brief.

SKTS: Stumpf:

Textteile aus einem Brief an den Pfarr-Rektor W. Fuhrmann

Köln-Sülz, vom 28. Juli 1940

Vom sittlichen Pflichtenkreis des christlichen Soldaten.

Ich habe die Beobachtung gemacht, daß junge, ehrliche Christen sich als Soldaten allzu leicht mit einem Mittelmaß sittlichen Strebens begnügen, ja Gefahr laufen, selbstzufrieden zu werden. Das liegt weniger am fehlenden guten Willen als vielmehr an der mangelnden Schulung, die Aufgaben in der neuen Situation richtig zu sehen.

Wer mit unbestechlichem Blick und glühendem Herzen sein Verhältnis zu Gott, zum Dienst am Volk, zum Nächsten und zu sich selbst prüft, sieht stets eine Fülle von Aufgaben vor sich liegen. Daß unser Beten mit unserem Leben eine Einheit bilde, daß wir unsere Pflicht treu erfüllen und unserem Volk mit lauterer Hingabe dienen, daß wir die besten, zuverlässigsten, frohesten Kameraden seien, daß wir uns mühen, in ritterlicher Selbstzucht – das ist unser Pflichtenkreis.

In ihm kann man Sünder werden; in ihm können aber auch Heilige wachsen. Christentum ist ja – gottlob – nicht an bürgerliche Lebensformen gebunden. Gebunden ist es einzig und allein an den geraden, ehrlich ringenden Menschen, in dem Gottes Gnade wirksam ist. …

Es handelt sich hier um maschinengeschriebene Passagen, die offensichtlich wegen ihrer grundsätzlichen Bedeutung zur weiteren Verbreitung vorgesehen waren.

SKTS: Böhner, S.8:

Werner Cormann an Hans Böhner

O.U. 29.7.40

Über Ihr Geschenk, ein Bild meines Namenspatrons, habe ich mich unbändig gefreut, ich habe schon lange nach einem würdigen Bild des jungen heiligen Werner gesucht, Dank für Ihre großartige Aufmerksamkeit! Augenblicklich haben wir es hier gut (Frankreich). Solche schönen ruhigen Tage sind bisher für mich selten gewesen, ich genieße sie jetzt doppelt. Aber wer weiß, ob nicht schon bald der letzte Kampf beginnt, gegen England. Wir wollen hoffen, daß auch er siegreich und schnell zu Ende geführt wird. Die Opfer in diesem Krieg sind zwar geringer als die des 1. Weltkrieges, aber dennoch wünsche ich mir ein baldiges Ende und damit all des Kriegsleides. Eine große Hoffnung habe ich, daß dieser Krieg einen langen Frieden nach sich ziehen möge, einen guten Frieden, in dem Gutes und Schönes geschaffen wird! Manches Schöne ist auch in diesem Krieg geweckt worden: Mancher hat mir erzählt, daß er das Beten gelernt hat und ich selbst habe gespürt, wie wohl es tut, christliche Nächstenliebe zu üben. Mögen wir das alles im kommenden Frieden nicht wieder vergessen! Frieden ist zwar schön und angenehm, aber er verführt auch zur Seichtheit und zur Weichheit. Als Angehöriger der Kirche, der kämpfenden Gemeinschaft, ist man dieser Gefahr zum Glück nicht so ausgesetzt, die Kirche kennt keinen Friedensschluß hier auf Erden. Schweigt der eine Feind, steht an anderer Stelle wieder ein neuer auf. Ist das nicht auch das Geheimnis ihrer Stärke und Heiligkeit trotz aller Schwächen, die die Menschen immer wieder in sie hinein tragen?

SKTS: Stumpf:

Passagen aus Rundbriefen von Robert Stumpf:

Zwischen den Schlachten.

Nach dem Kampf und allem harten Erleben der letzten Zeit umfängt einen die Liebe und Gemütlichkeit der Familie wie eine neu geschenkte Welt. Nur darf man darin nicht stehenbleiben. Die Ruhe ist das Merkmal des Spießbürgers. Christliche Soldaten sind zum Kämpfen und zum Siegen geboren.

„Christus schont seine Soldaten nicht. Hat er doch zuerst gekämpft und zuerst gesiegt.“ (Augustinus)

Mögest Du den Kampf nie scheuen! Möge der Sieg Dir allezeit beschieden sein !

Heil Dir

Nach einer Karte an Willi Stumpf vom 1. August 1940

SKTS: Stumpf:

Gott!

Dir ähnlich werden heißt leben;
Dein Bild in uns auslöschen,
heißt zugrundegehen.
Dein Werk ist Dein Bild.
So enthülle Dich in mir!
Laß mich zu Deinem Bilde werden!
Licht von Deinem Licht
laß mich kraftvoll durch Deine
Macht Zeugnis geben und siegen!

Dir ähnlich werden, heißt leben.
Herr, laß mich das Leben in Fülle
haben, Amen !

Robert Stumpf

(l. August 1940)

Ich habe im Christentum nie eine Lebensversicherungspolice, sondern ein Schwert – Gabe und Aufgabe zugleich! – gesehen. In meinen schwersten Stunden ist es mein Stolz gewesen, wie ein rechter Offizier Christi zu handeln. Christentum und kämpferische Gesinnung scheinen mir untrennbar miteinander verbunden.

Aus einem Brief an Paul Knepper v. 4. 8. 1940

Im Ernstfall vollzieht sich stets nur jene Entscheidung konkret, die grundsätzlich bereits gefallen ist. Die Bewährung in der Tat setzt die Bereitschaft und Kraft der Gesinnung voraus. Eine Gesinnung, die sich im Alltag bewährt, kann auch außergewöhnliche Situationen meistern. Wer aber den Kampf im Kleinen flieht, wird den Kampf im Großen auch nicht bestehen können.

Daher ist für uns immer und überall Ernstfall. Eine große und echte Hingabe ist ohne Selbstlosigkeit nicht möglich. Selbstlosigkeit aber setzt Selbstzucht voraus, und das bedeutet sowohl Zucht des Körpers als auch Zucht des Geistes.

Das Kleine bildet die Bausteine für das Große. Die eigene Vervollkommnung ist unerläßlich für die Vervollkommnung der Welt. Und das verborgene, zähe, oft entmutigende und doch immer von neuem aufgenommene Ringen um Reifung und Wachstum nach Gottes Willen bildet das Sprungbrett für des Christen glänzende, unvergängliche Taten.

Im Anschluß an eine Stelle aus dem Brief an Paul Knepper vom 4.8.1940.

SKTS: Strunck:

Brief des NDers Willi Strunck an seinen Bundesbruder Leo Custodis

Köln, den 3. August 1940

Lieber Leo!

Eine eilige Sache betrifft „Briefe der Kameraden":
Karl Heinrichs schreibt: … Für die Schreiben habe ich eine Bitte: Wir nannten uns früher – wenn nicht offen – Brüder. Das Wort sagt nicht genau, was es bei uns war, aber es kommt doch dem näher als der „Kamerad". Zur wirklichen Kameradschaft gehört das Fronterlebnis mit all seinen Schrecken und Freuden. Es wird sonst viel von Kameradschaft geredet, aber das ist dann ein Schlagwort. Man gebraucht es, um eigene Ziele zu erreichen. So wird das Wort hohl und bekommt erst Sinn durch das Geschehen des Kampfes …. "
Was sagst Du dazu? Es ist schon etwas richtiges daran, aber sollen diese Blätter nicht gerade zwischen den Soldaten, in der Hauptsache wenigstens, Verbindung schaffen. „Brie-

fe der Brüder" würde nach meiner Ansicht komisch klingen und auch wieder nicht das Richtige sagen. Wir sind, oder wollen es wenigstens, ausgerichtet auf ein großes Ziel und damit auch Kämpfer für dieses eine Ziel und da ist doch der „Kamerad" besser am Platze, wenn wir auch Brüder in Christus sind. Überlege Dir diese Dinge einmal und schreibe mir Deine Meinung bis spätestens Mittwoch, weil dann die 2. Folge der Briefe getippt werden soll, zu der bisher Beiträge von Ernst, Andreas, Franz, Karl und Dir (Schrieb betr. Willi V.) vorhanden sind. Noch gar nichts gehört habe ich von Wilhelm, Fiffi und Susi. Ich werde diesen Leuten aber keine Ruhe lassen. Übrigens meint Karl, diese Briefe auch Toni zu schicken. Was hältst Du davon?
Antwort eilt
In Treue!

Dein Willi

Willi Strunck diskutiert hier mit dem in Augsburg tätigen Leo Custodis, wie man die Rundbriefe an die im Felde stehenden Bundesbrüder besser und ansprechender gestalten kann. Leo Custodis führte dann als in der Heimat Verbliebener diese Rundbriefaktionen durch. Ein im Felde Stehender wäre dazu schon technisch kaum in der Lage gewesen.

SKTS: Böhner, S. 15:

Werner Sallermann an Hans Böhner

Neuruppin, 4. 8. 40

(B. geht mit neuem vertieften Schwung an die Arbeit): Wenn auch einmal Pausen eintreten in unserem gegenseitigen Austausch, wir sind zeitlos glücklich, unsere Gemeinschaft ist darüber erhaben, aber ich freue mich über jede Zeile, die zu mir geflogen kommt, und danke Dir!
(Und nun macht B. mir gegenüber den „Lehrer" aus seinen Erfahrungen, schön!): Du machst auf Deinem Arbeitsgebiet (Jugendarbeit mit religiösen Bildstreifen) wahrscheinlich vorerst denselben Fehler, den ich zu machen heute noch oft versucht bin: Du hast mit dem zu hohen Maßstab unseres Bundes gemessen, da kann man schwer enttäuscht werden. Unseren (Schülern) fehlt nicht nur der jugendliche Schwung, sondern sie sind oftmals geistig so unbeholfen und unfertig, daß sie einfach keine persönliche Meinung, geschweige denn gar einen eigenen Lebensstil aufbringen können. Ihnen fehlt im Großen und Ganzen der innere Halt, das Selbstvertrauen und in gewissem Sinne auch – eine Idee. Das sind wohl zutiefst die Ursachen für ein Scheitern bei uns. Ich will nicht sagen, daß sie damit als Soldaten unbrauchbar würden, nur – sie versinken in der Masse, werden willenlos und fade, und so sehr das ja willkommen ist, so sehr gebrauchen wir aber auch Persönlichkeiten, die einmal über der Masse stehen sollen. Ich wünsche mir, daß eine möglichst große Zahl des Führernachwuchses aus Euren Reihen kommt. In Erkenntnis dieser grundsätzlichen Mängel muß hier die Arbeit angesetzt werden. Man darf sich nicht damit begnügen, den Jungen mit dem Rüstzeug zu versehen, seine Dienstzeit religiös ungefährdet zu absolvieren, sondern muß wenigstens bestrebt sein (also bewußt darauf hinarbeiten), aus einem jeden nach Möglichkeit einen Apostel zu machen. In der praktischen Kleinarbeit: Eigenart müssen sie bekommen, durch die sie von selbst wirken. Ihre Haltung muß

ethisch fest begründet sein, nicht in einem Angstchristentum, sondern in klarer Erkenntnis des realen Daseins (Tugend der Klugheit H.B.). Sie müssen die Scham überwinden, katholisch zu sein (Tugend und Tapferkeit), müssen Bekenner werden (gerade weil ihnen hier offiziell wenig Gelegenheit dazu geboten wird), müssen Vertreter eines kraftvollen Christkönigtums sein (wie im Heliand). Sie dürfen sich keine Illusionen machen, daß sie unter Gleichgesinnte kämen, meistenteils werden sie allein stehen (müssen darauf gefaßt sein!), obwohl mancher Gesinnungsgenosse noch unter ihren Kameraden ist, der nur des Beispiels bedarf. Und vor allem vergeßt die Literatur nicht! Gebt in der Hinsicht gutes, handfestes Material mit auf den Weg, aber ja nicht solche, die rein „religiös‘ ist, die wir niemals lesen.

Maschinenschriftlicher Auszug Hans Böhners aus einem Brief von Werner Sallermann. Die in Klammern gesetzten Passagen sind Kommentare Böhners.
Der in der militärischen Grundausbildung eingesetzte spätere Oberleutnant Sallermann diskutiert hier pädagogische Probleme der Vermittlung christlicher Werte in einem Umfeld, wo es kein katholisches Milieu mehr gibt. Der in den Klammern genannte „B“ dürfte wohl ein anderer Jugendseelsorger sein, mit dem Sallermann in Verbindung stand.

SKTS: Strunck:
Brief des NDers Leo Custodis an seinen Bundesbruder Willi Strunck

Augsburg, den 5. August 1940

Lieber Willi,

zuerst meinen herzlichsten Dank für Deine Briefe. Es ist fast unnötig zu schreiben, wie froh ich jedesmal bin, wenn von Dir ein Brief kommt. Aber nun zu der eiligen Sache. Das andere kommt später einmal.

Ich bin da ganz Deiner Ansicht. Wir haben uns früher wohl Brüder genannt, und ich denke, wir können das auch heute noch, und sind es auch noch. Aber schreiben kann man das schlecht. Das klingt so wie Bruderschaft, und das sind wir doch gar nicht. Bruder können wir uns im engen Kreis nennen, wenn wir beieinander sitzen, Bruder ist eine zu vertraute Anrede, als daß wir sie hier gebrauchen können. Es ist hierbei schwer, seine Gedanken auszudrücken, das ist mehr Gefühlssache. Es kommt ja auch nicht darauf an, was andere dem Wort Kamerad für einen Sinn geben. Es kommt darauf an, welchen Sinn wir dort hinein legen. Und ich glaube, da verstehen wir uns schon richtig. Wir haben uns ja früher genau so oft, wenn nicht öfter, Kameraden genannt, und das sicher auch nicht zufällig.

Ich finde „Briefe der Kameraden“ hier sehr gut am Platze. Ich dachte auch schon einmal an „Stimme der Kameraden“. Aber das ist auch nichts. Gerade das Wort „Brief“ sagt uns ja, daß einer schreibt von seinem Tagewerk, von seinem Erleben, also von allem, was tatsächlich um ihn ist. Stimme kann alles mögliche sein, Brief soll man selbst persönlich sein.

Das sind die Gedanken und die Erwartungen, die ich von den „Briefen der Kameraden“ habe. Und da waren die ersten Briefe wirklich fein. Die wenigen, die zur Sprache kamen, waren wirklich so typisch persönlich, als wenn die Leute vor einem gestanden hätten.

Hans fühlt sich mit seinen Bärenkräften bei schwerer Bärenarbeit wohl und staunt dann selbst über seine Leistungen, und Franz freut sich über den den Ehemännern angepaßten Dienst; dabei kommt auch sein bekannter Humor hervor über den mißglückten Ausgang. Der Start der Briefe war schon gut!

Nun sei mir herzlichst gegrüßt. Später folgt noch anderes.

(Leo)

Handschriftlicher Namenszug unter dem maschinengeschriebenen Brieftext.
Antwort auf den Brief von Leo Custodis vom 3. Ausgust 1940. Auch hier geht es wieder um die Gestaltung der künftigen Rundbriefe, die Leo Custodis von Augsburg aus versenden wird und wofür er dann von der Gestapo verhört werden sollte.

DstHdh: A1. 3204:
Rundbriefe von Pfadfindern aus Magdeburg

19. 8. 1940

Am 19. 8. 33 saßen wir um ein Lagerfeuer in der Klus. Wißt Ihr noch Kameraden? Damals wollten wir unser Denken, Reden und Tun dem Bund weihen. Es war das erste Mal, daß in Magdeburg eine Schar von Jungen war, die sich an ein Gesetz binden wollten. Wir versprachen Gott, der Kirche und dem Vaterland treu zu dienen. Dieses Versprechen wollten wir halten, was immer auch kommen sollte. Jetzt sind nun sieben Jahre vergangen und wir können mit Stolz zurückblicken. Wir sind Kerle geworden, die sich in allen Lebenslagen zurecht finden. Kerle, wie man sie braucht in der heutigen Zeit. Wir haben unsere Fahne, das Zeichen des Sieges, unbeschädigt in eine Zeit genommen, die, wenn sie auch dieses Zeichen nicht anerkennt, doch zugeben muß, daß die Bannerträger zu den Besten des Volkes gehören; und das macht uns so stolz. Wir, die wir an allen Fronten stehen, wissen, daß die Kraft nicht in der Größe der Herrn liegt, sondern vom Himmel her kommen muß. – Der Christ erlebt daher den Tod freier und ruhiger. Christus hat alles getan, um uns den Tod leicht und froh zu machen. Hier ist das Tor zur großen Tugend der Tapferkeit.
„Tapferkeit ist im Grund die Bereitschaft zu sterben.“ Größte Tapferkeit ist das starke, freie und bereite Ertragen des Todes. Der Tod ist uns ein Freund. Wir müssen eine wahrhaft starke und männliche Haltung zum Sterben haben. Darum: Seid allzeit bereit, ihr wißt weder den Tag, noch die Stunde.
Wie Ihr ja schon wißt, hat unser Bruder Bruno M. sein Leben für das Vaterland geopfert. Er starb einen christlichen Tod. Er blieb seinen Idealen treu. Wir können stolz auf ihn sein und auch Gott wird ihn besonders belohnen, denn er hat die Fahne Christi unbefleckt zurückgebracht. Wir wollen an seinem Geburtstag (20. 8.) an ihn denken und uns seinen Grundsatz aneignen:

Wer sich unserer Fahne verschreibt
muß ihr folgen, wohin sie auch treibt.
Wer sich unserer Fahne verschwört
hat nichts mehr, was ihm selber gehört.

Liebe Kameraden, auch dieser Schrieb soll wieder an alle, die draußen und drinnen ihre Pflicht tun, gehen. ... Aber etwas schneller als das letzte Mal!

Heil Euch

Olaf

Handschriftlicher Entwurf eines Rundbriefes an die Mitglieder einer katholischen Pfadfindergruppe aus Magdeburg. Von dem Verfasser ist nur der Vorname Olaf bekannt.

DstHdh: A1. 3204:
Rundbriefe von Pfadfindern aus Magdeburg

August/September 1940

Die die Besten waren, ließen die Treue nicht! (Nibelungenlied)

Die Worte Olafs rufen in uns die Erinnerungen wieder wach. Im Geiste stehen wir wieder um die Flammen geschart und reichen uns die Hände und erneuern das Gelöbnis: Treu zu sein, Gott, der Kirche und dem Vaterlande! Vor uns knattert die Fahne im Winde, gellende Lieder klingen auf, dunkeln donnern die Trommeln in die Nacht, unser Leben –.
Sieben Jahre sind inzwischen vergangen, sieben stolze und harte Jahre, Jahre des Kampfes. Es war eine herrliche Zeit und voller Sehnsucht denke ich an die vergangenen Stunden zurück. Unser Leben war nicht vergeblich, heute müssen wir uns bewähren!
Wieder flammt das Feuer auf und donnern die Trommeln, aber nicht des Friedens, sondern des Kampfes. Wieder tragen wir Uniform, den Rock des Soldaten und die Waffe in der Faust, es gilt das Vaterland zu schützen.
Wenn wir auch heute nicht Schulter an Schulter kämpfen können, so soll uns doch das Wissen um unsere Gemeinschaft, unser Gelöbnis binden. Wo wir stehen, wollen wir ganz unsere Pflicht erfüllen, mag es hart oder leicht sein. Wir wollen unser Bestes als Christ tun. Gott hat uns in unser Vaterland gestellt, und wir haben die heilige Aufgabe, für das Vaterland zu siegen oder unterzugehen. Man soll uns nicht nachsagen, wir Christen hätten nicht vollauf unsere Pflichten erfüllt.
Unser lb. Bruno ist im Kampf für Volk und Vaterland gefallen. Er starb, wie es das Gesetz befahl, er starb als guter Deutscher und als guter Christ! Gedenken wir seiner in Treue. --
Nun , liebe Kameraden, geht der Schrieb wieder hinaus, in das U-Boot, in den Bunker, in Feindesland, Flak-Stand oder Kaserne und soll das Vergangene wachrufen und unsere Gemeinschaft stärken.
Nun seid alle gegrüßt!

Heil Euch

Seppel

Handschriftliche Unterschrift

Meine Anschrift:
ObKan. Peter
Sammelbatterie
Art. Ers.Abt 4
Dresden – *N*
Fabricekaserne

Soldat Joh. Söllner
L 15792 Lg. Postamt
Frankfurt a/M.

Maschinengeschriebenes Exemplar eines Rundbriefes an die Mitglieder einer katholischen Pfadfindergruppe aus Magdeburg. Der Verfasser ist der Oberkanonier Peter (Seppel). Als weiterer Kontaktmann ist der Pfadfinder Johann Söllner, ein Pfadfinder aus Magdeburg, angegeben Der Brief enthält Passagen aus dem handschriftlichen Entwurf, den der Pfadfinder Olaf am 19. 8. 1940 verfaßt hatte.

SKTS: Stumpf:

Robert Stumpf

Wert und Segen des Opfers

Es ist eine Prinzipienfrage, ob sich in dem Lebenskampf eines Volkes die Besten oder die Schlechtesten unter Gefahr für Leib und Leben einsetzen sollen.
Der Gedanke, die Elite eines Volkes bewußt zurückzuhalten und zu schonen, ist bestechend. Denn es liegt auf der Hand, welche Bedeutung beim Wiederaufbau einer möglichst starken Führerschicht zukommt. Dennoch verbirgt sich hinter dieser angeblichen Sorge um das Leben und die Zukunft des Volkes letztlich eine materialistische Gesinnung.
Nicht die Zahl, sondern der Geist, die Reinheit und Kraft der Gesinnung ist entscheidend. Wo aber gelangte des Mannes Geist zu größerem Adel und hellerer Lauterkeit als in der Bereitschaft, mit Leib und Leben für sein Volk einzustehen und – wenn es sein muß – zu fallen ? Sollen sich in dieser Bereitschaft die Besten treffen, oder sollen die Schlechteren zu einem Opfer gezwungen werden, wo von Bereitschaft und freiwilliger Hingabe keine Rede mehr sein kann ?
Für einen edlen Menschen müßte es beschämend sein, einen Frieden zu genießen, den die weniger Edlen zuvor erkämpft haben. Der Gedanke dagegen, daß die Besten und Reinsten den Frieden durch ihre Hingabe und ihr Opfer erkämpft haben, muß dem Volke Ansporn zu unermüdlichem Schaffen, zu Läuterung und Wachstum sein und bleiben.
Es ist töricht, den Wert und die Größe zu übersehen, welche in der reinen Hingabe als solcher liegen. Ebenso töricht ist der Gedanke, daß ein Opfer – sei es in sich auch edel und groß – eben ein Ende darstelle, ein tragisches Ende und für die Zukunft nicht oder nur wenig fruchtbar sei.
Ein Opfer, das in der Kraft einer reinen Gesinnung dargebracht wird, ist nie vergebens. Alles Große und Edle, das je gelebt und verwirklicht wurde, versinkt nicht mit dem Tod seines Trägers: es lebt vielmehr fort und bringt hundertfältige Frucht. Es ist die Atmosphäre, in der wir leben; es ist das Ideal, das die Jugend begeistert; es ist der verborgene Born, aus dem des Volkes Kraft fließt: Same neuer Herrlichkeit.

Wer wollte darum um die Gefallenen klagen ? „Gott hat sie geprüft und seiner wert befunden.“ (Weish. 3, 5) Mögen die Lebenden sich allzeit als der Toten wert erweisen !

„Und manchmal rufen sie mich von dem Mahle /
und stehen heischend vor den Türen draußen /
und stehen heischend mitten in dem Saale /
ist eine Stille und zugleich ein Brausen.

Sie fragen streng, wie nie ein Mensch noch fragte,/
erforschen auch den letzten meiner Pfade/
„Was keiner damals mehr zu hoffen wagte,/
Du kehrtest heim. Wie trägst Du diese Gnade ?

Du standest mit uns Jahre in der Reihe /
bist nicht geopfert und nicht hingegeben! /
Antworte selbst: Bewahrtest Du die Weihe ? /
Ja oder nein !“ Sie fragen und entschweben.

Ja oder nein ? Es glühen alte Narben /
Lebst Du so groß und frei,
wie jene starben ?“

(„Den Gefallenen„ von Florian Seidl)

16. September 1940

In diesem maschinengeschriebenen Text, der ebenfalls zur Vervielfältigung vorgesehen war, stellt Robert Stumpf fest, dass die Glaubwürdigkeit einer Elite nur auf ihrer persönlichen Opferbereitschaft gründet.

SKTS: Strunck:

Hans Bolder an Leo Custodis

Gotha, den 13. 10. 40

Lieber Leo!

...Nun bin ich fast zwei Wochen „schon“ Soldat, und ich kann sagen, daß ich mich prima in den Betrieb gefunden habe. Ist doch etwas ganz anderes als der RAD. Dort wurden einem sämtliche Lust und Laune am Dienst ausgetrieben. Natürlich ist es auch hier nicht ideal, aber man fühlt, daß man noch Mensch ist. Denn gerade bei unserer Waffe kann man keine verdrillten und (sturen) versturten Menschen gebrauchen. Als Techniker interessiert mich die ganze Sache ja besonders. Nun glaube ja nicht, daß es bei uns keinen Drill gebe! Wir sind am Tage immerhin 5 Stunden auf dem „Richtplatz“. Infanteristische Ausbildung ist eben die Grundlage.

Heute war ein feierlicher Tag bei uns: Vereidigung! Jetzt sind wir erst richtige Soldaten. Es ist ja ein etwas seltsames Gefühl, wenn man die Eidesformel spricht: Ich schwöre bei Gott diesen heiligen Eid! Kirchgang war leider vorher nicht!

Nun sind wir also für unser Leben „festgenagelt“. Ausgeführt wurden wir aus irgendeinem Grunde nicht, dafür können wir nächsten Sonntag „frei“ heraus.

Es grüßt Dich in alter Frische und Treue

Dein Hans

Handschriftlicher Brief des Nders Hans Bolder an Leo Custodis.

RAD: Reichsarbeitsdienst. Vor dem Dienst in der Wehrmacht mussten alle Deutschen, auch die jungen Frauen, ein halbes Jahr beim RAD dienen. Da dessen Strukturen im Gegensatz zu denen der Streitkräfte auf nicht so festen rechtlichen Grundlagen beruhten, und der RAD eine Organisation der Partei war, gab es dort manche Willkür. Daher empfanden viele den Dienst beim RAD als reine Last.

SKTS: Strunck:

Willi Strunck an Leo Custodis

Rathenow, den 20.10.40

Lieber Leo!

Nun habe ich ungefähr schon den dritten Sonntag bei den Feldgrauen hinter mir. Die Zeit vergeht rasend schnell. Aber der Dienst macht mir Spaß, obwohl er ja manchmal eintönig und langweilig wird. Ich bin also ein regelrechter Sandhase geworden trotz Führerschein und aller sonstigen Dinge. Die erste Ausbildung haben wir auf jeden Fall hinter uns. Gestern waren wir zum ersten Mal im Gelände.
Unsere Vereidigung am letzten Montag war eine zackige Angelegenheit. Das ganze Bataillon war im Karree angetreten, alles im matt glänzenden Stahlhelm genau ausgerichtet. Und dann trat aus jeder Kompanie ein Mann vor, der die Schwurhand für alle Kameraden auf den Degen des Offiziers legte. Und dann standen vier Kompanien im grauen Kleid die Schwurhand erhoben, und laut hallten die Worte des Schwures über den weiten Exerzierplatz, der sofort an hohen Kiefernwäldern liegt. Heute wurden wir zum Wehrmachtsgottesdienst geführt. Alle Leute waren auf einmal „tiefreligiös“, da sie sonst Stuben- und Revierdienst gehabt hätten. Es ist eine Gesinnungslumperei, wie sie im Buche steht. Einen Kameraden, mit dem ich mich eins wüßte, habe ich nicht gefunden und werde ihn auch hier nicht finden.

In Treue!

Willi

Hier wird das Problem der geistigen und weltanschaulichen Vereinsamung angesprochen.

SKTS: Böhner, S. 15:

Werner Sallermann an Hans Böhner:

O. U. 28.10.40:

Endlich habe ich es geschafft: bin wieder im Feldheer. Das alte, prachtvolle Milieu. Ist das nicht herrlich? (Können wir B. verstehen? B.). Du wirst Dir denken können, eine wie starke, äußere nicht nur, sondern auch innere Umwandlung die Rückversetzung zur Fronttruppe für mich mit sich bringt. Ich bin froh darüber. Es sind das doch ganz andere Lebensbedingungen, die mir viel zusagen, abgesehen von der alten Landsknechtsromantik. So liegen wir hier: wartend und wachend, mit einem Herzen von Bereitschaft und inniger, fast leidenschaftlicher Liebe zu unserem Soldatendasein.

Hier wird wieder „B" erwähnt, vgl. den Brief vom 4. 8. 1940. Es handelt sich hier um eine Einfügung Böhners, der aus dem Brief Werner Sallermanns einen maschinengeschriebenen Auszug angefertigt hatte.

SKTS: Böhner, S. 18:

Uli Wenzel an Hans Böhner:

Norwegen, 12.11.40 (also noch einmal mehr als ein Jahr später, als Soldat): Morgen jährt sich der Tag, da ich (nach dem Ausscheiden aus dem Orden) zu Dir kam. Das kurze Semester in Bonn zählt zu den schönsten Zeiten meines Lebens, schön in dem für mich neuen Sinne der Bedeutung von „einfach, nüchtern, übersichtlich, gerade", für mich wirklich eine Wende und ein Programm… Im Soldatenleben habe ich eine Befriedigung gefunden. Nicht umsonst. Denn es brachen verschüttete Quellen auf, die ehemals munter sprudelten. Sangen wir nicht damals immer wieder die Lieder vom Kampf und Trommelwirbeln, Abenteuern und rauhen Stürmen? Wenn ich nicht seinerzeit in den Kreis unserer alten Freunde eingetreten wäre, wäre ich heute vielleicht ein braver Assessor. So aber bin ich in einen gewaltigen Strudel hinein gerissen worden, und es wurde uns eine Ahnung gegeben, wie das Leben in seinen wirklichen Abläufen aussieht, außerhalb der Schutzzonen des bürgerlichen Lebens.
Es tut so gut, wenn man sich den Stahlhelm fester bindet, Koppel und Seitengewehr umschnallt und mit dem Karabiner in der Hand in die Nacht hinaustritt, durch die der Schneesturm fegt. Hohe Felswände bauen sich um dich auf, wie Schatten aus dem Jenseits fallen sie über dich. Im Winde zischen die Tannen. Oder du stehst am Scherenfernrohr, auf hohem Felsen über dem Fjord. Vor dir kreisen die Adler und beleben das Panorama in Weiß, Silber und Blau: Die Berge, der Himmel, das Wasser und der Schnee. Alles ist so neu um dich. Und die Stimme im Feldtelefon klingt wie aus einer anderen Welt, der alten Welt.! Viele oder besser gesagt: die meisten können dieses Leben der großen Dimensionen, das wie eine Reinigung wirkt, nur schlecht ertragen. „Weit von der Heimat…" ist doch immer wieder der traurige Refrain aller Lieder. Was sollen die gewaltigen Berge, wenn die Finger zu klamm sind zum Kartenspielen, wenn es ringsum keine Wirtschaften und kein Bier gibt!

Uli Wenzel, ein NDer, hat den Krieg überlebt und diente später als Offizier in der Bundeswehr. Er ist als Oberst a. D. heute im Ruhestand. Er war nach dem Abitur in einen Orden eingetreten und wollte Priester werden, fand jedoch seine Berufung zum Soldaten. Im Brief wird das Fahrtenerlebnis angesprochen.

SKTS: Böhner:
Clemens Hürten an die Freunde an der Front
(Aufruf zu einer Rundbriefaktion Düsseldorfer NDer)

Wuppertal-Cronenberg, am 25 . November 1940

Grüss Gott, Ihr Freunde!

Wenn ich heute schreibe, so geschieht es aus einem Gefühl heraus, das ich sicher mit Euch allen teile , obschon ich noch .. „geruhsam" in der Heimat sitze. Seit einem halben Jahr bin ich hier in Wuppertal, habe unser liebes Düsseldorf verlassen. Einsam findet man sich in einer solchen Stadt, zu viele Wurzeln halten uns daheim gefangen. Aber ich habe ja nicht nur eine Stadt, ich habe mehr verlassen, eine lebendige Gemeinschaft, Euere Gemeinschaft. Allerdings, sie war z.T. schon körperlich zerrissen: aber an meinem Primiztage habe ich sie noch kosten dürfen wie selten. Wie hat mich damals Eure Teilnahme gefreut. Nun ist ein halbes Jahr vorüber, nichts deutet auf ein Ende des Krieges. Werden wir einander noch nahe sein nach dieser Zeit? Wird unsere Gemeinschaft die harte Probe der Trennung bestehen? Das sind Fragen, die mich und auch manche von Euch, die ich treffen konnte, bewegen. Wenn wir uns doch irgendwie nahe bleiben könnten! Da tauchte wie von selbst der Plan zu diesem Briefe auf, der versuchen soll, ein Band zu schlingen, das Bewußtsein des gemeinsamen Strebens und Kämpfens wachzuhalten. Vom Erleben der Brüder, von ihrer „Situation" soll er sprechen. Nicht nur dies eine Mal! Nicht nur von einem geschrieben! Nein, öfter soll er zu Euch finden. Alle sollt Ihr mit schaffen daran. Alfred Hockel und ich (wir sind ja Nachbarn) wir wollen die „Redaktion" übernehmen. Helft Ihr uns, die Briefe zu formen, daß sie aus der Gemeinschaft für die Gemeinschaft wachsen; daß sie erzählen von Euerem Erleben, Euren Möglichkeiten zu schaffen, Euerer Bewährung im Ansturm der tausend Dinge des soldatischen Alltags.
Wenn durch unser gemeinsames Bemühen die Freude an unserer Gemeinschaft, die Treue zu ihr, das Gefühl des Zusammengehörens erhalten bleibt und wächst, hat dieser Brief sein Ziel erreicht. (Antwortet bald an Alfred oder mich!)

In Treue grüßt Euch
Euer

Maschinengeschriebenes Original.
Wie Kaplan Alfred Hockel war auch Clemens Hürten ein junger Priester, der im ND aktiv war. Zusammen mit seinem Konfrater Hockel organisierte er Rundbriefaktionen an seine im Felde stehenden Bundesbrüder. Er hat den Krieg überlebt.

SKTS: Stumpf:

Robert Stumpf

Einstellung zum Kriege.

Ich habe mich nicht mit Hurra in den Krieg gestürzt, weil ich die Tragik des Krieges einerseits und die Mischung von Recht und Unrecht andererseits nicht übersehen konnte. Aber ich habe mich zu der Überzeugung durchgerungen, daß man beim Kampf seines Volkes um Sein oder Nichtsein nicht abseits stehen darf, sondern mit Wort und Tat zu seinem Volke und seinem ruhmvollen Erbe stehen muß. Heute bin ich innerlich so kriegsfreiwillig wie jene junge Generation des Weltkrieges, die singend zu stürmen und zu sterben wußte. Ich stehe zu jener Haltung, der Walter Flex in seine Schriften unvergänglichen Ausdruck verliehen hat, zum reifsten vielleicht in seinem Brief an Frau Fine Hüls, den er nach seiner freiwilligen Meldung zur Westfront geschrieben hat. Ich weiß, daß ich mit dieser Haltung selbst unter meinen besten Kameraden so ziemlich alleine stehe. Es kümmert mich nicht. Wo käme ich hin, wenn ich immer nach den Anderen fragen wollte ?! Und wenn mir jemand sagte, die Haltung eines Walter Flex sei heute für uns unmöglich, so kann ich nur sagen, daß für mich unmöglich ist, wer so etwas auszusprechen wagt.

(Nach einem Brief an Feldwebel Matth. Schmelter vom 27.10.40. Am Tage vorher erfuhr ich, daß ich zur Feldtruppe abgestellt würde.)

Vgl. hierzu die Argumentation von Alfred Delp SJ. In diesem Text kommt auch die Verwurzelung im Patriotismus der früheren bündischen Jugend, mit Walter Flex als derem bekanntsten Protagonisten, zum Ausdruck.

SKTS: Böhner:
Alfred Hockel an Clemens Hürten

November 1940

..„..Was so ein Brief kann, wie Du ihn planst und wie ich ihn mir auch sehnlichst erbitte: eine Plattform schaffen, von der aus ein Überblick über dieses große Ding „Krieg“ geschaffen werden kann. Was den einzelnen für einen Augenblick aus seinem Pferch herauszieht und in ihm Sehnsucht weckt, Glauben stärkt und Treue ahnen läßt. Daß von den ewigen Dingen der Seele darin zu spüren ist, die auch kein Krieg verwandeln kann. Und unter diesen Dingen das schlichte Treubleiben in den tausend Verführungen dieses Krieges, denen niemand entgeht; und damit meine ich nicht die Versuchungen des Fleisches oder – wenn man will – doch des Fleisches: den Stolz nämlich und die Eitelkeit aus arm gewordenen Herzen. Ob uns noch einmal ein unbefangenes Zusammensein gelänge, wo jeder sein Eigenes anbietet? Ob nicht so und so viele Masken erschienen?
Versuch's und haltet Ihr den Herd am brennen.

Maschinenschriftlicher Auszug.
Brief des Jugendseelsorgers im ND Alfred Hockel an seinen Bundesbruder und Konfrater Clemens Hürten, worin er das geistige Anliegen der Rundbriefe anspricht.

SKTS: Böhner:
ND-Rundbrief von Reiner Hürten

Düsseldorf, im November 1940

Liebe Freunde!

Ein Lebenszeichen aus dem Lazarett! Da wundert Ihr Euch?
Aber die Front habe ich doch noch nicht gesehen und erlebt. Nur ein kleiner Unfall auf dem Kasernenhof in Westfalens schöner Hauptstadt. Der Fuß schlug mir um und verursachte einen Bluterguß. Den Sonntagsurlaub nach Düsseldorf ließ ich mir natürlich nicht entgehen. An eine Rückfahrt war aber nicht mehr zu denken. So liege ich denn jetzt im Dominikanerkloster an der Herzogstraße im Lazarett. Ja, man muß es so einzurichten wissen, daß man seine Verletzungen in Düsseldorf kuriert, dann erhält man von Zeit zu Zeit Besuch von den Angehörigen und von – wer könnte es anders sein – Alfred Hockel. Er ist ein wirklich Treuer unserer Gemeinschaft der Düsseldorfer. Wo sind sie alle? Hat der Krieg alle in die vier Himmelsrichtungen zerstreut? Warum wissen wir nichts mehr vom Anderen? Die Schuld liegt bei uns allen. Alfred und mein Bruder Clemens wollen nun die Verbindungen wieder herstellen. Auch ich will nicht abseits stehen. Ich habe zwar keine hervorragenden Erlebnisse gehabt, da ich bisher nur in der Heimat war. Aber von kleinen unscheinbaren Dingen, die mir doch viel bedeuten, kann ich Euch schreiben. Zunächst das Glück schöner Garnisonstädte: Danzig, die schönste Stadt des Deutschen Ostens mit altehrwürdigen Bauten, mit Wäldern, sonnigen Hügeln und schäumender blauer See in den Sommermonaten Juni und Juli. Sodann das alte behäbige Münster in Westfalen und die Welt des reichen Münsterländer Bauern mit Gartenarbeit im Spätsommer (… denn drei Wochen lag unsere Kompanie in einem Arbeitsdienstlager unweit Münsters.). Und nun geht es nach Thüringen, unweit Meiningen. Das Zweite: Seit Erhalten meines Gestellungsbefehls ist Hans Haven mein Kamerad. Immer blieben wir zusammen. Kein Ereignis, sowohl in der Ersatzkompanie als auch in dem aktiven Schützenregiment, dem wir seit Ende September angehören, konnte uns bisher trennen. Vorübergehend hatten wir sogar ein und dasselbe Spind in Besitz. Das Dritte ist, daß Hans und ich in Danzig einen Kreis feiner, froher und lebendiger Jungen getroffen haben. So wurde unsere Freizeit herrlich ausgefüllt. Auch Ältere fanden sich ein. Der Geist ist noch lebendig. Nun will ich hoffen, daß auch bei den Düsseldorfern wieder etwas lebendig wird:

Es grüßt Euch in treuem Gedenken

Euer Reiner Hürten

Handschriftlicher Brief des NDers Reiner Hürten, ein Bruder von Kaplan Clemens Hürten. Reiner Hürten war als Soldat zur Wehrmacht eingezogen worden. Er beschreibt hier das Erlebnis, gleichgesinnte Kameraden angetroffen zu haben.

SKTS: Stumpf:

Beim sterbenden Kameraden

Man hat die Front mit süßlichen Gebetstexten überschwemmt, man ging mit der Liebesreue als dem „goldenen Himmelsschlüssel" hausieren, und auf den Zuspruch manches Geistlichen, der den Sterbenden nicht viel mehr riet, als ihre Sünden zu bereuen, ist mancher Soldat ehrlich empört.
Es ist nun ein schwerwiegender Fehler unserer Zeit, daß ihr Begriffe wie „Schuld" „und Sünde" verhaßt sind. Aber es ist schon wahr, daß es ein Armutszeugnis wäre, wenn das Christentum in der letzten Stunde nichts als ein klägliches Sündenbewußtsein geben könnte. Ich meine, daß christlicher Glaube eine andere Sprache spricht, und ich höre im Geiste einen aus unseren Reihen sprechen, wie er sich zum sterbenden Kameraden neigt:
„Kamerad! Nun hat Dich Gott gerufen. Er ruft einen jeden von uns, heute oder morgen, auf dem Schlachtfeld oder auf dem Krankenbett. Sein Ruf macht unserer Pilgerschaft ein Ende und führt uns in die ewige Heimat, das Reich der Herrlichkeit.
An Dich ist heute dieser Ruf ergangen. Du mußt ihm folgen. An Dir aber liegt es, wie Du ihm folgst. Gehe zu Gott mit frohem, bereiten Herzen. Vertraue ihm, daß er in seiner Liebe Dein Heil will. Und was zwischen Dir und Gott steht, das sühne durch herzliche Liebe und Reue. Er wird Deine Hingabe und Dein Opfer ansehen und Dich als liebender Vater aufnehmen.

Du bist auf Christi Namen getauft, durch sein Blut erlöst, mit seinem Leben verbunden. Er spricht zu Dir: „Ich bin nicht gekommen, die Welt zu richten, sondern zu retten". Und weiter: „Wer an mich glaubt, der hat das ewige Leben".

Es segne Dich der allmächtige Gott Vater, Sohn und Heiliger Geist und führe Dich zum ewigen Leben, Amen!"

(26. Nov.1940)

Zur Verbreitung vorgesehener maschinengeschriebener Text des Theologiestudenten Robert Stumpf, der hier neue Wege einer den Realitäten des Krieges angepassten Pastoral bei der Sterbebegleitung von Soldaten vorträgt.

SKTS: Stumpf:

Robert Stumpf

Kriegsfreiwillig.

„Ich habe es gar nicht versucht, Studienurlaub zu erhalten, und würde es auch heute nicht tun, weil ich innerlich kriegsfreiwillig bin, und es mir ein Verstoß gegen diese Gesinnung und die Bereitschaft, die sie für den Einsatz fordert, ein Verlust an Ehre und am Adel selbstloser Hingabe zu bedeuten scheint."

(27. Nov. 1940)

Kriegsfreiwillig.

Nun weile ich wieder in dem Land, dessen Wappen das Balkenkreuz auf weißem Grund ist, und sehe einem Weihnachtsfest in der Fremde und dem gefürchteten hiesigen Winter entgegen.
Denn während andere ihr Studium wieder aufnehmen, glaubte ich dem Geist eines Walter Flex getreu, im grauen Rock für mein geliebtes Volk alle Zeit einsatzbereit bleiben zu müssen, bis der Sieg erstritten ist.
Der Verlust, der mir aus der Verleugnung dieser Haltung um eigener Vorteile willen erwachsen wäre, schien und scheint mir größer als der Verlust, welchen die Aufgabe zweier Kriegstrimester bedeutet. So suche ich, wie die Ordensritter in alter, so jetzt in neuer Zeit, in ganzer und ungeteilter Hingabe Gott und meinem Volk zu dienen.
(Aus einem Brief an Prof. H. Mainz vom 1. Dezember 1940)

Robert Stumpf erinnert hier an das Gebiet des Deutschen Ordens im Mittelalter. Er befindet sich jetzt im Baltikum, wo auch der Dichter Walter Flex am 15. Oktober 1945 auf Ösel gefallen ist.

SKTS: Strunck:
Brief des NDers Karl Heinrichs an Leo Custodis:

1. 12. 1940

Lieber Leo,

Für mich kam dein Gruß natürlich unerwartet und war daher mir eine besondere Freude. Es ist klar, die Briefe der Kameraden können nicht das Zusammensein ersetzen, aber sie bringen uns in der Zerstreuung immer wieder zu dem zurück, was war. Das ist für jeden mehr als eine blasse Erinnerung. Es ist das, woran sich unser jetziges Leben weiterbaut. Was es heißt, uns wiederzusehen, merkte ich im Urlaub. Ich traf Andreas, Tom und Wilhelm Mehren. Das war prima. Du weißt ja Bescheid.
Was mit mir los ist, weißt Du ja so ungefähr. Im Osten des Reiches liegen wir und warten vergeblich auf Arbeit. Dieses Warten fordert oft mehr Kraft als der härteste Angriff.
Wir fassen Wurzel mit dem Leben der Menschen, und das, was das Größte des Krieges ist, das Fernsein von jeglicher Sicherung, fehlt uns. Wir haben diese Sicherungen wieder. Sie sind ganz angenehm, aber das wollen wir doch nicht. Stehen mit uns allein, fern von allem, das hoffen wir. Nun, es kann nicht werden. Warten wir weiter. Die Kameradschaft, wir leben mit einigen zusammen, ist prima. Wie es damit steht, merkt man erst recht, wenn die Möglichkeit heranrückt, auseinandergerissen zu werden. Hauptsächlich sind wir gleichaltrig, ein ganz toller Vorteil. Die Abende sind das Schönste vom Tage. Ich wünsche Dir, wenn Du auch einmal dahin musst, eine ähnliche Gemeinschaft.

Dir frohen Gruss und Dank. Dein Karl.

Maschinenschriftliche Abschrift eines Briefes.

SKTS: Strunck:
„Briefe der Kameraden“

Köln, den 6. Dezember 1940

Liebe Kameraden! Zum vierten mal sollen die „Briefe der Kameraden“ hinausgehen, überallhin, wo Glieder unserer Gemeinschaft an der Front oder in der Heimat ihre Pflicht tun. Sie sollen Freude und Trost spenden, sollen helfen, daß das Band zwischen uns nicht reißt, und wären die Entfernungen noch so groß.
Was bedeutet uns dann noch der Raum für unsere Gemeinschaft, für unsere Gemeinschaft in Christus, in der Liebe Christi.
Schon in der Urkirche war der Brief das Bindeglied zwischen den Gemeinden, durch die sie immer wieder Trost empfingen, aufgerichtet wurden und gestärkt zum Kampf für das Reich Gottes.
Das geschriebene, wie das gesprochenen Wort war und ist die stärkste Waffe in diesem Kampf. Der Apostel Paulus meint dies, als er rief: „Ergreift das Schwert des Geistes!“
Und nun will ich etwas von mir selber berichten:
Von Cherbourg aus sind wir wieder umgesiedelt nach Südfrankreich. Nun liegen wir in einer Kaserne 30 km von Bordeaux und machen sturen Dienst. Für zwei Wochen bin ich allem entflohen, doch schon nähert sich bedenklich das Ende des Urlaubs. Am Sonntag abend reise ich hier wieder ab. Fast hoffe ich, ein Fliegeralarm würde mich hier festhalten!
Euch alle grüße ich recht herzlich mit dem Wunsch, daß wir uns bald wieder einmal im Frieden Alle hier versammeln können.

Euer Heinz (Susi)

Maschinengeschriebener Rundbrief des NDers Heinz Klein aus Köln, der aus dem Heimaturlaub an seine im Felde stehenden Bundesbrüder schrieb. Er führte den Spitznamen „Susi“.

SKTS: Böhner, S. 11:

H. F. an Hans Böhner:

im Feld, Sonntag, 22. 12. 40

(Nach einigen persönlichen Erinnerungen):
Nun bin ich fast ein Jahr schon Soldat und habe das Leben auch aus diesem Gesichtswinkel kennengelernt. Der Vormarsch in Belgien, ganz besonders aber in Frankreich ist für mich eine bleibende, z.T. schöne Erinnerung geworden. Seit 3 Monaten liegen wir nun hier im wiedereroberten Osten und wollen nun unter uns Kameraden Weihnachten feiern, fern der Heimat, nur mit den Gedanken dort. Wir wollen das lb. Christkind bitten für unsere lb. Eltern und und..., nicht zuletzt aber für den Frieden in der ganzen Welt. Nur das ist es, was uns hier stark macht und beständig. Ich bitte Sie um ein kleines Gebetsgedenken!

Maschinenschriftlicher Briefauszug von Hans Böhner.

DstHdh: Nachlass Wellenhofer 35:

München, 22. XII. 40

Grüß Gott, Herr Kurat!

Ich habe mich sehr gefreut über Ihren Weihnachtsgruß und muß Ihnen vielmals danken für Ihr Zeichen der Verbundenheit.
Es ist etwas so Wunderbares um diese geistige Gemeinschaft der Brüder, die uns immer bindet.
Und wenn wir nun bald das Fest von der Liebe Gottes feiern, die sich darin geoffenbart, daß Gott seinen eingeborenen Sohn in die Welt gesandt, damit wir durch Ihn leben – dann wollen wir alle aneinander denken. Wie arm sind doch die Menschen, die nichts wissen vom Geheimnis der hochheiligen Nacht. Wir aber wollen uns erneut darob freuen, daß uns ein Heiland geboren: Ein Kind ist uns geboren, ein Sohn ist uns geschenkt, auf seinen Schultern ruhet die Herrschaft der Welt!
Schwer liegt das neue Jahr vor uns. Was wird es bringen? Kampf, das ist gewiß! Kampf im Innern, Kampf im Äußeren, Kampf um Christus, Kampf für Christus. Ich denke oft daran: „Noch ist nicht alles geschehen zur großen Läuterung."
Wenn uns nur der Herrgott die Kraft gibt, tapfer zu bleiben, demütig und fromm so wie es uns die Mutter gelehrt und möge die Mater Dei für mich bitten, daß ich in all der Not die Reinheit des Herzens bewahre – dann bin ich reich genug und verlange nicht weiter.
Und möge der Herr Ihnen die Kraft geben, uns allen weiterhin Freund und Führer zu sein – näher hin zu Gott, der Sehnsucht unseres Lebens.
Beten wir für einander in dieser Hoffnung.

In Treue

Ihr Erwin Strunz

Handschriftliche Unterschrift unter das maschinengeschriebene Original eines Feldpostbriefes an Pfarrer Stefan Wellenhofer.

SKTS: Böhner:
Rundbriefaktion Düsseldorfer NDer

… den 25. 12. 40

Zu Weihnachtsabend hatten wir eine wundervolle Feier. Draußen standen die Posten an der Kanone, der Boden war glashart gefroren, und ringsum weihnachtliche Stille. Der Kommandeur und Batteriechef saßen mitten unter uns. Manchem älteren Kameraden traten beim Singen der alten Lieder die Tränen in die Augen. Sie brauchten sich ihrer nicht zu schämen. Am anderen Morgen kam einer unserer Ostmärker zu mir und sagte: „ Herr Uffz., das war das schönste Weihnachtsfest, das ich bisher erleben durfte". Er ist ein Mann von 37 Jahren mit einer Frau und vier Kindern.
Berndt Lottner

Berndt Lottner war ein NDer aus Düsseldorf, der damals als Unteroffizier in der Wehrmacht diente.

SKTS: Rausch:
Rundbrief an die im Felde stehenden NDer aus Köln von Ernst Rausch:

O.U. 27.Dezember 40

Lieber Kamerad!

Wenn Du diesen Brief erhältst, ist ein neues Jahr angebrochen. Weihnachten ist vorüber, aber die Verheißung des Friedens und der Liebe steht leuchtend über dem Neuen, das heraufzieht. Was die Zukunft bringt, weiß keiner. Aber daß sie Entscheidungen und Bewährungen für uns alle bringen wird, ist sicher. Vielleicht wird einer aus unserem Kreis zur letzten Entscheidung aufgerufen werden. Der Kampf um unser Reich, auf dessen Fahne wir alle die Treue geschworen, ist noch nicht zu Ende. Wenn wir jetzt auch in Ruhe sind, schärfen wir nur die Waffen für das kommende Ringen, das schwer sein wird. Ich weiß, jeder von uns wird mit heiliger Begeisterung und ernster Pflichtgesinnung an der Stelle ein ganzer Soldat sein, wohin der Herrgott ihn rufen wird. Und seid sicher, „Christus schont seine Soldaten nicht, hat er doch zuerst gekämpft und gesiegt!" (Augustinus)

Darüber hinaus seid Euch aber Eurer großen Aufgabe bewußt, Ritter seines Reiches zu sein. „Der Menschheit Würde ist in Eure Hand gegeben, bewahret sie, sie sinkt mit Euch, mit Euch wird sie sich heben!" (Schiller) Vergeßt nicht: das Reich Gottes steht nicht in Worten, sondern in Kraft! Und diese Kraft muß aus Euch strahlen, wirken in die Kameradschaft, der Ihr angehört; diese Kraft muß die Weihnachtsbotschaft verwirklichen:
„Ein Mensch, der wahre Gottesfurcht im Herzen hat, ist wie die Sonne, die da scheinet und wärmt, wenn sie auch nicht redet!" (Matthias Claudius)

Ich habe ein schönes Weihnachtsfest im Kreise meiner alten Kameraden der Feldtruppe in einem kleinen, halbzerschossenen französischen Dorf verbracht. Ich denke an Euch alle und wünsche Euch für das Neue Jahr Gottes Segen.

In Treue

Ernst

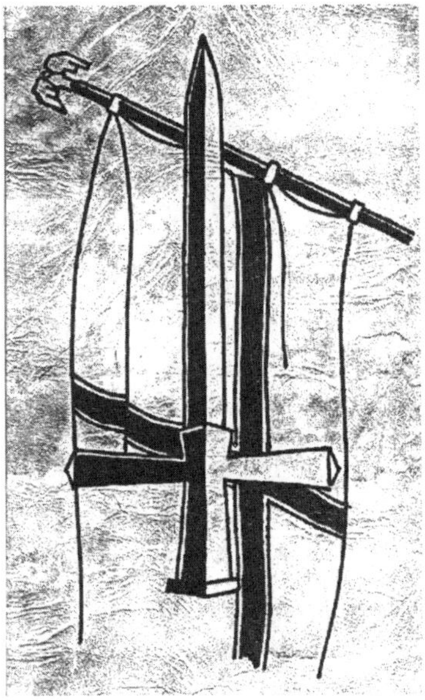

Kreuz, Fahne und Schwert als Motive eines Umschlages der Aufzeichnungen im Kriege des Kölner NDers Robert Stumpf, der als cand. theol., am 25. 6. 1941 als Gefreiter in einem Infanterieregiment vor Libau gefallen ist. Die Aufzeichnung hatte er unter den Titel „Fahne und Schwert" gestellt.

SKTS: Stumpf

Briefe von 1941

DstHdh: Nachlass Wellenhofer: 33

Lieber Herr Kurat!

Ohne Datum, vermutlich 1941

Natürlich habe ich wieder eine Bitte heute. Aber zuerst darf ich sagen, daß es mir gut geht. In exteriori sehr gut. Arzt ist weg. Ich bin „Chef“. Wenig Kranke. Man kommt zum Lesen.
In Interiori weniger gut. Nicht gerade schlecht. Aber es könnte besser sein. Wird wohl alles dazugehören.
Aber die Tiefen in uns sind scheints doch recht tief. Man kommt immer wieder in Tieferes. Und die Höhe läßt man zwar nicht aus dem Auge. Aber die Tiefe zieht oft mit arger Gewalt an. Aber Mut und Humor habe ich noch nicht verloren.
Nun zu meinen Bitten!
1. Könntest Du mir auf meine Feldpostnummer das „Hochland“ zuschicken lassen. Ich werde die Zahlung von hier aus sicher regeln können.
2. Könntest Du mir durch das Ordinariat mit Dienstpaket Meßwein schicken lassen. Nicht zu viel. Vielleicht einen halben Liter. Bei den Kriegspfarrern ist nichts zu bekommen. Privat schicken wird nicht gut gehen. Am Ordinariat ist sicher eine Stelle, wo man über diese Dinge Bescheid weiß.
3. Von uns ist ein sehr tüchtiges, feines Mädel nach Mü. gekommen. Am Samstag fährt es nach Miesbach. Ich habe große Hoffnung, daß dieses Mädel etwas fertig bringt dort. Sie übt ein sehr gutes Apostolat aus durch ihre Briefe an die Soldaten, die wir jetzt auch schon draußen haben. Es war in Württemberg bei evangelischen Leuten in der Lehre und hat sich herrlich als diasporareif gezeigt.
Vielleicht kann Stöttner Fühlung und dann durch das Mädel auch Einfluß nehmen auf Miesbach. Es klappt dort scheints nicht recht mit den Fräuleins. War P. Bob schon bei Dir? Er arbeitet mit den Jüngeren sehr gut. Mit den Älteren scheint es auch nicht ganz zu klappen. Doch kann ich mich hier sehr täuschen.
Auf jeden Fall klagen die Soldaten, daß die Fühlung mit den Buben daheim nicht sehr lebendig ist. Da müßte Bob schon etwas draufdrücken. Er hat allerdings drückend viel Arbeit.
Wie war es mit der Glaubensfeier? Wie geht es sonst?
Man steckt mit dem ganzen Herzen in all dem, was früher war.
Eben bekommen wir den ersten Beschuß. Da fällt gleich wieder vieles Faule weg.
Hoffen wir, daß alles gut geht in Interiori und in Exteriori. Oremus pro invicem!

Mit herzlichem Gruß

Dein Richard

Maschinengeschriebener Brief des zur Wehrmacht eingezogenen Kaplans Richard Lipold, der als Sanitäter in einem Lazarett im Operationssaal eingesetzt ist Nach dem Kriege war er Nachfolger von Stefan Wellenhofer als Diözesanjugendseelsorger in München.

In exteriori: äusserlich, interiori: innerlich.
Hochland: Zeitschrift für Katholisches Geistesleben.
Mit „Mü" ist wahrscheinlich München gemeint.

SKTS: Böhner:
Rundbrief Düsseldorfer NDer

4. 1. 41

...Hier haben wir unser Weihnachtsfest gefeiert. Nach einer kleinen Feier innerhalb der Kompanie brachen wir um 11 Uhr zur Mitternachtsmette auf. Draußen pfiff ein frischer Wind, und es trieb uns den letzten Rest Schlaf aus den Augen. Schwer wurde es in diesem dichten Schneetreiben den Weg zu finden. Aber zu guter Letzt kamen wir doch zur „Garnisonkirche", einer ehemals russisch-orthodoxen Kirche. In kleinen Gruppen kamen die Landser von allen Seiten heran. Am Eingang klopften wir uns gegenseitig den Schnee aus den Mänteln. Die kleine Kirche war bereits überfüllt, aber dennoch war es lausig kalt. Durch Stampfen und Händereiben versuchte ein jeder sich zu erwärmen. Es wurde 12, es wurde 1/2 1, der Pfarrer kam nicht. Da endlich – gegen 1/4 1 fuhr draußen das Auto unseres Kriegspfarrers vor. Er hatte für die 45 km Anmarsch 3 1/2 Stunden gebraucht. Als nun zu Beginn der Mette die alten Weihnachtslieder der Heimat aufklangen, da schien es, als ob sich die Herzen öffneten und die Weihnachtsbotschaft alle erfüllte. „Es ist ein Ros' entsprungen." Mancher fuhr sich doch verstohlen über die Augen. Das war unsere Weihnacht, irgendwo auf Wacht im Osten...

Hans Kaumanns

Hans Kaumann war ein NDer aus Düsseldorf, der 1938 das Abitur bestand und ab 1939 bei der Wehrmacht diente. Der hier beschriebene Feldgottesdienst fand offenbar in einer Kirche im besetzten Polen statt.

SKTS: Böhner, S. 8:

Werner Cormann an Hans Böhner:

Münster, 10. 1. 41

(Sein Dank bezeugt, daß zwischendurch auch Korrespondenz war) Ich beginne mein 3. Semester, ob ich es zu Ende bringen kann, ist fraglich, ich muß jederzeit mit Rückberufung rechnen. Keine ideale Sache zum Studium! Aber heute muß jeder Opfer bringen und mein Opfer ist doch nur ganz klein, gemessen an den Opfern der vielen Anderen. Mein Freund D. hat mehr mitgemacht, er hat den Polenfeldzug mit Verwundung mitgemacht und im Westen in vorderster Linie gekämpft. Er kann stolz sein, denn als Gefreiter das Eiserne Kreuz zu tragen, ist schon eine besondere Auszeichnung. Überhaupt haben die Leute vom Bund (ND) in diesem Krieg auch ihren Mann gestanden. Mancher hat sein Leben gelassen, viele sind ausgezeichnet worden. Da will ich nicht jammern... Wollen wir hoffen, daß der Krieg bald eine entscheidende Wendung erfährt und zu einem segensreichen Frieden führt. Aber das liegt alles in Gottes Hand. Wir haben allen Grund zuversichtlich zu sein; denn Gott ist ja kein menschenfeindlicher verderbenbringender Dämon, sondern die Güte und Menschenfreundlichkeit selbst. Ob aber diese Güte darin besteht, unsere Pläne und Zukunftsträume alle in Erfüllung gehen zu lassen, ist natürlich eine andere Frage. Verwöhnen wird Er uns nicht, denn Er ist unser Vater und im Wesen des Vaters liegt es nicht, seine Kinder zu verwöhnen und ihnen allen Willen zu tun! Aber irgendwie werden wir alle zum Ziele kommen, und das ist ja auch die Hauptsache.

Maschinenschriftlicher Auszug aus einem Brief von Werner Cormann, den Hans Böhner angefertigt hat. Am Ende hat Böhner vermerkt: „W. wurde Unteroffizier!“

SKTS: Böhner, S. 18:

U. W. an Hans Böhner:

Norwegen, 21. 1. 41

Mein Schweigen war nur durch Mangel an Zeit bedingt, wir liegen hier durchaus nicht auf der Bärenhaut, es ist immer etwas außer der Reihe. Nun ist auch der Fjord zugefroren, aber im Wechsel von Ebbe und Flut bricht die Eisdecke immer wieder auf. Und wenn man nachts auf Posten steht, hört man das Knacken, Knittern und Knirschen des Eises wie eine furchterregende Sinfonie. Am Tage aber, im Licht der fernen Sonne, bietet der Fjord ein wunderbar intimes Bild: verschwunden ist alles Düstere und Neblige, das Eis glitzert und funkelt. Dann möchte man hinaufsteigen in die Wildnis hoch oben. Aber man ist Soldat, hat andere Aufgaben und Pflichten, bei meiner Einheit ganz besonderer Art, die nur wenig Spielraum lassen für Wünsche des Einzelnen. Man verlernt hier das Reden und wird auch etwas taub. Das kommt daher, daß man schon ein wenig die Sphärenmusik hört, die Harmonie der Schöpfung ahnt. Ich glaube, sie ist heilsam für vieles, und darum gebe ich mich ihr hin…(Und von seiner Schwester in Berlin berichtet, daß sie, nur mit einem Wollschal bewaffnet, vom Speicher ihres Hauses aus 5 Brandbomben durchs Fenster hinausgeworfen hat! – Fast zur gleichen Zeit tat ich dergleichen in Köln…)

Maschinengeschriebener Auszug eines Briefes, von dessen Verfasser nur das Namenskürzel „U.W.“ bekannt ist, an Hans Böhner. In der Klammer hat er ein Erlebnis aus den Anfängen des Bombenkrieges auf deutsche Städte eingefügt.

SKTS: Stumpf:

Robert Stumpf

16. Februar 1941

Hingabe als Selbstopfer.

Ich glaube, immer deutlicher zu erkennen, wie sehr ich in der Aufgabe meiner Zeit (Kampf bis zum Sieg meines Volkes) und meines erwählten Berufes (Kampf um mein Volk im Zeichen Christi) aufgehen und mich selbst mit all den kleinen Wünschen, die jeder hat, für ihre Vollbringung opfern muß.Es ist hier wie überall. Die Person muß vor der Sen-

dung zurücktreten. Nicht unser Begehren, unsere Bequemlichkeit und unser Vorteil, sondern nur die Pflicht hat unsern Weg zu bestimmen.
Die Pflicht ist das Höchste und, mag sie auch Opfer fordern, darum das Begehrenswerteste.
Ein Kind dünkt mir jener, der dem Leben fordernd, begehrend gegenübertritt.
Zum Manne gereift ist jener, der das Leben als Aufgabe begreift.
Ein Held ist jener, der alle Selbstsucht, alles Begehren, ja, sich selbst, seiner Lebensaufgabe opfert.

SKTS: Böhner, S. 15:

Werner Sallermann an Hans Böhner:

am 2. 3. 41

(Ein aus vollem Herzen heraus geschriebener persönlicher Brief): Jahr um Jahr durcheilen wir in wechselvollem Geschehen. Aber über all dieser Zeit steht schlicht und aufrichtig unser Beider Kameradschaft. Es ist schön, manches Mal ohne großen Aufwand und viele Worte mit müdem Herzen sich in den Schutz dieser Kameradschaft zurückziehen zu können. Sie ist immer da, wenn man sie sucht, ohne aufdringlich zu sein, hab Dank. Vielleicht gebührt dem Bund, unserem Jugendtum, der größte Dank! Noch warten wir. Aber es ist ein ahnungsvolles Wissen in uns und ein großer Aufbruch um uns. Seele und Körper drängen dem Kampf entgegen. Uralt ewiger Soldatengeist reckt sich tatenfroh und begehrend mit dem erwachenden Frühling auch wieder dem Kommenden, dem Großen entgegen. So sind wir in klarer, ruhiger Entschlossenheit willensbereit und gläubig. Ja, man kann schon sagen, daß es auch ein Kampf der Seelen und Geister sein wird, wie es eigentlich in mehr oder minder großen Ausmaßen immer Begleiterscheinungen der Kriege gewesen sind.

Du weißt, daß ich so ganz in meinem Milieu hier lebe, und doch eigentlich nie so ganz erfüllt bin. Dieser Zwiespalt läßt sich wohl nie mehr so recht überbrücken, schon allein wegen der rein äußerlichen Unmöglichkeiten. Diese so unverschuldete Unvollkommenheit lähmt so oft meinen Schwung. Allerdings vermag sie meinen Glauben und meinen Idealismus nie (oder kaum) zu beeinträchtigen. Es ist schade. Ob wir je, wenn wir wiederkehren (!) ein eigenes Leben zu führen imstande sein werden? Ob wir wohl je ein Stück unserer Jugend aus der Oberreife des Krieges hinüberzuretten in der Lage sind?

Die Textaussage in der Klammer ist eine Anmerkung Hans Böhners in dem von ihm gefertigten maschinenschriftlichen Briefauszug.

SKTS: Strunck:
„Briefe der Kameraden“:

27. April 41

In Norwegen, am 30. März 41

Lieber Kamerad!

Heute endlich habe ich meine Gedanken soweit gesammelt, um Dir diesen schon lange versprochenen Brief zu schreiben. Es war in letzter Zeit nicht einfach für mich und meine Kameraden, sich soweit zu sammeln, um eine vernünftige geistige Arbeit zu vollbringen, womit ich nicht sagen will, daß dieser Brief nun eine geistige Arbeit werden soll. Du verstehst schon, was ich damit sagen will.
Vor einiger Zeit, im Anschluß an die vorletzten „Briefe der Kameraden“, schrieb ich Dir (Leo), daß mir einiges am Inhalt einzelner Briefe nicht zugesagt hätte. Was dies nun ist, wirst Du aus dem nachstehenden entnehmen können. Vielleicht war es den Kameraden nicht so gemeint, aber wir müssen heute mehr denn je darauf achten, daß man unseren Briefen nie einen anderen, ungünstigen Sinn unterschieben kann. Aus einigen Äußerungen konnte man beim Lesen dieser Briefe eine etwas miese und müde Haltung herauslesen. Die darf auf keinen Fall bei uns Platz greifen, wenn auch schon mal Stunden und Tage kommen, in denen aber auch alles scheinbar gegen seine Auffassung geht. Wir haben früher oft an Abenden im Heim oder auf großer Fahrt nach ereignisreichen Tagen zusammengesessen und über unsere Haltung und Stellung gesprochen. Ich halte es daher für überflüssig, dies hier noch einmal klarzulegen, vielmehr glaube ich, daß durch einige Äußerungen allen Kameraden wieder die Erinnerung an diese Gespräche kommt. Wir sind durch unsere Geburt von Gott in unser deutsches Volk hineingesandt worden, und durch diese Gottessendung haben wir zweierlei Pflichten zu erfüllen. Zuerst einmal Gott gegenüber – diese Pflichten werden wohl jedem klar sein – dem wir angehören dürfen. Und da steht im Augenblick die Dienstpflicht im Heere an erster Stelle. Ich selbst stehe im Waffendienst des deutschen Volkes und weiß wie das ist. Ich kenne die Tage und Wochen, angefüllt mit Dienst und Strapazen, in denen man gern auf die Äußerungen anderer, uns innerlich fernstehender Kameraden eingeht und schließlich sogar mitgeht. Man wird „stur“, obgleich man sich in dieser „Haltung“ nicht wohlfühlt. Ja, wenn der Einsatz schon da wäre, aber dieses ewige zermürbende Warten auf etwas Ungewisses, vielleicht Drohendes. Da kommt man sicherlich leicht in Gefahr, die Ideale, unsere Ideale, zu vergessen oder sogar gänzlich abzutun. – Bei uns gibt es keinen „Hurra-Patriotismus“, aber wir sind ungeheuer stolz darauf, die Waffen des Volkes zu tragen, und vielleicht, wenn der Herrgott es will, mit diesen Waffen kämpfen zu dürfen. Das war es doch, was wir vor wenigen Jahren noch im Heim oder am Feuer ersehnt haben. Und heute – ! Ja, manche von uns haben sich etwas geändert. Mit ihrer weiteren Reife ist ihnen die feurige Begeisterung und der innere Schwung abhanden gekommen. Ich zweifle nicht, daß Du, Kamerad, und alle am Tage Eurer Feuerprobe Euren Mann stehen werdet. Aber warum denn jetzt diesen Kameraden das Wort reden und auf alles fluchen und meckern. Du kannst nur die große Probe bestehen, wenn Du auch jetzt diese Vorbereitungszeit meisterst und in dieser Zeit des Besinnens und Wartens zu Dir selbst findest und an Dir arbeitest. Glaub mir, ohne Vorbereitung läßt sich nichts machen. Und deshalb rufe ich Dir zu, nutze die Zeit, auf daß Du wieder „Allzeit bereit“ bist!…

Und nun auf, Kamerad! Denke an die Zeit unserer gemeinsamen Feiern und Fahrten. Zeig, daß auch Du den Willen hast, tatkräftig an der „Jungen Kirche" in Deutschland mitzubauen.

Heil Dir!

Dein Willi.

Hektographierter Rundbrief des z. Zt. in Norwegen stationierten NDers Willi Strunck. Der im Text erwähnte Leo ist der NDer Leo Custodis in Augsburg. Vgl. dazu den Aufsatz von Alfred Delp in diesem Band.

SKTS: Strunck:

Rundbrief des NDers Leo Custodis:

Augsburg, den 30. März 1941

Lieber Kamerad!

Ernst schickte mir die beiliegende Wiedergabe eines Vortrages von Karl Adam, damit sie bei den Kameraden herumgehen kann. Wenn Du diesen Schrieb durchgearbeitet hast, schicke ihn bitte weiter an einen anderen Kameraden, aber nur an einen, von dem Du die genaue Adresse sicher weißt. Damit Du dies nicht zweimal bekommst, so setze Deinen Namen auf dies Papier und schicke dies mit weiter. Behalte bitte aber den Schrieb nicht zu lange, damit die anderen Kameraden nicht allzu lange darauf warten müssen. Ich wäre Dir dankbar, wenn Du mir Deine Gedanken dazu einmal schreiben würdest.

Einen frohen Gruß Dir C.

Soldat Hans Bolder, Leo Custodis, Gefreiter Franz Fein Soldat Heinz Klein, Gefreiter Karl Heinrichs, Wilhelm Mohren, Soldat Andreas Piel, Oberpionier Jan-Gerd Schwering, Soldat Willi Strunck, Hanspaul Walbaum, Tom Pontzen, Hans Fein.
Nach Durchlauf bitte zurück an Leo Custodis, Augsburg, Kaiserstr. 53.

Der Tübinger Dogmatiker Karl Adam (1876–1966) war damals ein sehr geschätzter, allerdings zum Fundamentalismus neigender Theologieprofessor.

DstHdh: Nachlass Wellenhofer: 27

„Nach meinem Tode abzuschicken"
Amsterdam, am Vorabend Mariä Lichtmeß 1941

Meine Lieben !

Nicht zu Beginn dieses Feldzuges schreibe ich diesen letzten Brief – da war ich noch zu sehr in romantischem Denken und Träumen befangen – sondern nachdem eineinhalb Jahre Krieg als reales und aufrüttelndes Erlebnis mich geformt haben. Abschied will ich hierin nehmen von allem, was von Bedeutung für mich gewesen ist: Von lieben Menschen und Gedanken, Zielen und Sehnsüchten. Mein Leben vollzog sich in großer Zeit, – daß ich dem Herrgott nie genug für diese Gnade danken kann.

Als erstes meine Lieben, meine Freunde und Kameraden, sollt Ihr alle wissen, daß mein Tod mich nicht unvorbereitet und plötzlich trifft. Ich bin seit langem mit ihm einig geworden, und wenn er nun kommt, so kommt er als mein Freund und Vertrauter, der mir lange zur Seite ging und so oft Nachsicht übte, damit ich mich noch besser bereitete. Wenn er Euch – traurig und nachdenklich macht – ich verstehe es wohl – so seid doch gewiß, daß er für mich nicht schrecklich war und daß ich in ihm die Krönung und Vollendung meines Leben gefunden habe: „Eine größere Liebe hat keiner, als wer sein Leben gern gibt für die, die er liebt!“ Liebe zu Gott und den Menschen war das Programm meines ganzen Lebens. Und in Gott und für meine Freunde zu sterben. ist meine höchste Freude und Lebenserfüllung. – Darum seid froh mit mir und laßt die Freude dieTrauer besiegen. Dankt dem Herrgott, daß Er mich den Kampf kämpfen ließ. Und bittet für mich, daß Er mich in den Schoß Seiner alles umfassenden Liebe aufnimmt.
Eurer, meine lieben Eltern, möchte ich zuerst zum letzten Mal gedenken.
Von Euch hatte ich alles, was ich war und besaß…, unendliches Glück zu sein und zu leben, ewig, unauslöschlich !
Ihr gabt mir mit auf den Weg das Beste und Schönste, was ein neuer, junger Mensch mit ins Leben hinaus nehmen kann: die Ehrfurcht vor Gott und den Menschen, den Adel einer menschlichen Herzensbildung. die grenzenlose Weite des Verstehens aller menschlichen Arbeit und Bemühung in ihrer Größe und Schwäche. „Den guten Menschen habt Ihr mir eingeflößt durch Euer Sein, wie schweren alten Wein, der ins Blut geht (und wie oft wiesest Du, mein Vater, mir den Weg zur Seele und zum Leib unseres Volkes und Vaterlandes!). Ihr sollt stolz auf mich sein dürfen. Der Herrgott möge Euch alles vergelten, was Ihr Gutes und Liebes an mir getan habt …
Ihr meine Kameraden von der Fliegerei, Ihr vielen. die Ihr mir schon vorausgegangen seid, und Ihr, die Ihr noch lebt. Wunderbar und groß war die Zeit, die dieser Krieg uns zusammen erleben ließ. Nirgendwo gab es solche Kameradschaft wie unter uns Soldaten der Luft in schweren und auch in ausgelassenen Stunden. Im Leben und auch im Tode eine zusammengeschweißte Gemeinschaft. Stolz waren wir als Flieger und unser Fliegertod schien uns nie der schlechteste. Wir sanken hin für Deutschlands Glanz, blüh' Deutschland. uns als Totenkranz ! Lebt alle wohl, wir seh'n uns wieder, denn der Herrgott, der im Himmel ist, liebt die Treue der jungen Soldaten.“
Ihr, meine Freunde.. und noch so mancher andere, Freund, Lehrer und Führer, wie wird mein Herz froh und weit, wenn ich an Euch denke, Kampfgefährten, Fahrtenbrüder, Herzensfreunde ! Ihr weint nicht über meinen Tod, ich weiß es. Solches Leben, solch herrliche Stunden, solch glühendes Wollen und begeistertes Streben, solche Schönheit der Erde, wie wir sie erlebten – ist der Tod ein zu hoher Preis dafür? Er ist der königliche Abglanz eines unverdient gnadenvollen Lebens. So seid gefaßt und innerlich gesammelt und von Herzen froh, wenn Ihr dies Letzte von mir in Händen haltet. Ich ging von Euch und habe bis zuletzt gerungen um das Bild unserer Weit und unseres Lebenswerkes. Ich habe es nicht zu Ende gebracht. Es ist in unserer Zeit eine Herkules-Arbeit, aber wir mußten es irgendwann keimhaft grundlegen und daran bauen als Studenten, als Priester, als Werkmann im täglichen Leben. Himmel und Erde sind in Erschütterung geraten, und die Geburtswehen des neuen Zeitalters treiben dem Höhepunkt zu. Baut im Kleinen, wenn Euch das Große noch nicht gelingen will. Baut mitten hindurch durch die Wolkenbrüche der Tagesgeschichte, baut mit unerschütterlichem Vertrauen auf die Sendung Gottes, dessen

Uffz. und Beobachter Paul Güldenberg, stud. theol.
Träger des E. K. I. und II. Kl.
geb. am 1. April 1917 zu Hamburg
gefallen über Tobruk am 19. April 1941.

ABSCHIEDSBRIEF.

DstHdh: Nachlass Wellenhofer 27

Werkzeug wir sind zu noch unbekanntem Werk. Baut in Unbekümmertheit und Selbstvertrauen, sammelt im Stillen die lautere und fruchtbare Substanz, daß sie da sei, wenn die verkrampfte und hochmütige Welt sie braucht. Wie haben wir uns begeistert an den Idealen unserer Sänger und Dichter und Künstler, der wahren Bewahrer und Stillen im Lande. Wie waren wir damals maßlos entschlossen zu allem Heiligen und Großen, allem Menschenwürdigen und Freiheitbringenden, aller Wahrheit und Geistigkeit, aller Begeisterung. Güte und Liebe ! „Seid glühenden Geistes" meine Brüder, setzt fort, was ich nicht mehr konnte. Macht den Menschen wieder zum Ebenbild Gottes, macht ihn frei und zum Helden in Gott, nehmt ihm die Maske des Raubtieres und der Gier.
Wir sind hinausgezogen für unser Volk, jeden Blutstropfen haben wir ihm geschenkt, daß es wachsen kann an Leib und Seele. Unser Herz, unsere Liebe, unseren Geist haben wir ihm gegeben, denn es ist der Raum und die Quelle unserer Kraft. Wer weiß davon? Ihr, nur Ihr, wißt es in Stolz und Trauer. Hütet und pflegt die Saat, werdet nie hart und kalt. Liebt die, die Eure Liebe nicht wollen, macht unser Volk zum starken und freien Gottesvolk, steht als Mensch unter Menschen, als Kamerad unter Kameraden….
So habt denn Dank für alle schönen Stunden, die Ihr mir geschenkt. Ich war durch Euch so reich und groß. Ihr wart meine Pfeiler zu meinem besseren Ich, Ihr wart mir Freunde in goldener Treue und unwandelbaren Herzen. Beruhigt gehe ich, wenn ich Euch leben weiß.

Nun Ihr alle, betet für mich zu Gott. Ein armer. sündiger Mensch bin ich und habe der Sünde reichen Sold gezahlt.
So sei Gott mir armen Sünder gnädig.

Dann aber hoffe ich auf das ewige Leben in glühender Liebe und unaussprechlicher Herrlichkeit. Komm, Herr Jesus! Kommt Ihr alle, meine Guten und Lieben, kommt in die Seligkeit, die Gott, unser Vater, uns bereitet hat !

Lebt wohl, auf Wiedersehen !

Euer aller Paul.

Es handelt sich hier um das von seinen Angehörigen als Totengedenken gedruckte geistige Vermächtnis des Theologiestudenten und Unteroffiziers der Luftwaffe Paul Güldenberg. Er wurde am 1. Mai 1917 in Hamburg geboren und fiel als Beobachter einer Flugzeugbesatzung am 19. April 1941 über Tobruk in Nordafrika. Paul Güldenberg war mit dem Eisernen Kreuz I. Klasse ausgezeichnet worden.
Mit dem im Text angegebenen Führer ist nicht der Führer (Hitler), sondern der Einheitsführer gemeint.

SKTS: Rausch:

Lieber Ernst!

im April 1941

Dein Buch habe ich bekommen und bin noch in es hineinvertieft. Ich danke Dir dafür.
Der Krieg ist wieder im vollsten Gange. Die Entscheidung ist klar für jeden, der in letzter Zeit die Augen offen hatte. Es fehlt wirklich das Verständnis für eine solche Handlung. Das Verhalten der Jugoslawen war der reinste Selbstmord. Mir tut es leid, daß wir selbst von allem Geschehen unberührt bleiben. Es ist doch gar nicht so weit von uns entfernt, und dennoch müssen wir wieder zusehen. Ich weiß, die Schlacht fordert Opfer, aber wer wäre nicht bereit dazu. Wir haben gerade darüber zu oft gesprochen, als daß man noch etwas über Bereitschaft sagen mußte. Vielleicht soll sie sich bei und eben alle in ruhigem Warten auswirken. Du weißt ja selbst, daß das öfter noch schwerer ist als das andere.
Ostern haben wir gefeiert. Die Auferstehung strahlt über alle. Der Krieg mag Opfer fordern. Das Schwerste wird in der Auferstehung überwunden. Von Ihr strahlt wirkliche Freude. –
Wir erleben erst jetzt einen herrlichen Frühling. Er kommt zwar später, aber darum empfinden wir um so strahlender die Sonnenkraft. Der Mensch lebt auf und ist ein ganz anderer. Die Kraft der anderen Sonne ist noch viel stärker. Sie wandelt wirklich den Menschen. So wie uns der Frühling jetzt körperlich aufleben läßt, muß auch der Mensch selbst wach und neu werden.

Du kennst meine Wünsche. Ich grüße Dich in Treue

Dein Karl.

Bei dem Briefschreiber handelt sich um den Kölner NDer Karl Heinrichs.

SKTS: Böhner:

Rundbrief Düsseldorfer NDer:

Wuppertal-Cronenberg, den 4. April 1941

Liebe Freunde!

Wir wissen wohl, daß für den Soldaten – wie für jeden – nichts den Wert eines persönlichen Briefes ersetzen kann. Wenn wir uns doch entschlossen haben, einen Brief in mehreren Durchschlägen an Euch zu senden, so kann das nur ein Notbehelf sein. Es geschieht nicht, um das persönliche Schreiben überflüssig zu machen, sondern im Gegenteil, um es anzuregen, und da, wo es nicht möglich ist, einen kleinen Ersatz zu bieten. Und als solcher ist auch unser Brief von den meisten aufgefaßt und begrüßt worden, diese Art des Briefeschreibens fortzusetzen.

Wir selbst, die wir noch in der Heimat sind, – das wird jeder verstehen – fühlen uns nicht berufen, Euch von uns aus unsere Gedanken vorzulegen, wir wollen nur Vermittler dessen sein, was Ihr zu sagen habt, und mehr die technischen Arbeiten übernehmen.

Das Osterfest steht bevor. Wenn die Natur sich zu neuem Werden belebt, dann fühlen auch wir in uns neues Leben sich regen. Für uns ist das kein Naturmythos, sondern Sinnbild einer tiefen Glaubens- und Lebenswirklichkeit, daß auch wir „in der Neuheit des Lebens wandeln sollen“.

In diesem Sinne wünschen wir Euch ein frohes Osterfest.

Alfred Hockel
Clemens Hürten

DstHdh: Nachlass Wellenhofer: 27:

P. U. 7. 4. 41

Lieber Herr Kurat!

Diesmal kommen die Ostergrüße bereits aus einer anderen Ecke als im Vorjahr. Seit 14 Tagen bin ich bereits wieder bei einer Feldtruppe und warte auf den Einsatz gegen England. Meinen Zweck habe ich nun erreicht, daß ich von der berittenen Truppe weg bin. So schön und bequem wie in Eger habe ich es hier allerdings nicht, doch dafür ist man bei einer Feldtruppe.
Sie wissen ja, beim Militär ist alles „geheim“; doch eines kann ich Ihnen verraten, daß ich bei Deutschlands jüngster und modernster Waffe stehe. Wir sind voll motorisiert, was natürlich hinsichtlich meiner Schwierigkeiten von großem Vorteil ist. Meine Funktion ist Funkstaffelführer; die Staffel besteht aus drei Funktrupps. Die meisten Angehörigen der Batterie bestehen aus Norddeutschen. Als Bayer ist man natürlich besonders gerne gesehen. Aber die Kameradschaft ist hier ganz gut, die Gesinnung allerdings läßt zu wünschen übrig. Doch ich bin nun herzlich froh, wieder bei der Feldeinheit zu sein und nicht mehr bei der Etappe. Man fühlt sich doch als Soldat, man weiß, daß eine Aufgabe zu erfüllen ist, von der Manches abhängt, daß man mitarbeiten kann an dem großen Sieg, den wir über unsere Feinde erringen werden. Wir liegen zur Zeit noch in Privatquartieren, was ja das Soldatenleben auch etwas verschönert, doch warten wir sehnsüchtig auf unseren Einsatz zur ersten Feuertaufe.

In alter Treue recht frohe Festtagsgrüße zum Osterfest

Ihr Hans

Mit „modernster Waffe" umschreibt der Briefschreiber, von dem nur sein Vorname Hans bekannt ist, die Luftwaffe, die es offiziell erst seit 1935 gab.

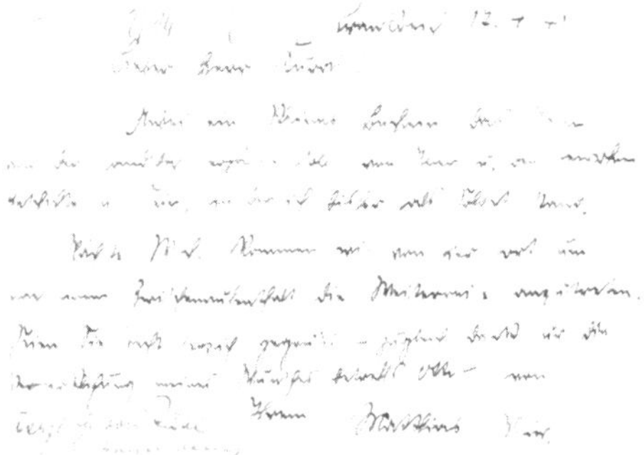

DstHdh: Nachlass Wellenhofer: 27:

Frankreich 17. 4. 41

Lieber Herr Kurat!

Anbei ein kleines Büchlein, das Ihnen von der Landschaft erzählen soll, von ihrer und der Bewohner Geschichte und Sein, in der ich bisher als Soldat stand.
Nächste Woche kommen wir von hier fort, um nach einem Zwischenaufenthalt die Weiterreise anzutreten. Seien Sie recht herzlich gegrüßt – zugleich Dank für die Verwirklichung meines Wunsches betreffs Otti –

von Ihrem Mathias Werner

Herzl. Gr. Von Rudi Hauenstein

Der Verfasser Mathias Werner und Rudolf Hauenstein haben kurz vor ihrer Verlegung nach Osten zum bevorstehenden Überfall auf die Sowjetunion Kurat Wellenhofer ein kleines Heftchen über den bisherigen Einsatz und die Siege des Inf.-Rgt. 199/ Inf.-Rgt. List – dem von Generalfeldmarschall List (1880–1971) geführten Großverband zugehörig – zugeschickt.

SKTS: Böhner, S. 15:

Werner Sallermann an Hans Böhner :

21. 4. 41

Wir stehen so inmitten eines stürmischen, herrlichen Lebens. Aufgrund meiner Dienststellung ist es mir möglich gewesen, meine Kampfwagen mit solchen Kerlen zu besetzen, die durch meine Schule gegangen sind. Du weißt, was das heißt. Tiefes Vertrauen und glühende Liebe zu ihrer Sendung erfüllt sie, die Sendung aber ist das Vermächtnis unserer gefallenen Kameraden und der Bündischen Jugend. Beide fielen für das Reich. Bewußt leben sie in diesem Geiste. Hans, das ist der herrlichste Erfolg meiner im Winter in der Arbeitsgemeinschaft geleisteten Arbeit, daß sie jetzt die Früchte trägt auf stürmischen Fahrten und an nächtlichen Lagerfeuern. Wie lebendig unser Dasein dadurch geworden ist!
Ich schreibe vom Heckpanzer meines Wagens. Die Fahrt geht weiter.

Treue Grüße ...

Maschinenschriftlicher Briefauszug von Hans Böhner.
Sallermann bezieht sich wohl auf den Balkanfeldzug vom 6. April bis 27. April 1941.

SKTS: Rausch:
Rundbrief an Kölner NDer im Felde von Ernst Rausch:

O.U. 24. April 1941

Lieber Kamerad!

Ich habe bei meinem letzten Urlaub in Köln darum gebeten, daß an einem Tag im kommenden Monat das Bild der großen Frau für Euch geschmückt und in alter Art die Kerzen angezündet würden. Ihr kennt das Bild und ich glaube in Eurem Sinne gehandelt zu haben. Aber die Kerzen werden in diesem Jahr vor dem Bild, vor dem wir oft gestanden haben, nicht mehr brennen, da das Haus nun einem anderen Zweck dient und die Bewohner zerstreut sind.
Auf einem Zettel, der der Nachricht an mich beigefügt war, stand ein Spruch, dessen starker Klang bereits durch die Kirche am Waidmarkt hallte:

> Laßt uns stets die Treue halten
> unverzagt zu Christus stehn
> Auch wenn dunkle Mächte walten
> Nie soll man uns weichen sehn!

So hat unser Geist auf einem Gipfelpunkt zum Wort geworden gezeigt, daß er fähig ist, Leben durch Not zu tragen.

Sollte man von anderer Stelle her glauben, uns zu beunruhigen, so soll man wissen, daß dies für uns nichts anderes als eine Gunst des großen Herrn bedeutet, und darüber sind wir glücklich und froh!

Liebe Kameraden! Ich weiß, daß die Kerzen in diesem Jahr trotzdem brennen, auch wenn die alte Stätte verwaist ist. Dafür sorgt Ihr! Für Euch ist es nichts Neues, wenn ich davon spreche, daß wir vor großen Kämpfen und Auseinandersetzungen im kommenden Kriegssommer stehen, die vielleicht viele Opfer kosten. Vielleicht ist es auch der eine oder andere von uns, der seine Treue in diesem Jahr mit dem Blute besiegeln muß, denn Treue geht über den Tod, und die Liebe zu Volk und Reich besteht für uns nicht nur in Worten. Sinn der Geschichte der Menschen ist nicht Aufgang und Niedergang von Staaten, sondern Aufgang des Reiches Gottes und das Gericht an den Feinden dieses Reiches. Und deshalb ist die Seele des Menschen der eigentliche Schauplatz der Geschichte und nicht die Schlachtfelder. Jeder Tag der Geschichte ist Gerichtstag: an jedem geschehen Tat und Schuld. Die Fragen des Gerichtes an jeden lauten: Wie hast Du um Gott gekämpft? Wie hast Du seine Macht erlebt? Warst Du stark genug dieser Macht zu dienen? Es ist nun einmal so, im Leben eines jeden Christen muß irgendwann die Begegnung mit seiner Macht stehen, der er sich dann beugt, um selber Träger dieser Macht zu sein. Hier stehen Siege und Niederlagen, die man nicht in Zahlen errechnen kann, nach denen sich aber die Geschicke der Völker entscheiden.

Glaube und Treue sind wie zwei Perlen an einem Ring. Wir zünden wieder froh die Kerzen an, wenn der erste Tag eines Monats kommt, den wir kennen. Sie brennen als Feuer unserer Treue, der Treue zu unserer Entscheidung. Und selbst wenn sich die Kerzen in der Kampfeslust des Sommers verzehren müßten, so hat doch die Treue gesiegt.

Wundert Euch nicht darüber, daß die meisten einen anderen Weg gehen und Euch nicht verstehen. Der Titel eines neuen Buches von Christian MORGENSTERN heißt: „Wer vom Ziel nicht weiß, kann den Weg nicht haben". Und darin findet sich der Satz: „Hat Religion Zukunft? So gut wie derjenige, der so fragt, eine Zukunft hat, in der er solchen Fragestellungen entwachsen sein wird."

„So bitten wir die Mutter
und auch der Mutter Kind,
die Reine und den Guten,
daß sie uns Hüter sind;

Denn ohne sie kann niemand
weder hier noch dort gedeih'n
und widerspricht dem jemand,
der muß ein Tor wohl sein.'
(Walter von der Vogelweide)

So grüße ich Euch alle und meine Gedanken sind bei Euch: die Treue verbindet uns!
Euer Ernst Rausch

E. Rausch erinnert hier an ein Muttergottesstandbild, das in der ND-Bundeskapelle in der Gabelsberger Str.19 in Köln stand und von den NS-Machthabern beschlagnahmt wurde.

SKTS: Strunck:

in Frankreich, den 27. April 1941

Lieber Leo !

Hab Dank für Deinen Brief, der mich um vieles klarer sehen ließ. Was doch ein offenes, warmes Wort von Freund zu Freund helfen kann! Ja, ich hatte die Gemeinschaft nicht mehr gesehen, die uns alle verbindet, jetzt spüre ich wieder ihre Kraft.
Die Kämpfe, die wir alle durchzufechten haben, lassen uns aber reifer werden, wie Most gären muß, um klarer, reiner Wein zu werden. Schale um Schale unserer Einbildung, die wir uns anerzogen haben, fällt, bis allmählich der Kern, das, was wir wirklich sind, übrig bleibt. Wir müssen bescheiden sein, denn er ist klein! Ihn zu stärken und wachsen zu lassen ist unsere Aufgabe.
Der eigentliche Anlaß zu meiner Niedergeschlagenheit war das Bewußtsein der Belanglosigkeit meiner Arbeit, überhaupt der Überflüssigkeit meines Hierseins, das mich kolossal niederdrückte. Meine Kräfte liegen brach! Ja, hier gilt jenes Wort: Militär ist eine Einrichtung, Soldat aber eine Haltung! Ich sehe jetzt ganz klar: Gerade die belanglosesten Dinge verlangen den Soldaten. Ich glaube, es ist leichter in der Schlacht seinen Mann zu stehen als die kleinsten Dinge bis ins letzte zu erfüllen.
Ostern, ich schrieb Dir schon davon, konnte ich zum ersten Male wieder seit Gotha das Meßopfer feiern. Es war ein Erlebnis! Da verstand ich Hans Niermann, als er schrieb: „Man muß wohl immer wieder entbehren müssen, um zu empfinden, was man besitzt." Die Feier der Hl. Messe möchte ich aber doch öfter erleben, und mir immer wieder Kraft holen für die kleinen Dinge des Alltags.

In herzlicher Verbundenheit und brüderlicher Treue grüße ich Dich

Dein H a n s

Es handelt sich hier um einen Brief an Leo Custodis, den entweder der Kölner Nder Hans Bolder oder Hans Fein geschrieben hat.

SKTS: Strunck:

Lieber Ernst!

in Norwegen, am 3. Mai 41

Vor einigen Tagen erhielt ich Deinen Brief. Erstaunt war ich, daß Du mittlerweile mal wieder zum Osten gerutscht bist... Ja, es geschehen dunkle Dinge in der Welt, und man kann vorläufig nicht klar sehen. Vor einigen Wochen hatten wir noch Hoffnung von hier wenigstens mal verlegt zu werden. Man hat uns mal wieder Dampf gemacht, und nun scheint die Seifenblase geplatzt zu sein. Von einem Einsatz will ich schon gar nicht mehr reden. Und was hatte ich für Hoffnungen, als ich zum Feldheer versetzt wurde. Und haben wir zu einigen Kameraden hier nicht alles versucht, um nur etwas Aussicht auf einen baldigen Einsatz zu bekommen. Aber alles war vergebens. Waren wir nun glücklich hier oben hin in ziemliche Feindnähe gerückt, und prompt spielt sich alles im Süden ab. Ich könnte die Wände hoch gehen. – Aber immerhin ist meine Stimmung doch nicht ganz so. Jetzt z.B. habe ich mir meine Wut vom Leibe geredet und bin wieder ganz vernünftig.

Seit einigen Tagen, wenn wir wirklich einige Minuten frei haben, beschäftige ich mich eingehend mit dem Vortrag von Adam: „Die geistige Lage des deutschen Katholizismus". Aber ehrlich gesagt, fällt es mir verdammt schwer, mich ganz darauf zu konzentrieren. Übrigens ist Dein Buch auch hier angekommen, aber ich konnte mich bis jetzt nicht damit beschäftigen, denn die letzte Zeit ist hier bei uns sehr „frühlingsmäßig" und Du kannst Dir ja ausmalen, was das heißt. Aber trotzdem bin ich froh, mich mal wieder eingehend mit unseren Sachen beschäftigen zu können. Denn hier besteht bestimmt die Gefahr, daß diese Seite in einem verkümmert. Aber keine Sorge um mich. Ich war heilfroh am Ostersonntag endlich mal wieder das heilige Meßopfer feiern zu können. Die zweite hl. Messe während meiner Norwegenzeit. Im übrigen schreibe ich sehr eifrig mit Leo, so daß da immer ein Gedankenaustausch stattfindet. Nur schade, daß man so wenig von unseren jungen Kerlen hört.

In Treue

Dein Willi

Maschinenschriftliche Kopie von Willi Strunck.
Ein Brief des Kölner NDers Willi Strunck an seinen Bundesbruder Ernst Rausch.

SKTS: Böhner, S. 17:

Bernhard Utters an Hans Böhner:

im Osten, 10. 5. 41

Über die Kartage rollten wir vom Westen zum Osten! Gebe Gott, daß sich dieses Jahr ebenso glückhaft gestaltet wie das letzte! Scheint es auch, als wolle dieser Bandwurmkrieg nicht zu Ende gehen, einmal wird Frieden sein. Wir leben wahrhaftig im größten Umbruch aller Zeiten. Da müssen wir alle großmütig und offenen Herzens mittun, uns um des Himmels willen nicht an Einzelheiten, Unwesentlichkeiten klammern dürfen. Nur die großen Linien sehen, sonst fehlt es uns an Schwungkraft und Frohmut, an Zuversicht und Demut. Gott und Volk, das sind für mich die beiden Lebenspole. Wir werden kleinmütig und verzagt, klammern wir uns an Normen, Lebensgewohnheiten, oder an jahrhundertealte Einrichtungen, wie sie uns Katholiken umgeben. Und müssen wir dies und jenes aufgeben, wird der Katholizismus besser: die kath. Kirche in unserem Vaterland wird ein anderes Gesicht bekommen, dann fragen wir uns doch, ehe wir jammern und wehklagen, was vom Erlösungswerk Christi verlorengeht? Ist Christus denn tatsächlich nur wirksam in diesem engen Normenraum, wie er sich aus der Geschichte der Kirche ergeben hat? Darf von all dem nichts verloren gehen? Warum sind alle unsere Christen heute so unmündig? Liegt es nicht großenteils an den abertausend Formen? Außenstehende sehen meist vor lauter Bäumen den Wald nicht mehr. (Das Auflösen einiger Ordensgesellschaften bringt mich auf diese Gedanken). Gern würde ich mit Dir darüber sprechen ... Ich habe mit meiner Frau paradiesisch schöne Tage erlebt, selbst den Krieg konnten wir zeitweise vergessen. Tag für Tag muß ich dem Herrgott danken, daß Er mir ein solch reines, demütig frommes Gotteskind, eine so treue, selbstlos sorgende Frau, eine so praktische, tüchtige Hausfrau als Gefährtin geschenkt hat. Eins sind wir in der Liebe, eins in Gott, festgegründet:

„Herr, in Deine Hände sei Anfang und Ende, sei alles gelegt“ – der Wahlspruch unseres Hochzeitstages. Und dazu eine so schöne Wohnung in K.!

Maschinenschriftliche Abschrift eines Briefes des Kölner NDers Bernhard Utters an Hans Böhner.

DstHdh: Nachlass Wellenhofer: 30:

Im Westen, in der Pfingstwoche 1941
Gefr. 06379 J R

Lieber Pr. Wellenhofer!

Große Freude hatte ich wieder, als Ihre lieben Pfingstworte ankamen. War es doch neuerdings ein Zeichen dafür, daß man auch weiterhin in der Heimat nicht vergessen ist. Gerade Ihre lieben Worte sind stets rechte Bausteine und ersehnte geistige Nahrung, die man besonders im Krieg ersehnt und gut verwenden kann. Für Ihren lieben Pfingstgruß also ein recht herzliches „Vergelt's Gott“.
Seit Ostern, das wir noch an der Kanalküste feierten, waren wir viermal auf dem Marsch. Nun kenne ich bereits Frankreich vom Meer bis hierher. Jetzt sind wir in einer südlichen Stadt mit herrlichem Fernblick auf gewaltige Gebirgszüge mit ewigem Schnee. Hier ist es endlich mal warm, fast zu heiß. Untergebracht sind wir hier in einem Mädchenpensionat „Jeanne d'Arc“, das teilweise von uns und zur Hälfte noch von der Schule belegt ist. Am Pfingstsonntag war ich im Hauptgottessdienst, der hier zugleich Erstkommunionfeier war. Es war sehr schön und auch feierlich. Am Ostermontag durften wir noch als schönen Abschied vom Meer nach „Saint Michel“ fahren. Diesen Tag werde ich so schnell nicht vergessen.
Hier in dieser Stadt werden wir wohl auch nicht zu lange sein und vielleicht sehen wir bald ein zweites Land und können sogar einen Einsatz erleben. Sollte es mit uns noch Ernst werden, so soll mein Schlachtruf „Gott mit uns“ lauten und dann wird mir nichts bangen und alles wird gut vorübergehen.
Nochmals für Ihre lieben Grüße besten Dank, auch Ihnen fernerhin Schutz und Segen, herzliche Grüße an Sie und alle übrigen H. Herren, sowie Freunden und Bekannten und vor allem frohes gesundes Wiedersehen in der Heimat.

Ihr Hans Stumpf

Handschriftliche Unterschrift im maschinengeschriebenen Original.

DstHdh: Nachlass Wellenhofer: 33:

Obergefr. L. Högerl 25572

O.U., den 28.5.41

Heil und Sieg!

Wie herrlich ist doch die Gemeinschaft, mit Ihr und in Ihr leben zu dürfen.
Rufe ich einen oder den anderen Namen, so höre ich das HIER im Osten im Westen im Süden im Norden!
Diese Gemeinschaft ist es wert sie zu lieben,
um sie zu kämpfen, für sie zu sterben!
Welch herrliches Gedankengut überreichten Sie mir! Und wie soll ich Ihnen dafür danken?
Beten will ich für Sie, damit Sie die Kraft des Herrn weiterhin erhalten

In Treue

Ihr Lorenz

Handschriftliche Grußformel des maschinenschriftlichen Originals von Lorenz Högerl an Pfarrer Wellenhofer.

DstHdh: Nachlass Wellenhofer: 33:

Neuburg, 29. 5. 41

Grüß Gott, lieber Herr Präses!

Vielen Dank für Ihre lieben Zeilen und Maiengrüße, sowie für den Pfingstgruß.
Es freute mich riesig von Ihnen hören zu dürfen. Ich war jetzt 14 Tage auf Transport Ungarn und Rumänien. Die Fahrt war sehr schön. So kommt man ganz nett in der weiten Welt herum und lernt andere Sitten und Gebräuche kennen….
Wenn es auch Kampf bedeutet, so wollen wir doch nicht unterliegen, sondern siegreich um die höchste Krone des Lebens unser eigenes Leben dafür einsetzen.
Pfingstfest 1941 steht vor der Türe. Neue Lebenskraft wird uns der Heilige Geist an diesen Tagen spenden, die wir notwendiger brauchen können. Möge in uns nie die Kraft erlahmen zum Kampf für ein Wachsen des Christentums, für Volk und Heimat.

Und nun wünsche ich Ihnen, lieber Herr Präses, mit Ihrem Gefolge ein frohes Pfingstfest nebst herzlichen Grüßen in Treue
Ihr Lenz Hogger

Von Urlaub kann jetzt nichts erwähnt werden, weil eine gewaltige Sperre eingesetzt hat.

Handschriftlicher Brief von Lenz Hogger an Präses Wellenhofer. Hogger gehörte offensichtlich zu Truppenteilen, die zum Überfall auf die Sowjetunion in Stellung gebracht wurden.

Heil und Sieg!
Wie herrlich ist doch die Gemeinschaft! Mit ihr und in
ihr leben zu dürfen.
Rufe ich einen oder den anderen Namen, so höre
ich das HIER im Osten im Westen im Süden im Norden!
Diese Gemeinschaft ist es wert sie zu lieben,
um sie zu kämpfen, für sie zu sterben!
Welch herrlichesGedankengut überreichten Sie mir! Und wie
soll ich Ihnen dafür danken?
Beten will ich für Sie, damit Siedie Kraft
des Herrn weiterhin erhalten! In Treue Ihr Lorenz F.

DstHdh: Nachlass Wellenhofer 33

DstHdh: Nachlass Wellenhofer: 30:
5. 6. 1941
Lieber Herr Kurat!

Endlich komme ich wieder einmal zur Ruhe, um auch Ihnen zu schreiben. Ihren Oster- und Pfingstgruß habe ich erhalten und vor wenigen Tagen auch den Brief mit dem Heft von Hans. Für dieses besonders herzlichen Dank. Weiß, Sepp hat es sehr imponiert.
Über Pfingsten war ich auf Marsch, die ganzen 3 Tage. Ein netter Pfingstausflug bei anständiger Hitze. In einer ganz elenden Landschaft haben wir uns niedergelassen. Eine solch gottverlassene Gegend habe ich selbst in Frankreich nicht gefunden. Vor Ungeziefer und Fliegen kann man sich nicht genug in Acht nehmen. Das Volk hier stiehlt, daß einem die Fingernägel fehlen würden, sobald man die Faust öffnete. Hoffentlich geht es bald weiter. Für mich hat das Soldatenleben erst einen Reiz, wenn man am Morgen noch nicht weiß, wo und ob man sich überhaupt die kommende Nacht schlafen legt.
Und es ist eigentümlich, so wenig sich den ganzen Tag Pausen bieten, mehr als früher beschäftigt einen die Frage nach dem Wohin und Warum, nicht des Militärischen, sondern des Lebens.
Kommenden Sonntag findet bei uns ein Feldgottesdienst im Walde für beide Konfessionen statt. Ich habe einer solchen Feier bisher noch nicht beigewohnt, jedenfalls ist es besser als überhaupt keiner.
Können Sie mir nicht die Anschrift von Mauch, Ernst geben? Daß Kastl Rudi beim RAD ist, wußte ich gar nicht, jedenfalls will ich ihm mal schreiben. Mein Brief an Mahr Heinz im Oktober muß tatsächlich verlorengegangen sein. Schade darum, er war nämlich von Wichtigkeit. Bevor wir von Babenhausen fortkamen, habe ich ihm aber noch Nachricht gegeben.
Sie fragen mich, ob ich die letzten Wochen wohl gut überstanden habe. Da gab es bei mir nicht viel zu überstehen. Mein Truppenteil war seit Frankreich nicht mehr eingesetzt, sondern immer in der Heimat privat einquartiert. Das war ein Abschied von dem Ort, wie ihn Soldaten nicht überall erleben. Schon die ganze Zeit wurde fast jeder gehalten wie ein eigener Sohn. Am letzten Tag, Ende Mai, war die ganze Einwohnerschaft auf den Beinen. Blumen, Zigaretten und Tränen in ungewohnt reichlichen Mengen. Um so schwerer aber

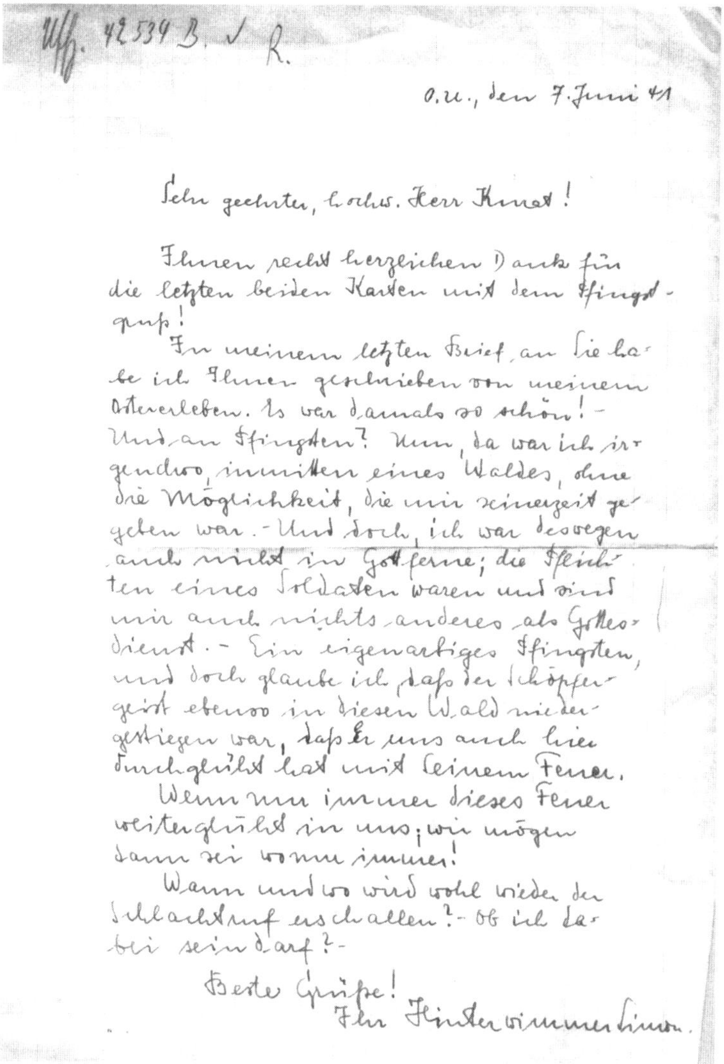

Uffz. 42534 B. ✓ R.

O.U., den 7. Juni 41

Sehr geehrter, hochw. Herr Kurat!

Ihnen recht herzlichen Dank für die letzten beiden Karten mit dem Pfingstgruß!

In meinem letzten Brief an Sie habe ich Ihnen geschrieben von meinem Ostererleben. Es war damals so schön! – Und an Pfingsten? Nun, da war ich irgendwo, inmitten eines Waldes, ohne die Möglichkeit, die mir seinerzeit gegeben war. – Und doch, ich war deswegen auch nicht in Gottferne; die Pflichten eines Soldaten waren und sind mir auch nichts anderes als Gottesdienst. – Ein eigenartiges Pfingsten, und doch glaube ich, daß der Schöpfergeist ebenso in diesen Wald niedergestiegen war, daß Er uns auch hier durchglüht hat mit Seinem Feuer.

Wenn nur immer dieses Feuer weiterglüht in uns, wir mögen dann sei wo immer!

Wann und wo wird wohl wieder der Schlachtruf erschallen? – Ob ich dabei sein darf? –

Beste Grüße!

Ihr Hinterwimmer Simon.

DstHdh: Nachlass Wellenhofer 35

ist jedem und auch mir die Umstellung auf polnischen Dreck gefallen.
Grüßen Sie, bitte, alle Freunde

Herzliche Grüße

Ihr Karl Trißl

DstHdh: Nachlass Wellenhofer: 35:
Uffz. 42534 B. V R.

O.U., den 7. Juni 41

Sehr geehrter, hochw. Herr Kurat!

Ihnen recht herzlichen Dank für die letzten beiden Karten mit dem Pfingstgruß!
In meinem letzten Brief an Sie habe ich Ihnen geschrieben von meinem Ostererleben. Es war damals so schön! Und an Pfingsten? Nun, da war ich irgendwo, inmitten eines Waldes, ohne die Möglichkeit, die mir seinerzeit gegeben war. Und doch, ich war deswegen auch nicht in Gottesferne; die Pflichten eines Soldaten waren und sind mir auch nichts anderes als Gottesdienst. Ein eigenartiges Pfingsten, und doch glaube ich, daß der Schöpfergeist ebenso in diesem Walde niedergestiegen war, daß Er uns auch hier durchglüht hat mit Seinem Feuer.
Wenn nur immer dieses Feuer weiterglüht in uns; wir mögen dann sein wo nur immer!
Wann und wo wird wohl wieder der Schlachtruf erschallen? Ob ich dabei sein darf?

Beste Grüße!

Ihr Hinterwimmer Simon

Handschriftlicher Brief des Unteroffiziers Simon Hinterwimmer an Pfarrer Wellenhofer. Hinterwimmer war angehender Priester und ist am 3. April 1942 im Alter von 27 Jahren in einem Lazarett in Minsk seinen schweren Verwundungen erlegen.

DstHdh: Nachlass Wellenhofer 35:

Den 8. Juni 1941

Lieber Präses Wellenhofer,

Ich danke Ihnen recht von Herzen für Ihren lieben Pfingstgruß. Er hat mich wohlbehalten und gesund erreicht. Es ist doch ein herrliches Gefühl, wenn man sich nicht vergessen weiß in der traurigen Zeit, die sich an uns erfüllt von all den Freunden aus dem alten Bunde! Heute nenne ich noch mit Stolz vor allen diese Zeit meiner Arbeit im Weinberge des Herrgottes noch die schönste meiner Jugend. Und sie wird es sicher auch noch bleiben bis ins Alter. Denn daß sich in den Jahren des Krieges nicht nur die Schönheiten der Welt uns offenbaren sondern auch der Schmutz, das ist natürlich. Aber der Grund, den man uns mitgegeben hat, hat mir schon über manche schwere Stunde weggeholfen. Und das danken wir allen unseren geistlichen Freunden und Kameraden, die uns damals führten. Freilich sehe ich heute das Leben anders als damals. Aber die Grundzüge, mit denen ich dem Geschehen gegenüberstehe, sind dieselben geblieben.
Ihr Ostergruß scheint mich nicht erreicht zu haben. Es ist sehr wohl möglich, denn gerade während der Feiertage waren wir auf der Bahn. Somit ist es durchaus möglich, daß bei

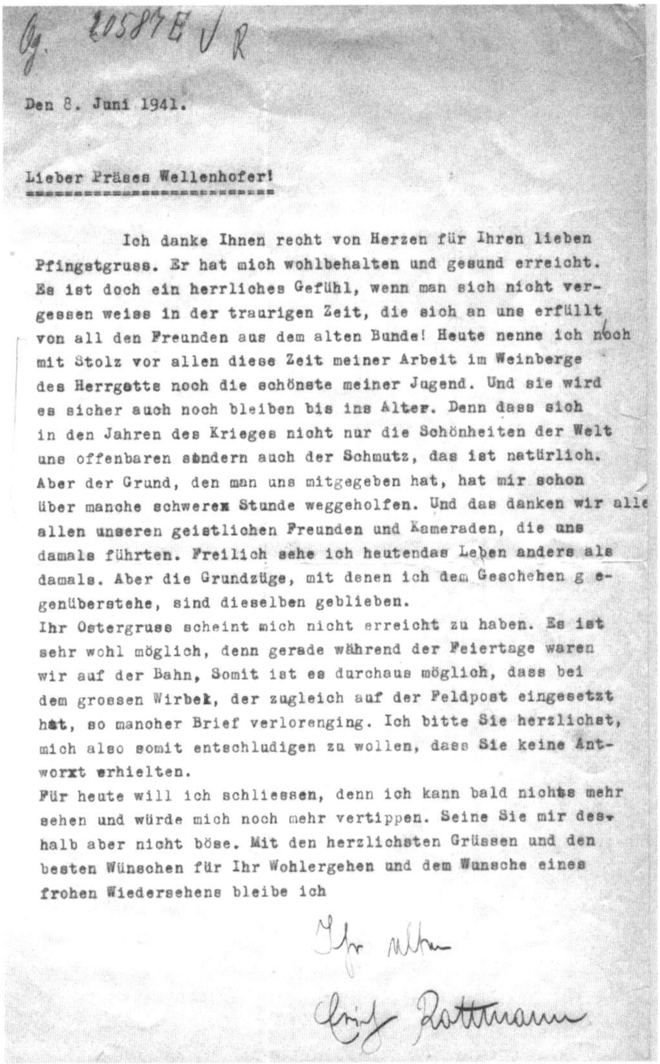

Og. 20587E ✓ R

Den 8. Juni 1941.

Lieber Präses Wellenhofer!

Ich danke Ihnen recht von Herzen für Ihren lieben Pfingstgruss. Er hat mich wohlbehalten und gesund erreicht. Es ist doch ein herrliches Gefühl, wenn man sich nicht vergessen weiss in der traurigen Zeit, die sich an uns erfüllt von all den Freunden aus dem alten Bunde! Heute nenne ich noch mit Stolz vor allen diese Zeit meiner Arbeit im Weinberge des Herrgotts noch die schönste meiner Jugend. Und sie wird es sicher auch noch bleiben bis ins Alter. Denn dass sich in den Jahren des Krieges nicht nur die Schönheiten der Welt uns offenbaren sondern auch der Schmutz, das ist natürlich. Aber der Grund, den man uns mitgegeben hat, hat mir schon über manche schweren Stunde weggeholfen. Und das danken wir alle allen unseren geistlichen Freunden und Kameraden, die uns damals führten. Freilich sehe ich heutendas Leben anders als damals. Aber die Grundzüge, mit denen ich dem Geschehen g e-genüberstehe, sind dieselben geblieben.
Ihr Ostergruss scheint mich nicht erreicht zu haben. Es ist sehr wohl möglich, denn gerade während der Feiertage waren wir auf der Bahn, Somit ist es durchaus möglich, dass bei dem grossen Wirbel, der zugleich auf der Feldpost eingesetzt hat, so mancher Brief verlorenging. Ich bitte Sie herzlichst, mich also somit entschludigen zu wollen, dass Sie keine Antworxt erhielten.
Für heute will ich schliessen, denn ich kann bald nichts mehr sehen und würde mich noch mehr vertippen. Seine Sie mir deshalb aber nicht böse. Mit den herzlichsten Grüssen und den besten Wünschen für Ihr Wohlergehen und dem Wunsche eines frohen Wiedersehens bleibe ich

Ihr alter

Erich Rottmann

DstHdh: Nachlass Wellenhofer 35

dem großen Wirbel, der zugleich auf der Feldpost eingesetzt hat, so mancher Brief verloren ging. Ich bitte Sie herzlichst, mich also somit entschuldigen zu wollen, daß Sie keine Antwort erhielten.
Für heute will ich schließen, denn ich kann bald nichts mehr sehen und würde mich noch mehr vertippen. Seien Sie mir deshalb nicht böse.

Mit den herzlichsten Grüßen und den besten Wünschen für Ihr Wohlergehen und dem Wunsche eines frohen Wiedersehens bleibe ich Ihr alter
Erich Rottmann

Maschinengeschriebener Brief.

SKTS: Strunck:

Lieber Leo!

O. U. 14. Juni 1941.

Ich habe ein herrliches Pfingstfest an der Samlandküste im Kreise Königsberger Studenten verbracht. Ich kannte niemand von ihnen, aber es genügte, daß einige von ihnen Neudeutsche waren, um eine Gemeinschaft von großer Tiefe zu schaffen. Der Abend fand uns hoch oben auf der Steilküste. Unter uns sang die Brandung des Meeres ihr ewiges Lied, ein starker Wind von Norden bewegte die Wipfel der Bäume und feuerrot sank die Sonne in das Meer. Die alten Lieder klangen auf, und mit dem Ton der Klampfen sangen junge Menschen in den Abend, daß ihnen die Sonne nicht untergehe. Die Sonne schien von einer unwiderstehlichen Gewalt in das Meer hinabgezogen zu werden, wie ein feuriger Wagen schien sie unabwendbar hinein zu stürzen zu müssen. „Uns geht die Sonne nicht unter!" Aus dem Klang, den das Lied in unseren Stimmen hatte, konnte jeder hören, daß dieses Lied uns mehr war als bloße Erinnerung an vergangene Zeit. Ich schaute in das untergehende Licht und meine Gedanken wanderten zurück zu dem, was wir gemeinsam erlebt hatten, wanderten zu allen Kameraden, die ein unheimlich festes Band trotz allem verbindet. Ich sah die Kraft die verborgen aus allen Augen leuchtete, ich las so manches Wort eines Briefes, hinter dem ein unsagbar harter Entschluß und ein schwerstes Opfer stand. „Uns geht die Sonne nicht unter".
Ich dachte an Euch alle und wußte auf einmal, daß der Geist, den wir am Morgen im heiligen Opfer empfangen hatten, das Band war, das uns umschloß. Während sich so meine Gedanken verloren und die Sonne immer tiefer sank, sangen junge Menschen hell und klar in den Abend das Lied von der Treue: „Wir wollen niemals weichen, nicht Buben werden gleich." Und wieder mußte ich zurückdenken. Als wir früher dieses Lied sangen, da wußte noch keiner von uns, was Treue war, da war nur heilige Entschlossenheit zu etwas unbestimmt Großem, von dem wir redeten und hörten. Heute ist es anders. Ich schaute von Gesicht zu Gesicht und sah in den Augen das Wissen um diese Treue. Und unter den Uniformen schlugen starke Herzen. „Wolln predigen und sprechen vom heilgen deutschen Reich"! Das Lied klang mächtig aus, als der letzte Rand der Sonne in den Wellen verschwunden war. Die Menschen waren auf dem Wege stehengeblieben und hörten verwundert die Kraft, die aus unserem Singen sprach. Von uns sprach keiner mehr.

Unser Blick ging über das endlose Meer, das nun dunkel-silbern wogte. In diesem Augenblick wußte ich, daß die Sonne strahlender und heller aus dem Meer aufsteigen wird, daß nach den dunklen Tagen mit schwersten Opfern das Ostern der Auferstehung läutet. Ich glaube an das Reich Gottes in unserem Land und ich glaube an seine Größe. Und Er hat uns Seine Kraft gegeben, damit wir Künder und Träger Seines Reiches sind.
Heute Abend marschieren wir weiter. Ob noch einmal ein Stop kommt, weiß keiner. Auf alle Fälle bin ich froh, daß wir bald Gelegenheit haben, unsere Treue zu Volk und Reich unter Beweis zu stellen. Und wenn schwerste Opfer gefordert werden sollten, dann sind sie dem Herrn für Sein Reich in Deutschland gebracht.

In Treue Dein Ernst

Maschinenschriftliche Abschrift eines Briefes des Kölner NDers Ernst Rausch an seinen Bundesbruder Leo Custodis. Auch Ernst Rausch gehört zu den im Aufmarsch gegen Russland befindlichen Truppenteilen.

DstHdh: Nachlass Wellenhofer 30:

Im Felde, 16. Juni 41

Feldpostnummer 27279 D

Sehr geehrter Herr Präses!
Vielen herzlichen Dank für Ihr liebes Oster- und Pfingstgedenken für uns „Krieger". Leider ist mir erst jetzt möglich für diese lieben Grüße zu danken. Ich habe wieder mal, wie in Frankreich, den ganzen Feldzug in Jugoslawien mitgemacht und bin auch diesmal wieder heil davon gekommen, Gott sei Dank. Ganz besonders hat mich Ihr Osterwunsch gefreut, der mich in ziemlich starken Kämpfen während der Osterfeiertage als einzig rechtzeitig eintreffender Gruß der Heimat erreicht hat. Ich weiß nicht, ob man das in der Heimat so richtig und ganz erfaßt, was es heißt in den Kampfpausen von oft nur ein paar Stunden, Post von der Heimat zu bekommen. Jedenfalls für diesen Gruß meinen ganz besonderen Dank.

Das große Herumrennen in Serbien ist ja nun zu Ende. Aber schon sind wir auf neuem Vormarsch in ganz anderer Richtung begriffen. Diesmal hat man uns halt gar keine Pause zwischen den einzelnen Feldzügen in der Heimat gegönnt. Na ja, vielleicht wird dann eher Schluß mit all dem, was man so Reorganisation Europas nennt. Es wäre uns allen bestimmt nur erwünscht, in der Heimat sowohl, als am meisten uns, die wir von einem Land ins andere den Krieg tragen. Aber trotz allem ist unsere Lebenskraft noch in keiner Weise gebrochen; vor allem da ja unsere Verluste sehr unbedeutend im Verhältnis zu den anderen sind und unsere Organisation ja vortrefflich klappt, wie wir bei jedem neuen Stellungswechsel aufs neue bewundern können.

Sonst geht es mir persönlich noch einigermaßen gut. Das eine ist halt, ich hab mein Alter eigentlich noch nie so gespürt wie jetzt. Die ewige Lauferei hat halt meinen inneren Organen doch sehr zugesetzt. Aber ich denke, ein längerer Erholungsurlaub nach all dem, wird alles wieder ins Rechte bringen. Viel gesehen und erlebt haben wir ja in dieser Zeit. Und ich hoffe, daß das alles später doch irgendwie seine Früchte in der Reife bringen wird.

Es würde mich sehr freuen, von Ihnen auch mal persönlich ein paar Zeilen zu bekommen, wenn es Ihre Zeit erlaubt. Auch wäre ich Ihnen dankbar, wenn Sie mir die Adresse von Herrn Präses Wolker zukommen lassen könnten. Viele Grüße auch an etwaige Bekannte Ihrer Umgebung. Grüßen Sie bitte auch Ihre Frau Schwester und Ihren Schwager.

Besonders aber seien Sie gegrüßt

von Ihrem Max Schottenhamel

Handschriftlicher Brief an Präses Wellenhofer. Max Schottenhamel scheint schon etwas älter gewesen zu sein, auch er befindet sich bei den gegen Russland aufmarschierdenden Truppenteilen.
Gemeint ist Prälat Ludwig Wolker.

SKTS: Strunck:

Grüß Gott!

12. Juli 1941

Die Stunde der Komplet am vergangenen Samstag war eine besondere Stunde. So ein Jahrestag ist mehr als Erinnerung an Vergangenes, an Überlieferung. Rückschau und Ausschau und Umschau haben die Besinnung auf die tragenden Kräfte angeregt.
Das religiöse Tun der jungen Gemeinde am Ende der Woche hat einen starken Boden. Es geschieht auf dem Boden der Kirche. So war es vor Jahrhunderten, vor Jahrzehnten: Die Kirche hegte den seelischen Wuchs der Jugend. Jugend im Innersten angesprochen, sprach ihr Bekenntnis: „Jung wollen wir sein, heilig und rein, demütig und wahr". Jung, das heißt wachsend und reifend und strebend. Demütig, das heißt dienend, gesammelt, kraftvoll und bereit. Und rein und heilig, das bedeutet: Uns ist nichts leichter und wir haben die gleichen Fehler und Schwächen wie andere Menschen. Aber Gnade wird uns gegeben, und hierin vermögen wir mehr. Beschwerlich ist der Weg bergan, gefährlich oft. Doch die Kräfte entfalten sich und die Natur erstarkt, wach wird der Mensch und öffnet sich dem Großen und Mächtigen.
So tat Jugend Ritterdienst im Bergischen Mariendom, Dienst edler Zucht und reinster Minne in Gefolge der Hohen Frau. Jugend auf dem Boden der Kirche, kämpfend und stürmend, tragend auf beiden Schulter für Ihn, den Herrn und Meister und Sein Reich.

Dieselbe Jugend fand sich zusammen im Marienmünster unserer Stadt, der Weihestätte des Marienritters Hermann-Josef. Ihr blieb heilige Aufgabe und Verpflichtung. Sie hat sie bewahrt und weitergegeben. Das lebt neu in junger Gemeinde fort. Die besten waren es, die innerste Kraft der Jugend als Erbe an die jüngere Generation gaben, bevor sie auszogen zu Kampf und Tat, zu Wunden und Opfertod. Wille und Recht und letztgültige Verpflichtung unserer Soldaten haben ihnen und uns, der Gemeinschaft junger Kirche, sichtbaren Ausdruck geistiger Heimat geschaffen in der Komplet am Samstagabend...
Und unsere Soldaten? Mann vor dem Feind: Jeder Nerv und jede Sehne sind gespannt, jeder Ton und jedes Geräusch werden bedacht. Stunde der Komplet. Stunde der Wache.

Nicht müde werden, wach bleiben. Nicht sorglos werden, das Leben der Kameraden und der Heimat hüten.
„Herr! Hier bin ich, ganz wach. Die Dämmerung lockt, ich widerstehe".
Kameraden, wachen wie ich. Kameraden in allen Ländern ringsum, Brüder und Schwestern in der Heimat, wir alle sind in Deinem Namen versammelt. Das geistige Leben trennt nicht Raum noch Zeit: Gib den Segen, Herr!
Aber es ist doch jedes Mal eine erschütternde Tatsache, mitten im Sommer, zwischen wogenden Getreidefeldern die Spuren des Kampfes und des Todes zu sehen. Die Gesichter der gefallenen Russen sind entsetzlich. Der Ausdruck ist verkrampft, man vermag kaum hinter diesen Ausdruck zu kommen. Und die Gräber der gefallenen Kameraden, über ihnen leuchtet die Sonne wie sonst vor zwei bis drei Wochen, über ihrem Grabe steht ein Kreuz – ob ihnen das Kreuz auch im Leben etwas bedeutet hat? Der Krieg bringt trotz aller Erschütterungen viele von ihren eigentlichen Aufgaben ab, Menschen verrohen, werden wie Tiere und kennen sich selbst kaum noch – und vieles wird über Bord geschmissen, da ist es gut, eine Heimat zu wissen und die Gemeinschaft – und letztere ist fast über ganz Europa verbreitet.
Das ist immer das Letzte, der Halt im grausigen Geschehen der Empörung des Blutes: Die Gemeinschaft lebt und opfert, und wir haben eine Heimat.

Rundbrief an die Kölner NDer, maschinengeschriebenes Original im Besitz von Willi Strunck.
Mit dem „Bergischen Mariendom" ist der Altenberger Dom gemeint.
Erste Eindrücke vom Russlandfeldzug, der am 22. Juni 1941 um 03. 15 Uhr begann.

DstHdh: Nachlass Wellenhofer 30:

am 16. Juli 1941

Lieber Herr Wellenhofer!

Für Ihre liebe Pfingstkarte herzlichen Dank. Auch den Brief habe ich erhalten.Die Briefe aus München sind liebe Erinnerungen, geben aber auch neue Anregung und Kraft. Almer Toni schreibt sehr fleißig. Es ist herrlich, mit welcher Treue und Freude er an seiner alten Arbeit hängt. Ich stehe seit dem 22. Juni an der Ostfront. Wir erlebten die ersten Schüsse. Seitdem geht unser Vormarsch unaufhörlich ins Feindesland. Es ist viel Elend im Land. Der äußere Anblick erinnert stark an Polen. Das furchtbarste Bild sah ich in einigen Kirchen. Außen echt russisch, stilistisch schön. Aus dem Portal treiben Frauen und Kinder die Rinder der „Dorfgemeinschaft". Und doch ist das religiöse Empfinden noch wach. Am ärmsten steht es um die Jugend. Sie wird die Schuld und das Haltlose des Kommunismus noch lange als trauriges Erbe mittragen. So stehen wir neben dem eigenen Kampf und dem eigenen Einsatz aller Kräfte, mitten in der Not eines Volkes. Es ist ein gewaltiges Erleben, das uns anruft und formt, uns härtet, reift für die Heimat.
Wenn Sie mir ein (natürlich einige noch besser) Heft „vom Weg des Soldaten Johannes" schicken könnten, wäre ich sehr dankbar.
Grüßen Sie bitte alle Freunde von Hl. G.

Mit der Bitte um ein Memento verbleibe ich

Ihr ergebener Hans Schasching

Maschinenschriftliche Abschrift eines Briefes von Hans Schasching, der möglicherweise ein Priestersoldat war. Die Anrede an Pfarrer Wellenhofer mit „Herr“ und die Bitte um ein „Memento“ (d. h. Gedenken im Gebet) lassen darauf schließen. Der Text weist auf die religiöse Entwurzelung in der kommunistischen Sowjetunion hin.

SKTS: Böhner, S. 11:

Hans Fein an Hans Böhner:

im Feld, 17. 7. 41

(Sorgen um die Brüder und Bitte um Gebetsgedenken für sie). Wie eigenartig doch oft das Leben ist, dafür nur das eine: Das Gebiet hier war von den Russen seit 1,5 Jahren besetzt (ehemals Polen) und dem russischen Ganzen einverleibt. Die Bevölkerung hat die deutschen Soldaten mit Freude aufgenommen, Heldengräber geschmückt und Bittgottesdienste Tag für Tag für das deutsche Heer gehalten. Im eigentlichen Rußland sieht man selten ein Gotteshaus, auf alten Friedhöfen rosten die Kreuze. Soweit man sehen kann, nur Wald, Wiese, Sumpf. Selten ein Dorf, noch weniger eine Stadt. In den Orten Blockhäuser, schlechte Straßen. Wir hoffen, daß dies für uns der letzte Abschnitt ist. Daß Euch der Engländer in der letzter Zeit belästigt, ist für uns hier wenig erfreulich zu hören. Trotzdem können wir unserem Herrgott danken, daß er den eigentlichen Krieg aus der Heimat ferngehalten hat. Wenn man nämlich erst im Westen, dann in Polen und nun hier den Krieg in seinen ganzen Ausmaßen gesehen hat, dann hat man nur einen Wunsch: Gott schütze unser Vaterland davor! Wir haben große Hitze, da tut ein Bad in der Berisina gut!

Maschinenschriftlicher Auszug eines Briefes des Kölner NDers Hans Fein an Hans Böhner.
Die Textpassage in der Klammer ist eine Anmerkung Böhners.
Hans Fein schreibt vom Vormarsch der Heeresgruppe Mitte.

SKTS: Strunck:

„Briefe an die Kameraden“

Augsburg, den 3. August 41

Lieber Kamerad!

In diesen Tagen nehme ich oft das uns so wertvolle Buch von Walter Flex in die Hand: „Der Wanderer zwischen beiden Welten.“ Wie oft haben wir doch früher in kleiner Runde in diesem Buch gelesen. Immer wieder gab es uns etwas. Ganz erschließen konnten wir uns das Buch nicht. Heute sagt es uns mehr als damals. Nur ein Wort daraus will ich Dir sagen: „Leutnantsdienst tun, heißt seinen Leuten vorleben, das Vorsterben ist dann wohl einmal ein Teil davon.“
Ich will mit diesem Wort keine düsteren Gedanken heraufbeschwören. Wir wissen ja, was der Tod uns bedeutet. Er ist das Tor, durch das wir alle einmal hindurch schreiten müssen. Dahinter wird uns in dem selben Maße gegeben werden, nachdem wir davor

unser Leben bauten. Vor dem Tor liegt unser Feld, auf dem wir arbeiten müssen. Wann wir durch das Tor hindurch gehen, ist uns nicht gegeben zu wissen. Aber wie wir das Tor durchschreiten, das liegt in unserer Hand. Dazu haben wir unser Denkvermögen und unseren freien Willen, daß wir erkennen, was not tut zu arbeiten, und dann diese Arbeit auch verrichten. Leben heißt arbeiten, arbeiten mit allen uns gegebenen Kräften und Anlagen. Nicht für uns allein, in der Hauptsache für unsere Mitmenschen. Wohl keiner von uns trägt die Schulterstücke eines Leutnants, aber das Vorleben ist uns genau so Pflicht und Aufgabe. Das Vorsterben ist uns dann tatsächlich nur ein Teil unserer Pflichterfüllung.
Ich bitte Dich nun, laß keine bitteren Gedanken in Dir aufkommen, daß der, der Dir diese Worte sagt, selbst dies alles nur recht schlecht vollbringt. Es ist bestimmt nicht einfach für mich, Dich draußen zu wissen, wo Du stündlich alles einsetzest, während ich hier nur mein berufliches Können, und das ist wenig genug, einsetzen kann. Und Du, der Du auf irgendeinem weniger gefahrvollen Posten irgendwo im Lande stehst, denke nicht voll Bitterkeit, Du könntest an anderer Stelle mehr leisten, und vergißt dabei Deine einfachere Pflicht. Voll Demut – Dienmut – wollen wir all diese notwendigen, uns übertragenden Arbeiten verrichten. Denken wir an den Spruch von Thurmair, den Andreas uns das letzte Mal sagte:

Der eine trägt die Fahne, der andere singt das Lied,
der Dritte schlägt die Trommel, der Vierte geht im Glied. –
Wer wagt es zu entscheiden, wen man am meisten schätzt,
und wer von diesen allen zuerst kommt und zuletzt!

Werden wir morgen an einen anderen Platz gestellt, so wollen wir auch dort mit gleicher Hingabe unsere Pflicht tun.

In Treue Heil Dir

Dein Leo

Hektographiertes Exemplar eines Rundbriefes von Leo Custodis.

SKTS: Strunck:

im Felde, am 4. August 1941

Lieber Leo!

Endlich komme ich dazu, Dir mal wieder einen Brief zu schreiben. Die Tage, die nun glücklich hinter mir liegen, waren weniger zum Schreiben, als vielmehr zu anderer Tätigkeit bestimmt. Vorab will ich Dir aber für die Briefe der Kameraden danken, die mich an einem heißen Abend vorne in der Feldwache erreichten. Da liest sich so etwas ganz anders als im bequemen Sessel. Aber ich will Dir von den letzten Tagen berichten. Dazu mußt Du erst mal wissen, an welchem Teil der Ostfront ich mich überhaupt betätige. Weißt Du noch, wie wir vor Jahren einmal nach Schweden und Lappland fahrten wollten? Ja, und heute bin ich in diesem „herrlichen" Lande der Lappen noch etliche Kilometer über den Polarkreis hinaus. Ich kann dieses Land jedem empfehlen, der noch nicht dort war. Es besteht aus Sümpfen, Urwäldern, Mücken, Fliegen und einigen russischen Baumschützen, die uns das Leben sauer machen wollen. Nicht anzutreffen sind Men-

schen, Häuser, mit einem Wort: Zivilisation! Im Juli war es noch ganz nett mit den Sonnennächten, aber jetzt sinkt das Thermometer zur Nacht bereits auf 0, und es wird vor allen Dingen dunkel in diesen wüsten Wäldern. Soweit das Bild dieser Gegend, in die mich, wenn ich hier heil herauskomme, keine 10 Pferde mehr bringen können.
Am Samstagabend, den 26.Juli war es soweit. Wir marschierten die wenigen Kilometer zur Front. Das Besondere an diesem Marsch war der Augenblick, in dem mir klar wurde, daß gerade jetzt zu dieser Stunde in Köln die Brüder und Schwestern die Komplet sangen. Und ich sang im selben Augenblick schon mit ihnen den Vers: „Gib den Segen, Herr!" Und ich sang noch, als bereits die russische Artillerie die ersten Lücken in unsere Reihen rissen. Schnell hatten wir uns eingebuddelt und haben dann die ganze Nacht über im Feuer der russischen Batterien gelegen. Kannst Du Dir vorstellen, wie klein man da wird?! Du verkriechst Dich machtlos mit ungeheurer Schnelligkeit in die Erde und drückst den Kopf in den Dreck hinein, immer und immer wieder, wenn diese Kisten heran gefaucht kommen. Am Sonntagabend, Punkt 20 h sollte unsere eigentliche Feuerprobe kommen. Und ich muß wieder fragen: Kannst Du oder irgend einer, der nicht bei uns war, kannst Du Dir vorstellen, was es heißt, einen mit Urwald bestandenen Berg, der mit Baumschützen und Bunkern gespickt ist, zu stürmen? Weißt Du, was das für ein Gefühl ist, wenn plötzlich diese verfl. singenden Geschosse der Russen von oben, von beiden Seiten und sogar von hinten kommen?! Und Du siehst keinen Menschen dabei. Da hältst Du den Atem an, wenn Du aus Deiner schwachen Deckung dann vor Dir auf einer Lichtung plötzlich zwei Kameraden siehst. Sie stehen beide. Der eine legt seinem Vordermann sein MG auf die Schulter und jagt eine Garbe nach der anderen in die Baumwipfel, um diesen Baumschützen den Garaus zu machen. Und dann packt Dich die Wut, wenn dann plötzlich eine feindliche MG-Garbe, die aus irgend einem Baume vor uns kommt, einem tapferen Kameraden das Leben beendet. Laß mich schweigen von weiteren Einzelheiten. Du kannst Dir denken, weshalb ich Dir nicht weiter von der Nacht erzähle, die zur furchtbarsten geworden ist, die ich jemals erlebt habe. Wir haben gestürmt und gestürmt, und haben dann noch fünf Tage vorne gelegen. Ich selbst habe erproben können, was in mir steckt und ich war erstaunt. Und ich habe auch die Kameraden erkannt. Ein Wort fällt mir ein: „Die Kameraden sind gefallen, und die guten Bekannten sind Lumpen!" –
Du wirst erstaunt sein über den miserablen Briefbogen, den ich Dir schicke. An den Löchern tragen auch die Russen Schuld. Ich trug einige Briefe in meinem Tagebuch im Brotbeutel. Die Burschen hatten es anscheinend auf meine Verpflegung abgesehen und jagten mir ein Ding in die Feldflasche und ein Geschoß durch Brotbeutel, Briefbogen und Tagebuch. Ja, Glück muß der Mensch haben.!

Nun liegen wir in Ruhe, wir haben sie uns redlich erkämpft. Was werden soll, wissen wir nicht. Daß dieses Gefecht nicht unser letztes sein soll, dürfte Dir wie auch mir klar sein. Grüße die Kameraden von mir, denn ich kann ihnen nicht schreiben. Ich muß ruhen, äußerlich und innerlich. Der Herrgott war bei mir in diesen Tagen und er wird beim zweiten Gang wieder bei mir sein. Laßt uns nicht nachlassen im Gebet für all die Kameraden.
Gib den Segen, Herr !"

In Treue

Dein W i l l i.

Maschinenschriftliche Abschrift eines Briefes des NDers Willi Strunck an seinen Bundesbruder Leo Custodis.

SKTS: Strunck:

O.U. 4.8.41

Liebe Kameraden!

Nun habe ich sehr lange nichts mehr von mir hören lassen, so daß sich schon mancher darüber gewundert hat. In der Zwischenzeit ist nun auch viel geschehen. Das letzte Mal schrieb ich auf französischem, diesmal benutze ich sowjetrussisches Papier. Damals konnte ich in einer Kaserne auf einem Schemel am Tisch sitzen, heute sitze ich im Freien auf einem Strohhaufen.
Einige Zeit waren wir noch in Polen. Dort hatten wir einen solch anstrengenden Dienst, daß ich kaum zum Schreiben kam. Jetzt, in den Pausen zwischen den Einsätzen, geht es schon eher. Ich kann Euch aber versichern, daß ich oft an Euch gedacht habe.
Meine Anschrift hat sich endlich auch um ein Wort verändert; es wurde ja auch höchste Zeit, daß ich Gefreiter wurde.
Den Einsatz hier im Osten habe ich bisher glücklich überstanden. Unser Batallionskommandeur und unser Kompaniechef wurden im Wehrmachtsbericht vom 1.Juli genannt, da unsere Kompanie beim Durchbruch durch die russische Bunkerlinie einiges geleistet hat. Der Kommandeur und drei weitere Offiziere unseres Bataillons sind gestern durch eine russische Mine gefallen.
Soweit wollte ich persönliches berichten, und nun will ich einiges sagen, was mir beim Lesen der Briefe der Kameraden auffiel.
Im ganzen gesehen hat sich seit Bestehen der Briefe (es ist nun schon über ein Jahr her) eine Wandlung vollzogen. Es waren zunächst reine Berichte und Schilderungen persönlicher Art: über die Landschaft, in die man hineingeraten war, über die Leute, die man beim Militär kennengelernt hatte, über dies und jenes, womit man sich die Zeit vertrieb. Dann gingen die Briefe schon tiefer. Wir sprachen von unseren Beziehungen zu einer neuen Landschaft, von der Haltung der Menschen in unserer Umgebung, suchten Vergleiche, ein Bild unserer Haltung zu gewinnen und regten uns gegenseitig an, unsere Freizeit „vernünftig“ zu gestalten. Und wie sieht der größte Teil der Briefe heute aus? Wir sind über die reinen Berichte und über die Anregungen hinaus zu grundsätzlichen Fragen vorgestoßen. Den Beginn machte eigentlich Ernst mit seinem Brief zum 8. Dezember. Willi griff in seinem Brief vom 30. März dieses Thema noch einmal auf und schrieb ein paar herrliche Sätze dazu, über die ich mich tatsächlich gefreut habe, und die sicherlich jedem wieder neuen Mut zum Weiterkämpfen gegeben haben. Und wir können <u>nie</u> auf „verlorenem“ Posten stehen, wie Karl in seinem Brief vom 7. Mai sagte. Es ist die einzigste Stelle in Karls Brief, an der ich etwas auszusetzen habe. Für einen Christen gibt es keinen verlorenen Posten, auch „von der Seite der Menschen“ her gesehen nicht. Der Christ ist eben in höherem Sinne Mensch. Wir wollen auch an die biblische Stadt denken, die auch wegen 5 Gerechter nicht vernichtet werden sollte. Und wenn wir noch so ein kleines Häufchen sind, unser Kampf kann nie vergeblich sein!

Für diesmal grüße ich Euch alle in der Heimat und in der Ferne und wünsche Euch alles Gute

Euer H e i n z

Hektographierter Rundbrief nach einem Brief des Kölner NDers Heinz Klein. Er erwähnt die schweren Kämpfe der Heeresgruppe Mitte im Raum Bialystok-Nowogrodek im Juli 1941.
Mit „Willi“ ist Willi Strunck,
mit „Karl“ ist Karl Heinrichs gemeint.

SKTS: Strunck:

Z. Z. Niedernhausen i. T., den 5. 8. 41

Lieber Leo!

... Die Briefe sind ein gutes Werk, sie pflegen die Gemeinschaft und sind ein wichtiges Band, das zusammenhält und einen Austausch möglich macht, das Bereitschaft weckt und das Bewußtsein der Geborgenheit gibt.
Wichtig ist es, darauf zu achten, daß der Austausch sich um ein gemeinsames Anliegen bemüht, etwa wie die Rede Prof. Adams. Das gibt dem ganzen eine geistige Linie und es ist dann mehr als ein bloßer Austausch von Erlebnissen. Für die, die draußen sind, ist es ja besonders wichtig, daß durch alle Briefe christliche Lebenskraft geweckt wird, daß sie zu einem Spiegel lebendigen Bemühens um christliche Lebensgestaltung werden.

Zum Samstag-Abend möchte ich nicht viel schreiben – lege Dir einen Brief bei aus den letzten Wochen, den ein Kölner geschrieben hat. Er sagt doch bedeutend mehr, als das, was der betr. Wilhelm dazu zu sagen wußte. Der Schreiber geht schon an das Wesen der Dinge heran.

Eine Bitte noch. Hab in diesen Tagen an die unsrigen draußen eine Bitte gehen lassen: Mir ein Wort zu schreiben, ein bekennendes Wort zum Herrn. Meine Frage ist: Was ist Dir draußen der Herr in der Ferne und was kann er Dir sein? Es tut den Brüdern daheim gut, von den Kameraden draußen zu wissen. Vielleicht findest Du Zeit, mir zu der Frage etwas aus Deiner Situation zu schreiben.
Der Herr gebe uns Kraft zum rechten Dienst, damit Sein Königtum unter uns werde!

Dein Reinhard Angenendt

Auszug eines Briefes von Kaplan Reinhard Angenendt an Leo Custodis.

DstHdh: Nachlass Wellenhofer 27:

Im Felde, 8. 8. 1941

Sehr geehrter Herr Kurat!

Endlich komme ich heute wieder mal dazu, Ihnen einige Zeilen zu schreiben. Gerade in der letzten Woche waren wir wieder in schwere Kämpfe verwickelt und lagen einige Tage und Nächte im Artilleriefeuer, bin jedoch gesund und unverletzt, allein, es erwischte manchen Kameraden. Die Russen kämpfen zäh und feige wie die Bestien, doch geht es nunmehr wieder zügig vorwärts, und ich hoffe, daß bis diese Zeilen Sie erreichen, Moskau bereits gefallen ist.Die besonderen Scherze dieses Feldzuges sind Hecken- und Baumschützen, sowie Flintenweiber, doch wird damit gründlich aufgeräumt. Dieser Feldzug ließ sich nicht vermeiden, denn wir erlebten es selbst, die Rote Armee stand mit ziemlich starken Panzerkräften zum Angriff an der Grenze bereit. Die Bauern hier sind sehr arm und die Wohnungen voll von Ungeziefer. Über die Städte, durch die wir kamen, kann ich kein Urteil geben, denn sie standen meist in Flammen.

Sehr geehrter Herr Präses!
Sofern ich das Glück habe, wieder gesund in die Heimat zu kommen, werde ich natürlich nicht versäumen, Sie zu besuchen. Ich hoffe, daß Sie dieser Brief in guter Gesundheit antrifft und bedauere sehr, Ihnen nicht mehr schreiben zu können, weil es die Zeit mir nicht erlaubt.

Mit den herzlichsten Grüßen an Sie und Ihre Frau Schwester bin ich

Ihr Egon Maier

Der Briefschreiber steht ganz unter dem Eindruck der schweren Kämpfe und kann die Zähigkeit und Verbissenheit, mit der die russischen Soldaten ihr Vaterland verteidigen, nicht begreifen. Hier wirkt offenbar auch das von der Propaganda geschürte Feindbild vom angeblich russischen Untermenschen und eine zu diesem Zeitpunkt fatale Siegeszuversicht.

Aus: Dreissig Jahre Bund Neudeutschland, S. 100:

In der Brusttasche des am 9. 8. 1941 im Osten gefallenen Alumnen des Aachener Priesterseminars B e n e d i k t H e r f s, geb, 12.1.1916 in M-Gladbach, fand sich mit Bleistift aufgezeichnet unvollendet folgendes Sterbegebet:
„Herr, ich danke Dir für diese große Stunde vor der Schlacht, für Deine große Freiheit vor dem Letztmöglichen, was möglich ist in diesem Leben. Zwischen Leben und Tod steht Dein blutiges Kreuz, und ich spüre den Hauch der Erlösung näher denn je.
Es ist nichts mehr zu tun und zu sagen, denn der Augenblick erfüllt alles, was je in mir war – meine arme Existenz – in dem einen göttlichen Willen, der geschehen möge.
So geschehe denn das mir, was am Kreuze geschah. Ich kenne den Tod. Ich bin ihn oft im Glauben an die Erlösung vor Deinem Altare mit Dir gestorben, und wenn ich dann sterben muß, soll es den gleichen Sinn erfüllen und das gleiche Zeichen tragen. Dieser letzte Glaube, der mich an Dich fesselt, diese – "
In einer Studie über „Das Trinitarische Menschenbild als Existenz vor Gott", die er als Beitrag zu einer für seinen Regens bestimmte Jubiläumsschrift angefertigt hatte, meint er: „Die menschliche Existenz ist Werdung von Gott, in Gott, zu Gott. Von Gott wird das Kind als Geschöpf in die Welt gesetzt, und es ist mit die Aufgabe, zu Gott zurückzukehren. Was aber einzig und allein in Gott gelingen kann. Drum existiert der Mensch als ZuGottWerdender… Und indem er seiner menschlichen Bestimmung wird, wird er zu Gott"…

In seinem Panzerwagen fand sich das Spruchbild, von seinem Blut getränkt: „Der Pfingsttag kennt keinen Abend, denn seine Sonne, die Liebe, kennt keinen Untergang“.

DstHdh: Nachlass Wellenhofer: 27:

12. August 41

Lieber Herr Präses!

Jetzt sind wir ganz bestimmt unter das fahrende Volk geraten. Der Feldzug hier im Osten läßt uns große Strecken überwinden. Im März – ich kam grade vom Urlaub zu meiner Truppe zurück – lagen wir noch bei Paris. In schneller Fahrt durch Deutschland, Ungarn nach Rumänien kamen wir grade zum Serbienfeldzug noch recht. Ostern verbrachte ich im B.... bei einem deutschen Pfarrer, der gerade am Ostermorgen aus der Gefangenschaft heimkehrte. Der Krieg dort unten war beendet und wir hatten 8 Tage Ruhe in einer rumänischen Stadt, in die wir zurückgekehrt waren. Dann war großes Rätselraten: Wo wird's weiter hingehen? Bald wußten wir's: In einigen Tagesfahrten durch Ungarn, Slowakei, über die Karpaten hinein nach Polen. Noch war alles unklar, es war am 1. Mai. Große Truppenbewegungen überall, keiner wußte den Endzweck. Mai und Juni, erst in Krakau, dann in einer kleineren Stadt an der Weichsel und, gerade als mich mein Bruder besuchen wollte, fuhr ich 1 Stunde vorher weiter ostwärts nach Zumosch. Hier hatten wir noch einige Zeit ein herrliches Barackenleben mit viel Sonne und einem kleinen Buch.
Der 22. Juni brach die Spannung, wir hofften damals auf sofortigen Einsatz. Er kam erst später. In Etappen ging dann unser Vormarsch meist auf der Panzerstraße Mitte über Luck, Rossno, Dubno hinein in die Ukraine. Vor ungefähr 14 Tagen – es war an einem regnerischen Sonntag – sollte ich als Vorhut nach einer Störung auf der Straße, die vollkommen verstopft war, schauen. Ich geh durch Schlamm und Dreck noch weiter und werde beim Rückmarsch aus einer Kolonne angerufen. Beim Aufschauen steht der Lechner Franz von Neuhausen vor mir. Freudige Begrüßung – leider konnte ich ihn nicht weit begleiten, seine Truppe marschierte in eine andere Richtung. Begegnung in Rußland. – Jetzt liegen wir schon einige Zeit südl. Kiew, die Stadt selbst soll wohl bald fallen.
Vor einigen Tagen nahm ich eine Münchner Zeitung zur Hand und muß als erstes die Todesanzeige vom Stümpfer Max lesen. Es ist ein Schnitter, heißt der Tod ... Fritz Mayerhofer von St. Clemens ist auf Kreta gefallen, so schrieben sie mir von daheim. Unser Leben liegt in der Hand des Herrn. Mit welcher inneren Kraft schreibt da Hans Niermann in seinen Tagebuchblättern vom Kampf und Tod. Das Gebet für unsere gefallenen Brüder und um Kraft, das Leben zu bestehen, vereinigt die junge Gemeinde, auch bei dieser großen räumlichen Trennung.

Herzlichen Gruß

Ihr Paul Mayer

SKTS: Böhner, S. 15:

Werner Sallermann an Hans Böhner:

Im Felde, 15. 8. 41

... Es ist schwer, so unendlich schwer zu schreiben. Und doch wurzelt unser Leben zutiefst in unserem „alten Kreis", der uns längst zur inneren Heimat des Herzens ward. Weit über Smolensk hinaus stehen wir tief im Feindesland. Die Heimat ist fern und hinter uns liegt das Leben. Neun Millionen kämpfen in blutigem Ringen um den Sieg. Und doch ist man manchmal entsetzlich allein.
Ihr dürft uns nicht vergessen, Freunde!

Maschinenschriftlicher Auszug von Hans Böhner.

SKTS: Böhner, S. 11:

Hans Fein an Hans Böhner:

23. 8. 41

Bis zum nächsten Monatsende hoffen wir den Kampf beendet... Von meinem Bruder gute Nachricht.
Gestern hatten wir einen Wolkenbruch... Die fast ganz aus Holz gebauten Dörfer sind fast alle total ausgebrannt. In Städten, wo die Häuser aus Stein gebaut sind, findet man auch Kirchen, die aber seit vielen Jahren nicht mehr ihren Zweck erfüllen, sie sind zu Kinos, Fabriken oder Lagern genutzt, Altäre und andere Inneneinrichtung entfernt. Nachdem nach dem Einrücken unserer Truppen der Gottesdienst wieder gestattet ist, sieht man genug Russen ihren alten Glauben wieder bekennen.
Das junge Volk kennt das natürlich nicht und sieht dem nur staunend zu. In N. hielt der Kriegspfarrer Weihnachtsgottesdienst an jedem Sonntag. Wenn etwas am Krieg richtig ist, dann ist es die Vernichtung des Bolschewismus ganz bestimmt. Gewiß der Kampf ist schwer, aber wir hoffen, ihn bald siegreich zu beenden.

Maschinengeschriebener Auszug eines Briefes des Kölner NDers Hans Fein an Hans Böhner.

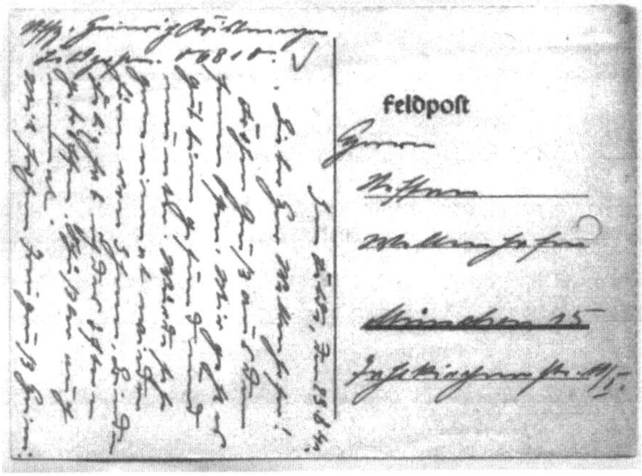

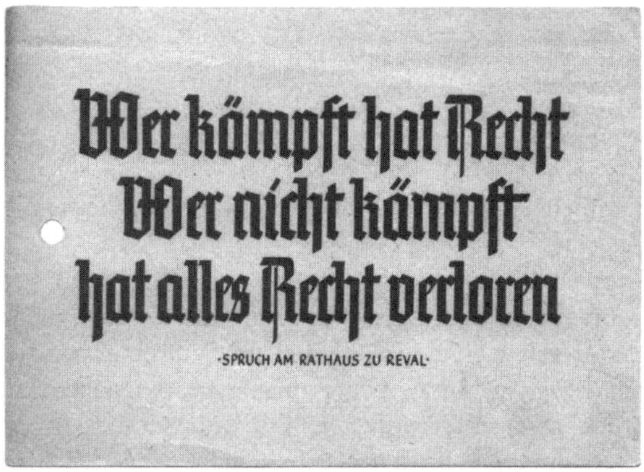

DstHdh: Nachlass Wellenhofer 27:

Im Felde, zum 23.8.41

Lieber Herr Wellenhofer!
Frohen Gruß aus dem fernen Osten. Mir geht es gut, bin gesund und munter. Würde sicher gern einmal wieder hören von Ihnen. Bruder Felig habe ich des öfteren getroffen, Schüßler auch einmal. Mit frohem Treuegruß
Uffz. Grimerig Feldpostnr. 06810

Spruchkarte des Unteroffiziers Grimerig von der Ostfront, der hier von der seltenen Begegnung mit zwei Bundesbrüdern berichtet.

DstHdh: Nachlass Wellenhofer 27:

25. Aug. 1941

Grüß Gott!

Lieber Herr Kurat W.!

Endlich finde ich mal wieder Zeit, Ihnen lb. Herr Kurat, etliche Zeilen zu senden. Vor allem innigen Dank für Ihre schönen Pfingstgrüße und aus Ihrem Urlaub. Mir geht es sehr gut, Gott sei Dank; sind bis jetzt noch im Westen, liegen z. Zt. in landschaftlich herrlicher Gebirgsgegend, in einer wunderschönen, altehrwürdigen Bischofsstadt, liegt ganz eingebettet im Kranze der Berge. Rechnen aber alle Tage auf Marschbefehl, wahrscheinlich nach dem Osten.
Wie lange wird es dort drüben noch dauern?
Viele Kameraden und Verwandte von mir deckt bereits die kühle Erde Rußlands, es wird mir oft weh ums Herz, wenn ich wieder Nachricht vom Heldentode eines lb. Kameraden aus der Heimat erhalte. Mein bester Freund, seit Kindertagen unzertrennlich mit mir verbunden, ist vermißt. Ich erhielt den letzten Brief von ihm zu Pfingsten, seine Angehörigen Mitte Juni; seither fehlt jede Nachricht von ihm. Er lag damals in einem Lazarett in Polen. Doch wir geben alle die Hoffnung nicht auf. Er war so lustig und lebensfroh und erfüllt von Edlem und Gutem, treu und fest in unserem hl. kath. Glauben, er war so sehr beliebt bei jung und alt. Es vergeht keine Stunde des Tages, daß ich nicht seiner gedenke, vielleicht kehrt er doch noch zurück?
Ich habe ja in den zwei Kriegsjahren, die ich bis jetzt erlebt habe, immer Gottes Segen gefühlt, war noch keine Stunde krank, überall heil durchgekommen und, wenn es der Wille des Höchsten ist, wird er mir auch weiterhin seinen Schutz und seine Hilfe gewähren. Ich schaue ruhigen Auges der Zukunft entgegen.
Nun zum Schluß, lb. Herr Kurat, nochmals herzlichen Dank, viele herzliche Grüße mit der Bitte um weiteres Gedenken beim hl. Opfer und im Gebete.

Ihr dankschuldender Josef Kriechbauer

DstHdh: Nachlass Wellenhofer 27:

Rußland, den 28. 8. 41

Lieber Herr Kurat!

Endlich komme ich mal dazu, Ihnen vom Osten einige Zeilen zu schicken.
Wie geht es Ihnen immer? Hoffe, daß Sie gesund und wohlauf sind! Ich bin zufrieden, denn ich bin ja bis jetzt noch überall gut und gesund hindurch gekommen, was ich ja auch weiterhin hoffe! Lange kann die Sache ja doch nicht mehr dauern, denn die Russen haben hier in unserem Abschnitt Unsagbares verloren! Und der letzte Rest kann sich wohl auch nicht mehr recht lange halten. Drum hoffen wir auf ein baldiges, gesundes Wiedersehen in der Heimat!
Sehe mich so oft um, ob ich nicht irgendwo Bekannte sehe, aber bis jetzt habe ich noch kein Glück gehabt. Seit meiner Versetzung bin ich ja leider bei keinen bayerischen Truppen mehr!
Gestern bekam ich Ihre liebe Karte vom Urlaub. Vielen herzlichen Dank dafür! Es hat mich sehr gefreut! Ist doch Post von der Heimat immer das Schönste, was man einem

Soldaten geben kann. Man ist nicht so ganz alleine! Man fühlt die Heimat nahe.
Das Wetter ist zur Zeit verheerend! Sturm und Regen, oft Tag und Nacht. In die Häuser kann man nicht, denn es machen dort förmlich Wanzen die Türe auf! Auch anderes Ungeziefer gibt es in Massen.
Nun hoffen wir halt, daß der Friede und ein gesundes Wiedersehen nicht mehr allzu fern sind!
Wünsche Ihnen für die Zukunft alles Gute!

Frohe Grüße schickt Ihnen in alter Treue

Ihr Josef Ertlmaier

Angesichts der gewaltigen Erfolge, die die deutsche Wehrmacht im Sommer 1941 bei ihrem Vormarsch in Russland noch erringen konnte, glaubten viele an einen kurz bevorstehenden Zusammenbruch der Roten Armee, was sich wenig später als tragischer und folgenschwerer Irrtum erweisen sollte.

DstHdh: Nachlass Wellenhofer 27:

im Westen, den 30. 8. 41

Euer Hochwürden!

Herzlichen Dank für Ihre liebe Karte aus dem Tauerngebiet. Muß aber gleich eine Entschuldigung anfügen, daß ich so lange nichts hab hören lassen. Bin nämlich schon seit 27. Juni von Bremen weg und nach dem Westen gefahren. Habe nun schon die zweite Dienststelle, d.h. eigentlich nicht Dienststelle, denn wir gehören hier noch zur Kompanie, die von uns an die 400 km entfernt ist, aber wir sind hier einer anderen Kompanie wirtschaftlich unterstellt. Es geht uns hier ganz gut. Liegen hier in einem schloßähnlichen Gebäude, natürlich darf man sich das nicht prunkvoll vorstellen, aber es geht an. Hier an der Nordwestküste der Bretagne gibt es schon hier und da zu sehen, besonders in der Luft, denn die Tommys, die nach Brest fliegen oder von dort kommen, fliegen direkt über uns hinweg. Die Bevölkerung ist hier allerdings uns nicht sehr hold gesinnt, eher feindlich, wenigstens zum Großteil, aber wir sind schon auf der Hut.
Haben hier schon zwei ganz freche Stückchen des Tommy erlebt. Am 18. d. M. kamen 2 englische Jäger so etwa in 40 m Höhe über unseren Peiler und beschossen ihn. 3 Schuß gingen in die Hütte, trafen aber Gott sei Dank niemanden von den 2 Mann, die drinnen waren. Am letzten Sonntag nun kamen so 10 englische Maschinen wieder in geringer Höhe und beschossen wieder einen anderen Peiler. Diesmal aber verletzten sie beide Mann, die drinnen waren. Den einen trafen 2 Schuß, den anderen ein Schuß in den Arm. Schwer verletzt wurden sie Gott sei Dank nicht. !!!
Haben uns jetzt nun auch einen Deckungsgraben geschaffen, denn gerade so ohne Schutz wollen wir doch nicht den Heldentod sterben.
Wie geht es Ihnen immer ? Hoffentlich gesund.
Was soll es denn anders sein nach so schönen Urlaubstagen im herrlichen Gebiet der Tauern. Das schönste Wetter werden Sie ja auch nicht gehabt haben nach dem Wetter hier zu schließen. Da vergeht ja auch kein Tag, an dem es wenigstens nicht einmal geregnet hätte.

Was gibt es denn sonst an Neuigkeiten betreffs status eccles et sacerd? Ich bin natürlich hier von nichts unterrichtet. Uns wollen sie jetzt auch aus dem Stift Willering vertreiben oder haben sie schon getan. Jedenfalls ist es sehr in Schwebe, ob hier der Betrieb wieder aufgenommen werden kann. Hat Ihnen Dr. Hünigh nichts davon mitgeteilt?
Gedenken Sie, bitte, meiner beim heiligen Opfer und schreiben Sie mir auch wieder einmal, bis dahin seien Sie recht herzlich gegrüßt von

Ihrem Löschenberger

Der Briefschreiber ist offensichtlich Ordensmann, weil er hier die Beschlagnahmung seines Klosters „Stift Willering" durch die NS-Behörden erwähnt.

DstHdh: Nachlass Wellenhofer 27:

Gefr.H.Zollbrecht Westen, Sonntag, den 31. Aug. 41
FeldpostNr. 21 723
Schließfach 16

Grüß Gott, Herr Kurat!

Habe vor allem Dank für Deine guten Wünsche zum Namenstag, ich habe allerdings als Johann Nepomuk am 16. Mai Namenstag, aber es hat mich im Juni ebenso gefreut. Heute habe ich an meiner neuen Dienststelle Sonntagsdienst –, ja, seit Ende des vorigen Monats bin ich hier zum Militärbefehlshaber versetzt und habe es sicher nicht schlecht getroffen. Auf die Dauer war auf der Schreibstube nicht auszukommen. Ich glaube, Du weißt ja, daß wir uns um die Offizierslaufbahn auf Kriegsdauer beworben haben, ich hätte mir manches davon für jetzt und später versprochen. Aber leider, der Sanitätsparagraph, daß kath. Priester in Sanitätsabteilungen tun müssen, hat uns das Genick gebrochen. Schade, aber man kann nichts machen. Ein evang. Kollege hat übrigens – als Offizier – das Ritterkreuz bekommen. Ich glaube, es würde auch einem katholischen Pfarrer nicht schaden. Es soll jetzt auch etwas existieren, daß wir nurmehr bis zum Gefreiten befördert werden können, gefunden habe allerdings noch nichts amtliches. Zur Ernennung zum Kriegspfarrer bin ich wie viele zu jung, mindestens Jahrgang 12 – und ich bin 14 – Pech!

Aber daß Pöschl und Kaul jetzt so weit gekommen sind, freut mich wirklich, denn etwas Blutauffrischung kann da nicht schaden. Diese Woche kommt der Feldbischof wieder nach Paris, es soll der Kriegspfarrer-Kurs sogar hier in Paris stattfinden. Ich weiß allerdings nicht, wer diesmal von unserer Diözese dabei ist.
Ich weiß nicht, ob Du Dich noch vom Einkehrtag her an den Ramsler Hans erinnern kannst, von dem Berghof, der vom Pfarrhof so schön zu sehen ist. Er war zweifellos unser bester und tiefster Jungmann, Schott, Parsch, Jahr des Heiles und noch manches andere gehörten zu seiner täglichen Lesung. Auch Klees hat ihn gut gekannt. Nun ist er als erster aus Inzell gefallen, an seinem Namenstag. Acht Tage vorher hat er mir noch geschrieben, daß er noch bei beiden Sakramenten war, durch einen Zufall haben wir uns noch am letzten Urlaubstag getroffen. Daß er vorbereitet war, wie wenige, tröstet seine Familie – er war der älteste von den 11 Kindern – und mich über seinen Tod.

Da es mit meinem Urlaub so bald noch nichts wird, darf ich wohl gelegentlich wieder auf ein paar Zeilen hoffen. Eurer Arbeit guten Fortschritt

in Treue gez. Hanns Zollbrecht

Maschinengeschriebener Brief eines Priestersoldaten, der als Sanitätssoldat eingesetzt ist.
Mit „Schott" ist Schotts Römisches Messbuch, deutsch-lateinisches Missale, gemeint.
Unter „Parsch" und „Jahr des Heiles" sind weitere religiöse Bücher zu verstehen.

DstHdh: Nachlass Wellenhofer 59:

September, 1941.

Liebe Freunde!

Daheim sind nun die schönen Feste vorbei. Es beginnt die Erntearbeit. Und draußen im Feld beginnt der neue Einsatz. Gar mancher von Euch steht in schwerer Arbeit und gar mancher von uns Soldaten steht in noch viel schwererem Kampf. Da ist es nicht leicht einen passenden Brief zu schreiben. Was sollen Worte bei den Taten?
Und doch will ich auch heute von einem Wort schreiben, das uns alle angeht. Ich will Euch ein Paar Sätze sagen über das Wort „Opfer". Wenn wir unser Leben so durchsehen, dann sehen wir, daß dort manches Schwere und Dunkle steht. Und wenn dieses Leben auch erst 14 und 15 Jahre zählt. Schmerz und Leid hat jeder schon irgendwie kennengelernt. Ich hab auch in Eurem doch so frohen Kreis schon manche verstohlene Träne gesehen und manche bebende Hand in der meinen gehalten und mancher dunkle Brief liegt vor mir.(Als kleinen Schatz trage ich diese Briefe bei mir als Geschenke des Vertrauens!)
Wieviel Hoffnung ist schon zur Enttäuschung geworden, wieviel gutes Streben, armes Versagen, wieviel helle Freude, dunkles Leid?.
Von den Soldaten brauche ich nichts sagen.
Ihr dürft nun nicht meinen, ich hätte mich gewandelt, und wäre ein Griesgram geworden, der mit schwarzer Brille alles dunkel sieht. Was ich früher sagte, gilt auch heute noch:
Froh zu sein bedarf es wenig.....!
Ein fröhliches Gesicht sei unsere Fahne!
Das Lachen ist die Musik im Reiche Gottes, das alles gilt.
Aber das andere dürfen wir nicht hinwegträumen und hinweglügen, es ist da und es gilt.
Die Last ist da.
Man kann sich um die Last einige Zeit herumschwindeln, feige auskneifen. Aber nur einige Zeit und dann drückt die Last noch mehr.
Man kann die Last stolz und trotzig tragen, aber das zerstört den Menschen und zerbricht ihn schließlich in der Sinnlosigkeit.
Man kann die Last zu einem Opfer machen.!

Was heißt opfern? Etwas schweres tun und tragen für eine große Sache. „Deutschland ist, wo wir opfern." Die Kerze ist Sinnbild allen Opferns. Sie verzehrt sich, verbrennt, um zu leuchten. Aller schwerer Kameradschaftsdienst und Vaterlandsdienst gehört hierher. Manches Lastende unseres Lebens bekommt so einen Sinn.

Freilich, es gibt soviel Leid auf der Welt und gar manches auch in unserem Leben, für das der Mensch keinen Sinn und kein Ziel weiß. Wenn einem Mann seine Frau wegstirbt oder wenn ein junger Mensch in schwerer Krankheit_hinsiecht oder wenn auch nur Mißtrauen und Schikane das Leben verbittern, da findet der Mensch keinen Sinn.Diese Leiden brennen wie Kerzen in einem leeren Raum, sinnlos, trostlos. Hier steht nun sinngebend unser Glaube.
Opfer im letzten und tiefsten Sinn ist ein stilles Geheimnis Gottes.
Das Geheimnis, daß diese Kerzen nicht im leeren Raum verschwelen, sondern daß sie leuchten für Gott.
Das Geheimnis, das alle sinnlosen Tränen vor Gott schimmern wie die Wassertropfen der Meeresbrandung.
Das Geheimnis, daß die einsamen Stunden eines stillen Leidenden vor Gott klingen wie die Gesänge der Engel.
Das Geheimnis, daß alles Leid nicht verrinnt wie trübes Gewässer, sondern aufgenommen wird in das Meer Gottes.
Das Geheimnis. daß die Leiden dieser Zeit gar nicht zu vergleichen sind mit der künftigen Herrlichkeit, die uns offenbar werden wird. Das Geheimnis, daß so alles Leid ein Wert ist. Die Menschen können damit zwar nichts anfangen, aber Gott hebt ihn sorgsam auf.
Daß dies so ist, dafür ist Zeugnis Leben und Sterben des Herrn, gesiegelt mit dem Kreuz.

Wenn wir so die kleinen und großen Opfer unseres Lebens sehen, dann wären wir wahre Christen. Dann wäre auch im tiefsten Leid, innersten Herzen ein lichter Trost. Dann wäre die letzte Träne eine Träne der Freude.
Große Worte ? Ja aber auch eine große Wirklichkeit.
Nur spüren wir sie zu wenig. Und noch weniger leben wir nach ihr. Gewiß ist es von uns nicht verlangt, daß wir immer von feierlichster Opferstimmung erfüllt sind.
Es geht überhaupt nicht um Feierlichkeit, noch weniger um Stimmung.
Es geht um stille, schlichte Bereitschaft.
Vielleicht gibt uns Gott einmal eine Stunde, in der wie Franz v. Assisi wir die ganze Nacht hindurch stammeln: „Mein Herr und mein Gott" und ein loderndes brennendes Opfer sind.

Aber wir sind schon froh, wenn wir in schwerer Stunde ein schlichtes Vaterunser fertigbringen. Auch wenn das Herz nicht brennt und die Augen nicht leuchten. Auch dann ist unsere Last Opfer. Es geht darum, daß wir das Schwere vor das Angesicht Gottes tragen. Die Geste spielt dabei keine Rolle.
Freilich oft tragen wir die Last ungeduldig und stumpf vor uns hin statt sie vor Gott hinzustellen.
Ich meine damit nicht, wenn ein Soldat seine Last einmal mit einem kräftigen Wort oder einem erlösenden Schimpfen wieder etwas auf dem Rücken lockert, dahinter kann die größte Opferbereitschaft versteckt sein. Wenn man sich auch nicht so sieht wie bei einer vernehmlich seufzenden Betschwester.
Aber oft sind wir doch bloß Lastträger und nicht Kreuzträger. Da wollen wir uns nichts vormachen.
Aber vielleicht gelingt es uns, von den vielen Opferstunden des Lebens, wenigstens einen Teil vor das Angesicht Gottes zu tragen, nur einige Stunden, vielleicht nur eine, die letzte, so ist es schon viel.

402

Abschrift!

Kessler.
Leutnant u. Kp. Führer.
FPNr 29654 C

O.U. den 22. 9. 41.

Herrn
Josef Sporer
München 15
Pettenkoferstrasse 8 a .

Sehr geehrter Herr Sporer!

Jm Kampf gegen den Bolschewismus starb Jhr Sohn Karl getreu seinem Fahneneide in soldatischer Pflichterfüllung am 20.9.41 den Heldentod für das Vaterland.

Jm Verlaufe eines Anfriffs gegen russische Jnfanterie traf ihn ein Gewehrschuss in den Kopf. Er war sofort tot und brauchte nicht mehr zu leiden. Wir haben ihn 2 km westlich Timoschenko bei Melitopol zur letzten Ruhe gebettet.

Mit Jhrem Sohn verliert die Kompanie einen ihrer Tapfersten. Er hat seinen Untergebenen noch in seiner letzten Stunde ein leuchtendes Beispiel hervorragender Tapferkeit gegeben und ist als Gruppenführer an der Spitze seiner Gruppe gefallen. Sein stilles bescheidenes Wesen hat ihm in der kurzen Zeit,die er bei der Kompanie war,Kameraden gewonnen,die ihn nie vergessen werden.
Jch spreche Jhnen meine und der Kompanie wärmste Anteilnahme aus. Wie werden ihm ein ehrendes Andenken bewahren.

Möge Jhnen die Gewissheit,daß Jhr Sohn sein Leben im Kampf für Großdeutschland und den Führer gegeben hat,ein Trost sein in dem schweren Leid,das Sie betroffen hat.

Jch grüße Sie in aufrichtigem Mitgefühl.

Jhr

gez: Kessler.
Lt. und Kp. Führer.

Zur Beglaubigung der Abschrift:
München 15,den 14.X.41.
Verwaltung der
Univ.-Poliklinik München.
Reizinger

Offizieller Kondolenzbrief

DstHdh: Nachlass Wellenhofer 27

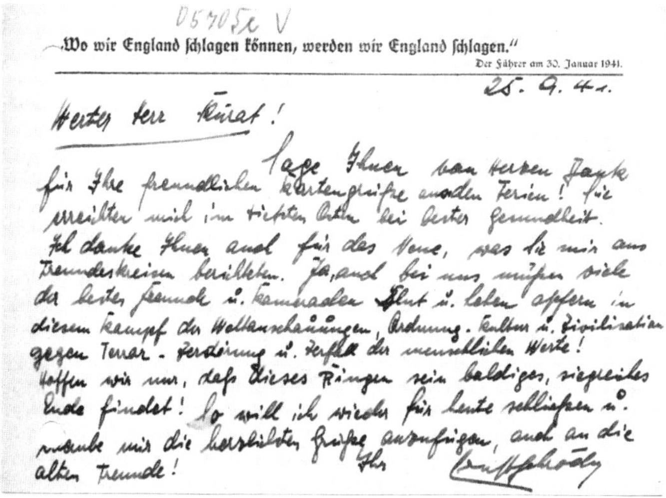

D5705x V

„Wo wir England schlagen können, werden wir England schlagen."
Der Führer am 30. Januar 1941.

25. 9. 41.

Werter Herr Kurat!

Sage Ihnen von Herzen Dank für Ihre freundlichen Kartengrüße aus den Ferien! Sie erreichten mich im tiefsten Osten bei bester Gesundheit. Ich danke Ihnen auch für das Neue, was Sie mir aus Freundeskreisen berichteten. Ja, auch bei uns müssen viele der besten Freunde u. Kameraden Blut u. Leben opfern in diesem Kampf der Weltanschauungen, Ordnung, Kultur u. Zivilisation gegen Terror-Zerstörung u. Zerfall der menschlichen Werte! Hoffen wir nur, daß dieses Ringen ein baldiges, siegreiches Ende findet! So will ich wieder für heute schließen u. möchte mir die herzlichsten Grüße anzufügen, auch an die alten Freunde!

Ihr [illegible]

DstHdh: Nachlass Wellenhofer 31

Und das Opfer vor das Angesicht Gottes tragen, wenn dieses auch nicht leuchtet, sondern hinter Wolken verborgen ist.

Wenn wir diese Gedanken uns so durch den Kopf gehen lassen ist es vielleicht wieder ein Ansporn.

Wenn wir die dritte „Vater unser – Bitte " – „Dein Wille geschehe!" wieder bewußter beten, vielleicht wird es uns tiefer führen.
Und das will dieser Brief anregen.
Nehmt diese Worte schlicht und einfach. Und wenn ihr sie gelesen habt, betet ein Vater unser für uns Soldaten.
Denn vielleicht bedeutet das Wort Opfer für uns in diesen Tagen Schwerstes.

In alter Treue! Euer R.

Hektographierter Rundbrief von Kaplan Richard Lipold.

SKTS: Rausch:

„Briefe der Kameraden"

Andreas, Gefreiter in einem Infanterie-Regiment
gefallen in Rußland am 5. September 1941

Kassel, den 2. Oktober 1941

Lieber Kamerad!

Heute traf ich eine schwere Nachricht: Andreas ist bei den Kämpfen ostwärts Cholm gefallen. Am 5. September hat Der, dem wir alle die Treue halten, sein Opfer gefordert. Er

starb als erster der Kameraden den Heldentod für Deutschland. Bei aller Trauer, die ich innerlich empfinde,– Andreas stand mir sehr nahe und mit ihm verliere ich etwas von mir selbst – habe ich doch das stolze Bewußtsein, daß der Herr den aus unserer Mitte zuerst für dieses Opfer wert hielt, der froher und mit leuchtenderen Augen durch seine Welt ging als wir anderen.
Um sein Reich in Deutschland neu zu gründen, braucht er das Opfer Seiner Besten. Denn nur auf Gräbern wächst dies reich.
Andreas hat dieses Opfer gebracht, und am 6.September krachte in Wilyli ostwärts Cholm die Salve über dem offenen Grabe. Mit ihm ging einer unserer Besten, aber sein Opfer stirbt nicht. und die Schüsse jener Salve werden im neuen Reich des Herrn ihr Echo finden.

In Treue Dein Ernst

Rundbrief des Kölner NDers Ernst Rausch

DstHdh: Nachlass Wellenhofer 27:

Gefr. Ludw. Bals, Einheit 27137
An H. H. Stefan Wellenhofer, München 15, Thalkirchnerstr. 11/I

in Rußland, 6. 9. 41

Lieber Präses,

Herzlichen Dank für die feine Karte aus den Tauern!
So schön kann nur unsere Heimat sein, als die Berge dieser Karte.
Ich habe die ganze Ukraine durchquert und hoffe in den nächste Tagen den Dnjepr zu überqueren. Noch in keinem Einsatz haben wir so viel Arbeit, Alarm, Wachen usw. gehabt. Aber auch diese harte Zeit wird vergehen und dann wird für mich ein anderes Leben beginnen, dann will ich an meine Familie denken.
Ihren Pfingstbrief habe ich auch erhalten, noch heute trage ich ihn bei den wenigen, die nicht verbrannt, sondern zum Andenken an diese Zeit aufbewahrt werden. Bleiben Sie gesund wie ich und denken Sie, bitte, bei Ihrem nächsten hl. Meßopfer an mich,

In alter Treue und Verbundenheit! Ihr Ludwig

Handschriftlicher Feldpostbrief auf einem Feldpostformular.

SKTS: Böhner, S. 15:

Werner Sallermann an Hans Böhner:

vor Petersburg, 10. 9. 41:

Nachdem ich über 3 Wochen von meinem Regiment abgeschnitten war, habe ich nun endlich nach langer Mühsal und abenteuerlicher Irrfahrt (vgl. Homer) zu meinem Regiment zurückgefunden. Manchmal ist der Weg zwischen Leben und Tod doch recht schmal, Hans, und es gehört schon ein starkes Herz dazu, vom Sturm nicht umgeworfen zu werden. Morgen werden wir die Festung Schlüsselburg am Ladogasee stürmen, allzu lange trotzt sie dem Heere schon. Nun müssen wir auch doch wieder ran. Trotz aller Tapferkeit und kämpferischer Bereitschaft schlummert doch in uns allen die Hoffnung, daß dies für unsere stark mitgenommene Division die letzten Kämpfe sind und wir bald heimkehren. Hängt auch über dem Herzen am schwarz-weiß-roten Bande ein kleines schwarzes Kreuz mit silbernem Rand (also 2. Klasse, eine seltene Auszeichnung für Nicht-Offiziere), so kündet doch mehr noch als diese Auszeichnung das Antlitz selber die Härte der Schlachten!

In dankbarer Treue

DstHdh: Nachlass Wellenhofer 33:

11. 9. 1941

Lieber Herr Kurat!

Für Ihren lieben Berggruß meinen herzlichen Dank. Wie ich die Aufnahme sah, ist mir so recht der Mund wässerig, aber da kann man nichts machen. Am 7. 9. überschritten wir bei einer herrlichen Mondnacht den Dnjepr. Dabei ging es über 2 km lange Pontonbrücken. So schön es war, so komisch war unser Gefühl. Denn wann werden wir einmal wieder rüber kommen.
Leider ist es immer traurige Wahrheit, daß unsere besten daran glauben. Um Lenz ist es wirklich schade, wer weiß, wieviel nicht mehr heimkehren von diesem Feldzug. Obwohl wir gegen den Bolschewismus kämpfen, wissen wir oft nicht, was wir hier verloren haben. Nun wird es wieder Herbst und bald wird es Winter sein.
Den russischen Winter werden wir noch kennenlernen. Das wird sicher eine Feldweihnacht werden. Das letzte Mal war es in Frankreich. Hiasl bekam vor ein paar Tagen das EK II. Sonst geht es uns besonders gut.

Mit vielen Pf. Grüßen bleibe ich Ihr Rudi Hauenstein
Gruß von Hiasl

Hier tauchen erstmals Zweifel über den wahren Zweck des Russlandfeldzuges als angeblichen Kreuzzug gegen den Bolschewismus auf, wie auch aus dem Umstand, dass der Schwung des deutschen Vormarsches infolge der überdehnten Versorgungswege und des beginnenden Winters zu erlahmen beginnt, die Hoffnung auf einen baldigen Zusammenbruch der Sowjetunion und ein Kriegsende zu schwinden beginnt.

DstHdh: Nachlass Wellenhofer 33:

15. 09. 41

Lieber Herr Kurat!

Zunächst für die Grüße aus den gewaltigen Tauern vielen Dank.

Wenn auch das Bedürfnis zu längerem Gedankenaustausch immer da ist, so liegt es immer an Zeitmangel und anderen Umständen, daß man nur kurze Karten, statt Briefe mit Inhalt schreiben kann.

Vom Krieg zu schreiben, habe ich eigentlich kein Recht, weil ich nicht bei der fechtenden Truppe bin und das, was wir an Entbehrungen, Härten u.a. leisten, gering ist im Vergleich zu dem, was eben die vorderste Linie mitmacht. Wir hatten zwar auch schon öfter Sicherung, lagen bei Nacht und Regen draußen, waren in Kampfhandlungen verwickelt und hatten auch durch Artilleriefeuer schon Ausfälle, doch sind wir von Hunger und Durst, endlosen Märschen und den großen Schrecken verschont geblieben.
Kirchen mit herrlicher Architektur, doch fast immer verfallen oder als Theater oder Vorratsräume benutzt, umgestürzte Stalin- und Lenin-Denkmäler, vor allem aber dieses verbitterte und hinterlistige Ringen sind der Beweis, daß es hier ein Kampf mit den Mächten der Finsternis ist. Auch Ihnen wird sicher in der Wochenschau schon der trostlose Gesichtsausdruck der meisten Gefangenen und auch der Zivilbevölkerung aufgefallen sein. Diese meist zerlumpten und freudlosen Gestalten, die verwahrlosten Ortschaften, sowie das Fehlen jeden Auftriebs und Willens zur Lebensverbesserung geben Zeugnis von dem Nihilismus des ganzen Systems. Es ist wohl ein ganz großer Verdienst, den sich Deutschland durch diesen Feldzug um den Fortbestand der Kultur in Europa erwirbt. Wir Christen aber hoffen, daß die schweren Opfer an Blut und Leben, an Strapazen und anderen Widerwärtigkeiten junger, blühender und oft feiner Menschen dazu dienen, die Sünden der halbheidnischen Europäischen Völker zu sühnen und uns Christus, seinem Reich und Frieden auch hier auf Erden wieder näherbringen.
Mir geht es ganz gut. Ich bin bestrebt, immer fröhlich und dienstfreudig zu sein, wenn auch manchmal die gute Stimmung bei Wachen mit Sauwetter, Dreckanhäufung usw. vorübergehend umgeworfen wird.
Am letzten Sonntag war zum 1. Mal in unserem Bereich Feldgottesdienst mit General-Absolution und Kommunion. Es war ein herrlicher Spätsommertag, und diese schöne und erhabene Feier hat sichtlich alle Seelen und Herzen erfrischt und gestärkt. Von den etwa 150 Teilnehmern haben wohl 2 Drittel (darunter auch mehrere Offiziere) den Leib des Herrn empfangen. Ein wunderbares Wort der hl. Schrift wurde uns mitgegeben und wird auch Mut und Kraft für alles Kommende spenden:
„Siehe, ich bin bei Euch alle Tage bis ans Ende der Welt“.

Und nun Ihnen, Ihren Angehörigen, sowie allen Freunden die besten Wünsche und herzliche Grüße!

Ihr Robert

Der Verfasser dieses Briefes, von dem nur der Vorname Robert bekannt ist, geht hier ausführlich auf den Russlandfeldzug als Kreuzzug gegen das Böse ein, wovon viele Soldaten damals irrtümlicherweise überzeugt waren.

DstHdh: Nachlass Wellenhofer 27:

Im Felde, 16. September 41

F.-No 01986, Sold. Eg. Meier

Sehr geehrter Herr Kurat!

Vielen Dank für Ihren lb. Kartengruß aus den Tauern. Gerade dieses Foto zeigte wieder die Schönheit der deutschen Heimat, der deutschen Berge, im krassen Gegensatz zur trost-

losen Eintönigkeit dieser Landschaft hier. Ich hoffe gerne, daß Sie inmitten dieser herrlichen Bergwelt Stunden wohlverdienter Erholung fanden. Was mich anbetrifft, so bin ich gesund und unverletzt bis heute, kann dies auch von meinem Bruder ...ard sagen. Es beginnt nun kalt zu werden und wir graben uns zum Schlafen metertiefe Erdlöcher, es ist darin wärmer. In einem Haus kann man hier nicht nächtigen, denn jede dieser Hütten ist eine Wanzenburg für sich. Alles hier ist verwahrlost und die Leute leben ähnlich wie die ersten Menschen. Wie an unserer Front und an den anderen Fronten geht es unaufhaltsam vorwärts, trotz harter Kämpfe, in denen sich der Gegner zäh und heimtückisch verteidigt. Von einem Urlaub kann ich vorerst noch nicht sprechen, es kann Januar, Februar werden, doch einmal wird es auch soweit sein. Leider fehlt mir die Zeit, soviel zu schreiben, wie ich gerne möchte, allein, der längste Brief kann eine persönliche Aussprache nicht ersetzen und auf ein Wiedersehen freue ich mich heute schon.
Sehr geehrter Herr Kurat! Ich hoffe, daß Sie sich in bester Gesundheit befinden und bin mit den herzlichsten Grüßen an Sie und Ihre Frau Schwester in froher Erwartung einer Antwort

Ihr Egon Meier

Handschriftlicher Feldpostbrief an Pfarrer Wellenhofer. Der Verfasser Egon Meier bedankt sich für einen Kartengruß, den Wellenhofer offenbar an mehrere im Felde stehende Kameraden gesandt hatte.
Name in 6. Zeile unleserlich.

DstHdh: Nachlass Wellenhofer 33:

Gefr. E. Mauch 08553

Herrn
St. Wellenhofer
München 15
Thalkirchnerstr. 11 b

20. IX. 41

Lieber Herr Kurat!

Herzlichen Dank für Ihre Karte vom 27.VIII., die ich heute erhielt. Da wir gerade Marschpause haben, will ich der Langweile gleich durch Schreiben abhelfen.
Unser Angriff geht sehr schnell vorwärts, denn die Russen hauen in der Steppe rasch ab. So tippeln wir halt täglich 25 – 35 km querfeldein. Die Kollektivhöfe und die Ortschaften werden meist etwas verteidigt. Verpflegung ist immer noch ausreichend und gut, wird aber trotzdem bei den Bauern ergänzt, denn Pfannenkuchen essen wir allzu gern. Sonst lebt man halt stur in den Tag hinein.

Herzliche Grüße

Ihr Ernst

Handschriftliche Feldpostkarte.

DstHdh: Nachlass Wellenhofer 27:

Stettin, 20. 9. 41

Grüß Gott, Herr Wellenhofer!

Habe gerade Ihren lieben Brief gelesen und kann Ihnen gleich mit größter Freude mitteilen, daß der Kollege Haller gefunden ist. Bei der Postverlesung habe ich ihn entdeckt, nun sind wir auch schon fast beisammen. Den Kameraden Gehwolf kenne ich schon seit dem ersten Tag, in letzter Zeit hab ich ihn aber nicht mehr gesehen.
Nun noch Persönliches. Unsere Ausbildungszeit ist in 6–7 Wochen vorüber, dann kommen viele an die Front. Die anderen werden in ganz Europa verteilt. Ich bin hier als Kraftfahrer zugeteilt und mache in nächster Zeit die nötigen Führerscheine. Für die andere Zeit hoffe ich natürlich das Beste, aber wenn meine Kameraden an die Front kommen, bleibe ich niemals zu Hause. Freundschaft ist erst richtig, wenn sie mit Kameradschaft verbunden ist, und diese bewährt sich nur in Gefahr und Not.
Nun grüße ich Sie mit den besten Freundschaftsgrüßen

Ihr treuer Georg Hallenberger

Der Briefschreiber ist vermutlich ein zur Wehrmacht eingezogener Priestersoldat, weil er Pfarrer Wellenhofer mit „Herr“ statt mit Hochwürden oder Herr Kurat/Präses anredet.

SKTS: Böhner, S. 17:

Bernhard Utters an Hans Böhner:

Rußland, 25. 9. 41

Grüß Dich Gott, mein lieber Hans!

Du brauchst Dich nicht zu entschuldigen ob Deines Schweigens, ich weiß, wieviel Arbeit auf Dir lastet in diesen Zeiten. Wir müssen uns alle die Zeit zum Freundesdienst schier stehlen. Wichtiger ist, daß wir umeinander wissen, und nicht einsam fühlen, gerade in dieser Zeit des doppelten Kampfes, wo es um die physische – und die geistige Existenz unseres Volkes wie der Werke Christi in ihm geht. Aus Deinem Brief ersehe ich, wie stark Du doch neben Deinem Kämpfertum einen „Guten Hirten“ entwickelt hast, das Los der einzelnen liegt Dir sehr am Herzen. Aber was der Einzelne, sein Leben wiegt, das erfahren wir am besten jetzt. Auch im Kampf in der Kirche wiegt und wog der Einzelne nicht allzu viel. Das will nicht besagen, daß wir wie Priester und Levit im Gleichnis daran vorbeigehen sollen, nur: In all dem Furchtbaren und Vernichtenden müssen wir und wollen wir Gottes Allmacht sehen, sie, die nicht angetastet werden kann in ihrer Auswirkung auf das Erlösungswerk und Leben der Welt. Die Bäume wachsen nicht in den Himmel. Und andererseits: Reformationen in der Kirche, ob sie von innen heraus kommen oder von Mächten der Welt ausgelöst werden, sie gleichen Operationen: Da wird geschnitten und da gibt es Schmerzen, natürlich. Aber nichts „Wesentliches“ vermag der Geist dieser Welt der Kirche zu nehmen. Darüber sind wir alle einig: daß unendlich vieles an Starrheit aus der Kirche entfernt werden kann, daß sie in ihrem derzeitigen Gewand wohl kaum das Wohlgefallen des Heilandes finden kann. Das heißt wiederum nicht, daß wir als im Vollalter Christi stehenden Menschen unsere Hände im gegenwärtigen Kampf, wähnend, daß

Gott sich nichts nehmen läßt, in den Schoß legen (dürfen). Nein, wir tragen eine ungeheure Verantwortung als mündige Christen. Wir müssen uns darum kümmern, was in der Heimat vorgeht. Gerade als Frontkämpfer haben wir das Recht, uns zu den Dingen zu äußern und wir dürfen uns nicht scheuen, hier und da ein mutiges Bekenntnis für Christus abzulegen. Du fragst richtig: Soll man nach der Härte rufen? Nein, Hans. Auch hier verstehe mich nicht falsch. Aber wenn die Stürme um das Haus Gottes toben, dann sollen wir nicht verzagen und sagen, alles ist verloren! Ich will dann auch darin Gottes Hand sehen und hoffen, daß ein Reineres daraus hervorgeht. Die Kirche wird geläutert, wenn auch unter blutigen Verlusten – gleich diesem Kriege. Das Kirchenvolk wird allerdings gewaltig schrumpfen. Aber siehst Du eine andere Möglichkeit, das zu verhindern? Du fragst nach unsrer Jugend. Ist sie bereit, die Kirche zu tragen? Da sehen wir leider keiner erfreulichen Zukunft entgegen. Hier zeigen sich tatsächlich die meisten Mängel der Kirche der letzten Generationen. Wo findet man Familien, die ihre Kinder haben zu rechten Christen erziehen können? Deren Erziehung schon hat versagt, die Erziehung unserer Eltern und Voreltern. Waren sie mündig? Sie mögen brave Christen gewesen sein, Gebotserfüller und fleißige Beter. Ist das aber Aposteltum? Die Männer, die eine kath. Aktion forderten, taten das aus dem richtigen Empfinden heraus, daß unser Christusleben aktiviert werden müsse. Leider wurde der Ruf gleich mißverstanden und man stürzte sich auf Organisation und politisches Leben. Was wir brauchen, was die Eltern ihren Kindern vorleben müssen, das ist ein Leben aus Christus, total. Mag auch nur eine kleine Hefe aus den bevorstehenden Kämpfen hervorgehen, die kommenden Jahre werden noch reich an Bekenntnissen und Enttäuschungen sein, von denen wir aber annehmen dürfen, daß sie gleich dem Urchristentum reines Leben in und aus Christus ausstrahlen. Wir müssen tatsächlich (mehr) auf Gottes Gnade und Ruhe vertrauen, viel mehr vermögen wir im Augenblick nicht. Halt, das stimmt nicht: es ist kein Kleines, was wir jetzt tun können, nämlich versuchen, unserer Umwelt einen „alter Christus" vorzuleben. Gelänge nur das, wir hätten das Erlösungswerk auf wirksamste Weise gefördert. (Es folgt ein ausführlicher Bericht von den schweren, beiderseits verlustreichen Kämpfen im unwegsamen Gelände und endlosen Schwierigkeiten.) J. erhielt als Komp. Erster das E.K. und Inf. Sturmabzeichen und wurde „wegen Tapferkeit vorm Feind" zum Feldwebel befördert und Komp. Truppenführer: Daß ich so ein klein wenig stolz bin, kannst Du Dir gewiß vorstellen. Uns fällt das Sterben hier draußen nicht schwer. Möge dies Leid meiner lb. Frau erspart bleiben und ich heil heimkehren! Ich bin glücklich, Dich zum Freund zu haben: Bete Du und ich kämpfe! Das ist alles, was wir füreinander tun können!

Maschinenschriftliche Abschrift des Briefes des Kölner NDers Bernhard Utters. Die in Klammern gesetzten Passagen sind Erläuterungen von Hans Böhner. Bernhard Utters spricht hier pastoraltheologische Probleme an, deren Lösungen erst nach dem II. Vatikanischen Konzil nach 1965 angegangen wurden.

SKTS: Rausch:

Köln, 30. 9. 41

Heil Ernst!

Ich muß Dir eine traurige Mitteilung machen: Mein Bruder Andreas ist gefallen. Als ich am Montag nach Hause kam und mir mein Vater sagte, daß Andreas gefallen sei, ging mir ein heißer Schlag durch den Körper. Er, den ich am liebsten hatte, der mir in all meinem Ringen immer Vorbild und auch Kamerad war, er sollte gefallen sein? Erst wurde mir nicht recht klar, daß er nicht mehr da sein sollte. Nach einiger Zeit aber wußte ich, daß er fallen mußte: Es war Gottes Wille!
Jetzt weilt seine Seele bei Gott: Er kann alles sehen, was ich tue. Immer und bei jeder Tat wird er dabei sein. Darüber bin ich froh. Zwar ist sein Leib hier auf Erden tot. –
Der Wehrmachtspfarrer schrieb uns, er habe Andreas in Wilyli östlich Cholms beerdigt. An seinem Grab hat er für ihn und seine Kameraden das hl. Opfer gefeiert. – Der Kompanietruppführer gab uns auch einen kurzen Bericht:
„In den Kämpfen bei Runizy am 5.9.1941 wurde Ihr Sohn Andreas durch ein Infanteriegeschoß, das in die Bauchgegend eindrang, schwer verwundet. Trotz sofortigen Einsatzes des Sanitätspersonals und anschließendem Abtransport zum Hauptverbandplatz konnte Ihr Sohn auch durch operativen Eingriff nicht mehr gerettet werden und fand in derselben Nacht um 23 h 30 den Heldentod!"
Ich glaube, daß er für Deutschland sein Leben gelassen hat, damit wir es wieder aufbauen können, denn es heißt ja:
„Alles für Deutschland,
Deutschland für Christus!"

Es grüßt Dich in Treue

Dein Karl

Der Adressat dieses in maschinenschriftlicher Kopie vorliegenden Briefes ist der Kölner NDer Ernst Rausch. Er wird mit dem im ND auch nach 1945 üblichen Gruß „Heil" angeredet.

DstHdh: Nachlass Wellenhofer 27:

Osten, im Sommer 41

Lieber Herr Kurat!

Fern aus Rußland, vom Asowschen Meere kommt dieser Brief zu Ihnen.
Wir sind weit vorgestoßen. Mit Beginn des russ. Feldzuges sind wir ja als Panzerdivision an der Spitze. Eine große Vernichtungsschlacht nach der anderen wurde geschlagen, und immer noch ist der Widerstand des Russen hart und zäh. Meter für Meter muß ihm unter schweren blutigen Kämpfen abgerungen werden. Und jetzt stehen wir wieder kurz vor dem größten Unternehmen. Nach dem zu schließen, was hier der Gegner aufgefahren hat, können wir uns auf etwas gefaßt machen. Aber auch dieser Widerstand wird und muß gebrochen werden und wenn es noch so hart geht. Eines Tages geht es auch mit Rußland zu Ende. Und dann sind wir dem Frieden ein gutes Stück näher gerückt.
Ich selbst habe hier schon viel gesehen und erlebt. Doch eins füllt vor allem meine Tage hier aus. Eine ungeheure Sehnsucht nach dem Theater … habe ich das Erlebnis der Front

bekommen. Ist mir das Glück beschieden, heil aus dem Kriege zurück zu kommen, so hoffe ich, hat mich all das Schwere hier nur reifer gemacht und mich näher zum Wesentlichen gebracht. Allerdings, bis es so weit sein wird, daß ich wieder auf der Bühne stehen darf, wird noch geraume Zeit vergehen. Über das Elend der russ. Bevölkerung ist in unseren Zeitungen … bestimmt geschrieben worden. Und doch kann die ausführlichste Schilderung nicht ein entferntes Bild der Wirklichkeit geben. Solche Zustände sind für uns als Deutsche einfach unfaßbar. Wenn man gezwungen ist, Tag für Tag diese Bilder zu sehen, hat man nur den Wunsch, so schnell wie möglich fort aus diesem Lande. Ich hätte mich sehr gefreut, wenn ich Griechenland …, hätte können und diese klassischen Stätten gesehen hätte, aber wir sitzen dagegen in diesem Rußland.
Lieber Herr Kurat, ich muß schließen, es geht weiter. Bitte entschuldigen Sie die schlechte Schrift, ich kann hier nur mit großer Mühe schreiben, meine Hände machen mir große Schwierigkeiten. Auch des Papieres wegen muß ich um Entschuldigung bitten, es gibt ja in Rußland nicht einmal Briefpapier. Ein Schulheft muß als Ersatz dienen.

Ich bleibe mit den herzlichsten Grüßen Ihr Toni Graschberger

Sobald ich ein wenig Zeit habe, folgt ein ausführlicher Brief.

Abschrift eines Briefes von Pfarrer Wellenhofer. Der Verfasser war offensichtlich Schauspieler.
O. a. Text … ist = unleserlich.

SKTS: Böhner, S. 18:

U. W. an Hans Böhner

Dortmund, 7. 10. 41

Nun muß ich Dir endlich auf Deinen letzten Brief antworten. Nach Teilnahme an einem Waffenschulkursus warte ich hier in D. in derselben Kaserne, aus der ich als Kanonier vor einem Jahr auszog, auf neuen Einsatz. Ich gehe in meiner neuen Tätigkeit ganz auf, seit ein paar Tagen bilde ich Rekruten aus, zackig, kann ich Dir sagen! Von morgens bis abends bin ich nur noch „Stimme und gute Haltung“. Aber ich bemühe mich doch, den Kerls auch etwas Sonnenschein ins Herz zu senken und etwas von der heißen Glut, die die Deutschen immer mit in den Kampf nehmen.
Schrieb ich Dir schon, daß mir das Soldatsein solche Freude macht? :Ich trage mich ernstlich mit dem Gedanken, aktiv zu werden. Offizier sein heißt nicht nur Landsknecht sein, sondern großes Beispiel geben, hart sein und erziehen, einer großen Idee dienen. Diese Idee heißt: die alten Werte von Mannestum, vom Helden, Schützen, in die Bresche springen, pflegen und weitergeben. Das ist etwas Schönes. Lieber Hans, ich sehe Dich jetzt, wie Du Dein kluges Gesicht verziehst und denkst: Einmal hat er auch schon solche hohen Töne geblasen… Ja, ganz recht. Das denke ich auch. Aber ich folge nun meinem Herzen. Ich vertraue ihm. Ich denke an ein längst vergessenes Lied. „Hörst Du Trommeln gerne singen?“ Mein Wahlspruch, der mich in den letzten Jahren immer begleitete, und das ist die Hauptsache.

Ich schüttele Dir kräftig die Hand und bleibe in Treuen …

Maschinenschriftliche Abschrift eines Briefes, von dessen Verfasser nur die Anfangsbuchstaben seines Namens bekannt sind, an Hans Böhner.

SKTS: Böhner, S. 11:

Hans Fein an Hans Böhner

14. 10. 41

Dank für den Gruß aus Niedermühlen, dem schönen Flecken Erde mit den vielen guten Erinnerungen. Heute weiß ich erst ganz zu schätzen, was uns die stille Abgeschiedenheit dort gegeben hat, noch mehr jetzt, wo wir doch in den 2 Jahren so manche Gegend auch außerhalb der Heimat gesehen haben. Nein, in Polen möchte ich nicht begraben sein. Vielleicht ist es auch Heimweh, was uns das alles hier nicht in seiner ganzen Schönheit sehen läßt. Denn nicht nur die kleinen Quintaner und auch noch Tertianer fühlen so etwas, nein, bei all dem Lärm des Immer Weiter, das eine bleibt die Sehnsucht nach Hause, darin sind wir alle uns gleich geblieben. Um das eine beneiden wir Euch ja auch, daß Ihr zu Hause seid und Euren Mann ebenso steht wie wir hier, um das „zu Hause“. Der Gedanke einer Zusammenkunft (der alten Freunde) ist nicht schlecht, wer würde wohl alles (noch) kommen können. Jetzt grüßen uns die Birkenkreuze der jüngsten Helden, sicher darunter auch manche, die damals mit dabei waren. Eine Wiedersehensfeier würde schön sein! Wir wollen dafür sorgen, daß hier der Kampf zu Ende geht, damit wir um so eher zu frohem Wiedersehen nach Hause fahren können. Schon ist der erste Schnee gefallen und das Thermometer geht nach unten, minus 3 und 5 Grad, noch nicht viel, aber sicher der Anfang zu jenen 40' des russischen Winters. Und trotzdem geht der Vormarsch weiter, wir hoffen: zum Endschlag. Herbert liegt bei Petersburg, ich habe von ihm gute Nachricht. (Er konnte nicht ahnen, daß sein Bruder am 14.11. dort sein Leben lassen würde).

Maschinenschriftliche Abschrift Hans Böhners aus dem Auszug eines Briefes von dem Kölner NDer Hans Fein.
In Klammern: Hans Böhners Anmerkungen.

SKTS: Böhner:

Osten, den 20. 10. 41.

Mein Lieber,

Leningrad – die größte Befestigung aller Zeiten, wird endlich fallen, während wir noch die Ruhe vor dem Sturm ausnützen, um in die Heimat noch mal Grüße zu senden, donnern die Motoren über uns und die Artillerie läßt die Erde erzittern. Da ist die Zeit, um auch an Dich Grüße zu senden und das Pf .Gelöbnis zu erneuern. Ich weiß, es geht in einen erbitterten Kampf, doch ich bin getreu unserem Vorsatz allzeit bereit.

Noch mal, herzliche Grüße Dein dankbarer Alfred

Russland, 27.X.1941

Lieber, sehr verehrter Herr Schüssler!

Es wäre mir sehr schwer gefallen, Ihnen als erster zu sagen, dass Ihr teurer Sohn, mein tapferer und tüchtiger Hermann Schüssler, in einem harten Kampf bei Weraja sein Leben lassen musste. Darum wählte ich diesen Weg.

Was kann ich tun, als Ihnen mein aufrichtigstes und tiefstes Mitgefühl zum Ausdruck bringen? Selbst erschüttert von dem Tod eines meiner besten, fehlen mir die Worte dazu.

Ihr Hermann war als Funktrupp bei einer Schützenkompanie eingesetzt. Von Panzern und überlegener Infanterie angegriffen hat sich die Kompanie bis zum letzten Schuss verteidigt. Ihre Stellungen hat sie gehalten. Die Verluste waren gross. Wir haben unseren Toten, die an diesem Tag so viel Tapferkeit an den Tag gelegt hatten und für diesen grossen Kampf ihr Leben lassen mussten, einen würdigen Friedhof hergerichtet.

Die Gräber wurden fotografiert. Sobald als möglich werde ich Ihnen Abzüge davon zusenden lassen.

Ich habe in Ihrem Sohn nicht nur einen vorzüglichen Soldaten meines Stabes, sondern auch einen lieben Kameraden verloren. Ich habe ihn schätzen gelernt in seiner bescheidenen Art, hinter der so viel Geist, Ideal und Glaube an Gott und das Gute auf dieser Welt gesteckt hat.

Wenn unser Hermann in die grosse Armee unserer Helden eingegangen ist, so war es nicht ohne das Wollen dessen, der die Macht hat über die Völker und den einzelnen. Die Fügung in seine Allmacht möge Ihnen und Ihrer Familie den Schmerz erleichtern, der Sie mit dem Tode Ihres Sohnes getroffen hat. Ich werde in meinem nächsten Urlaub gerne Gelegenheit nehmen, Sie aufzusuchen und Ihnen Einzelnes genauer zu erzählen.

Mit dem Ausdruck tiefsten Mitgefühls grüsst Sie

Ihr sehr ergebener

gez. Kreuzer
Oblt.u.Btl.Adj.

Offizieller Kondolenzbrief in der damals üblichen Diktion

DstHdh: Nachlass Wellenhofer 35

SKTS: Rausch:

Aachen, 2. November 1941

Lieber Kamerad!

Allerseelen ist heute! Ich bin am Nachmittag auf den Friedhof gegangen und stand im Schneegeriesel dieses Novembertages vor den langen Reihen der Gräber. Die Namen, die ich las, waren mir fremd, fremd wie die ganze Umgebung, nur einer war mir sehr vertraut, sehr vertraut geworden in den Wochen und Monaten vor dem Feind: der, der hier sein Reich und seine Herrschaft hatte. Und aus dem Deutschen Requiem von BRAHMS klang es mir durch den Wind: „Denn alles Fleisch, es ist wie Gras und wie der diesen Blume….. Das Gras ist verdorret …!“ Ich sah wieder die Erdfontänen der Granaten vor mir aufspritzen. Ich stand bewegungslos und blickte weit über die Kreuze der Gräber hinaus. Ja, da stand der Tod – oft sind wir Hand in Hand gegangen. „Und alles Fleisch, es ist wie Gras…“ Ich sah die Bilder, die die Wochenschau nicht zeigt, ich sah meine Kameraden, die der eigene Befehl dorthin getrieben hatte, von wo sie nicht mehr aufstehen sollten. Weißt Du, selbst zu sterben ist wohl nicht so schwer, als einen Menschen auf den eigenen Befehl hin sterben zu sehen. Ich habe ihn so oft gehört, den Schrei nach der Mutter und konnte nicht helfen. Und von so manchem Kameraden sah ich nur noch ein paar Stücke, die man in eine Kiste sammelte. Die Leichen der Kameraden mußten wir nicht selten hart in den Graben zurückwerfen, um Platz für die Maschinengewehre zu haben. „Denn alles Fleisch ist wie Gras……“ Ich sah Andreas und konnte es mir nicht anders denken, als daß ihn lachend das Geschoß traf. Nun lacht er nicht mehr.. – Ja der Tod stand wirklich da und hielt große, große Ernte. Ich war selbst erstaunt, daß ich noch dastehen durfte, wo von den Leuten, die mit mir waren, nur mehr die Verwundeten lebten.
Als ich zurückging, mußte ich wieder an Andreas denken. Ja, er muß gelacht haben, das war mir ganz selbstverständlich. Das ist der Christ, der Mensch, der lachend überwindet, weil sein Lachen aus einer anderen Welt stammt.
Ich kniete dann in der Kirche und so vieles ging mir durch den Kopf, was die Heimat so stark bedrückt: die Macht des Teufels schien mir riesengroß zu wachsen und die berufenen Führer Seines Reiches so wenig gerüstet für den Kampf, manchmal fast so, als ob der Herr sie mit Blindheit geschlagen hätte. Da fiel mein Auge auf das silberne Altarkreuz, das auf dem schwarzen Untergrund eine große Leuchtkraft besaß. „Warum seid ihr so furchtsam… ?“
Lieber Kamerad! Du kennst mich und weißt, daß ich nicht zu denen gehöre, die einen merkwürdigen Optimismus mit einem naiven Vertrauen auf eine Vorsehung verbinden. Ich sehe sehr realistisch und weiß, daß die Not uns noch stärker und härter zusammenschmieden wird, auch in der Liebe zu unserem Volke. Du wirst mich wohl auch nicht jenen Menschen beigesellen, die im Klubsessel mit Wein und Zigarren alle Stunden feierlich erklären: „Und die Pforten der Hölle werden sie nicht überwältigen!“ und damit sich innerlich jeder Verpflichtung enthoben fühlen. Aber ich glaube an das Reich, auch wenn ich es manchmal nicht sehe.
Ich suche dieses Reich nicht in einer mächtigen Kirche, die machtvoll ihre Feinde niederringt. Damit würde ich den politischen Reichsanschauungen der Pharisäer verfallen und der gleiche Fluch würde mich treffen, den der Herr über sie gesprochen hat. Ich suche es auch nicht in großen Kundgebungen und Prozessionen, in der großen Pracht der Umzüge und rauschenden Festlichkeit großartiger Feiern. Von diesem Reich steht das Wort, daß

es nicht von dieser Welt ist und deshalb soll man es nicht in ihr suchen. Auch nicht in einer Kirche als Versorgungsanstalt, denn der Herr hat es abgelehnt, Steine in Brot zu verwandeln. Man darf dieses Reich nur suchen, wo seine Wiege stand und diese Wiege stand am Kreuz und neben dem Kreuz stand der Tod. Als ich einen zu Tode getroffenen Kameraden mit letzter Kraft hörte : Schreiben Sie meiner Mutter, daß ich IHM treu geblieben bin!, da verspürte ich etwas von diesem Reich. Auch dort, wo einer, dem es beide Beine weggerissen, im stärksten Feuer ein großes Kreuz zu schlagen begann, um es in einer anderen Welt zu vollenden. Auch dort, wo das Gesicht des Toten sich glättet und verklärt leuchtet wie ein sichtbares Zeichen aus einer anderen Welt. Aber man kann dieses Reich nicht einmal in Worte fassen, es läßt sich nicht fassen. Man kann nur glauben und leben.
Manchmal muß ich an das Wort vom Satan denken, der verlangt hat, uns zu schütteln wie den Weizen. Aber über dem Satan steht der HERR! Und deshalb können wir lachen, wie Andreas lachen konnte.

In Treue

Hektographiertes Exemplar eines Rundbriefes, den der Kölner NDer Ernst Rausch geschrieben hatte. Angesichts des immer grausamer werdenden Krieges wird dieser hier nicht mehr als, wenn auch gefährliches, Abenteuer empfunden. Eine tiefe Ernüchterung beginnt und nur im Glauben wird eine Sinngebung gesehen. Es werden dann pastoraltheologische Probleme der katholischen Kirche angesprochen, die erst 1965 nach dem II. Vatikanischen Konzil angegangen wurden.

DstHdh: Nachlass Wellenhofer 27:

Rußland am 7. Nov. 1941

Lieber Herr Kurat!

Der Krieg in Rußland tobt weiter. Immer weiter geht es hinüber in den Osten. Inzwischen hat sich nun auch der Winter zu unserer Hilfe eingestellt. Der Boden ist hart gefroren und erleichtert dadurch den Vormarsch enorm. Heute aber hatten wir einen besonderen Tag. Kalendergemäß ist heute Freitag, für uns aber war heute seit langer Zeit wieder einmal Sonntag. Es war Feldgottesdienst. Diesmal aber fand das heilige Opfer, dem Lande entsprechend, in einem Stalle statt. Auf dem gekehrten Boden zwischen den Futterkrippen kniete Offizier und Mann um Generalabsolution um das hl. Brot zu empfangen. Noch nie war unsere Kompanie so stark wie heute. Wie stark kann doch der Advent werden. Die dritte hl. Messe war es erst in diesem ganzen Jahr, das gleich zur Neige geht. Was weiß die Heimat von dem Leid, ach wie wünscht ich zu empfangen, das Heil aller Sterblichen. Eine Feiertagsstimmung lag heute auf allen, die mit dabei waren. Die letzten Tage war etwas Ruhe. Morgen geht es neuen Kämpfen entgegen mit neuer innerer Kraft.
Die weiten Ebenen liegen im weißen Kleid. Eisiger Wind fegt über das Land hin. Kein Vogel ist in der Luft. Kein Rehlein kreuzt unseren Weg. Das Land liegt tot und leer. In den Niederungen ziehen Pulverschwaden. Schwarze Rauchwolken stehen am Himmel dort wo die Granaten zerfetzten. Am nächtlichen Himmel glüht der Widerschein brennender Häuser.

Kaum eine Nachricht vergeht, ohne vom Leid oder Tod eines Kameraden zu berichten. Wolf Henneberger schrieb mir, Walter Ludwig ist seit seinem 16.Englandflug (13.März 41) vermißt .
Wie geht es in München? Nur gut, daß es weit ab liegt vom Schuß. Der Krieg in Rußland ist schlimm.

Herzlich grüßt Sie Hirschbold Jakl

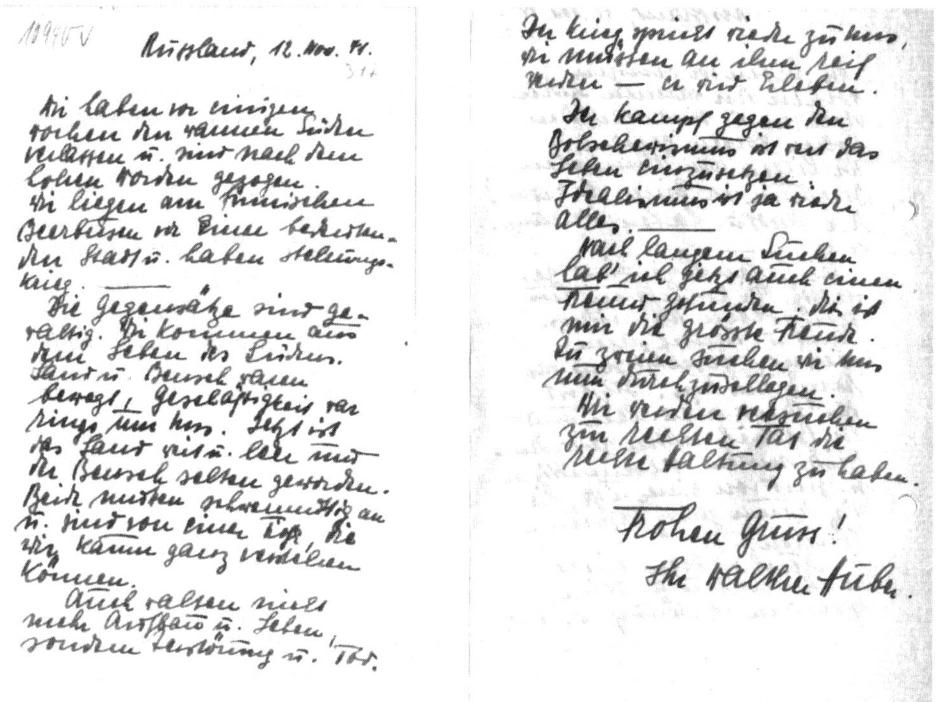

DstHdh: Nachlass Wellenhofer 27

DstHdh: Nachlass Wellenhofer 27:

Gefr. 10940 V

Russland, 12. Nov. 41

Wir haben vor einigen Wochen den warmen Süden verlassen u. sind nach dem hohen Norden gezogen. Wir liegen am finnischen Meerbusen vor einer bekannten Stadt u. haben Stellungskrieg.
Die Gegensätze sind gewaltig. Wir kommen aus dem Leben des Südens. Land und Mensch waren bewegt, Geschäftigkeit war rings um uns. Jetzt ist das Land weit u. leer und der

Mensch selten geworden. Beide muten schwermütig an und sind von einer Tiefe, die wir kaum ganz verstehen können. Auch walten nicht mehr Aufbau und Leben, sondern Zerstörung und Tod.
Der Krieg spricht wieder zu uns, wir müssen an ihm reif werden – er wird Erleben.
Der Kampf gegen den Bolschewismus ist wert, das Leben einzusetzen.
Idealismus ist ja wieder alles. ----
Nach langem Suchen hab' ich jetzt auch einen Freund gefunden; dies ist mir die größte Freude.
Zu zweien versuchen wir uns nun durchzuschlagen.
Wir werden versuchen zur rechten Tat die rechte Haltung zu haben.

Frohen Gruß! Ihr Walther Huber

Handschriftlicher Feldpostbrief. Die bekannte Stadt am finnischen Meerbusen war Leningrad, das die Wehrmacht vergeblich belagerte. Der Briefschreiber musste aus Gründen der Geheimhaltung seinen Aufenthaltsort umschreiben.

SKTS: Böhner, S. 15:

Werner Sallermann an Hans Böhner:

Im Felde, 15. 11. 41

Irgendwie stirbt in unser aller Herzen allmählich die Hoffnung auf eine Heimkehr. Schier endlos sind die Kämpfe – endlos wie alles in diesem weiten Lande. Es ist bitter kalt und der Schnee buchstäblich rot vom Blut von Tausenden,
sie liegen auf den weglosen Feldern und nur der Winterstürme Mitleid weht weiße Hünengräber darüber.
Müde und gleichgültig ziehen die Regimenter durch den tiefen Schnee und durch frostknarrende Wälder. Ein Dorf nach dem andren bricht im Flammenmeer knisternd zusammen. Das seltsamste ist, daß immer, wenn Klagen laut werden,
jeder bemüht ist, in stiller Selbstverständlichkeit sein Lebensgeschick zu erfüllen. Von ganzem Herzen wünsche ich Dir
alles Gute und Gottes Segen.

Dein Treuer

Maschinenschriftliche Abschrift, auch hier tritt die o. g. Desillusion zu Tage. Zusätzliche Härte für die deutschen Soldaten bedeutete die erhebliche Kälte des russischen Winters, die ungewohnt war und wofür man auch 1941 nicht ausgerüstet war.

SKTS: Böhner, S. 2:

Carl Klinkhammer
an seinen Studentenfreund Josef Steinberg

19. 11. 1941

Mein lieber Josef!

Du wirst wohl kaum ermessen können, wie sehr ich mich über Deinen Brief gefreut habe. Mit meinen Kameraden saß ich hoch oben auf dem Gepäck eines Lastkraftwagens. Wir waren schon einige Stunden gefahren durch die bittere Kälte. Da passierten wir die Stadt, in der unser Abteilungsstab Quartier bezogen hatte. Dort erhielten wir seit 2 Wochen wieder einmal Post. Die vielen „Liebespäckchen" wurden sofort kameradschaftlich geteilt. Und dann kamen die Briefe dran. Dein Brief, der mich in Beziehung brachte auch mit Paul Wolff und Franz Grotenrath. Wenn die Zeit es erlaubt, werde ich denen auch gleich noch ein kurzes Lebenszeichen geben.
Wir warten eben auf einen neuen Abmarschbefehl, der uns weiter nach Südosten führt, wo wir aufs neue die Verwundeten und Kranken sammeln müssen. Die Maschine, die ich als „Schreiber" immer bei mir führen muß, steht auf einem russischen Salzfaß. Ich sitze auf meinem Affen. Die Kameraden stehen drum herum und schauen neugierig zu, was ich Dir wohl anvertrauen werde. Einer meinte, es sei nicht gestattet, über die klimatische Lage der Krim zu schreiben. Und so will ich darum auch von etwas besserem erzählen.
In der Heimat ist weithin die Meinung verbreitet, daß die Priestersoldaten seelsorgerlich mehr wirken könnten als früher daheim. Das mag vielleicht mal zutreffen für den, der einem Lazarett zugeteilt ist und der einmal in Freude von einer tief beglückenden Gnadenstunde berichtet hat. Aber auch der wird – wenn er seine Überschwenglichkeit aufgegeben – eingestehen müssen, daß wir Priestersoldaten an der Front ein sehr schwieriges Seelsorgsfeld haben. Wohl kann ich Euch auch erzählen von wenigen glanzvollen Tagen. Im Donner der Kanonen hatten wir eine Sammelstelle in einem Kleinstädtchen eröffnet. Die Fliegertätigkeit hatte etwas nachgelassen. Die Einwohner waren aus den Kellern hervorgekrochen und gewannen einiges Zutrauen zum deutschen Militär. Da glaubte ich die Zeit für gekommen. In der Nacht wurde die ehemalige russisch-orthodoxe Kirche, die seit 1919 als Schule, Theater, Vergnügungslokal, Kino und Munitionsmagazin gedient hatte, gesäubert. In der folgenden Nacht wurde sie hergerichtet als sakraler Raum mit Altar usw. und am folgenden Tag hingen 300, auf dieser Maschine geschriebene Zettel an den Telegrafenmasten, die die Bevölkerung in bessarabischer Sprache zum Gottesdienst am Sonntag einluden. Darauf brachten die Leute alte Paramente. Ikonen, die über 20 Jahre im Versteck gelegen, wurden hervorgeholt und gemäß russischer Sitte in der Kirche aufgestellt. Und als der Sonntagmorgen gekommen war – es war ein herrlicher Sonnentag – wir erhielten zudem noch vorher an die hundert Verwundete, die wir schnell noch versorgen mußten –, da war gegen 10 Uhr das Gotteshaus nicht nur überfüllt, sondern mehrere hundert Gläubige saßen oder standen betend, singend oder plaudernd vor der Kirche. Wir hatten Mühe, uns durch die erdrückende Menge bis zum Altar vorzuarbeiten. Später erfuhren wir, daß Menschen aus 20–30 km Entfernung gekommen waren, um dem Herrn zu danken für den Sieg über den Kommunismus. Der Gottesdienst selbst war für uns alle ein unvergeßliches Erlebnis. Ich zelebrierte mit 2 Konfratres das levitierte Hochamt. An Stelle des Chorals sangen die Kameraden deutsche Lieder. Epistel und Evangelium wurden

von einem deutschen Soldaten, der der russischen Sprache mächtig war, russisch vorgelesen. Und in die kleinen Pausen hinein sangen die Gläubigen ihre wundersamen melodischen russischen Kirchenlieder. Es war eine Una sancta seltener Prägung. In die Stille der hl. Wandlung hinein hörte man Männer und Frauen weinend laut aufjubeln: „Chrestos! Chrestos!" An die wenigen, die deutschen Geblütes waren, hielt ich eine kurze Predigt. Und es verschlug mir fast vor Freude die Stimme, als ich unter der Menge auch deutsche und rumänische Offiziere, selbst unseren Ass. Arzt erblickte. Manche Soldaten von anderen Truppengattungen waren auch erschienen. So erlebten wir die Auferstehung Christi im Lande der Gottlosen, das auch trotz der 24-jährigen bolschewistischen Zwangsherrschaft nicht zu einem tatsächlichen Lande der Gottlosigkeit gemacht werden konnte. Rilke hat schon recht, wenn er sagt: „Rußland grenzt an kein Land, Rußland grenzt an Gott!" Wenn wir auch glaubten, mit dem sakramentalen Segen den Gottesdienst beschließen zu können, so wurden wir durch die stürmisch nach der Taufe verlangende Menge eines Besseren belehrt. Bärtige Männer und stillende Frauen brachten ihre Kinder bis zu 10 Jahren zur Taufe. Da gab es kein langes Überlegen oder Besinnen auf die kanonische Erlaubtheit einer solchen Taufspendung mit nicht hinreichender Zeremoniematerie und unter nur zweifelhaften Voraussetzungen. Und so tauften wir bis weit in den Nachmittag hinein weit über 300 Kinder. Tagelang noch herrschte ein großer Jubel im Städtchen. --- Solche Festtage habe ich nachher noch zweimal in Rußland erleben dürfen, wenn auch nicht mehr so großen Stiles. --- Hier erleben wir Tag für Tag den maßlosen Jammer, dem ein Volk verfällt, wenn es sich naturalistischen Religionssurrogaten verschreiben läßt. Möge der Herr uns die Kraft und noch vorher die Einsicht geben, alles daran zu setzen, auf daß wir unser geliebtes Vaterland vor dem bolschewistischen Elend bewahren können.

Nun habe ich Dir, mein lieber Josef, nur von einer Seite – bitte, der allerkleinsten Seite – unseres Soldatenlebens berichtet. Die andere Seite heißt Arbeit, harter Dienst. Freilich empfinde ich das alles auch als Seelsorge. --- Der Dienst im Sanitätswesen ist m.E. Gottesdienst. Durch ihre Einsatzbereitschaft haben sich drei Kapläne meines Zuges zu verantwortungsvollen Posten emporgearbeitet. Der eine stammt aus Paderborn, und der andere ist Kaplan Hofmann von Herz-Jesu in Köln (ein geborener Bonner). Und wenn man mir als einzigstem der Kompanie kürzlich das Verdienstkreuz 2.Klasse mit Schwertern im Auftrag des Führers verliehen hat, so sehe ich darin keineswegs eine persönliche Anerkennung für rastlose Arbeit Tag und Nacht, sondern wir alle sehen hierin einen freudigen Dank gegenüber uns Theologen, die immer und offenkundig sich als Kämpfer gegen jeden Bolschewismus für die Freiheit der Christenmenschen im harten Samariterdienst bekennen.

Nun, mein lieber Josef, muß ich schließen. Habe inzwischen mein Salzfaß schon längst verlassen und hocke jetzt – 200 km südöstlicher – an einem Scheunentor und versuche im Mondschein Dir und damit meinen lieben Koätanen diesen Brief zuende zu führen. Im Leuchten der Feuerbrände Sewastopols entbiete ich Dir und den anderen meinen kameradschaftlichen Segensgruß mit der Bitte: Denkt bisweilen auch mal an uns im Gebet, daß wir nicht erlahmen und um jeden Preis Christus zum Siege verhelfen: hier und dorten.

Herzlichst Dein Carl

Maschinengeschriebenes Original eines Feldpostbriefes von Kaplan Carl Klinkhammer, nach dem Kriege Monsignore, der als Priestersoldat als Sanitäter diente. Er gehörte zur

Heeresgruppe Süd, die im Oktober 1941 die Krim besetzt und die Festung Sewastopol belagert. Carl Klinkhammer beschreibt hier die pastorale Situation der Priestersoldaten, die als Sanitäter und Seelsorger sich um Leib und Seele ihrer Kameraden kümmern müssen.
Als „Affe" wird der Tornister bezeichnet.
Koätanen sind Kurskollegen aus dem Priesterseminar.

DstHdh: Nachlass Wellenhofer 27:

25. 11. 41

Lieber Stefan!

Getreuer Gefährte auf den Straßen durch diese Zeit. Nun habe ich Dir jemand auf den Hals geschickt – ohne Dir selbst ein Sterbenswörtchen zu geben. Dabei war ich sogar am Dransten mit Schreiben. – Ob ich Dir im Frieden einmal persönlich danken kann?
Das wäre das Höchste, was uns geschenkt werden könnte nach soviel Erlebnissen kreuz und quer durch Europa. Werner J. würde schon nicht mehr dabei sein und so viele andere auch nicht mehr, die uns so fraglos nahe waren, wie uns täglich Licht und nächtlich Dunkel begegnet. Immer mehr erkennen wir, daß das Leben Gnade ist; schon das unseres Leibes, um wieviel mehr das des Herzens. Liebe, Treue, Tapferkeit, Geduld und Ehrfurcht. Dankerfüllt wie lange nicht mehr bin ich diesmal aus dem Urlaub zurückgekommen. Soviel Glauben und Tapferkeit, dienende Liebe von Frauen und Müttern sah ich. Und bei uns den neuen Erzbischof, den neuen Generalvikar. Mit einem Male sind die Gespenster gewichen, die sich zur Herrschaft drängten. Zusammengefallen so viel Verstocktheit und Verhärtung einfach vor dem Dasein des Geistes und Wesens.
Was mir nun persönlich geschieht, wird klein vor dem, was aus der Kirche wird, was aus Christi Reich unter den Menschen wird. So löscht der Herr den Seinen Schmerz und Verzagtheit, Du bist ja von allem unterrichtet?!
Wie P… und Du R.H. aufgenommen habt, zeigt, daß Ihr noch ungeschwächt lebt. Darüber freue ich mich nun doppelt. Ich habe mir manche Sorge um sie gemacht und tue es auch weiter. Aber sie wird ihren Weg gehen müssen, wenn er auch nicht immer einfach aussieht oder sie selber es nicht immer weiß. Wie wir alle schließlich. Ganz sicher heute! Wir wissen doch nicht, was einmal von der äußeren Gestalt bleibt. Gestern empfing ich einen Brief aus St. Georgen, worin mir ein ehemaliger Pullacher schreibt, daß er nicht mehr im grauen Rock stecken kann und sein Freund (beide traf ich damals am Sonntag in P., als ich Febr.39 aus … zurückkam) gefallen ist. Beide schrieben die letzte unvollendete Geschichte im Scheideweg vom Leben deutscher Jungen in Rußland. Nun wird sie mit dem Blute der Brüder vollendet.
Beten wir, daß es zum Heile und zur Gnade für Rußland und uns geschehe: daß Christus lebe und uns allen Heimat gebe.

Einen ganz herzlichen Gruß an Wolf und Deine Schwester und Dir selber – in alter Treue!
Dein Christophorus

Maschinenschriftliche Abschrift eines Briefes, den ein Priestersoldat, von dem nur der Vorname (oder das Pseudonym) Christophorus bekannt ist, an seinen Konfrater Wellenhofer geschrieben hat. Der Verfasser war wahrscheinlich Jesuit, weil er Pullach und St.

Georgen in Frankfurt, beides Hochschulen der Jesuiten, erwähnt. Dass der ehemalige Pullacher, d. h. ein Angehöriger des Jesuitenordens nicht mehr im grauen Rock stecken kann, weist auf die 1941 erfolgte Wehrunwürdigkeitserklärung für Angehörige des Jesuitenordens hin.

SKTS: Böhner:

Werner Sallermann an Hans Böhner

Im Felde, 26. 11. 1941

Zum 3. Mal erhalte ich nun Euren Rundbrief und muß mich hinsichtlich eines Beitrages von meinem Schwesterlein beschämen lassen – und obschon mich die Krallen des Krieges, dieses mächtigsten Gestalters menschlichen Lebens, nach wie vor gefangen halten, will ich doch antworten. Und wie könnte diese Antwort anders sein, als eine Schilderung unseres Lebens und Erlebens. Nicht wie jene, die mit Kamera und Journalistenbuch sich mutig bis zu den Trossen unserer kämpfenden Divisionen wagen, sondern ich will mit eigener Hand versuchen, ein klein wenig den grauen Schleier der Front zu lüften. So etwa, wie man bei einem unvollendeten gewaltigen Bildwerk neugierig an einer Ecke das Tuch emporhebt.
So wird der Krieg einmal ein monumentales Mosaik der Geschichte, aus unzähligen Kleinhandlungen zusammengefügt. Aber den Sensationslüsternen sei es im Voraus gesagt: Sie werden enttäuscht sein und nichts sehen als stille tägliche Pflichterfüllung. Endlos ist die Weite des Landes, endlos ist auch der Kampf, die Kälte und das Heimweh, – wie eben alles endlos ist in Rußland. In uns Jungen wurde einstmals die Sehnsucht nach diesem schwermütigen Lande erweckt, der Heimat Stjenka Rasings, der Kosaken, der Balaleika und der Steppen. Kennt Ihr noch die Lieder der Eisbrechermannschaft?
Tiefe Erwartung und leidenschaftliches Kampfbegehren im Herzen zogen wir aus. Aber in den weglosen Einöden, in der sandigen Weite, in Blut und Rauch und im Grauen der Schlachten erstarb der Traum der Jugend, wie unsere Jugend selbst erstarrte in der Feuersglut des brennenden Landes, durch das der Krieg tiefe Furchen zieht, Furchen, aus denen niemals Saat entspringt, Tag und Nacht, Woche um Woche sind wir weitergezogen. Zu Tausenden fielen die Kameraden neben uns, zu Tausenden die Leichen gefallener Feinde vor uns. Doch immer weiter brausen unsere Panzer, Dörfer wurden zermalmt, feindliche Heere zertrümmert. Immer weiter, denn wer vermöchte uns aufzuhalten!
Wir sind stolz und hart geworden. Stolz, einen tapferen Gegner immer wieder niedergerungen zu haben, hart, weil wir einsam wurden, Hunger und Durst, Hitze und Kälte, Müdigkeit und Kampf machten das Herz hart und die Gesichter verschlossen. Aber am meisten der Tod der Kameraden. Und dann kam das Heimweh. Nein, lacht nicht. Heimweh ist ein heilig Band zwischen Herz und Vaterland. Es hat zu lange gedauert. Aber Ihr meint, unsere Fahnen seien unser Vaterland? Oh, wir ziehen nicht mehr mit wehenden Fahnen und Trompetengeschmetter ins Gefecht! Durch den Schnee, durch frostklirrende Wälder und Nächte ziehen müde und gleichgültig die Regimenter. Nichts begleitet sie als das ewige Dröhnen der Motore, das Klirren der stählernen Ketten. Ein halbes Jahr ist das nun unser Lied. Ewig unruhig grollt auch der Donner der Front. Die Nächte sind erleuchtet von brennenden Dörfern. Die Gefallenen liegen starren Blickes auf den Feldern und nur

des Wintersturms Mitleid weht weiße Hügelgräber darüber hin. Ein halbes Jahr fast und in ständig gleitendem Rhythmus gehen wir alle Tage den Weg der Pflicht. Manchmal, wenn der blauen Wintersonne letzter Schein die Wälder im Westen vergoldet, starrt der Blick verloren heimwärts und die froststarren Hände falten sich in stiller Andacht. Längst starb im Herzen der Glaube an eine Heimkehr. Aber wir wanken deshalb nicht. Mit wie viel Selbstverständlichkeit auch die Jüngsten ihr schweres Geschick auf sich nehmen! Der Winter und die Länge des Feldzuges hat sie zu Soldaten gemacht. Ein stolzes ernstes Lächeln mildert die Herbheit ihres Antlitzes. Was sollten wir auch unser herrliches Schicksal beklagen! Es zu lieben – bleibt uns keine andere Wahl.

Euch und der Heimat Gruß und Erfolg im edlen Schaffen!

Zur Verbreitung von Hans Böhner angefertigte maschinenschriftliche Abschrift eines Briefes von Werner Sallermann. Auch hier beginnt sich angesichts der zunehmenden Härte des Krieges eine gewisse Desillusionierung abzuzeichnen. Als einziger der bisherigen Briefschreiber erkennt er die Russen als tapfere Gegner an.
Ironische Erwähnung der Frontberichterstatter.

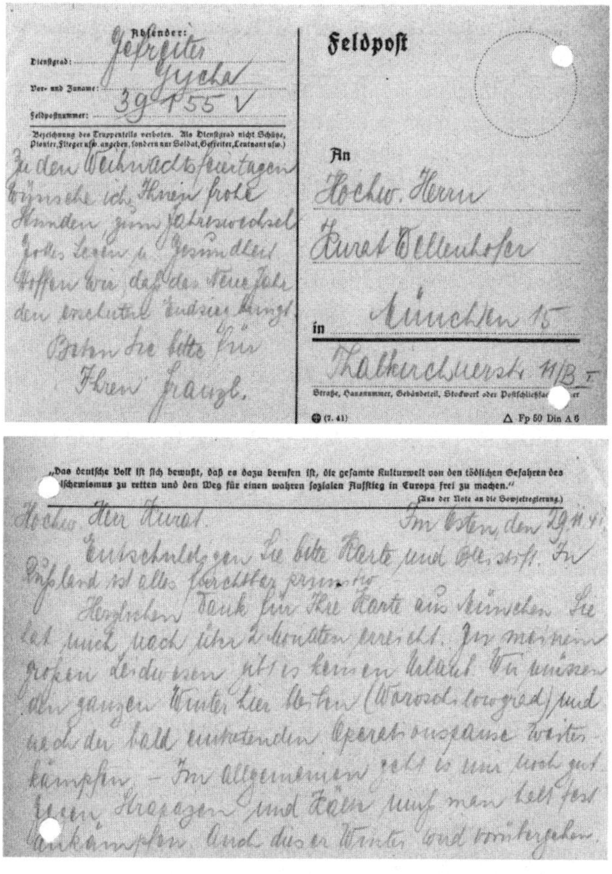

Absender:
Dienstgrad: Gefreiter
Vor- und Zuname: Gyche
Feldpostnummer: 39 155 V
(Bezeichnung des Truppenteils verboten. Als Dienstgrad nicht Schütze, Pionier, Flieger usw. angeben, sondern nur Soldat, Gefreiter, Leutnant usw.)

Zu den Weihnachtsfeiertagen wünsche ich Ihnen frohe Stunden, zum Jahreswechsel Gottes Segen u. Gesundheit. Hoffen wir, daß das Neue Jahr den ersehnten Endsieg bringt. Beten Sie bitte für Ihren Franzl.

Feldpost

An
Hochw. Herrn
Kurat Wellenhofer
in München 15
Thalkirchnerstr. 11/B I.
Straße, Hausnummer, Gebäudeteil, Stockwerk oder Postschließfach-Nummer
(7.41) △ Fp 50 Din A 6

„Das deutsche Volk ist sich bewußt, daß es dazu berufen ist, die gesamte Kulturwelt von den tödlichen Gefahren des Bolschewismus zu retten und den Weg für einen wahren sozialen Aufstieg in Europa frei zu machen."
(Aus der Note an die Sowjetregierung.)

Hochw. Herr Kurat. Im Osten, den 29.11.41.
Entschuldigen Sie bitte Karte und Bleistift. In Rußland ist alles furchtbar primitiv.
Herzlichen Dank für Ihre Karte aus München. Sie hat mich nach über 2 Monaten erreicht. Zu meinem großen Leidwesen gibt es keinen Urlaub. Wir müssen den ganzen Winter hier bleiben (Woroschilowgrad) und nach der bald eintretenden Operationspause weiter kämpfen. – Im Allgemeinen geht es mir noch gut. Gegen Strapazen und Kälte muß man halt fest ankämpfen. Auch dieser Winter wird vorübergehen.

DstHdh: Nachlass Wellenhofer 35

DstHdh: Nachlass Wellenhofer 27:

Rußland, den 1. 12. 41

Lieber Herr Kurat!

Als erstes muß ich wohl um Entschuldigung bitten, da ich so lange nichts hören ließ! Aber es war wirklich sehr, sehr wenig Zeit und Gelegenheit da zum Schreiben! Ich war über einen Monat von der Kompanie weg, in einem ganz verlassenen und abgelegenen Dorfe, infolge schlechtester Straßen mit meinem Fahrzeug steckengeblieben. Jetzt geht es gut vorwärts, da die Straßen hart gefroren sind! Haben hier schon Kälte bis zu 25 Grad gehabt!
Wie geht es Ihnen? Hoffentlich sind Sie gesund und wohlauf! Ich bin zufrieden! Habe doch bis jetzt noch immer viel Glück gehabt und bin überall gut durchgekommen. Die größte Plage ist zur Zeit wohl das Ungeziefer! (Läuse und Wanzen!). Kaum hat man sich umgelegt zum Schlafen, schon sind sie da ! Trotz der peinlichsten Sauberkeit bringt man sie nicht los! Aber auch das wird mal ein Ende nehmen! Habe mir Rußland nicht rosig vorgestellt, daß es aber so arm und verdreckt ist, habe ich nicht geglaubt! Hoffentlich kommen wir bald aus diesem Sowjetparadies bald heraus. Heuer wohl nicht mehr!
Drum wünsche ich Ihnen, lieber Herr Kurat, ein recht gnadenreiches Weihnachtsfest und ein glückliches, friedenbringendes Neues Jahr! Möge das göttliche Kind uns allen Kraft und Gnade schenken, treu und unerschrocken auf unserem Posten zu stehen, mag kommen, was will!
Leider bin ich heuer wieder nicht bei meinen Lieben daheim! Schade! Aber es ist mal nichts daran zu ändern. Zum Schluß nochmals alles, alles Gute!

Viele frohe Grüße schickt Ihnen in alter Treue Ihr Josef Ertlmaier

SKTS: Rausch:

Dez. 41

Lieber Kamerad!

Wieder naht der Tag, an dem wir früher das Wort der Treue gaben. Noch immer stehen wir im Kampf und wir sind andere Menschen geworden. Ich weiß, daß Du an diesem Tag innerlicher wirst als sonst, daß Dein Blick tiefer und weiter geht. Der Krieg hat uns reif und hart gemacht und Du wirst wohl erfahren haben, daß die ständige Bereitschaft zum Tode wahnsinnig schleift. Es ist gut so und Seine Art, aus uns echte Menschen zu formen. Du darfst nie mit geschlossenen Augen durch die Welt gehen, auch nicht mit halbgeschlossenen. Du weißt selbst, daß man manchmal dazu versucht ist. Es wäre manches leichter und bequemer. Aber Du darfst es nicht. Oft tut es weh, sehr weh, so daß wir die Augen gewaltsam offen halten müssen.
Wir sprachen schon einmal darüber, daß uns im Verlaufe dieses Krieges, früher oder später, die alten Ideale, die wir für unumstößlich hielten, restlos fragwürdig werden. Ich bin froh, daß es so ist, denn wir besitzen später nur das, was wir uns ernst erkämpft haben und den Geist des Herrn kann man nicht anerziehen, nicht anpredigen, sondern nur empfangen. Christentum ist nicht Lehre und Verhaltungsmaßregel für ein gutes anständiges Leben, auch nicht eine Summe religiöser Praxen und Verrichtungen, sondern Leben, echtes und ganzes Leben, das geprägt ist durch Wagnis, Hingabe und Glut. Und diese Prägung

nimmt kein anderer als der Herr selbst vor. Die Haltung, die er von uns fordert, ist letzte Bereitschaft, damit sein Siegel uns formen kann. Das hast Du alles genau so wie ich erfahren und wir beide sind froh darum.
Nur eins ist es, was mir das Frohsein sehr schwer macht. Wir sind junge Menschen, sehen gerade unseren Weg vor uns, wollen unbeschwert ihn gehen und werden gehalten und gehindert durch eine überalterte und leblos gewordene Form und müssen uns oft in den Boden hinein schämen, wenn wir auf die Engstirnigkeit und Blindheit kirchlicher Führung sehen. Du wirst Deine Erfahrungen darin machen und gemacht haben, genau so wie ich die meinen. Alles zusammen genommen ergibt sich ein schweres Mißverhältnis: Du findest in Deutschland eine riesige Organisation, die Kirche heißt, ein riesiger Apparat von besoldeten Geistlichen, Generalvikariaten, Bischofssitzen, Pfarrämtern usw. Einen großen Aufwand an Kirchengebäuden, Klöstern und Häusern. Aber wenn Du nun daran gehst, die dazu im Verhältnis stehende Zahl der Christen zu suchen, dann bist Du in ganz großer Verlegenheit und selbst bei denen, die noch zur Kirche gehen, hat Dich die Erfahrung sehr kritisch werden lassen. Das Märchen von den 40 oder gar 50 Millionen Katholiken im neuen Deutschland können andere glauben, Du und ich können das nicht. Wenn Du ehrlich bist, dann handelt es sich um eine Attrappe, um nicht das Wort Scheinkirche zu gebrauchen. Ich weiß, daß Du dies ähnlich erkennst und fühlst wie ich und Du leidest sogar darunter. Der große Fehler unserer Zeit: Man will Geist durch Organisation schaffen, und das geht nicht.......

In Treue Ernst Rausch

Maschinenschriftlicher Durchschlag eines Rundbriefes des Kölner NDers Ernst Rausch vom Dezember 1941. Wie schon in seinem Rundbrief vom 2. November 1941 werden verkrustete Zustände in der Amtskirche kritisiert, die nach dem Kriege erst im Nachwirken des II. Vatikanischen Konzils nach 1965 ernsthaft thematisiert werden.

DstHdh: Nachlass Wellenhofer 27:

O. U., am 11. 12. 1941

Lieber Herr Kurat!

Sollte dieser Brief zu spät eintreffen, so bitte ich vielmals zu entschuldigen. Ich wünsche Ihnen eine recht frohe Weihnacht und ein gutes glückliches Neues Jahr! Leider hatte ich nicht eher Zeit zum Schreiben. Die letzten Tage waren die furchtbarsten in meinem Leben. Bisher sagte ich stets, der Einsatz im Osten ist der schrecklichste, den ich je erlebt. Aber für diese 14 Tage weiß ich nicht mehr, wie ich es bezeichnen soll. Aus allen Rohren und Läufen sowie Bombenschächten sprühte das Feuer. In einer Nacht hatten wir Artilleriefeuerüberfall, geschlagene 15 Minuten.
Schwere und schwerste Koffer kamen angegurgelt.
Rings um uns krachten die Granaten. Einmal lag ich in unmittelbarer Nähe des Bombeneinschlages. Erst lag ich etwas weiter abseits, dann war es, als sagte eine Stimme, lauf noch 15 m und ich lief. 12 m lag ich dann neben dem größten Bombentrichter und blieb heil. Die Kameraden an dem Platz, an dem ich erst lag, sind tot. Ich weiß es, daß es die Mutter von Andechs war, die zu mir sprach. Und wiederholt spürte ich die Hitze der Explosion im Gesichte und blieb heil. Solche Tage glaube ich, vergißt man sein Leben

nie. Tagelang lagen wir in Erdlöchern und Unterständen. Die Kälte ist stark. Die Verpflegung ist gefroren. Brot, Wurst, Kaffee, alles. Schokolade und Zigaretten hielten uns aufrecht. Seit vorgestern sind wir aus diesem Gebiet wieder heraus. War das ein Atmen!
Wir liegen jetzt in einem Bauernhaus. Endlich können wir uns wieder waschen und in „Ruhe" schlafen. Welch ein Glück, wenn man solch Selbstverständliches wieder hat. Man freut sich über Dinge, die man in der Heimat als Minimum von Kultur bezeichnen würde. Diese Weihnachten werden wir voraussichtlich in einem russischen Bauernhaus feiern; die erste Kriegsweihnacht im Felde. Wie viele Weihnachten war ich schon nicht mehr im Kreis der Lieben. Trotzdem glaube ich, daß dieser Hl. Abend sehr fein wird, ohne alles Äußere, nur der Kern des Festes. Wie oft hat doch schon der Krieg das innerste, das tiefste unserer Religion herausgeschält, so gottnah wie der Soldat im Felde ist, ist keiner in der Heimat, niemand.
Es ist ein so großes Glück, solche Stunden erleben zu dürfen.

Ich grüße Sie aus der Front des wilden Ostens Ihr Jackl Hirschbold

Handschriftlicher Brief an Pfarrer Wellenhofer. Der Verfasser, Jackl Hirschbold, sieht sich durch die „Mutter von Andechs", d. h. durch die dort verehrte Gottesmutter, wie durch ein Wunder, gerettet.

SKTS: Strunck:

Im Felde, 15. 12. 41

Lieber!

Ich bin nach langer Irrfahrt endlich wieder in Nordfinnland oder besser gesagt, im nördlichen Rußland gelandet. Hier hat sich nicht viel geändert während meiner Abwesenheit. Unser Verein liegt noch immer in denselben Stellungen wie damals, als ich wegging. Nur, daß sich in dieser Zeit die äußere Umgebung völlig verändert hat. Eine dicke Schneedecke hat all das Furchtbare, das Zerstörte, das Traurige dieses Landes zugedeckt. Augenblicklich liegt unsere Einheit in Ruhe, etwa 15 km hinter der Front. Unsere Freizeit ist aber trotz der Ruhestellung sehr knapp, denn wir müssen noch Winterquartiere bauen, Arbeitsdienst machen und Wache schieben. Fast jeden Tag laufen wir dann noch einen Spähtrupp auf Skiern in die Flanke der Russen. Das ist ja das Typische an diesem Krieg und diesem Land hier oben, die unendliche Weite. Es sind immer nur kurze Frontabschnitte, die sich links und rechts der Straße ausdehnen, dazwischen befinden sich hundert Kilometer, wo kein Mensch mehr lebt. Und dort treffen sich dann manchmal die eigenen und feindlichen Spähtrupps, die immer und immer wieder die Fronten umgehen und ins Hinterland vorstoßen. Gestern haben wir fast 50 km hinter uns gebracht. Demnächst, ab 21. Dezember, liegen wir wieder vorn in Stellung. Weihnachten werde ich also ganz vorne am Feind in diesem Jahr erleben.
Dir und allen Kameraden wünsche ich ein recht frohes Fest und ein neues Jahr, das uns so bereit und stark wie im vergangenen Jahre sehen soll. Willi ging im vorigen Jahre von uns und in diesem Jahre Andreas, wer wird der nächste sein?

Bereit zum letzten Einsatz und in Treue grüße ich Dich und die Brüder

Dein W i l l i.

Maschinenschriftliche Kopie eines Schreibens des Kölner NDers Willi Strunck.

DstHdh: Nachlass Wellenhofer 33:

……….17759

14. 12. 41

Ihnen, Herr Kurat, herzlichen Dank für Ihr Weihnachtsgedenken. Oremus pro invicem. – Wie geht's in München? – Ich bin noch wohlauf. Wurden für die Winterquartiere nach Estland zusammengezogen.
Mit unserem Neujahrswunsch (wann kommt dieses neue Jahr?) Heil – Sieg – Frieden!

Ihr Valentin

Die Zeit geht wie ein Rad herum
Und dreht uns alle um und um,
Kein Augenblick bleibt stehen;
Die Stunde flieht, der Tag verweht,
Der Mond verbleicht, das Jahr vergeht,
Wir gehen und vergehen.
Es nützt uns nur der Augenblick,
Den wir getreu verwalten,
Ein Werk zu tun und hier und dort
Mit einer Hilfe, einem Wort
Die Stunde zu verhalten.

Schon mancher stürmte aus dem Haus
Und schaute nach dem Großen aus
Und ließ die Zeit vergehen;
Wer nur nach großen Dingen sieht
Und so das kleine Leben flieht,
Bleibt töricht dabei stehen.
Man muß das Kleine tapfer tun
Und niemals warten, niemals ruhn,
In diesem Weltgetriebe –
Muß schmieden seinen kurzen Tag,
So lang er glüht, mit festem Schlag;
Was bleibt, ist nur die Liebe.

Thomas Klausner

Handschriftliche Postkarte an Pfarrer Wellenhofer. Der Verfasser, von dem nur seine Feldpostnummer und der Vorname Valentin bekannt sind, war offenbar ein Priestersoldat, was aus der lateinischen Floskel „oremus pro invicem" (beten wir füreinander) und dem Umstand zu schließen ist, dass es sich hier um eine Postkarte aus dem früheren Jugendhaus Altenberg mit dem auf der Rückseite gedruckten Gedicht von Thomas Klausner handelt. Thomas Klausner war das Pseudonym für Georg Thurmair (1909–1984), der sich damit vor Nachstellungen der braunen Machthaber zu schützen suchte.

DstHdh: Nachlass Wellenhofer 27:

Im Norden, 18. Dezember 1941

Lieber Herr Kurat!

Innigen Dank, lb. Herr Kurat, für Ihren lb. Schönen Weihnachtsgruß. Hier in dieser Abgeschiedenheit des hohen Nordens, wo er mich gestern erreichte, bringt so ein Brieflein viel Freude und neuen Mut und Kraft für die Zukunft. Sonst geht es mir gut, bin gesund und frohen Mutes trotz der großen Kälte dieser Tage (35 – 45 Grad). Es ist aber auch herrlich, alles tief verschneit, die Bäume schneebeladen u. im Rauhreif glitzernd. Besonders in den Mittagsstunden, da spiegeln sich im Himmel alle möglichen Farben, man könnte stundenlang diesen Farbenzauber betrachten, aber bereits um 2 Uhr hüllt uns wieder die dunkle Nacht. Auch bei Nacht ein prachtvoller Sternenhimmel u. das geisterhafte Nordlicht. Wenn ich so in der Nacht auf Wache stehe, weilen meine Gedanken immer in meiner geliebten oberbayerischen Heimat, besonders jetzt im hl. Advent, da summe ich meine lb. Trauten Adventslieder vor mich hin, bin in Gedanken in unserem herrlichen Dorfkirchlein bei den hl. Engelämtern. Da geht die Zeit vorüber, ohne daß man es merkt. Mit Ausnahme etlicher Überfälle ließ uns der Feind in letzter Zeit ziemlich in Ruhe. Jetzt sind wir ein wenig weiter zurückgekommen, wir alle hoffen, daß wir den strengsten Winter hier verbringen können. Die ärgste Kälte soll nach Aussage der Finnen erst im Februar kommen. Der Winter dauert ja hier 8 – 9 Monate. Wir sind jetzt seit Anfang Sept. hier heroben, hatten Ende Okt. schon 30 Grad Kälte, der Nov. war ziemlich milde, aber der Dez. hat gleich grimmig angefangen. Hoffentlich überstehen wir diese ungewohnte Kälte gut. Hier haben wir nun auch wieder einmal Gelegenheit, einem Feldgottesdienst beizuwohnen, da hier ein großes Truppenlager gebaut wird (für 1 Division). So ist ja im weiten Umkreis kein Gotteshaus zu sehen, Lappland ist ja so spärlich besiedelt u. hier u. in der weiten Umgebung alles total vernichtet. Hoffentlich können wir das hohe Christfest gebührend feiern, bis jetzt haben wir noch keinen Sonntag gemerkt, war ein Tag wie der andere.
Nun, lb. Herr Kurat nochmals innigen Dank, für das kommende Jahr alles Gute u. Gottes Segen, daß Sie noch recht viel zur Ehre Gottes wirken können,

viele herzliche Grüße in treuer christl. Verbundenheit

Ihr dankschuldiger Josef Kriechbauer

DstHdh: Nachlass Wellenhofer 27:

München, Weihnacht 1941

Siehe,
ich verkünde euch eine große Freude
Heute ist euch der Heiland geboren
Christus der Herr

Siehe, ich verkündige euch eine große Freude!

So hebt der Engel seine Weihnachtsbotschaft an. So will auch dieser Brief beginnen. Nicht nur beginnen will er mit ihr, nicht nur ihr Tür und Tor öffnen – er will sie selber sein, ihr Laut, ihre Stimme, die Welle, die Schwingung, die sie weiterträgt, bis sie in uns allen zum Klingen kommt: Die Botschaft von der großen Freude der Weihnacht.

Steht diese Botschaft nicht wie etwas allzu Selbstverständliches, beinahe Überflüssiges vor uns, wenn wir an all das denken, was uns Weihnachten zum Fest der Freude gemacht hat: an den Kerzenglanz und den Jubel der Lieder, an das vertraute Zueinander und Beieinander im häuslichen Kreis, an das Schenken und Beschenktwerden und an all das Schöne, Frohe und Stimmungsvolle, das sich als lieber Brauch um die Feier dieser Tage rankt? Und erscheint uns diese Botschaft der Freude nicht irgendwie unmöglich und unpassend, heute, da wir auf manche dieser liebgewordenen Weihnachtsfreuden vielleicht verzichten müssen?

Wie bei keinem anderen Fest ist aus dem Wurzelboden des weihnachtlichen Erlebens eine Vielfalt von religiösem und volkhaftem Brauchtum aufgewachsen und hat das Eigentliche des Festes so umwuchert und überwuchert, daß es darunter fast zu ersticken droht. Noch ist uns Weihnachten ein christliches Fest. Aber fließt z.B. unser weihnachtliches Schenken noch aus christlichen Gedanken, aus der Fülle der Liebe, mit der der Vater uns in diesen Tagen beschenkt, da Er Seinen Sohn in die Welt gibt? Ist unser Schenken nicht ein Schenken an sich geworden, ein Geben um der Freude des Gebens willen? Hat es sich nicht verselbständigt, profaniert, so daß es nichts weiter mehr bedeutet als Ausdruck menschlicher Beziehung und Abgleichung irgendwelcher selbst geschäftlicher Verpflichtungen?

Eine Fülle von Lichtern haben wir aufgereiht um dieses Fest in all den Freuden, die wir schenken und erwarten, ohne die wir uns eine rechte Weihnacht nicht denken können. Jahr um Jahr füllt die Zeit unserer Weihnachtserwartung das Mühen diese Lichter immer wieder neu aufzureihen und aufzubauen, sie immer wieder neu zu entzünden. Und immer wieder überblendet ihre vielfarbige Helle das eine und eigentliche Licht der Weihnacht. Das Licht, das wir weder aufstellen noch anzünden können, sondern daß in die Welt gekommen ist, hineingestellt mitten unter uns vom Vater der Lichter, damit wir es schauen und im Schauen seiner froh werden. Denn dieses Licht ist die große Freude, die das Wort des Engels kündet.

Da wir es schauen, das echte Licht der Weihnacht, und im Schauen froh werden! Ist dazu nicht notwendig, daß wir die Augen lösen von „unseren" Weihnachtslichtern, deren Helligkeit uns fesseln möchte, daß wir sie einmal beiseite stellen, ja vielleicht für einen Augenblick ganz auslöschen um wirklich den Blick frei zu bekommen und offen für das eigentliche Licht der Weihnacht. Es mag uns dabei geschehen wie einem, der aus dem hellen Weihnachtszimmer hinaustritt ins Dunkel der Nacht. Es mag uns dabei geschehen, daß wir zunächst nichts spüren als Dunkel, Unsicherheit, Leere, und dem schmerzenden Mangel des Liebgewordenen und Vertrauten. Dann aber, auf einmal, schauen wir mitten in der Dunkelheit das Licht, das Licht der Weihnacht. Es ist ein kleines, stilles, bescheidenes Licht, anspruchslos und unaufdringlich wie das äußere Geschehen der Weihnacht: „Ihr werdet ein Kindlein finden, arm und in einer Krippe liegend." Dennoch: dieses kleine bescheidene Licht nimmt unser Auge gefangen, mit seiner stillen Macht leuchtet es sich hinein in unser Herz, seine Wärme strömt über in uns und macht uns froh.. Über der Armut des Kindes, an dem die Welt heute wie damals vorübergeht, über der scheinbaren Bedeutungslosigkeit der Weihnachtsfeier der Kirche für das äußere Geschehen in der Welt, über all dem steht die Weihnachtsbotschaft des Engels: Siehe, ich verkünde euch eine große Freude: heute ist euch der Heiland geboren, Christus, der Herr!

Je länger wir in diese Weihnachtsbotschaft hineinhorchen, je mehr sie eingeht in uns, desto reicher entfaltet sie die Fülle der Freude, die sie uns zu schenken hat: Christus ist

geboren, der Herr! Das Geheimnis der Menschwerdung Gottes steht vor uns in seiner ganzen unausschöpfbaren Fülle und Tiefe. Der Herr gibt sich hinein in die Kleinheit, Hilflosigkeit und Gebundenheit, in der der Mensch sein Dasein beginnt, um so uns nahe zu sein. Und die Gottesnähe, die in der ersten Weihnacht anhebt, offenbart sich als ganz persönliche Begegnung, wenn wir weiter hineinhorchen in die Botschaft des Engels: Uns ist er geboren! Heute! Uns, den Menschen von 1941! Er kommt nicht einfachhin in die Welt, Er kommt in die Welt, die wir die unsre nennen, in die Situation, die wir heute erleben. Weihnachten ist mehr als geschichtliche Erinnerung, ist wirkliche Gegenwart.
Und der uns da heute geboren wird, ist Heiland! Daß wir dieses Wort wieder hören in seiner eigentlichen Bedeutung, daß es vor uns stehe in seiner ursprünglichen Kraft, die ihm der allzu häufige Gebrauch genommen hat – und daß wir den Mut haben, es anzunehmen, uns darin als Heilsbedürftige zu erkennen! Ist die Welt, sind wir selbst nicht krank? Leiden wir nicht alle an der Betriebhaftigkeit, Verflachung, Veräußerlichung, Hetze, auch in unserem christlichen Tun und Leben? Und doch sind das nur äußere Anzeichen, die in ganz feinen Zusammenhängen hineinführen in ein tieferes Kranksein. An der Wurzel des Lebens hat es sich eingefressen. An der Liebe. Es ist schwer das einzusehen und Liebe nicht mit äußerem Tun zu verwechseln. Muß es uns nicht nachdenklich machen, daß Paulus schreiben kann: „Und wenn ich alle meine Habe den Armen austeilte, hätte aber die Liebe nicht…". Es ist schwer das Lebendige, in der Liebe wieder ins Gespür zu bekommen, jenes Innerste, Zarte, das alles trägt, alles glaubt, alles duldet, nicht das Ich sucht, keine Erbitterung kennt. An diesem Innersten der Liebe sind wir krank. Die Härte solchen Erkennens scheint zunächst nichts von der großen Freude der Weihnacht in sich zu bergen. Aber ist es nicht tiefe Freude zu erfahren und zu wissen, daß es einen gibt, der um dies alles weiß und der die Macht und die Liebe hat zu helfen und zu heilen? Ist es nicht tiefe Freude, diese Macht und Liebe zu erfahren, da Er selbst kommt, uns als Heiland begegnet in der Feier der Weihnacht? Ist es nicht tiefe Freude, diese helfende Heilandsmacht und Liebe tatsächlich wieder neu am Werk zu wissen in uns und um uns? „All unsere Not zu End Er bringt. Derhalben jauchzt, mit Freuden singt: Gelobet sei mein Gott, mein Heiland, groß von Tat!"
Daß der Herr in diesen Tagen der Weihnacht so zu uns komme, daß Seine Liebe, die sich selbst entäußerte, Einlaß und Raum finde in uns, daß die Wurzel unseres Lebens aus Seiner Liebe gesunde, und daß wir dieser Weihnachtsgabe – mag sie zunächst wie ein unscheinbares Samenkorn uns anvertraut sein – daß wir dieser Weihnachtsgabe zutiefst froh werden, das wünschen wir unserem Volk, unserer Kirche, uns allen.

Wendelin Stöttner, Kurat

Als Manuskript gedruckt – Abs.: Wendelin Stöttner, Erzb. Ordinariat München, Pfandhausstr. 1
Gedruckte vierseitige Weihnachtskarte zur Versendung an die Freunde.

DstHdh: Nachlass Wellenhofer 27:

Osten, den 25. 12. 41

Verehrter Herr Wellenhofer!

Ich habe Ihre schöne Karte vom 5. 11. am 22. 12. erhalten. Herzlichen Dank dafür, hat mich sehr gefreut.
Einmal habe ich schon geschrieben in Rußland, so Mitte Herbst. Haben Sie wahrscheinlich nicht erhalten. Aber vergessen sind Sie noch nicht. Mir geht es so weit ganz gut. Weihnachten ist bei der Kompanie auch nicht schlecht ausgefallen. Nur von Daheim weiß ich noch nichts, vielleicht kommt es später nach, hoffentlich. Mit dem Urlaub sehe ich schwarz. Aber wenn es einen gibt und ich komme heim, ist es selbstverständlich, daß ich Sie besuche. Wenn ich bis zum März noch nicht anwesend bin, dauert es dann schon längere Zeit bis der Russe kaputtgeschlagen ist. Aber nur den Mut nicht sinken lassen, es wird schon noch werden, was noch nicht ist, denke ich mir.

Einstweilen die besten Weihnachtsgrüße sendet Ihnen

Georg Beil

Briefe von 1942

DstHdh: Nachlass Wellenhofer 27:

Januar 1942

Grüß Gott, ins Feld!

Das neue Jahr hat begonnen, und es ist hohe Zeit, daß ich Dir wieder einen Antwortgruß sende ins Feld. Es waren soviel Grüße, die mich erreichten. Und manchen, der gerufen, deckt schon die kalte Erde und der weiße Schnee!
Du aber lebst! Gott sei Dank, Du lebst! Und das ist mein Gruß und Wunsch zum beginnenden Jahr, daß der Herr des Lebens Dich führe durch alle Gefahr und Todesschatten, Dich dem Leben erhalte und Dich uns erhalte und den Aufgaben des Lebens, die groß und klar vor uns stehen. Ich schreibe diese Zeilen am Fest der Erscheinung des Herrn. „Drei König" sagt der Volksmund. Epiphania Domini ist der eigentliche liturgische Name des Festes. Er sagt das wunderbare Geheimnis aus, daß der Herr uns erschienen ist; daß Gott sichtbar ward dem Menschen in der Menschengestalt seines Eingeborenen.
Und das ist der lichte Gedanke, der Dir und den Brüdern draußen den Beginn des neuen Jahres erhellen muß und allein erhellen kann:
Apparuit nobis salvator – es ist uns ein Retter schienen!
Wir stehen wie in undurchsichtigem Dunkel. Nicht nur, daß der Soldat, wie es ja nottut, blind gehorcht und den Befehl erfüllt, ohne zu wissen und zu sehen! was wird. Wir alle stehen in einem undurchsichtigen Dunkel, stehen oft starr und wie gelähmt vor den unlösbaren Rätseln, zwischen Tod und Leben, gut und bös, Furcht und Hoffnung. Und keiner ist, der sie deuten kann. Diese Abgründe von Haß und Bosheit und Wahnsinn in der Menschheit! Diese Berge von Leichen und Elend, Berge von Sünde und Verbrechen! Dieser Gestank der Verwesung der Leiber, und der Gestank der Verwesung der Geister! Eine grauenvolle Epiphanie des Bösen.......
Und doch, mitten in ihr, aus ganz neuer Schau kommen uns langsam die Ahnungen der Wahrheit. Und aus dem ganz neuen und furchtbaren Erleben und Erleiden tritt die Gestalt des Einen, der erschienen ist, über dem Dunkel und über den Abgründen hervor. Und das Wort steht in uns auf: „Es ist nur Einer, in dem das Heil ist! Und in dem einen Namen sollen sich die Knie beugen aller, die auf der Erde und über der Erde und unter der Erde sind." Ja, alles, wirklich alles, worunter wir uns beugen müssen, soll uns nur ein Kniebeugen sein in Seinem Namen.

Ich bin Freunden begegnet, die aus dem Osten kamen – bis zum Grund aufgewühlt und von jenen Rätseln ganz überschattet. Wie lichtlos starrten sie auf das Ungeheure. Ich konnte es, ahnend wenigsten, verstehen. Und wenn sie auch Zeit brauchen, nun wieder ins Licht durchzustoßen – ich meine, solche sind „näher dem Reiche Gottes" als jene sturen Menschen, die von einer Stunde in die andere geschoben werden, flach ohne Tiefe, stumpf ohne Leben. Weißt Du, der oberflächliche Mensch, der sture Mensch ist in Wahrheit nicht mehr Mensch. Mensch ist nur, wer im Geist lebt.Christ ist nur, wer im Geiste Gottes lebt. Der geistig lebt, leidet mehr. Das ist wahr. Aber er leistet mehr und er liebt mehr. Und das ist das Leben. Das ist die Herrlichkeit Gottes.
Martin hat mir das einmal so geschrieben. „Ich war nah daran, wie ein Knecht zu tun, worin man erst seine Freiheit recht erleben muß. Möchten wir alle jetzt im Krieg einfach,

klar und männlich werden und nicht vergessen auf den wesentlichen Kampf, der uns noch erwartet. Es handelt sich darum, geistig zu bleiben und frei!"

Ha, ich freue mich ja doch unserer Kerle! Wie sie reifen und wachsen mitten im Zorngewittern Gottes! Dir aber wünsch ich, was die Laudes-Antiphon heute sagt: Venit lumen tuum – Möge über Dich kommen und über Dir bleiben das Licht. „Es ist ja zu Dir gekommen und die Herrlichkeit Gottes ist über Dir aufgegangen."
Wenn immer es dunkel werden möchte in Dir – und Gott allein weiß, was das Jahr 42 für uns und für Dich bereit hält – dann ruf immerzu den Ruf, mit dem der Jünger der göttlichen Liebe seine Offenbarung beschließt: Veni Domine Jesu – komm Herr Jesus!
Noch ein Stück Heiliger Schrift schreibe ich meinen Epiphanie-Gedanken für Dich hinzu. Es ist der Schluß des ersten Timotheus-Briefes: Du aber, Mann Gottes, kämpfe den guten Kampf des Glaubens! Ergreife das ewige Leben! Dazu bist Du berufen. Dazu hast Du vor vielen Zeugen ein herrliches Zeugnis abgelegt. Vor Gott, der allen Dingen das Leben gibt, und vor Christus Jesus, der unter Pontius Pilatus sein herrliches Bekenntnis abgelegt hat, gebiete ich Dir: Bewahre das Gebot ohne Fehl und Tadel, bis zur Erscheinung unseres Herrn Jesus Christus. Die wird zur rechten Zeit kundtun der alleinige Herrscher, der König der Könige und der Herr der Herren, der in unzugänglichem Lichte wohnt. Ihm sei Preis und Macht in Ewigkeit. Amen.
Das war jetzt eine lange Epistel – aber ich kann nicht so oft schreiben. Dafür liest Du sie ein paarmal und gibst sie weiter.

Ich wollt Dir aber vom „Rappen" noch was erzählen. Ein Kerl, der prachtvoll Dienst macht und seine Pflicht tat auf seinem gefährlichen Posten des Minensuchbootes – weil er weiß, daß er auch nur im Willen Gottes steht und nicht ohne ihn. Ich hab Dir schon öfter geschrieben das Wort, das Du nicht vergessen sollst: „Du aber stärke deine Brüder!"

Das kam manchmal so aussehen, manchmal anders. Auch beim Rappen sieht das oft kurios aus, aber es wirkt! Da schrieb er mir das Erlebnis.
„Ich habe oft über das Wort von der rechten und der linken Backe nachgedacht, so was liegt mir gerade nicht – ich meine das Hinhalten. Vor einigen Abenden wurde es mir ganz klar: 12 Uhr. Ich liege in der Koje. Die Urlauber kommen berotzt von Land zurück. Aus irgendeinem Grund Krach. Schlägerei. Der Hauptkrakeeler einer, der 1/2 Jahr im Kriegs-KZ war und bei dem geringsten Anlaß dort wieder hinkommen wird; deshalb versuchte ich ihn zu beruhigen, lege ihm die Hand auf die Schultern, rede ihm gut zu und bekomme einen Schlag. Meine Nase hat da zum ersten Mal geblutet. Ich hätte Meldung machen können; so was liegt mir nicht; ich hätte aufstehen können (ich bin der stärkste Mann an Bord), ich wollte es auch, aber da dachte ich an die linke Backe und blieb liegen.
Niemand versteht das hier, einige hänselten. Am nächsten Tag habe ich einen 1¼ zölligen Schlüssel durchgebrochen – und sie hänselten nicht mehr!"
Schlicht gesagt: " Und sie hänselten nicht mehr!" Ja darauf kommt es an. Gloria Dei !
So einiges wirst Du durchbrechen müssen! nur dran!
Noch zur Nachricht: Eine vom Leben und eine vom Tod.
Georg, der Dichter, hat in Innsbruck am Sonntag vor Weihnachten seine Maria Luise, die Dichterin, zum Traualtar geführt. Ich habe ihn getraut, Maasen hat ihm die Tischrede gehalten – nach drei Tagen aber mußte er zurück an seinen Standort und von da wohl nach Osten.

Die Nachricht vom Tod: Heini Schroer, der Buchhändler, dieser lebenssprühende hoffnungsvolle Mensch ist in Rußland gefallen, Die Reihe, die Hans führt, wird immer größer. Aber sie gingen einen herrlichen Weg und sind uns voraus in der großen Epiphania Domini!
Gruß und Heil Dir! Laß wieder von Dir hören!
In treuem Gedenken Dein Wolker!

Dreiseitiger hektographierter Rundbrief von Prälat Ludwig Wolker, Generalpräses des Katholischen Jungmännerverbandes.

DstHdh: Nachlass Wellenhofer 59:

Januar 1942

Liebe Freunde!

Es wird nicht mehr lange dauern und ich kann Euch „Kameraden" nennen. Kameraden sind wir jetzt schon immer gewesen, aber wir werden es noch mehr durch den gemeinsamen Dienst und die gemeinsame Last.
Hubert und Sepp sind bereits dabei. Auch Jakob und Schorsch. Über manche Frage sollte ich mit Euch sprechen. Heute ein paar andeutende Gedanken über etwas, was mich hier besonders stark bedrückt. Hier erlebe ich wie noch nie die Furchtbarkeit der geschlechtlichen Haltlosigkeit. Ihr müßt einmal darüber sprechen: Über das Mädchen, über die Frau! Ihr müßt Euch in irgendeiner Stunde klar machen, daß die Frau, das Mädchen für uns etwas Geheimnisvolles, Beglückendes, Bereicherndes, etwas Großes ist, daß die Liebe etwas Heiliges ist. Daß die Frau ein Mensch ist, mit Seele und Geist und Herz, nicht ein Tier, ein tierischer Leib bloß. Daß die Liebe eine Sache des Geistes, des Herzens und des Leibes ist. Auch des Leibes, des Auges, der Hand, des Mundes, des ganzen Leibes. Aber nicht nur des Leibes und verzeiht das Wort – des Unterleibes.
Sprecht einmal darüber! Singt dazu: „Und in dem Schneegebirge!" – „Weiß mir ein Blümlein blaue!" – „Wenn alle Blümlein fließen!" – „Mein Schätzlein kommt von ferne!" – Lest irgend etwas Schönes dazu und betet für das Mädchen, daß Gott Euch einmal schenken wird. Laßt es warm werden in Eurem Herzen. –
Das Bild des Mädchens soll so groß und lebendig vor Augen stehen und Ihr sollt Euch freuen. Wir Christen sind keine Muckerer. Wir sind Menschen, die das Leben, das echte gesunde Leben lieben. (Soviel Leben verblutet in diesen Tagen, vergeßt das bei allem nie!)
Wenn Ihr dann in der Masse steht, wird Euch die Frau, das Mädchen nur oder meistens nur als Dirne vorgeführt. Alles Große und Edle wird heruntergezogen. Am Anfang empört man sich. Aber allmählich laugt diese ekelige Beize das echte Bild vom Mädchen aus, wenn man nicht Obacht gibt. Darum seid auf der Hut, von Anfang an. Laßt Euch den Glauben an die Frau nicht rauben. Nicht durch das Gewäsch der Kameraden und nicht durch so viele schlechte Mädchen.. Und vor allem: Wascht Euch nicht mit dieser dreckigen Lauge.
Die Geschlechtskraft kann in Euch so stark werden, daß mancher sich vergißt, daß mancher sogar tief sinkt. Das ist möglich. Nicht gut, aber nicht das Schlimmste. Das Schlimmste ist, wenn die Ehrfurcht zugrunde geht, wenn man mitdreckt und mitgröhlt in dem

häßlichen Chor. Gar mancher junge Mensch ist schon schwach geworden, aber er hat geschwiegen. Er hat die Sehnsucht nach dem Edlen nicht sterben lassen. Und alles ist gut geworden.
Und noch eins:
Man wird Euch sagen: Was die Pfarrer in diesem Punkte sagen, das ist Quatsch. Die katholische Auffassung in diesen Dingen ist veraltert und eng. Gar manchmal klingt einem das sehr vernünftig. Man wird stutzig, aber nein! Und nochmals nein! Am Ende hat diese Auffassung der Kirche recht. Wenn es auch manchmal schwer ist danach zu handeln. Laßt Euch nicht irre machen. Über diese Gedanken wollte ich mit Euch sprechen. Es war zu wenig Zeit. Nehmt diese Andeutungen. Sie sind geschrieben aus Sorge um Euch. Um Euer junges Glück, um Eure kommende Familie. Ob ich den einen oder anderen von Euch einmal trauen darf?

Gebe es Gott! Und nun seid alle gegrüßt! Heil Euch!

Euer R. L. (Kpl.)

Hektographierter Rundbrief von Kaplan Richard Lipold, der offenbar kurz vor seiner Einberufung zum Wehrdienst stand.

DstHdh: Nachlass Wellenhofer 27:

Tief in Russland, 7. 1. 1942

Mein B r u d e r !

Was, Sie staunen? Der Brief erinnert doch an Zivilisation! Ja habe eben eine Schreibmaschine erkundet und so nach langer Zeit wieder einmal den Brudergruß an die Freunde in der Ferne!
Hab ich Ihnen überhaupt schon für den feinen Kuchen gedankt, der mich am Stefanstag erreichte, wo die Gedanken ganz bei Ihnen, ich aber nicht die Zeit fand Ihnen schriftlichen Namenstagsgruß zu senden. Die angekündigte „geistige Beilage" ist leider noch nicht eingetroffen.
Viele Freunde haben mir schon geschrieben und es freut mich jeder Gruß aus der fernen Heimat ungeheuer und es tut mir arg leid, daß ich oft nur mit kurzem Kartengruß Antwort geben kann; das Geschehen des Krieges ist so gewaltig und freie Stunden sind immer gezählt, daß es gerade noch reicht, Müttern vom Wohlbefinden ihres Jüngsten auf dem laufenden zu halten.
Lange Tage sind wir nun wieder durch die russischen Felder und Wälder gezogen und das Leben ist hart und fordert letzte Bereitschaft. Tief liegt der Schnee, so daß oft Mann und Roß und Wagen bis zur Brust versinken, jeder Schritt will erkämpft oder ergraben sein und dazu heult ein fürchterlicher Eiswind, wir hatten schon 35 und mehr Grad Kälte, also Temperaturen, wie wir sie in der Heimat nicht mehr kennen; das ist so kalt, daß der Atem stickt und die Zähne schmerzen. Gesundheitlich leidet wohl jeder unter diesen Opfern und Entbehrungen und zurückschauend wundert es mich, daß ich bisher alles so ertragen.
Den Hl. Abend verbrachte ich im Kameradenkreise in einer schlichten, alten russischen Bauernhütte. Äußerlich gesehen war es natürlich arg arm, ein kleines Bäumlein brannte und erhellte die dunkle Hütte, schwer klangen die Lieder der Weihnacht und der fernen

Heimat die wir als Kinder so hell gejubelt. Als aber dann die ewig neuen Worte der Frohbotschaft, der Hl. Nacht erklingen, da wurde allen warm um das Herz: Ja, Christ, der Retter ist da! Und gerade hier in dieser materiellen Einsamkeit habe ich es zutiefst erlebt wie arm doch die Menschen sind, die nichts wissen von der Liebe Gottes zu den Menschen, die sich darin geoffenbart, daß Gott seinen eingeborenen Sohn in die Welt gesandt, damit wir durch ihn leben … Gott ist die Liebe.
„Und wieder tut ein Jahr sich auf, zu neuer Prüfung uns gegeben… "
Ja, wir Soldaten ahnen und wissen, was unser harrt: Kampf, das ist gewiß! Kampf, der wieder namenlose Opfer und Entbehrungen bringt und manchen von uns die frühe Vollendung führt. Mutig und zuversichtlich schaue ich in die Zukunft und schreibe über das Neue Jahr groß und gläubig das Wort, mit dem ich damals fortgezogen: „Dominus regit mihi". In all den Stürmen des Krieges in all dieser Not bleibt das Vertrauen auf den Vater Gott, der alles recht machen wird und Sein Wille soll geschehen.
Oft eilen gerade in diesen weihnachtlichen Tagen die Gedanken in die ferne Heimat und ich sehne mich mächtig nach unseren Bergen und Tälern, unseren Domen und Burgen, nach den Freunden und Menschen gleichen Lebens nach dem Lachen eines deutschen Mädels und dem Frohsinn deutscher Kinder, in deren strahlend reine Augen ich so gerne geschaut. O wie sehne ich mich oft nach einem Priester, nach einer stillen Stunde im hl. Frieden einer Kirche nach dem Heiland im Sakrament: Heimat, du Inbegriff der Liebe.
Nun, das soll nicht heißen, daß ich irgendwie innerlich müde oder gar gebrochen bin. Ich bin Soldat und will es gerne sein und bitte den Herrgott immer nur um Eines: tapfer zu sein und nie feige zu werden.
Und ich darf wohl sagen: Neben all der sinnlosen Zerstörung und dem namenlosen Leid des Krieges, kann dieses gewaltige Geschehen doch auch eine große Schule werden. Als die erste Granate neben mir einschlug, als ich die erste Kugel pfeifen hörte und der erste Kamerad neben mir fiel, da spürte ich und fühlt wohl jeder, wie klein all unser menschliches Tun und wie unser Leben so ganz in der Hand eines Höheren liegt, da fallen viele träumerische Ideale der Jugend und es bleibt nur Eines, der stahlharte Glaube: Tu es Deus fortitudo mea – Herrgott –, Du bist meine Stärke!

Heute und alle Tage gilt Ihnen und allen fernen Freunden mein Gruß und brüderlich Gebet: Der Herr sei mit Euch!

Maschinenschriftlicher Brief, von dem weder der offenbar geistliche Adressat noch der Verfasser bekannt sind.

DstHdh: Nachlass Wellenhofer 27:

Nordnorge, den 8. Januar 1942

Werter Herr Wellenhofer!

Für Ihre Weihnachtsbotschaft und -geschenk sage ich Ihnen herzlichen Dank dafür.
In Gedanken sind wir alle eins, und das gibt den einzelnen Kraft durchzuhalten auf seinen einsamen Wegen. Erst jetzt wird mir erst der Schlachtruf klar: „Junge werde fest wie eine Eiche und hart wie Stahl, wenn einmal Sturmwind weht Dich knickt er nicht."

Das Buch „Flammendes Wort" wird mir ein treuer Begleiter sein auf allen Wegen und manchen Trost spenden, wenn ich mit Sehnsucht an der Heimat und allen mir lieb gewordenen Personen denke.
Ich bitte um Entschuldigung, da ich mein Wort nicht gehalten habe und keine Zeit mehr gehabt habe, um Ihnen zu besuchen. Da ich noch durch Wien gefahren bin, um meinen Freund zu besuchen im Lazarett.
Bitte schicken Sie mir doch die Anschrift, daß ich Verbindung aufnehmen kann.
Bitte geben Sie mir doch die Adresse von Holzapfel (Ruppertus) und richten Sie an alle Kameraden an der Front und in der Heimat recht viele Grüße aus.

Viele Grüße sendet Ihnen aus dem Polarkreis mit dem Schlachtruf „Allzeit bereit!"

Ihr Georg Hallermeyer

DstHdh: Nachlass Wellenhofer 27:

Im Osten, den 11. Jan. 1942

Lieber Herr Kurat!

Meinen herzlichsten Dank für Ihren lieben Weihnachtsbrief und das Päckchen. Ich hatte mich riesig gefreut darüber.
Ihre lieben Grüße erreichten mich wieder vorne bei meiner Truppe. Am Tage vor dem hl. Abend kamen wir nach dem Aufenthalt in unserer Werkstätte wieder vorne an. Weihnachten wurde ein ernstes Fest bei uns. In einer engen, dreckigen russischen Hütte saßen wir einige Stunden zusammen. Mit weißem Papier als Tischdecke, einige Zweiglein der dürren Steppensträucher umwickelte ich mit Stanniolpapier von Zigaretten, einige Kerzen eines bereits angekommenen Päckchens, das war unser äußerer Rahmen für die hl. Weihnacht. Hier saßen wir nun, bereit im nächsten Augenblick zu der Waffe zu greifen. Gegen elf Uhr gingen wir in unsere Quartiere zurück, und jeder feierte auf seine Art noch ein bißchen. Die einen wollten mit Gröhlen, die Sehnsucht nach der fernen Heimat totschlagen, die anderen erzählten von ihren Eltern, Freunden, Kindern und Bräuten; ich schrieb an meine Eltern, die in diesen Tagen das erste Anrecht auf mich haben, einige Zeilen tieferer Gedanken.
Nachdem wir aus dem Angriffskrieg in den Stellungskampf übergegangen sind, haben wir hier ein….. Ich weiß ja oft nicht, wo mir der Kopf steht vor Arbeit.
In den letzten Tagen hatten wir außerordentlich viele Fälle von Erfrierungen. Unsere Maximalkälte belief sich auf 37. Bei dieser Kälte müssen die armen Kerle immer 3 Tage in Erdlöchern in den vorgeschobensten Stellungen sitzen, um sich dann 6 Tage hier in den elenden Hütten erholen zu können.
Mir tun diese armen Kerle schrecklich leid, und ich bin glücklich, wenn ich die Schmerzen ein bißchen lindern kann, habe ich doch gerade in Erfrierungen meine Erfahrungen.
So viele schwere Fälle wir auch bisher hatten, eine Erfrierung, wie ich sie an meinen Händen erlitt, kam noch nicht vor. Daran ersehe ich erst, wie schwer doch diese Erfrierung war, und daß die Beschwerden, die in dieser strengen Kälte natürlich sich besonders stark auswirken selbstverständlich sind. Doch zum Glück bin ich in der Lage, mich viel im warmen Raum aufhalten zu können.

Die Sehnsucht nach dem Theater ist nach wie vor die gleiche geblieben. Nun eines Tages wird es schon wieder klappen, und ich werde dort sein, wo ich eigentlich hingehöre. Der, der über all unsere Geschicke entscheidet, wird mich schon den richtigen Weg führen.

Aufs herzlichste dankend bleibe ich mit vielen Grüßen Ihr Toni

Abschrift eines Briefes von Toni Graschenberger an Pfarrer Wellenhofer (vgl. dessen Brief vom Sommer 1941). Graschenberger, der offenbar Schauspieler war, berichtet vom Steckenbleiben des deutschen Vormarsches in Russland in der eisigen Kälte. Mit dem Beginn der russischen Gegenoffensive am 5. Dezember 1941 beginnt die Wende im Russlandkrieg. Durch das jetzt zunehmende Stärkerwerden der russischen Abwehr ist der Russlandfeldzug, das „Unternehmen Barbarossa“, nunmehr als gescheitert anzusehen.

SKTS: Strunck:

In Lappland, am 14. 1. 42

Lieber!

...Mir geht es so weit noch gut. Allerdings habe ich noch immer am linken Fuß Frostschäden. Augenblicklich kann ich mich aber, wir liegen nämlich in Ruhe, ziemlich pflegen weil ich keinen Außendienst mitzumachen brauche. Die Weihnachtstage haben unserer Kompanie ziemlich zugesetzt, denn erstens war es unerhört kalt (in der hl. Nacht – 42 Grad) und weiter hat uns der Russe gerade in diesen Tagen und Nächten ziemlich oft belästigt. Die hl. Nacht war doll! Unsere Gruppe hatte an diesem Abend wachfrei, und wir hatten unseren Bunker recht gemütlich ausgestattet und gerade einen zünftigen Tee gebraut, als auch schon die Gemütlichkeit aufhörte. Alarm! Und schon war unsere Gruppe bereit. Nach kurzer Zeit waren wir auf dem Marsch durch den tief verschneiten Urwald zu unseren Vorposten, die etwa 2 km vorgeschoben an einem großen See lagen, an dessen anderem Ufer der Russe lag. Diese Vorpostengruppe war von einem starken russischen Spähtrupp umgangen worden und angegriffen worden. Das letzte Wort am Feldtelefon war gewesen: „der Russe schießt!“ Bald waren wir in der Nähe der Vorpostenstellung. Wie die Waldläufer schlichen wir uns von allen Seiten heran. War der Russe noch da? Was machten die Kameraden? Ein komisches Gefühl ist es, so zu acht Mann, weit von der Truppe entfernt, mitten in der Nacht durch den Wald zu stapfen, wo doch hinter jedem Baum der Feind liegen kann. Aber der Russe war schon abgezogen. Nach einiger Zeit zogen auch wir wieder ab. Zwei Verwundete und einen Toten konnten wir mitschleppen. Der Russe hatte ganz schön unter den Vorposten aufgeräumt. Weiter mußten wir nach hinten melden, daß ein weiterer unserer Kameraden in russische Gefangenschaft geraten sei. Das war die hl. Nacht. 42 Grad Kälte und einen Toten. Du kannst Dir vorstellen, daß uns nicht gerade feierlich zu Mute war! Und in der Nacht vom alten zum neuen Jahr war dasselbe Theater. Allerdings hatten wir dabei nur zwei Verwundete und einige Ausfälle durch Frostschäden. Neujahr wurden wir dann abgelöst und kamen in Ruhe. Hier liegen wir in großen, warmen Bunkern, die aus starken Stämmen gefügt sind, und pflegen unsere Knochen. Wann es wieder nach vorne geht, weiß noch keiner, aber bald wird es soweit sein. So langsam geht auch hier die Polarnacht zu Ende, denn seit einigen Tagen zeigt sich schon wieder die Sonne für einige Minuten. Und dann tritt die Infanterie wieder zum

Sturme an. Hoffentlich gelingt uns dann der endgültige Sieg. Dafür wollen wir in diesen Tagen beten.

Sei herzlich und in Treue gegrüßt von

Deinem W i l l i .

Zur Verteilung vorgesehene Hektographie eines Briefes des Kölner NDers Willi Strunck.

DstHdh: Nachlass Wellenhofer 27:

Den 14. Januar 1942

Grüß Gott! Lb. Wellus!

Für Deinen Weihnachtsgruß, der mich heute erreichte, vielen Dank! Wie geht's Dir? Weihnachten wurde für uns recht bitter. Mehr ein Karfreitag! Bis gegen Mitternacht schleppten wir unsere Verwundeten und frierenden Kameraden von den Höhen vor Sewastopal. Blut und Wunden!
Am 18. Dez. wurde ich selbst leicht verwundet, konnte aber meinen Dienst weiter ausüben. Und am 21. 12. gelang mir wieder ein kühnes Husarenstücklein: mitten in den russ. Stellungen hob ich einen russ. Bunker aus, nahm die 21 völlig überraschten Bolschewiki gefangen u. brachte noch 4 M.G. als Beute nach Hause. Das wäre wieder einmal gut gegangen. Ecclesia militans!

Am 30. 10. 41 erhielt ich als 1. Kriegspfarrer für meinen Einsatz am Dnjepr das
E. K. I. „Oben" ist man mit solchen Dingen Pfarrern gegenüber sehr sparsam.

Morgen bin ich wieder vorne bei meiner Infanterie. Wir haben wieder manches zu schaffen. In Gottes Namen!

Nun frohen Gruß! Dein A. S. Sa. 00924

Handschriftlicher Brief von Divisionspfarrer Alphons Satzger (1899–1978) an seinen Konfrater Wellenhofer. Als Kriegsfreiwilliger hatte er bereits im 1. Weltkrieg das Eiserne Kreuz II. Klasse erhalten. Als einziger Kriegspfarrer der Wehrmacht war er mit dem Eisernen Kreuz I. Klasse ausgezeichnet worden.

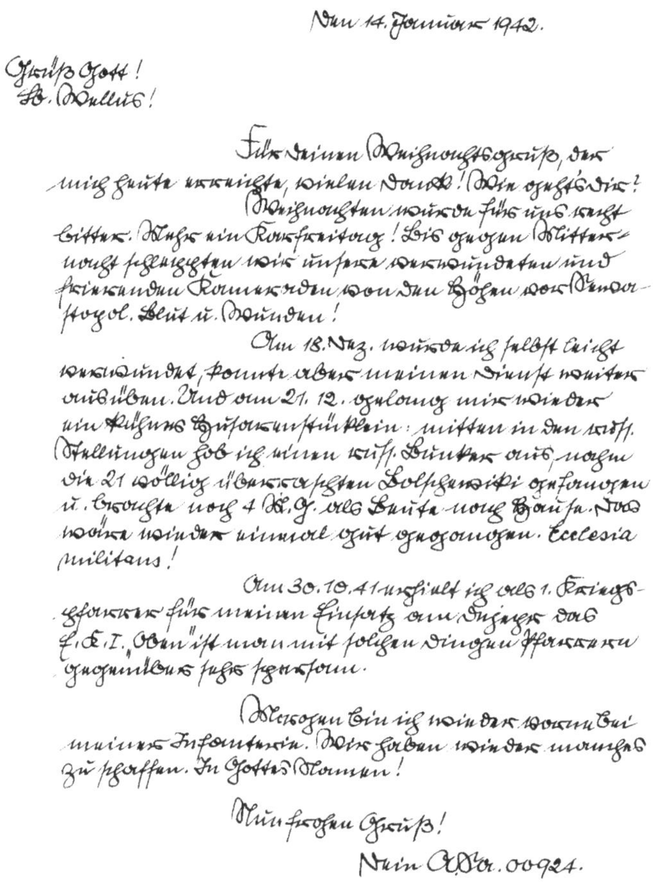

Den 14. Januar 1942.

Grüß Gott!
[illegible]!

Für deinen Weihnachtsgruß, der mich heute erreichte, vielen Dank! Wie geht's dir?
Weihnachten war das für uns recht bitter. Wahr ein Karfreitag! Bis gegen Mitternacht schleppten wir unsere verwundeten und frierenden Kameraden von den Höhen von [illegible]. Blut u. Wunden!
Am 18. Dez. wurde ich selbst leicht verwundet, konnte aber meinen Dienst weiter ausüben. Und am 21. 12. gelang mir wieder ein kühnes Husarenstücklein: mitten in den russ. Stellungen hob ich einen russ. Bunker aus, nahm die 21 völlig überraschten Bolschewiki gefangen u. brachte noch 4 M.G. als Beute nach Hause. Das wäre wieder einmal gut gegangen. Ecclesia militans!
Am 30.10.41 erhielt ich als 1. Kriegspfarrer für meinen Einsatz am Dnjepr das E.K. I. „Nun" ist man mit solchen Dingen Pfarrern gegenüber sehr sparsam.

Verzogen bin ich wieder vorn bei meiner Infanterie. Wir haben wieder manches zu schaffen. In Gottes Namen!

Mein frohen Gruß!
Dein A.Br. 00924.

DstHdh: Nachlass Wellenhofer 27

DstHdh: Nachlass Wellenhofer 27:

Im Felde, den 17. 1. 42

Mein sehr verehrter Seelsorger!

Ihren lieben Brief habe ich erhalten, herzlichen Dank dafür. Hat mich ja riesig gefreut. Es freut mich auch sehr, daß Sie sich noch so erinnern können an meine Ministrantenzeit, ach wenn ich so zurückdenke an diese schönen Zeiten. Wie war das schön, heute noch habe ich den kindlichen Eifer für das Religiöse, was überhaupt mit der heiligen katholischen Religion zusammenhängt. Der Herr hat doch Ihre Gebete erhört, die Sie für uns Buben hinaufsandten. Niemand, auch gar niemand kann mir meinen heiligen Glauben, dem ich soviel zu verdanken habe aus dem Herzen reißen. Nun, mein lieber Herr Kurat, ich kenne die teuren Gefallenen, besonders den auf dem Bild, ich sehe sie noch so, die nun ihre Pflicht getan haben bis ins Letzte. Sie sollen uns Mahner und Vorbilder sein in jeder Beziehung. Sie sind nun dort in der ewigen Heimat, beim ewigen Vater, die Engel des Herrn mögen ihnen geistige Blumen auf ihr Heldengrab streuen, er gebe ihnen den ewigen Frieden, die ewige Ruhe. Wie stärkt doch der Herr seine Getreuen, wenn er auch oft grausame Prüfungen schickt, da man ehrlich zu büßen hat. Doch, wenn es überwunden ist, dann jauchzet die Seele dem Herrn zu. Doch ich lasse den Mut, das Gottvertrauen, den Humor nicht sinken, dann werde ich immer Sieger sein. Ich kann Ihnen nur sagen, Herr Kurat, ich kann Ihnen nicht genug danken, daß Sie mich zu dem Menschen erzogen haben, so wie es Gott gefällig ist. Auch habe ich einige liebe Kameraden bei mir, die gut katholisch sind und mit mir den Weg gehen, der uns vorgeschrieben ist, dem Herrn zu dienen. Auch mit den evangelischen Kameraden vertragen wir uns sehr gut. Kann von mir aus kommen, was nur kommen mag, ich werde mich nicht biegen lassen in meinem heiligen katholischen Glauben. Christus in uns und mit uns. Wenn ich auf Wache stehe nachts, dann ist Er bei mir, da kann man so mit ihm sprechen, alle Sorgen, alle Gedanken an die Lieben in der Heimat überwindet man so leicht. Da denkt man so an die lieben Eltern, an den lieben Bruder, die Freunde, und besonders auch an die lieben priesterlichen Freunde, die einem soviel Gutes erwiesen haben. Jetzt ist mal wieder Samstagabend, alle sitzen umher, die einen schreiben, die anderen schlafen, hoffentlich haben wir diese Nacht wieder Ruhe. Mit Urlaub wird es noch eine Weile dauern, aber alles kommt noch. Nun, mein lieber Herr Kurat, jetzt muß ich Sie wieder verlassen, die Pflicht ruft. Schließen Sie bitte mich, meinen lieben Bruder, meine lieben Eltern ein in das heilige Opfer, daß der Herr uns weiterhin den Segen beibehalten wolle.

Es grüßt Sie recht herzlich — Ihr treuer Ulrich

DstHdh: Nachlass Wellenhofer 33:

Osten, 23. 1. 42

Lieber Herr K. Wellenhofer!

Wie Sie bereits schon erfuhren, ist unser lb. Hiasl am 4.I.42 den Heldentod für's Vaterland gefallen. Er sofort tot. Hiasl war einer unserer besten Soldaten in der Kompanie. Unsere Weihnachtsfeier gestaltete er zu einem großen Erlebnis. Jeder hatte ihn gern. Er war seit unserer Rekrutenzeit mein bester Kamerad.
Wir liegen hier zwischen Bjelgorod und Kursk in Verteidigungsstellung. Die russ. Angriffe werden nun immer leichter. Er hat schon ziemlich starke Verluste. Bei grimmiger Kälte greifen sie an u. bleiben gleich am halben Tag an derselben Stelle liegen.
Wenn Sie in der hl. Messe für Hiasl das Gebet sprechen, so sind Sie so gut und lassen von mir auch eine Messe für Hiasl gelten.

Für heute bin mit einem G. Pf. — Ihr Hauenstein

Handgeschriebene Feldpostkarte von R. Hauenstein an Kurat Wellenhofer. Der Verfasser ist offenbar Pfadfinder, denn er grüßt mit „G. Pf.“, d. h. „Gut Pfad“, dem Pfadfindergruß. Trotz der optimistisch klingenden Andeutung der militärischen Lage, zeigt sich hier durchaus deutlich, dass das für einen Winterkrieg in Russland unvorbereitete Ostheer in eine schwere Krise geraten ist, als am 5. und 6. Dezember 1941 zwei russische Offensiven begonnen hatten.

DstHdh: Nachlass Wellenhofer 27:

Im Osten, 27. 1. 42

Euer Hochwürden!

Grüß Gott! Eine lange Dankesschuld steht bei mir Ihnen gegenüber an, da ich Ihnen noch nicht dankte für das Büchlein von Kürzinger, das Sie mir in die Advents- und Weihnachtszeit hinein zu Stunden der christlichen Besinnung übersandten. Ich habe es mit Freuden angefangen und aus dem Geist des hl. Paulus heraus mehr die echte christliche Hoffnung in mich hineingetragen. Sie ist wohl die Tugend schlechthin, die dem christusverpflichteten Soldaten und ganz besonders dem Priester Soldaten innere Linie und Mut verleiht und ihm zu Erkennen positiven Sinnes seines Soldatentums wird. Ich danke Ihnen für das, was Sie mir mit dem Büchlein geben wollten und gaben, ein bewußteres Schreiten in das Göttliche, das uns von Christus kommt oder nie.
Eine Lageveränderung ist bei mir eingetreten, da ich seit 24.1. Sanitäter bei einer Pionierkompanie wurde, die schon manches vom Grauen des Kriegsgeschehens an sich verspürte. Der neue Posten bringt mir wesentlich mehr Selbständigkeit und, sobald ich voll eingearbeitet bin, mehr Zeit. Gerade letzteres rechne ich zum Kostbarsten. … hoffe ich gegebenenfalls manchem Kameraden, Priester, nicht nur Sanitäter sein zu können. Meine neue Feldpostnummer ist 04778.
Ich bitte weiter um Einschluß in Opfer und Gebet,

Euer Hochwürden dankbar ergebener Alfons Geuterer

Abschrift des Briefes von Alfons Geuterer, der als Priestersoldat und Sanitäter an Pfarrer Wellenhofer schrieb.

DstHdh: Nachlass Wellenhofer 27:

Frankreich, 29. 1. 1942

Lieber Stefan!

Daß ich nun mit meinem Dank für Deinen Weihnachtsgruß und Deinen letzten Brief meine Freude verbinden darf, Dich selbst wenigstens schriftlich begrüßen zu können, hemmt mir die Worte soviel als es sie mir beflügeln möchte. Daß Du wieder frei bist! Hatte doch schwere Sorge um Dich. Wo man immer wieder so unglaubliche Dinge aus der Heimat hört. Nicht weit von Euch sitzt einer, der mir seit früher Jugend sehr nahe steht. War in meiner Gruppe und wurde ein Jahr später geweiht als ich. Jetzt sind es 16 Monate, daß er in Fesseln lebt, indessen 3 seiner Brüder in vorderster Front ihr Leben riskieren. Daß man immer zuerst denen zusetzt, die sich relativ am wenigsten wehren können! Doch was sollen diese menschlichen Überlegungen zu Geschehnissen, deren Grund tiefer liegt als Abwägen der menschlichen Gesinnungen. Wen es von uns ergreift, den ruft wohl der Herr selbst. Fast wundert man sich, wenn man nicht dabei ist. Die Schonung erscheint uns als unverdiente Freiheit, die uns Gott gibt, als Frist, in der wir in eigener Entscheidung – ganz von innen her zur gleichen Nähe Leids. Die Freiheit zu gewinnen, läßt uns der Herr oft die volle Freiheit von allen Fesseln des Leibes und der Seele. Aber die Freiheit für das Reich Gottes bleibt das Ziel – alles andere ist Durchgang – und soll zur Gnade werden. Das Kreuz und seine in der Welt sind uns Christen dann am nächsten, wenn Gottes Liebe

die Seinen rettet. So hast auch Du dem Opfer der Brüder im Osten Deinen Teil hinzugefügt – das ganze Leben und Sterben der Christen aber steigt im Kreuze des Herrn auf zur … Gottes und zur …, die er daraus jedem Geschlecht auf Erden läßt.
So werden viele junge Christen in Gebet und Sorge Deine schweren Tage mitgetragen haben – und die Gewißheit gewinnen, daß Heimat und Front dem gleichen Ziele leben und sterben! – Mit Eschbach stehe ich nun wieder in Verbindung – von anderen draußen hört man nur selten ebenso von manchem Bruder im Reich. Aber das Vertrauen lebt und verbindet über alles Schweigen hinweg.
Noch einmal sage ich Dir Dank für Deine Hilfe an R. vor allem auch in seelischer Hinsicht. Sie hat sehr großes Vertrauen zu Dir. – Seltsam, wenn es anders wär! Ihre Eigenart ist manchem sicher schwer verständlich. Du wirst sie verstehen und wo nötig aufrichten!
G. Th. ließ mir durch seine Braut die Anzeige seines Hochzeitstages schicken. Das Bekenntnis der Liebe übersteigt die Trauer der Trennung.
– Von S… hörte ich, er habe das EK I bekommen. Doch immer noch der alte Draufgänger und Freikorps-Kämpfer – wie in Augsburg!
An Wolferl und Deine Schwester recht herzliche Grüße und

Dir selber besonders des Herrn Schutz in Treue und Liebe des Herrn Dein …

Abschrift des Briefes eines unbekannten Priestersoldaten an Pfarrer Wellenhofer. Der Briefschreiber erwähnt offenbar den Umstand, dass Wellenhofer wegen seiner Briefaktion von der Gestapo verhaftet worden war und nun wieder freigelassen worden ist. Auch erwähnt er die Verhaftung eines anderen Priesters in der Heimat.
Es wird der Divisionspfarrer Alfons Satzger genannt (vgl. dessen Brief vom 14. 1. 1942), der anscheinend nach dem November 1918 noch zu einem Freikorps gehört hatte.

SKTS: Strunck:

Ostfront, 1. Februar 42

Lieber!

Seit Tagen habe ich versucht, mich mit meinen Leuten auf einer schmalen Geländebrücke zwischen Front und einem Kessel, in dem 5–9 russische Divisionen eingeschlossen sind, zu meiner Division durchzuschlagen. Gestern erfuhr ich, daß meine Division zerschlagen und versprengt ist. Diese Nachricht traf mich wie ein harter Schlag. Meine alte Division und meine alten Kameraden alle! Die unmittelbare Folge für mich ist, daß ich vorläufig bei dem Regiment bleibe, in dessen Abschnitt wir uns gerade befinden. Es ist ein gutes und bewährtes ostpreußisches Regiment, das augenblicklich einen starken russischen Druck auszuhalten hat.
Ich liege in einer halbzerschossenen russischen Kirche und warte auf den Abmarschbefehl in die Stellungen. Die alte Musik ist wieder um uns, und die russischen Flieger ziehen unaufhörlich ihre Kreise. Harte und schwere Kampftage liegen vor uns, aber ich gehe wieder gerne in dem frohen Bewußtsein Seiner Führung.
In den wenigen freien Minuten, die mir in den letzten Tagen blieben, mußte ich immer wieder daran denken, was uns eigentlich im Tiefsten zu Trägern Seines Reiches macht. Wo der Kern eigentlich liegt, der den Christen vom Heiden unterscheidet. Daß dieser

Unterschied nicht in Äußerlichkeiten, wie Kirchenbesuch und anderem liegt, ist Dir und mir völlig klar. So einfach geht es nicht. Ich wurde auf ein Wort des Herrn gelenkt, was Er beim Gericht zu uns sprechen wird, und darin scheint mir das ganze Gesetz, wenn ich so sagen darf, enthalten zu sein: „Was ihr dem Geringsten meiner Brüder getan, das habt ihr mir getan!"
Weißt Du, das spricht sich so leicht aus, und Du und ich haben es so oft gehört und gelesen, aber zu leben ist es schwerer als wir beide ahnen. Meinst Du nicht auch? Wer die Forderung, die in diesem Satz ausgesprochen ist, einigermaßen erfüllt, kann einen kleinen Anspruch darauf erheben, Christ zu sein. Und das ist so schwer, so ungeheuer schwer! Wir beide denken aneinander, daß es uns einigermaßen gelingt, Seiner Forderung zu entsprechen.

Ich grüße Dich herzlich und alle Kameraden in Treue!

Dein Ernst

Zur Vervielfältigung als Rundbrief von Willi Strunck vorbereitete maschinenschriftliche Abschrift eines Briefes des Kölner NDers Ernst Rausch.

DstHdh: Nachlass Wellenhofer 27:

Im Osten, am 10. Febr. 1942

Grüß Gott, Herr Kurat!

Lange haben Sie auf ein Lebenszeichen warten müssen. Schon vor Weihnachten erhielt ich Ihre lb. Weihnachtsgrüße, jetzt noch herzlichsten Dank. Weihnachten in Rußland! Wie so ganz anders als in den Jahren zuvor. Für gar viele unterscheiden sich auch diese Tage nicht von den anderen, wenn nicht in ihren Herzen die Friedensbotschaft des Engels drang. Auch diese Tage waren erfüllt vom Grauen des Krieges. Der Soldat … im Schützengraben mußte Wache halten vor dem Feinde. Am HL. Abend hatten wir 16 tote Kameraden hier liegen. Wie unerforschlich sind doch die Wege Gottes. Beim Anblick dieser jungen Menschen mußte man daran tief erschüttert denken.
An den beiden Festtagen hatte ich die große Gnade, teilzunehmen an der Feier des hl. Meßopfers. Das war ein Trost und eine Freude für mich. Hier, wo jeder Tag gleich ist, wo es keinen Sonntag noch Feiertag mehr gibt, war das für mich ein Aufatmen für Seele und Geist. Der Raum, wo unser Divisionspfarrer das hl. Opfer feierte, war kahl und kalt, wie alles hier in Rußland. Ein Stall war es, wo uns das Christkind geboren wurde. Um so mehr brannte in uns das Feuer der Liebe zum göttlichen Kinde. Kriegsweihnacht in Rußland werde ich nie vergessen. Wie oft mögen wir es noch feiern müssen bis der ersehnte Friede kommen wird. Möge unser Herrgott sich unser erbarmen und den Völkern bald den Frieden schenken.
Unser Leben hier in der russischen Einöde ist hart und entbehrungsvoll. Doch wir werden auch hier diesen Winter überstehen. Jetzt haben wir ja die größte Kälte sicher überstanden. Der Mensch kann doch viel aushalten, wenn er muß. Auch hier hoffen wir, daß der Sieg bald unser wird.
Mir selbst geht es noch gut an Leib und Seele. Auch in diesem eintönigen Leben darf man nicht den Mut und den Frohsinn verlieren. Oft muß ich an die Worte des hl. Paulus den-

ken „Freut euch allzeit im Herrn". Im Gebet findet man gerade hier immer wieder Kraft und Mut, Trost und Halt. Was wäre das Leben ohne Gott, so arm und leer, so lebenswertlos. Ich selbst liege nicht vorn in Stellung und dadurch der Gefahr nicht so ausgesetzt. Da ich als Handwerker angestellt bin, liege ich beim Troß. Hier habe ich nun den ganzen Tag meine Arbeit. Dadurch geht die Zeit besser rum, und der Tag hat etwas Inhalt. Von Herzen wünsche ich Ihnen für die Zukunft Gottes Kraft und Gnade für Ihr Wirken als Priester und zu allem den Segen des Herrn.

Mit frohen Grüßen aus dem Osten bleibe ich in Treue

Ihr Willi Jörres

DstHdh: Nachlass Wellenhofer 27:

Griechenland, 12. Feb. 1942

Lieber Herr Kurat!

Es hat mich etwas schwer getroffen, daß ich Sie nicht mehr sehen konnte und Sie nicht mehr um Ihren priesterlichen Segen bitten, der mich begleiten sollte in die Ferne und Fremde.
Ich bin den Weg wieder zu meinem alten Ort gegangen, und ich hoffe, daß uns die Frühlingsstürme irgendwohin mitnehmen werden. Wir wollen doch irgendwie am Kampfe teilhaben, wenn wir auch nicht so sehr in der Gefahr leben, so wollen wir doch all unsere Kräfte einsetzen. Die Worte und die Geschehnisse im Urlaub haben mich schwer getroffen, und ich höre noch die Schlußworte. Wir sind hineingeworfen in eine Entscheidung und können darin jetzt nichts tun, als geduldig warten und beten. Und dieses Warten scheint mir zum Schicksal zu werden, ja fast zum Schicksal der Kirche von heute, die wir sind.
Ich habe mich der vielen Post gefreut, die Kunde gab von dem Leben der Kameraden. Viele wollen heiraten, und ich freue mich darüber. Manchmal tritt dabei die Frage an mich heran, ob ich nicht darin als Jungmann versage, da die Jahre verstreichen und ich das Mädel noch nicht kenne, das mit mir den Weg gemeinsam gehen will. Wandernde, Schreitende müssen wir sein und bleiben, auch in der Zweisamkeit. Würden Sie mir bitte Briefe von Mölders schicken. Ich danke Ihnen.

Gott mit Ihnen, und ich grüße Sie recht herzlich Ihr getreuer Toni

In diesem Brief, von dessen Verfasser nur der Vorname Toni bekannt ist und der hier in einer maschinengeschriebenen Abschrift von Pfarrer Wellenhofer vorliegt, wird Werner Mölders (1913–1941) erwähnt. Der am 22. 11. 1941 bei einem Flugunfall getötete Oberst Mölders war das erste berühmte deutsche Fliegerass. Seit Januar 1942 verbreitete der englische Geheimdienst einen gefälschten Brief M's über Deutschland, in dem die allgemein bekannte enge Bindung M's an den katholischen Glauben und seine Mitgliedschaft als Schüler in einer katholischen Jugendorganisation geschickt zu einer Anklage gegen den Krieg und das NS-Regime ausgenutzt wurden.

Aus: Dreissig Jahre Bund Neudeutschland, S. 100 f:

Folgenden Brief schrieb Rudi Nettekoven in seinem letzten Urlaub an seine Neudeutschen Brüder:

Köln, den 16. Februar 1942

Liebe Kameraden,

während in Rußland viele von Euch unter härtesten Umständen eisern ihre Pflicht erfüllen und stündlich ihre Liebe zu Volk und Heimat unter Beweis stellen, darf ich wenige Urlaubstage bei meinen Lieben daheim verbringen. Täglich bin ich froh und dankbar, daß es mir vergönnt ist, diese kalten Wintertage nicht in der russischen Hölle leben zu müssen. Was Ihr dort leisten müßt, weiß ich zu gut zu ermessen, denn auch ich lag bis Anfang November da draußen und werde zur Frühjahrsoffensive, wieder in Rußland sein. Inzwischen hat mancher sein junges Leben für Deutschland ausgehaucht. Mit ihnen sanken alle jugendfrohen Hoffnungen ins Grab. Wir Soldaten stehen im Felde fast täglich am Grabe lieber Kameraden, und oft fragen wir uns dann: wozu das alles? Diese Antwort finden wir einzig und allein nur in Gott. Er ist der Lenker der Schlachten und steht auch über unserer Zeit. Die Ideale, die wir uns in jungen Jahren geprägt und für die wir uns begeistert haben, bleiben bestehen. Sie wissen dem Leben auch dann noch einen Sinn zu geben, wenn alles zusammenbrechen will. Die Zeit der harten Bewährung scheint endlos. Was gibt es noch für Hoffnungen auf glücklichere Tage? Unsagbares Elend geißelt die Menschheit und reißt immer neue Wunden. Gott ist zu einer lächerlichen Figur geworden. Die Menschen brauchen ihn nicht mehr. Sie wollen ihre Ordnung und treten göttliche Gesetze mit Füßen.

In dieser Welt stehen wir mit unserem Wollen und Können und fragen und: was sollen wir tun? Sollen wir mit schelten und einstimmen in das feige Klagen der ewig unzufriedenen Massen, die unter den Rutenschlägen des Lebens aufschreien und jammern? Sollen wir versuchen, dieses qualvolle Dasein durch Verschaffen zweifelhafter Freuden und Vorteile uns so interessant wie möglich zu gestalten? Sollen wir bewußt allen Härten ausweichen? Oder wozu hat uns der Herrgott in die Welt gestellt?

Nein Brüder, laßt uns diese Tage mit beiden Händen erfassen und an unserem Platz die Gegenwart neu gestalten! Laßt uns mithelfen, den Haß durch Liebe zu ersetzen. Der Haß unserer Zeit kann nur an grenzenloser Liebe zerschellen. Auch nicht die Ungewißheit und dunkle Zukunftsahnungen dürfen diese Liebe schwächen. Unsere Zukunft liegt in Gottes Hand, und wir wollen mit der ganzen Liebe, die wir zu geben vermögen, sein Werkzeug dazu sein.

Ich will schließen mit einem ganz innigen Gedenken an unseren lieben Christian, der am 27. 12. 41 seine Liebe zu Christus und der Heimat mit dem größten Opfer seines jungen Lebens besiegelt hat. Das Gebet verbindet uns mit ihm über das Grab hinaus.

Es grüßt herzlich in treuer Verbundenheit

Euer Rudi

DstHdh: Nachlass Wellenhofer 27:

den 1. 3. 42

Grüß Gott!

Für Ihre feine Karte herzlichen Dank. Ich freute mich sehr über diesen Münchener Gruß. Leider Gottes werden noch Wochen vergehen bis ich meine Heimatstadt wiedersehen kann. – Eben schrieb ich an Willi. Auch er ist verwundet. Am 19. Dezember bekam er am Bein eine Menge Granatwerfer-Splitter ab. Doch hat es keinen Knochen verletzt.
Mir geht es schon ganz gut. Bin bei ..... Schwestern untergebracht, die mich bestens pflegten. Auch die Küche ist hervorragend. Gleich nach den ersten Wochen habe ich unter den Verwundeten einen feinen Kerl von uns aus Westdeutschland gefunden.
Ja, meine schlimmste Zeit ist vorübergegangen. Die Kugel verletzte die Niere und ging durch den Magen, doch kann ich jetzt wieder alles essen und nehme an Gewicht ständig zu.
Nur die Operationswunde will nicht heilen, sonst wäre ich schon lange in Erholung. Ich kann nur Gott danken, daß ich gleich unter die Hände von sehr tüchtigen bayrischen Ärzten kam. Dies rettete mich. Nun die Zukunft wird jetzt nach all den langen Lazarettwochen wieder heller sein. Dieser Krieg im Osten wird manchen von uns gefordert haben, doch im Frühjahr werden wir diesen bolschewistischen Teufel vernichten. Schade, daß ich dann nicht dabei bin. Doch unser Gebet wird dann denen da draußen gehören. Dieser Krieg hat uns die Augen geöffnet wie tief ein Volk ohne Gott sinken kann. Hoffentlich bleibt unserem geliebten Heimatland dieser Kreuzweg erspart. Dafür gaben und geben wir unsere Opfer.

Frohen Gruß sendet Ihnen Ihr Fritz

DstHdh: Nachlass Wellenhofer 27:

Ostfront, 5. 3. 42

Lieber Herr Kurat !

Der Michi besucht Dich heute für einige Minuten. Viel Zeit ist ja nicht übrig. Der Hauptgrund ist, um Dir meine neue Anschrift mitzuteilen. Vor einigen Wochen wurde ich nämlich zu einem anderen Truppenteil versetzt. Meine alten, liebgewonnenen Kameraden mußte ich verlassen. Darunter ein gewisser Schuster Leonhard, der Dich sicher schon in der Berufsschule München geärgert hat. Ich wurde gut Freund mit ihm und er läßt Dich bestens grüßen. Gell, da schaust ?! Im neuen Kameradenkreis habe ich trotz meines Berufes mich gut eingewöhnt. Anfangs waren alle platt, als ein „Pfarrer“ unter ihnen auftauchte. Als sie aber sahen, daß der Michi trotz seines „rückständigen“ Berufes doch recht zünftig und vernünftig ist, war die Zurückhaltung gebrochen, und wir verstehen uns sehr gut.
Immer noch befinden wir uns im Stellungskrieg. Was wir von unseren Erdlöchern und Gräben aus sehen und beobachten, ist nicht so interessant, daß man es gleich heim schreiben könnte. Froh sind wir, wenn diese Zeit des Wartens und Abwehrens vorbei ist. Dann kommt wieder die Zeit des Angriffes und sieghaften Vormarsches, und damit geht es auch näher der Heimat zu, die uns am meisten abgeht.

So ich glücklich zurückkehren sollte, werde ich Dich ja sicher besuchen. Gar viel werden wir zu besprechen haben. Der Krieg ist trotz aller Bitternisse und Opfer doch wieder eine unbezahlbare Schule, – wenigstens für mich !
Jetzt ist die Zeit wieder um. So will ich mich verabschieden. Denk hin und wieder im Gebet und Opfer an uns. Wir brauchen diese Hilfe notwendig.

Dir recht herzlichen Gruß Dein Michi

Maschinenschriftliche Abschrift eines Briefes, den der Priestersoldat „Michi", d. h. Michael, an Pfarrer Wellenhofer schrieb.
Michael erwähnt hier die pastorale Situation des Priestersoldaten, der Kamerad und Seelsorger zugleich sein musste und dies als missionarische Herausforderung begreift.

SKTS: Böhner, S. 7:

Rußland 6. 3. 1942

Erich Bastung an Hans Böhner

Habe Ihre schöne Kunstkarte erhalten, besten Dank! Gibt es die noch? Seit Weihnachten haben wir eine furchtbare Zeit hinter uns.– Niemals mehr einen Rückzug mitmachen! Die Post war fast für die ganze Zeit gesperrt. Meinen Brief vom 6.1. werden Sie auch nicht erhalten haben, denn alles war bisher nicht fort zu bekommen, es wurde gesprengt Tag und Nacht lagen wir am Feind und im Gefecht. Als die Russen vor einigen Wochen auch mal mit Panzern in unser Dorf einbrachen, kann ich von Glück sagen, daß einer nur 5–10 m an mir vorbei brauste. Im Stillen hatte ich schon den Geist aufgegeben. Ich könnte Ihnen stundenlang von meinen Erlebnissen berichten. Leider haben wir nur selten Gelegenheit zu schreiben.
Ich komme gerade aus der Stellung und darf mich für eine Stunde aufwärmen. Dann muß ich wieder 4 Stunden Posten stehen. Wir sind alle schwer fertig, und es ist schwer, noch einen vernünftigen Brief zu schreiben. Die Nachricht von Karl Schmidgen hat mich sehr gefreut, ich stehe noch heute mit ihm in Postverbindung. Hoffentlich ist dieses Jahr noch alles vorbei.

So grüßt Sie auf ein glückliches baldiges Wiedersehen Ihr…

Maschinengeschriebener Auszug eines Briefes von Erich Bastung an Hans Böhner. Erich Bastung war in der Pfarrjugend der Kölner Pfarrei St. Gereon aktiv und wurde 1941/42 von Kaplan Böhner betreut. Er erwähnt die Rückschläge, die die Wehrmacht seit Beginn 1942 in Russland hinnehmen musste.

DstHdh: Nachlass Wellenhofer 27:

19. März 1942

Lieber Herr Kurat!

Vor allem innigen Dank für Ihre liebe Namenstags- und Osterwünsche, die mich gestern erreichten. Es vergeht kein hohes Kirchenfest da Sie, lieber Herr Kurat, nicht an uns den-

ken. Ich denke ja auch viel an Ihnen und die schönen Stunden in Fürstenried. Leider deckt von denen, die mit mir damals in F. waren, viele schon die kalte Erde Rußlands. Erst in der letzten Woche habe ich wieder 3 Kameraden aus unserer Heimatzeitung gelesen, die damals mit in F. waren: Anton Jäger aus Wolfratshausen, Martin Faltzhauser aus Feldkirchen bei West .... und Balthasar Stureiner aus Griesstädt am Inn.
Mein bester Freund, von dem ich damals schrieb, ist immer noch vermißt, ob er in Gefangenschaft geriet, ist nicht geklärt, er mußte mit noch 5 Kameraden Gefangene zurückbringen und ist seitdem nicht mehr zu seiner Einheit zurückgekehrt. Wie der Komp. Führer an seine Angehörigen schrieb, sind sie wahrscheinlich von Partisanentrupps überfallen worden. Wie mir erst kürzlich meine Schwester schrieb, kniet seine Mutter oft ganze Nächte in unserem Dorfkirchlein und betet und weint. Bis jetzt sind aus meiner Heimatgemeinde 3 Kameraden gefallen, im Vergleich zu anderen Pfarreien ist es ja noch gering, z. Beisp. unsere Nachbarpfarrei Pfaffenhofen am Inn, die auch nicht viel mehr Seelen hat als unsere Filialgemeinde, aber schon den Tod von 27 Heimatsöhnen zu beklagen hat. Ja, viel bitteres Leid hat dieser Krieg schon in viele Familien gebracht, und von einem Ende schaut sich auch noch nichts.
Mir selbst geht es bis heute noch sehr gut, bin gesund und frohen Mutes. Ich hoffe, daß wir die ärgste Winterkälte überstanden haben, haben aber trotzdem tagtäglich in den Nacht- und Morgenstunden 35–45 Grad. Im Laufe des Tages geht es aber dann immer weit zurück, oft bis 10, es ist eben jetzt doch die Sonne schon ziemlich stark.
Sind alle herzlich froh, daß wenigstens jetzt die endlos scheinende Polarnacht überwunden ist. Jetzt haben wir schon 12 Stunden schönes Tageslicht. So war jetzt in den strengen Wintermonaten nicht viel los, aber jetzt mit dem länger werdenden Tag rührt sich wieder mehr, besonders in der Luft. Jetzt hat unser lieber Landsmann General Dietl für das gesamte Kampfgebiet Lappland das Oberkommando übernommen, und alles vertraut jetzt felsenfest auf seine bewährte Führung. Ich hoffe immer, daß wir es doch im Frühjahr da heroben schaffen.
Nun lieber Herr Kurat nochmals herzlichen Dank, ein gnadenreiches, frohes Osterfest, und viele herzliche Grüße

Ihr dankschuldiger Josef Kriechbauer

Maschinenschriftliche Abschrift eines Briefes an Pfarrer Wellenhofer. Josef Kriechbauer schreibt von der Eismeerfront in Lappland. Generaloberst Eduard Dietl (1890–1944), ein von der NS-Propaganda zum Idol hochstilisierter durchaus charismatischer Führer der Gebirgstruppen, war seit Januar 1942 Oberbefehlshaber der deutschen Truppen in Lappland.

DstHdh: Nachlass Wellenhofer 27:

Gefr. Huber, Walter 10940

Rußland, 24. 3. 42

Ihnen will ich viel Freude zum Osterfest wünschen.
Der Osterjubel soll all Ihre Sorge übertönen. In der Gemeinschaft der Kirche werden wir mit Ihnen Ostern feiern.

Langsam beginnt es auch bei uns Soldaten Frühling zu werden. Gerne sehen wir den Winter scheiden. Nicht allein die Kälte u. der Wind machten uns zu schaffen, sondern mehr noch mußten wir mit dem Herzen den Winter überstehen.
Wir wollten das bewahren, was wir zu besitzen glaubten.
Die Umgebung u. das Geschehen rings um uns verlangten, daß wir dachten. Dem einen lag's mehr als dem andern. Fast hatte es der Winter vermocht, uns Kameraden zu trennen.
Jeder saß in einem anderen dunklen Winkel u. wollte für sich allein sein.
Mich hätten Berge von wissenschaftlichen Werken umgeben sollen.
Fragen stellen sich vor, die uns im Hörsaal bereits gelöst wurden.
Jetzt müssen wir selbst diese Fragen für uns lösen. Wir bemühen uns, das Leben zu haben. Der Krieg zeigt uns diese Werte in reinster Form. Wir suchen bei großen Menschen – sie sollen uns führen.
Bei all unserem Suchen wissen wir aber auch den einen Weg, Christus.
So half uns auch der Winter reifer werden.
Der Frühling wird wieder andere Kräfte von uns verlangen.
Noch müssen wir warten der kommenden Dinge!

Frohen Ostergruß! Ihr Walter Huber

Handschriftlicher, zweiseitiger Brief an Pfarrer Wellenhofer, dessen Verfasser wohl Student war.

DstHdh: Nachlass Wellenhofer 27:

Ostnordfront, 26. 3. 42

Euer Hochwürden!

Grüß Gott! Der Kalender sagt uns, daß bald die hohe Zeit der Osterfrohbotschaft angebrochen sein wird. Wenn ich auch heuer ferne von allem christlichen Erleben mein Ostern feiern muß, ohne Osteropfer, ohne Gottesdienst, unsichtbar wird es doch meine Seele ergreifen. Die Fastenzeit verging wie etwas nicht zu mir Gehörendes, ohne Befruchtung von außen, inmitten des Kriegslärms des Ostens, im geistig verödenden Dämmerlicht eines Erdbunkers.
Seit ich als Truppensanitäter zu Pionieren ging, fehlt mir, die Anfangswoche ausgenommen, Gelegenheit zur Feier des hochheiligen Mysteriums. Ich bin der einzige meines Berufes unter all meinen Kameraden, auch kein Theologe oder Laienbruder ist in meiner Kompanie. So umgibt mich die Priestereinsamkeit, die aber eher befreit als bedrückt. Ein Großteil weiß um meinen Beruf. Manche stehen ihm verständnislos, innerlich vielleicht ablehnend gegenüber, viele aber auch überrascht und zufrieden. Mein Kompaniechef, von Haus aus Protestant, nun aber frei von jeglicher christlich kirchlichen Bindung, bestrebt nach edlem und sittlich hochwertigem Menschentum, achtet mich und führte schon manche tiefschürfende Aussprache mit mir. Fast möchte ich es eine leichte Freundschaft nennen, was uns verbindet. Mit meinen Kameraden wuchs ich bereits fein zusammen. In meinen Dienstübungen kommt mir meine vielseitige Erfahrung zugute, die ich während der drei Monate Tätigkeit auf dem Hauptverbandplatz sammeln konnte. Nachdem ich fünf Wochen bei meiner Truppe meines Amtes gewaltet hatte, wurde ich am 1.3.42 zum

Uffz befördert, was mich und viele meiner Confratres auf meinem früheren Arbeitsplatz um unserer Sache willen sehr freute. Gegenwärtig heißt es, nachdem die eigentliche Winterperiode überstanden ist, den Umbruch der Witterung durchstehen. Zwei Tage taute es. In den Gräben deshalb 20–30 cm Wasser. Im Verlauf des heutigen Nachmittags setzte wieder schweres Schneestürmen ein. Das Wasser in den Gräben gefror. Die Gräben teilweise eben voll Schnee. Die Temperatur zieht wieder an. Wehe, wenn es endgültig taut. Wir erwarten schon mit Bangen die sog. Schlammperiode, in der wir dann nach rückwärts völlig abgeschnitten sind. Der Russe kennt das Gelände. Wir sahen es nie anders als im dichten Winterkleid. Seit Oktober vorigen Jahres nichts als Winter. Das sind schon beinahe genau 1/2 Jahr! Reicht langsam! Dann warten neue Anstrengungen.
So halten wir aus, jeder an seinem Platz, jeder gegebenenfalls auf den anderen angewiesen. Des Friedens sehr sehnsüchtig, werden wir doch nicht erlahmen. Die Heimat muß vor dem Grauen bewahrt bleiben, dem der Soldat des Ostens allüberall begegnet. Es wird einmal wieder die Zeit kommen, da die Überlebenden heimkehren. Auf uns Priester wartet dann viel und sicher erschwertes Arbeiten. Aber verstehen werden wir die, mit denen wir durch Jahre das gleiche Los trugen. Wir selber kehren geläuterter und kleiner nach Hause, als willigere, vom Herrn selbst zurecht geschmiedete Werkzeuge. Das ist mein großer Trost in meiner langen Berufsverbannung.
Möge Ihnen der Herr reiche Osterfreude bereithalten, die nötige Gnadenstärkung zum unentwegten Arbeiten in Seinem steiniger gewordenen Weinberg. Ich bitte Sie um ein oftmaliges Gedenken für uns Soldatenpriester.

Euer Hochwürden ergebener

Alfons Geuther

Maschinenschriftliche Abschrift eines Briefes von Sanitätsunteroffizier Alfons Geuther an Pfarrer Wellenhofer, der hier wohl aus Lappland über seine Situation als Priestersoldat berichtet.

SKTS: Strunck:

In Flandern, den 30. 3. 42

Lieber!

Seit gestern liege ich nicht mehr an der Kanalküste, die über ein Jahr meine Heimat war, sondern in Flanderns Hauptstadt. Es ist für uns eine Ruhestellung, denn hier ist in der Luft absolut nichts los. Unsere Unterkünfte sind für unsere Verhältnisse feudal; Parkett, fließend Wasser usw., alles Privathäuser. Bleibe aber nur zwei Tage hier, weil ich vom Stabe zur Batterie versetzt worden bin.
Dein Ostergruß kam mir in eine dumpfe Zeit. Immer, wenn die Briefe der Kameraden kommen, ergreifen mich die Worte und Gedanken, die aus einer anderen Welt zu kommen scheinen, aufs neue. Sie geben immer neue Kraft für unseren schweren Weg. So ist einer des anderen Helfer!

Ich erwidere Deine Ostergrüße und bleibe in Treue

Dein H a n s

Zur Vervielfältigung vorbereitete maschinenschriftliche Abschrift eines Briefes der Kölner NDer Hans Fein oder Hans Bolder.

DstHdh: Nachlass Wellenhofer 27:

Zu Russland!

Ostersonntag 1942

Einen frohen herzlichen Ostergruß aus weiter Ferne. Heute am Ostertage konnte ich dem hl. Opfer beiwohnen und zum Tisch des Herrn gehen nach langer, langer Zeit. Ich kann Ihnen nicht beschreiben, was das für mich war. In der Stadt Stalino, der ehemaligen Hochburg der Gottlosigkeit einen solchen Gottesdienst miterleben zu dürfen. Eine solche mächtige Kundgebung für Christus, den König, habe ich noch selten miterlebt. Da hier in dieser Stadt mit 800.000 Einwohnern keine einzige Kirche ist, war der Gottesdienst im Soldatenkino, welches bis auf den letzten Stehplatz voll war mit jungen deutschen Frontkämpfern. Sogar draußen in der Vorhalle sind sie noch gestanden. Allein auch dies reichte nicht aus. Eine zweite und sogar dritte hl. Messe mußte gelesen werden. Hunderte gingen zum Tisch des Herrn. Vier Priester mußten zu gleicher Zeit Beichte hören. Dann der Gottesdienst selbst ein einziges Bekenntnis zu Christus. In mächtigem Chor erschallten die Lieder „Großer Gott“ und „Ein Haus voll Glorie schauet“ durch den Raum. Offiziere und Soldaten beteten zu Christus dem Herrn. Der Wehrmachtspfarrer hielt eine gewaltige Predigt und dachte dabei auch unserer toten Helden. Ich hatte nur den einen Wunsch, daß so manche in der Heimat mal so etwas miterleben könnten. Der deutsche Frontsoldat trägt Christus im Herzen und wird so dem großen Siege entgegengehen.

Und wissen Sie, was ich da tue, bei 20 Grad Kälte auf einsamen Posten in dunkler Nacht? Ich bete meinen Rosenkranz für Euch!
Nach furchtbar harten Wochen, in denen wir oft 45 und mehr Grad minus zählten, scheint uns doch die größte Kälte gebrochen zu sein, es geht dem Frühling und damit neuem Kampfe entgegen.

Das Bild des Gekreuzigten steht nun wieder ganz nahe vor uns – uns Soldaten der Front zumal. Wollen wir, daß alle Opfer, die die Zukunft bringen mag, gerne tragen für unsere und der Welt Sünden, für die Brüder, die nichts mehr wissen von der Liebe Gottes zu den Menschen.

Es ist viel Nacht in der Welt, vielleicht mehr ALS VOR DER Menschwerdung des Gottessohnes. Eine ganze Welt steht in Brand. Werden die Lichtträger Christi auch dieses Dunkel niederzwingen? Freilich im letzten schon; aber auch weltgeschichtlich gesehen? Wenn man so hineinhorcht in die Umwelt, läuft man leicht Gefahr mutlos zu werden. Und doch, man fühlt es dann wieder ganz stark: Zu wem sollen wir gehen, Herr, Du allein hast Worte des ewigen Lebens. Möge uns der Herr doch nie fallen lassen!

Zur Hektographierung vorgesehener Text in Maschinenschrift.

DstHdh: Nachlass Wellenhofer 27:

4. (5.) April 42

Sehr geehrter Herr Kurat!

Vielen Dank für Ihren frohen Ostergruß. Wir, d. h. unser Trupp ist immer noch eingesetzt in der Hauptkampflinie vor M.
Allein es ist ziemlich ruhig, und nur das Artilleriefeuer läßt uns spüren, daß der Krieg immer noch nicht aus ist. Unsere übrige Kompanie ist bereits abgelöst und kassiert im täglichen zweistündlichen Exerzieren in dem hier bodenlosen Frühjahrsdreck den Dank des Vaterlandes für die ausgestandenen unmenschlichen Strapazen der vergangenen Monate. Nun schwirren auch die tollsten Gerüchte von Urlaub, Herausgezogenwerden usw., wenn dies auch nach einem vollen Jahr Blut und Dreck bestimmt nicht verfrüht wäre, so glaube ich nicht daran, es wäre zu schön, um wahr zu sein. Wenn ich auch meiner und meiner zukünftigen Familie wegen, die ich einmal auf kath. Grundlage aufbauen will, in die Kirche wieder eintreten werde, so läßt mich gerade das Erleben dieses Krieges bei bestem Willen nie und nimmer in Christus den Gott sehen, wie ihn der kath. Glaube zeichnet. Ich würde mich sehr freuen, wenn mir früher oder später im Urlaub ein Wiedersehen mit Ihnen möglich würde

und bin mit den herzlichsten Frontgrüßen

Ihr E. M.

Maschinengeschriebene Abschrift des Briefes eines um seinen Glauben ringenden jungen Soldaten an Pfarrer Wellenhofer.

DstHdh: Nachlass Wellenhofer 27:

Krakau, 12. 4. 42

Als ich gestern noch einmal durch das oberbayrische Land fuhr, durch dieses vertraute Land, und die Berge sah, wo ich auf so manchem Gipfel stand, da kam mir plötzlich der Gedanke, daß ich nun von all dem Abschied nehmen müsse, vielleicht für lange, vielleicht für immer. – Denn die Zukunft liegt ja zu dunkel und ungewiß vor mir. Und da denke ich, daß auch von mir das letzte Opfer gefordert werden kann, die Hingabe des Lebens.
Wenn Ihr diesen Brief lest, dann bin ich durch jenes dunkle Tor schon gegangen und hoffe, in der Liebe des Vaters das neue Licht zu schauen. Betet dann für Euren Bruder Bert, daß mir der Herr ein gnädiger Richter sei. Von Euch aber Ihr lieben, Ihr liebsten Menschen auf dieser Welt will ich nochmals Abschied nehmen. Nochmals will ich durch mein Leben gehen und Euch allen nochmals begegnen.
Vater, Mutter! Ihr habt mir das Leben geschenkt und unter Eurer Obhut und Sorge durfte ich mich bereiten und heranwachsen für die Aufgaben an Volk und Kirche. Euer Einfluß war entscheidend für die Bahn meines Lebens. Vater, Du hast mir das geistige Gut und die Aufgeschlossenheit mitgegeben, die mich zu so einem starken Menschen machen konnte, zu einem Kämpfer für die Sache des Herrn.
Und Du Mutter, hast mir die Kraft zu lieben gegeben, das Herz, das sich verströmen möchte in einem Meer der Liebe. Du hast mir mitgegeben auf meinem Weg den Sinn für das Schöne und Große, für das sich meine junge Seele begeisterte. Du warst mir das Sinn-

bild der Mütterlichkeit und unermüdlichen Hingabe, der Frömmigkeit und Opferfähigkeit. Und darin stehst Du mir immer zur Seite mit Deinem Mitopfern und Mitbeten. Danken kann ich nicht mit Worten. Aber Du darfst wissen: Wenn der Herr das Opfer meines jungen Lebens angenommen hat, auf daß daraus die Kraft erstehe für ein kommendes, neues Geschlecht, dann hast auch Du Deinen Teil daran. Ich weiß, daß Du ganz mit mir denkst und fühlst!

Meine liebe Ruth! – Ich habe Dir meine Liebe geschenkt, und ich habe sie Dir bewahrt bis zum letzten Augenblick. Ich habe langsam einsehen gelernt, daß die wahre Liebe nicht fordert und begehrt, sondern ganz selbstlos werden muß, auf jede persönliche Annehmlichkeit zu verzichten, ja, bereit sein muß, um der Liebe willen das Opfer der Liebe zu bringen. Unser Weg war herrlich und groß! Vom ersten Erglühen bis zum letzten Verglühen. Ich danke dem Herrn für die große Gnade, daß er Dich an mein Leben heranführte. Du sollst Dich jetzt nicht mehr gebunden fühlen. Gehe Deinen Weg, den Du gehen mußt, ich will, wenn der Herr mich aufnimmt in die Gemeinschaft aller Heiligen, Dich immerdar segnen. Und nun leb wohl, Liebste, ich küsse Dich noch einmal auf Mund und Stirne und mache über Dich das Kreuz –

Robert, Du mein Treuester, wie soll ich von Dir Abschied nehmen? Kann es einen Abschied geben zwischen uns? Leben wir nicht vielmehr ein Leben in zwei Leibern, sind wir nicht ein Geist in zwei Herzen? Der Herr hat uns die unermeßliche Gnade der Freundschaft gegeben, wie sie nur wenigen zuteil ward. Darum geziemt es uns auch nicht, einander zu danken, denn die Liebe kennt ja keinen Dank. Wir wollen nur dem Vater danken, der uns in Christus zu Söhnen machte! Zu Söhnen und Brüdern. Unsere Briefe zueinander sind das Zeugnis einer unauslöschlichen Freundschaft. Was soll man noch sagen? Ich opfere mein Leben in dem Bewußtsein, Saat zu sein für ein neues Geschlecht. Und darin bin ich wiederum ganz eins mit Dir. Unsere Seelen schwingen weiter, gemeinsamen Ton, auch wenn mein Leib in fremder Erde ruht.

Wolf und all Ihr Freunde! Was ich von Robert sprach, gilt von Euch allen. Eine herrliche große Gemeinschaft umgibt uns immer, ob wir leben oder sterben. Eine Gemeinschaft, die uns Kraft und Stärke ist, wenn die Not übermächtig werden will, eine Gemeinschaft, die jeden Tod überdauert. Brüder des gleichen Werkes, der verschworenen Tat. Baut weiter am Dom der Liebe, fahrt weiter zu der Gralsburg, zu der wir gemeinsam die Fahrt begannen! Und Ihr meine jungen Brüder, wenn Ihr die Sonne seht, grüßt sie von mir, wenn Ihr den Wald sehr, grüßt ihn von mir! Wenn Ihr über die Sommerwiese lauft, grüßt sie von mir, wenn Ihr auf Bergen steht, grüßt die Weite, grüßt unser Land, unsere Heimat, für die ich mein Leben hingab, von mir. Wenn Ihr lieben könnt, nehmt meine Liebe in Eure Herzen auf und schenkt sie weiter. Und Ihr, meine Brüder und Schwestern, die Ihr den Weg zueinander sucht oder geht, nehmt meine Liebe in die Eure auf, wie es ja nur eine Liebe gibt, die im Herrn Jesus Christus.

Ohne Euch meine Freunde, bin ich nichts, denn nur in der Gemeinschaft ist christliches Leben möglich. Ich bin so unsagbar froh und dankbar, in einer Gemeinschaft gestanden zu haben, die des Willens war, daß das Reich Gottes ankomme. Wann wird unserem deutschen Volke diese Gnade zuteil werden? Der Weg und die Zukunft ist dunkel und bang sind die Fragen der Suchenden. Aber glaubt mir: Wir sollen nicht fragen und bangen wie alles kommen wird, wir wollen nur vertrauen und lieben. Und unser aller Weg muß vielleicht das Opfer sein. Bringen wir das Opfer bereit und mit glühendem Herzen, dann wird es nicht vergebens sein. So lebt denn wohl!

Wenn ich oft schwach war oder einem von Euch, Ihr meine Lieben, Unrecht tat, so verzeiht mir.
Weint nicht und seid nicht über das Maß traurig, denn wir werden uns alle wiedersehen in der Gloria Dei!

In aller Liebe

Euer Bert

Auf der Fahrt an die Front im April 1942.

Maschinenschriftliche Abschrift eines Briefes an Pfarrer Wellenhofer, von dessen Verfasser nur der Vorname Bert bekannt ist. In Vorahnung seines baldigen Todes legt er hier sein geistiges Vermächtnis nieder.

DstHdh: Nachlass Wellenhofer 27:

Kriegslaz. Riga, 14. 4. 42

Grüß Gott, Herr Kurat!

Erst heute habe ich Ihren lieben Namenstag- und Ostergruß erhalten, haben Sie Dank!
Wie Sie oben ersehen, befinde ich mich wieder mal im Lazarett. Der beginnende Frühling hat mich recht überfallen und mir meinen Kehlkopf zugeschnürt und außerdem eine akute Stirnhöhlenvereiterung beschert. Nun liege ich hier in Lettlands Hauptstadt Riga und werde wohl oder übel einige Wochen das Bett hüten müssen. Ob ich wohl wieder zurückkehre zu meiner Frigga? Trotz, trotz allem, Herr Kurat, ich möchte nicht zum Ersatzdepot! Wie haben wir uns gesehnt nach dem Frühling in all den harten Tagen des Winters! Und jetzt – jetzt liege ich im Bett, unnütz, untätig, während draußen wohl bald der Schlachtenlärm noch lauter ertönt! Können Sie das verstehen, Herr Kurat?
Seit 9 Monaten war ich nun an der Front. Unbeschreiblich ist das Elend, das wir gesehen und selbst mitgemacht. Und dann der Winter vor Leningrad, diesem Hexenkessel! Ich kann Ihnen sagen, Herr Kurat, wäre unser Glaube nicht, hätte er nicht über alles hinweggeholfen, es hätte trostlos um uns ausgesehen! Und dessen freue ich mich. Bitte geben Sie mir bald Antwort an hiesige Anschrift.

Ihnen, Herr Kurat, und allen Freunden in der Heimat einen Gruß der Freude!

Ihr Sepp H.

Maschinenschriftliche Abschrift eines Briefes an Pfarrer Wellenhofer, von dessen Verfasser nur der Name Sepp H. bekannt ist.

DstHdh: Nachlass Wellenhofer 27:

Osten, 15. IV. 42

Lieber Wellenhofer!

Aus dem Osten herzliches Gedenken!
Seit Wochen weile ich nun in der UDSSR, im Kampfgebiet von Ilmensee. Ich sehe den Krieg in seiner heutigen Wirklichkeit auf einem Hauptverbandsplatz. Du kannst Dir den-

ken, daß ich Schüler bin, daß ich still beobachte Land und Leute, Gott unter den Soldaten, Ikonen in UDSSR, das soziale Problem, und so vieles, was uns Pädagogen interessiert. Als helfender Kamerad habe ich Gelegenheit, Sonne und Frohsinn in die Stuben der Verwundeten und Kranken zu tragen, tätige Liebe zu erweisen.
Etliche Kameraden habe ich als „Hofkaplan" unserer Einheit zur letzten Ruhe in russischer Erde bestattet. Ich finde, daß Grundhaltung und Persönlichkeit entscheidend sind! Je besser wir Theologen als Soldaten Kameradschaft erweisen, um so sicherer erzwingen wir uns Achtung! Meines Lebens stärkstes Erlebnis waren Tage und Nächte auf vorgeschobenem Verbandsplatz im Donner der Kanonen, im Rattern der Ratas, im Surren der Stukas, im Brummen der russischen Bomber. Ich möchte Rußland in meinen Erlebnissen nicht missen! Afrika – Rußland: zwei Welten, so bin auch ich hier Wanderer zwischen zwei Welten! Ich bin guten Mutes! Und Du?

Mit frohem Gruß! Dein Pfriesinger

Handschriftlicher Brief des Priestersoldaten Pfriesinger
Ratas: Russische Jagdflugzeuge
Stukas: Deutsche Sturzkampfbomber vom Typ Ju 87
Walter Flex: Wanderer zwischen beiden Welten

DstHdh: Nachlass Wellenhofer 27:

Mittenwald, den 21. 4. 42

Heil, lieber Herr Kurat!

Auf halber Bergeshöhe hörte ich den Zug aus Mittenwald herauf, der Sie wieder nach München brachte. Ich dachte an die feinen Stunden, die ich schon so lange vermißt hatte, danke Ihnen dafür aus ganzem Herzen. Wie schön wär es doch, eine so junge lebendige Gemeinde ständig zu sehen und mit ihr zu leben. Ich eilte dann weiter, hinein in mein Element, Nebel und tiefer Schnee hinderten mich daher nicht. Es ist etwas so unsagbar Schönes, allein mit den Gemsen, die mir begegneten, mit den klaren Quellen, mit den rauschenden Bäumen, Sträuchern und Gräsern zu sein, und mit seinem Gott. Wie gern würde ich Sie hier herauf mitgenommen haben und Ihnen meine unbeschwerte natürliche Welt gezeigt, dafür nehmen Sie halt die Latschen an, die ich in 1600 m Höhe für Sie geschnitten habe. Sie waren kurz aus ihrem Winterkleid herausgebrochen. Auch machten sie eine Rutschpartie auf dem Hosenboden ins Tal mit. In Mittenwald haben die Abende großen Anklang gefunden. Auch daß ich dabei war, erfuhr ich noch am selben Abend. Nun ist es wieder stiller um mich geworden, jedoch die klaren Formen werden nicht so schnell schwinden, die Sie mir ganz ungewollt vielleicht geprägt hatten. Über einiges werde ich noch mit Herrn Dekan sprechen. Vielleicht kann ich Ihnen von einer anderen Arbeit auch bald berichten. –
Grüße Sie nun recht herzlich aus Mittenwald, wo sie ihre Bomben fallen ließen, hoffentlich waren es nur sehr wenig Blindgänger, bei manchen aber sogar ein Bombenerfolg.

In alter Treue Ihr Heini.

DstHdh: Nachlass Wellenhofer 27:

Rußland, 25. 04. 42

Lieber Herr Kurat !

Genau vor einem Monat begann die große Fahrt nach dem Osten. Am 6.Tag waren wir schon in….. Da blieben wir allerdings nur 2 Tage, und am Karfreitag marschierten wir 25 km weiter vor, um erneut in Quartier zu gehen. Von Ostern spürten wir hier verdammt wenig. Die einzige Vergünstigung war abends im Tee, der etwas nach Rum schmeckte. Die kirchliche Feier mußte ich mit mir allein abmachen. Die wichtigsten Mittel dabei waren mein Schott und die Erinnerung. Erst am Weißen Sonntag gelang es mir, zum Wehrmacht-Gottesdienst zu kommen. Da gerade ein Meßdiener benötigt wurde, sprang ich ein, und so war es noch schöner.

Zu kämpfen hatten wir damals nur mit dem russischen Dreck. Wir wurden aber schon fertig damit, zumal uns die jetzt schon sommerliche Sonne half. Nun ist der Satz nur mehr Staub.

Inzwischen ist unser Marschbataillon aufgelöst worden, und ich bin endgültig bei meinem Haufen, zu dem ich auch ursprünglich kommen sollte, angekommen. Dadurch ist endgültig dieser furchtbare postlose Zustand vorbei. Gestern bekam ich zu meiner Freude die erste Heimatpost, darunter ein Brief von Erwin. Meine Eltern hatten aufs Geratewohl auf die mutmaßliche FN geschrieben, und da ich wirklich zu dieser Einheit kam, klappte es.

Bei meinem Abschied in die KDF sagte ich Ihnen, daß ich meine Gedanken zu dem Thema „Praktische Erlebnisse beim Barras“ noch ganz gerne gestiftet hätte, und so will ich sie jetzt wieder zusammenklauben, vielleicht kann man sie einmal brauchen.

Fast jeder „unserer“ Rekruten wird wohl in den ersten Tagen einsam in der großen Masse stehen. Im Lauf der Zeit wird er dann manchen finden, mit dem er sich besser versteht. Aber so ganz von selbst auf einen der Unsern zu stoßen, wonach wir uns auch immer sehnen, durfte schon besondere Gnade sein. Also müssen wir uns auf die Suche begeben. Wie sie sagten, eines der „unsern“ Lieder anzustimmen, kann zum Erfolge führen. Umgekehrt muß man natürlich auch auf so etwas horchen. Als das bewährteste Mittel fand ich das Abhalten von kleinen Spind-Appellen. Damit will ich sagen: „Immer wieder bei jeder Gelegenheit einen Blick in die Schränke der Kameraden werfen!“ Dabei ist weniger auf Schrankordnung als auf Schrankschmuck zu achten. Es ist schließlich ein Unterschied, ob die Spindtüre ein Album von billigen Aktzeichnungen aus irgendeiner Illustrierten ist, oder ob die Erschaffung Adams von Michelangelo angeheftet ist. Dann interessierte ich mich grundsätzlich für die Bücher, die der eine und andere im Spind stehen hatte. Dabei braucht man nicht immer auf ein Novum testamentum zu stoßen. Ich stehe auf dem Standpunkt: „Sage mir, was du liest, und ich sage dir, wer du bist.“ Darum dürfen wir auch in unserer Tarnung nie zu weit gehen. Unsere Spindtüre und die Ecke, in der wir schlafen, muß von unserer Art sprechen. Schon deswegen, weil wir selbst daraus immer wieder Kraft schöpfen können.

Eine weitere Gelegenheit ist am Sonntag in der Kirche. Da dürfen wir freilich nicht um 11 Uhr gehen. Aber wir da den einen oder anderen aus unserer Kompanie Batterie um 7 Uhr in der Kirche sehen, und wenn er noch zum Abendmahl geht, so wissen wir, wer er ist.

Das sind so meine Erfahrungen. Ich hatte mit diesen Mitteln immer wieder Glück. Zu all dem kommt noch eine Art 6. Sinn, der sich tatsächlich im Laufe der Zeit bei mir heraus-

Todes-Anzeige

Wir erhielten die schmerzliche Nachricht, daß unser lieber, hoffnungsvoller Sohn, Bruder, Schwager, Onkel und Neffe

Herr Simon Hinterwimmer

cand. theol.

Unteroffizier in einem Infanterie-Regiment

Inhaber des Eisernen Kreuzes 2. Klasse

infolge einer am 3. 2. 1942 erlittenen schweren Verwundung im Feldlazarett in Minsk am Karfreitag, den 3. April 1942 im Alter von 27einhalb Jahren den Heldentod für das Vaterland starb.

„Der Wehrmachtspfarrer besucht uns fleißig und bringt uns immer den Heiland im Sakrament. Was ist das immer für eine Freude!" Diese Worte aus seinem letzten Brief vom 6. 3. 42 sind uns ein großer Trost in unserm herben Schmerz.

Dobl, Schnaitsee, im Felde, München, Zangberg, 1. Mai 1942.

Die schmerzgebeugten Eltern u. Geschwister.

Der hl. Seelengottesdienst ist am Dienstag, den 12. Mai um 9 Uhr (n. Z.) in der Pfarrkirche in Schnaitsee.

Druck A. Erl. Trostberg

DstHdh: Nachlass Wellenhofer 35

+ Simon Hinterwimmer 355

München, den 1. Mai 1942

Ihr Schwergeprüften!

Eben hatte ich an Simon noch eine Karte weggeschickt, da erfuhr ich durch das Amtsblatt, daß er gefallen sei. Als Diözesan-Jugendseelsorger stand ich mit Ihrem gefallenen Sohn in reger brieflicher Verbindung; darum drängt es mich, Ihnen jetzt zu schreiben, wenn ich Sie auch persönlich nicht kenne. Seine Briefe von Lindau und aus dem Feld liegen vor mir. Wie tapfer hat er sich doch immer nach der Front gesehnt und gemeldet, aber nicht etwa aus irgendwelchen äußeren Gründen, sondern aus einer inneren tiefen Auffassung nach seinen eigenen Worten: "Die Pflichten eines Soldaten waren und sind mir auch nichts Anderes als Gottesdienst." Einmal schickte ich ihm ein Schriftchen mit dem Titel: "Wie ich den lieben Gott suchte." Darauf schrieb er mir: "So möchte ich auch das Leben eines jeden jungen Menschen überschreiben und auch das des Theologen. Der Theologe sollte Ihn zwar immer besitzen, aber vielleicht ist es doch gut, wenn man manchmal schmerzende Unruhe nach Ihm verspürt, wenn man Ihn nicht immer so ganz besitzt oder zu besitzen scheint. Denn erst der, der selbst einmal schwankend und zweifelnd war, der nach Wahrheit und Klarheit suchen mußte, wird auch einmal in der Lage sein können, andere wirklich zu verstehen, zu führen und zu leiten. - Und das soll doch einmal auch unsere Aufgabe sein. - Ja, es darf und es soll um uns und in uns stürmen, wenn nur immer wieder - wie Sie schreiben - heiliger Gottesgeist siegend unsere Herzen durchglüht." Und dieser Gottesgeist glühte in seiner Seele. So erhielt ich im Dezember 1940 folgende Zeilen: "Heute in Freising für acht aus meinem Kurs die Erfüllung einer großen Adventssehnsucht. Wie lange wird uns Soldaten noch der Advent gelten, bis wir würdig werden, Gottes Offiziere zu sein?" Herrlich schildert er mir sein Ostererlebnis 1941: "Gerade das heurige Ostern war für mich ein besonders frohes und freudiges, obgleich es mein erstes war in fremdem Lande. Denn wenn man mal nicht mehr so wie früher am Heiligen Tage den Herrn besuchen kann, dann ist es doch umso erhebender in gesteigertem Warten und Sehnen gerade an diesem Hochfest dort wieder einmal ausruhen zu können, wo wahre Ruhe und wahrer Frieden herrschen.

DstHdh: Nachlass Wellenhofer 27 (S. 1 des Briefes)

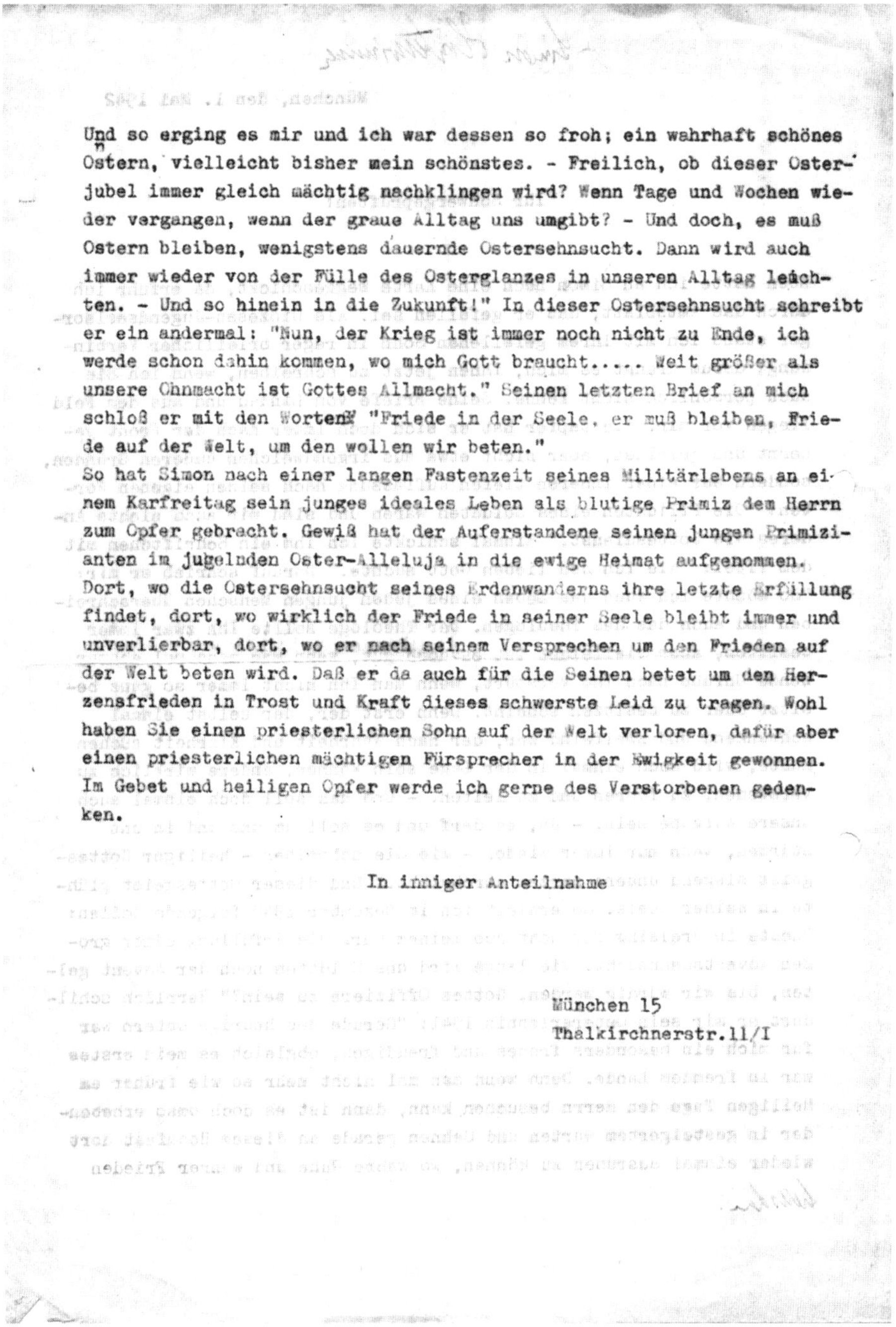

Und so erging es mir und ich war dessen so froh; ein wahrhaft schönes Ostern, vielleicht bisher mein schönstes. - Freilich, ob dieser Osterjubel immer gleich mächtig nachklingen wird? Wenn Tage und Wochen wieder vergangen, wenn der graue Alltag uns umgibt? - Und doch, es muß Ostern bleiben, wenigstens dauernde Ostersehnsucht. Dann wird auch immer wieder von der Fülle des Osterglanzes in unseren Alltag leuchten. - Und so hinein in die Zukunft!" In dieser Ostersehnsucht schreibt er ein andermal: "Nun, der Krieg ist immer noch nicht zu Ende, ich werde schon dahin kommen, wo mich Gott braucht..... Weit größer als unsere Ohnmacht ist Gottes Allmacht." Seinen letzten Brief an mich schloß er mit den Worten: "Friede in der Seele, er muß bleiben, Friede auf der Welt, um den wollen wir beten."

So hat Simon nach einer langen Fastenzeit seines Militärlebens an einem Karfreitag sein junges ideales Leben als blutige Primiz dem Herrn zum Opfer gebracht. Gewiß hat der Auferstandene seinen jungen Primizianten im jubelnden Oster-Alleluja in die ewige Heimat aufgenommen. Dort, wo die Ostersehnsucht seines Erdenwanderns ihre letzte Erfüllung findet, dort, wo wirklich der Friede in seiner Seele bleibt immer und unverlierbar, dort, wo er nach seinem Versprechen um den Frieden auf der Welt beten wird. Daß er da auch für die Seinen betet um den Herzensfrieden in Trost und Kraft dieses schwerste Leid zu tragen. Wohl haben Sie einen priesterlichen Sohn auf der Welt verloren, dafür aber einen priesterlichen mächtigen Fürsprecher in der Ewigkeit gewonnen. Im Gebet und heiligen Opfer werde ich gerne des Verstorbenen gedenken.

In inniger Anteilnahme

München 15
Thalkirchnerstr.11/I

Kondolenzbrief von Kurat Wellenhofer an die Eltern von Simon Hinterwimmer

DstHdh: Nachlass Wellenhofer 27 (S. 2 des Briefes)

gebildet hat. Wie wesentlich es für uns ist, immer wieder einen zu finden, darüber sind wir uns alle im Klaren, und welches Glück und welcher Jubel in uns ist, wenn es uns gelungen ist, das schreibt Hans Niermann einmal in seinem Tagebuch. Diese Gedanken schreib ich jetzt in meiner russischen Kate bei kümmerlicher Beleuchtung und unter 4 neuen Kameraden: 2 Landwirte, 1 Architekt und 1 Komponist. Ich muß sie erst näher kennenlernen.

Morgen ist wieder Sonntag, und da wir ja nicht im Einsatz sind, wird er gefeiert. Ich kann sogar zum Gottesdienst.

Ich grüß Sie herzlich Ihr Hans

Sehen Sie einmal, was mit dem Überbringer meines Briefes zu machen ist.

Maschinenschriftliche Abschrift eines Briefes an Pfarrer Wellenhofer, von dessen Verfasser nur der Vorname Hans bekannt ist. Er ist wohl Unteroffizier und war als Rekrutenausbilder eingesetzt. Er berichtet, wie er versuchte, sich als Christ in einer religionsfeindlichen Umgebung durch sein Bekenntnis zu bewähren. Hier wird auch die Einsamkeit der Katholiken artikuliert.
Der „Schott“ ist ein Römisches Messbuch von Anselm Schott OSB mit deutscher Übersetzung der Texte.
KdF, Kraft durch Freude, die NS-Organisation zur Freizeitbetreuung.

DstHdh: Nachlass Wellenhofer 27:

O. U. 3. V. 42

Lieber Herr Kurat Wellenhofer!

Heute ist der erste Maiensonntag, wie schön ist es da zu Hause in Bayern, ringsum läuten die Glocken zum Kirchgang und hier ist es totenstill. Wir liegen 26 vor Stettin, auf einem Gutshof und warten auf ein Schiff, das uns weiter bringen soll nach Norden.
Ich bin in einem Privatquartier und darf soweit zufrieden sein, denn manche Kameraden müssen in der Scheune übernachten, in der der Wind durchgeht.
Der Transport war toll, in Viehwägen ohne Stroh wurden wir zwei Nächte lang gefahren, die Knochen tun uns anständig weh. Aber ja, hoffentlich kommt doch bald Friede, beten wir in diesem Monat recht innig zur lieben Muttergottes, vielleicht kann uns Sie helfen.
Hier gibt es keine katholischen Kirchen und keinen Priester, hier ist es totenstill. Nur Arbeit und Armut gibt es, das Volk ist arm, es muß für die Gutsherren arbeiten, die Nachkommen der Raubritter sind. Man kann hier nur sagen – traurig – Preußen. Die Leute arbeiten um 17 Pfennig, wenn hoch bezahlt um 35 in der Stunde. Ich weiß nicht, ob das überall so ist, wo wir sind, ist es der Fall. Es gibt hier viele solche Güter, die Größe derselben ist so ca. 2000 – 3000 Morgen. Da ist man doch wieder stolz auf unser Bayern, hier in unserem Heimatland hat die katholische Kirche gesorgt, daß die Sklaverei aufhört und wir können unserem Herrgott nicht genug danken.
Lieber Herr Kurat, lange werde ich nicht mehr nach Hause kommen, wer weiß ob überhaupt noch einmal. Es ist furchtbar, wo ich doch so an meinem jungen Leben hänge. Hab soviel gelernt und durch meine Leistungen in meiner Firma sehr gut verdient, sehen Sie

jetzt, wo ich nicht mehr schaffe, bekomme ich als einziger, von denen die eingerückt sind, 81 Mark im Monat, die anderen nur 50 Mark. In wenigen Jahren wäre ich sicher auf einem guten Posten gesessen. Ich darf gar nicht nachdenken, manchmal ist es wirklich einem schlimm zumute. Ich kann es gut verstehen, wenn einer nicht in seinem Herrgott die Antwort sucht, wenn er fragt, warum mich, daß er dann seinem Leben ein Ende macht. Immer wieder hört man, daß sich manche erschießen. Es ist traurig bestellt um sie, ihr Leben auf dieser Welt war nichts und das Leben im Jenseits haben diese armen Menschen auch verloren. Es ist heute eine traurige und bittere Zeit, solange wir nicht mehr zu unserem Heiland beten, wird es immer noch schlimmer werden, es werden noch viel mehr Schläge auf uns kommen und noch viel mehr Tränen fließen. Bitten wir doch unseren Heiland, damit er die Jugend, die heute noch zu seiner Seite steht, beschütze und sie siegreich hinüber führe über diese Fluten dieser schweren Zeit, daß er sie durchfahre mit seinem Licht der Liebe durch den Nebel dieser Nacht.

Es grüßt Sie tausendmal Ihr Hans Marb

Handschriftlicher Brief von Hans Marb an Pfarrer Wellenhofer.

SKTS: Strunck:

in Lappland, am 10. 5. 42

Lieber!

Mir selbst geht es nach wie vor gut. Seit mehreren Wochen liegen wir wieder vorne. Aber still ruht der See (noch immer unter der Eisfläche), die Russen schlafen. Absolut nichts los in unserem Abschnitt, während es bei unseren Nachbarn manchmal recht hoch hergeht. Allerdings haben sie uns heute, am Sonntagvormittag, auch einen Morgengruß herübergeschickt. Daß ich dabei noch unerhörtes Schwein gehabt habe, spielt ja keine Rolle. Mit einer Art Sturmgeschütz haben sie uns so 30 Sachen über den Bunker weggehauen. Aber es hat noch immer gut gegangen. – Nun was anderes.
Den Unterführerlehrgang scheine ich nicht ganz ohne Erfolg absolviert zu haben, denn seit heute führe ich eine Gruppe. Als Gefreiter eine Gruppe führen, das ist in diesem Falle auch ein tolles Ding, denn in dieser Gruppe ist als stellvertretender Gruppenführer ein Mann, der schon bald, wenn er die Prüfung bestanden hätte, auf einer Kriegsschule in Deutschland wäre, in mir also den großen Konkurrenten sieht. Ich muß nämlich vor meiner Ernennung zum OA zwei Monate eine Gruppe im Einsatz geführt haben. Ich bin ja nur gespannt, ob sich diese Sache so planmäßig weiterentwickelt. Wenn, dann säße ich im Herbst auf einer Schule in Deutschland. Na, wir wollen ganz ruhig abwarten, wird schon schief gehen.
Eine weitere erwähnenswerte Sache ist das Wetter. Ein Blick in den Kalender besagt, daß heute der 10. Mai ist, aber entweder ist der Kalender eine ganz gemeine Fälschung, oder das Wetter hat den Polarkoller bekommen, denn draußen schneit es seit ein paar Tagen ganz lustig und immer freiweg. Vor einigen Wochen glaubten wir schon, der Frühling wäre da, aber das scheint eine Halluzination gewesen zu sein. Es friert, taut, schneit, regnet und zu allem lacht die Sonne schon manchmal Tag und Nacht. Alles schwimmt in der Gegend. Na, wir haben schon andere Dinge überstanden und hoffentlich das bald auch.

In Treue Dein W i l l i

Zur Verbreitung vorbereitete maschinenschriftliche Abschrift eines Briefes des Kölner NDers Willi Strunck aus Lappland.
OA: Offizieranwärter

DstHdh: Nachlass Wellenhofer 27:

12. Mai 1942 in Rußland

Lieber Herr Kurat!

Jetzt ist es also so weit, daß auch meine Briefe zu dem Stoß Briefe unserer Brüder fallen, den Sie zu bearbeiten haben. Auch ich stehe jetzt hier in diesem Leben, für das mir so lange Zeit gegeben war, mich zu bereiten. Noch stehe ich wie im Traum ob all der neuen Eindrücke, die auf mich einströmen. Z .Z. liegen wir hier ungefähr 10 km hinter der Front in einem russischen Dorf und freuen uns über das Arbeiterparadies. Alles öde, tot. Noch warten wir auf den Frühling mit seinem Grün der Bäume und Wiesen. Aber noch überstrahlt dies alles die Freude des gemeinsamen Ostererlebens mit Bert und wie fein war noch der letzte Abschiedsabend im gemeinsamen Kreis der Brüder. Nur mache ich mir immer noch Vorwürfe, daß wir Sie so spät allein heim laufen ließen. Doch ich hoffe, das war ohne Folgen für Sie.
Ganz in der Nähe muß ich liegen hier von Erwin. Ihn treffen jedoch scheint unmöglich. Das ist Rußland: Eine große Ebene, die man nur der Weite wegen nicht durchschauen kann. Und doch sitzt man wie in einem Talkessel, abgeschlossen von der nächsten Umgebung, durch Dreck und öde, öde. Die Raben scheinen die einzigen zu sein, die etwas erfahren können von weiter her, weil sie fliegen können, fliegen....
Ich sende meine Grüße mit der Bitte um das brüderliche Gebet. Stark sein! Alle anderen Sorgen vertrauen wir dem Herrn.
Christus unsere Zuversicht und Stärke.

Ich heiße mich Ihren dankbaren Robert

Handschriftlicher Brief eines Soldaten, von dem nur der Vorname Robert bekannt ist, an Pfarrer Wellenhofer.
Vgl. dessen Brief an Wellenhofer vom 12. 4. 1942 aus Krakau.

SKTS: Strunck:

Paris, den 15. Mai 42

Lieber Karl!

...Nun haben wir den Osten mit dem Westen vertauscht.Wir haben keinen kleinen Sprung gemacht von den russischen Dörfern in diese Weltstadt, aus dem russischen Tauwetter in diesen herrlichen Frühsommer. Die Stadt selbst ist herrlich angelegt, sie trägt einen Zug von der Größe und dem Genie Napoleons. Mit dem französischen Volk in dieser Stadt kann ich mich weniger abfinden. Die Menschen sind leicht und oberflächlich, wenig kümmert sie der Ernst des Krieges, sie sehen nicht im Osten die Horden Stalins, die aus der russischen Armut und Kälte in die Sonne des Westens drängen. Sie leben, um zu genießen, und sehen kaum das Gebot der Stunde. Das Christentum scheint mir hier sehr tradi-

tionell und museal gepflegt zu werden, als daß man sich um seine Realisierung kümmert. Denn diese Stadt mit ihren zahlreichen ehrwürdigen Kirchen und prachtvollen Kathedralen – teilweise wirkt schon diese Pracht störend – ist eher ein Babel als eine christliche Stadt.
Die wir um die Realisierung des Christentums ringen, denen ein Christentum der Utopie nichts mehr gelten kann, uns fällt der Zwiespalt, diese innere Unwahrhaftigkeit, um so schmerzlicher auf. Damit kommen wir auf die Krisis des Christentum überhaupt. Die Lebensgewohnheiten und -bedingungen unserer Zeit scheinen den Menschen unvereinbar mit einer Lebensauffassung und -führung, wie sie das Christentum fordert. Diese Krise war eine lange Zeit latent, da die Mehrzahl durch äußere Bindungen an die Kirche gebunden blieb. Heute gelten diese nichts mehr, und die Krise ist akut. Sie ist nicht durch äußere Eingriffe erzwungen worden, sondern nur gefördert. Allen Ernstmeinenden geht es nun um das Wesen des Christentums überhaupt. Denn nur ein wesenhaftes Christentum hat eine Zukunft. Wer aber kann ein solcher Christ sein aus eigener Erkenntnis und Kraft? Wir Menschen sind töricht und schwach, wenn Gott uns nicht hilft. Die Stunde ist ernst. Die Aufgabe groß. Denn nun müssen wir zeugen für Christus. In Gottes Gnade und in unserem guten Willen ist alles gelegen,

Heil!

Dein T o m

Zur Weitergabe vorgesehene maschinenschriftliche Abschrift eines Briefes an den Kölner NDer Karl Heinrichs. Der Verfasser, Tom Pontzen, ein Kölner NDer, artikuliert hier die Brüchigkeit des bisher tragenden Milieukatholizismus, die ihm im laizistischen Frankreich besonders ausgeprägt erscheint.

DstHdh: Nachlass Wellenhofer 27:

Erich Schützinger an seine Schwester

19. 5. 1942

„Je vollkommener, desto mehr Schmerzen!“ – Michelangelo
Liebe Schwester!
Dank für Deinen lieben Brief zum Namenstag. –
Nun sind mir noch sechs Wochen beschieden daheim. Die anderen schreiben schon von allen Fronten. Ehrlich gesagt fühle ich mich als Drückeberger vor den anderen nicht wohl. Aber die Vorsehung hat es mir eben so bestimmt und so will ich froh darüber sein.
Der Krieg dauert ja noch lange genug. viel Dank für die Daten. Suche und sammle sie schon lange. Sonst hab ich viel zu tun, damit mir das Abs gelingt. Drum laß ich außer Pfingsten und Missa alles andere liegen.

Gruß, E.

Abschrift einer Feldpostkarte durch Pfarrer Wellenhofer. Erich Schützinger, der sich auf sein Abitur vorbereitete, hatte sie an seine Schwester geschrieben.

Aus: Dreissig Jahre Bund Neudeutschland

Vor Stalingrad, am 31. 5. 42

Ein ruhiger, stiller Abend gestern, ohne Waffenlärm, wo mit schimmerndem Gold im Westen die Sonne unterging und mit mattem Silber der Mond aufstieg, ein Abend, dessen Stille mich überwältigte und der mir zum Erlebnis wurde.
Da brach in mir wieder jene oft so mächtige, unbestimmte Sehnsucht durch nach Klarheit und kristallener Tiefe, nach einer Höhe und nach einer Atmosphäre, in der alle Dinge hell und durchsichtig werden, wo die Macht der gewöhnlichen Täuschungen gebrochen ist, die unser Leben so oft verhüllen.
Da stand in glänzender Klarheit der Glaube an das Gute, das Edle, das Hohe und Majestätische vor meiner Seele. Da habe ich Gott jubelnd gedankt für dieses Sehen des Heiligsten und für das zehrende Verlangen in mir.
Da habe ich unbändiges Wollen gespürt: den Menschen zu finden, Menschlichkeit zu gewähren und so das Geheimnis aller Geheimnisse zu berühren – Gott.
Aber da war neben der Freude auch ein brennender Schmerz, das Wissen um die eigene Begrenztheit und um das nächtliche Dunkel der Welt. Erfahrung und ein Gespräch, vor wenigen Minuten noch offenbarten hohnlachend, wie selten allein das Streben und Suchen nach Höhe ist, wieviel seltener noch die Vollendung und ihre Wirklichkeit.

Da habe ich an meinen Herrgott eine heiße Bitte getan: Wenn es wahr ist, daß ideales Streben und selbstloses Wollen nur trügerische Gespinste phantasiebegabter Gehirne sind, wenn stets das Gespött erbärmlicher Krämerseelen und oberflächlicher Massenmenschen triumphiert, wenn nicht zu hoffen ist, daß der Mensch, zu Menschlichem entzündet, eine Fackel werde für die ganze Welt – dann, Herr, laß mich lieber sterben im heißglühenden Feuer des Glaubens an den sichtbaren Sieg der Guten als mich die schmachvolle Niederlage des Ideals im Dreck roher Unmenschlichkeit erleben! Dann laß die Kugel treffen, ehe mich jene grenzenlose Enttäuschung erfaßt, von der es keine Heilung mehr gibt und die mit schneidender Kälte wie ein Schauder über die Haut geht, die Seele in sich zurückjagt und die alles Mühen zur Torheit und alles Ringen zu stummer Ohnmacht stempelt.
Aber dieses heiße Bitten war kurz, weil stärker, mächtiger und ungestümer das verzehrende Flehen aufstand, den Sieg des Idealen kämpfend vorzubereiten, mitzuhelfen der Vollendung der Idee.
Nein, laß mich leben, Herr, denn die Glut meiner Seele ist zu groß, als daß satte Geborgenheit, und plumper Stumpfsinn sie löschen könnten, sie ist kein Wahn, sondern deine eigene Stimme, Herr! Hilf ihr durch mich zum Sieg und gib der eigenen Schwäche Kraft! Ich will, denn ich glaube an die Wahrheit, an die Liebe und an Dich!

Winfried Schnippenkötter

Der Verfasser gehörte zur 6. Armee, die im Sommer 1942 gegen das Wolga-Knie bei Stalingrad vorrückte.

Sehr geehrter Herr Kurat! Stargard, 28. 6. 42

Zu unserer Freude überbrachte mir heute am Sonntag Herr … Ihre lb. Grüße, die ich herzlichst erwidere. Zu meinem Bedauern höre ich, dass es Ihnen gesundheitlich in letzter Zeit nicht gut ergangen sei. Gott helfe Ihnen bald zur Wiederherstellung. Ansosten kann ich Ihnen herzlichst ein Pax …ableisten. Ich gehe im Juli nach St. Gilgen als Kurseelsorger.

Ihr …

Lieber Herr Präses! Auch von mir die herzlichsten Grüße. Stets Ihr dankbarer Robert

Spruchpostkarte an Präses Wellenhofer aus Stargard in Pommern. Der Absender, dessen Name nicht mehr zu entziffern war, scheint ein Priestersoldat gewesen zu sein, weil er den unter Klerikern üblichen Gruß Pax (Friede) verwendet. Pfarrer Wellenhofer war damals gesundheitlich angeschlagen und erhielt auch von anderen Genesungswünsche.

DstHdh: Nachlass Wellenhofer 33

DstHdh: Nachlass Wellenhofer 33:

Rußland, 29. 6. 42

Mein lieber Bruder!

Recht herzlichen Dank für Ihre Karte vom 15. 6. – der helle Jubel des Fronleichnamstages klang ein wenig bis hier in die vordere Linie und schenkte mir das Wiedersehen mit Robert, das wir Ihnen in Freude und Dankbarkeit schon anzeigten. Es war eine wunderschöne Stunde, am Abend vor einem Angriff. Und das neue Wissen um das gemeinsame Leben und die körperliche Nähe in all dieser grenzenlosen materiellen und geistigen Einsamkeit wird uns Kraft sein und Trost auf dem Wege, den wir noch zu gehen haben bis das Ziel erreicht.
Großes bahnt sich bei uns an, die ersten Kämpfe zeigten die sture Härte des Gegners und mahnten uns, wach zu sein und bereit.
Einer der Unseren schrieb mir noch kurz vor seinem Heldentode: „... Wir haben keine Angst Erwin, der letzte Marsch geht dorthin, wo ich bei meinem Jesus bin". Nun ist er daheim bei seinem heißgeliebten Erlöser. Warum sind alle, die da Gott im Herzen trugen, gefallen? Glauben wir an die Frucht ihres Opfers und den Lohn ihres Sterbens und den Sieg ihres Leidens „vincit omnia caritas".
Von der Heimat höre ich sonst wenig, Herr Dekan schreibt des öfteren, aber gell (?) und auch die meisten Buben schweigen. Rudi aber gibt sich alle Mühe und hat den besten Willen die kleine Gemeinschaft zusammenzuhalten; nur findet er nirgends den richtigen und führenden und helfenden Halt.... Als wir „Alten" damals auseinandergingen, haben wir es versprochen, alles in opferbereiter Liebe zu tragen und zu beten auf daß das Licht weiter leuchte und weiter brenne in unserem Volk, in unserem Vaterland. Darum laßt uns gerade heute, am Aposteltage beten zum Herrn!

In der Gnade des Herrn! Ihr getreuer Erwin

Wenn Sie ein paar Aufnahmen von der großen Prozession hätten, würde ich mich sehr freuen!

Maschinengeschriebener Feldpostbrief des Gefreiten Erwin Strunz, der hier die große Sommeroffensive der Wehrmacht beschreibt, die am 28. 6. 1942 im Raum östlich von Kursk und Charkow begann.
Vincit omnia caritas: Alles besiegt die Liebe.
Handschriftliche Grußformel.

SKTS: Strunck:
Rundbrief von Leo Custodis an die im Felde stehenden Bundesbrüder

Sommeranfang 1942

Grüß Gott!

Es ist die liebe Sommerzeit. Nach langen Fahrten an den Rhein und ins Land der Niedersachsen sitz ich im Haus am See und schau im Sonnenglanz über die wunderbare Weite, über Wälder, Wiesen und Wasser hinaus zu Euch, den Soldaten, und darum auch zu Dir. Und Grüße Dich!

Herrgott, vor mir fangen tausend rote Rosen an zu blühen – Was ist die Welt so schön, und was sind die Menschen im Begriff, daraus zu machen! Ein Trümmerfeld des Glücks, vom Tode überschattet. Und die Rosen blühen schier nur, um auf Gräbern zu vergehen! Wenn nur Ihr Kriegsleute einmal heimkommt als rechte Bauleute! Was haben die Bomben des Hasses alles zusammengeworfen.
Jetzt in Köln haben wir es so schreckhaft erlebt. Aber über die Trümmer der Städte und Länder – was ist alles zusammengeworfen und erschlagen in der geistigen Welt, in den Herzen der Menschen!
Daß Ihr Kriegsleute uns nur wiederkehrt als rechte Bauleute! Die wissen, daß einer nur der Eckstein ist, Christus, wenn gebaut werden soll eine neue Ordnung, ein Werk des Heils, eine Stadt des Friedens.
Von Ihm steht geheimnisvolles Wort geschrieben, nach Isaias im ersten Petrusbrief und im Epheserbrief, Wort Gottes, das wir aus furchtbarer Wirklichkeit jetzt zu begreifen beginnen: „Siehe, ich lege in Sion einen Stein, einen auserwählten, kostbaren Eckstein. Wer auf ihn baut, wird nicht zuschanden werden... Die Bauleute haben ihn verworfen, und gerade Er ist zum Eckstein geworden. Und damit für jene zum Stein des Anstoßes, zum Fels des Ärgernisses... An ihm stoßen sich die Ungläubigen (und sie stoßen sich daran zu Tode)... Ihr aber seid ein auserwähltes Geschlecht... Aufgebaut auf dem Grund der Apostel und der Propheten, der Eckstein ist Christus Jesus selber. In Ihm (nur in Ihm) wächst der Bau, fest gefügt, zum Tempel des Herrn. In Ihm werdet auch ihr auferbaut zu einer Wohnstatt Gottes im Geist!"
Daß Ihr Kriegsleute uns nur wiederkehrt als rechte Bauleute! Die ein klares Auge für die Wirklichkeit haben, und den Sinn für das Maß, das Maß, das aus Gott ist.
Als rechte Bauleute, die eine feste Hand haben und einen festen Stand.
Als rechte Bauleute, die im Kampf nicht geschwächt sondern gestählt, nicht ermattet sondern neu erglüht, feurigen Herzens ans Werk gehen, an das große Werk, das uns aufgetragen ist – Reich Gottes. Tempel Gottes in uns!
Tempel Gottes in unserm Volk!
Was aber rede ich schon vom Wiederkommen und was dann sein soll! Jetzt ist Krieg! Ich hab Dir im Januarbrief es schon gesagt: Laßt die Schwachen schwätzen „wenn nur bald Friede wär, wenn nur bald Schluß wäre mit dem...!" Ja, wenn dies Wort die rechte Friedenssehnsucht des Christen bedeutete, „Pax Christi in regno Christi!" Es bedeutet aber meist ganz anderes und ist darum wenig wert. Noch ist Krieg!. Noch brausen die Zorngewitter Gottes über die Welt, und es hat den Anschein, als ob die Mächte des Bösen darin sich zu Tode rennen wollten.
Noch ist Krieg. Und Du stehst mitten drin. Als einer, als der unbekannte Soldat.
Und doch bist Du Du selbst. Und Gott weiß um Dich und faßt Dich mit in die Pläne des Heils.
Du stehst in dem Krieg als ein Werkzeug. Der Krieg fordert Dich. Und Du tust darin Deine Pflicht, die dunkle, harte, aber eben doch die Pflicht. Der Krieg fordert Dich . Darin und darüber aber fordert Dich Gott. Sei Du der, den Gott fordert. Immer und in jedem Augenblick. Sei fest und hart, aber wahr und gut. Und tritt ein für die Wahrheit und das Gute. Denke keinen Gedanken, sprich keinen Spruch, tu keine Tat, daran Du Dich einst vor Deinem Volk und vor Deinem Gott zu schämen hättest! Möge die Macht des Bösen dort im Osten gebrochen werden! –

Möge die Macht des Bösen über uns nie Gewalt gewinnen!
Noch ist Krieg – einmal wird Friede, Schluß des Krieges. Aber wir müssen wissen: Es wird kein Friede auf Erden sein ohne das Kreuz. Das Kreuz wird über uns stehen solange diese Welt steht. Darum, was immer uns erwartet, wir wollen es im Kreuz erkennen und erfüllen!
Wenn Dich der Herr ruft in diesem Kriegsgeschehen, im Soldatentod, im Bekennertod – gib Dein Leben hin im Kreuz des Herrn, ja gleichsam am Kreuz des Herrn; in der höchsten Hingabe durch Ihn und mit Ihm in die Hand des Vaters; als Sühne für unsere Schuld und zur Erlösung, zur Rettung des Volkes.
Wenn der Herr Dich ruft in dunkle Ölbergstunden, in Wundenleid oder Gefangenschaft – nimm es auf Dich als Kreuz in der Passion des Herrn. Ja, als das Kreuz des Herrn. Im gleichen großen Gedanken, im gleichen heiligen Willen der Sühne und des Heils!
Wenn der Herr nach Ende des Krieges Dich ruft zu Dienst und Bau – Bruder, heil – es wird zu tun geben und es wird feste Hände und randvolle Herzen brauchen! – Dann mußt Du wissen, daß auch dieser neue Weg via crucis sein wird, und nur in der Nachfolge Christi! Daß wir dabei, auch wenn wir jauchzend das Werk beginnen, das Kreuz auf der Brust tragen werden. Das ist keine Kreuzritter-Romantik, das ist die Wirklichkeit des miles Christi, des Soldaten des Herrn.
Der Brief ist für Dich geschrieben, der Du an der Front stehst, unmittelbar in der Schau des Abgrundes! Die anderen werden es nicht ganz verstehen. Wie oft ist es mir geschehen, daß sie solche Schau und solches Wort Pessimismus nennen. Du weißt, daß es das nicht ist. Der Mensch, der die Dinge so sieht und so sich bereitet, der ist nicht Pessimist, sondern Realist. Der nämlich ist der katholische Mensch, der die Wirklichkeit sieht und sucht, und darin Gott sieht und sucht. Und weil dieser christliche Realist als letzte und größte Wirklichkeit Gott sieht, das bonum summum et optimum, darum ist er der Optimist.
Und darum darf und muß ein Strahl der Herrlichkeit sein Antlitz immer umleuchten, und darf und muß etwas von dieser Herrlichkeit immer von ihm ausgehen auf die, die um ihn sind. So darf und muß ich es auch wiederholen, inmitten der Wirklichkeit des Kreuzes, was wir so oft auf jener Platte gehört haben am Schluß, und was mir aus dem Feld herein so oft wiedergeklungen ist: Bewahr Dir ein fröhliches Herze!
Leb wohl, Lieber! Gleich kommen sie mit dem Schiff gefahren, ein paar Freunde, darunter einer, dem der Krieg ein Auge ausgeschossen und das Fußwerk arg verletzt hat, und der trotzdem schrieb: „Mit einem Christ-frohen Gruß grüße ich Dich.“ –
So nimm auch Du den Christ-frohen Gruß! Und trag ihn weiter!

Pax et bonum!

Dein gez. Leo

PS. Als Beilage gebe ich Dir wieder eine Folge von „Christen, Zeichen jungen Christentums“. Wenn Du sie weitergeben willst, dann bitte aber nicht einzeln aus dem Ganzen genommen, sondern nur als Ganzes! Wär auch dankbar, wenn Du mir von solchen „Zeichen“ berichten kannst, auf deren Echtheit ich mich verlassen kann.

Ade!

Dreiseitiger hektographierter maschinenschriftlicher Rundbrief des NDers Leo Custodis.
Er erwähnt die ersten verheerenden Luftangriffe auf Köln.
Pax Christi in regno Christi: Der Friede Christi im Königreich Christi.

DstHdh: Nachlass Wellenhofer 33:

Gefr. Strunz 20587 A

Russland, 22. 7. 42

Lieber Freund!

Vielen Dank für Ihre Zeilen vom 9. 7., – die Nachricht Ihrer ernsten Erkrankung ist traurig, nicht nur für Sie, sondern für uns alle. Aber wir sind als Christen gewohnt, unser ja zum Willen des Herrn zu sagen, immer und überall und so auch hier: „Herr, wie Du willst, bin ich bereit". Seien Sie auch meines Gebetes und meines Gedenkens vor dem Herrn sicher!
Ich selbst bin zuversichtlich wie immer und hoffe im Herbst in Urlaub zu kommen, vielleicht sogar zum Feste Christi, des Königs, wäre das eine Freude! Vorerst aber geht es noch Schwerem entgegen, bitterharte Abwehrkämpfe liegen hinter uns, Robert wurde zweimal leicht verwundet, befindet sich aber bereits wieder bei der Truppe. Glück sagen die Menschen…
Und so fordert jeder Tag neue Kraft und letztbereite Liebe im Dunkel dieser Zeiten bis die Stunde kommt der Klarheit, wenn wir vor dem Herrn stehen.
Wir wollen und dürfen aber an das Leben glauben. Wie freu ich mich auf die Stunde des Friedens und der Heimkehr, wo ich wieder schaffen kann!

Nochmals Ihnen baldige Genesung wünschend in Treuen Ihr Erwin

Maschinengeschriebener Feldpostbrief des Gefreiten Erwin Strunz an Pfarrer Wellenhofer.

DstHdh: A1. 3204:

Rundbrief von Pfadfindern aus Magdeburg

Rußland im August 1942

Kameraden!

Der August ist für uns alle schon immer ein ganz besonderer Monat gewesen. Wißt Ihr noch wie oft wir vor den Stufen des Altars der Sebastian-Kirche gekniet haben? Denkt Ihr noch an die feinen Fahrten, die wir so oft gemeinsam unternommen haben? Erinnert Ihr Euch noch an die Wallfahrten nach Glüsig oder zur Günzburg?
Oder könnt Ihr Euch noch vorstellen, daß wir einmal vor langer Zeit – in unseren Uniformen mit wehenden Bannern zu unserer Versprechensfeier gezogen sind? Es war im gleichen Jahr der 20. August.
Damals konnten wir noch sagen: Der Jungmännerverband steht. Er steht in Kraft des kirchlichen Auftrages. Er steht in Kraft des staatlichen Rufs. Er steht in Kraft des Willens seiner Jugend. Und wie ist es heute? Adam sagt in seinem Buch: Das Wesen des Katholizismus „Ist's nicht unsäglich traurig, daß man uns Katholiken nicht wie andere an der Liebe erkennt, daß nicht mehr Glaube und Liebe unsere eigentlichen Kennzeichen sind, sondern vielfach nur der Glaube allein. Tragen wir nicht zu einem wesentlichen Teil die Schuld daran, daß die Werbekraft unserer Kirche, in den Zeiten des jungen Christentums

so hinreißend und sieghaft, nunmehr schon seit Jahrhunderten so unheimlich versagt? Sind wir es denn wert, daß uns Kirche blüht, wenn unsere Liebe dahinwelkt?
Hier an diesem Punkt allein und sonst nirgends wird es entschieden, ob der Katholizismus von heute kräftig genug ist, den Geist der Moderne von innen heraus zu überwinden, die abendländische Seele wieder zu erobern und die Frohbotschaft in die Welt hinauszutragen so wie es einst Paulus in wenigen Jahren tat".
Jeder von uns muß Apostel sein. Das heißt: jeder muß auf den Platz, auf den er gestellt ist, unermüdlich dafür wirken, daß Christus auch von den anderen Menschen anerkannt wird. Allerdings muß jeder zuerst selbst zu einem lebendigen Glauben kommen und zu vertiefter Berufsauffassung, denn was dem heutigen Menschen imponiert, ist nicht die geschriebene, sondern die ihm vorgelebte Religion. Man will den Menschen, der trotz Religion im alltäglichen Leben glücklich, wahr und treu, gütig und opferbereit ist.

Wir brauchen den radikalen, den furchtlosen und opfertüchtigen Katholizismus. Mit einem Wort: Wir brauchen Tatchristen und keine Taufscheinkatholiken.
Kameraden, diese Gedanken wollen wir uns mal durch den Kopf gehen lassen, wir sind jetzt nämlich auf uns ganz allein gestellt. Wir haben keine Gruppe mehr, aber wir haben Tradition, und das muß uns die Kraft geben, auszuhalten. Wir wollen unseren Kameraden, die jetzt mit uns kämpfen, ein leuchtendes Beispiel sein. Dabei wollen wir auch an den großen Feldmarschall denken, der uns folgenden Satz als Andenken ließ: „Ich bin todmüde, aber ich werde stehen bis ich umfalle, solange dieser alte Körper noch zu etwas taugt, zu einem Beispiel!"
Daran wollen wir denken und dann können wir voll Mut in die Zukunft schauen und auf das schönste Signal, das es gibt warten: Das Ganze halt!
Wir wollen noch für unseren Bruder beten. Er war uns immer ein feiner Kamerad und hat am 20. 8. Geburtstag.

Olaf

Gedicht

Das wird des großen Krieges größte Stunde sein.
Wenn über Dorf und Stadt und Feld und Wald
das wohlbekannte, herrliche Signal
durch eine Gott nahe Nacht erschallt:
Das Ganze halt! – Das Ganze halt!

Hat eben noch der Lärm der Schlacht getobt,
da jubeln jetzt die Herzen wie die Geigen.
Wir denken an manchens tapfern Tod.
Und es wird Stille sein und großes Schweigen,
da wir uns vor dem schweren Sieg verneigen.

Und manchen wird die Träne nahe sein,
wenn über Dorf und Stadt und Feld und Wald
das wohlbekannte, herrliche Signal
durch unsere schönste Nacht des Lebens schallt:
Das Ganze halt! – Das Ganze halt!

Handschriftlicher vierseitiger Rundbrief einer katholischen Pfadfindergruppe aus Magdeburg. Dem Brief lag eine Bildpostkarte vom Hochaltar des hl. Sebastian in der Probsteikirche von Magdeburg bei, sowie ein Foto von einem mit seinem Pferd rastenden Soldaten.
Bei dem am Briefanfang erwähnten Adam handelt es sich um Professor Dr. Karl Adam. Mit dem am Briefende erwähnten großen Feldmarschall ist Generalfeldmarschall Paul von Hindenburg, der 1934 verstorbene Reichspräsident, gemeint.

SKTS: Strunck:
„Briefe der Kameraden"

Augsburg, am 9. August 1942

Meine lieben Kameraden!

Zwei Jahre sind es nun her, seit es uns eine liebe Gewohnheit wurde, uns durch diese unsere Briefe gegenseitig Kunde zu geben von unserem Leben. Und mit dem zwanzigsten Brief dieser Art treten wir in das dritte Jahr. Ich glaube, die Erwartungen, die wir bei Beginn dieser Briefe an sie stellten, haben sich einigermaßen erfüllt. Wir haben uns nicht aus den Augen verloren, im Gegenteil, unser Kreis hat sich geweitet, wir konnten einander Anregung geben und sind miteinander gewachsen. Mögen auch die einzelnen persönlichen Verbindungen durch die Umstände nicht gerade hervorragend klappen, so stehen wir doch über alle Entfernungen hinweg, vom nördlichen Polarkreis bis zum Süden, von der westlichen Atlantikküste bis zum äußersten Osten, eng zusammen. Wir wissen voneinander!
Vielleicht ist hier Gelegenheit, daß ich als Sprecher für Alle einmal Allen danke für ihr freudiges Mitwirken an dieser Arbeit.
Wir wissen ja, daß das Werk nicht um unserer selbst willen da ist, sondern daß es dienen soll der einen großen Aufgabe, der wir alle verschworen sind!
An manchen Abenden, wenn ich gerade dem einen oder anderen geschrieben habe, bleibe ich sinnend vor Euren Briefen sitzen. Ich sehe nicht mehr die geschriebenen Worte auf dem Papier, sondern sie werden nahe Wirklichkeit. Ihr seid bei mir, wir sitzen zusammen in froher Runde und sprechen miteinander über ernste und heitere Erlebnisse. Und wie es früher so oft war, sind wir plötzlich mitten in einem ernsten Gespräch. Irgend eine Begebenheit gab den Anstoß. Wir sprechen uns darüber aus. Jeder weiß etwas dazu zu sagen, die Gemüter erhitzen sich auch schon mal, Meinung steht wider Meinung auf. Aber alles geschieht auf einer gemeinsamen Grundlage, und jeder bemüht sich um ein Verstehen der anderen. Und am Schluß sind wir wieder letztlich einig. Dann rückt Ihr wieder in die Ferne. Und ein Brief von einem berichtet dann von ähnlichen Erlebnissen.
So sind wir oft näher zusammen, als wir in wachen Augenblicken wissen.

Nun geht es weiter. Wir sind noch lange nicht am Ziel.

Ich grüße Euch alle herzlich. In Treue! Euer Leo

Maschinenschriftlicher hektographierter Rundbrief von Leo Custodis an seine Bundesbrüder an allen Fronten. Er resümiert hier über den Sinn der Rundbriefaktion. Handschriftlicher Gruß.

SKTS: Strunck:

am Kaukasus, 21. 8. 42

Lieber!

... Als Dein Brief nach Köln kam, war ich bereits wieder unterwegs ins gelobte Land. Während meines Urlaubs war unsere Kompanie bei Sewastopol eingesetzt gewesen. Als ich zurückkam, war sie südlich von Stalino. Dort hatten wir noch ein paar Tage Ruhe, und der Vormarsch begann. Den Don erreichten wir ein paar Kilometer oberhalb Rostow und bildeten einen Brückenkopf. Hier machten wir einen Angriff auf ein stark befestigtes Dorf mit Unterstützung der Luftwaffe. Ein Stukaangriff aus der Nähe erlebt ist großartig!
Dann fuhren wir durch Rostow hindurch nach Süden (wir sind jetzt Radfahrkomp.). Bei der Einnahme von Krasnodar wären wir beinah in Bedrängnis geraten. Die Infanterie konnte nämlich nicht schnell genug nachkommen. Unser Tempo war aber auch erstaunlich bei der furchtbaren Hitze, den schlechten Straßen und dem ewigen Staub. In Krasnodar kam ich ins Batl. – Revier, wo ich heute noch bin. Allerdings sind wir inzwischen näher an den Kaukasus gerückt. Mein linkes Knie war nämlich durch einen Insektenstich völlig vereitert und mußte aufgeschnitten werden. Jetzt heilt die Geschichte, und ich hoffe, in den nächsten Tagen wieder zur Kompanie zu kommen.
Heute lege ich ein Gedicht bei. Es wäre vielleicht gut, wenn öffentliche Kritik daran geübt würde.

Und nun grüße ich Dich und alle anderen herzlich und in Treue Dein Heinz

Abend am Don

Still auf die Niederung senkt sich der Abend.
Er ist so sanft, so mild und labend,
wie Balsam fließt er heilend um die Glieder,
da in den Ohren noch der Kampf dröhnt wieder.

Das letzte Heulen der Granaten schweigt,
und aus den schwarzen Trichtern steigt
die Nacht mit streng verhaltnen, ernsten Gesten.
Es bleicht der letzte Dämmerschein im Westen.

Ein schmaler Pfad geht durch den Sumpf. Die Sterne
erschimmern zag. Und in der Ferne
verschwebt im Raum das ebene Gelände.
Von fernen Dörfern zeugen lohend Brände.

Der Mond legt seine rötliche Gebärde
sacht auf die steppenweite Erde,
auf Sand und Halm und Gras und auf die Wogen
des Don. Und auf das Wrack in seinem Bogen.

Heinz Klein

Maschinenschriftliche Abschrift eines Briefes des Kölner NDers Heinz Klein zur Weitergabe. Er befindet sich bei den Verbänden, die im Sommer 1942 zum Kaukasus vorstoßen

und am 6. August 1942 das am Nordwestrand des Kaukasus gelegene Ölgebiet von Maikop eroberten, dessen Anlagen die Russen aber unbrauchbar gemacht hatten.

DstHdh: Nachlass Wellenhofer 59:

30. 6. 42.

Liebe Freunde!

Manchmal redet man hier von Kirche. Mit mir natürlich oft. Kirche? Kleinliches Moralinstitut – politische Machtorganisation – veraltetes, muffiges System... Kirche? Zorn, Spott, – gar nichts ist die Antwort auf die Frage nach der Kirche!
Man kann auch nicht sagen: Ihr habt ganz unrecht!
In der Kirche war Politik.
In der Kirche ist manches veraltet
In der Kirche war und ist kleinliche Enge!
Natürlich! Wo ist so etwas nicht wo Menschen sind. Und je mehr man die Kirche liebt, desto schärfer sieht man all das und desto schwerer trägt man daran. Aber was ist Kirche? –
Wir wissen andere Antworten als die Hasser und Spötter. Heute habe ich Kirche erlebt und gespürt wie selten. Und davon möchte ich Euch schreiben.
Ich feierte abends meine Sonntagsmesse. Drei Kameraden waren dabei. Ministranten hatte ich keinen. Die Russen im Nebenraum ahnten wohl etwas von der Feier, denn plötzlich waren sie ganz still. Nur die Meßkerzen brannten im dunklen Raum. Artillerie schoß ab und zu (die eigene, also ohne Gefahr). Beim Memento für die Lebenden dachte ich wie immer an die Menschen, die in meinem Leben stehen, Gesicht für Gesicht tauchte auf. Klarer, deutlicher als sonst. Vater und Mutter, die Schwester, die beiden Brüder an der Ostfront, dieser und jener Mensch, der mir ganz nahe steht durch gemeinsames Glück, gemeinsame Not, gemeinsames Vertrauen.
Und dann die Kameraden an der Front: Alfons, Sepp, Franz, Hans..... Und dann Ihr alle daheim. Die Gesichter, wie ich sie in der Gemeinschaftsmesse sah in der Felixkapelle sah und vor dem ragenden Wallfahrtskreuz – . Eure jungen Gesichter, Hans, der mir einen feinen Brief schrieb, und mit ihm alle die Getreuen: Max, Hans, Karl, Sepp, Bartl... Und die Mädchen alle. Und der Kreis weitet sich: Die Gesichter der Priester meiner Heimat, die mir erst gemeinsam schrieben. Gesicht für Gesicht. Und die Priester der Front, Freunde...!
Und der Bischof, dessen Jubiläumsbrief gestern kam. Dann die Kameraden, die im Revier lagen, die draußen stehen im Abend – der Obergefreite, den ich gestern trotz des hohen Fiebers zu frohem Lachen brachte, der Kamerad, der an der Kirche irre wurde trotz ehrliches Herzen, der Kamerad, der gerne zur Messe gekommen wäre, aber Dienst hat. Gesicht um Gesicht! Klar und deutlich. – Gedenke Herr, Deiner Diener und Dienerinnen und aller Umstehenden. Da spürte ich was Kirche ist. Deutlich wie selten!
Ihr – wir – alle diese Gesichter, das ist Kirche!
Alle Gespräche über veraltete oder politische Kirche fallen da zusammen. Lächerlich ist all das Gerede!
Nicht System! – Lebendige Menschen, ringende, suchende, glaubende Menschen. Betende! Bischof – Priester – heiliges Volk.

Nicht Organisation! Nein Gesichter! Getauft, gefirmt, geweiht! Das Deine, das meine darunter. Gläubige und Fragende, Leuchtende und Sündige, frohe und müde Gesichter. Und alles Glauben und Fragen, alles Leuchten und Sündigen, alles frohe Lachen und müde Sorgen hineingetauft in die Liebe Gottes, gefirmt und geweiht von der Liebe Gottes. Gesichter. Das Deine und das meine darunter, das ist Kirche. Und so betete ich im Namen all dieser Gesichter, einsam in russischer Bauernstube: Wir loben Dich! Wir preisen Dich, wir sagen Dir Dank!

Und so grüße ich Euch alle, junge Kirche! Euer Kpl.

Hektographierter Rundbrief von Kaplan Richard Lipold, der nunmehr als Priestersoldat zur Wehrmacht eingezogen wurde (vgl. dessen Brief v. Januar 1942).

DstHdh: Nachlass Wellenhofer 59:

3. 9. 42.

Und ein Gesicht, das ich deutlich sah, ist erloschen. Anton ist gefallen. Er ist ganz hineingetauft in die Liebe Gottes. Wir wollen seiner im Memento für die Toten nicht vergessen!

Grüß Gott!
Maria Namen ist heute. Ich denke an die Mädel, die ich irgendwann einmal getroffen habe in fröhlichem Kreis. Viele sind's und so will ich Euch heute einen Brief schreiben. Zum Namenstag, denn Maria heißt Ihr ja eigentlich alle. Zwar „gehen mich die Mädel nichts an". Aber auf einen Brief geht's nicht „drauf zusammen". (!)
Ich habe eine Frage an Euch: Sie heißt: „Denkst Du daran!"
Denkst Du daran, daß die Soldaten, wenn sie heimdenken, besonders auch an Euch denken? (Weiß mir ein Blümlein blaue!) Denkst Du daran, daß da draußen vielleicht einer steht, der von Gott für Dich bestimmt ist? – (Mein Schätzchen kommt von ferne)
Denkst Du daran, daß dieser sich wohl von Dir, der Unbekannten, ein hohes Bild macht? (Steh'n zwei Stern am hohen Himmel!) Denkst Du daran, daß Du Dich für ihn bewahren mußt? Daß Du für ihn wachsen und reifen, bereit und reich werden mußt?
Daß er vielleicht arm und ausgeleert zurückkommt und Dich dann braucht? Daß es viel von Dir abhängt, ob er wieder tief und gut in die Heimat hineinwächst, – echt und ehrlich in die Kirche hineinwächst, in Gott hineinwächst? – (Und in dem Schneegebirge!)
Denkst Du daran, daß er vielleicht Unsägliches trägt, daß er vielleicht in Todesgefahr ist, daß – vielleicht über ihm ein Birkenkreuz steht?
Denkst Du daran vor Gott, im Gebet, im hl. Opfer?
Denkst Du daran in mancher schweren Stunde des Verzichts?
Denkst Du daran? — Denkt Ihr daran? —
Jede dieser Fragen könnte einen Abend füllen. Vieles könnte man dazu noch schreiben. Wenn Ihr nachdenkt, sagen Euch aber die Andeutungen genug. Nehmt diesen Brief als Namenstagsgeschenk. Und wenn Ihr vor Gott an die Soldaten denkt, dann vergeßt Euren Kaplan nicht!

Mit frohem Gruß! R. L.

Hektographierter Rundbrief des Priestersoldaten Richard Lipold.

DstHdh: Überlassung Beilmann III, 2:

6. Sept. 1942

Liebe Christel!

Für Deine Heimatgrüße und Leckereien meinen besten Dank und gleichzeitig viele frohe Sonntagsgrüße von der Front. Ja, Süßigkeiten sind sehr begehrt, noch mehr als Rauchwaren, denn die erhalten wir noch genügend. Natürlich kommt der leidenschaftliche Raucher nicht damit aus. Gott sei Dank kann ich mir den Titel eines starken und leidenschaftlichen Rauchers noch nicht beimessen.
Wovon soll ich nur immer schreiben? Soll ich unser Leben allgemein oder eine Nacht in vorderster Linie, auf Wache, auf vorgeschobenem Posten oder gar die Stellung im Sumpf schildern? Ich meine, vom Krieg ist so viel und wird immer noch so viel geschrieben, daß es bald keine Aufnahme mehr findet. Nach 3 Jahren Krieg ist das erklärlich. Keiner spricht und hört gerne etwas vom Kriege.
Ich darf wohl annehmen, daß eine kleine Schilderung von ganz vorne wohl interessiert. Vergangene Nacht war ich wieder auf Horchposten und darüber einige Zeilen. Bei völliger Dunkelheit zieht man ein Stück vor die eigene Linie und bezieht ein kleines Loch als Splitterschutz. Ganz auf sich allein angewiesen, zwei oder auch vier Stunden lange Stunden, die einem zur Ewigkeit werden. Augen und Ohren sind auf das äußerste angestrengt. Jedes Geräusch und jede Bewegung wird mit kritischem Auge und Ohr beachtet. Hin und wieder wirft man sich in den Dreck, um nicht einen gewischt zu bekommen. Die Schießerei und das Aufblitzen der Leuchtkugeln stören schon nicht mehr. Und was für Gedanken macht man sich nicht alle. Man denkt an zu Hause und alle Bekannten, denkt an seine Freunde, die auch draußen sind, und fragt sich, wie es denen wohl ergeht.
Die Gedanken an den Frieden kommen gar zu oft und man baut sich Luftschlösser. Von Viertelstunde zu Viertelstunde sieht man zur Uhr. Man meint, sie ginge überhaupt nicht weiter.
Schließlich wird man abgelöst. Durchfroren kriecht man wie der Hund in eine Hütte in einen niedrigen Unterstand. Zum Schlafen kommt man nicht, denn es ist noch zu kalt. Wird man etwas warm, lassen einen die Läuse nicht in Ruhe. Schlaf kennen wir nicht mehr. Wenn mir dabei nichts zustößt, so will ich nicht klagen. Bin ich erst einmal heil heraus, dann ist das alles schnell vergessen. Was aber macht Ihr denn noch Gutes? In Altenbochum wird sich wohl nicht viel geändert haben. Deinen angekündigten Brief habe ich leider noch nicht erhalten. Sollte eine Antwort darauf etwas länger auf sich warten lassen, so bitte ich, einmal darüber hinwegzusehen. Mir fehlt die Zeit.

Mit den besten Wünschen und frohen Grüßen für Dich und die Deinen

Bernhard

Brief eines Soldaten, von dem nur der Vorname Bernhard bekannt ist, an Christel Beilmann in Bochum. Bernhard ist ein Angehöriger einer inzwischen verbotenen katholischen Jugendorganisation. Er schreibt an Christel Beilmann, Jahrgang 1921, die in Bochum sehr engagiert in der katholischen Jugendarbeit war. Von 1946 bis 1951 war sie die erste gewählte Diözesanjugendführerin im Erzbistum Paderborn. Bernhard schildert hier den militärischen Alltag an der Ostfront in seiner Banalität und mit seinen Härten.

SKTS: Strunck:

Köln, den 18. 9. 42.

Lieber!

Vorgestern erreichte mich die traurige Nachricht, daß mein Bruder gefallen ist. Nie hätte ich daran gedacht. Gott fordert große Opfer von uns. Wir wollen uns Ihm ganz anvertrauen. Er wird uns den Weg zeigen durch alles Leid und alle Not, damit auch wir eingehen als Sieger in Sein Reich.

Dir herzlichen Gruß. W i l h e l m

Maschinenschriftliche Abschrift einer kurzen Mitteilung des Kölner NDers Wilhelm Mohren, aus dem Bestand von Willi Strunck.

DstHdh: A1. 3204:
Rundbrief von Pfadfindern aus Magdeburg

Rußland, am 25. September 1942

Kameraden!

Olaf hat diesen Schrieb begonnen, eine gute Idee u. Einrichtung, hoffentlich geht dieser Rundbrief nicht wieder irgendwo unter, wie der alte. Wir wollen diesen trotz aller Schwierigkeiten weiterleiten.

Olaf rief uns alte Erinnerungen wach, die uns in diesem gewaltigen Geschehen mit immer neuen überwältigenden Eindrücken in weiter Ferne dünken. Wir wollen ehrlich sagen, nur manchmal in stillen Stunden, denken wir an diese oder jene herrliche Stunde. Wir sollten manchmal aus diesen erlebten, großen Stunden mehr Kraft auch für diese schwere Zeit schöpfen. Und doch muß ich sagen, diese Zeit ist in sich und auch in uns abgeschlossen. Das Erlebte dieser Zeit ist in uns verwachsen und wohl auch aus keinem herauszubringen. Ich finde, daß unser altes Lied, was wir so manchmal früher sangen, das in gleich schwerer Zeit entstand, uns auch jetzt viel sagt:

Zu Ende ist das frohe Wandern,
das uns wissend gemacht;
denn wir ziehen nach Flandern,
in die blutige Schlacht.

Die Heide ward zum Schützengraben
und die Laute zum Gewehr,
die mich einst begleitet haben,
leben alle nicht mehr. –

Und sollt es ernst mal Frieden geben,
und wir zögen nach Haus,
so wär gleichwohl mein Leben
in Wirklichkeit aus. –

Nun der Kampf um unser Christentum. – Für uns in der Gemeinschaft der jungen, stürmenden Generation gibt es nur eins, wenn wir das Christentum nicht nur in uns tragen, sondern auch weitergeben wollen: Tadelloses sauberes Leben als Kameraden in dieser Gemeinschaft führen unter gleich schlechten u. stumpfsinnigen Bedingungen.
Walter Flex's Bedingung bzw. Forderung aus dem Weltkrieg: „Reif werden und rein bleiben" hat auch wohl seine Bedeutung bei uns.
In der augenblicklichen Zeit, wo manchem hier draußen der Tod des öfteren ins Auge schaut, findet man oft Menschen, die still für sich nach dem Herrgott suchen, sich selbst Stück für Stück der großen Wahrheiten zu erarbeiten suchen. Denen helfen wir durch die vorgelebte christliche Lebensauffassung mehr, als es tausend Belehrungen könnten, wie es auch Olaf schon meint. Aber, Kameraden, wir wollen uns nichts vormachen, auch uns hat das Leben in ständig verseuchter Luft unter Landsern manchmal angefressen. Da gilt es schon Kampf, den Vorsprung zu halten. Aber das sei uns Ehrensache. Ein Ehrenbegriff war uns früher im Bund die Treue. Wir haben inzwischen die auf die Fahne des Vaterlandes geschworene Treue beweisen müssen. Da jetzt im Kriege das eherne Gesetz der Treue ein unerbittlicher Maßstab für die Taten u. das Verhalten des Soldaten ist, wollen wir uns vor allem auch in der Treue zum Herrgott nicht schämen brauchen. Unsere Kameraden, die als Helden auf dem Felde der Ehre blieben, sind uns ständige Mahner. Froh und stolz wollen wir uns wie immer nach diesem großen Ringen treffen. Laßt den Rundbrief kreisen u. nicht liegen, daß es eine lebendige Kette bleibt.

Viel Soldatenglück und Heil Euch allen Euer Gerhard

Gedicht

Wahre Freundschaft soll nicht wanken,
wenn sie gleich entfernt ist;
lebet fort noch in Gedanken
und der Treue nicht vergißt.

Keine Ader soll mir schlagen,
wo ich nicht an dich gedacht;
ich will Sorge für dich tragen
bis zur späten Mitternacht.

Wenn der Mühlstein träget Reben
und daraus fließt kühler Wein,
wenn der Tod mir nimmt das Leben,
hör ich auf getreu zu sein.

Vierseitiger handschriftlicher Rundbrief, den der Magdeburger katholische Pfadfinder Gerhard (sein Nachname ist nicht bekannt) als Rundbrief zur Weitergabe an die Bundesbrüder geschrieben hat. Auf der vierten Seite ist das Gedicht geschrieben. Offensichtlich machte die Weitergabe dieses handschriftlichen Rundbriefes Schwierigkeiten. Der Verfasser thematisiert hier die Devise katholischer Soldaten aus nun verbotenen katholischen Jugendbünden, wie sie Hans Niermann formuliert hatte: „An meinem Platz soll keiner besser gestanden sein!" und die Forderung, inmitten einer unchristlichen Umgebung durch das eigene Beispiel als Christ zu wirken.

DstHdh: Nachlass Wellenhofer 59:

Rußland, Oktober 1942.

Liebe Freunde!

Vor mir liegt Tonis Sterbebild. Sanitätsuffz. – Pionierkompanie – schwer verwundet, – Hauptverbandsplatz – Woronesch. Was steckt alles in diesen Worten! Daneben Tonis Bild. Was sagt dieses junge, herbe Soldatengesicht: „Alles? Und vorne ein weißer Platz und leuchtend rot darauf das Christuszeichen wie eine Fahne! Was sagt dieses Zeichen alles? Denkt Ihr daran, Freunde? Vor Jahren, da legten wir, Toni mit dabei, auf dieses Zeichen im wallenden Tuch – am Christkönigsfest. Herrgott! Diese jungen Jahre voll Schwung und Begeisterung, voll Sehnsucht und Kraft. Wir sind Dein Jungvolk, Herr und Gott, auf ewig Dir verschworen."
„Wir stehen hier in Einigkeit, dem Herrgott hingegeben – Soldaten Seiner Kriege!" – „Wir sind bereit, rufen es weit! Gott ist der Herr auch unserer Zeit."
Brausend klang es in unsern hellen Kirchen, brausend ging es durch unser junges Leben. Das Feuer brannte in unseren Herzen, hoher Wille und heiliges Streben leuchtete in unseren Seelen.
Wir sind bereit zum Dienste des Herrn in einem starken, frohen, geformten Leben!
So war es doch Freunde. Das Zeichen des Herrn stand über unserem Leben wie eine lodernde Fackel. Ja so war es!
Ihr jungen Freunde daheim! Ihr steht in den hellen Kirchen, Orgel und Lieder brausen in Eure junge Seele. Braust es darin mit? Brennt das Feuer in Euren Herzen? Leuchtet hoher Wille und heiliges Streben in Euren Seelen? Steht Sein Zeichen über Eurem jungen Leben? Wie eine lodernde Fackel? Dann Heil Euch!
Sucht den Herrn! Sucht bis Euer Herz brennt wie den Emmausjüngern!… „Brannte nicht unser Herz?"
Und Ihr Kameraden? Ihr steht nicht im hellen Gotteshaus sondern im Dreck der Front. Kanonen und Maschinengewehr singen das alltägliche Lied. Und dazu das ganze dunkle Grau!
All das hat uns nüchtern, kühl, rauh, hart gemacht. Es ist so vieles anders geworden als wir damals ersehnt haben.
Aber Freunde! ER ist der Gleiche geblieben. Der Herr! Gleich groß, gleich hell, gleich stark!
Und unsere Treue ist die gleiche geblieben. Wenn es auch manchmal anders aussieht. Ohne Lied und ohne Fahne und ohne Begeisterung. Unsere Treue ist da. Trotz allem. Auch trotz Versagen und Sünde vielleicht. Sein Zeichen steht über unserem Leben. Und wenn auch vielleicht nicht wie eine lodernde Fackel, dann doch so, wie eine helle Kerze im Bunker steht.
Christkönigsfest ist wieder!
Singt Freunde! Singt daheim in der hellen Kirche brausend die alten Lieder und laßt das Feuer wieder hell auflodern! Aller Schwung, alles Feuer, alle Kraft. Alle Sehnsucht Eures jungen Lebens soll in Seinem Zeichen neu gesegnet sein! Soldaten des Herrn! Soldaten Seiner Kriege!
Und Ihr Kameraden feiert das Fest mit diesem Brief. Irgendwo im Dreck! Singt ein Lied dazu oder pfeift! Ein Gebet!

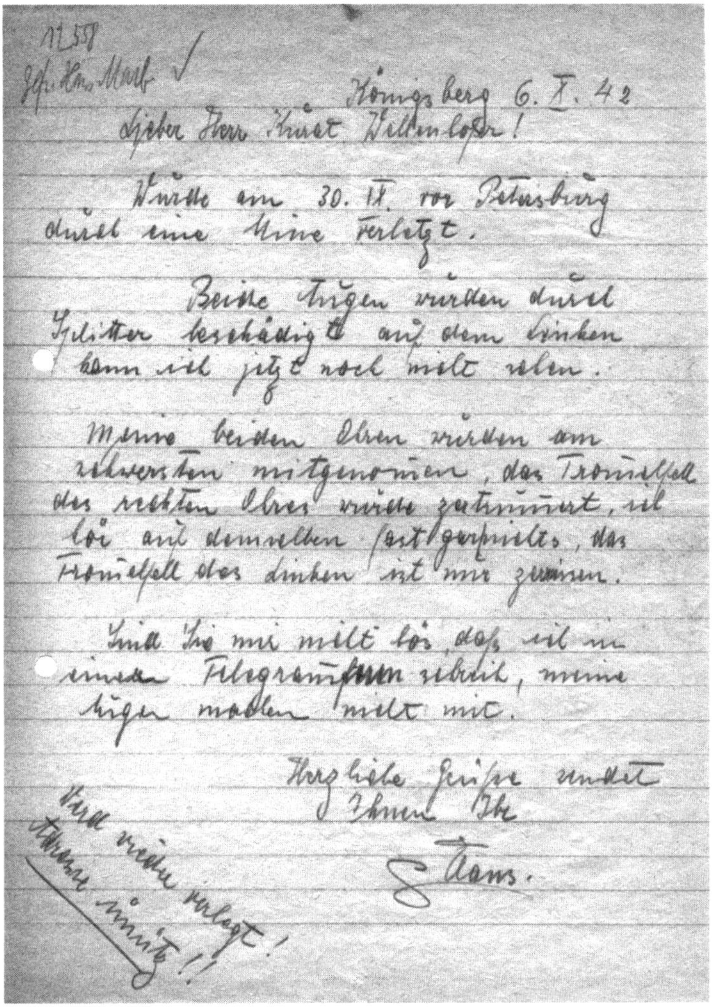

12558
Gefr. Hans Mauch ✓

Königsberg 6. X. 42

Lieber Herr Kurat Wellenhofer!

Wurde am 30. IX. vor Petersburg durch eine Mine verletzt.

Beide Augen wurden durch Splitter beschädigt auf dem Linken kann ich jetzt noch nicht sehen.

Meine beiden Ohren wurden am schwersten mitgenommen, das Trommelfell des rechten Ohres wurde zertrümmert, ich bin auf demselben fast gehörlos, das Trommelfell des linken ist mir zerrissen.

Sind Sie mir nicht bös, daß ich in einem Telegrammstil schreib, meine Augen machen nicht mit.

Herzliche Grüße sendet Ihnen Ihr
Hans.

Durch vieles verlegt!
Stimme müde!!

DstHdh: Nachlass Wellenhofer 35

Dann ist auch bei Euch Christkönigsfest! Ohne Orgel und ohne Begeisterung. Schlicht und treu! Soldaten des Herrn! Wie ganz anders klingt das jetzt für uns! Aber trotz allem! Soldaten Seiner Kriege! Einfach, nüchtern, rauh, aber treu, treu, treu!
Alles Grau und alles Dunkel soll in Seinem Zeichen gesegnet sein! So wollen wir Christkönig feiern!

Heil Euch Freunde! Euer Kpl.

Maschinenschriftlicher Rundbrief des Priestersoldaten Richard Lipold.

DstHdh: Nachlass Wellenhofe 35:

Gefr. Hans Marb

Königsberg, 6. X. 42

Lieber Herr Kurat Wellenhofer!

Wurde am 30.IX. vor Petersburg durch eine Mine verletzt.
Beide Augen wurden durch Splitter beschädigt, auf dem Linken kann ich jetzt noch nicht sehen.
Meine beiden Ohren wurden am schwersten mitgenommen, das Trommelfell des rechten Ohres wurde zertrümmert, ich hör auf demselben fast gar nichts, das Trommelfell des linken ist mir zerrissen.
Sind Sie mir nicht bös, daß ich in einer Telegrammform schreibe, meine Augen machen nicht mit.

Herzliche Grüße sendet Ihnen Ihr Hans
Werde wieder verlegt! Adresse unnütz!!

Handschriftlicher Feldpostbrief des Gefreiten Hans Marb an Pfarrer Wellenhofer.

DstHdh: Nachlass Wellenhofer 64::

Rußland, 22. 10. 42

Meine liebe Schwester! Die vierte Woche ist es nun, daß ich hier bin. Ich weiß nicht, wie lange die Post braucht bis zu Dir. Jedenfalls ist nun die Zeit gekommen, von der ich Dir im vorigen Brief (nicht angekommen) schrieb. Etwas Genaues weiß ich ja noch nicht. Meine Klampfe kommt nun doch mit in die vorderste Linie. Mit den Kameraden versteh ich mich sehr gut. Unser Geist ist auch nicht schlecht. Parole: Wir lassen uns nicht unterkriegen. Sturm, Sumpf, Schnee, Nässe und Kälte sind für uns schlimmere Feinde als der Russe, den wir erst mal kennen lernen müssen. Rußland ist hier nichts anderes als unendliche Steppe, bedeckt mit Sumpf, Wald, Busch. Es hat aber auch seine Schönheiten. Die blutrote Sonne am Abend und die Nächte am Feuer im Erdzelt wird niemals von uns vergessen. „Sturm und Regen, Tau und Rauhreif preiset den Herrn!"
Ja, auch hier ist er bei uns mit Seiner Gnade. Zum Beten bin ich in den letzten Wochen eigentlich nicht gekommen. Man fasst nur ab und zu schnell einen Gedanken und tut, was

recht ist. Zur Alkoholfrage: Es geht oft nicht anders bei dieser Nässe und Kälte sich gegen Erkältung zu schützen, als durch einen Schluck. Sonst bleibe ich wie früher. Hat erst der trockene Frost eingesetzt, dann wird dies auch überwunden sein und ich kehre zum Alten zurück. Da ist Alkohol so nur gefährlich. Ich schreibe Dir das, damit Du klar im Bilde bist. An meiner Haltung ändert sich nichts. Alles, was ich tu und was mit mir geschieht, sei für Ihn. Deutschland für Christus. Es ist nun möglich, daß ich aus Gründen vier Wochen lang nicht mehr zum schreiben komme.
Nun gibts wieder grossen Krawall: Der Zeltofen ist eingefallen. Gleich wird's rauchen, daß wir alle pustend flüchten. Na, es geht noch! Ich sitze nämlich hier, etwas unter dem Erdboden, während draußen der Sturm heult. Auf den Knien einen Patronenkasten schreibe ich. Acht Mann sind in einem Raum von 2 mal 4 m. Gleich Abstinenz. Ich glaube, daß sie wohl wert ist, in unserer Gemeinschaft (= Quickborn) gehalten zu werden. Das freiwillige „Ich will'" erzieht zur Persönlichkeit und macht den Geist frei für Ideale und das Gute. Ich betrachte die Abstinenz nicht als etwas Starres, sondern als etwas Freies. Ist ja nichts anderes als Selbsterziehung. Doch es schon soviel darüber geredet und geschrieben worden. Wer will, der kann!– Außerdem läßt sich die Abstinenz vom christlichen wie vom deutschen Standpunkt tragen. Ernst freut sich. Hoffentlich kommt er wieder. Bis jetzt hat mir mein Schutzengel alle Kugeln abgehalten, – …

Nun grüß mir recht alle froh und herzlich! Gott befohlen! Dein E.

Maschinenschriftliche Abschrift eines Briefes von Erich Schützinger an seine Schwester.

DstHdh: Nachlass Wellenhofer 27:

24. 10. 42

Letzter Brief an H. Kurat Wellenhofer

Grüß Gott, Herr Kurat!

Vielleicht wissen Sie schon, daß ich nun nicht mehr im Lazarett, sondern vorerst noch vertretungsweise als Divisionspfarrer bei der Truppe bin. Es ist ein neues und großes Aufgabengebiet. Bestimmt war die Lazarettseelsorge sehr schön und fruchtbar bei den aufgeschlossenen Verwundeten. Doch jetzt ist die Arbeit mannigfaltiger, man hat auch mehr Anteil an den Nöten und Sorgen, an den Gefahren und Strapazen des Soldaten. So freue ich mich des neuen Dienstes. Die Division ist als norddeutsche zum überwiegenden Teil evangelisch, doch kann man auch hieraus viel lernen und gewissermaßen als Repräsentant der katholischen Kirche viel wirken. Wir haben auch schon öfters uns über religiöse Fragen unterhalten und ich finde besonders bei Offizieren viel Achtung und Anerkennung für unsere Kirche, wenn auch noch so manche Mißverständnisse vorhanden sind. In den nächsten Tagen werde ich einen Vortrag über die Gottheit Christi und das Wesen der Kirche halten. Dann gehe ich wieder zu den Stellungen und allmählich wird sich schon etwas entwickeln. Die Arbeit wird nicht behindert und man kann arbeiten so viel man will. Manchmal ist allerdings die militärische Lage und das Wetter ein starkes Hemmnis.

Gestern haben wir in einem kleinen bescheidenen Rahmen Christkönig gefeiert. Die Erinnerung an dieses Fest früher im Kreis der Schar hat mich gemahnt, daß ich Ihnen endlich einmal wieder schreiben muß. Wir waren in der Panjehütte um den Opfertisch versammelt. „Mein Reich ist nicht von dieser Welt." sagt der Herr. Und draußen vor unserer Hütte hatten wir als wirksamen Kontrast das Reich dieser Welt. Ununterbrochen dröhnten die Einschläge der Artillerie, daß die Erde bebte, russische Flieger kamen mit Bordwaffen und Bomben, wurden dann von unseren Jägern herunter geholt. Musik zu unserem Gottesdienst machte dann wieder die Stalinorgel. Da kam mir so recht die Bedeutung und Größe des Königtums Christi zum Bewußtsein, das er mitten unter uns aufgerichtet hatte. In allem Toben und Krachen stand in der armseligen Hütte eine Insel des Friedens, der Herr selbst war bei uns, was sollte uns geschehen! Da kam mir so recht zum Bewußtsein, daß von unserem Meister her nur die endgültige Beruhigung der Welt kommen kann, nur in seinem Königtum der Friede auf Erden. Unser Glaube muß jetzt, in der Zeit der Gefahr die Bewährung bestehen; und er wird nur stärker weil wir ja sehen und erleben, was er uns gibt und bedeutet. So gedenken wir besonders am Christkönigsfest der Freunde, der schönen Zeit, da wir gemeinsam um den Altar versammelt waren, die nun in der ganzen Welt zerstreut sind, da in uns der Glaube groß wurde und das Leben in uns wuchs und erstarkte. Diesen Glauben, der an der Front sich bewährte, wollen wir dann nach dem Krieg hinein tragen in unser Volk als eine lebendige Christengemeinde

Für Ihre Arbeit in der jüngsten Kirche reichsten Segen und frohen Gruß in P.

Ihr Sepp Pöschl

Maschinenschriftliche Abschrift des letzten Briefes, den Josef Pöschl (1912–1942) an Pfarrer Wellenhofer geschrieben hat. Der 1937 zum Priester geweihte Josef Pöschl wurde 1942 als Sanitätssoldat eingezogen. Zuletzt war dieser Priestersoldat Sanitätsgefreiter. Am 9. September 1942 wurde er als Divisionspfarrer zur 71. Infanteriedivision abkommandiert, was er hier in seinem Brief erwähnt. Er ist am 4. November 1942 in Stalingrad gefallen.
Divisionspfarrer Pöschl hatte hier im Original vom griechischen Christusmonogramm PX nur das P als Kürzel verwendet.

SKTS: Böhner:

Frankreich, den 1. 11. 42, Allerheiligen

Lieber Hans!

Herzlichen Dank für Deinen Schrieb. Über zu wenig Arbeit hast Du ja nie klagen können und jetzt hast Du wieder davon anscheinend ein gerüttelt Maß. Hoffentlich bringt sie Dir neben den großen Opfern auch viel Abwechslung und Freude. Am meisten hat mich an Deinem Brief die Stelle gefreut, wo Du schreibst, daß in unserem jungen Nachwuchs noch viel Gutes steckt. Das gleiche erlebt man auch in der Fremde. Ich sprach darüber mit einem Freund, der seit langem einen Kr. Pfarrer vertritt. Kürzlich kam er auf einen entlegenen Platz. Vom einem Bataillon kamen 100 Rekruten im Alter von 20–22 Jahren zur hl. Messe, davon gingen 60 zu den Sakramenten. Auch sonst beobachtet man das gleiche mit einem gewissen Erstaunen, daß nicht die Alten, sondern die Jungen kommen. Elisabeth, die Du ja nun kennen gelernt hast, hat Dir sicher manches von hier erzählt. Ich erlebe jedenfalls in vielerlei Hinsicht angenehme Stunden, die ich nie mehr vermissen möchte.

Auch in religiöser Beziehung ist man rührig. Die Gemeinschaftsmesse ist allerdings noch nicht eingeführt. Elisabeth kannst Du mal ein wenig aufrütteln. Die wird viel zu ernst. Humor muß in den Laden hinein. Vielleicht habe ich sie schon angesteckt und verdorben. Es ist schon genug, wenn ich so ein Frager und Grübler bin. Ich würde in ihr ganz gerne das Gegenteil sehen. Aber bitte Mund halten davon. Am besten gar nichts von unserem Schreiben erzählen, sonst zieht sie sich wie eine Schnecke in ihr Haus zurück.
Nun will ich schließen. Der eigentliche Zweck meines Briefes war, für Deinen lb. Gruß zu danken und einmal ein Lebenszeichen von mir zu geben.

Herzlich Heil — Dein Jakob

Schreiben des Kölner NDers Jakob Weingarz an Hans Böhner.

SKTS: Strunck:

Aachen, 2. Nov., Allerseelen 1942

Lieber Kamerad!

Heute ist Allerseelentag. Vor mir liegt die Todesanzeige von Winfried Schnippenkötter: „Er fiel in treuester Pflichterfüllung. Reiche irdische Hoffnungen sanken mit ihm ins Grab…“

Der Krieg ist hart und dauert immer länger, und die Opfer, die er fordert, werden immer schwerer. Man muß schon einen sehr tiefen Glauben und einen langen Atem haben, wenn man an allem wachsen will.

Andreas Piel	Eugen Mewissen
Heinz Windelschmidt	Arnold Blum
Ernst Hecker	Willi Odendahl
Cord von Hobe	Hans-Georg Kirsch
Christian Koch	Robert Stumpf
Christian Bernhards	Karl Bachem
Heinz Strunck (verm.)	Ulrich Zylka (verm.)

Du hast sie gekannt. Jetzt deckt sie der Rasen. Und das Banner, worauf sie einst Treue geschworen, ist blutig rot geworden. Der Mund, der einst am Tage der Gottesmutter das Wort der Treue gab, ist nun stumm. Aber das Blut spricht eine gewaltigere Sprache als Worte es vermögen.
Ich sehe noch immer die Augen einer jungen Frau vor mir, die ich gestern traf: „Nun ist alles aus!“ stammelte sie hilflos. Sie trauerte um den Gatten, der in den Kämpfen bei Rshew geblieben war. Pfingsten hatten sie geheiratet. Nur 14 Tage hatte das junge Eheglück gedauert. Dann riß der Krieg beide auseinander. Und nun war alles zerschlagen.. – Als ich in die geknickten Augen der jungen Frau sehen mußte, da stieg in mir ein leises Grauen und eine Furcht vor der Macht auf, die so furchtbar schlägt.
Lieber Kamerad! Ich sage Dir nichts Neues und Du kennst in Deinem Kreis genügend Menschen, deren Leben harte und bittere Schläge trafen. Und Du wirst auch gespürt haben, daß hier mehr geschieht als das, was wir Fügung oder Schickung nennen. Es ist eine

furchtbare und unverständliche Tragik, die so tief und hart ins Leben einschneidet, daß wir fragend nach dem Sinn ausschauen.
Ich hatte in Krefeld einen Onkel. Er war schon älter. Der Luftschutzkeller seines Hauses war ihm nicht sicher genug. Ein halbes Jahr lief er von Dienststelle zu Dienststelle, von Fabrik zu Fabrik, um einen Eisen-T-Träger zum Abstützen seines Kellers zu bekommen. Schließlich war der Träger da. Wenige Tage später erfolgte ein Luftangriff auf die Stadt, mein Onkel wurde unter den Trümmern seines Hauses vom selben T-Träger erschlagen.
Beim Vormarsch in Rußland lernte ich einen Leutnant näher kennen. Er glaubte zu wissen, daß er in einem Gefecht fallen oder schwer verwundet werde. Daher suchte er an jedem Einsatz vorbeizukommen, was ihm sogar als Feigheit ausgelegt wurde. Schließlich brachte er es dahin, daß er zum Regimentsstab kam und Führer des Reg. Troß wurde. Absichtlich hielt er den Troß nun mit guter Sicherung weit hinter der kämpfenden Truppe zurück. Dadurch kam es aber, daß er im Winter mit einigen Fahrzeugen den Anschluß verfehlte und sich verfuhr. Er mußte mehrere Nächte bei 45 Grad Kälte unter freiem Himmel zubringen. Beide Beine sind ihm dabei erfroren, so daß beide Füße amputiert werden mußten.
Lieber Kamerad! Was diese kleinen Begebenheiten sagen sollen, weißt Du. Etwas Besonderes sind sie nicht und es wird Dir nicht schwerfallen, die Reihe aus Deinem persönlichen Erleben zu erweitern. Und wenn Du in das große Leben unseres Volkes blickst, dann findest Du das Gleiche…
Ist es nicht eine furchtbare Tragik, daß unser Volk, das den Frieden wirklich will und sich seit dem ersten Kriegstag danach sehnt, von Jahr zu Jahr mit zwingender Notwendigkeit in immer härtete und schwerere Kämpfe verstrickt wird? – Es liegt eine große Tragik über uns allen, und je mehr wir die Augen vor der Wirklichkeit öffnen, um so besser erkennen wir sie. Wir beide wissen dies. Nur eines hast Du Dich oft gefragt, wie es auch mir vor der Seele stand: Was hat dies alles für einen Sinn? Was hat es für einen Sinn, daß nun gerade die besten und echtesten Kerle fallen und die Drückeberger am Leben bleiben…
Sicher weiß ich nur eins: daß alle Tragik, so unverständlich sie auch zu sein scheint, einen Sinn hat, einen Sinn, dessen Ursprung in einer anderen Welt und jenseits aller menschlichen Berechnung liegt. Aber Du wirst wohl selbst hundertfach erfahren haben, wie schwer die Treue ist. Du wirst wissen, daß der Stunde, in der Du die Hand auf das Banner legtest, manche Enttäuschung und manch herber Verzicht gefolgt sind. Und doch liegt ein tiefer Sinn in allem, auch wenn er uns verschlossen ist.
Das letzte Wort der Treue galt unserm Volk und Vaterland. Hörst Du noch den Widerhall? Dieser Krieg ist noch nicht zu Ende und vielleicht wird er noch schwere Tage bringen. Vielleicht wird noch mancher von uns das Wort mit seinem Blut einlösen müssen. Treue um Treue, was auch kommen mag! Und einen großen Glauben!…

So grüße ich Dich herzlich und froh und bin an jenem Tag mit Dir vereint.

Dein E r n s t

Maschinenschriftlicher Rundbrief des Kölner NDers Ernst Rausch. Der Krieg wird hier nur noch als schwere Prüfung Gottes und keineswegs mehr als, wenn auch gefährliches, Fahrtenabenteuer gesehen. Der Tod ist allgegenwärtig und die Verluste sind erheblich. Nur das Gefühl, in Gottes Hand zu stehen, verleiht die Kraft zum Durchhalten.

SKTS: Böhner, S. 1:

Rußland, den 3. November 1942.

Liebe Kirchensänger!

Es fauchen die ehernen Rohre, die „Stalinorgel“ brüllt ihre todbringenden Töne, Kampf und Sturzflieger brummen, bumsen und heulen, und ich sitze beim Schein eines Kerzleins im muffigen Bunker und schreibe Ihnen in kurz gewährter Pause, allen einen herzlichen Gruß!
Das Heldenlied von Stalingrad, daß ich mit zu komponieren berufen bin, wird in späteren Zeiten mal gesungen werden. Sie wissen aus den Berichten jedenfalls, wie hart und schwer der Kampf hier tobt. Es ist so furchtbar, wie es die Welt bisher noch niemals sah; dies blutgetränkte Stück einer ehemaligen 700 000 Stadt möge nie und nimmer von einem Menschenpaar besiedelt werden. Dieser Fluch über diese Erde kann niemals weichen! Es ist mir nicht möglich zu berichten was die Augen sehen müssen, was die Hände tun und die Nerven halten müssen, es macht uns hier alle um 20 Jahre älter!
Aus den Seelen und Herzen von uns allen, die wir hier in einer Schicksalsgemeinschaft ohnegleichen stehen, die wir nicht wissen, ob wir in den nächsten Minuten noch da sind – nur Gott weiß es – aus aller Seelen und Herzen schreie ich Ihnen in die weite Heimat hinein: Bestürmt den Himmel! Gibt es noch eine andere Mission für alle, die noch in etwa gesichert leben, wie die Aufgabe des Betens? Wer es jetzt noch nicht begriffen hat, daß nur Gott noch helfen kann, wer da glaubt, den Soldaten helfen zu müssen und ohne Gott zu helfen glaubt, der möge doch hierher kommen und uns ablösen ! Die Männer alle, die immer wieder ein „Stück“ von sich dieser verfluchten Erde hier anvertrauen müssen, diese alle, ohne Ausnahme, haben jetzt zu schreien gelernt: Kyrie eleison!
Ein Heldenlied des deutschen Mannes, voll von Treue, Verantwortung und Pflicht gegenüber der Heimat, wird hier in speienden Stahl und Eisen gestaltet. Soeben habe ich hier eine große Schar von ihnen in einem gewaltigen Granattrichter, hinter den Ruinen eines großen Gebäudes, zum Eucharistischen Gott geführt; es war schon dunkel und alle knieten im Dreck und falteten die Hände wie die Kinder! Was mag da alles aus den Männerherzen dem Herrn entgegen geschlagen sein! Und über uns brauste ein schweres feindliches Bombengeschwader. Die Russen haben uns zum Glück nicht gesehen. Kyrie eleison, Heimat soll es rufen, wie diese Männer es gerufen haben.
Als Priester Gottes stehe ich unter diesen Kämpfern, wir alle sind todgeweiht; ich kann Tränen trocknen, Schwache aufrichten, Schwankende stark machen, doch nicht ich tu das, ich armer, hilfloser und oft zagender Mensch, nein, der tut es durch mich, der mich gesandt hat.
Euch alle, lb. Kirchensänger, die Sie vor Gott immer wieder hintreten können, Euch alle bitte ich um ein Gebet für alle meine Männer in dieser Hölle.

Mit getreuen Gruß H. L.

Maschinenschriftliche Briefkopie eines Briefes von Dr. phil. Heinrich Leonard Linssen (1900–1942), den er als Lazarettpfarrer an seinen Konfrater Hans Böhner aus Stalingrad schrieb (vgl. seinen Brief vom 6. 4. 1939). 1926 zum Priester geweiht, war er Religionslehrer und wurde zunächst als Sanitätssoldat einberufen. Zuletzt war er als Priestersoldat Sanitätsgefreiter in einem Kriegslazarett. Am 24. 4. 1942 wurde er als Lazarett-

pfarrer von der Wehrmachtsseelsorge übernommen. Am 22. November 1942 wurde die 6. Armee in Stalingrad eingekesselt, ihre Reste mussten am 2. Februar 1943 kapitulieren. Dr. Linssen gilt seit dem 30./31. Dezember 1942 als vermisst.
Stalinorgel: Russischer Raketenwerfer als Salvengeschütz.

DstHdh: Nachlass Wellenhofer 27:

30. 11. 42

Mut gewinnt

In einer Heimatkaserne. Der Hauptfeldwebel fragt uns, wer in die Kirche gehen will. Ich melde mich, daraufhin noch 2 andere – darauf hin eiserne Stille.
Aber nach und nach kommen dann, als sie uns drei bemerken, ein 3., ein 4., ein 5., ein 6. Am Schluß stehen fast 40 Mann da. Ich freue mich, daß ich durch mein Vortreten die andern, die ja alle leider so große Furcht vor dem lieben Nächsten haben, mitgerissen habe. Meine Freude darüber hat dann auch leicht den Spott der andern überwunden und fein war es dann, als ich in der hl. Kommunion den Herrn selber aufnehmen konnte. Und ich habe so recht die große Aufgabe gespürt, die wir auch hier als Sendboten des großen Königs haben. Daß ich auch, wenn das Thema auf dem Zimmer zu dreckig wurde, schon einige Male mit Erfolg dazwischengefunkt habe, hat mir die frohe Zuversicht gegeben, daß doch noch einiges zu machen ist, daß unsere heilige Aufgabe zwar schwer, nicht aber unmöglich ist.

Josef Kurz (oder Krug)

Maschinenschriftlicher Auszug aus einem Feldpostbrief an Pfarrer Wellenhofer.

SKTS: Böhner, S. 7:

Erich Bastung an Hans Böhner

Russland 1. 12. 1942

Vor einigen Tagen erhielt ich mit großer Freude Ihren Brief wofür ich Ihnen herzlich danke. Auch wünsche Ihnen in Ihrem neuen ehrenvollen Amt das Allerbeste. Nun will ich Ihnen noch etwas von meinem Tun und Treiben schildern. Bis vor 14 Tagen lag ich vorne in Stellung. Dann haben wir uns planmäßig zurückgezogen, als der Russe einen schweren Angriff machte. Die russ. Flieger haben dabei ganz nett gewirkt. In ganzen Verbänden kamen sie im Sturzflug herunter und bombardierten unsere rückfahrenden Fahrzeuge. Dann wurden wir mit der Bordwaffe herrlich demoliert. Sie haben sogar auf uns einzelne Landser geschossen. Da ist es mir bestimmt besser geworden. Vor einigen Tagen haben wir die Russen angegriffen. Unser Bataillon war schon bis zum Dorfrand. Da warteten wir nur noch auf Befehl. Da kamen drei russ. Panzer (T 34) auf uns heran. Auf etwa 50 m tauchten sie hinter Häusern auf. Da wir keine Abwehrwaffen hatten und keine Panzerunterstützung, mußten wir abhauen. Das war der schlimmste Augenblick für mich und andere Kameraden. Alles haben wir fortgeworfen. Sogar in Hemd und Hose kamen welche an. Die russ. Infanterie, die sich auf den Panzern befand, schoß mit den MG gewaltig.

Dabei haben wir leider sehr großen Ausfall gehabt. So sind wir etwa 8 km durch den Schnee gewetzt. Sonst greifen wir jetzt fast täglich die Russen an und zerschlagen sie. Ich wünsche Ihnen ein recht frohes Weihnachtsfest und ein glückliches neues Jahr!

Maschinenschriftliche Abschrift eines Briefes von Erich Bastung an Hans Böhner, worin er eines der jetzt typischen Rückzuggefechte der Wehrmacht in Russland schildert. Der seit Ende 1941 in immer größeren Zahlen von der Roten Armee eingesetzte mittlere Kampfpanzer T 34 war zu diesem Zeitpunkt allen deutschen Kampfwagen überlegen.

DstHdh: Nachlass Wellenhofer 59:

Rußland, Advent 1942.

Lieber Johannes!

Weihnachten kommt wieder, ich feiere es in Rußland. Und Du? Zuhause? – In Frankreich? – Norwegen – Rußland? Wo magst Du sein? Wo immer Du bist, ein frohes lichtes Weihnachten!

Eine Kerze würde ich Dir gerne schicken. Sie sollte Dir sagen, daß ich an Dich denke, daß wir in der Liebe dessen verbunden sind, der in der hl. Nacht zu uns kam. Kerze kann ich Dir keine schicken. Aber ein paar Gedanken, vielleicht sind sie Dir ein kleines Licht…

Du schreibst von dunklen Stunden in Deinem Leben, von Nächten. Du meinst wohl Stunden der Verzagtheit, der Einsamkeit, der Enttäuschung. Mehr noch vielleicht Stunden der Schwäche, des Versagens, der Erbärmlichkeit. Dazu ein paar Gedanken!

Wir müssen erfahren, daß in uns helles Blut fließt und dunkles, daß beides in uns ist, Helles und Dunkles, Tag und Nacht, geheimnisvoll verwachsen und verwoben, unentrinnbar, erschreckend rätselhaft. Daß beides über uns kommt, oft wechselnd wie Tag und Nacht, oft nebeneinander wie Licht und Schatten in der Mittagssonne, oft ineinander wie Hell und Dunkel im Zwielicht.

Daß es lange leuchtende Sonnentage gibt, daß es aber auch Polarnächte gibt, die nicht zu enden scheinen.

Daß in den hellsten Stunden das Dunkel lauert, langsam aufsteigen oder auch plötzlich da sein kann wie ein Gewitter ohne Schwüle.

Daß es Sünden gibt, in denen man sich fast nicht mehr kennt vor lauter Dunkel – seltener vor lauter Licht.

Daß es Tage des Zwielichts gibt, in denen wir halb dem Hellen, halb dem Dunkel gehören. Immer schwankend, nach beidem verlangend, vor beiden sich fürchtend, zerrissen und gequält.

Daß wir am Dunkel leiden und ihm trotzdem verhaftet sind, daß wir uns nach dem Licht sehnen und trotzdem den Schritt ins Helle scheuen. Dies müssen wir erfahren. Nicht nur Du allein! Es ist gut, dies zu wissen.

Wir müssen aber auch immer wissen, daß unser eigentliches trotz allem Licht ist. Daß wir in dunklen Stunden oft nichts anderes tun können als warten, bis das Licht wieder kommt. Daß es aber immer wieder Tag wird, wenn wir nicht müde werden, zu warten. Daß wir nur die Sehnsucht nach dem Licht nie verlieren dürfen, nicht in den dunkelsten Stunden. Daß wir durch diese Sehnsucht Kinder des Lichtes sind trotz allen Dunkels in uns und um uns.

Daß in den dunkelsten Stunden das Licht verborgen ist und plötzlich aufleuchtet wie ein ferner Stern oder nahe Morgenröte.
Daß wir die hellen Stunden ausnützen müssen, um mit allen Sinnen das Licht aufzusaugen. Daß wir uns dabei nicht stören lassen dürfen durch all das Vergangene, das drückt und das Kommende, das droht.
Daß wir das ganze Rätsel von Licht und Dunkel unentwirrt vertrauend in Gottes Hände legen dürfen.
Daß hinter allem Licht und allem Dunkel der Herr steht. Daß der Herr lauter Licht ist.
Auch dies zu wissen ist gut und tröstlich.
Ein paar andeutende Gedanken sind das.
Vielleicht ist einer dabei, der Dir leuchten kann in dunkler Stunde. Eigenartige Gedanken für einen Weihnachtsbrief! Aber: In der Nacht wurde Er geboren, um uns das Licht zu bringen. Möge Er Dir in allen Nächten des Lebens Licht sein!
Wir zwei aber wollen dem Licht nachgehen wie die Hirten und wollen dem Stern folgen wie die Weisen, wenn auch der Weg oft dunkel ist und der Stern manchmal entschwindet. In der heiligen Nacht wollen wir einander gedenken!

Mit hellem Weihnachtsgruß!

Dein Richard

Hektographierter maschinengeschriebener Rundbrief des Priestersoldaten Richard Lipold. Die Härten und Grausamkeiten des Krieges sind nur als Prüfung Gottes und durch den Glauben zu ertragen.

DstHdh: A1. 3204:
Rundbrief von Pfadfindern aus Magdeburg

Kolberg, 10. 12. 42

Liebe Kameraden!

In der Adventszeit erhielt ich diesen Schrieb.
Es war eine feine Idee von Olaf, diesen Rundbrief wieder ins Leben zu rufen. Sonst hörten wir ja doch nur wenig von einander. In dieser Zeit hat jeder mit sich selbst zu tun. Es gilt zu streiten mit dem Feind für Deutschlands Sieg und Frieden.
Nehmen wir diesen Kampf hin als Vorbereitung auf eine bessere Zukunft, für uns und die nachfolgenden Generationen. Manchmal fällt es uns schwer auszuhalten, viel lieber würden wir etwas anderes machen. Wir wollen das Wort nicht brechen, nicht Buben werden gleich, woll'n predigen und sprechen vom heiligen Deutschen Reich. Früher haben wir diese Verse so oft gesungen. Heute haben sie einen Sinn für uns und wollen in die Tat umgesetzt werden. Wir sind Männer geworden, die im Kampf hart geworden sind. Wenn es kracht und der Tod in greifbarer Nähe ist; dann kommen einem doch komische Gedanken. Wir müssen jetzt besonders in unserem Kampf, wie A. Leo Schlageter schreibt, stets ein sauberes Brusttuch haben und eine glatte Rechnung mit Gott. Das ist wohl das wichtigste in unserer Zeit für uns Christen. Unser „Allzeit bereit" muß uns auf dem ganzen Lebensweg ein Wahlspruch bleiben.

Auch ich mußte oft an das Lied, was Gerhard aufführte, denken „Zu Ende ist das frohe Wandern“. Unsere Jugend ist vorbei. Wir zehren noch von den Erinnerungen der schönen Stunden. Wir stehen in einer neuen anderen Zeit.
Seit Oktober bin ich auf der Schule und muß so allerhand ochsen, was gar nicht immer in den Schädel rein will. Aber auch das geht vorüber. Sonst ist es mir verhältnismäßig noch ganz gut gegangen. Weihnachten werde ich als glücklicher zu Haus feiern können. Ich wünsche den Kameraden, die diesen Schrieb um die Weihnachtszeit erhalten, ein recht frohes Weihnachtsfest. Gleichzeitig ein recht frohes neues Jahr. Möge uns das neue Jahr weiter gesund erhalten und recht viel Gutes bringen. Laßt diesen Schrieb weiter kreisen.

Es wünscht Euch alles Gute und recht viel Grüße

Paul

Zweiseitiger handschriftlicher Rundbrief eines Pfadfinders aus Magdeburg zur Weitergabe an die Bundesbrüder.
Albert Leo Schlageter (1824–1923) war bekennender Katholik und Leutnant im Ersten Weltkrieg. Nach dem Krieg kämpfte er in verschiedenen Freikorps. Er trat 1922 der NSDAP bei. Im Ruhrkampf wurde er 1922 nach einem Sprengstoffanschlag von der französischen Besatzungsmacht verhaftet und am 20. 5. 1922 erschossen. Ähnlich wie der Leutnant Walter Flex wurde auch er in der bündischen Jugend als Vorbild verehrt. Die katholischen Pfadfinder beziehen sich hier auf ihn, vor allem weil er Katholik war. Die NS-Propaganda stilisierte ihn zum Idol und machte aus ihm einen Märtyrer der Bewegung, der für die Befreiung Deutschlands sein Leben opfern musste. Nach ihm wurde das letzte in Dienst gestellte, 1937 vom Stapel gelaufene Segelschulschiff der Kriegsmarine benannt.

SKTS: Böhner:

Werner Cormann an Hans Böhner:

Düsseldorf, Weihnacht 42

Verehrter Herr Rektor!

Zum diesjährigen Weihnachtsfest wünsche ich Ihnen Gottes reichen Segen. Je mehr die äußere Form des Festes durch die Zeitverhältnisse an Glanz verliert, um so stärker möge das innere Licht erstrahlen, das ausgeht vom Weihnachtsgeheimnis selbst. Das warme Licht der Kerzen, ja selbst die Sonnenwende sind alle doch nur Symbol jenes sieghaften Lichtes. Heute wie einst sind es aber nur eine begrenzte Zahl von Menschen, die den Weg zur Krippe finden: einige Weise und dann vor allem die einfältigen Menschen, denen Gott die Gnade des Glaubens schenkte. Darum wünschen wir einander in diesen Tagen ein gnadenreiches Fest. Ohne die Gnade würden auch wir nur den Stall sehen mit all seiner Armut und nicht die Göttlichkeit dieser Geburt. Wie oft begegnet man jetzt Menschen, die über die Armut dieser Kriegsweihnacht jammern, und wir selbst entdecken uns ja manchmal bei den Gedanken, daß eine Weihnacht ohne Glanz und Geschenke nicht das Richtige ist. Aber gerade so nähert sich das heilige Fest jenem Urbild der ersten Weihnacht. Die ganze Welt ist arm und kalt, wie ein Stall geworden. Der Krieg hat Nacht

gelegt über die Menschen. Und in diese Finsternis strahlt das Licht Gottes. Ein tröstlicher Gedanke in einer schweren Zeit. So sei auch diese Kriegsweihnacht ein Fest der Freude. Diese Freude ist nicht an bestimmte Umstände gebunden, sie kann jedem zuteil werden, dem Landser vorn im kalten Graben wie dem Kranken auf seinem Leidenslager. Sie ist mehr als eine sentimentale Erinnerung an vergangene Kindertage. Es gehört Haltung dazu ein klares Wollen zum Glauben an das Licht. Die Weihnachtsbotschaft, die den Menschen den Frieden verheißt, die eines guten Willens sind, ergreift mich immer wieder von neuem. In diesen stillen Stunden der Weihnacht werde ich mir erst richtig bewußt, wie oft ich es im vergangenen Jahre dann habe fehlen lassen an jenem guten Willen, wie oft ich vorbei getappt bin an diesem Licht.
In all der Hast und Geschäftigkeit, die das Leben mit sich bringt, sind solche Stunden der ernsten Besinnung nur gar zu selten. Sie werden es darum auch entschuldigen, wenn ich in diesem Brief etwas stark meinen Gedanken nachgehangen bin. Über das Alltägliche hätte ich auch nichts Besonderes zu berichten. Nach einigen Monaten Lazarett – Einsatz in Polen und einigen Tagen Erholung in den Tiroler Bergen habe ich mein Studium in den Düsseldorfer Kliniken wieder aufgenommen. Ich bin jetzt 7. Semester; und habe also noch 2 Jahre Studium vor mir. Die Zeit in Polen hat mich in der Freude an meinem Beruf nur bestärkt. Nur ein Beruf, der den ganzen Menschen erfordert, kann ein Leben letztlich befriedigen. Bevor ich schließe, möchte ich Ihnen noch die Weihnachtsgrüße meiner Eltern übermitteln!
Mit den besten Grüßen verbleibt in Treue

Ihr Werner!

Vierseitiger handschriftlicher Brief des Düsseldorfer NDers Werner Cormann an Hans Böhner. Werner Cormann war Medizinstudent.

„Dem Sieger werde ich verleihen, mit mir auf meinem Thron zu sitzen, wie ja auch ich nach meinem Siege mich zu meinem Vater auf seinen Thron gesetzt habe."
(Geh. Offb. 3. Kap. 21. Vers)

„– – – Nun hat es so der Herr gewollt", daß das Liebste, was wir hatten, nicht mehr zu uns zurückkehren wird:

Am 4. Dezember 1942 starb bei den schweren Kämpfen im Raum zwischen Wolga und Don den Heldentod mein treuer Lebensgefährte, der beste Vater seines Kindes, unser guter Sohn, Bruder, Schwager, Onkel und Neffe

Hans Hirtz

Feldwebel in einem Grenadier-Regiment,
Teilnehmer des Westfeldzuges, Inhaber der Ostmedaille und des Verdienstkreuzes II. Klasse mit Schwertern.

Sein Leben war Liebe und Treue. Als Soldat war ihm Pflichterfüllung und unermüdliche Sorge für die ihm anvertrauten Kameraden das Höchste. Als Mensch war er eine Frohnatur. Das große Heimweh, die ungestillte Sehnsucht nach seinem Kinde und die Leiden des Krieges konnten seiner Zuversichtlichkeit nichts anhaben. Seine Kraft war Glaube und Hoffen. Nun fand sein Leben letzte Vollendung in seinem Opfertod. Die weite russische Erde hat ihn aufgenommen, und dennoch lebt er weiter – in uns und bei Gott.

In namenlosem Schmerz:
Frau Klara Hirtz geb. Lehnen
und **Kind Ingo**
und alle Anverwandten.

Differten (Straße des 13. Januar 37), Überherrn, Wadgassen, Dillingen, den 4. Januar 1943.

Erstes Sterbeamt am Dienstag, den 12. Januar 1943, in der Pfarrkirche zu Differten 7,25 Uhr. Zweites Sterbeamt am Mittwoch, den 13. Januar 1943, in der Pfarrkirche zu Überherrn.

DstHdh: Nachlass Wellenhofer 34

Briefe von 1943

DstHdh: Nachlass Wellenhofer 27:

Laß dir vom Leid die Liebe nicht zerschlagen
Rufen uns nicht die schlichten Kreuze unsrer Gefallenen und ist uns nicht ihr Vorbild stets Mahnung, so zu werden wie sie? Freilich es ist ein schwerer Weg und ich weiß darum. Doch wir sind in Gott und mit Christus im Herzen ins neue Jahr geschritten und so wollen wir auch in Gott bereit sein, bereit sein sogar zum Letzten, zum größten Opfer, wenn es der Herrgott von uns fordern sollte. Das Opfer wird für uns junge Christen leichter, aber nicht kleiner! Aber wir wollen es bringen, nicht klagend und trauernd, nein mit frohem Sinn und einem reinen Herzen, ein Sturm zu Gott hin soll es sein! Und zur Gloria Dei, zum Lobpreis Gottes, zu dem unser Leben ist, soll denn auch unser letztes Opfer werden, daß es im Tod noch klinge: Ehre sei Gott in der Höhe!
Und um eines bete ich ganz besonders, daß ich im Osten nicht zu einem verbissenen Soldaten werde, sondern mir das frohe Lachen erhalte, das uns im Gesicht steht, weil wir die Jungen Gottes sind! Und Sieger wollen wir sein über alles, was in unserem Innersten gegen dieses Frohsein anbrandet.

Josef Kurz (oder Krug) 22. 1. 43

Maschinenschriftliche Abschrift eines Feldpostbriefes an Pfarrer Wellenhofer.

DstHdh: Nachlass Wellenhofer 27:

Taufkirchen a. Vils, den 3. 2. 43

Lieber Hochwürdiger Herr Kurat!

Meine derzeitigen Urlaubstage genieße ich im Glück meiner jungen Ehe und möchte Sie aus der Heimat recht herzlich grüßen!
Sie haben uns mit einem schönen Buch und Ihren lieben Grüßen erfreut und wir danken Ihnen mit aufrichtigen Herzen. Ganz besonders schätze ich Ihr Gedenken an uns und Ihre guten Wünsche nehme ich mit hinaus ins Feindesland. Wie oft schon hat sich der Geist Ihrer Jugenderziehung bewährt, wenn es galt stark sein zu müssen, sei es am opfern oder entsagen. Ihnen Hochwürden Herr Kurat, sei in diesem Sinne ein dauernder Dank gewidmet!
Die Tage meines Urlaubs waren kurz – aber schön ! Wenn ich auch in den nächsten Tagen mein Glück mit dem Trennungsschmerz vertauschen muß, so nehme ich doch ein neugewonnenes Stück Heimat mit, das mir den Glauben an die Zukunft festigt.
Wie gehts Ihnen Hochwürden Herr Kurat? Ich wünsche Ihnen von Herzen das Beste!

Mit dankbaren Grüßen gedenke ich Ihrer und verbleibe stets

Ihr Peter Keilhacker

Ich darf Sie wohl weiterhin um Ihr Fürbittgebet bitten!

Maschinenschriftliche Vorderseite eines Briefes an Pfarrer Wellenhofer, in dem ihm Peter Keilhacker über seine Vermählung berichtet.

Lieber hochw. Herr Kurat!

Mit meinem innigsten Dank möchte ich mich anschließen und Ihnen die Freude Ihres Geschenkes mitteilen.
Da jetzt mein Mann im Urlaub ist, hat es doppelt Freude gebracht und so spreche ich Ihnen auch ein doppeltes Vergelts Gott aus. Vielleicht kann ich Sie mal wieder besuchen. Bald muß mein lb. Mann wieder fort u. die Freude verwandelt sich wieder in großen Schmerz, aber der lb. Gott wird uns auch dann helfen.
Möchten Sie H. H. Kurat im Gebet gedenken.

Mit … Dank und vielen Grüßen

Ihre (unleserlich) Keilhacker

den besten Wünschen z. Ihrer Gesundheit
viele Grüße Mutter und Bruder

Auf der Rückseite handschriftliches Dankschreiben der jungen Ehefrau. Die beiden Briefe sind typisch für die Situation jungverheirateter Soldaten, die unmittelbar nach der Eheschließung wieder an die Front mussten und oft dort den Tod fanden.

DstHdh: Nachlass Wellenhofer 36:

Palermo, 14. 3. 43

Hochwürden Herr Kurat!

Habe am 5. III. 43 Ihren Brief vom 11. II. 43 erhalten. Es ist sehr schade, daß aus Ihrer Vermittlung nichts geworden ist. Ich danke Ihnen herzlich dafür. Wenn Sie meinen Brief vom 25.II.43 erhalten haben, werden Sie ja gesehen haben, daß ich von Neapel fort bin. Hätte dort auch einen Kapuzinerpater von unserer Provinz treffen können. Aber alles habe ich zu spät erfahren. Das ist halt so beim Kommiß.

16. 3. 43. Auf dem Zerstörer „Alpino" Afrika glücklich erreicht. Soeben bei der Komp. angekommen. Sind 30 km von Tunis weg. Haben die Stadt durchfahren. Herrlich ist die orientalische Stadt. Die Fahrt war gut. Am 14.3. um 18.05 Palermo verlassen. Das Wetter schlecht. Durch Regenböen sind wir gefahren. An Geleitzügen sind wir vorbei. Und durch Gegenden, wo es … ken (unleserlich) gegeben hat. Einmal sind wir 100 m an einer Treibmine vorbei. Um 10 h am 15. das Festland erreicht. Dafür werde ich meinem Herrgott mein Leben lang danken.
Aber nun Schluß, da ich ja nun eine Unmenge Briefe schreiben muß.

Es grüßt Sie und wünscht Gesundheit Walter

Handschriftlicher, z. T. beschädigter Feldpostbrief eines Soldaten an Pfarrer Wellenhofer, von dem nur der Vorname Walter bekannt ist. Er muss wohl Angehöriger des Kapuzinerordens gewesen sein, ob er Priester war? Der Brief wurde in Palermo angefangen und in Tunis beendet. Seit dem 17. November 1942 kämpfen Reste des deutschen Afrikakorps in Tunesien, die am 13. Mai 1943 kapitulieren müssen. Der Soldat Walter gehört zu den wenigen Männern, die mit Hilfe von italienischen Kriegsschiffen als Ersatz nach Tunesien verschifft werden konnten.

DstHdh: Nachlass Wellenhofer 64:

Rußland, 17. 3. 1943

Meine liebe Schwester!

Nach langer Zeit kommt nun wieder ein Brief zu Dir geflogen und Dir einen Gruß aus ernster Stunde. Aus der alten Stellung wurden wir vor vierzehn Tagen abgelöst, marschierten innerhalb einer Nacht 25 Kilometer und gingen bei Nowgorod über den Wolchow, dessen zweiter Arm nun vor uns liegt, und von woher uns der Russe seit drei Tagen angreift. Tod und Grauen haben uns heimgesucht. Näheres zu schildern liegt mir nicht. Euer Gebet hat mir bestimmt viel geholfen in dieser Zeit. Unsere Gruppe ist noch 5 Mann stark. Es wundert mich fast, daß ich noch lebe. Gott entscheidet ja über unser Schicksal.– – – Nun vergessen wir einmal diese Umgebung. Wie geht es Dir eigentlich? Hast Du wohl österliches Schweigen eingeschaltet, daß ich nichts mehr höre oder bist Du mir böse, daß mir der Krieg so wenig zu schreiben erlaubt? Was machen die „Bundesgenossen“? Alle! Oft denke ich an Euch. Sag allen meine herzlichsten Grüße! Die geistige Gemeinschaft bleibt, wenn wir auch körperlich weit getrennt sind. Von uns Soldaten aus gesehen, ist eigentlich kein großer Sprung mehr zwischen Himmel und Erde und manchmal schon war mir das Erste lieber als das Zweite. Hier wird der Blick weit und aller lächerliche Kleinkram verschwindet. So haben wir mit den Toten auch eine große Gemeinschaft. – – Für heute grüße mir alle nochmal recht froh, auch die Buben. Ich hab sie nicht vergessen.

In inniger Gemeinschaft durch Ihn

Euer Erich

Maschinenschriftliche Abschrift eines Briefes von Erich Schützinger an seine Schwester.

SKTS: Rausch:

Göttingen, 22. März 1943

Lieber Kamerad!

Was ich Dir sagen will, weißt Du wohl schon. Hans FEIN ist gefallen. An der Ostfront ging er in den Tod!
Ich brauche Dir nicht zu sagen, was Hans uns allen war, das weißt Du selbst. Wichtig ist nur eins: der Herr hat das Opfer seines Lebens angenommen; er war reif. Und er war das erste Opfer derer von „Langemarck“.
Ich denke an jene denkwürdigen Stunden im Juni 1939, kurz vor Beginn dieses großen Krieges. Das Wort war aufgeklungen „Und die, die die Besten waren, ließen die Treue nicht“. Nun ragt ein kleines Birkenkreuz im Osten und der darunter liegt, hat dieses Wort gelebt. Er hat das große Ziel der Fahrt erreicht: Er gab sein junges Leben für uns und die Zukunft unseres Volkes.
Du kennst das Wort von jenem Ritter, der auszog, den Gral zu erringen. In einem der Bücher unseres Freundes stand es und hat ihn begleitet:

„Ich bin auf einer Fahrt, von der mich nichts mehr wenden mag.
Ich reite bis zum Herbergsziele Tag um Tag,
ob’s Wetter trocken sei oder naß,

und wie die Wasser fließen in den Ländern.
Ich fürchte mich vor Mördern nicht
und vor Gefahren der Räuber auf den Straßen,
das ist wahr.

Ich laß die Fahrt auch nicht um Königs Haß
noch dem der Fürsten, wie sie's wollten ändern,
und sollten mir's die Grafen wehren …
und gar die starken Städte erst in aller Welt:
sie irrten meiner mich nicht
auf die ich muß,
wie schwer sie mir auch fällt.

Ich bin auf einer Fahrt, von der mich nichts mehr wenden mag,
ich reite bis zum Herbergsziele Tag um Tag!"

Das Ziel ist nun erreicht, der Gral ist errungen. Er trug die Fahne, die Fahne trägt jetzt ihn. Er ist hindurch geschritten durch das Tor zum Leben. Du weißt, es gibt keine Trennung zwischen diesem Reich und dem Jenseits dieses Tores. Geburt ist Sterbens Anfang. Der Tod des Lebens Aufgang: strahlender Beginn. Und deshalb blickt kein erstarrtes und kaltes Gesicht aus jenem Reich herüber. Kraftvolles Leben, das den Sieg errungen hat, schaut Dich an. Dort liest Du Kraft und Zuversicht, Stärke und einen großen Glauben. Und seine Augenblicken fragend auf Dich: bist Du bereit? In Bereitschaft sein ist alles! Die Zeit ist hart und schwer, voll Blut und ohne Liebe. Trage die Fahne!

„Die Zeit ist euer!
Was sie sein wird
wird sie für euch sein!"

Hektographierter Rundbrief des Kölner NDers Ernst Rausch.
„Langemarck": Das war ein Fähnlein von NDern (Fähnlein ist die Gruppenbezeichnung für Schüler eines Jahrgangs) am Apostelgymnasium in Köln, das sich nach dem Sturmangriff „junger Regimenter" am 10. November 1914 bei Langemarck nannte.Fähnleinführer von 1933 bis Kriegsbeginn war Willi Strunck. Bei dem Dorf Langemarck in Belgien sollen vor allem kriegsfreiwillige Studenten und Abiturienten mit dem Deutschlandlied auf den Lippen im Feuer englischer MG verblutet sein. In der bündischen Jugend wurde „Langemarck" zum Symbol jugendlichen Patriotismus und Opferbereitschaft. Spätere historische Forschungen haben dann ergeben, dass der Langemarck-Mythos nur die Verklärung eines militärischen Desasters war.

DstHdh: Nachlass Wellenhofer 27:

Obergefr. Blaschke, Robert 06097

15. 4. 43.

Lieber Herr Kurat!

Nach einem mit mancherlei Unannehmlichkeiten verbundenen Rückmarsch aus dem Kaukasus, der in einer 10tägigen Bahnfahrt, die uns zu unserer großen Freude überhaupt aus Rußland herausbrachte, endete, komme ich, da mir gerade eine Schreibmaschine zur Verfügung steht, endlich dazu, meine unzähligen Briefschulden zu begleichen. So danke ich denn Ihnen recht herzlich für die frohe Weihnachtsbotschaft und den feinen Brief. Z. Zt. bin ich in Bulgarisch-Serbien in einer schönen Gebirgsgegend und trotz des hier herrschenden Bandenkrieges kommt es uns rauhen Rußlandfeldzüglern vor, als lebten wir mitten im Frieden und wären nur auf Manöver. Schuld daran ist wohl auch der Umstand, daß hier keinerlei Fliegerangriffe zu befürchten sind und keine Verdunklungsvorschriften bestehen.
Ich weiß nimmer, von welcher Seite ich hörte, daß Sie die Klinik nun verlassen konnten und so hoffe ich, Sie im nächsten Urlaub (hoffentlich kommt er recht bald) in voller Gesundheit und Frische wieder begrüßen zu können. Durch Marianne werden Sie sicher schon wissen, daß wir dann Hochzeit halten wollen und so sehe ich mit Freude diesen Tagen, die mit unvergeßlicher Herrlichkeit winken, entgegen. Meine Marianne wird Sie sicher in nächster Zeit besuchen und mit Ihnen darüber sprechen …
Mir geht es ganz gut. Auch stehen die schönen Sommermonate bevor und da trägt sich der Krieg überhaupt leichter. Für uns sind ja oft die Härten und Unannehmlichkeiten nicht das Schlimmste, oft ist es die Einsamkeit, die einem das Frontleben erschwert. Denn die meisten von uns stehen mit ihren Ansichten, ihrem Idealismus, ihrem Sehnen allein inmitten einer andersdenkenden Welt. Gerade auch darum hat der Urlaub für jeden von uns eine zweifache Bedeutung. Nun, die längste Zeit des Krieges liegt ja schon hinter uns und der Herr, der uns bis hierher nicht verlassen hat, wird auch weiterhin mit seiner Kraft bei uns sein.
Wo steckt Wiener Rudl immer und wie geht es seiner holden Frau Gemahlin?
Mein Gedankenvorrat ist leider schon aufgebraucht und darum muß ich Schluß machen.

Mit den besten Wünschen und den herzlichsten Grüßen auch an Ihre Angehörigen

Ihr Robert

Maschinengeschriebener einseitiger Feldpostbrief an Pfarrer Wellenhofer vom Obergefreiten Robert Blaschke.

DstHdh: A1. 3204:
Sanitätsunteroffizier Karl Kreuzer
N 21406 D

Rußland, den 18. April 43

Heil Kameraden!

Wenn einer von uns müde wird,
Der andere für ihn wacht.
Wenn einer von uns zweifeln will,
Der andere gläubig lacht.
Wenn einer von uns fallen sollt,
Der andere steht für zwei;
Denn jedem Kämpfer gibt ein Gott
Den Kameraden bei.

Dieses Wort von Heribert Menzel paßt wirklich zum Gebot der Stunde und erfüllt eigentlich unser ganzes Leben. Vieles muß erlitten und erkämpft werden und man kann sagen, fast nie geht es einen allein an, sondern immer ist ein Kamerad der mitfühlende, ratende, kämpfende. Ist es auch nicht herrlich zu wissen, daß ein zweiter Dir treu, in allen Lebenslagen, zur Seite steht? Und wer hätte von uns nicht die Freude an den gemeinsamen Stunden gehabt als sich das Wort Kameradschaft in die Tat umsetzte?
Immer und überall wird dieses Wort darum Geltung finden. Was will ich denn draußen im Felde tun, ohne daß ich einen Kameraden hätte? Ich würde irgendwie und irgendwann kapitulieren müssen.
Daraus folgert (sich) dann auch der Satz, den Gerhard geprägt hat: „Das eherne Gesetz der Treue ist ein unerbittlicher Maßstab für die Taten und das Verhalten des Soldaten", d.h. also auch für uns. Die Kameradschaft soll nicht einseitig sein, sondern bindend für beide Teile, woraus hervorgeht, daß wirklich nur die Treue beide Glieder zusammenhält. „Es ist ein Gesetz", sagt Gerhard. So lehrt uns denn Kant, daß das Gesetz nicht die Regel, sondern die Triebfeder unserer Handlungen sein soll. Also aus freiem Willen heraus soll uns die Treue Gesetz sein, nicht gezwungenermaßen durch irgendwelche äußeren Machteinflüsse. Nur so hat dann die Treue und die Kameradschaft ihren dauernden Bestand. –

Wenn ich die einzelnen Zeilen von Euch so durchlese, dann ersehe ich, daß jeder von Euch tatsächlich bemüht ist, die Treue sich selbst, unserer Gemeinschaft und dem Glauben zu halten. Ja, auch dem Glauben.

Ihr haltet es ja gar nicht für möglich, was das Bild des Hochaltars auf mich für eine Wirkung ausübt. Ich konnte mich gar nicht trennen von dem Anblick (hervorgerufen durch meine lange Abwesenheit und durch die Erlebnisse des letzten Winters). Denn beim Schauen kamen mir so die Gedanken an die Heimat und die vergangenen Stunden, die eng mit dem Gotteshause verbunden waren. Dort wurde mir der Glaube gelehrt, dort habe ich als Meßjunge gedient, hier wurde mir das erste Mal der Herrgott dargereicht und wir sangen dort zum Christkönigstag unser Bekenntnis. Diese stillen Minuten der Einkehr, beim Anblick des Bildes, waren für mich wieder Minuten zur Stärkung meines Glaubens geworden. Soll man all dem Vergangenen untreu werden? Soll man all das vorher Gelebte als null und nichtig abtun? Soll man es heute, wo man sich eine Vertiefung in der Glaubens-

lehre geholt hat, als bloße Spielerei hinstellen? Und alles nur, weil vielleicht das Leben im Unglauben bequemer sein soll; was ich sogar noch bezweifle? Nein und nochmals nein, Kameraden! Nur wer niemals wirklich mit dem Herzen dabei war, der kann sich davon trennen und alles über Bord werfen. In letzter Minute aber kehren die meisten doch wieder zurück. Was aber müssen sie sich dann vorwerfen? Sie haben dann eine Zeit gelebt, die ihnen im Grunde nichts gegeben hat, wo sie Hundsfötte waren, in der Treue zu Gott und seiner Kirche. Dies aber wollen wir uns nie vorwerfen brauchen, sondern unsere Pflicht tun, dem Herrgott in der Kirche und dem Vaterlande jetzt auf dem Felde......
Nun Kameraden möchte ich Euch allen noch ein recht frohes Osterfest wünschen und hoffen, daß ich eines Tages einen neuen Schrieb erhalte, der die Gedanken des einzelnen festhält.
Von mir persönlich möchte ich noch kurz berichten, daß ich jetzt zu einem Grenadierregiment versetzt bin und in einer Abwehrstellung (Bunker) an der Miusfront stehe. Mir geht es immer, wie sollte es auch anders sein, noch sehr gut und ich hoffe, daß ich bald mal auf Urlaub fahren kann. Das wäre ja jetzt meine größte Sorge.

Nun Heil Euch allen und viel Soldatenglück wünscht Euch

Euer Kalle

Vierseitiger handschriftlicher Rundbrief des Sanitätsunteroffiziers Karl Kreuzer als Rundbrief zur Weitergabe an die Bundesbrüder aus der ehemaligen Pfadfindergruppe in Magdeburg.
Karl Kreuzer erinnert hier an die Bildpostkarte vom Hochaltar St. Sebastian aus der Probsteikirche in Magdeburg, die dem Rundbrief vom August 1942 beilag.

DstHdh: Nachlass Wellenhofer 59:

Ostern 1943

Lieber Johannes!

Ostern ist wieder nahe! Du sollst einen Ostergruß haben.
Wo mag er Dich erreichen? Weit oben an der Eisgrenze? – in Rußland, wo die ersten Palmkätzchen zu blühen versuchen – in Frankreich, wo wir schon im schönsten Frühling stehen – oder in irgend einem Lazarett, wo Jahresfrühling und Genesungsfrühling zusammenfallen?

Wo immer Du bist, ein frohes und helles Osterfest!
Du schreibst allerdings in Deinem letzten Brief von Dunkelheit und Erstarrungen. Wen würde das wundern?
Und so ist es möglich, daß auch Dein Osterfest verhangen und trübe sein wird. Aber trotzdem ist Ostern auch für Dich!
Feste können sehr verschieden gefeiert und gelebt werden! Denk nur das erste Ostern der Christen.
Da war das Ostern der Mutter des Herrn, wohl ein unsagbares Geheimnis.
Das Ostern der lieben Magdalena ein Fest gläubigen Jubels, der weint und lacht. Da ist die offene Bereitschaft des reinen Johannes, die nicht schnell genug zum Grabe kommen kann. Da ist die schuldbewußte Niedergedrücktheit des sündigen Petrus, die wir ahnen

können. Die feige Befangenheit der meisten Jünger, die sich hinter Tür und Riegel verschanzt. Der scharfe Zweifel des ungestümen Thomas, der sich im Herzen verbarrikadiert, die dunkle Erstarrung der traurigen Emmausjünger, die Herz und Auge trübt.
Ganz verschiedene Ostern.
Voll Glaube und Zweifel, Jubel und Niedergeschlagenheit, Leben und Erstarrung. Aber immer ist Ostern! Ostern des Herrn!
Magdalenas Liebe bekam beglückende Antwort – des Johannes Sehnsucht überwältigende Erfüllung, der Zweifel des Thomas in die Knie zwingende Lösung die Erstarrung der Emmausjünger wundersame Belebung – die Schuld des Petrus göttliche Verzeihung. Allen wurde das Oberlicht zuteil, dem einen früher, dem anderen später.
Und so ist es auch bei uns, bei mir und bei Dir!
Welches Ostern mag uns heuer gegeben sein?
Vielleicht ein Ostern voll des Jubels der Magdalena. Den wollen wir hinaussingen mit den Glocken und den Orgeln unserer Kirchen, mit all den Liedern und dem Alleluja des Karsamstags. Oder ihn nur in unserem Herzen tragen in einer stillen Stunde im Bunker, in einer Holzhütte, im Krankenbett. Die echte Freude ist an kein äußeres gebunden.
Vielleicht ist uns ein Ostern geschenkt voll Sehnsucht nach oben, nach dem Licht, nach dem Herrn, voll ahnungsvoller Erkenntnis und gnadenhaftem Spüren. Dann wollen wir unsere Seele weit werden lassen in den Hallen unserer Kirchen oder auf einer Osterfahrt unter dem weiten Himmel oder im frohen Kreis junger Gemeinschaft oder auf einsamer Wacht unter den Sternen.
Vielleicht wird uns ein Ostern aufgegeben mit quälenden Zweifeln des Thomas. Dann wollen wir in Geduld warten, bis der Herr uns seine Wundmale zeigt und wir in die Knie gezwungen werden und unser Ostergebet soll sein: „Herr mach, daß ich sehe! Omine fac ut videam!“
Vielleicht wird uns ein Ostern aufgeladen voll Erstarrung und Verhärtung wie den Emmausjüngern, wo sich kein Gebet, am wenigsten ein Osteralleluja formen will und alle Sehnsucht abfällt. Wie leicht kann das sein bei dem Leben, das uns auferlegt ist
Oder vielleicht trifft uns gar ein Ostern, gefüllt mit Schuld, Versagen, Verleugnung. Vielleicht kann das sein bei dem Leben, das uns auferlegt ist. Aber auch dann wollen wir nicht vergessen, daß Ostern ist. Daß der Herr auferstanden ist. Daß er hinter allem wartet und plötzlich wieder hervortritt durch alle Mauern und Riegel und Schlösser hindurch und alles wieder gut wird.

So wollen wir Ostern feiern. Wie es uns gegeben und auferlegt wird. Und am Ostertag wollen wir einander gedenken.

In alter Treue | Dein R!

Einseitiger hektographierter Rundbrief des Priestersoldaten Richard Lipold.

DstHdh: Nachlass Wellenhofer 36:

Rußland 30. IV. 43

Lieber Herr Kurat!

Nun bin ich wieder in dem schönen Rußland gelandet. Die Berge haben scheinbar eine bes. Anziehungskraft auf mich, denn ich befinde mich wieder zu Füßen des Kaukasus. Der Urlaub war wie immer prächtig u. zu kurz.
Aber Gott sei Dank haben wir die eine Gewißheit, „es geht alles vorüber" u. auch mal der Krieg.
Diesmal ging es bei mir schon gleich wild an, aber ich hatte Glück bei der Sache. Auf dem Weg nach vorne, es war am Karfreitag, kam ich in Artilleriefeuer u. wurde wieder leicht verwundet durch einen Splitter an der rechten Brustkorbseite. Jetzt bin ich im H.V. Platz zum Ausheilen.
Auf diese Weise konnte ich wenigstens das Osterfest in Ruhe feiern und hatte auch Gelegenheit, einer hl. Messe beizuwohnen. Das war sehr fein.
So begann ich heuer die Karwoche und Ostern auf eine besondere Art.
Hoffen wir, daß es weiterhin so gut abgeht, dann haben wir auch Aussicht auf ein frohes Wiedersehen.

Weiter auf den starken Arm Gottes vertrauend grüßt Sie heute herzlichst

Ihr Ludwig!

Handschriftlicher Feldpostbrief an Pfarrer Wellenhofer, worin der Soldat Ludwig (Nachname unbekannt) von seiner Verwundung berichtet.
HV-Platz: Hauptverbandsplatz.

DstHdh: Nachlass Wellenhofer 27:

Windischgraez, Pfingsten 1943

Liebe Brüder und Schwestern!

Ihr alten Gefährten meiner Jugend, schweren Herzens nehme ich von Euch Abschied, und im Geiste zieht dabei das große Erlebnis unserer gemeinsamen Jugend noch mal an meinem Auge vorbei. Die Fahrten, die erhebenden Stunden großer Tagungen und die gemeinsam durchlittenen Stunden der Verfolgung. Ich verdanke Euch so unendlich viel. Wißt Ihr noch, wie wir gemeinsam die blaue Blume gesucht haben, die denen blüht, die demütigen Herzens, aber mit frohem Mut in Gottes freie Natur treten? So sind wir durch unsere Berge und unser Vaterland gezogen und unsere Lieder klangen aus heißen Herzen auf den Gipfeln und abends am Waldesrand. Und dann wurden wir alle vom großen Krieg erfaßt, in dem Ihr jetzt alle steht, über die weite Welt verstreut. Und viele von Euch erreicht mein Abschiedsgruß nicht mehr, sie sind schon dort, wohin auch ich gehe. Es ist unser Schicksal, schon jetzt von der Welt scheiden zu müssen. Aber sind wir dem Herrn dankbar, daß er unser Opfer nicht verschmäht. Möge er das freudig gebrachte Lebensopfer seiner alten männlichen gläubigen Jugend gütig annehmen, damit unser Vaterland wieder erblühe in der Verbindung mit dem Herrgott, daß die menschliche Not wieder geheilt wird und die heimatlosen Seelen wieder heimfinden.

Euch aber, die Ihr zurückbleibt, rufe ich zu: Bewahrt das Gewonnene und tragt den großen Schatz, den wir in der Jugend gehoben haben, ins Leben, in den Beruf, in die Ehen. Laßt die Kraft, die vom Altar in unsere jungen Herzen floß, auch Euer ganzes folgendes Leben durchdringen und gestalten, zeigt, daß wir unter der gleichen Fahne auch das sorgenschwere Leben des Erwachsenen meistern in der Würde der Gottebenbildlichkeit. Und nehmt Euch Euerer jungen Brüder und Schwestern an, die auf Euch warten und nach dem Brot hungern, das Ihr ihnen geben könnt.
Und Ihr, meine jungen Brüder und Schwestern, werdet nicht müde im Ringen um die Gestaltung Eures Lebens. Wir alten werden alle abberufen, in Eure Hände ist es gelegt, ob unserem Vaterland wieder eine Generation erwächst, die es innerlich retten kann. Werdet wieder schlichte, saubere, kräftige, lichterfüllte Menschen, ein Bollwerk gegen die jetzige Verzerrung des Menschen in Raffgier, Genußsucht und Unaufrichtigkeit. Geht Euren geraden Weg durch alle Verbogenheit und Verlogenheit des Lebens als natürliche und gesunde Menschen, deren ganzes Leben ein Lob des Herrgotts sein soll.
Die Zeiten sind schwer, und größte äußere Not mag die Herzen oft niederdrücken. Laßt die Fahne nicht sinken! „Wenn Gott für uns ist, wer ist wider uns?“. Geht durch die Zeit als treue Gefolgschaft Jesu Christi, der den einen ein Ärgernis und den anderen eine Torheit ist und immer bleiben wird.
„Dies alles wollen wir tun, weil wir die Zeit erkennen. Die Stunde ist da, wo wir vom Schlaf aufstehen sollen. Die Nacht ist fortgeschritten und der Tag hat sich genaht.“ An unserem glühenden Glauben, unserem sicheren Gottvertrauen und unserer größeren Liebe muß der Ansturm der aufgestandenen dämonischen Welt zerbrechen.
Ihr seid die Garde, steht tapfer und treu, bereit bis zum Letzten, wie Ihr dem Herrn geschworen habt!

Und gedenkt im Gebete

Eures alten Hans

Hektographierte Abschrift (zur Verteilung als Rundbrief) eines Briefes, von dessen Verfasser nur der Vorname Hans bekannt ist. Hans schreibt offenbar aus einem Lazarett in Erwartung seines Todes. Der Text enthält sein geistiges Vermächtnis an die jüngeren Bundesbrüder, wie er auch auf die Verfolgung durch die braunen Machthaber hinweist.

DstHdh: Nachlass Wellenhofer 64:

Russland, 29. 5. 43

Meine liebe Schwester!

...Momentan arbeiten wir Tag und Nacht an Gräben und Stellungen. Geschlafen wird vormittags, d.h. nur, wann es die Mücken zulassen. Jeder läuft mit einem grünen Schleier herum, der auch des Nachts getragen wird und immer ist alles lieblich umsummt von einem Schwarm Mücken. Drunten am Wasser liegen noch vom März einige Russen, die tun ihr übriges dazu! (Leichen !) – Aber das gehört eben zu den Alltäglichkeiten das Krieges. Körperlich geht es mir sonst gut. Über Appetit brauche ich nicht zu klagen, daß weißt Du ja ! – Nur passiert es uns manchmal, wenn wir so beisammen sitzen oder arbeiten, daß einer ein Lied anstimmt von der Heimat. Dann fallen bald alle ein und vom höchsten Tenor bis zum Baß summt und brummt jeder mit. Dann wacht es plötzlich auf, das wilde Heimweh. Wenn wir auch sonst rauhe Gesellen sind und hart sein können wie Holzklötze, dem ist keiner gewachsen. Drum ist es auch jedesmal eine Sensation, wenn neue Urlaubskarten kommen und jeder rechnet es sich zum hundersten Male aus, wann er jetzt drankommt. Momentan steht es ja günstiger damit. Statt zwei gibt es jetzt fünf Platzkarten pro Woche. Da ich etwa an 75. Stelle bin, ist es also schon möglich, daß ich statt an Weihnachten im Herbst schon erscheinen kann. Allerdings, was sich inzwischen ereignen wird, steht noch dahin. Wir tun jedenfalls unser Möglichstes, um die Dinge zum Guten zu wenden. Denn wehe, verlören wir diesen Krieg! Bangigkeit beschleicht uns, wenn wir hören, wie die Stimmung in der Heimat ist. Ich schreibe hier aus eigener Überzeugung. Der Russe geht auch schon am Stock. Drüben, uns gegenüber sind Frauen an der Front eingesetzt. Schuhe und Lederzeug drüben sind amerikanisch. Gewehre haben sie zu wenig. Ihre MG's sind den unseren nicht gewachsen, wohl aber ihre Granatwerfer, Bunker, Erdbauten. Der Russe selbst ist im Kampfe wenig wert, nur in der Masse. Wären unsere Reihen nicht so dünn, längst hätten wir sie schon über alle Berge getrieben. Doch für heute Schluß. Man soll eigentlich nicht viel politisieren, wenn man nur selbst froh und rein bleibt.

So grüß ich Dich herzlich. Dein E.

Brief des Soldaten Erich Schützinger an seine Schwester, maschinenschriftliche Abschrift.

DstHdh: A1. 3204:

Am 30. 5. 43

Liebe Kameraden!

Nun geht der schöne Maienmonat seinem Ende zu. Wer dachte da nicht an die schönen Marienfeiern zurück, welche wir zu Magdeburg gehabt haben und zu diesen Tagen habe ich Urlaub bekommen. Eine bessere Zeit zum in Urlaub fahren gibt es wohl nicht. Denn es ist doch die beste Jahreszeit. Wenn man dann auch noch das Glück hat, daß auch das Wetter gut ist, so kann man schon zufrieden sein. So geht auch diese Zeit leider so schnell dahin und es heißt dann wieder Abschied nehmen und wieder ein Jahr muß vergehen, bis man wieder das Glück hat, um auf Urlaub zu fahren. Olaf habe ich hier angetroffen und er läßt Euch vielmals grüßen.
In diesem Jahr können wir auf ein 75jähriges Bestehen unserer Gemeinde zurückblicken. Es ist am 6. Juni. Ja wie können wir doch dem Herrgott danken, daß er immer seine schützende Hand über unserer Gemeinde gehabt hat und wir wollen es dem Herrgott versprechen, daß wir immer treu zu Ihm stehen wollen. Auch wollen wir immer an unser Versprechen denken. Wollen „allzeit bereit sein". Das „allzeit bereit sein" erstreckt sich auf allen Gebieten in unserem Leben. Genauso Gott wie dem Vaterlande gegenüber. Dem Vaterlande gegenüber tun wir ja unsere Pflicht. Jeder von uns nimmt es als ganz selbstverständlich hin. Ja wir tun unsere Pflicht so wie es von uns als Deutscher Soldat verlangt wird. Einer beim Heer, der andere bei der Luftwaffe und andere wiederum bei der Marine. Alle stehen ihren Mann. Aber, liebe Kameraden, es gehört bestimmt sehr viel dazu, um auch noch daran zu denken, warum wir denn eigentlich hier auf Erden weilen. Doch

nicht nur allein, daß wir schon unsere Erfüllung aller Wünsche hier auf Erden bekommen. Unser Leben und Streben geht doch dahin, daß wenn wir unsere Pflicht hier auf Erden getan haben, dann die Belohnung dafür bekommen und mit in die Schar der Heiligen aufgenommen werden können.
So mancher lieber Schulfreund und Kamerad hat schon sein junges Leben für sein liebes Vaterland dahin gegeben, und es soll für uns eine Verpflichtung sein. Wir wollen unsere Kameraden nie vergessen und auch für sie hin und wieder einige „Vater unser" beten. Das ist das Einzige, was wir für sie tun können. Aus unserem Gebet schöpfen wir dann die Kraft, um in unserem Lebenskampf bestehen zu können und wir werden es dann auch bestehen und können dann sagen, wir haben auch unsere Pflicht getan so wie Ihr es uns vorgelebt habt.
Und nach ihrem Vorbild wollen wir weiter leben und kämpfen bis uns der Herrgott uns von unserem Posten abruft.

So grüße ich Euch vielmals mit einem „Gut Pfad"

Euer Kamerad Fritz

Zweiseitiger handschriftlicher Brief zur Weitergabe an die Bundesbrüder der Magdeburger Pfadfindergruppe bestimmter Rundbrief. Vom Verfasser ist nur sein Vorname Fritz bekannt.

DstHdh: Nachlass Wellenhofer 31:

Obergefreiter Strunz 20387A

Am Fronleichnamsfest 1943 in Rußland

Mein lieber Freund,

ich habe schon wieder länger nicht von Ihnen gehört und bin deshalb nicht böse, weiß ich doch, dass es noch mehr Soldaten an der Front gibt, die auf einen Gruß von Ihnen warten. Aber heut ist wieder einer jener Tage, wo die Gedanken mehr denn sonst in die Heimat eilen, in die Bischofsstadt. Fronleichnam – was schließt dieses Fest der Feste in sich, nicht nur an innerem Erleben und tiefer Gnade, sondern auch an äußerem mutigen Bekenntnis zum König der Könige. Vielleicht feiert Ihr auch am kommenden Sonntag wieder vor dem Dom das Opfer der Gemeinschaft und geleitet dann den Herrn im Sakrament durch die Straßen unserer großen Stadt – dann wisset, daß wir Soldaten bei Euch sind und im Geiste neben Euch ziehen „laudat Sion, laudat Deus…".
Der Kampf gegen die Banden, bei dem mein bester Freund Hans Scheidt fiel, ist siegreich beendet. Und morgen ist ein Monat seitdem ich ihn still in die Erde gelegt und er ist mir noch so unsagbar nah, es geht kein Tod mehr durch das Land unseres Geistes, nur noch ein „Sämann", Bert hat es gesagt und wir glauben es, daß sie alle Saat sind für das neue Geschlecht und freuen uns, daß sie nun die Herrlichkeit unseres Gottes schauen. Bert's Testament ging mir durch Wolf zu, unsere Worte sind zu klein zu solchem Leben und Sterben. Wir sind glücklich, daß er unser war und wir seine engsten Freunde sein durften.
Bis in 4 Wochen hoffe ich in Urlaub zu kommen. Vielleicht können auch all die Briefe, die mir Bert aus der Heimat und aus dem Süden geschrieben ein wenig dazu beitragen, das Bild seines jungen Lebens zu verherrlichen.

Pfingsten hatten wir wieder Feldgottesdienst, der Nachmittag schenkte mir die Freude des Wiedersehens mit Robert nach genau einem Jahr der Trennung. Und es war, als läge kein Tag dazwischen, so sehr sind wir geblieben wie wir waren, vielleicht beide noch ein wenig stiller und ernster, Berts Tod so sehr in unser Leben getreten und wir können es noch nicht fassen, daß wir nie mehr im alten Kreise vollzählig beisammen sein werden.

Und so Ihnen auch heute wieder den Gruß treuer Verbundenheit immer

Ihr Erwin

Maschinenschriftlicher Feldpostbrief des Obergefreiten Erwin Strunz an seinen Jugendseelsorger.

SKTS: Böhner:

Werner Sallermann an Hans Böhner:

6. 7. 43

Mein lieber Hans!

Nun ich im Begriffe bin die schönen Gefilde einer wohlbehüteten Heimat wieder zu verlassen, das heißt schlicht und einfach mich dort wieder hinzuscheren, wohin ich gehöre – an die Front, möchte ich Dir und allen Freunden „leb wohl" sagen. Ein kleiner lächelnder Abschied vom Frühling, von der Heimat, ein kleiner Dank an alle ohne Tragik, lediglich mit einer kleinen liebenswürdigen Verbeugung.
Also, leb wohl, Du getreuer Freund. Ich werde Dir ja jetzt wohl öfter schreiben, so wie früher; jetzt hatte ich nur meinen Tribut ans Leben gezahlt oder umgekehrt, meine Forderungen eingetrieben.
Jetzt kommt wieder das große „Alleine" dort draußen.

Alles Gute Dir! Herzliche Grüße von Eurem Werner

Handschriftlicher Feldpostbrief von Werner Sallermann an Hans Böhner.

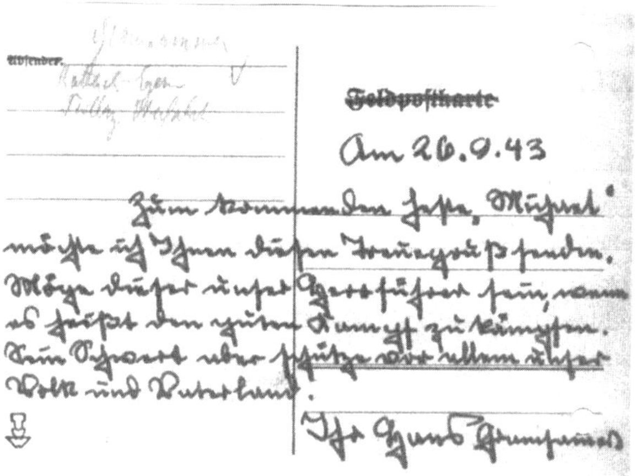

Zum kommenden Feste „Michael" möchte ich Ihnen diesen Treuegruß senden. Möge dieser unser Heerführer sein, wenn es heißt den guten Kampf zu kämpfen.
Sein Schwert aber schütze vor allem unser Volk und Vaterland.

Ihr Hans Gramsammer

DstHdh: Nachlass Wellenofer 31

DstHdh: Nachlass Wellenhofer 59:

September 1943

Lieber Johannes!

Mein letzter Brief an Dich blieb ohne jegliche Antwort. Ich ängstige mich um Dich. Wo magst Du stehen in diesen dunklen schweren Wochen? Vom Osten kommen immer dieselben Meldungen von der durchgestandenen Abwehrschlacht. Und ich weiß, was hinter den knappen Meldungen steht an Last und Leistung. Es ist nicht gut, in solcher Zeit viel zu reden und zu schreiben. Und doch will ich wieder schreiben. Damit wir nicht auseinan-

dergerissen werden in diesem Strom, der uns umspült. Man verliert soviel in diesem Krieg. Unsere Kameradschaft aber dürfen wir nicht verlieren. Sie ist vielleicht das letzte, was uns bleibt vom vergangenen Leben und das einzige, das Wurzelgrund ist für Neues!
Vor zwei Jahren stand ich auf einem russischen Friedhof, alles will verwachsen, ein paar schiefe graue Kreuze darauf. Wir fuhren in einer Stunde ab in die große Schlacht. Da las ich folgendes Gedicht von Eichendorff:

Es wandelt was wir schauen, Tag sinkt ins Abendrot.
Die Lust hat eignes Grauen – und alles hat den Tod!

Ins Leben schleicht das Leiden – so heimlich wie ein Dieb,
Wir alle müssen scheiden, von allem was uns lieb.

Was gäb es doch auf Erden, wer hielt den Jammer aus?
Wer möchte geboren werden – hieltst Du nicht droben Haus? –

Du bist's, der was wir bauen – mild über uns zerbricht,
Daß wir den Himmel schauen, – darum so klag ich nicht.

Damals ließen die Verse mein Herz höher schlagen in Glaube und Liebe und mein Leben lag bereit zum Opfer.
Heute lese ich die Verse wieder in ganz anderer Umgebung, im tiefsten Frieden, in lichter Parklandschaft, in der die Glocken läuten. Und doch spüre ich heute das Grauen mehr als damals. Die Abgründe und Tiefen des Lebens und des eigenen Herzens ängstigen mehr als die kommende Schlacht. Und der Tod, der damals überall drohte. ängstigte weniger als das Wissen, daß auch Liebe und Glaube und helle Bereitschaft den Tod haben können. Doch auch hier gilt: „Du bist's!" Vielleicht müssen selbst Liebe und Glaube und Bereitschaft des Herzens, die wir gebaut haben, zerbrechen, damit uns tiefere Liebe, größerer Glaube, letzte Bereitschaft sichtbar werden.
Doch wozu diese Gedanken! Das Gedicht ist mir lieb geworden. Und so gebe ich es an Dich weiter. Als Zeichen unseres Zusammengehörens. Nimm's und schreibe bald.

In Treue Dein R.

Maschinenschriftliche Abschrift eines Briefes des Priestersoldaten Richard Lipold.

DstHdh: Nachlass Wellenhofer 64:

Rußland, 18. 10. 1943

Meine liebe Schwester,

da sitz ich nun, sinne und schreibe, derweil die andern schlafen. Für heute ist die Wache wieder glücklich vorbei. Es ist doch merkwürdig, wie sehr man überall vor den Auftrag Gottes gestellt ist. – – Da mußte ich zusammen stehen mit meinem Unteroffizier, einem Hamburger, einem vollkommenen Neuheiden. Und nun kommen wir uns von Wache zu Wache näher, reden über Frauen, Geschichte, Papst, SS., Religion und Adel. Er sieht an mir (wir kennen uns seit einem halben Jahr), daß das gar nicht so ist, wie er sich in seinem Haß das immer vorgestellt hat. Ich komme mir vor, als müßte ich Religionsunterricht erteilen, obwohl ich es gar nicht will. Die Gespräche kommen immer wieder auf dasselbe zurück: Der Deutsche und seine Religion. Nun merke ich erst, wie sehr er auch nach dem Wahren und Guten, und nach innerem Halt sucht. Er hat sich abgesondert von der Masse und geht seinen eigenen Weg. Da soll ich Werkzeug sein, ihm den Weg zu weisen. Aber ich will es nicht in Worten tun, sondern eben nur so sein, wie es mir mein Gewissen vorschreibt. Schwer und voll kommt mir die Pflicht zum Bewußtsein, daß wir beten müssen für alle Kameraden und besonders für diese. Unsere Liebe in Christus zu den Menschen muß wachsen und über unser eigenes Ich und das eintönige Maß unserer täglichen Pflicht hinausgehen. Wenn wir nur immer die Bereitschaft des Herzens dazu aufbringen wollten! –

Recht frohen Gruß! Gott befohlen! E.

Maschinenschriftliche Abschrift eines Briefes von Erich Schützinger an seine Schwester.

DstHdh: Nachlass Wellenhofer 59:

„Drängt uns der Feind auch um und um,
Wir lassen uns nicht grauen!
Du wirst aus Deinem Heiligtum
schon unsere Not erschauen!"

Vor Weihnachten 1943

Lieber Johannes!

Du batest mich um einen Weihnachtsbrief. „So einen wie voriges Jahr, wo du vom Licht und vom Dunkel schriebst. Das Dunkel ist ja nicht zu Ende. Es ist sogar noch mancher Stern untergegangen.. – "
Nun müßten wir zusammen durch die kalte heimatliche Winternacht gehen, lange lange schweigend. Das würde mehr sagen als Worte eines Briefes. Aber in die Weite des Krieges hinein ist der gemeinsame Herzschlag nicht vernehmbar, da muß es eben ein Brief „tun".
Was soll ich Dir zur Weihnacht sagen? Daß es Nacht war und doch das Licht in ihr verborgen war?
Daß alles voll Mord und Haß war und doch vom Frieden gesungen wurde?
Daß das Kind weinte und doch Gott war?
Daß die Menschen ihn aber nicht aufnahmen, Er aber doch da war?
Daß die Hirten nichts hatten und nichts waren und doch zu Ihm kamen?
Soll ich Dir sagen daß auch in unserer Nacht der Welt und des eigenen Herzens, daß auch in ihr das Licht verborgen ist.
Daß auch in diesem Krieg der Völker und im Krieg der Herzen der Friede verborgen ist?
Daß Er da ist, obwohl Ihm scheint's alle Türen verriegelt sind?
Daß wir zu Ihm kommen können, obwohl wir nichts sind und nichts haben?
Daß wir trotz aller Sünde und Not Gottes sind?
Willst Du diese Worte als weihnachtliche Worte nehmen? Ob sie Dir was geben?
Das eine sollen sie Dir sagen, daß ich Deiner in der hl. Nacht gedenke!

In Treuen Dein R.
(R.Lipold)

Ich zittre Herr und glaube – vor Deinem Angesicht,
Und danke Dir im Staube, – verschmäh mich nicht!

Hektographierter Rundbrief des Priestersoldaten Richard Lipold.

DstHdh: Überlassung Beilmann III, 2:

23. Dez. 1943

Liebe Christel!

Die ersten Grüße aus Rußland sendet Dir und Deinen Lieben Bernd.
Es geht heute noch nach vorn u. da will ich noch ganz schnell und kurz vorher schreiben, denn wer weiß wann ich dazu sobald Gelegenheit finde.
Komme gerade in den dicksten Dreck hinein und das noch so kurz vor den hohen Festtagen. Man darf gar nicht daran denken, daß Weihnachten ist, denn sonst fällt einem das Umleben noch schwerer. Mir fällt es aber sonst nicht schwer, denn ich habe mich ganz unter den Schutz unseres Herrgotts gestellt. „Dein Wille geschehe". Wie es auch kommen mag, ich bin auf alles gefaßt u. vorbereitet. Man kann u. soll darin ja nichts sagen, ich habe aber das Gefühl, als wenn ich wieder in die Heimat zurückkehren würde.
Ich wünsche Dir und Deinen lieben Angehörigen nun alles Gute u. verbleibe mit den herzl. Grüßen

Bernhard

Handschriftlicher Feldpostbrief an Christel Beilmann. Vom Verfasser ist hier nur der Vorname Bernhard bekannt.

DstHdh: Nachlass Wellenhofer 36:

Kriegsweihnacht 1943, im Westen

Licht strahlt auf über uns, da uns geboren der Herr

Lieber Herr Kurat!

Nun habe ich auch Ihren Oktoberbrief erhalten, wofür ich Ihnen von Herzen danke. Mir geht es soweit ordentlich, hoffentlich auch Ihnen. Leider habe ich am hl. Abend und an den Feiertagen Dienst in der Stellung; aber um so inniger werden meine Gedanken beim hl. Opfer in St. Stefan sein und ich freue mich, daß ich gerade an Weihnachten zum Schutz der Heimat vor den Fernfliegern auf Wache stehen darf, ist es nicht ein heiliger Dienst? Ihnen wünsche ich zu Ihrem hohen Namensfest von Herzen alles Gute, möge Ihnen unser Herrgott die Gnade geben, noch recht lange für die Münchener kath. Jugend wirken zu können; ich werde Ihrer ganz besonders im Gebete gedenken.

Ein frohes gesegnetes Weihnachtsfest und ein glückseliges, friedenbringendes Neujahr wünscht Ihnen und Herrn Kaplan Pengratz.

Ihr treuer Leonh. Dodell

Handschriftlicher Weihnachtsbrief auf eine selbst gezeichnete und gemalte Spruchkarte von Leonhard Dodell an Pfarrer Wellenhofer.

DstHdh: Nachlass Wellenhofer 36:

… Pfeiffer 17386 B

am Dnjepr, den 28. 12. 43

Lieber Herr Kurat!

Nach langem Schweigen ein paar Zeilen von mir. Nehmen Sie es mir bitte nicht übel, aber es ging nicht anders, da das verflossene Jahr uns allerhand Anstrengungen gekostet u. dementsprechend unsere Kräfte u. damit die Zeit verzehrte. Angefangen vom Kuban-Rückzug bis auf die Krim. Von den Kämpfen bei Meli … (unleserlich) durch die Nagaische Steppe bis zuletzt zum Kubans-Brückenkopf, den wir kurz vor Weihnachten räumten. So können Sie wohl verstehen, daß einem das die nötige Zeit raubte, um in Ruhe Briefe zu schreiben, um in einen geregelten Briefverkehr zu kommen.
Um so mehr hat es mich gefreut, als ich heute Ihren Weihnachtsgruß erhielt. Sehe ich doch mit größter Freude daraus, daß trotz meines langen Schweigens ich von Ihnen und darüber hinaus von Allen nicht vergessen wurde. Nehmen Sie bitte meinen herzlichsten Dank entgegen u. wünsche Ihnen gleichzeitig nachträglich frohe Weihnachtsgrüße u. vor allem ein gutes neues Jahr, das uns vor allem den lang ersehnten Frieden bringen möge. Muß Ihnen leider auch mitteilen, daß mich Ihr Sept. Brief nicht erreichte, denn am Kuban ging viel Post durch Feindeinwirkung verloren.
So gehen wir jetzt ins Jahr 1944. Was mag es uns bringen Freud und Leid. Aber alles, mag es auch noch so schlimm kommen, nehmen wir auf uns in dem Vertrauen zu unserem Herrgott. Gestern erhielt ich von den Heidhausens ein Päckchen u. zu meiner Freude etwas ganz Großes, nämlich „Die geheime Offenbarung“. Wenn ich jetzt auch erst am Anfang des Heftchens stehe, so kann uns das Buch doch vieles geben für den Geist u. manches kann man auf unsere Zeit deuten. Ja stehe ich nun auch am Ende der paar Zeilen u. (hätte) noch viel mehr zu sagen, so daß ich Ihnen mal einen längeren Bericht machen muß über mein Leben und Treiben.

Bis dahin grüße ich Sie aufs herzlichste
Ihr Michael Pfeiffer

Handschriftlicher Brief des Gefreiten Michael Pfeiffer an Pfarrer Wellenhofer. Der Verfasser berichtet hier von der Räumung des Kubanbrückenkopfes (4. 9.–7. 10. 1943) und von Räumung der Halbinsel Kertsch, die im Dezember 1943 abgeschlossen war. Dies alles geschah im Rahmen der seit dem 17. Juni 1943 einsetzenden sowjetischen Generaloffensive. Am 4. Januar 1944 waren die deutschen Streitkräfte schon weit nach Westen zurückgeschlagen worden, sodass die Rote Armee in Wolhynien die alte polnische Grenze (vor dem 1. September 1939) überschreiten konnte.

Briefe von 1944

Aus Helmut Giesen: Tagebuchgedanken, hrsg. von Auguste Schlarb, Köln o. J. Nr. 27, S. 55:

9. 1. 1944

Heute sind wir vereidigt worden. Es war eine schöne, ernste Stunde. Um 10 Uhr war unser Bataillon angetreten. Dann begrüßte uns der Kommandeur. Es folgte die Gefallenen-Ehrung und zum Schluß war die Vereidigung. Da bin ich sehr ernst und still gewesen. Besonders bei der Ehrung war es mir ein wenig schwer. Da dachte ich so an meinen Bruder Robert und die andern Freunde, die gefallen sind. Sie sind für diesen Eid gefallen und jetzt bin ich an ihre Stelle getreten. Es ist doch eine große Verpflichtung, die sie uns hinterlassen haben, und es ist wohl unsere Aufgabe, jetzt das zu vollenden, was sie begonnen haben.
Wenn man in einer solchen Stunde an diese Menschen denkt, dann kann man gar nicht verstehen, daß sie wirklich tot sind, man spürt es wohl ganz deutlich, weiß es, aber man wehrt sich dagegen. Gerade weil es so deutlich wird, wehrt man sich und dann wird es einem schwer. Aber dann spürt man die Aufgabe, die sie uns hinterlassen haben. Ich will versuchen, dies zu erfüllen, so gut ich kann.

Der Bonner NDer Helmut Giesen (1920–1944) war nach 1 ¼ Jahren Untersuchungshaft 1941 wegen illegaler Betätigung in der verbotenen katholischen Jugend, was als Vorbereitung zum Hochverrat galt, zu einer Zuchthausstrafe verurteilt worden. Gleichzeitig wurde er für „Studien-, Wehr- und Arbeitsfrontunwürdig“ erklärt. Ende 1943 wurde er aus dem Zuchthaus in Siegburg als Soldat ohne Wehrpass zum Strafbataillon 999 überstellt. Am 23. Dezember 1944 ist er beim Rückzug in Kroatien gefallen.

DstHdh: Nachlass Wellenhofer 33:

Gefreiter Wild 58900

Westen, 14. 1. 44

Grüß Gott, lb. Herr Kurat

Nach einem alten Wahlspruch der Seefahrer: „Ruhe ist dem Seemann heilig, nur Verrückte haben es eilig“, sind wir nach mancherlei Prüfung für bordtauglich befunden. Kommen demnächst auf einen Lehrgang weg. Lernen auch die Ausdrücke in der Seemannssprache „Rein Schiff“ heißt, wenn die Stuben blitzen. Adunk heißt „Abblenden“, Entdunkeln „Aufklaren“. Türe zu „Schotten dicht“ und so fort. „Klar zum Gefecht“ ist ja bekannt. Gilt das noch heute für jeden, da (sich) der Feind in seinen Vernichtungswillen vor den heiligsten Gütern nicht haltmacht. Abends kommen wir in der Wohnung des Marine-Pfarrers zusammen. Feiern mit dem Herrn Abendmahl. Es knien zwar keine Apostel vor dem Meister, aber gläubige, junge Matrosen. Wie wir ja wissen, ist Christus besonders gern bei den Seeleuten. Schreiben können Sie leider hierher nicht.
Mich weiterhin Ihrem frommen Gebet empfehlend grüßt in Treue

Ihr Josef

Maschinenschriftliche Abschrift eines Briefes des Matrosengefreiten Josef Wild an Pfarrer Wellenhofer.

Aus: Helmut Giesen: Tagebuchgedanken, Nr. 32, S. 61:

20. 1. 1944

Wenn wir morgens ausmarschieren, dann muß ich oft an die Zeiten der Jugendbewegung denken, in denen wir auch so rausgezogen sind. Und dann kommt manchmal das Fernweh wieder, das uns hinauszog auf unseren Fahrten in neue, unbekannte Länder, in die Berge und ans Meer, und da wünsche ich mir denn, daß ich bald hinauskomme. – Wenn wir unseren Dienst im Gelände machen, dann kann ich es manchmal kaum begreifen, daß all diese Dinge, die wir jetzt lernen, einmal ernst werden, vielleicht schon bald, in einigen Monaten; das kommt mir dann so seltsam vor, daß ich es kaum begreifen kann. Draußen ist alles so schön, so weit und groß, daß einem der Krieg fast unwirklich vorkommt. Es erscheint alles vielmehr wie ein schönes, großes Spiel. Der Körper freut sich ausdehnen zu können, und der Geist hat Freude an der Sonne, der Weite, der Natur und allem Großen und Schönen. Wie soll man da an den Krieg denken?
Ich bin so froh. Und dies Frohsein wollen wir uns nicht nehmen lassen, auch wenn es einmal schwer wird. Unser Leben ist wert, gelebt zu werden mit allem, was es in sich trägt. Es hat uns schon so viel gebracht, Schönheit und Leid, aber das Schöne war doch das Größte.

DstHdh: Nachlass Wellenhofer 34:

Gefr. Lankes 21648 D

Im Osten, 20. 2. 1944

Lieber Herr Kurat Wellenhofer!

Da ich nun ein paar Tage mit einigermaßen ruhigem Stellungsbetrieb habe, muß ich es ausnutzen zu schreiben u. ich tue es sehr gern. Nicht weil heute Sonntag ist, das spürt man hier in keiner Weise, da merkt man nur Tag und Nacht, sondern weil ich mir die Zeit einfach nehme.
Vor zwei Wochen war Lichtmeß, ich hatte Mühe daran zu denken, mit um so mehr Freude las ich vom Marienfest daheim. Für die Buben ist es so wichtig in dieser Zeit die richtigen Wege, Gedanken und Grundsätze zu finden, da sie gerade in den entscheidenden Jahren schon in einem Einsatz stehen der einen Hagel von neuen Eindrücken auf sie niedergehen läßt.
Die ganze Treue zur Patrona Savariae, zur Mutter in unserem heiligen Dom, wird ihnen immer helfen.
Was soll ich Ihnen von mir schreiben. Wir liegen immer noch in unserer Stellung eingebettet in Moor und Wasser, das abwechselnd taut u. wieder friert u. im allgemeinen eine recht feuchte Angelegenheit ist. Unsere Tage wechseln ab mit Stützpunkt u. Stellungsleben, beim ersteren kann man mehr Krieg spielen, beim zweiten ist der Tag auch reich mit Beschäftigung angefüllt. Ich habe alte und junge Soldaten in meiner Gruppe, man muß

eben schauen, daß man den Leuten das Leben so schmackhaft macht wie möglich u. man selber alles für sie tut, was man tun kann. Von Russen sehen u. hören wir nicht allzuviel, da haben wir Glück. Rußland ist mir ein Begriff geworden, ich erlebe in dieser Zeit so vieles was sich in mein junges Leben einprägt für immer. Und ich glaube auch, daß es eine Gnade Gottes ist, Menschen hineinzustellen in dieses weg- u. gefühllose Land, das einem trostlos erscheint. In dem Dunkel und der Stille der vielen Nachtstunden des Dienstes hat sich mir das Leben in manchem neu gezeigt u. ich glaube, hier kann man richtig beten lernen.
Mit den besten Wünschen für Sie u. alle Buben herzlichst

Ihr Hanno

Maschinenschriftliche Abschrift eines Briefes des Gefreiten Hanno Lankes an Pfarrer Wellenhofer.

Aus: Helmut Giesen: Tagebuchgedanken, o. O. u. J., Nr. 33, S. 62:

12. 3. 1944

Heute ist Heldengedenktag. Wir hatten eine kurze Feier, die mir gut gefallen hat. Ja, Heldengedenktag. Vor 2 Jahren, am 8.4., ist mein Bruder Robert gefallen, im vorigen Jahr Heinz Raaf. Und wir leben noch, leben für sie, haben von ihnen ein Erbe übernommen. Wofür sind sie gefallen? Für uns? ja, für uns, für die Heimat. In uns liegt die Heimat, nicht in irgendeinem geographischen Begriff.
Mich haben so viele gefragt, was eigentlich die Jugendbewegung wollte. Ja, sie hatte keine politischen Ziele und auch keine romantischen, sondern ihr Ziel allein war, die Jungens zu deutscher Jugend zu erziehen, d. h. in ihnen die Werte lebendig werden zu lassen, die wir unter »deutsch« verstehen. Das war ihr Sinn und kein irgendwie politisches Streben. Wie soll ein oberflächlicher oder ein politischer Mensch dies verstehen? Wie soll ein anderer verstehen, daß ihr Streben nicht nach Macht ging?

In diesem Text wird indirekt ein Hinweis gegeben, dass Helmut Giesen in der Platz/Jovy-Gruppe wegen illegaler Jugendarbeit als „Vorbereitung zum Hochverrat" verurteilt worden war. Er wollte damit kein politisches Ziel verfolgen, sondern nur christ-katholische Identität gegenüber dem Totalitätsanspruch der NS-Machthaber bewahren. Vgl. dazu den nachfolgenden Beitrag von Christian Schüller.

Christian Schüller: Ein ungewöhnliches Tagebuch
Aus: Hirschberg, Okt. 1994, S. 588:

Da wird am 15. Dezember 1939 ein Neudeutscher von der Gestapo in Köln verhaftet und am 13. September 1941 vom Volksgerichtshof in Berlin „wegen Vorbereitung zum Hochverrat zu einer Zuchthausstrafe von zwei Jahren und sechs Monaten verurteilt". Die Rede ist von Helmut Giesen, der aus dem Bonner ND kam und zu der Platz/Jovy-Gruppe gehörte, über deren Widerstand im Hirschberg 11/93 berichtet wurde:

Hier schreibt ein junger Mensch von 22 Jahren, der nach Aberkennung der bürgerlichen Ehrenrechte wehrunwürdig, studierunwürdig und Arbeitsfront-unwürdig ist. (In der NS-Arbeitsfront waren alle „Arbeiter der Stirn und der Faust“ zusammengeschlossen, die Aufnahme einer Beschäftigung setzte die Mitgliedschaft in dieser Organisation voraus.) Dass er trotzdem nach der Verbüßung seiner Zuchthausstrafe am 17. Juli 1942 einer Beschäftigung nachgehen konnte, hatte er dem mutigen Direktor eines Bonner Unternehmens zu verdanken. Vor diesem Hintergrund – in Berlin monatelange Einzelhaft, im Zuchthaus schwerste Steinbrucharbeit – erwartet man in den „Tagebuchgedanken“ einen Niederschlag von all dem, was damals idealistisch gestimmten jungen Menschen im Widerstand gegen ein Unrechtsregime zugefügt wurde.
Man sieht sich in seinen Erwartungen „getäuscht“, keine Bitternis schwingt nach, ja, das Schwere hinter den Zuchthausmauern wird nicht einmal erwähnt, wohl, dass man das Leben in seiner Ganzheit bejahen müsse, wozu auch die Leiderfahrung gehöre. Damit schlägt Helmut Giesen schon am 5. 9. 1942 ein Thema an, das ihn immer wieder beschäftigt: Lebenssinn und Lebensaufgabe. Ihren hohen Anforderungen kann er nur in einer tiefen Glaubenserfahrung entsprechen. Das häufig betonte persönliche Gott-Mensch-Verhältnis ist letztlich die Quelle seiner Kraft. „Gott ist die Liebe, sein Wille geschehe.“ Da haben auch Gedanken an den eigenen Tod Platz, besonders als er Anfang 1944 dem Strafbataillon 999 zugewiesen wird. Doch vorher stellt er vielfach kunstgeschichtliche Betrachtungen an, angeregt durch einen bekannten Bonner Professor. Erstaunlich, mit welchem Einfühlings- und Ausdrucksvermögen er die einzelnen Kunstepochen an überzeugenden Beispielen darlegt, die Kunst des Mittelalters ein einziger Lobgesang Gottes, der sich dann im Barock wiederholt. Trotz aller Bedrückung und Gefährdung hat er in sich den Sinn für das Erleben der Natur in ihrer ganzen Schönheit als Schöpfung Gottes bewahrt. Ja, er sieht Parallelen zum Lager- und Fahrtenleben in seiner bündischen Zeit. Dabei spielte ebenfalls das Erlebnis der Nacht bei sternklarem Himmel eine prägende Rolle; man fand zu sich selbst, fühlte sich in der Allmacht und Allgegenwart Gottes geborgen.
Im Januar 1944 wird Helmut Giesen zum berüchtigten Strafbataillon 999 eingezogen. Der militärischen Ausbildung unter erschwerten Bedingungen gewinnt er noch echten Erlebnischarakter ab. Von bewusster schlechter Unterbringung und Verpflegung spricht er überhaupt nicht. Durch den Vortrag vieler bündischer Lieder, die er mit seinem virtuosen Klampfenspiel begleitete, konnte er die allgemein gedrückte Atmosphäre aufhellen.
Nach der militärischen Ausbildung auf einem Truppenübungsplatz wurde die Einheit zunächst nach Griechenland und dann nach Jugoslawien verlegt.
Die letzte Eintragung im Tagebuch vom 10. 12. 1944 sei auch das Schlusswort dieser Würdigung: „Heute ist der 2. Advent, und ich bin mit Walter – dem Sani.-Uffz.- in Sarajewo in der Kirche gewesen, in einer richtigen großen Kirche. Es war fein. Wir beide waren ganz allein in der Kirche. Er hat gelesen und ich ministriert.
Wir wissen nicht, wann der Krieg zu Ende ist, aber wir wollen uns am Weihnachtsfest ganz neu und tief in Gottes Hand hineingeben, wollen ganz auf ihn vertrauen: „Mein Herz will ich ihm schenken und alles, was ich hab'.“
Am 23. 12. 1944 ist Helmut auf dem Rückmarsch gefallen, er liegt auf einem Friedhof bei Zenica begraben.
Am 30. Januar 1991 wurde Frau Professor Auguste Schlarb im Werkhaus für eine Bonner Gedenkstätte eine Dokumentationsmappe überreicht, in der das Leben, Leiden und Ster-

ben ihres Verlobten Helmut Giesen ergreifend geschildert wird. Beigeheftet sind die Urteile des Volksgerichtshofes vom 13. September 1941, die Platz-Jovy-Gruppe aus Bonn betreffend. Die Übergabe fand im Rahmen einer schlichten Feier statt.

SKTS: Rausch:

Flieden, Palmsonntag, 5. 4. 1944.

Lieber Kamerad!

Draußen kündet die Frühlingssonne den nahenden Ostertag an und vor der Kirchentüre singen Jungen und Mädchen das Palmsonntagslied. Man klopft an die Tür, damit sie sich öffne zum Einzug in der Haus des Herrn. Und dieser Weg, der heute in der Liturgie begonnen wird, führt durch Liebe, Leid und Kreuz zur Auferstehung am Ostertag. Ostertag! Auferstehung! Ich glaube, in den Klang dieser Worte hat sich selten so viel Sehnsucht gemischt wie jetzt, wo sich für viele von uns die schweren Tage der Karwoche gehäuft haben und nicht mehr enden wollen, so daß in Schmerz und Not der Ausblick auf den Sieg des Herrn sich sehr verdüstert hat, Der Krieg dauert sehr lange und die Prüfung harter und schwerer Zeit ist groß. Wir stehen alle mitten darin, Du und ich, wir alle, und jeder von uns erlebt die harte Probe auf seine Weise. Aber der Weg ist immer der gleiche, bei uns allen. Der Herr selbst ist ihn vorausgegangen und hat ihn für immer gezeichnet: Der Weg zum Ostertag! Das Gute und die Liebe werden siegen über alle Trümmer, allen Tod, alle Bosheit, über allem zerstörten häuslichen Glück, geschädigter körperlicher Kraft, über allem Verlust an Hab und Gut, über allem harten und schweren Kampf, über alle schweren Stunden, in denen Du vielleicht müde und matt mit dem Glauben an Deine Berufung zerfallen warst. Der Herr siegt: Liebe siegt über den Haß, Güte über die Bosheit, göttliche Weisheit über menschliche Borniertheit, das Leben über Zerstörung und Tod! Der Sieg der Gerechtigkeit, der Sieg des Lichtes, der Sieg der Liebe, der Sieg des Herrn: das ist Ostern! Und dieser Sieg allein ist Wirklichkeit, alles andere ist Schein, der unsern Blick im Augenblick vielleicht trüben kann, aber niemals irre zu führen vermag. Lieber Kamerad, wir haben das Wissen und den Glauben um den Sieg des Herrn, deshalb gehen wir in froher Zuversicht durch die Schrecken der Bombennächte, durch die Reihen der Toten, durch die Trümmer des Schlachtfeldes, durch die bittere Einsamkeit der eigenen Brust!

Den Sinn der geschichtlichen Stunde versteht der derjenige, der sich in die höchsten Zusammenhänge eingeordnet weiß, der davon durchdrungen ist, daß er Berufung und Aufgabe vom Herrn an der Stelle hat, wo er hingestellt ist. Grauen und Schrecken erreichen Dich nicht nur, damit Du seelisch vielleicht erschüttert würdest und Dich wandelst, sondern damit Du geistig tiefer wirst und wächst, damit Du die Fronten des eigentlichen Weltkampfes erkennst, Dich einfügst und Deine ganz persönliche Berufung erfüllst. Alles Resignieren ist im Tiefsten Egoismus und das Eingeständnis eigener Unfähigkeit. Für einen Christen gibt es nur Tat und Ausfüllung des Platzes, den der Herr angewiesen hat. Alles im Leben hat seinen Sinn und meist den tiefsten Sinn dann, wenn es uns gänzlich unverständlich erscheint Dem Unvoreingenommenen ist die Karwoche der reinste Irrsinn, der sich erst am Ostertag als höchste Sinnhaftigkeit und als göttliche Planung zur Erlösung der Menschheit erweist. So haben auch die Trümmer unserer Städte, die Toten unserer Schlachtfelder, Trauer und Kummer, Mutlosigkeit und Verzagtheit einen tiefen

Sinn in der Planung des Herrn. Auch dann, wenn uns seine Erkenntnis im Augenblick verwehrt ist. Aber wir haben den Glauben, daß der Herr uns führt. Und Ziel seiner Führung ist der Sieg der Auferstehung.
So siehst Du, lieber Kamerad, daß die Bereitschaft zu leiden, zu verzichten und zu opfern, zu kämpfen, nur die eine Seite der Forderungen ist, die heute an uns gestellt werden. Hinzu kommt die andere, den Sinn von Leid und Verzicht, von Trümmern und Tod zu ergründen und daraus die Tat zu setzen. Eigentlich bin ich sehr froh, daß uns der Herr in dieser Zeit leben läßt, denn man kann sich heute des tiefsten Sinnes unseres ganzen Erdenlebens viel leichter bewußt werden, als es wohl irgendeiner Generationen früher möglich war. Meinst Du nicht auch, daß man beinahe spüren kann, wie die Augen des Herrn erwartungsvoll auf der Welt liegen und fragen: Werdet ihr die Prüfung bestehen? Werdet ihr das leisten, was ich von euch erwarte? – Wer diese Fragen hört und ihnen folgt, stellt sich wach in die Zeit und kann allein in ihr und trotz ihr Sinn und Berufung und damit auch Befriedigung finden.
Wir sind als Menschen keine Objekte irgendeines Zufalls oder eines undurchschaubaren göttlichen Willens, sondern wir sind im wahrsten Sinne Träger der Geschichte. Und diese Geschichte ist nichts anderes als der Kampf des Herrn mit dem Bösen in der Karwoche. In diesen Kampf sind wir alle mitten hineingestellt. Das Böse will dem Menschen das Wissen um das Gute rauben, ihn in eine Zerstörungsmaschine verwandeln und ihm den Keim der Liebe ausreißen. Und der Herr will uns zu Trägern seines Geistes, zu Trägern der Liebe machen. Das ist wirkliche Geschichte. Das gilt für jeden, auch für den Unscheinbarsten. Jeder von uns hat seinen Platz in diesem Kampf, jeder von uns seine persönliche Berufung. Es gibt nichts Unsinniges in der Geschichte, es gibt nur Menschen, deren Geist den göttlichen Sinn alles Geschehens nicht faßt.
Das sind die Gedanken, die mich heute bewegen, wo wir uns rüsten für den Weg durch die Karwoche zum Osterfest. Ich weiß nicht, ob sie gerade zu der Stimmung passen, in der sie Dich erreichen. Nimm sie deshalb als Gruß und Zeichen treuer Verbundenheit. Und laß mich schließen mit einem kleinen Gebet, das ich in einem kleinen Büchlein fand:

> Wir bitten Dich, Herr:
> Lehre uns Deinen Prüfungen stille halten,
> Lehre uns an Deiner Liebe nie irre werden,
> Lehre uns verstehen, was zu unserem Frieden dient.
>
> Laß uns wachsen und reifen in Deiner Erkenntnis.
> Laß uns hören, wenn Du mit uns redest,
> Laß uns in allem Leid Deine Hand festhalten.
>
> Herr, wir danken Dir, daß Du das Kreuz über uns aufgerichtet hast,
> Herr, wir danken Dir, daß Du uns suchst mit unerbittlicher Liebe.
> Herr, laß uns vorwärts schreiten im Verlangen nach dem Anbruch Deiner Herrschaft.

So grüße ich Dich herzlich und froh! Dein Ernst

Von Osterdienstag bis Donnerstag bin ich in Köln-Merheim, Benratherstr.2

Dreiseitiger maschinenschriftlich erstellter Rundbrief von Ernst Rausch. Das auch in der Heimat durch die alliierten Bombenangriffe zunehmende Elend des Krieges wird hier als eine Art von Karfreitagserlebnis zu deuten versucht. Statt des von der NS-Propaganda verkündeten Endsieges, wird der Sieg Christi, d. h. die neue Königsherrschaft (theol.: basilea) erwartet.
Letzte Textzeile: Handschriftlicher Nachtrag.

DstHdh: Nachlass Wellenhofer 59:

Vor Ostern 1944

„Es sungen drei Engel ein süßen Gesang!"

Lieber Johannes!

Nun geht es wieder auf Ostern zu. Vor Jahren haben wir um diese Zeit Passionsfeier gehalten, oben in der kleinen Kirche – Schnee gab es noch und viel Fröhlichkeit und das Wort von „Kreuz und Auferstehung", von dem wir in der Feier hörten, verstanden wir wohl alle nicht besonders tief. Inzwischen sind wir alle tief in den Schatten des Kreuzes getreten. Manche Erkenntnis ist uns aufgegangen. – Das ganze Leben steht unter dem Kreuz, kein Mensch kommt ihm aus, jeder muß hängen. Das Kreuz ist der Stempel, die Signatur dieses Lebens. Sein Schatten liegt auf allem und jedem wie ein sinnloser Bann. Doch „Es sungen drei Engel ein süßen Gesang, der in dem hohen Himmel klang!" (Sepp hat vorgesungen, weißt Du's noch?)
Dieser Gesang war das Lied von der weltumwandelnden Kraft des Opfers. Der Herr hat den Bann gebrochen. Auch er hing am Kreuz, aber aus dem Henkerholz wurde ein Opferholz, aus dem Gehängten ein Geopferter, aus der Signatur des sinnlosen Leides ein brennendes Zeichen der Liebe. Und seitdem kann unser Leiden und Sterben ein Opfer werden, aus unserem grauen Dienst ein Opferdienst, aus unserem Tod, wenn es sein muß, ein Opfertod.
Blut und Dreck, Angst und Schmerz, Bitterkeit und Vereinsamung bleiben dieselben! Aber dahinter leuchtet es wie von Opferfeuern, die vor Gott brennen. Es geht gar nicht um „Hochgefühl und idealen Schwung", noch weniger um Weichheit und Sentimentalität, es geht um die letzte Haltung, die hinter rauhem Soldatenwort und harter Soldatenart stehen kann! ---
Das Wort vom Opfer ist der Schlüssel zu vielen Opfern der Welt und des eigenen Herzens. Daß wir dieses Wort recht verstehen und ein Echo davon in unserem Leben sei, das möge uns der Herr geben.
Und nun wünsche ich Dir alles Gute. Zieh den Kopf zur rechten Zeit ein, aber laß ihn nicht hängen!

Mit herzlichem Gruß! Dein Richard

Rundbrief des Priestersoldaten Richard Lipold, der im gleichen Tenor wie der vorangegangene Rundbrief von Ernst Rausch gehalten ist.

DstHdh: Überlassung Beilmann III, 2:

O. U. den 2. 5. 44

Liebe Christel !

Nun wird es ja bestimmt Zeit, daß ich mal wieder von mir hören lasse. Schuld an meinem langen Schweigen waren aber die Umstände. Von der ersten Misere weißt Du. Ihr folgte eine zweite, bei der es viel schneller und länger ging. Dann kam Zögern und Ungewißheit, der unsere Ablösung folgte. Ein schneller Fußmarsch von 300 km. Verladebahn, 15 Tage Bahnfahrt und jetzt ist Rußland so weit, so weit. Es war eine Fahrt in den Frühling, in den Frühling als Jahreszeit und auch für unsere Hoffnung, für unser Empfinden überhaupt. Allmählich besserten sich die Bilder, die Häuser zwar blieben lange aus Lehm gebaut, nachher sehr nett mit Schnitzwerk und Vorbauten, aber drin war auch nur ein großer Ofen und sonst nichts. Besonders freundlich war man in Bessarabien eigentlich nicht, aber wir wußten auch so zu bekommen, was wir zum Leben brauchten. Schlecht war es nur, wenn wir in zerstörten, ehemals deutschen Dörfern Quartier bezogen. Sonst luden wir uns heute bei einem Rumänen, morgen bei einem Bulgaren oder einem Muselmann selber zu Gast. Dann stand aber an der Donaumündung der Zug für uns bereit und bald rollten wir durch Rumänien. Tagelang durch Berge mit 3 Lokomotiven, später über die Pußta mit elektronischer Lok. Hier in Ungarn sah es wieder nach Europa aus. Freundliche Mädchen, die uns zuwinkten. An allen größeren Städten fuhren wir im Bogen vorbei. Dann wurden wir endlich die kleinen Biester los, die auf unserem Körper Turnierrennen abhielten. Und dann kam Österreich. Ein herzlicher Empfang, oft sah man auch wie eine Frau oder ein Mädchen sich abwandte und ihre Tränen abwischte. Quer durch Deutschland in 3 Tagen und dann waren wir wieder im Ausland. Ich liege nun in einem kleinen Dorf auf einem Berg und sehe das Seinetal von meinem Fenster aus. Französisch spricht man hier, wie wir es in der Schule lernten und die Verständigung klappt so einigermaßen.
Mit einem anderen Kameraden zusammen bewohne ich ein kleines Sommerhaus, das lange Zeit unbenutzt war und dementsprechend aussieht. Tapeten sind nur noch halb an den Wänden, Wasser gibt_es nicht, aber das Bett ist sehr phantastisch weich und groß. Zudem war eine Putzfrau hier und hat die Fenster wieder durchsichtig gemacht. Verwöhnt sind wir auch nicht also bestens zufrieden. Die Sonne scheint und der Flieder blüht. Zwei Liegestühle hat man uns auch hier gelassen. Nun fehlt nur noch die Zeit zum Ausruhen, denn Arbeit ist für mich jetzt reichlich vorhanden und jeden Tag etwas anderes.
Gestern gab es zum ersten Mal hier Post, die letzte hatte es im Februar gegeben. Aber hier wird es ja wieder laufend gehen. Von Dir Christel waren 3 Wochenschauen dabei: Vom April. Ich danke Dir herzlich dafür. Und nun möchte ich auch mal wieder von Dir etwas hören, ob noch alles gesund und munter ist, wie es sonst aussieht usw.

Dir und Deinen Lieben sende ich nun die herzlichsten Grüße und die besten Wünsche

Euer Otto

Abschrift des Feldpostbriefes eines Soldaten, von dem nur der Vorname Otto bekannt ist, an Christel Beilmann.

SKTS: Böhner:

„Löscht den Geist nicht aus!"

Pfingsten 1944

Liebe Brüder!

Wenn Ihr an die Heimat denkt, an unsere von neuen Terrorangriffen heimgesuchte Stadt, so ist Eure erste Frage: Ob unser Haus noch steht, unsere Familie gerettet, gesund ist? Aber darüber hinaus kommt Euch in stillen Stunden manchmal die Frage, ob bei unseren Brüdern der alte Geist noch lebendig ist, der uns in unserer Heimat beseelt und getragen hat?
In unserer Jugend – und das dürfen wir mit Dank gegen Gott ohne Überhebung sagen – waren wir bestrebt, in echt deutscher Art ein Leben zu führen im hohen edlen Geist der inneren Wahrhaftigkeit, im Streben nach allem Wahren, Guten und Schönen im Reiche der Natur und im Reiche der Gnade, ein Leben, kurz gesagt, im Heiligen Geist.
Und vielleicht erinnerst Du Dich noch an eine Stunde – vielleicht allein oder in großer Gemeinschaft – da Heiliger Geist Dich mächtig ergriff, wie im Feuer oder im Sturme ... Denn der Geist Gottes ist wie ein Sturm und Feuer, oft lodernde Glut, manchmal auch stille heilige Flamme, die in reiner Klarheit leuchtet.
Und jetzt haben wir zu ringen um diesen Geist, oft in einer Welt von Ungeist oder andersgeartetem Geist, oft allein gestellt auf uns selbst, ohne lebendige Gemeinschaft.
Doch spüren wir, dieser Heilige Geist, der Lebensspender, ist nicht tot. Er ist noch da weil er ein Ewiger Geist ist. Nicht nur da in einer überirdischen Welt, er lebt auch in dieser Welt in Tausenden jungen Herzen, mit denen wir unsichtbar verbunden sind.
Und hin und wieder geschieht es, daß man einem Menschen begegnet, dessen heiliges inneres Feuer sich nach außen kundtut, dessen helle klare Augen einen an das Wort des Herrn erinnern, „das Auge ist die Leuchte deines Leibes. Ist dein Auge gesund, so ist dein ganzer Leib Licht".
Man spürt etwas von dem Wort des hl. Paulus „... daß euer Leib ein Tempel des Heiligen Geistes ist, der in euch wohnt."
„Löschet darum den Geist nicht aus" und laßt Pfingsten werden, ein Fest der Besinnung auf diesen Geist, ein Fest des Gebetes um den echten, den heiligen Geist.
Denn der „himmlische Vater wird Heiligen Geist denen geben, die ihn darum bitten".

In diesem Geist sendet Euch frohe, herzliche Pfingstgrüße

Euer Alfred Hockel

Hektographierter Rundbrief vom damaligen Kaplan Alfred Hockel, der zu dieser Zeit Krankenhausseelsorger in Wuppertal war.

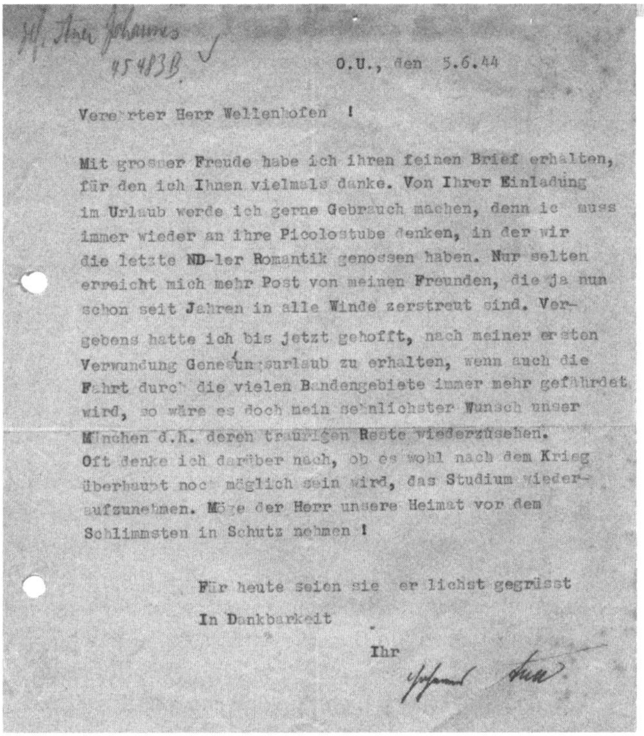

O.U., den 5.6.44

Verehrter Herr Wellenhofen !

Mit grosser Freude habe ich ihren feinen Brief erhalten, für den ich Ihnen vielmals danke. Von Ihrer Einladung im Urlaub werde ich gerne Gebrauch machen, denn ic muss immer wieder an ihre Picolostube denken, in der wir die letzte ND-ler Romantik genossen haben. Nur selten erreicht mich mehr Post von meinen Freunden, die ja nun schon seit Jahren in alle Winde zerstreut sind. Vergebens hatte ich bis jetzt gehofft, nach meiner ersten Verwundung Genesungsurlaub zu erhalten, wenn auch die Fahrt durch die vielen Bandengebiete immer mehr gefährdet wird, so wäre es doch mein sehnlichster Wunsch unser München d.h. deren traurigen Reste wiederzusehen.
Oft denke ich darüber nach, ob es wohl nach dem Krieg überhaupt noch möglich sein wird, das Studium wiederaufzunehmen. Möge der Herr unsere Heimat vor dem Schlimmsten in Schutz nehmen !

Für heute seien sie herzlichst gegrüsst

In Dankbarkeit

Ihr

DstHdh: Nachlass Wellenhofer 33

DstHdh: Nachlass Wellenhofer 33:

Gefr. Grünwald Rudi

2. 6. 44

Mein lieber Herr Präses!

Für Ihren Pfingstgruß meinen Dank.
Ihr rufendes Wort – der Aufruf zum Kampf im Geiste Christi hat mich in einer Stunde erreicht, die von den nächtlichen Flügen in das Sowjetland gezeichnet, die Tragweite Ihrer Sprache ermessen läßt.
Im Kontrast dieses Lebens, zwischen dem Flimmern der Sterne und dem Inferno stürmender Granaten, gibt es einen einzigen Haltepunkt, – die Liebe!
Diese große und doch so einsame Liebe verbindet uns, die Soldaten der Front und der Heimat – Soldaten der Zukunft, – die in dieser Zukunft die große Liebe suchen.
Ahnen wir nicht den unsagbaren Kraftquell, der aus dem Heldenleben des Herrn entsprang – manch Einsamer und Verlassener, manch Oberflächlicher, ja sogar Hassender, hat mitten in härtestem Leid dieses gigantischen Kampfes die Liebe gefunden. Davon erzählt die Welt nichts. Das ist ein Geheimnis hinter allem Geschehendem Blut und Leid

– der große, ewige Gott! Vor ihm stehen wir in letzter Bereitschaft. Wenn er uns ruft, gehen wir mit wehender Fahne in seinen Sieg.

Viele Grüße

Ihr getreuer Rudi

Maschinenschriftliche Abschrift des Briefes des Gefreiten Rudi Grünwald, der wohl zum fliegenden Personal der Luftwaffe gehörte, an Pfarrer Wellenhofer.

DstHdh: A1. 3204:
Norbert Katz:

Kriegserlebnisse, S. 15ff

6. Juni 1944. – Schon lange hatte man damit gerechnet, doch immer wieder gehofft, daß es nicht dazu kommen würde. Plötzlich wurden wir aus der ruhigen Verträumtheit der Besatzung in Frankreich herausgerissen. Der Tag X war da. Die Alliierten waren in der Normandie gelandet. Beim Morgenappell verkündete unser Bataillonskommandeur, Major Dickertmann, die erhöhte Alarmbereitschaft. Eine Gänsehaut kroch kalt über meinen Rücken. Nun wurde es ernst. Da ich im Bataillonsgeschäftszimmer keine Planstelle innehatte, wurde ich zur Nachrichtenstaffel zurückversetzt. Ab sofort gab es Urlaubssperre und Ausgangssperre. Man wußte noch nicht, inwieweit sich die Franzosen in der neuen Situation friedlich verhielten. Schnell wurden alle Sachen gepackt – so, als ob es jeden Moment losgehen könnte. Aber es vergingen mehrere Tage nervenkitzelnder Ungewißheit.
Dann war es endlich so weit. Was heißt hier endlich? Die Gefühle solcher Tage vor dem Einsatz lassen sich nicht beschreiben, sie sind zu verwirrt. Einerseits ist der Genuß der „noch-Ruhe“ betörend köstlich, andererseits kratzt die Ungewißheit des Bevorstehenden an die Nervenstränge. So kann sogar der Befehl zum Einsatz von einer Verkrampfung erlösen. – Meint man!
Es ging los, – aber wie! War das das „vorwärts voran, voran, über die Maas, über Schelde und Rhein, marschieren wir siegreich nach Frankreich hinein“? Wie haben wir gelacht, als die Polen zu Pferde mit gezogenen Säbeln (wie man uns erzählte) gegen die deutsche Übermacht – gespickt mit Panzern und Geschützen zu Felde zogen. Nun waren wir wirklich nicht mehr weit davon entfernt. Das ganze Bataillon wurde mit – Fahrrädern – ausgerüstet und auf den Weg gebracht, vom äußersten Zipfel der Bretagne (Brest) bis zur nördlichen Spitze der Normandie. Hauptsächlich fuhren wir nachts, um von feindlichen Aufklärungsflugzeugen nicht erkannt zu werden. Wir lernten Fahrradflicken im Dunkeln und das Schlafen „in Deckung“ bei hellem Tag. Man ließ uns bis ins Kampfgebiet fahren. Als ich bei einer angenommenen Rast einem dringenden Bedürfnis nachkommen wollte, schlugen schon Granaten ein.
„Dort am Waldrand liegen die Amis, sobald sich da etwas bewegt: sofort Feuer – frei!“ Der Unteroffizier ging weiter. Die Gedanken hetzten durch meinen Kopf. Schießbefehl! – Befehl zum Töten! – Es ist Krieg, – verdammter Krieg. – Warum soll ich einen da drüben totschießen? Möglicherweise noch einen Vetter, wer weiß, – Sproß meines damals in die

Staaten ausgewanderten Onkels. Auf jeden Fall „Mensch“, der gewiß auch zu seiner Familie zurückkehren möchte.
„Warum ballern sie nicht?“ Der Unteroffizier war zurückgekommen. Ich schoß und schoß, lud nach und schoß weiter, immer genau zielend – auf die Baumspitzen im vermuteten Feindgebiet.
Wir waren blöde Anfänger, offenbar auch der Unteroffizier. Denn die Quittung unserer blödsinnigen Ballerei kam sehr bald in Form eines Granatwerfer-Überfalls der Amis. Das Gemeine an den Granatwerfern war, daß man Abschuß und Heulen der Granate – wie das bei der Artillerie bekannt war – nicht hören konnte. Zu hören war erst der Aufschlag – und dann war es meist zu spät. Ich machte mich ganz klein. Der Körper grub sich förmlich in die Erde. Einschlag auf Einschlag. Schreie, Stöhnen – ich betete. Dann Pause! Nicht weit von mir lag Schulze, einen Splitter in der Brust, auch das metallene Zigarettenetui in der Brusttasche war durchgeschlagen. Sein Schrei ebbte in Stöhnen ab – und dann wimmernd nur das eine Wort, ein schwacher Ruf: „Mutter!“ Ich drehte mich zu meinen Freund Franz Grein. „Wo ist Dröge denn?“ „Tot, schau nicht hin! – Volltreffer, zerfetzt, Eingeweide hängen im Baum.“ Wir nahmen Schulze auf eine Zeltbahn und trugen ihn zum Verbandsplatz. – Die Nacht überstand er nicht mehr.

Maschinenschriftliche Abschrift des Berichtes von Norbert Katz, wie er den Beginn der alliierten Landung in der Normandie seit dem 6. Juni 1944, 06.30 Uhr, erlebt hat. Norbert Katz hat seine Erlebnisse in einem amerikanischen Kriegsgefangenenlager niedergeschrieben, weil er offensichtlich kurz nach den hier geschilderten Ereignissen in Gefangenschaft geriet.

Aus: Helmut Giesen: Tagebuchgedanken, o. O. u. J., Nr. 39, S. 73–75:

22. 6. 1944

Die göttliche Liebe als einzig denkbarer Grund der Schöpfung.
Wenn man dies zuerst liest, dann ist man doch ein wenig betroffen und zweiflerisch. Wir stehen heute in einem großen, schweren Krieg, der unser ganzes Leben und Erleben in einem sehr hohen Maß in sich hineinbezogen hat. Und wenn wir heute einmal nachdenken über das Leben, das tiefere Leben, den Tod und über Gott, dann sehen wir zuerst meist den Krieg, die Vernichtung, den Haß, die Not, das Leid, alles Dinge, die eigentlich recht wenig mit Liebe zu tun haben, ihr wirklich diametral entgegengesetzt sind. Wo ist da die Liebe Gottes? Wo ist Gott? Die Menschen fragen danach und rufen nach. Ihm. Denn sie sehen nur den Krieg, das Chaos einer sich gegenseitig vernichtenden Welt, Sinnlosigkeit, Ordnungslosigkeit. Wo ist da die liebende Ordnung, Vorsehung Gottes? Liebe ist Leben und Gutsein, und Tod, Töten, ist Haß, ist Nicht-Gutsein. Wenn man sich diese Gedanken vergegenwärtigt, kann man den Titel eines Buches verstehen von E. E. Daving »Und Gott schweigt«. (Es handelt von der Nachkriegszeit nach dem 1. Weltkrieg.) – Wie hat da der Satz von M. Deutinger noch Geltung? Ich glaube, wenn wir die Schöpfung einmal betrachten wollen, den Schöpfer suchen wollen, dann müssen wir uns von allen Vorurteilen freimachen und hinausgehen, frei und losgelöst und schauen. Draußen finden wir Schönheit, Weite, Freiheit und Herrlichkeit. Der ganze Aufbau unserer Erde ist von einer solchen Sinnhaftigkeit und Harmonie, daß wir immer wieder erkennen müssen, Gott

allein kann dies alles geschaffen haben. Nicht ein unpersönlicher Begriff oder ein hartes, unerbittliches Gesetz oder Schicksal, sondern nur die ganz persönliche göttliche Liebe. Alle Dinge der Natur sind auf den Menschen hin geschaffen. Und wenn ihm etwas widerstehen wollte, so hatte er doch in seinem Geist das Mittel empfangen, um diese Hindernisse zu überwinden. Dem Menschen wurde alle Schönheit gegeben, die Tiere, das Land, die Schätze in der Erde, das Wasser, alles, was die Erde birgt. Und alles ist von einer wunderbaren Sinnhaftigkeit und Harmonie. Wenn wir manchmal die kleinen Dinge sehen unter dem Mikroskop, die kleinen Lebenszellen, den ganzen Mikrokosmos, da können wir nur still sein und Ehrfurcht haben vor dem, der so Großes geschaffen hat, der nichts Überflüssiges geschaffen hat, vor Gott. So ist dem Menschen alles gegeben worden von Gott, daß er sich frei entfalten kann. Die Welt findet ihre Vollendung, ihren Sinn im Menschen, und der Mensch, die Menschheit, findet seine Vollendung in dem, der über ihm steht, in Gott. So, denke ich mir, hat Gott seine Schöpfung gedacht, will er sie. Und alles, was er geschaffen hat, die Pflanzen, die Tiere und Menschen sind mit so unendlicher Liebe und Sorgfalt gestaltet, daß wir so verstehen können, warum die Liebe Gottes der allein denkbare Grund der Schöpfung ist. Ja, so oft wir in die Natur hinausgehen und schauen, immer wieder spüren wir da, wie uns die Liebe Gottes aus allem entgegenströmt.
– Und der Krieg?
Das ist nun die andere Seite. Damit wird die Liebe Gottes in keiner Weise widerlegt. Denn der Krieg ist nicht aus dem Wollen Gottes entstanden, sondern aus dem Menschen selbst. Den Krieg haben sich die Menschen selbst gegeben. Jede Wirkung hat ihre Ursache. Und so hat jedes Tun des Menschen seine Ursache in irgend etwas, was wir selbst oder unsere Vorfahren einmal getan oder auch unterlassen haben. So ist alles, was geschieht, die Folge unseres eigenen früheren Tuns. So ist auch der Krieg aus dem Tun der Menschheit entstanden. Es ist eine der großen Unbegreiflichkeiten, daß Gott uns einen freien Willen gegeben hat, daß wir selbst über unseren Weg entscheiden können und müssen. Wohl leben wir auch unter einer großen Gesetzmäßigkeit, aber die letzte Entscheidung über unser Leben, wie wir leben wollen, liegt in uns selbst, liegt in unserem Wollen. Gott will, daß wir aus uns heraus den Weg zu Ihm hin gehen wollen. Er hilft uns dabei, aber zuerst müssen wir wollen. Vielleicht begreifen wir das nie ganz, aber ahnen können wir es. Aber viele Menschen haben dies nicht begriffen, sie gehen den Weg der Welt, wissen nicht um ihr Menschsein. Wir alle sind Menschen, stehen zwischen Gott und der Welt und sind Irrungen unterworfen. Und der Krieg ist wohl die größte Irrung der Menschheit. Gott will nicht, daß der Mensch versucht wird, aber er läßt es zu, und die größte Versuchung ist der eine Mensch dem andern. So ähnlich steht es im Großtyrann. Die größte Versuchung ist das Nicht-erkennen, Nicht-anerkennen-wollen Gottes.
Man könnte noch so viel darüber denken und sagen, aber ich wollte ja nur eins sagen, der Krieg und alles, was damit zusammenhängt, ist kein Gegenbeweis für die Liebe Gottes, die der Grund alles Geschaffenen ist.

Der NDer Helmut Giesen meditiert hier über das Problem der menschlichen Willensfreiheit. Diese, ein Geschenk Gottes, wird aber immer wieder missbraucht mit katastrophalen Folgen. Eine Sinngebung, dass Gott dies zulässt, sieht der gläubige Katholik Helmut Giesen allein in der unendlichen Liebe des Schöpfergottes. Eine bemerkenswert klare theologische Interpretation eines katholischen Laien, der selbst als Opfer christentumsfeindlicher Verfolgung schwer zu leiden hat.

DstHdh: Nachlass Wellenhofer 27:

Aus Feldpostbriefen junger Christen: SKTS:

24. 6. 44

Deo gratias

Am Johannestag begann der gewaltige Rückzug. Witebsk ade!
Heute stehe ich Wache an des Reiches Grenze.
Viele Kameraden hatte ich verloren bei dem Rückzug. Da geschah etwas ganz Unerwartetes. Sechs lumpige Gestalten wälzten sich an unsere Stellung heran. Aha, Feind, du bist erkannt! Aus deinem Spähtrupp wird nichts! Schon wollten wir das Feuer eröffnen, da erreichte uns der SOS-Ruf: „Nicht schießen, wir sind Deutsche, kommen aus Witebsk!“ Wir guckten uns an. Ist das eine Falle oder nicht!? Kurz entschlossen krochen wir zum Drahtverhau und gar bald war es uns klar, daß es unsere waren. Sechs Mann hatten sich 65 Tage lang durchgeschlichen und durchgeschlagen bis hierher an die Grenze. In unserem Bunker ließen wir sie ausruhen, um sie anschließend zu vernehmen. Da stellte sich heraus, daß es Offiziere und Unteroffiziere waren. Und plötzlich nahmen sie die Hände zusammen und sprachen laut und weihevoll das Vater Unser. Feierliche Ruhe war über uns. Zum Schluß sagte schlicht und einfach der Major: „So haben wir alle Tage gebetet. Da musste uns die Kraft und die Ausdauer erwachsen“.
Herr Gott, hab Dank!

Maschinenschriftliche Abschrift.

DstHdh: Nachlass Wellenhofer 59:

Juli 1944

Lieber Johannes!

Du klagst, daß ich schon lange nicht mehr geschrieben habe. Nun, Du weißt selbst, daß man nicht immer schreiben kann, aus äußeren und inneren Gründen. Leere Worte werden genug gesagt. Nun habe ich vier Wochen des neuen Einsatzes erlebt und fühle irgendwie, daß ich wieder schreiben darf, nachdem gerade die letzten 2 Briefe an Dich (mit den Sätzen von Opfer und vom ewigen Leben) mir selbst in schweren Stunden Kraft und Hilfe waren.
Dazu kommt dann Deine Frage.
Oft haben wir von hellen Dingen gesprochen, von Glauben und Tugend, Opfer und Liebe, Gemeinschaft und Gott. Du brauchst Dich nicht zu schämen. Wenn die Frage nach dunklen Dingen Dich quält. Wir dürfen ruhig sprechen von Kleinmut und Versagen, Erbärmlichkeit und Häßlichkeit, Schuld und Sünde. Sie stehen in jedem Leben, aufsteigend wie unheimliche Gewalten, fremd und doch wie aus dem eigenen kommend. –
Gerade wenn man hohen Glauben und hellen Sinn im tiefsten Herzen trägt wie Du, quälen diese Dinge sehr. Man könnte da vieles sagen. Das Wesentliche aber ist dies, daß alles Dunkle wertvoll ist, wenn es uns mehr und mehr in die Hände Gottes fügt. Wenn wir mehr und mehr dahin kommen, nicht auf unsere „Position“ zu pochen, sondern uns demütig in die Hände Gottes zu geben. Ich schreibe Dir ein paar Sätze dazu. –

„Schuld, große dunkle Gefährtin des Menschen, mir vertraut seit Kindestagen. Angenehm sind beruhigte Jahre, wo du uns zu vergessen scheinst. Aber zur Erleuchtung und neuer Würde gelangen wir Erdgebundenen doch nur durch die unendliche Sorge, die Du uns einsenkst". Daran ist viel. Mehr aber noch ist dies: „Er war ein Weiser und kein Engel, aber er war ein Mensch voll Verständnis und Hingabe, der über große und schreckliche Leiden und Entbehrungen gelernt hatte, sich ohne Scham schwach zu fühlen und in Gottes Hand zu geben." (Hesse)
„Es ist leichter als man glaubt, sich zu hassen. Die Gnade besteht darin, daß man sich vergißt. Wenn aber aller Stolz in uns gestorben wäre, dann wäre die Gnade aller Gnaden, sich selbst demütig zu lieben als irgendeinen, wenn auch noch so unwesentlichen Teil der leidenden Glieder Christi." (Bernanos) Und Paulus sagt: „Die Kraft Gottes kommt in der Schwachheit zur Vollendung, gerne will ich mich darum meiner Schwachheit rühmen damit die Kraft Christi in mir wohne!"
Es geht hier um sehr tiefe Dinge. Vielleicht verstehst Du sie nicht einmal ganz. Vielleicht aber sind diese Sätze eine Antwort auf Deine bittere Frage und eine kleine Hilfe in mancher Not.
Diese Worte als billige Entschuldigung für leichtsinniges Tun zu nehmen, liegt nicht in Deiner Art, Du wirst nie aufhören, in aller Wirrnis den Weg zu suchen, in allem Dunkel das Licht, in allem Nebel und Dunst die hohen Berge. Du wirst (noch ein Carossa-Wort) „an einer Lichtbahn bauen helfen, die soll so hoch hinauf führen, wie das dunkle Versunkensein tief war."
Nachdem ich einmal während des Schreibens im Loch war wegen der nahen Granateneinschläge, wird der Brief in später Abendstunde fertig. Wie in jeder Abendstunde denk ich an Dich und alle Freunde. Gedenke auch Du manchmal meiner.

Mit herzlichem Gruß! Dein Richard

Hektographierter Rundbrief des Priestersoldaten Richard Lipold.
Hans Carossa (1818–1956), ein damals sehr geschätzter Autor, dessen humanistische Grundeinstellung auch von vielen, dem NS-Regime gegenüber ablehnend eingestellten Lesern geschätzt wurde.

SKTS: Strunck:

im Südosten, am 8. Juli 44

Ihr lieben Kameraden…

Nach langer Zeit des Schweigens finde auch ich wieder einmal die Ruhe, zu einem Brief an Euch. Wißt Ihr, Zeit dazu hat man an sich oft, aber Ruhe und Sammlung halte ich für die wesentlichste Voraussetzung eines Briefes. Diese Ruhe kann man nicht erzwingen, man braucht sie auch dann nicht einmal zu finden, wenn die eigene Truppe nun gerade einmal „in Ruhe" liegt. Vielmehr handelt es sich um eine Ruhe des inneren Menschen, um die Ausgeglichenheit der Seele. Und gerade diese kann ja heute in dem Wirbel der Ereignisse, in dem Geschrei der Propaganda, oder in der Erschütterung durch Tatsachen schon einmal verloren gehen. Wogegen manchmal im furchtbarsten Kampfgetöse über einen eine Ruhe und Gefaßtheit kommt, die unbeschreiblich ist, aber wohl von Euch Al-

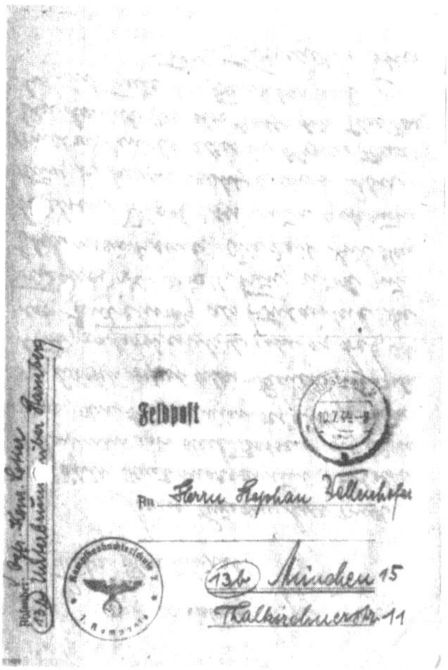

Feldpost

10.7.44

An Herrn Stephan Wellenhofer

München 15

Thalkirchnerstr. 11

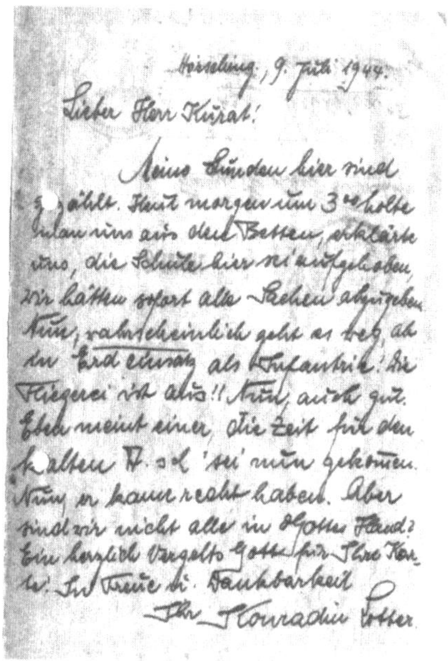

[illegible], 9. Juli 1944.

Lieber Herr Kurat!

Meine Stunden hier sind gezählt. Heut morgen um 3 Uhr holte man uns aus den Betten, erklärte uns, die Schule hier sei aufgehoben, wir hätten sofort alle Sachen abzugeben. Nun, wahrscheinlich geht es weg, ab in Erdeinsatz als Infanterie. Die Fliegerei ist aus!! Nun, auch gut. Eben meint einer, die Zeit für den kalten [illegible] sei nun gekommen. Nun, er kann recht haben. Aber sind wir nicht alle in Gottes Hand? Ein herzlich Vergelts Gott für Ihre Karte! In Treue u. Dankbarkeit

Ihr Konradin [illegible]

DstHdh: Nachlass Wellenhofer 32

len schon einmal verspürt wurde. Der letzte Brief von LEINI brachte Euch die Nachricht vom Tode meines Bruders, der im September bei Kiew sein junges Leben in Gottes Hand zurückgegeben hat. Er ist der Zweite unserer Gemeinschaft, und somit der Zweite Knappe unseres Königs, der nun dort oben uns zur Seite steht. Seien wir uns dessen bewußt Kameraden, daß wir unter den Augen unserer Besten nun weiter unseren Weg gehen und erkämpfen müssen. Keiner von uns steht allein irgendwo in Europa, so daß er vielleicht glauben könnte, diesen Kompromiß, den er da und dort einmal schließt, weil es für ihn persönlich vielleicht angenehmer ist, würde ja von den anderen nicht bemerkt. Zeigen wir uns immer, überall und in jeder Lage dieses Opfers würdig, das HAFEI und HÄNSCHEN für uns gebracht haben. –

Lange und schwere Wochen des Einsatzes liegen hinter mir. Zusammen mit Fallschirmjägern, Luftlandetruppen und Bomberverbänden haben wir das Zentrum der Banditen in Mittelbosnien überfallen und in harten Kämpfen zerschlagen. Beinahe hätten wir sogar den Sohn des alten Churchill erwischt. Aber dieser Knabe zog es dann doch vor, das Weite zu suchen. Abgesehen von einem Streifschuß an der Hand, bin ich bisher noch immer mit heilen Knochen weggekommen. Na, Unkraut vergeht nicht! Von den anderen Kameraden kann ich im Augenblick herzlich wenig berichten, denn eine ganze Zeit lang hat sich kein Mensch mehr gerührt. Ich hoffe aber, daß dieser Brief doch wieder Anlaß zu verschiedenen Protestschreiben geben wird, und dann erfahre ich ja wenigstens, welche Erdteile augenblicklich von den „Langemärkern" unsicher gemacht werden. Also, mal ran! Eine Riesenmappe wartet, all Eure Riesenbriefe aufzunehmen. Und kommt mir ja nicht mit der Ausrede, es sei Päckchensperre. Mehr als 100 g Papier braucht Ihr mir sowieso nicht zu schicken!

Heil Euch Allen! Euer Willi

Maschinengeschriebener Rundbrief des Kölner NDers Willi Strunck an seine Bundesbrüder.
Er bezieht sich hier auf das Fähnlein von NDern, die sich nach „Langemarck" benannten. Vgl. den Rundbrief von Ernst Rausch vom 22. 3. 1943.

DstHdh: Nachlass Wellenhofer 32:

Hörseling, 9. Juli 1944

Lieber Herr Kurat!

Meine Stunden hier sind gezählt.
Heut morgen um 3 Uhr holte man uns aus den Betten, erklärte uns, die Schule hier sei aufgehoben, wir hatten sofort alle Sachen abzugeben.
Nun, wahrscheinlich geht es weg, ab in Erdeinsatz als Infanterie. Die Fliegerei ist aus! Nun, auch gut. Eben meint einer, die Zeit für den kalten A..sch sei nun gekommen. Nun, er kann recht haben. Aber sind wir nicht alle in Gottes Hand?

Ein herzlich Vergelts Gott für Ihre Karte! In Treue und Dankbarkeit

Ihr Konradin Lotter

Kurze, auf einem Feldpostbriefformular handschriftliche Mitteilung des Soldaten Konradin Lotter an Pfarrer Wellenhofer. Aufgrund von Spritmangel musste damals die Pilotenausbildung von der Luftwaffe eingeschränkt werden und die angehenden Flugzeugführer wurden im Endkampf eingesetzt.

DstHdh: Nachlass Wellenhofer 32:

Metzger Walter

Klausenbach, 10. Juli 44

Lieber Herr Kurat!

Wenn der Prophet nicht zum Berg kommt, muß der Berg zum Propheten kommen. Ja Herr Kurat, ich hab wirklich ein schlechtes Gewissen. Ich weiß, Sie sind mir nicht bös, aber Sie hätten sich sicher sehr gefreut, wenn schon eher Post von mir gekommen wäre. Ihre Karte hat mich mächtig gefreut, haben Sie herzlichen Dank dafür. Hoffentlich sind Sie gesund und haben mit Ihrem Fuß keine so großen Beschwerden mehr. Arbeit gibt es ja wohl mehr als genug. Nun werden es wohl immer weniger in der Heimat. Sind in letzter Zeit wieder welche eingerückt?
Von Erika hab ich die traurige Nachricht von (Befeler ?) Karl erfahren. Die Kämpfe auf der Krim müssen furchtbar gewesen sein, Zimmerkameraden waren dabei. Hoffentlich lebt er noch.

Die Feier im Dom muß wieder ganz fein gewesen sein. Wissen Sie, so gern werde ich eine solche Bekenntnisfeier wieder einmal mitmachen, unsere große Gemeinschaft wieder so ganz empfinden. Aber auch hier heraußen findet man immer wieder feine Kerle und was ein Feldgottesdienst kurz vorm Einsatz ist, wenn man in der Nähe schon den Donner der Geschütze und Bomben hört, das wissen Sie sicher sehr gut.
Ich war innerlich ganz ruhig in den wenigen Tagen in der Stellung. Ein eigenartiges Gefühl ist es ja schon am Anfang, die ersten Kugeln und Granaten, aber man gewöhnt sich sehr schnell daran. Der Iwan setzte uns ziemlich was hin. Wir lagen am Dnjestrbrückenkopf. Lang dauerte ja mein erster Einsatz nicht, am Pfingstmontag hat es mich erwischt. Bekam von einer Granate, die wenige Meter von mir explodierte, an 20 Splitter ab, Gott sei Dank nur kleinere und vier größere an weniger gefährlichen Stellen, linken Unterarm und rechten Oberschenkel.
Nun, die folgenden acht Tage, bis ich hier im Lazarett landete, waren nicht besonders schön. Der Transport in allen möglichen Sachen mit Schiene und im liegenden Zustand, war froh, wie ich hier endlich im Bett lag. Die Wunden sind sehr schnell geheilt. Drei Operationen, ziemlich leichte, waren auch bald vorbei. Nun bin ich schon wieder ganz auf Draht. War schon beim Schwimmen, ging ganz gut. Erika schrieb von einer Verlegung, Sie würden es versuchen, Herr Kurat, ich glaube nicht, daß Sie etwas erreichen und wenn Sie noch nichts unternommen haben, brauchen Sie sich deswegen nicht auch noch Arbeit machen. Ich hoffe schwer, hier noch zwei bis drei Wochen zu bleiben und wenn es gut geht, ist bis dahin von meinem Ersatztruppenteil eine Anforderung da, dann komm ich erst dorthin und dann gibt es Genesungsurlaub, wäre ja herrlich.
Herr Kurat, Erika hat mir geschrieben, daß sie bei Ihnen war. Wie wir zueinander stehen werden Sie sicher wissen. Wenn es Gottes Wille ist, daß wir diesen Krieg gut überstehen, wollen wir heiraten. Ich weiß, sie wird auf mich warten und ich auf sie. Bitte schreiben Sie mir ganz ehrlich, wie Sie von Erika denken, ja. Ich habe sie wirklich als ein reines Mädchen und guten Kameraden schätzen und lieben gelernt. Und sie hat einen unerschütterlichen Glauben, vielleicht stärker als ich.
Heute erhielt ich auch einen Brief von meinem Bruder Georg.
Er ist immer noch in der Heimat, in Zittau, hoffentlich kann er noch lang dort bleiben. Er hat nun eine Wohnung dort bekommen und seine Frau zieht bald hin.
Haben Sie mit Willi, Hansl, Rudl und Sepp noch Verbindung, habe seit meiner Abstellung noch keine Post von ihnen. Lieber Herr Kurat, zu Ihrem 25jährigen Priesterjubiläum wünsche ich Ihnen nachträglich von Herzen alles Gute und Gottes Segen für ein hoffentlich noch sehr langes priesterliches Wirken.

Mit frohem Gruß Ihr Walter

Maschinenschriftliche Abschrift eines Briefes von Walter Metzger an Pfarrer Wellenhofer.
Karl Befeler musss wohl vermisst worden sein, so dass man noch Hoffnung hatte, er hätte irgendwie, vielleicht in Gefangenschaft überlebt.

DstHdh: Nachlass Wellenhofer 27:

Osten, 27. Juli 1944

Liebe trauernde Eltern meines Freundes Erwin selig!

Heute wurde meine bange Vorahnung zu bitterer Gewißheit! Mein lieber, junger Freund Erwin, Ihr vielgeliebter Sohn und Bruder hat im furchtbaren Sturm, den wir gemeinsam in derselben Division vom 23.6. ab bestehen mußten, sein junges hoffnungsvolles, strahlendes Leben opfern müssen und ist heimgegangen zum Vater, uns vorausgegangen in eine bessere Heimat. Ich bin an ihm gehangen wie an einem Bruder und werde ihn immer schmerzlich vermissen, werde ihn bei jedem Meßopfer, das ich lesen darf, dem ewigen Vater empfehlen und beten, er möge uns mit ihm nach diesem Elende im Himmel einst wieder vereinen. Ihnen aber, tief betrübte Eltern meines teuren Erwin, drücke ich im Geiste die Hand in tiefem Mitgefühl. Gott tröste Sie in Ihrem Leid und stärke Sie und tröste Sie. Wenn mich der Herrgott wieder gesund heim läßt – wie fragwürdig war dies oft in den Wochen vom 23.6. – 10.7. – werde ich Sie besuchen. In meiner Kp. hat der Tod auch geerntet, 6 Kameraden, davon 2 Priestersoldaten. In der Beresina sind 3 ertrunken.
Ich war auch nahe daran. Der Gottesmutter verdanke ich meine Rettung. Danach 4 Tage durchschlagen in Badehose und Hemd, alles andere verloren! Unbeschreibliche Erlebnisse! Heute noch am Rastplatz an der Südostgrenze Ostpreußens. Morgen wieder zu neuem Einsatz nach dem Nordosten.

Ich grüße Sie, ich begleite Sie, ich segne Sie als Ihr mitfühlender

gez. Paul Stapff

Maschinenschriftliche Abschrift des Kondolenzbriefes, mit dem der Priestersoldat Paul Stapf den Tod seines Konfraters, des Priestersoldaten Erich Altmeier, dessen Eltern mitteilt.

DstHdh: Nachlass Wellenhofer 27:

Gefr. Gramsamer, Lois

O. U. 8. 3. 44

Grüß Gott Hochwürden!

Für Ihre Namenstagswünsche vom 19.6. die ich nun erhalten habe, recht herzlichen Dank. Ihren Pfingstgruß habe ich bis heute noch nicht erhalten. Mir fehlt überhaupt noch sehr viel Post und ich denke, die wird bestimmt noch bei meiner Einheit liegen. Ich bin nachträglich wie ich Ihnen bereits schon mal geschrieben habe seit Anfang März von meiner Einheit weg immer in der Werkstatt weit vom Schuß. In dieser Zeit habe ich im ganzen erst zweimal Post bekommen. Nun habe ich endlich mal Aussicht vielleicht schon in acht Tagen zu meinem Haufen zu kommen. Obwohl die dauernd im Einsatz, so zieht es mich nach so langer Zeit wieder zurück zu den Kameraden. Mein Bruder schrieb mir zwar, ich soll das Glück nicht zum Unglück machen, wenn ich mich bemühe wieder nach vorne zu kommen. Aber Hochw. ich stehe so fest auf dem Standpunkt, daß nicht ich oder der Feind Granaten oder Bomben über mein Leben bestimmen, sondern nur der himmlische Vater. Ich habe nun den Rückzug der Werkstatt mitgemacht. Dabei sind nur durch Verkehrsun-

A b s c h r i f t .

Oberleutnant W. Büchner
Feldpostnummer 156o5 O.U. ,den 3o.Juli 1944.

Liebe Frau Klee!

Jn den schweren Kämpfen der letzten Zeit hat auch die 78. Sturm-Division,welcher Jhr Sohn angehörte, den höchsten Einsatz leisten müssen,um die Heimat vor der bolschewistischen Gefahr zu schützen. Die Eigenart der Kampfverhältnisse im Osten bringt es mit sich,dasswir heute noch nicht über das Schiksal einiger unserer Soldaten volle Klarheit erlangt haben. Ich muss Ihnen mitteilen,dass unter Diesen Soldaten auch Ihr Sohn ist, der als Sturmpionier unserer Kompanie mitkämpfte. Er ist zuletzt am 26. Juni 1944 bei Budniki, etwa 8Km nördlich Orcha durch Feldwebel Schön gesehen worden, wie er in helden=haftem Einsatz seiner Person den Vorsturm der Bolschewisten aufhielt.

Da fast alle Offiziere des Sturm-Pionier-Bataillones und viele Kameraden Jhres Sohnes gefallen sind,konnte bisher nicht festgestellt werden, ob Jhr Sohn in den Kämpfen nach dem 26. Juni 1944 verwundet und zu rückwärtigen Sanitätseinrichtungen zurückgebrachtwurde,oder ob er in Gefangenschaft geriet. Angesichts der Härte der Kämpfe darf ich Allerdings nicht verschweigen,dass Jhr Sohn auch als tapferer,deutscher Soldat für das Volk und die Zukunft unseres Volkes den Heldentod erlitten haben kann.

Seien Sie versichert,dass ich den ganzen Schmerz mitempfinde, den Jhnen diese traurige Ungewissheit bereiten mag. Das Ringen um den Sieg im Osten ist für unser Volk von so entscheidender Bedeutung,dass niemand auf die Dauer Opfer erspart bleibeh.Vergessen Sie nicht über der Trauer,stolz zu sein auf Ihren Sohn,der Vielleicht sein Lebeh für den Bestand des Reiches tapfer und treu hingegeben hat,oder sein Schiksal in Feindesland stolz und stark trägt.

Das Sturm-Pi.Batl.hat alle möglichen Ermittlungen eingeleitet, um Näheres in Erfahrung zu bringen.Ich bitte Sie,uns sofort zu verständigen,falls Sie auf anderem Wege genauere Nacgricht erhalten sollten.Die Kompanie wird Ihnen die Kameradschaft wahren,die uns mit Ihrem Sohne verbunden hat. Ich stehe Ihnen jederzeit zur Verfügung, wenn ich Ihnen in dem grossen Leid durch Rat oder Tat helfen kann.

Heil Hitler!
gez. Büchner
Oblt. u. Führer d. Einheit.

Offizieller Kondolenzbrief des Einheitsführers

DstHdh: Nachlass Wellenhofer 27

fälle 1 Mann ums Leben gekommen und sieben weitere knapp am Tode vorbei gegangen. Und so gibt es viele Fälle und Beweise, daß man auch hinter der Front sterben muß, wenn Gott es will. Außerdem wenn man sich weit vom Schuß so sicher und wohl fühlen kann und dazu Monate lang kein gutes Wort mehr hört, so leidet der gute Charakter in mancher Beziehung darunter. Und das wird an der Front im Eisenhagel wieder alles aufgebessert. Wenn man nämlich sein Leben ab und zu nur noch so schimmern sieht, denkt man ganz anders.
München mußte ja in letzter Zeit sehr schwer unter den Terrorbomben leiden. Meine Base schrieb mir von der Zerstörung der Josefskirche. Sie schreibt: „Das größte Herzeleid brachte uns die Bombardierung unserer Josefskirche. Wo soll man sich nun Trost im Leiden suchen?" Das interessanteste vom ganzen aber war als sie schrieb „die ganze Josefskirche ist ein Trümmerhaufen, doch wer ragt unversehrt aus dem Schutt?
Maria mit dem Kindlein als ob sie das gar nichts anging. Diese Statue schmückt nun als einzige die behelfsmäßige Notkirche."
Ja die Mutter Gottes ist halt doch die unverwundbare Mutter und Fürbitterin in jedem Leid.

Und in diesem Vertrauen sendet Ihnen heute recht herzliche Grüße aus dem Süden

Lois

Maschinenschriftliche Abschrift des Briefes von Alois Gramsamer an Pfarrer Wellenhofer.

DstHdh: Nachlass Wellenhofer 32:

Ostfront, den 6. 8. 44

Grüß Gott, Herr Kurat!

Heute ist seit meinem Urlaub der erste Tag, an dem ich außer einem kurzen Lebenszeichen nach Hause auch noch andere Briefe schreiben kann.
Ich hoffe, daß diese Zeilen Sie nach all den schweren Tagen, die ja auch München erlebt hat, bei bester Gesundheit antreffen. Die letzten zwei Monate waren für uns äußerst schwer und hart. Oft eingeschlossen und abgeschnitten, oder ohne Rückendeckung galt es auszuhalten. Man merkte oft so richtig die rettende Hand unseres Herrgotts. Ohne unerschütterlichen Glauben an ihn, wäre man abgesackt. Vom Bug bis zur Memel reichten die zahlreichen Einsatzorte.
Heute bin ich in einem kleinen Dorf Ostpreussens beim Troß. Die Bevölkerung ist schon weg. Aber die paar Stunden Erholung werden schnell vorbei sein. Der Gegner greift ja sehr stark an.
Ich will nun für heute schließen und Sie auch weiter um Ihr Gebet für uns Soldaten bitten.

Es grüßt in alter Treue — Ihr Josef Halter

Maschinenschriftliche Abschrift eines Briefes von Josef Halter an Pfarrer Wellenhofer. Er schildert die laufenden Rückzugsgefechte der Wehrmacht. Am 22. Juni 1944 beginnt die sowjetische Großoffensive gegen die Heeresgruppe Mitte, deren Folgen für die Wehrmacht katastrophaler als die der Tragödie von Stalingrad waren.

Aus: Helmut Giesen, Tagebuchgedanken, o. O. u. J., Nr. 54, S. 39:

22. 8. 1944

Das Leben verlangt jetzt von uns alles, daß wir das Persönliche zurückstellen für das Größere, daß wir selbst zum Sterben »ja« sagen, wenn es von uns verlangt wird. Dieser Weg ist manchmal schwer, denn das Leben ist so groß in uns. Aber trotzdem, auch dazu wollen wir bereit sein.
»Und setzet ihr nicht das Leben ein,
nie wird euch das Leben gewonnen sein.«
Oder wie es im NT heißt:
»Wer sein Leben gewinnen will, wird es verlieren,
wer es aber um meinetwillen hingibt, wird es gewinnen.«
Ich liebe das Leben sehr und der Gedanke an das Sterben ist mir manchmal sehr fremd, weil ich so tief im Leben stehe. Und dennoch, wenn es von mir gefordert wird, ich werde wohl nicht feige sein. Ich weiß, daß mein Leben groß und schön war, daß wir es ganz gelebt haben, bis an seine Grenzen, in Freude und Leid, und das ist alles.

SKTS: Strunck:

23. 8. 44

Liebe Freunde!

Wie ein gescholtener Schulbube sitze ich hier vor diesem Briefe und versuche mit reuigem Herzen Buße zu tun für mein Vergehen. Denn ich bin mir meiner Schuld wohl bewußt.
Während der vergangenen Wochen erhielt ich aus unserem Kreise drei Schreiben, eines kam von Ernst aus Kassel, ein anderes von Leini aus Köln und das dritte schickte mir Willi aus dem Südosten. Drei Freundesbriefe in einer Zeit und unter Verhältnissen, da man die kraftspendende Nähe, das vertrauliche Gespräch und den starken Beistand eines guten Kameraden oder treuen Freundes oft so schmerzlich entbehren muß. Und trotzdem antwortete ich nicht gleich freudig auf die Freundesstimme, die mir der Feldpostbrief vermittelte……
Vielleicht ist es für Euch interessant – mir füllt es die „Weisheit“ des Papiers – zu erfahren, wie mein Leben während der letzten Monate abrollte…..
Mit dem Beginn der Kämpfe im Westen kam ich zu unserer Heimatstadt, zum Butzweilerhof und flog von dort die ersten scharfen Einsätze. Tagsüber lebte ich dann zu Hause im Kreise der Familie und bei alten Bekannten, die mir das Glück des „Heimatkriegers“ erst vollkommen machten.
Bei meinem fünften Einsatz gelang mir in der Gegend von Mö-Gladbach der erste Abschuß. Es war eine viermotorige Short Stirling, die wir, drei Mann als Besatzung, brennend zur Erde schickten, von der sie ehedem gestartet war.
Vor 10 Tagen flogen wir wieder mal Einsatz nach Braunschweig. Und da hatten wir nochmals einen dicken Viermotorigen vor uns.
Geschlagene vier Minuten sind wir hinter der Lancaster hergekurbelt, wurden von ihr beschossen und konnten dennoch sie nicht abschießen weil unsere Waffen versagten.
Pech muß man haben, sonst vergißt der Mensch leicht, daß er Mensch mit Schwächen und Fehlern ist!

Das sei nun in großen Rahmen gesehen mein Leben während der verflossenen Wochen und Monate, nicht allzu reich an kämpferischen Ereignissen und großen taktischen Erfolgen, wohl aber durchsetzt mit tiefen Erlebnissen und wertvollen Erfahrungen, mehr innerlich als nach Außen hin.
Und damit sei meine heutige Epistel beendet. Ich hoffe auf weitere Nachrichten von Euch allen und verspreche, mein Rückfallvergehen in Gestalt nicht gehaltener Versicherungen bezüglich des Briefwechsels nicht zu wiederholen.
Schreibt Ihr bitte an L 5o2oS, Lg. Pa. Hamburg I.

In alter Frische

stets Euer Jo

Maschinenschriftliche Abschrift eines Rundbriefes des Kölner NDers Heinz Josten. Er war Flugzeugführer eines dreisitzigen Messerschmitt-Nachtjägers (Me 110) und in der Nachtjagd zur Abwehr alliierter Bomber eingesetzt. Er schildert den Abschuss eines britischen Bombers vom Typ Short Stirling und den fehlgeschlagenen Angriff auf einen viermotorigen britischen Lancaster-Bomber, Maschinen, mit denen die Royal Air Force Nachtangriffe flog. Heinz Josten kehrte am 26. Dezember 1944 nicht mehr von einem Feindflug zurück und ist seither vermisst.

DstHdh: Nachlass Wellenhofer 32:

Gefr. Schweiger Otto

Osten, den 24. 8. 44

Lieber Herr Präses!

Vor allen Dingen grüßt Sie ein Soldat des Piccoloclubs, ein zwar seltener Schreiber, aber dafür in Gedanken öfters noch bei Ihnen weilender Otto Schweiger.
Was nützt all das viele Zurückdenken an die schönen Stunden, wenn sich dabei kein Brief schreibt, aber heute will ich mich dazu aufraffen. Es wäre zwar heute weniger Zeit und Gelegenheit wie sonst. Ich liege in meinem Panzerdeckungsloch, 400 m vor mir liegt der Iwan. Er ist ruhig und ich noch mehr, denn ich will ja noch schreiben. Zwar habe ich heute keine gestärkte Brust in weiß, aber mein Hemd und meine Uniform stehen auch voller Dreck. Heut sucht man nicht mehr sein Kleingeld oder sein Handwerkszeug, sondern höchstens so ein Biest von einem Floh, der einen schon eine Zeitlang piesackt. Am Morgen sehnt man den Abend herbei. Am Abend fragt man sich, was wird der morgige Tag bringen und alles was dazwischen ist mit seiner Freud und seinem Leid, trägt den Stempel des Krieges. Und über allen läge die große Sehnsucht nach dem Frieden, aber wann wird er endlich kommen, wieviel Unglück, Mord, Leid und Zerstörung muß er noch bringen über unsere Heimat, ja über die ganze Menschheit.
Als mich der Rückzug durch die fruchtschwere Erde Galiziens führte, wanderten meine Gedanken heimwärts nach Oberbayern und wenn nicht anstatt einer schönen Kirche ein russ. 5 Kuppelbau in den Himmel geragt hätte, hätte man meinen können, es wäre ein abendliches Tal unserer weiteren Heimat, aber das sind Träume.

Dann ruft einen die rauhe Wirklichkeit wieder zurück ins Schlachtengetümmel. Die letzten schweren 6 Wochen des Rückzuges habe ich Gott sei Dank gut überstanden. Ich hin soweit gesund und munter und hoffte das Gleiche von Ihnen und allen sonstigen Clubkameraden.
Unser schönes München wird ja von den Fliegern schwer hergenommen. Hoffentlich sind Sie dabei mit heiler Haut gut durchgekommen.

Mit einem Behüt-Sie-Gott und auf Wiedersehen und den herzlichsten Grüßen und den besten Wünschen

Ihr Otto Schweiger

Herzliche Grüße an Ihre Frau Schwester und alle anderen Clubkameraden.

Maschinenschriftliche Abschrift eines Briefes vom Gefreiten Otto Schweiger an Pfarrer Wellenhofer. Er war von Beruf Kellner und gehörte wohl einer Gruppe junger Berufskollegen, dem „Piccoloclub“, die von Pfarrer Wellenhofer seelsorgerisch betreut wurden.

Helmut Giesen: Tagebuchgedanken, o. O. u. J., Nr. 55, S. 97:

24. 8. 44

Wir sind heute alle in ein großes Leiden, eine große Not, hineingestellt, die eigentlich ganz unabhängig von unserem inneren, persönlichen Leben ist. Der Krieg nimmt die Völker ganz in seine Leiden hinein und damit auch jeden Einzelnen persönlich. – Gestern abend habe ich mal ein wenig über dies alles nachgedacht. Ich hatte nämlich Wache. Es war ganz dunkel. Schwere Wolken waren hochgekommen und ringsum zuckten die Blitze, immer stärker, immer näher kommend. Eine bleierne Schwere und Schwüle bedrückte mich. Dann kamen die ersten Windstöße, wirbelten Staub auf. Frisch und lösend fegten sie über mich hinweg, Vorboten des kommenden Regens, der Entspannung und Erfrischung. Lange währte dieses Spiel, dann regnete es, zuerst tropfenweise und plötzlich mit ganzer Heftigkeit. Wie Erlösung ging es durch alle Dinge. Die Erde, die Bäume sogen den Regen in sich auf, begierig und verlangend. Und langsam wich die Schwere, löste sich das Bedrückende und als ich 4 Stunden später meine zweite Wache hatte, da war alles ruhig, still und entspannt; nur ganz in der Ferne war noch ein letztes Wetterleuchten. So sind auch die Kriege; wenn die Spannungen zwischen den Völkern zu groß geworden sind, dann müssen sie irgendwie frei werden, sich lösen. Dann geht ein schweres Unwetter über die Erde hin, fegt alles Dunkle hinweg und dann ist es wieder still und entspannt. So ist das persönliche Leid, so sind die Kriege. Es sind Heimsuchungen Gottes. Es ruht irgendeine sehr schwere Schuld auf der Menschheit, sie ist irgendwie einen falschen Weg gegangen, darum wird sie heimgesucht, damit sie erkennt. Wir lehnen uns dagegen auf, daß es auf diese furchtbare Art geschieht, die jeden Einzelnen an den Rand der Verzweiflung bringt, die jedem Einzelnen Stunden tiefster, innerster Not und Zweifel gibt. Ja, das Leid ist schwer, aber es hat auch einen sehr, sehr tiefen Sinn, auch wenn wir ihn nicht erkennen. Wir stehen oft im Leid, sehen keinen Sinn mehr, in uns ist Sinnlosigkeit, Leere, Verzweiflung. Und doch leben wir weiter, gehen wir den Weg weiter und nach Jahren vielleicht, wenn wir unser Leben überschauen können, seine Zusammenhänge erkennen, da geht uns der Sinn des Leidens auf. Und oft ist es so, daß das tiefste Leid für uns größte

Gnade ist. Nicht sinnlos wird es uns von Gott gegeben. Wir wachsen in ihm. Dann löst sich vieles, wird leicht, und die Dinge halten uns nicht mehr so fest; wir werden frei und leicht. Alles Ungelöste findet im Leid oft seine Lösung. Durch das Leid gelangt der Mensch zu seiner inneren Vollendung. Ja, warum aber dieser Umweg, wenn doch Gott die Liebe, die Güte ist, warum läßt Er uns einen solchen Weg gehen? Er hat doch die Welt zu Seiner Freude geschaffen und nicht zum Leiden. – Da stehen wir vor der großen, schweren Frage des freien Willens. Warum hat Gott uns einen freien Willen gegeben, die wir doch so unvollkommen sind? Es gibt wohl nur eine Antwort aus unserem Glauben. Er hat uns den freien Willen gegeben, weil Er uns teilnehmen lassen wollte an der Schönheit und Freude Seiner Schöpfung. Aus uns heraus sollen wir sagen: Herr, Dein Wille geschehe; denn Dein Wille allein ist gut und richtig. So wird der Mensch teilhaftig der Schöpfung Gottes, ruht er in Gott. Aber dahin zu gelangen, ist sehr schwer. Denn da muß der Mensch sich selbst ganz aufgeben, hingeben in den Willen Gottes, um sein Sein neu aus Gottes Hand zu empfangen. Schwer ist es und trotzdem, indem wir uns so neu wiedergegeben werden, empfangen wir auch von Gott seine Kraft und Gnade. Wundern sich die andern nicht oft über die Gelassenheit und Ruhe, die der glaubende Mensch im Leiden zeigt? Haben wir selbst nicht schon beides erlebt, die Verzweiflung und innere, furchtbare Leere, wenn wir Gott fern waren, und diese Ruhe und Freude, die uns auch im Leid Seine Nähe gab. – Mögen andere denken, was sie wollen, dies alles als Autosuggestion auffassen, in Berlin habe ich zum ersten Mal die große Ruhe gespürt, die Gott denen gibt, die in Seinem Willen sind. Und heute ist es ebenso. Wir wissen nicht, ob die nächste Zeit nicht sehr hart wird, vor uns ist eine große Ungewißheit, aber in mir ist eine solche Klarheit, Gelassenheit und Ruhe, das ist herrlich. – Ich weiß, daß mir diese Ruhe aus der Geborgenheit in Gott zuströmt. Wir wollen alles Kommende auf uns nehmen, ohne Zweifel oder Bitterkeit. Auch darin ist ein tiefer Sinn; das wollen wir nie vergessen. Auch das tiefste Leiden ist von Gott, denn Leiden ist im Letzten Gnade, Läuterung. Es ist oft schwer zu verstehen. Aber es ist so.

In einer bewundernwürdigen Klarheit wird hier die Theologie des Hiob-Buches aus dem Alten Testament von einem katholischen Laien formuliert. Alles Leid ist eine Prüfung Gottes und nur unter der Prämisse „Herr, Dein Wille geschehe" zu erfragen.

DstHdh: A1. 3204:

Feldw. O…
L 51738, L. G. P. Königsberg

Im September 44

Liebe Kameraden!

Endlich ist es wieder mal so weit, daß ein Schrieb starten kann. Ihr müßt schon entschuldigen, daß es nicht früher der Fall war, aber Ihr könnt Euch ja vorstellen, daß durch die ewige „Auflockerung" keine Zeit war. Wo steht Ihr denn jetzt? Ich handelte nach dem Grundsatz: „Selig, die rückwärts Land gewinnen, denn sie sehen die Heimat wieder" und befinde mich in der Höhe von Allenstein. Daß es hier besser als in Rußland ist, könnt Ihr Euch ja denken. –

Jetzt bitte ich Euch, daß jeder seine Gedanken zu Papier bringe und vor allem: den Schrieb weitergeben! Darauf kann ich mich verlassen, ja?

Es grüßt Sie Herr Probst, Herr Pfarrer, Seppl, Gerhard, Fritz, Richard, Paul, Kalle, Richard Söllner und an wen dieser Schrieb sonst noch geht recht herzlich
Euer Olaf

Handchriftlicher Rundbrief eines Magdeburger Pfadfinders zur Weitergabe an seine Pfadfinderkameraden mit der Bitte um Anfügung von Zusätzen. Der Verfasser war Feldwebel bei der Luftwaffe.
Handschriftlicher Zusatz der Feldpostadresse von Feldwebel Olaf ..., der Nachname ist unleserlich.

DstHdh: Nachlass Wellenhofer 32:

Odersberg, 7. 9. 44

Sehr geehrter Herr Wellenhofer!

Vor einigen Tagen erhielt ich Ihre Karte, für die ich Ihnen herzlich danke. Allzuviel Sorgen um mich brauchen Sie nicht zu haben, meine Verwundungen sind schon verheilt, morgen, den 8.September werde ich entlassen! Ich komme von hier unmittelbar ohne Urlaub nach dem Osten, wenn möglich zur alten Einheit! Das ist natürlich weniger angenehm. Aber ich bin jetzt schon 5 Jahre Soldat, da macht mir das nicht viel aus! Der Krieg ist jetzt in den Endspurt eingetreten, jetzt werden überall die größten Anstrengungen gemacht, um den Krieg zu beenden. Wenn ich jetzt das nächste halbe Jahr durchhalte, dann ist alles gewonnen.
Geistig bin ich jetzt nicht mehr allzu groß auf der Höhe, das ist natürlich auch ziemlich verständlich! Nur öfter denke ich mir, wie wäre es, wenn ich mal völlig für mich wäre. Ich erinnere mich an meine Fahrten, die ich vor einem halben Jahrzehnt in die Berge und in die nähere Umgebung Münchens machte, jetzt liegt das alles weit, weit zurück. Und die Zukunft? Oft denke ich an meinen künftigen Beruf! Wann werde ich das Introitus sprechen können ? Jetzt bin ich 23 Jahre alt und wäre bald fertig! Und so ist alles unsicher! Wenn nur einmal Frieden wäre!
Soeben erhielt ich von meinem besten Freund einen Brief, der mir eine fatalistische Haltung vorwarf. Nun, das darf ich mir nicht sagen lassen, wenn auch meine Stimmung manchmal dementsprechend ist. Man muß halt mit zusammengebissenen Zähnen durchhalten! Nur, das dürfen Sie mir glauben, jetzt sind alle Ideale der Jugend, die sich nicht halten lassen, verflogen
Ich glaube, daß ich da nicht allein dastehe mit meiner Meinung ! Ja, es ist mein Glaube, daß es meine Aufgabe ist, jetzt und immer, Christus den Herrn in die Zeit zu tragen. Allen Stimmungen zum Trotz. Aber oft ist es nicht einfach. Ich bitte darum ganz inständig um Ihr Gebet!
Warten Sie mit dem Schreiben, bis ich Ihnen eine neue Anschrift mitteile.
Vielleicht sehen wir uns bald, vielleicht auch überhaupt nicht mehr !
Aber wie es kommt, ist's gut.

Die besten Grüße sendet Ihnen Ihr ergebener Schorsch Walleitner

Maschinenschriftliche Abschrift eines Feldpostbriefes von Georg Walleitner an Pfarrer Wellenhofer. Georg Walleitner war offenbar Theologiestudent, der sich in der Ausbildung zum Priester befand. Wie er schreibt, ist er unter dem harten Kriegserlebnis gereift und hat alle als vordergründig zu bewertenden Ideale aus seiner Zeit der Jugendbewegung abgestreift.

DstHdh: Nachlass Wellenhofer 32:

Oderberg, 8. 9. 44

Sehr geehrter Herr Wellenhofer!

Soeben erhielt ich Ihr Päckchen mit dem Brief und den Zigaretten! Ich danke Ihnen vielmals, besonders für das Rauchzeug, denn mit den zwei Zigaretten am Tag, kann man keine großen Sprünge machen.
Heute geht es also ab für mich wieder in Richtung Osten! Ich bin jetzt nicht mehr Zuschauer, sondern wieder aktiver Mitspieler! Ruhe habe ich nicht viel! Denn ich weiß, was draußen los ist. Aber das stimmt schon von R. Schneider, daß man erst in der großen Not sich selber erkennt! Auch die Ruhelosigkeit und das Unbestimmte, das ist notwendig, später werde ich es schon sehen! Und wenn ich nicht mehr heimkomme, so hoffe ich, daß dann Vollkommene beginnt, nachdem das Unvollkommene aufgehört hat. Denn auch die Heimat ist nur „unvollkommen" dem Schöpfer gegenüber.
Aber wir hoffen, daß Worte sich erfüllen: kein Opfer umsonst war, und daß Hugins Worte sich erfüllen: Christus, Herr der neuen Zeit !

So sende ich Ihnen die allerherzlichsten Grüße

Ihr dankbarer Schorsch Walleitner

Handschriftlicher Feldpostbrief auf vorgedrucktem Feldpostbriefformular von Georg Walleitner an Pfarrer Wellenhofer.
Reinhold Schneider (1903–1958) war wohl der damals bedeutendste katholische Schriftsteller, der in Freiburg i. Br.beheimatet war. Als dezidiert katholischer Schriftsteller konnte er seit 1941 nicht mehr offiziell publizieren. Seine Schriften wurden von engagierten Katholiken oft in hektographierter Form unter der Hand weiter verbreitet.

SKTS: Strunck:

Tom Pontzen an Willi Strunck

Italien, am 1. 10. 44

Lieber Willi!

Von meiner Mutter höre ich von Deiner Vermählung. Dazu Dir und Deiner Frau meinen allerherzlichsten Glückwunsch. Ich kann Dir nicht viel schreiben. Wieder bin ich ziemlich dick in der Tinte drin. Die Adria ist meine zeitweilige Heimat. Post kommt fast gar keine. Höre nichts von den Kameraden. Alles scheint zerrissen zu sein und vieles, vieles ist mir fragwürdig, wankend und unwichtig geworden. Wie wird dieser Wahnsinnstanz enden? Ich weiß es nicht! Nur meine ich oft an unser aller Hände die Blutflecken unserer

Jm Osten,den 9.9.44.

Abschrift:

Werte Familie Hartinger!

Jhnen diesen Brief eher zu schreiben war mir nicht möglich,da mir bei Absatzbewegungen Jhre Anschrift verloren ging.Nun endlich konnte ich sie ermitteln.Jch weiß wie dankbar die Eltern sind,wenn ihnen vom Tode Jhres Sohnes Genaueres berichtet werden kann.Als Sanitäter war ich im November 43. im Operationssaal tätig als Jhr Sohn Helmut zu uns nach Leuschina (südl. von Staraja -Russa) kam.Jm Zivilberuf bin ich katholischer Geistlicher. Aus dem Soldbuch ersah ich,daß Jhr Sohn katholisch ist. Daher galt ihm sofort meine besondere Sorge.Jhr Sohn kam durch nahen Granatsplitter verwundet zu uns.Bauch und Lunge waren eröffnet.Der schwere Blutverlust hatte Jhren Sohn arg mitgenommen.Eine sofortige Blutübertragung von 800 ccm und Kreislaufmittel besserten sein Allgemeinbefinden so,daß eine Operation gewagt werden konnte und mußte. Jch frug Jhren Sohn nach besonderen Wünschen.Er hatte keine,obwohl er sich über die Schwere der Verwundung klar war.Als ich ihm sagte,daß ich kath.Geistlicher sei,war er sehr froh und bat mich,ihm die heiligen Sterbsakramente zu spenden.Diesen Wunsch erfüllte ich ihm gern.Wir empfahlen uns dem Schutz,der Hilfe und den Willen Gottes.Bei der Operation starb Jhr Sohn um 16 Uhr 15. Alles,was in Menschenkraft stand,Jhren Sohn das Leben zu erhalten,war getan.Gott nahm Jhren Sohn zu sich in sein Reich.Sein Wille war das für Sie sicher schmerzliche Hinweggenommenwerden Jhres Sohnes Helmut aus dieser Zeitlichkeit.

Fast ein Jahr haben Sie nun das Leid getragen.Möge Gott Jhnen Seinen Trost ins Herz gegeben haben,zu dem menschliche Worte und menschliches Mittragen zu schwach sind.Auch nach dieser langen Frist sehe ich es als meine Pflicht an,Jhnen diesen Brief zu schreiben.Aus meiner eigenen Verwandschaft weiß ich um die Dankbarkeit für die Schilderung all dessen, was geschah als liebste Menschen von uns gingen.Und ich denke,daß die Gewißheit,daß Jhr Sohn in Frieden Gottes von der Zeitlichkeit in die Ewigkeit ging,Jhnen Trost und Kraft spendet.

Jch fühle mit Jhnen und Grüsse Sie,

Jhr

Heinz Schonzer,O.Gefr. F.P.N. 02318

Kondolenzbrief eines Priestersoldaten

DstHdh: Nachlass Wellenhofer 27

Mitschuld zu sehen. Hinter jedem erloschenen Menschenleben sehe ich die stumme Anklage. Die eigenen Gedanken wollen sich in all diesem Wirrwarr kaum noch ordnen. Bald erscheinen des Lebens Dinge alle als zu schwer. Das lehren die Tatsachen, das lehrt mir eindeutig die gegenwärtige Stunde. Alles andere ist leer, ist Phrase und Lüge. Gott wird die Dinge einst scheiden. Im Taumeln vor seinen Schlägen kommt uns jetzt die reifste Erkenntnis, daß wir unsre Irrwege zurückzugehen haben. Was ist schon wichtig? Was wollen wir noch an so Großem, nur die Wege, die nach drüben weisen, gehören uns. Diese Welt hat für uns keinen Platz mehr, in einem so satanischen Konglomerat unterweltlicher Lüsternheiten am Morden, Schlachten und Blutbaden gibt es aber auch keinen Millimeter, wo unser Aufenthalt wäre. Nichts brauchen wir mehr.
Ich meine nur, einmal noch müßte der Herr einen großen Heiligen erwecken, noch einmal eine Chance allen zu geben. Aber wer will in Gottes Pläne hineinreden? Sein ist die Macht und die Herrlichkeit. Unser bleibt nur ein Bescheiden.
Herzlichst grüße ich Dich, hoffend auf ein baldiges Wiedersehen.

In alter Treue Dein Tom

Maschinenschriftliche Abschrift eines Schreibens von Tom Pontzen an den Kölner NDer Willi Strunck. In diesem Brief, den Tom Pontzen als Angehöriger der sich aus Italien zurückziehenden deutschen Verbände aus Nordostitalien schreibt, die sich in harten Kämpfen auch mit Partisanen herumschlagen mussten, werden erstmalig Zweifel am Sinn des Krieges geäußert. Vgl. sein Brief an den Kölner NDer Karl Heinrichs vom 15. Mai 1942.

DstHdh: Nachlass Wellenhofer 27:

Sonntag, 1. Oktober 1944

Meine liebe Anni!

Lang, lang ist's her seit ich Deinen lieben Brief vom 7. August erhielt, für den ich mich noch nicht einmal bedankt habe. Es war damals Samstag, der 19. August 1944, als wir noch im tiefsten „Frieden" gerade bei einem lustigen Kameradschaftsabend saßen und dabei die Post verteilt wurde. Seit dieser Zeit habe ich nun keine Nachricht mehr von Euch erhalten und immer und immer wieder habe ich Deine lieben Zeilen als letzten Gruß aus der Heimat gelesen. Mitten hinein in unseren damaligen frohen Nachmittag kam der Alarm und Stunden später hatte uns die Schlacht gepackt, die uns seitdem nicht mehr losgelassen hat.
Kampf und wieder Kampf ist unser tägliches Leben und Not und Leid sind unsere besten Gesellen geworden. In alledem habe ich mir das Bild der Heimat bewahrt, steht Ihr alle vor mir, als das Liebste, was ich habe.
Ich habe mich (früher so) oft gefragt, was denn nun eigentlich der Grund und der Sinn dieses Ringens für uns sein mag – (ich kann keine Antwort mehr darauf finden, denn aus einem ehrlichen Kämpfen ist ein Morden und Schlachten geworden). Die Antwort darauf kann mir nur mehr der Eine geben, der Große, der Allgewaltige, der droben über den Sternen für uns alle wacht und in dem uns auch eine Heimkehr und ein Wiedersehen beschieden sein wird.

In zwei Jahren Soldatenzeit habe ich den Glauben an vieles verloren, was mir früher im Idealismus junger Jahre als groß und edel erschien – den Glauben an den dreieinigen Gott hab ich mir bewahrt und soweit es nur ging versucht, in ihm und in Christus und in seinem Zeichen zu leben. Heute ist wieder so ein herrlicher Sonntag, doch wir liegen wieder vorne. Es ist schon wieder 2 Monate her, seit ich dem hl. Opfer beiwohnen durfte. Und doch bin ich mit dem Herzen mitten unter Euch, der bittenden und opfernden Gemeinschaft. Wir bringen uns selbst als Opfer in voller Hingabe vor den Herrn: „Herr, nimm mich wie Du willst mit allem, was ich habe und liebe!" Dies soll auch mein tägliches Gebet sein, auch wenn ich noch so sehr an Euch denke und eine baldige Heimkehr mir erwünsche.
Ich habe meinen frohen Mut nicht verloren, das darfst Du mir glauben, liebe Anni. Aber ich bin um vieles ernster und reifer geworden im letzten halben Jahr und das viele Leid, das wir geschaut, brennt uns tief im Herzen.
Liebe Anni! Wahrscheinlich kommt die ganze Post zurück, die Ihr auf meine alte Feldpostnummer schreibt – unsere Division ist vorläufig aufgelöst. Unter den wenigen, die der rumänischen Hölle entkamen, bin ich. Wir, d. h. ein Zug von denen, die durch Verwundung oder sonstwie herauskamen, sind bei einem Alarmbataillon (Batl. Hauptmann Butz) und bekommen demnächst eine Feldpostnummer. Da wir nun nicht mehr zur Division zurückkommen, müssen auch wir unsere Urlaubshoffnungen endgültig begraben. Seid bitte deswegen nicht traurig, es wird schon alles wieder zum Besten werden.
Ich habe damit auch meine besten Kameraden und einen guten Freund verloren: den besten Kameraden, den ich als Soldat finden konnte: H e i n z. Und doch kann ich es noch nicht glauben und hoffe ihn wenigstens nach dem Ende dieses unseligen Ringens wiederzusehen.
Liebe Anni! Jetzt habe ich bloß wieder von mir berichtet, aber in Gedanken bin ich immer bei Euch. Weißt Du noch, heute vor einem Jahr hielt ich frohe Heimkehr, als ich nach Percha kam. Und das Allerwichtigste hätte ich beinahe vergessen, liebe Schwester: Zu Deinem Geburtstag wünsche ich Dir aus tiefstem Herzen alles, alles Gute, Freude und Sonnenschein in den Alltag hin. Und grüße mir unsere liebste Mutter und Heiner!

In alter Frische Dein Sepp

Maschinenschriftliche Abschrift eines Briefes, von dessen Verfasser nur der Vorname Sepp bekannt ist, an seine Schwester. Auch hier wird der Sinn des Krieges hinterfragt und nur als Gottes Prüfung eine letzte Sinngebung gesehen.

DstHdh: Nachlass Wellenhofer 27:

Ostfront, 6. 10. 44

Mein lieber Heiner!

Einige Zeilen und einen frohen Gruß aus einem armseligen Schützenloch, das mit viel Schweiß in die schwere siebenbürgische Erde geschanzt wurde, möchte ich Dir heute wieder senden. Dabei kann ich Dir mitteilen, daß ich jetzt auch wieder eine Feldpostnummer habe und zwar 15626 Butz. Nun bin ich schon voll Spannung auf die erste Post, die ja zwar noch einige Zeit dauern wird, dafür aber um so heißer begrüßt wird. Neugierig bin

ich auch Heiner, wo Du jetzt bist und meine größten Hoffnungen und Wünsche laufen dahinaus, daß Du einstweilen noch bei der k. u. k. Flak von Obermenzig bist.
Im Übrigen möchte ich Dir heute einen Rat geben, Heiner: Wehre Dich nicht, wenn man Dich zum R. O. B. bestimmt. Wenn's nämlich wirklich noch so weit kommen sollte, dann vergehen 8 Wochen an der Front schneller als einige Monate und bis Du den übrigen Zirkus hinter Dich gebracht hast, hat hoffentlich dieser unselige Krieg sein Ende gefunden.
Versteh mich bitte nicht falsch, Heiner! Aber hinsichtlich eines Krieges noch irgendwie ideell zu denken, habe ich endgültig verlernt. Wir werden uns darüber einmal ausführlich unterhalten können, wenn wir uns Aug in Aug gegenüberstehen. Zuviel darf man dem Papier nicht anvertrauen. Du brauchst deswegen nicht zu glauben, daß ich ein Meckerer geworden bin. Gott bewahre! Du darfst mir glauben, daß ich immer noch einer von denen bin, die Humor haben und die Stimmung hochhalten.
Aber mit der Zeit vergeht so manches Jugendideal und man denkt so nüchtern und sieht immer mehr die Tatsachen. Das mit dem ROB bitte ich Dich auch wegen unserer lieben Mutter zu tun, denn sie hat auch jetzt durch den Bombenschaden wieder soviel Sorgen, daß sie sich nicht zu viel um uns noch sorgen soll. Heiner, das Herrlichste und Schönste, was es auf Erden gibt, ist eine Mutter, ist unsere Mutter. Was es heißt, eine so treu sorgende Mutter zu haben, kann, glaube ich, am meisten der empfinden und fühlen, der so wie ich lang nicht mehr daheim war. Wenn ich so auf Wache stehe in den endlos langen Nächten und an den feuchtkalten Oktobertagen, dann sag ich es oft, immer und immer wieder ganz leise vor mich hin, dieses eine Wort: „Mutter“!
Heiner, Du weißt das ja auch und wirst es noch mehr erfahren, was das bedeutet. Du, muß es einst nicht herrlich werden, dieses Leben mit unserer Mutter zusammen im Frieden dann! Wir wollen hoffen!
Heute haben wir einen herrlichen Sonntag. Tut bitter not, denn 3 Tage lang hat es bloß geregnet – das ist dann trostlos, wenn man dauernd im Freien sein muß und einem immer noch der Iwanowitsch nach dem Leben trachtet.
Gestern las ich einige Seiten im Römerbrief und fand jene herrliche Stelle, die so recht für unsere Lage paßt: „Die Leiden dieser Zeit sind nicht zu vergleichen mit der künftigen Herrlichkeit, die dann uns teilhaft wird!“ Heiner, oft gibt uns so ein feines Schriftwort doch viel Mut und inneren Schwung.
Und nun grüß ich Dich, mein Bruder, unser liebes Mutterl und das Schwesterherz Anni.

In aller Frische, dreckig, verschmiert und verlaust, aber lachend

Euer Sepp

Neue Nummer: 64784

Maschinenschriftliche Abschrift eines weiteren Feldpostbriefes, den Sepp nunmehr seinem Bruder Heiner schreibt. Der Verfasser ist sich offenbar der Gefahr bewusst, die ihm durch die Briefzensur entstehen konnte, weil er darin, wenn auch nur indirekt, Zweifel am Endsieg äussert.
K. u. k. Flak: Ironische Bezeichnung: kaiserlich und königliche Flak, wohl eine Batterie mit Geschützen aus Beständen der alten Donaumonarchie zur Flugabwehr.
ROB: Reserveoffizier-Bewerber.

DstHdh: Nachlass Wellenhofer 32:

Bad Reichenhall, 20. 10. 44.

Lieber Herr Kurat!

Heute erhielt ich Ihren Brief vom 18.10., auf den ich schon seit Tagen leise gehofft hatte. Ja es mag mancherlei Krise an meinem Schweigen schuld gewesen sein – Sie vermuten recht. Aber solche Krisen müssen in der Reifezeit kommen. Das Stärkere bricht dann eines Tages durch, die „Gewalt“ mit der wir das Himmelreich an uns reißen müssen, wie Sie so fein geschrieben haben.
Natürlich werde ich mich im Urlaub mal sehen lassen. Vielleicht kann ich das nahe Christkönigsfest daheim mitfeiern. Es wäre sicher ein Erlebnis für mich. Kürzlich fiel die Kuppel des Salzburger Doms einer Sprengbombe zum Opfer. Verderbnis kam über die Welt, Not und Sterben. Dome brechen zusammen und Mauern fallen. Die Nacht ist hereingebrochen über Völker und Nationen, Sturm peitscht die Menschen durcheinander und raubt ihnen den letzten Rest an Ruhe und Frieden. Die Menschen denken nur mehr an sich und sinnen auf Rache.
Mitten in dieses Chaos hinein dringt ein Lichtstrahl des Ewigen. Mit einem Blick könnte er den Sturm zum Schweigen bringen, aber er tut es nicht. Nur denen, die ihn darum bitten, gibt er Kraft. Aber auch ihnen erspart er nicht Härte und Opfer. Sie sollen nicht weniger Kampf haben als alle andern. Doch sie dürfen wie durch einen schmalen Spalt in seine Gedanken, in sein Licht und seine Herrlichkeit schauen. Und sie sollen Besitz nehmen davon, um den Mitmenschen Kunde zu bringen von der Botschaft: „Der Herr ist immer derselbe.“ Ja, noch mehr! Sie dürfen ihn sehen als König und Herrscher mit dem Zepter des allumfassenden Reiches und das frohe Bewußtsein in sich tragen: Christus ist König – auch jetzt.
Sage keiner: „Wo bleibt seine Allmacht?“ Nur ein Blinder könnte so sprechen. Der Herr denkt nicht unsere Gedanken und „Sein Reich ist nicht von dieser Welt.“ Auf den Trümmern und Todesstätten steht er in königlicher Pracht und Größe, um sein unsichtbares Reich der Gerechtigkeit aufzurichten. Wie ein Heerführer steht er da und sammelt die Sturmscharen der Ewigkeit. Nicht in den Domen baut er „die ewige Stadt“, denn „das Reich Gottes ist in Euch“ (Luk.17,25), daß doch keiner blind an seinem Banner vorüber schreite, um sich dann im Dunkel und in der Kälte zu verlieren. O, daß doch keiner den Fanfarenstoß zum großen Sammeln überhöre, um dann als Einzelgänger irgendwo sich zu wissen in der weiten Welt der Gottferne, wo Christus nicht mehr sein kann: Im Reich das Widersachers.
Mit feurigem Gewand steht der Christkönig unter uns, auch mitten in der Schlacht und heilige Engel verkünden den Ruf: „Christus muß herrschen – Gott will es.“ Viele werden im Lärm des Tages diese Botschaft überhören, denn ihre Herzen sind hart geworden in der Not dieser Zeit.
Wir aber werden den letzten Bruder suchen in der Ferne und ihn hinführen zu seinem und unseren Herrn, um zu empfangen das glühende Siegel der Ritterschaft Christi. Und immer größer wird die Zahl derer werden, die das Reich Gottes in sich tragen und so mitschaffen an der Wandlung dieser Erde.
„Nimm Jesus Christus unsre Hand,
das Herz und nimm die Seele…“

Auf Wiedersehen und herzlichen Gruß! Gez.

Maschinenschriftliche Abschrift vom Auszug eines Briefes an Pfarrer Wellenhofer.

DstHdh: Nachlass Wellenhofer 27:

647848

Ungarn, 31. Oktober 1944

Meine allerliebste Mutter, Ihr lieben Anni und Heiner!

Es ist schon wieder über zwei Wochen her, daß ich nicht mehr geschrieben habe und es wird höchste Zeit, daß ich Euch wieder ein Lebenszeichen von mir gebe, sonst glaubt Ihr vielleicht, der „Pan“ hat mich am Ende doch noch geschnappt und Euer Sepp marschiert wieder dahin, woher er seit Wochen mit glühenden Fußlappen trabt.
Nun, Gott sei Dank, es ist nicht so weit und wir sind dem „Iwan“ wieder einmal in letzter Minute entschlüpft. Sicher habt Ihr von den Kämpfen im Raum „Debrecen“ gehört, in denen wir mittendrin standen. Unsere „Kameraden von gegenüber“ standen wieder auf allen vier Seiten und infolgedessen ging auch keine Post weg. Nun sind wir aber glücklich über die Theiß herüber und damit dem Kessel entschlüpft. Der Weg in die Heimat geht weiter!
Seit fast einem Vierteljahr bin ich nun ohne Nachricht von daheim und weiß nun wirklich nicht mehr, was sich bei Euch alles ereignet hat. Am stärksten sorge ich mich um Heiner, was wohl mit ihm los ist. Ich werde einfach die Sorge nicht los, daß er am Schluß doch noch an die Front muß und drum, Heiner, bitte ich Dich, melde Dich als ROB, damit Du noch länger in Deutschland sein darfst. Ich weiß. Heiner, warum ich Dir das schreibe und werde es Dir später erklären – mach's bitte, Heiner, ich habe meine Gründe dafür! Von Fliegern seid Ihr ja meines Wissens in der letzten Zeit verschont geblieben und so hoffe ich stark, daß Ihr Lieben alle bei bester Gesundheit seid.
Sicher werden Euch daheim so viele fragen, warum ich nicht mehr schreibe. So wenig wie seit dem 20.8.44 habe ich auch noch nie vorher geschrieben – nur die wenigen Briefe an Euch und zweimal an Marianne. So knapp ist die Zeit, dauernd im Einsatz, und manchmal kann ich einfach nicht schreiben. Die Zeilen, die einer der Gefallenen, Bert, geschrieben, passen wie geschnitten für mich:

Die Nacht will nicht mehr weichen,
die uns gefangen nahm!
Erloschen sind die Zeichen,
von denen Tröstung kam.

Die Herzen, ach, sind müde
vom Wandern fort und fort,
der Jugend schöne Blüte
ist lange schon verdorrt.

Nur Einer geht zur Seite,
wenn uns das Letzte naht,
daß er uns heim geleite
nach seinem ewigen Rat.

Ja, Ihr Lieben daheim. Nacht ist es geworden um mich, lange, tiefe Nacht scheint's mir manchmal. So allmählich ist auch aus mir einer jener Frontsoldaten geworden, wie ich es nie wollte, so bitter ernst, tagelang ohne Lachen und manchmal so hart und unfreundlich gegen den Nächsten. Dabei kämpfe ich gegen mich selber, ich will ja nicht so sein, und will groß und edel werden und nicht ein verbissener Frontsoldat. Helfen tut mir dabei am allermeisten das Gedenken an Euch, Ihr Lieben; dann wird es immer wieder licht in mir und dann, wenn ich zur heiligen Schrift greife und aus jener tiefen Quelle wieder Klarheit bekomme. Doch ist diese Nacht, dieses Dunkel für mich nicht von ewiger Dauer, das weiß ich. Ich muß es wohl durchstehen, um reif zu sein und zu werden für das Licht, das uns hernach leuchtet. Und sollte dies wirklich bereits das Licht der ewigen Herrlichkeit sein, das Licht, das neue Leben, Christus selbst, dem wir dann restlos gehören, dann kann und will ich nur sagen: „Ja, Vater!" und will alles Leid und alle Not annehmen, weil es aus seiner Hand mir selber wird gereicht.

Mögen andere Angst haben vor dem, was kommt, für uns folgen Leben, neues Leben ungleich größer und schöner als jetzt!

Wenn uns nun wirklich auf dieser Erde kein Wiedersehen vergönnt sein sollte, dann weinen und trauern wir nicht lange, da eines von uns in die ewige Herrlichkeit eingehen durfte. Unsere Toten aber, unser Vater, unsere Finni, Michael und all die Gefallenen und wir, wir werden uns wiedersehen. Es wird ein Jubel sein, eine Freude und eine Herrlichkeit ohne Ende!

> „Einer um den anderen wird in seine Harfe greifen
> und Jubellieder anstimmen!
> Preis Dir, o Herr, Du läßt sterben.
> Preis Dir, o Herr, Du erweckst zu neuem Leben!"

Mutter, Anni, Heini, Marianne, Ihr Lieben alle ich grüße Euch.
In Liebe und Treue einen frohen Gruß

Euer Sepp

Maschinenschriftliche Abschrift des Feldpostbriefes von Sepp... an seine Mutter, die Schwester Anni und den Bruder Heiner. Vgl. seine Briefe vom 1. 10. 1944 und 6. 10. 1944. Er befindet sich in den Rückzugsgefechten, die seit Mitte Oktober 1944 in der ungarischen Tiefebene toben.
Fußlappen waren Strumpfersatz und z.T. hygienischer als Wollstrümpfe, weil sie aus kochfestem Leinen bestanden.

DstHdh: Nachlass Wellenhofer 27:
Buchner Alois 15181

Am 1. XI. 44

Lieber Herr Kurat!

Herzlichen Dank für Ihre Karte. Ich freue mich immer, wenn so ein Stück aus einem Apostelbrief eintrifft. Wie geht es Ihnen? Hoffentlich gut, was ich Ihnen von Herzen wünsche. Ich bin gesund und seit Sonntag neu gestärkt im Geist und Seele. Hatten Gelegen-

heit, auf einem Bunker in vorderster Linie zu kommunizieren und der hl. Messe beizuwohnen. Es war schön!
Immer glaube ich während der Messe, sei es wo es will, ich bin zu Hause. Es ist das ein Heimatgefühl und ein „geborgen – sein“ unsagbar schön. Den Gottesdienst hielt unser Div.-Pfarrer Anderl von St. Margareth, von dem ich viele Grüße bestellen soll. Nur schade, daß es im Monat nur einmal ist. Ich habe nun auch meine Männer so weit gebracht, daß wir geschlossen zur Kommunion gehen. Es hat eine Menge Arbeit gekostet, aber ich habe es geschafft. Mit einem „Gut Pfad“ beginnt mein Tag und die gute Tat wird auch nicht vergessen. Es ist ja so leicht, wenn man 6 Männer am Geschütz hat, den(en) etwas Gutes zu tun. Ich freue mich immer wie ein Kind, wenn einer heimlich sagt „er ist doch unser feiner Kerl“. Ohne Ihre und meiner Eltern Hilfe wäre ich das vielleicht nicht geworden. Und mein Bub soll noch besser werden. Ich freue mich ja so darüber, daß uns der Herr Gott den Wunsch, einen Buben zu bekommen, erfüllt hat. Bei jedem Tagesgottesdienst, das nur 5 Minuten allein sein ist und mit Gott sprechen „Vater, dein Wille geschehe“ bitte ich, laß uns nicht zu Grunde gehen und unsere Heimat wiedersehen. Ist das nicht ein Gottesdienst? Advent ist bald vor der Türe und ein Licht beginnt dann zu brennen, das uns in der großen Kälte erwärmen wird.

Alles Gute und viel Glück Ihr Alois

Handschriftlicher zweiseitiger Brief von Alois Buchner an Pfarrer Wellenhofer. Alois Buchner war Pfadfinder, daher erwähnt er seinem Kuraten Wellenhofer gegenüber den Pfadfindergruß „Gut Pfad“. Er war Geschützführer in einer im November 1944 noch nicht von den Alliierten eingenommenen Festung an der Kanalküste.
Hier wird Divisionspfarrer Ludwig Anderl (1903–1967) erwähnt, von 1940 bis 1942 Sanitätssoldat, der vom Dezember 1943 bis zum Kriegsende Divisionspfarrer bei der 157. Infanteriedivision war. Nach der Absetzbewegung aus Frankreich wurde er am 4. November 1944 zum Oberkommando der Heeresgruppe C nach Oberitalien versetzt.

DstHdh: Nachlass Wellenhofer 27:

Aus Ludwigs letztem Brief vom 9. November 1944

Um mich, meine Lieben, könnt Ihr ganz beruhigt sein. Denn ich bin ja ganz in Gottes Hand, so oder so. Das habe ich Euch schon so oft geschrieben und kann es Euch nicht genug zum Trost schreiben. Und sollte mich in diesem Einsatz der liebe Heiland zu sich holen, dann seid nicht traurig, sondern freut Euch als Christen und dankt dem lieben Hergott, dass er mich vom Elend erlöst und in Sein herrliches, ewiges Reich aufgenommen hat. Freut Euch wirklich vom ganzen Herzen, denn wir Christen leben ja nicht für diese Welt, sondern schon für die andere und unser Todestag ist der Tag, der uns endlich die Erfüllung unseres Glaubens bringt, der Tag der Erlösung von allem Irdischen, den wir ersehnen sollen, der höchste Festtag in unserm Leben; denn er ist uns ja Geburtstag für den Himmel.– Schwer ist ja nur das Loskommen von allem Irdischen und das muss man halt schon frühzeitig anfangen, dann hat man, wenn es drum und rauf ankommt nicht mehr soviel „Arbeit“. „Man muss das Sterben schon im Leben lernen, dann fällt es einem

in der Todesstunde nicht mehr so schwer" heisst es, glaub ich, in „Selig die Hungernden". – Drum opfere ich dem lieben Herrgott mein einziges und Teuerstes und Liebstes auf, Euch meine Lieben, als Dankopfer für Seine Liebe und nun bindet mich nichts mehr an diese Welt. Und nun, liebe Eltern, und Brüder, wenn mich der liebe Heiland zu sich holen sollte, das Bittre schon vorweggenommen und nur mehr die reine Freude bleibt Euch übrig. So haben wir uns gegenseitig das Scheiden schon erleichtert. Sollte ich aber auch dieses Mal wieder glücklich heimkommen, dann wollen wir ebenfalls dem lieben Herrgott wieder von ganzem Herzen danken für Seine große Güte, dass er mir noch mehr Zeit und Gelegenheit gegeben, um Schätze im Himmelreich zu sammeln. So ist es immer recht, mag kommen was will, „Schickt Gott mir Liebes oder Leides, ich füge mich in Beides." Betet für mich bitte um Kraft und um Wachstum in der Liebe Christi, das brauche ich am meisten. Wie wird es wohl …
Nun meine Lieben empfehle ich Euch wieder dem besonderen Schutz Gottes von Herzen

Euer Wigg

Maschinenschriftliche Abschrift eines Briefauszuges, von dessen Verfasser nur der Vorname Ludwig bekannt ist. Der Verfasser rechnete offensichtlich mit seinem unmittelbar bevorstehenden Tod. Er übermittelte hier seinem Seelsorger, Pfarrer Wellenhofer, gleichsam sein geistiges Testament und legte damit ein erschütterndes Zeugnis tiefer Gläubigkeit ab.
Pfarrer Wellenhofer gab am Ende dieses Briefes folgenden handschriftlichen Kommentar:
„So schrieb ein einfacher Jungmann aus der katholischen Jugend Münchens". (Wellenhofer)

DstHdh: Nachlass Wellenhofer 27:

OGefr. Walleitner

Kriegslazarett 918 Hermannsbad, 18. 11. 44

Sehr geehrter Herr Wellenhofer!

Soweit ich mich erinnere, habe ich ja in dem letzten Brief an Sie geschrieben, es wäre möglich, daß sich meine Anschrift bald ändern würde. Das ist wirklich eingetreten, allerdings anders, als ich dachte. Am 12.Okt. nämlich, genau 7 Monate nach meiner ersten Verwundung am 12. März, wurde ich bei Rozan am Narew zum dritten Mal verwundet. Es ist nicht so schlimm, Granatstecksplitter im linken Gesäßteil. Es ist lediglich unangenehm, daß ich nicht gehen kann und das Sitzen mir schwer fällt! Aber das wird wohl bald wieder besser werden! Jetzt liege ich in Hermannsbad, einem Kurort in der Nähe von Thorn im Wartheland! Die Verpflegung und Unterbringung ist in Ordnung, man kann es hier schon aushalten. Es ist nur langweilig hier, weil nichts zu studieren da ist und ich mich in solchen Zeiten immer geistig beschäftigen muß. Wenn jetzt nicht das 6. Kriegsjahr wäre, hätte ich mir schon längst Bücher über Naturwissenschaften und Mathematik sowie Heimatkunde besorgt. Aber wo gibt es so etwas heute noch? Oder wissen Sie noch eine Quelle?

Mit meinen Verwundungen hatte ich bisher immer Glück. Es stimmt schon meine Behauptung: Der Sepp ist mein Schutzengel, der sorgt auf dies Art und Weise dafür, daß ich immer wieder aus dem größten Dreck rauskomme! Wenn wir früher schon die Zeiten als dunkel bezeichneten, was sollen wir heute sagen? Der Sturm rast, die Flammen des Krieges drängen an die Grenzen des Reiches, überall herrscht unendliche Not! Die Zukunft starrt uns düster entgegen. Wo soll noch Platz sein für einen Herrgott. Es gibt keinen Gott, es gibt keine Liebe, der Haß regiert. Und doch, gerade in diesen Zeiten bewährt sich das Kreuz! Wenn wir später fragen: Herr, wo warst Du in dieser Nacht des Krieges und des Leids, so gibt er uns zur Antwort: Ich war mitten unter Euch, ich litt in Euren Herzen, ich starb mit Euren Gefallenen, ich war immer bei Euch.
Und dann erkennen wir vielleicht, daß die jetzige Zeit – mag kommen was will – die Zeit der größten Gnaden war. Aber jetzt merken wir davon noch sehr wenig, wir sind blind im Dunkel der Nacht, taub im Heulen des Sturmes geworden! Wir fühlen uns oft verlassen in der Gottferne unserer Zeit.
Wenn wir bald Christkönig feiern, so müssen wir bedenken, daß der Herr im Evangelium sein Königtum während seiner Leidenszeit verkündet, inmitten einer Umgebung, die nur Hohn und Spott für Ihn hat. Und diesem König haben wir jetzt Gefolgschaft zu leisten auf dem Kreuzweg und auch auf Golgatha! Aber wenn dann das Menschliche abfällt und der König der Glorie entgegentritt, der Erstgeborene vor aller Schöpfung der Epistel, dann bitten wir, mit Ihm in der Ewigkeit herrschen zu dürfen, wie es im Schlußgebet heißt.
Wenn ich auch , wie gerade eben, etwas überschwenglich werde, so weiß ich doch genau, daß ich mich nicht in luftleere Ideale verrannt habe, sondern nach 5 Jahren Krieg weiß ich schließlich, was eine Realität ist! Und unser Glaube ist nicht nur Wirklichkeit, sondern er ist die Wirklichkeit.
Doch jetzt genug, später einmal alles mündlich.
Wie geht es Ihnen? Ich hoffe, daß Sie vor größerem Übel verschont blieben!
Wissen Sie etwas von Bekannten?
Wie lange es hier dauert, weiß ich noch nicht, Urlaub ist sehr unsicher.
Aber es wird bald alles gut werden.

Ich sende Ihnen die besten Grüße und verbleibe Ihr sehr ergebener ...

Schorsch Walleitner OGefr.

Kriegslazarett 918 6 Hermannsbad (Wartheland)
Haus Roland

Maschinenschriftliche Abschrift eines Feldpostbriefes des Gefreiten Georg Walleitner an Pfarrer Wellenhofer.
Er erwähnt hier seinen Kameraden Sepp, der auch an Pfarrer Wellenhofer schreibt. (Vgl. dessen Briefe vom 1. 10. 1944, 6. 10. 1944 und 31. 10. 1944.

DstHdh: Nachlass Wellenhofer 27:

Obergefr. Karl Blattner 58675/B

17. 11. 1944

An die Freunde unserer Jugend in Dankbarkeit!

Deutsche Jugend!

Auch du warst ein Kind, das am sonnigen Seeufer spielte und Wasser schöpfte, das schreiend dem Schmetterling nachjagte, mit dem fließenden Bächlein laufen wollte und sich freute, wenn der Herbstwind die Blätter hochwirbelte. Die Liebe deiner Mutter hat dich damals geführt und bewacht. – Du bist herangewachsen, da standest du einmal allein, frei, auf dem Berggipfel deiner Heimat. Dein Blick war über das Tal, in die Weite, in die Ferne gerichtet. Der Bergwind und die ziehenden Wolken haben in deinem Herzen neue Gedanken erweckt. Der Wind fährt dir durch das offene, volle Haar, frei ist deine Stirne, deine Augen leuchten, dein von der Sonne gebräuntes Gesicht strahlt und wer dich sah, konnte den Gedanken deiner reinen Seele im Ausdruck deines Gesichtes lesen. –
Du hast zur Laute gegriffen, hast Lieder der Freiheit, Lieder der Heimat, hast alte Landsknechtsweisen gesungen. Fiedel und Laute sind erklungen zum fröhlichen Reigen.
Bald sah man eine kleine Schar mit den Instrumenten des Wanderers dahinziehen, den ersten Staub der Landstraße am Schuh, sich an der frischen Quelle labend. So zogen wir vom Süden nach Norden, von Osten nach Westen, zogen kreuz und quer. Die Sonne war uns Gefährte, die Sehnsucht, Deutschland zu erleben, beflügelte unsere Schritte. Wir wanderten den sagenhaften Rhein hinab, saßen an den stillen Ufern der dunklen, märchenhaften Donau. Wir haben gezeltet an tiefen, einsamen Seen, in alten, schweigenden Wäldern, wir haben dem Gesang der Vögel gelauscht und die kleine Blume lieben gelernt. Wir haben Berggipfel erstiegen, sind durch die Täler gestreift, haben die blühende Heide und das zauberhafte Moor geschaut, erlebten die schäumende Brandung der Meere, haben dem Sturm und dem Wetter getrotzt, saßen am Feuer der Hirten und Schäfer, lauschten ihrem Lied und Gesang. Wir sahen Burgen, Ruinen und Schlösser, erlebten Kirchen und Dome, standen vor Denkmälern und Gebäuden, die uns an Musiker, Dichter und Denker, die uns führende große Deutsche erinnern. Die große Zeit des Mittelalters wurde in uns lebendig. Wir standen voll Ehrfurcht und Staunen im Kölner Dom, im Dom zu Naumburg, wir blickten zum Bamberger Reiter auf.

Stehende Zeugen deutscher Vergangenheit, Symbole deutscher Art und deutschen Wesens!

Wir besuchten die großen Werkhallen der Neuzeit, sahen fließendes Metall und glühendes Eisen formen, unter der Wucht der Hämmer, der Schmieden des Reiches, wir stiegen in die Grube und Stollen der Kohlen- und Erzbergwerke, drückten dem Hauer im tiefen Schacht seine harte, schrundige Hand. Noch lange sahen wir die Städte der schlanken, rauchenden Schlote und Kamine und hörten die Sirenen der Fabriken. Das Gesicht und die Seele der Männer der Schwerindustrie dürfen wir nie vergessen, wir haben ihre Hand gedrückt und in ihre Augen geschaut.

Wir zogen aus unserem engen Tal und erwanderten uns das deutsche Land, lernten Brauchtum und Sitte kennen. Wir fanden des Reiches Seele und lernten sie lieben. Wir spürten das Wort „Deutschland" in unseren Herzen lebendig werden. Wir traten an in den großen Zeltlagern deutscher Jugend. Aus allen Gauen des Reiches kam die lebendige Jugend unter dem Banner der deutschen Länder zusammen. Sie fanden sich in Arbeitskreisen und Feierstunden und hörten gespannt die Sprecher der Jugend. Schlicht und einfach, aber klar und deutlich waren die Worte, sie waren getragen, durchglüht und geformt von dem Feuer der Begeisterung für Deutschlands Jugend und Zukunft. Ihre Gedanken waren wie leuchtender Kristall. Und im Feuerschein der Fackeln hat dieser Geist unser Herz und unsere Seele entflammt. Sturmtage der Jugend – Bausteine der Zukunft!

Als wir uns trennen mußten, war unser Herz und unsere Seele angefüllt von dem Gedanken: Bauen am Reich!

Wir kamen zurück an die Stätte der engeren Heimat, in unsere Dörfer und Städte, standen wieder am Amboß oder im Büro, standen wieder im täglichen Leben. Doch wo wir Jugend trafen, ganz gleich ob im Einzelnen oder in der Gemeinschaft, haben wir am Boden der Jugend geackert und frisches Saatkorn gelegt. Wir haben sie geformt nach dem Geist der erlebten Tage und mit dem Feuer, in ihren Herzen neues Leben geweckt, Widerschein vom leuchtenden Kristall!

– Erbauer des Reiches – Lichtträger der Zukunft – Säulen der Jugend –

Sturm brach ein über Deutschland. Das Heer der deutschen Jungmannschaft ist angetreten und marschiert im Gleichschritt über die Grenzen des Landes, dem Feind entgegen. Der Wanderer von gestern hat Fiedel und Laute weggestellt, hat seinen Wanderkittel mit dem grauen Rock des Soldaten vertauscht. Dem Bruder, dem er gestern noch winkte auf der sonnigen Landstraße, mit dem marschiert er jetzt in Reih und Glied. Die Mutter segnet ihren Sohn und gibt ihm das Geleit auf den Weg in die Schlacht. Immer neue Herzen ziehen fort, die Söhne des Volkes, Deutschlands Söhne! Ein Gedanke, ein Ziel, ein Wille ist in ihren Gesichtern zu lesen. Der Trommelknabe schlägt die Trommel gut ---. Es kommen schwere Stunden und Tage. Die Gesichter sind hart geworden, gekennzeichnet von den Spuren des Kampfes, von Sonnenbrand und Wind, von Regen und Kälte. Die Gesichter sind unsere Fahnen, die Leiber sind der Schaft. Es vergehen Monate und Jahre. Deutschlands Söhne fallen im Heldenkampf. Fremde Erde trinkt deutsches Blut. Die Kerzen brennen am Opferaltar nieder.
Der Kampf ist in das unermeßliche gestiegen, hat unmenschliche Formen angenommen. Eine Welt stürzt sich über unser Vaterland und will uns zerschlagen.

So marschiert ein neues Bataillon alte Kämpfer und neuer Nachwuchs in das Land unserer Verbündeten, nach Italien. Wir wurden bald ein Block und konnten dem Feind mit der Kraft unserer Gemeinschaft trotzen. Wir lernten ja nicht nur unser Vaterland lieben, sondern lernten auch dafür kämpfen. So steht ein jeder von uns auf seinem Posten. Schlicht, aber mit einem Pflichtbewußtsein wie es nur die Vergangenheit lehrte, so wie unsere Väter standen, wenn die Heimat von Fremdlingen bedroht war, wenn der Schicksalskampf die Männer des Volkes gerufen hat.

Wanderer von gestern, Soldat von heute, Wegbereiter von morgen, lange wirst du noch auf Wanderschaft sein, aber einmal wird dir auf deinen Wegen das sonnige, glückliche

Lächeln eines Kindes und die Liebe der Mutter begegnen. Sie werden dir für all die ausgestandenen Kämpfe, Mühen und Entbehrungen dankbar sein und voll Liebe und Vertrauen zu dir aufschauen!

Rundbrief des Obergefreiten Karl Blattner, der hier ein Resümee über den Weg von den katholischen Jugendbünden mit ihren christlich-patriotischen Idealen in den Krieg vorlegt. Dass die Machthaber des NS-Regimes diese in dem von ihnen entfesselten unmenschlichen Krieg missbrauchen, wird erstaunlich deutlich zum Ausdruck gebracht.

SKTS: Böhner:

im Dezember 1944

Liebe Freunde!

Wenig Antworten haben wir auf unseren Pfingstbrief erhalten. Wohl wissen wir, daß den meisten bei dem heutigen furchtbar angestrengten und aufreibenden Einsatz die Zeit und Ruhe fehlt, einen Brief zu schreiben; zudem bricht Luftangriff über Luftangriff über unsere Heimat herein, so daß jeder mit seinen Sorgen und denen seiner Familie reichlich genug zu tun hat.
Trotzdem soll auch dieses Weihnachtsfest nicht vorübergehen, ohne daß Ihr von der alten Gemeinschaft einen Weihnachtsgruß erhaltet. Denn auch danach sehnt Ihr Euch. So schrieb Willi Lehner: „Wie steht es mit einem Weihnachtsschrieb? Darin brauchen gar keine hochtrabenden Worte und Gedanken zu stehen. Mir würde genügen, wenn von allen unseren Freunden ein kurzer Lagebericht darin aufgenommen würde. Man sehnt sich doch danach, zu erfahren, wo auch diejenigen stecken, mit denen man nicht in ständigem Briefwechsel steht. Aber wer schreibt Dir noch?“

Leider kann ich diesen Wunsch nur sehr unvollkommen erfüllen, da ich z.Zt. nur wenig Nachrichten habe.
Schreibt also nach Empfang des Briefes wenigstens eine kurze Karte!
Brüder!
Wir stehen im Advent. Aber nichts mehr vom Herrichten kleiner Geschenke für unsere Lieben. Nichts mehr von dem verhaltenen, erwartungsvollen Schimmer des Adventkranzes, dessen Schein im Lichterglanz des Festes voll aufleuchten soll.
Und doch stehen wir im Advent mehr denn je, in der Erwartung eines wirklichen Friedensfestes. Danach geht unsere Sehnsucht mehr denn je. Noch ist es nicht so weit. Noch stehen wir dem apokalyptischen Ende ebenso nahe wie dem Frieden.
Der milde Glanz des Sternes von Bethlehem ist über dem Brandhimmel des Krieges unsichtbar geworden, von den Rauchwolken der brennenden Städte verdunkelt. Viele glauben nicht mehr an ihn, sind irre geworden. Doch wir können mit den Weisen sprechen: „Wir haben seinen Stern im Morgenland gesehen.“
Wir haben ihn gesehen, haben Christus erkannt als das Licht der Welt, und wissen, daß dieses Licht noch da sein muß, hinter all dem Kriegsbrand, hinter all dem Dunkel.
Und wir hoffen, daß der Stern von Bethlehem nach der Flammenglut des Krieges auch wieder aufleuchten wird auf Erden. Sollten wir das nicht mehr erleben, so wissen wir, daß dieser Stern uns aufleuchten wird im unverfänglichen Glanze der Ewigkeit.

So grüßt Euch zur Weihnacht 1944 Euer Alfred Hockel

Rundbrief an die an der Front stehenden Düsseldorfer NDer von Kaplan Alfred Hockel.

Aus: Helmut Giesen: Tagebuchgedanken, o. O. u. J., Nr. 59, S. 105:

10. 12. 1944

Heute ist der 2. Advent und ich bin mit Walter, dem Sani.-Uffz. in Sarajevo in der Kirche gewesen, in einer richtigen, großen Kirche. Es war fein. Wir beide waren ganz allein in der Kirche. Er hat gelesen und ich ministriert. –
Wir wissen noch nicht, wann der Krieg zu Ende ist, aber wir wollen uns am Weihnachtsfest ganz neu und tief in Gottes Hand hineingeben, wollen ganz auf Ihn vertrauen.– »Mein Herz will ich Ihm schenken und alles was ich hab'.«

Letzte Tagebucheintragung des Bonner NDers Helmut Giesen vor seinem Tod am 23. Dezember 1944. Er berichtet hier von der Teilnahme an einer Messfeier eines Priestersoldaten, der Sanitätsunteroffizier war.

DstHdh: Nachlass Wellenhofer 27:

Valentin Küffner 12. 12. 44

Du bist meine Zuversicht, o Herr!

Aber schließlich sollen wir uns keine Sorgen machen darum , ob wir hier oder dort stehen. Unsere Würfel fallen, wie sie fallen, immer auf die recht Seite. Ich glaube, daß an jeder Stelle der Geschichte für uns ein Heil verborgen liegt und auch, was wir Menschen ein Unglück nennen, eine Huld der göttlichen Barmherzigkeit bedeutet. So auch, denke ich von meiner Lage und schließlich können wir ja an uns ersetzen, was am Leiden Christi noch fehlt für seinen Leib, die Kirche. „Klein ist das, womit wir ringen, was mit uns ringt, wie groß ist das?" So ähnlich sagt Rilke einmal und daran muß ich immer denken, wenn ich an unser klein bißchen Not denke und an seinen Wert für die Kirche. Das ist das Licht und der Friede durch den Glauben.

Maschinenschriftliche Abschrift aus einem Feldpostbrief von Valentin Küffner an Pfarrer Wellenhofer.

DstHdh: Nachlass Wellenhofer 27:

Westfront, 14. 12. 44

Grüß Gott, lieber Herr Kurat!

– Licht strahlt auf über uns, da uns geboren der Herr –
Heuer kommt mein Weihnachtsgruß zu Ihnen aus dem Westen, wohin ich Ende November von der Ostfront (Kurland) versetzt worden bin. Und so wünsche ich Ihnen, sowie allen Freunden der Stefansgemeinde von unserem vorgeschobenen Inselstützpunkt an der Kampffront Südwestholland aus von Herzen ein frohes, gesegnetes Weihnachtsfest und zugleich ein glück- und friedenbringendes Jahr 1945.

Ich bin soweit gesund, auch verhält sich der Tommy, von uns durch einen Wasserarm getrennt, ziemlich ruhig, mit Ausnahme einiger Artillerie – Grüße und Fliegerbesuche. Wir hausen ja mitten im Wasser, wie auch der Tommy drüben, da hier alles durch Schleusenöffnungen unter Wasser gesetzt worden ist. Freilich werden an Weihnachten all meine Gedanken besonders innig bei St. Stefan sein, wie ganz besonders an Ihrem hohen Namensfeste, zu dem ich Ihnen die besten Glückwünsche übermitteln will. Unser gegenseitiges Gebet wird vor allem sein müssen, um die Gnade, in allem Harten zu bestehen und der Vollendung entgegenzureifen, die der Herr uns geben möge, bevor er uns abberuft.

In diesem Sinne frohen Treugruß Ihr Dodell

Wenn ich auch selten schreiben kann, so bin ich doch stets in Gedanken bei St. Stefan.

Maschinenschriftliche Abschrift eines Briefes des Soldaten Dodell an Pfarrer Wellenhofer, der damals Pfarrer an St. Stefan in München war. Dodell befindet sich auf der holländischen Insel Walcheren, deren Besatzung erst 1945 kapitulierte.

SKTS: Rausch:

Weihnachten 1944

Lieber Kamerad!

Nun aber starrt Nacht um Nacht
vom lodernden Himmel des furchtbaren Gottes
fürchterliches Antlitz auf die verlorene Erde.

Es ist Nacht geworden. Die Freunde sind gefallen und zerstreut, das Heim ist zerstört und ruhelos sind wir auf die Straßen gewiesen. Die heilige Nacht könnte kaum dunkler sein. Es ist die Herrschaft des schrecklichen Gottes und Illusionen helfen uns in dieser 6. Kriegsweihnacht nichts: von Friede, von der Freude und dem Jubel der heiligen Nacht ist auch nicht eine Spur vorhanden. Wenn ich die Lieder, die uns vertraut, in mir aufklingen lasse, dann will es mir scheinen, als ob sie aus ganz fernen Zeiten herüber klängen, aus allzu ferner Vergangenheit, die nicht mehr Wirklichkeit ist und nie mehr Wirklichkeit werden wird, die unwiederbringlich vorbei ist.
Es ist die Herrschaft des schrecklichen Gottes! Kein Kind in der Krippe, das lächelt, kein Idyll mit Hirten und Schafen, keine Nacht des Friedens; nein, das alles nicht, sondern Du weißt: rauchende Trümmer, Reihen von Toten, furchtbare Kämpfe, gehetzte Menschen und das Elend flüchtender Frauen und Kinder. Kein Stern, der Hoffnung und Verheißung bringt, sondern das Aufblitzen der Abschüsse, keine Engelschöre, die Frieden verkünden, sondern das Donnern der Motore ….
Wenn Dir eine vom Leid des Krieges zerschlagene Frau begegnet und das Unfaßbare an harten Opfern und schweren Schlägen vor Dir steht, dann ist jedes Wort aus Deinem Mund eine Beleidigung, auch wenn es vom Durchhalten, vom Kreuztragen und vom Besserwerden spricht. Wenn Du aber, überwältigt von der Größe dieses menschlichen Leides stumm ihre Hand drückst und nur Dein Blick Verstehen und Liebe auszudrücken versteht, dann bist Du Mensch geworden, dann sind die Mauern niedergerissen, dann leuchtet auch aus dem Unglück Freude und stiller Dank….

Der Weg der Erlösung beginnt mit der Menschwerdung und damit sind alle Brücken geschlagen: „Gebt Gott die Ehre, dann ist Frieden auf Erden! Steigt vom Thron Eurer eigenen Erhabenheit herab, seid wieder Menschen und gebt Gott die Ehre dem, dem sie zukommt, nicht Euch, sondern Gott. Dann wird Friede auf der Welt sein. Das ist die eindeutige Sprache, die in der Weihnacht zu uns redet. Das ist die Tiefe des großen Geheimnisses, das ist der Beginn der Erlösung....“.
Ihr müßt von Grund aus umdenken und umlernen! Nicht Ihr seid Mittelpunkt Eurer eigenen merkwürdigen Welt, sondern Gott. Stellt Euch wieder an den rechten Platz, der Euch zukommt und seid Menschen. Menschen, die verstehen können, die ein Herz haben, die das Leid dem andern tragen helfen, die die Wunden des furchtbaren Krieges zu heilen versuchen, die Güte bringen, wo Herzen bluten, die Freude bringen, wo man sich grämt, die Licht bringen, wo es finster geworden, die Liebe bringen, wo das Maß der Leiden überlief.
Das ist die eherne Sprache des starken Geheimnisses, das hinter aller Krippenlieblichkeit und hinter allem Lichterglanz steht. Das ist der Ruf, der an uns in dieser Nacht ergeht. Das ist der Beginn der erlösenden Tat. Daran ist geknüpft die große Verheißung der Christnacht.
Das sind die Gedanken, mit denen ich bei Dir bin in der heiligen Nacht.

Dein Ernst

Maschinenschriftlicher, einseitiger Rundbrief an die Kölner NDer von Ernst Rausch.

DstHdh: Nachlass Wellenhofer 59:

Dezember 1944

Lieber Johannes!

Heilige Nacht ist heute. Ich denk an Dich und all die Freunde! Ich liege in einem Erdstollen am Westwall. Es ist alles so ganz ähnlich wie wohl damals in der bethlehemitischen Höhle. Ein dunkler Raum, ein paar Stützbalken, ein Lager aus Stroh, Heimweh und Gedanken um die Geheimnisse Gottes.
So bitter war für mich noch keine Weihnachten. —
Wo und wie magst Du Weihnachten feiern? Vielleicht auf einsamer Wacht, vielleicht im Kreis der Kameraden. So ganz anders wie früher. Soldatenweihnacht eben. Wir wissen was das heißt. Dazu kommen die Gedanken an die Gefallenen, die Vermißten, an die Weinenden zu Hause!
Und dennoch hast Du vielleicht die große wahre Weihnachtsfreude verspürt, die Freude über das Kind, das uns geboren ist. Über die Engelsbotschaft vom Frieden, vom Frieden der Herzen und vom Frieden der ewigen Welt.
„Welt war verloren“. Wie verloren die Welt war. Wir erleben es: Haß. – Not. – Leid. Unsagbar. Furchtbar.
Aber „Christ ist geboren, freue dich, du Christenheit“!
Vielleicht hast Du gespürt was es heißt, daß diese Welt, rot von Blut und Brand, hinein wachsen wird, (ja wird) in die Herrlichkeit Gottes.
Vielleicht hast Du geahnt, daß dort der Weihnachtsfriede emporwächst, wo einer auf die blutige Erde fällt, ein Gefallener – in die Hände Gottes Gefallener.

Vielleicht bist Du in einer stillen Minute vor der Krippe gekniet und hast auch Dein Leben in die Hände des Kindes gelegt, in die Hände, die die Welt tragen. Du hast vielleicht gespürt, wie die Weihnachtsfreude, die ganz tiefe, unzerstörbar ist, trotz der unweihnachtlichen Weihnacht, trotz der blutigen Erde, trotz der vielen Tränen überall (auch in den eigenen Augen). So war vielleicht Dein Herz trotz aller Bitterkeit voll Weihnachtsgesang und Weihnachtsjubel.

Vielleicht aber war Dir das Weihnachtsgeheimnis wie ein Gericht, ein Vorwurf, ein Stachel. Vielleicht kam Dir zum Bewußtsein die Zerrissenheit und Dunkelheit Deines Herzens, die Unkonsequenz und Halbheit Deines Wollens, Dein versagendes Leben und Dein kümmerlicher Glaube. Vielleicht hast Du so recht gespürt, was Du verloren hast in diesen wilden Jahren.

Vielleicht hast Du Dich in wildem oder oberflächlichem Treiben betäubt und bist geflohen vor dem Weihnachtslicht, das Dich blenden wollte und vor dem Weihnachtsgesang, der Dir wehe tat.

Vielleicht war es so oder ähnlich und doch auch wieder ganz anders. Irgendwie voll Helle, irgendwie voll Dunkelheit. Was wissen wir voneinander. Jeder ist einsam.

Aber laß Dir gesagt sein, daß das Kind ja deshalb gekommen ist, weil unser Herz so wirr ist, daß wir uns oft keinen Rat wissen weil unser Herz so dunkel ist, so zerrissen, so klein und erbärmlich, oft deshalb ist ja Weihnacht. Gerade dann ist für Dich Weihnacht – wenn Du im Dunklen stehst. Und wenn Du auch kein Weihnachtsgebet formen kannst und kein Weihnachtsgebet mehr aufklingt in Dir, weil alles so starr geworden ist, das Weihnachtslicht leuchtet trotzdem auf Dich. Und irgendeinmal wird dieses Licht diese Erstarrung brechen. Irgendeinmal wird es Dein Dunkel erleuchten. Auch wenn es jetzt unabsehbar heillos ins Dunkle zu verströmen scheint.

Wie mag Dein Weihnachtsfest gewesen sein?

Nun gehe ich in die Nacht hinaus und werde Deiner vor Gott, vor dem Kinde gedenken.

In alter Treue Dein Richard

Hektographierter einseitiger Rundbrief des Priestersoldaten Richard Lipold.

Briefe von 1945

DstHdh: Nachlass Wellenhofer 27:

Lechner, Waldemar 42300 A

Kurland, am 31. 1. 1945

Lieber Herr Präses!

Jetzt hab' ich a ganze Zeit nichts mehr hören lassen von mir und hab' allerdings auch von Ihnen nichts erfahren können. Vorab einen lieben Gruß all' den Lieben in der Heimat und besonders auch Ihnen selbst. Oftmals war ich in großer Sorge, wie es daheim wohl hergegangen sein mag, aber ich hab' dann wieder Zuversicht, daß es vielleicht doch nicht überall ganz schlimm geworden sein wird. Von meinen Angehörigen hab' ich die letzte gute Nachricht vom 15.1. Wo werden wohl alle die Schäflein abgeblieben sein? Hoffentlich ist es auch Ihnen und Ihren lieben Angehörigen noch so leidlich ergangen.
Von mir kann ich bis heute nur berichten, daß alles stets glatt verlaufen ist. Mehrmals wurde unser Abschnitt hier auch genannt, aber da kann ich nichts dazu und bin bestimmt nicht schuld daran. Bis auf den heutigen Tag erfreue ich mich guter Gesundheit, bin auch immer bei guter Stimmung und sehr gut genährt. Ich wollt', ich könnte manchmal was abgeben davon. Nach mehrmaligem Quartierwechsel hausen wir gegenwärtig wieder mal zu dritt in einem Erdbunker (in Naturbirke). Zwar ist alles ausgerechnet mit dem Platz, wenn einer sich wäscht, müssen die anderen in ihrer Lagerstatt bleiben und bald einer vom Tisch aufsteht, müssen die anderen 2 Platz machen. Jedoch finden wir uns auch hier zurecht: „Raum ist in der kleinsten Hütte", das ist unser Motto. Zudem wird Kameradschaft bei uns groß geschrieben. Das hilft auch über vieles hinweg. Hier ist's etwas verwirklicht: ...einer trage des anderen Last ... –. Der Winter ist mit Macht auch bei uns eingezogen. Seit einer Woche hatten wir fast ständig um 25 Grad minus. Heut' mittags hat gar noch die Sonne auf das winterliche Paradies herunter geschaut. Vorne ist alles ruhig. Ganz vorzüglich bekommt mir jeweils die Sauna (Dampfbad). Etwas müde wird man ja wohl dadurch, aber das Blut wird auch durcheinander getrieben.
Etwas besinnlich stimmt uns der rote Einbruch in deutsche Gebiete. Was haben denn die alles im Sinn, wenn es nicht möglich sein sollte, sie weiterhin fernzuhalten aus unserem Lebensbereich? Was sollte werden, wenn die Massen aus den östlichen Weiten sich ungehemmt über die deutsche Erde ausbreiten könnten? – Wir müssen da doch alle Sinne zusammenhalten, um nicht zu verzagen. Die Kräfte, die wir immer als zersetzend angesehen haben, sollen nun wirksam werden können auf der eigenen Scholle. Wir meinen, daß das wohl nicht möglich sein kann. Zu den bisherigen Prüfungen schickt uns der Herrgott diese neue große Last. So bleibt nichts anderes, als auch weiterhin nach Seinem Willen unsere Lebenszeit auszufüllen und zu erfüllen. – Ich bitte täglich um die dazu notwendige Kraft.
Wenn es auch trüb herschaut, so bleibe ich trotzdem zuversichtlich; denn es ist bis jetzt noch immer recht geworden. So ganz gefällt es mir, was Flex uns vorgesprochen hat: „Nicht um mein Leben bitte ich, sondern darum, daß mich der Herr nicht in meiner schwächsten Stunde heimholen möge." Bereit müssen wir sein, dann wird es schon recht. Mit vielen Grüßen schließe ich und empfehl' mich Ihnen weiter

als Ihr stets ergebener Waldemar

Maschinenschriftlicher Brief des Soldaten Waldemar Lechner an Pfarrer Wellenhofer. Er berichtet als Angehöriger der seit Januar in Kurland eingeschlossenen Heeresgruppe Kurland, die, allein auf sich gestellt, nach zäher Verteidigung sich am 10. Mai 1945 der Roten Armee ergab. Er deutet in seinem Brief auch die grauenhaften Folgen des Einmarsches der Roten Armee im ehemaligen Ostpreußen an.

DstHdh: Nachlass Wellenhofer 27:

Egern, den 4. Febr. 45

Gottes Gruß, Ihnen Herr Kurat!

Ihre Lichtmeßzeilen haben mich gestern erreicht. Ich danke Ihnen recht herzlich, endlich auch für die Weihnachtspost.
Sie schreiben wiederum aus dem Krankenhaus. Zu den seelischen Leiden unserer Zeit (denen wir uns ja nie ganz entfernen können) haben Sie auch noch körperliche Schmerzen zu ertragen.
Ich denke an Heinrich Seuse, den Mystiker, der einmal ähnlich sagte: „Leiden bringt der Seele Weisheit". Mögen auch Ihnen solche Prüfungstage, Lichttage ins göttliche Land sein und somit das Leid gemildert werden, das ist mein Wunsch! Ihre ergänzenden Verse von Stefan George wußten viel zum andern zu sagen. Ich möchte gerne ein Echo solcher Gedanken sein! „... Bleibe der Flamme Trabant" – Wache halten, das war von jeher eine heilige Aufgabe für jeden von uns. Aber allzu oft überfällt uns die Müdigkeit, der Schlaf – selbst im härtesten Sturm.–
So will ich noch einiges von meinem Verbleib erzählen. Mein Chefarzt hat mich hier fürs Lazarett angefordert. So tue ich hier seit meinem Genesungsurlaub (über Weihnachten und Neujahr) Dienst. Voraussichtlich werde ich noch länger hier bleiben. Der Dienst selbst bringt viel Verdruß, nur wenig Freude. Nicht die Strenge oder Härte des Dienstes verursacht diese Traurigkeit – das zu allerletzt – nur das trübe Bewußtsein: soundso oft der Unwahrheit dienen zu müssen. Es widerstreben sich nicht nur meine inneren Kräfte, alle Glieder wollen sich wehren. Sehen Sie, da kann ich oftmals nicht drüber weggehen. Wie weh tut dann die Folge der Unterdrückung. Es handelt sich freilich nicht um große Sachen -nein- die anderen Kameraden sehen das gar nicht, aber mich kränkt das.
Ich dachte schon: „Du mußt dich daran gewöhnen", wie töricht war das und ich bin froh darüber hinweg zu sein. Nie darf es soweit kommen, selbst wenn die härtesten Konsequenzen zu ziehen wären. Und allmählich kann ich Herr meiner Lage werden. Am Ende hat doch das Recht noch Bedeutung, besonders wenn es noch Menschen gibt, die es hoch halten.
Meine Erlebnisse sind wohl noch klein, aber eines ist mir doch klar geworden, daß die Kämpfe, die der Mensch mit seinen niederen Menschen zu fechten hat, viel härter sind, als die, die ihn im äußeren Handeln zum Helden machen! Das äußere ist dann etwas Selbstverständliches!
An Weihnachten traf ich mich mit Gasser Schorsch und Hagger Anderl. Es waren reiche Stunden der kameradschaftlichen Aussprache und gegenseitiger Ergänzung. Die Nachrichten über Häusl Otto sind kaum nennenswert. Damals war er in Ostpreußen als Funker einer Nachtjagdstaffel. Seither bekam ich von daheim nichts mehr zu hören. Meine Briefverbindung mit Otto ist seit Sommer vorigen Jahres unterbrochen. Weshalb er das tat,

weiß ich nicht. Ich werde aber nach Eintreffen der Anschrift neuerdings an ihn schreiben. Nehmen Sie für heute noch einen frohen Gruß!

Ihnen baldige Genesung wünschend verbleibt in Treuen

Ihr Hans Grasammer

Maschinenschriftliche Abschrift eines Briefes des Sanitätssoldaten Hans Grasammer an Pfarrer Wellenhofer.

DstHdh: Nachlass Wellenhofer 27:

20. 2. 45

Lieber Herr Kurat!

Vielleicht ist nun auch die vierte Kurlandschlacht zu Ende, jedenfalls eine kleine Kampfpause erlaubt mir, Ihnen zu danken für den Weihnachtsgruß.
Die Not in der Heimat wächst mit den letzten Ereignissen immer mehr und für uns hier wird der Weg in die Heimat immer weiter. So kommt es wohl, daß man in diesen Tagen mehr betet und daß unsere Bitte um den Frieden dringlicher und inbrünstiger wird denn je. Und daß man immer nur den einen Gedanken hat, ob man im feindlichen Trommelfeuer liegt oder ob man selbst die verderbenbringenden Granaten dorthin korrigiert, wo die Iwans am dichtesten stehen. „Herrgott es ist genug, gib uns nur endlich den Frieden, mach Du ein Ende, da es sonst niemand fertig bringt! Und Du, Königin des Friedens, bitte für uns!" Und es ist wundersam, obwohl allseits die Not am höchsten steht, lange war ich nicht mehr so ruhig. Wohl nimmt auch die Sehnsucht nach der Heimat immer mehr zu, nach dem Leben von einst. Es mußte wohl alles so kommen. Ich bin doch wieder froh, trotz alledem!

Und so sende ich Ihnen heute einen frohen Gruß, voll des Lichtes, das uns von oben kommt.

Ihr Hansli

Maschinenschriftliche Abschrift eines Briefes des Soldaten Hans Well an Pfarrer Wellenhofer.

DstHdh: Nachlass Wellenhofer:

Im Felde 24. 2. 45:

Hauptmann Jordan zum Tod von Werner Sallermann: Ihr Mann fuhr seinen letzten Angriff als Oberleutnant und Führer der 5. Komp. Panzer Reg. 25 in der Nacht 19./20.2. im nordöstlichen Teil des Brückenkopfes Kurland. Nach tiefem Vorstoß in das feindliche Kampfgebiet wurde sein Wagen von feindlicher Pak in Brand geschossen. Ein Teil der Besatzung kam heraus, auch Ihr Mann. Er brach im Pistolenfeuer des Feindes zusammen, wir konnten ihn wegen der Stärke des Gegners nicht mehr bergen, eine Tatsache, die sehr hart ist, aber auch beim besten Willen nicht zu ändern. Er war ein immer gern gesehener, überall beliebter Kamerad und vielfach bewährter Offizier. Bis zuletzt war er immer der alte: frisch, lebendig, humorvoll, nie die Stimmung verlierend, seine Männer begeisternd und schneidig führend. Er hat sich bis zuletzt voll eingesetzt für Vaterland und Heimat …

Maschinenschriftlicher Auszug des offiziellen Kondolenzschreibens von Hauptmann Jordan an die Witwe von Oberleutnant Werner Sallermann von Hans Böhner.

Christliches Andenken an den in Gott ruhenden Werner Sallermann.

Er wurde geboren am 28. November 1918 zu Haltern i. Westf. als Sohn der Eheleute Wilhem Sallermann und Rosemarie Klein.
In den frühen Morgenstunden des 20. Februar 1945 fiel er bei einem Angriff als Oberleutnant und Führer einer Panzer-Kompanie bei Karklini in Kurland. Tapfer von vornehmer Gesinnung, frisch, lebendig und frohen Herzens ist er durch alle Schrecken des Krieges gegangen. Als Mensch der Ehre und der Treue, erfüllt von tiefem Glauben an den Vater im Himmel, in dessen Händen er sich geborgen wußte, opferte er sein junges, hoffnungsvolles Leben. Den edlen Toten beklagt seine Gattin Hildegard Kühnel, mit der er in kurzer, glücklicher Ehe verbunden war und die er nun trauernd mit seinem einzigen Kind zurückläßt. Ihn beklagen seine Eltern und Geschwister, denen er in tiefer Liebe und Verehrung anhing. Aus all seinen Briefen, die er im Kriege schrieb, leuchtet hervor seine Eltern- und Geschwisterliebe, sein Opfermut und die Kraft seiner tapferen Entsagung, vor allem aber – als heiliges Erbe seines Elternhauses – sein starkes Gottvertrauen. Möge dieses sein Vertrauen nicht zuschanden werden und Gott, der ein Gott der Liebe ist, die opferbereite Liebe seines Dieners mit dem ewigen Leben im Reich des göttlichen Lichtes und Friedens belohnen. Denn „eine größere Liebe hat niemand, als wer sein Leben hingibt für die Seinen".

Du hast ihn zurückgefordert und wir geben ihn Dir, Gott, ohne Murren,
aber das Herz voller Wehmut.

Ihn rief das Vaterland,
der unser war,
den eine heil'ge Welle reinen Denkens
durch's Leben trug zu seinem Opfergange.
Ihm blühte lebensvoll die Wange,
die helle Stirn, der freud'ge Blick!
Und nun --: nun ward es uns Geschick,
daß ihn gefällt der Blitz des frühen Todes –
Doch -: Starb er denn?
Verblich er je,
den unser Auge nicht mehr schaut?
Er hat nur Gott sich anvertraut,
mit seiner jungen Seele ganzer Kraft!
Nein, nein: Ihn hat kein Tod errafft!
Er lebt erhöht im ew'gen Licht,
und sein befreites ich errang den Sieg!

Christlicher Andenken
an den in [illegible]t ruhenden

Werner Sallermann

Er wurde geboren am 28. November 1918 zu Haltern i. Westf. als Sohn der Eheleute Wilhelm Sallermann und Rosemarie Klein.
In den frühen Morgenstunden des 20. Februar 1945 fiel er bei einem Angriff als Oberleutnant und Führer einer Panzer-Kompanie bei Karklini in Kurland. – Tapfer von vornehmer Gesinnung, frisch, lebendig und frohen Herzens ist er durch alle Schrecken des Krieges gegangen. Als Mensch der Ehre und der Treue, erfüllt von tiefem Glauben an den Vater im Himmel, in dessen Händen er sich geborgen wußte, opferte er sein junges, hoffnungsvolles Leben. – Den edlen Toten beklagt seine Gattin Hildegard Kühnel, mit der er in kurzer, glücklicher Ehe verbunden war u. die er nun trauernd mit seinem einzigen Kind zurückläßt. Ihn beklagen seine Eltern und Geschwister, denen er in tiefer Liebe und Verehrung anhing. Aus all seinen Briefen, die er im Kriege schrieb, leuchtet hervor seine Eltern- und Geschwisterliebe, sein Opfermut und die Kraft seiner tapferen Entsagung, vor allem aber – als heiliges Erbe seines Elternhauses – sein starkes Gottvertrauen. Möge dieses sein Vertrauen nicht zuschanden werden und Gott, der ein Gott der Liebe ist, die opferbereite Liebe seines Dieners mit dem ewigen Leben im Reich des göttlichen Lichtes und Friedens belohnen. Denn „eine größere Liebe hat niemand, als wer sein Leben hingibt für die Seinen".

43.1.e.tr.
from Beck.

394 h
gl. C 244

Du hast ihn zurückgefordert und
wir geben ihn Dir, Gott, ohne
Murren,
aber das Herz voller Wehmut.

\+

Werner Sallermann
† 20. 2. 45
from Beethoven

Ihn rief das Vater[illegible]nd,
der unser war,
den eine heil'ge Welle reinen Denkens
durch's Leben trug zu seinem Opfergange.
Ihm blühte lebensvoll die Wange,
die helle Stirn, der freud'ge Blick!
Und nun — —: nun ward es uns Geschick,
Daß ihn gefällt der Blitz des frühen Todes —
Doch —: Starb er denn?
Verblich er je,
den unser Auge nicht mehr schaut?
Er hat nur Gott sich anvertraut,
mit seiner jungen Seele ganzer Kraft!
Nein, nein: Ihn hat kein Tod errafft!
Er lebt erhöht im ew'gen Licht,
und sein befreites Ich errang den Sieg!

\+

DstHdh: Wellenhofer

Zweiseitiger Totenzettel mit einem Porträt von Werner Sallermann, den seine Eltern drukken ließen. Er enthält keinerlei Passagen, wie sie für den Heldentod deutscher Soldaten von der NS-Propaganda gewünscht waren.

DstHdh: Nachlass Wellenhofer 35:

Kempten, den 25. 3. 1945

Werter Herr Wellenhofer!

Wieder naht ein Fest des Herrn, das hochheilige Osterfest. Jesus Christus ist für uns gestorben am Kreuz.
Und am Ostermorgen auferstanden von den Toten. Jesus Christus hat uns durch sein bitteres Leiden die Pforten des Himmelreiches aufgesperrt. Aber viele Menschen begreifen es nicht, bis es zum Sterben geht und der Tod an sie herantritt und dann sehen es erst viele ein, was sie für Sünden begangen haben.
Ich habe nun wieder einen meiner besten Kameraden verloren. Er ist am Dienstag früh gestorben, angeblich an Genickstarre. Er wurde am Freitag der geweihten Erde übergeben.
Er war ein frommer, braver Mann. Dieser ist auch alle Sonntage zur hl. Messe gegangen, wenn der Dienst es erlaubt hat. Er ist uns mit einem guten Beispiel vorangegangen. Er ruhe in Frieden!
Ja, so gehen viele von uns, die das Osterfest nicht mehr erleben dürfen. Obwohl wir auch nicht wissen, was uns noch bevorsteht. Hoffentlich dürfen wir das Ende dieses Krieges noch erleben.
Nun zum Schluß will ich mich noch bedanken für den schönen Ostergruß, den ich gestern erhielt.

Es grüßt Dich recht herzlich

Dein ehemaliger… Schüler Heinrich

Behüt Dich Gott! Auf Wiedersehen!

Handschriftlicher Feldpostbrief eines früheren Schülers, von dem nur der Vorname Heinrich bekannt ist, an Pfarrer Wellenhofer, der sein früherer Religionslehrer war. Der Verfasser schreibt aus einem Kriegslazarett, wo er als Sanitätssoldat eingesetzt ist.

DstHdh: Nachlass Wellenhofer 59:

Vorfasten 1945

Lieber Johannes!

Was soll ich Dir in so schicksalsschweren Zeiten schreiben? Nichts von mir. Ein Wort, das ich irgendwo las und das uns etwas sagen kann. Edwin Erich Dwinger schrieb in seinem Buch „Die letzten Reiter“ in einem kurzen Gespräch deutlicher als es lange Erörterungen vermöchten, die Grundstimmung mit der Millionen deutscher Menschen heute dem Gottesglauben gegenüberstehen. Leunant Willmut, der bald darauf im Maschinengewehrfeuer den Tod suchte, weil es ihm sinnlos erscheint, in ein marxistisches Deutschland zurückzukehren, sagt zu Sandra, dem einzigen Menschen, der ihm in diesem Augen-

blick noch Halt geben kann: „Was bleibt mir denn noch, nichts von all dem bleibt mir, nicht einmal Gott bleibt mir – oder können sie mir sagen, Sandra, wo unser Gott geblieben ist?“ „Welcher?“, fragt sie gläsern zurück. Er sieht erstaunt auf, tritt einen Schritt vor. „So haben auch sie ihn verloren, haben auch sie keinen mehr?“ „Nein!“ sagt sie, „der alte Gott ist tot, wohl für uns alle, die wir hier Augen hatten. Aber ich habe dennoch einen, auch er kann helfen, mehr als der alte helfen kann…“ —
„Und er heißt?“ fragt Helmut flüsternd. – „Haltung!“ sagt sie leise. Er fuhr unwillkürlich zusammen, biß sich auf die Lippen. „Aber das ist ja kein wirklicher Gott, das ist nur ein erdachter Begriff! Und wenn sie darin recht haben, daß der alte tatsächlich tot ist, gibt es also überhaupt nur noch einen, wenn wir ihn uns selber schaffen?“ – „Ja!“ sagte sie ruhig. „Nur so gibt es ihn noch, anders hat es ihn übrigens nie gegeben. Und nur so kann er uns noch sichtbar werden, nur in der Überwindung des Allzumenschlichen – denn wenn die Erde Gottes, so hätten wir ihn doch einmal gesehen … aber wir haben nur den Teufel, mein Gott kümmert sich um die Erde nicht …Er steht jenseits von diesem, beginnt erst dort wo man die Erde überwindet. …“ „Dann kann ich noch weniger geben,“ brach er aus, „dann ist für mich noch sicherer zu Ende…“
Wir verstehen das einfach Entweder – Oder, das in dem Gespräch des letzten Reiters mit Sandra ganz deutlich ausgesprochen wird. Entweder, das was wir Gott nennen, ist nur ein anderes Wort für die „Haltung“, die wir auch in verzweifeltsten Lagen bewahren können, um die Kraft zu finden zur „Überwindung des Allzumenschlichen“. Der Gottesglaube ist dann Trotz, den wir dem sinnlosen Schicksal entgegensetzen, das alle unsere Lebenswerte zermalmt. Oder aber, der „alte Gott“, den Willmut und Sandra für tot erklären, lebt noch. Dann drehen sich somit alle Verhältnisse um. Denn es geht im ganzen Weltgeschehen überhaupt nicht um uns und unser Schicksal, sondern nur um ihn. Dann haben wir kein Recht, von einem sinnlosen Schicksal zu reden, denn alles was geschieht, kommt ja von ihm, auch wenn er uns zermalmt. Er allein trägt den Sinn des Weltgeschehens in seinen Händen. Wir aber sind sein Eigentum. Wir haben uns nicht selbst gesetzt. Wir können uns auch selbst keinen Augenblick über dem Nichts halten, in das wir stürzen müssen, wenn er uns nicht hält. Wir haben darum auch nichts, was uns selber gehört. Wir haben keinen Anspruch an das Leben zu stellen. Wir gehören Ihm allein bis zum letzten Atemzug. Dann ist die Frage überhaupt nicht mehr die, wie wir mit dem Leben fertig werden, wie wir Ihm trotzen, wenn es uns sinnlos erscheint.
Unser Schicksal ist dann eine ganz unwesentliche Sache. Denn wenn der alte Gott lebt, dann gibt es für uns nur noch eine einzige Frage: Habe ich den Eigentumsanspruch erfüllt, den der eine, dem ich gehöre, an mein Leben stellt. –
Lieber Johannes! Nimm diese Worte! Vielleicht sind sie eine Antwort auf manche Frage, auf den fragenden Schlußsatz Deines letzten Briefes. Vielleicht klingen sie Dir fremd, vielleicht kannst Du sie nicht ertragen und vielleicht willst Du sie gleich vergessen. Lies sie noch einmal, nimm sie hinein in alle Kleingläubigkeit und Halbheit, in alle Schwäche und Sünde hinein. Lies sie noch einmal! Und dann bet ein Vater unser.

Auf Wiedersehen! Dein Richard!

Maschinenschriftlicher Rundbrief des Priestersoldaten Richard Lipold. Er zitiert hier den nationalistischen Schriftsteller Edwin Erich Dwinger (1898–1981), der die Kämpfe gegen Russland im Ersten Weltkrieg und der deutschen Freikorps nach 1918 gegen den

Kommunismus im Osten thematisierte. Dwinger war damals ein viel gelesener Autor, dessen nationalistische Einstellung von der NS-Propaganda durchaus geschätzt wurde. Richard Lipold benutzt Dwingers Infragestellung Gottes als Antithese für die Sinngebung des Leides durch den Glauben an die Existenz des wahren Gottes.

DstHdh: Nachlass Wellenhofer 59:

B r ü d e r !

Es lag schon lang ein Toter – vor unserm Drahtverhau,
die Sonne auf ihn glühte, – es kühlt ihn Wind und Tau.

Ich sah ihm alle Tage – in sein Gesicht hinein,
und immer hört ich's fester – es muß mein Bruder sein!

Ich sah in allen Stunden – wie er so vor mir lag,
und hörte seine Stimme – aus frohem Friedenstag.

Oft in der Nacht ein Weinen – das aus dem Schlaf mich trieb,
mein Bruder, lieber Bruder – hast Du mich nicht mehr lieb?

Bis ich trotz aller Kugeln zur Nacht mich ihm genaht
und ihn geholt, – begraben, – ein fremder Kamerad!

Es irrten meine Augen, – mein Herz du irrst dich nicht,
es hat ein jeder Tote, – des Bruders Angesicht! –

K. Bröger.

Fastenzeit 1945

Lieber Johannes!

Du kennst vielleicht Brögers Gedicht: Es liegt ein Toter vor dem Drahtverhau. Es läßt dem Dichter keine Ruhe: „Der Tote ist dein Bruder" – das bohrt so lange in ihm bis er nach vorne kriecht, um den Bruder zu begraben. Es ist dann nicht sein Bruder, der dort liegt – und doch ist es sein Bruder, denn „jeder Tote trägt des Bruders Angesicht!"
Für uns ist das eigentlich ein selbstverständlicher Gedanke, daß Tote und Lebende des Bruders Angesicht tragen, denn „Einer ist unser Meister, wir alle sind Brüder!"
Freilich ist es nicht immer leicht, das Brudergesicht zu sehen hinter all den Masken. Der Krieg hat das noch viel schwerer gemacht. So vielen Kameraden haben wir schon ins Gesicht gesehen und so vieles stand dort in den Zügen, das des Bruders Angesicht verdeckte. Vielleicht hast Du es aufgegeben, danach zu suchen. Dazu braucht es viel Mühe und Geduld, dagegen steht so viel Alltägliches und Trott, üble Erfahrung und menschliche Klugheit, die Abstand bewahrt. Und so kommt man in Gefahr, ganz darauf zu vergessen, daß hinter den Gesichtern überhaupt des Bruders Gesicht sein könnte. So kommt man in Gefahr, auch in rücksichtslose, selbstlose Haltung hineinzuwachsen. Meistens ist es ja nur Vergeßlichkeit. Und manchmal blitzt einem die alte Wahrheit klar auf. Mir ging es einmal so in der Invasion.

Ein Kamerad, die Brust aufgerissen, lag vor uns, wir versuchten alles, um ihn am Leben zu erhalten. Eine notwendige Naht, Spritzen, Verband, alles in Eile und Erregung. Da hat man nicht Zeit, viel zu denken. Und doch kam plötzlich der Gedanke: Hier ist der Herr – der Gekreuzigte – ein verblutendes Glied seines Leibes. —
Nur ein kurzer Gedanke. Er versank wieder im Tun und Geschehen der nächsten schweren Stunden. Aber von der Tiefe her wirkte er Geduld und Hilfsbereitschaft in erregten Tagen. –
Man kann solche Gedanken kaum immer bewußt und lebendig in sich tragen. Aber manchmal sollten wir daran denken (darum auch dieser Brief!), damit uns die Haltung helfender Kameradschaft nie verloren gehe. Die Gefahr ist heute manchmal groß. Aber wir dürfen uns nicht unterkriegen lassen. Wir nicht! Denn Einer ist unser Meister! –
Wir müssen an das Gesicht des Bruders in all den Gesichtern glauben, auch wenn wir gar nichts davon sehen, selbst wenn wir am liebsten in diese Gesichter schlagen möchten. Denn für uns alle gilt das Wort: „Was ihr dem geringsten meiner Brüder getan habt, das habt ihr mir getan!" Darin steckt eine ganze Theologie, uns soll das einfache Wort genügen. In der schweren Zeit, die wir durchleben, können wir nicht viel tun, um die Not zu wenden. Unser kleiner Dienst ist kaum spürbar in dem großen Geschehen Aber da und dort können wir Gutes tun, dort wo andere hart geworden sind (wen könnte es wundern?). Wir wissen nicht was uns noch alles bevorsteht, was wir noch alles tun müssen, was wir noch alles verlieren werden. Aber wir wissen, daß treue Kameradschaft und helfende Tat mehr als je unsere Aufgabe ist, die wir immer erfüllen können, die uns nie verloren geht. Früher haben wir oft gesungen: „Wir bauen eine Straße bis an den Rand der Welt!" Wie viele Straßen unserer jungen Träume konnten wir nicht bauen. Dafür haben wir Knüppeldämme und ähnliche Wege gebaut. Lassen wir uns nicht erbittern. Wenn wir in treuer Bruderschaft, im täglichen kleinen Dienst aneinander stehen, dann bauen wir eine Straße bis an den Rand der Welt, bis dahin wo Gott steht. Bauen wir an dieser Straße! „Wenn wir uns rüstig plagen, sind wir am Abend dort, dann trägt ein goldner Wagen uns müde Schaffer fort!"

Auf Wiedersehen! Dein Richard!

Zweiseitiger maschinenschriftlicher Rundbrief des Priestersoldaten Richard Lipold. Das eingangs zitierte Gedicht stammt von dem 1886 geborenen Karl Bröger, einem in der NS-Zeit bekannten nationalistischen Dichter. Dieser beschreibt hier ein Erlebnis, das er als Frontsoldat im Stellungskrieg an der Westfront im Ersten Weltkrieg erlebt hat. Dadurch, dass Richard Lipold einen von der NS-Propaganda geschätzten Autor zitiert, kann er die Zensur unterlaufen, indem er hier die Brüderlichkeit angesichts der Sinn- und Hoffnungslosigkeit des Krieges im Sinn der christlichen Nächstenliebe interpretiert.

DstHdh: Nachlass Wellenhofer 35:

Er ist auferstanden
von des Todes Banden,
Alleluja!

Landshut, 1. 4. 45

Lieber Herr Kurat!

„Jeden mit anderer Stimme ruft Gott!“
Erkennen wir also den Gottesruf, wollen wir uns durch die von uns täglich abverlangten Opfer härten, Christus braucht Ritter, keine Memmen, Christus braucht Getreue, keine Feiglinge. Ein deutscher Junge muß opfern können, darin zeigt der Deutsche ja seine Größe in der Vollbringung der Opfer, in der Wahrung der Treue! Der Treue zu Volk und Vaterland, gemeinsam zu Gott!
Es ist schwer, ein echter, deutscher Junge zu sein. Wenn aber schon so Auslese beim Säen, wie groß und herrlich muß dann die Ernte im Weinberge Christi sein – die Auferstehung – Ostern?

Mein kleiner Bruder mit Kopfstreifschuß, nicht Kehlkopf, ist schon wieder im Einsatz im Westen. Mein großer Bruder in Italien…
Nun lieber Herr Kurat, viele herzliche Ostergrüße und Gottes Schutz und Segen für alles Kommende. Bitte wie immer um Ihr Gebet beim hl. Meßopfer für meine Angehörigen, mich und die Jungen.

Treu Heil! Ihr Werner

Maschinenschriftlicher Auszug aus dem Brief eines Soldaten, von dem nur der Vorname Werner bekannt ist, an Pfarrer Wellenhofer.

DstHdh: Nachlass Wellenhofer 35:

San. OGefr. 1 2 3 27 /13

Ostfront,den 6. 4. 45

Lieber Herr Kurat!

Seit einigen Tagen stehe ich in der vordersten Linie als Kp. Sani bei einer Jägerkompanie. Damit begann wieder ein neues Leben – inniger mit Gott verbunden als vorher. Ich fühle wie Christus gerade auf dem Schlachtfeld zugegen ist und die Seinen leitet und führt. – So hoffe ich, daß ich glücklich durch dieses Dunkel hindurch gelange und einmal wieder heimkehren kann, um dem Ruf des Herrn ganz bis ans Ende zu folgen.

Mit diesem Wunsch will ich für heute schließen und bin mit vielen Grüßen

Ihr Hermann

Brief eines Sanitätsobergefreiten, von dem nur der Vorname Hermann bekannt ist, an Pfarrer Wellenhofer. Offenbar handelt es sich hier um einen Theologiestudenten.

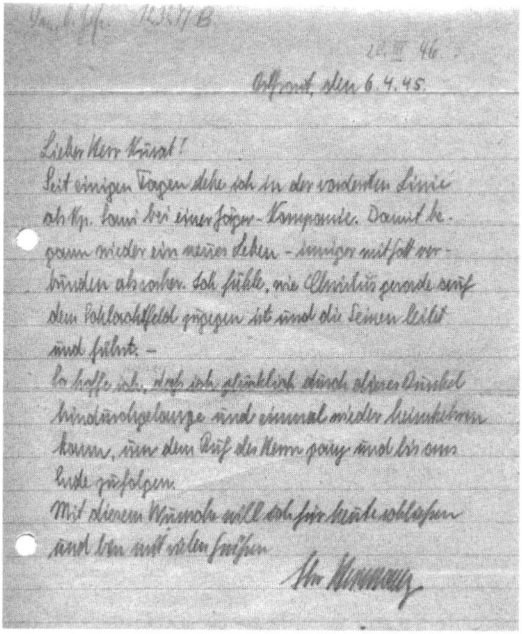

Ostfront, den 6. 4. 45.

Lieber Herr Kurat!
Seit einigen Tagen stehe ich in der vordersten Linie als Kp. Sani bei einer Jäger-Kompanie. Damit begann wieder ein neues Leben – inniger mit Gott verbunden als vorher. Ich fühle, wie Christus gerade auf dem Schlachtfeld zugegen ist und die Seinen leitet und führt. –
So hoffe ich, daß ich glücklich durch dieses Dunkel hindurchgelange und einmal wieder heimkehren kann, um dem Ruf des Herrn ganz und bis ans Ende zu folgen.
Mit diesem Wunsch will ich für heute schließen und bin mit vielen Grüßen
Ihr [illegible]

DstHdh: Nachlass Wellenhofer 35

DstHdh: Nachlass Wellenhofer 35:

Italien, den 11. 4. 45

OSTER-HEIL

1. April 45: Es war 7 Uhr morgens, als ich erwachte. Von der Ferne hörte ich Glockengeläute. Da wußte ich, Ostern, Auferstehung des Herrn war heute. Ostern! Bei diesem Gedanken verspürte ich etwas wehmütiges – Heimweh. Richtiges Heimweh umkrampfte mein Herz, wenn ich daran dachte, daß zu Hause bald das Alleluja des Osteramtes erklingen würde. War es allein dieses Sehnen nach der Heimat? Nein, es kam noch das Verlangen nach dem Herrn dazu. In dieser Stimmung betete ich mein Ostergebet: Herr, da bin ich. Hilf mir über dieses Heimweh hinweg und verzeih mir, daß ich glaubte allein und verlassen zu sein. Verzeih mir. Wie konnte ich nur zweifeln, da Du selbst sprachst: „Ich verlasse keinen, der auf mich vertraut." Sieh, laß mich einstimmen in das Oster-Alleluja, das die ganze Welt dem Erlöser zujubelt. Laß mich und alle zu Hause teilnehmen an Deiner Auferstehung, durch Christus Jesus unsern Herrn – Amen! – Als meine Kameraden mich sahen, blickten sie erstaunt in mein Gesicht, das ihnen am frühen Morgen voll strahlendem Leuchten entgegen lachte.
So will ich Ihnen, lieber Herr Kurat nachträglich ein freudiges Oster-Heil entgegenrufen, das viel überzeugender klingen soll, als mein Ostern Sie wohl überzeugt hat. Wirklich, glauben Sie mir, ich bin voll der Freude zum Herrn.
Am Mittwoch in der Osterwoche, traf die erste Post von zu Hause ein. Ein größeres Ostergeschenk hätte ich nicht haben können.

So kam auch gestern Ihr feiner Ostergruß zugleich mit einem Brief von Werner Grade an. Ich sag halt ein herzliches Vergelts Gott. Es freut mich unbändig von Ihnen zu wissen, daß Sie die Angriffe einigermaßen annehmbar überstanden haben. Der Herrgott hat schon fest seine Hand über seinen treuen Knappen gehalten, daß Sie so verhältnismäßig gut davon kamen. Wie mag es da aussehen, das liebe kleine Kirchlein und erst unser Dom. Ebenso die Michaeliskirche. Ich danke Gott, daß er mich noch die schönen Feiern letztes Jahr in unserem Dom miterleben ließ.
Nun etwas anderes. Sie schrieben zwar, Ihr Fuß wäre wieder am Heilen, aber mit solch einer Sache, ist oft nicht zu spaßen. Ich hoffe stark, daß Ihrer baldigen Genesung nichts im Wege liegt. Ich habe Ihnen, glaub ich schon im Märzbrief geschrieben, daß ich mir das rechte Schienbein gebrochen habe. Ich lag 10 km hinter der Front. Nun liegt der Fuß seit 3 Tagen, nachdem er 3 Wochen im Streckverband gelegen hat, in Gips. Ich kann zwar jeden Tag von hier wegkommen (3 km vor Padua), aber mir wird die Post sicher nachgeschickt. Werner befindet sich zur Zeit auch beim RAD, wie Sie selbst wissen. Er schrieb mir: „Es ist etwas Feines um dieses Christophertum". Mich freut es sehr, einen meiner zwei besten Freunde als einen aus unserer Mitte zu wissen. Er ist auch voll Zuversicht, obwohl die Aussichten nicht sehr rosig sind. Ihnen, Herr Kurat, vertraue ich es als Ersten an: Wir hier rechnen nach der jetzigen Kriegslage damit, Deutschland nur vielleicht noch über den Weg einer mehrjährigen Gefangenschaft zu erreichen. Ich selbst rechne noch nicht so fest damit. Aber Schluß mit meinen Mutmaßungen. Nun eine neugierige Frage, entschuldigen Sie bitte deswegen: Wie macht sich denn Krämer Alfred? Ich glaube, er ist bestimmt ein gutmütiger Kerl.
Sie haben recht, wenn Sie schreiben, daß wir voll der Hoffnung sind. Für die kleine Schar der Christophler soll auch der Spruch auf der Karte gelten. Bitte bestellen Sie wieder Grüße und Wünsche von mir, auf treues Durchhalten. Halten Sie die Stunden noch immer in Theresia ab? Ich habe zur Zeit keine anderen Sorgen, als die um meine Lieben zu Hause. Meine Brüder sind als VB, Offizier im Kurland der eine, als Fallsch.-Jäger im Westen der andere eingesetzt.
Ich vertrau auf Gottes Hilfe, daß er Ihnen durchhilft. Nun schließe ich allmählich und wünsche Ihnen recht gute Besserung.

Mit einem frohen „Gloria laus..." Grüße ich Sie und verbleibe somit

Ihr Christ. Edi

Alles Gute weiterhin.

Meine jetzige Lazarett-Adresse:
Gren. E. J. FPN N.12462 CH
(Meine Einheit hat die FRN 11892 c)
Bitte benutzen Sie die zwei Adressen noch nicht, da ich ja nicht 100% weiß, ob ich überhaupt zu dieser Einheit zurückkomme.

Treu Heil!

Maschinenschriftliche Abschrift eines Feldpostbriefes des Grenadiers Eduard Christ an Pfarrer Wellenhofer. Der Briefschreiber befindet sich bei den in Norditalien kämpfenden Resten der deutschen Truppen, gegen die am 9. April 1945 eine alliierte Großoffensive beginnt. Am 2. Mai 1945 kapitulieren diese.
VB: Vorgeschobener Beobachter, der über Funk das Feuer der eigenen Artillerie leitet.

+

ALFRED URBAN

geboren am 8. September 1921
getauft am 17. September 1921
in St. Rupert
gefallen am 5. Mai 1945
in Friedland (Tschechosl.)
als Leutnant und letzter Offizier
des Bataillons

Ein Jahr haben wir
auf seine Heimkehr vergeblich
gewartet

+

Das Ewige Licht leuchte ihm!

ZUR ERINNERUNG

+ In München geboren. Er war ein stiller Bub, später im Theresiengymnasium einer der Fähigsten seiner Klasse. Die gute schöne Welt daheim bei Vater, Mutter und Schwester, unter den nachbarlichen Fenstern der Pfarrkirche St. Rupert. Leben und Wanderungen mit den Freunden aus der Kongregation und der Pfarrei – das alles wurde ihm als Mensch und als Christ zur entscheidenden Heimat. Hier wuchs auch der Gedanke, Priester zu werden. Nach dem Arbeitsdienst konnte er noch ein Semester Philosophie studieren, dann riß ihn der Krieg auf jenen Weg, der ihn nicht mehr in die alte Welt zurück, doch zur Vollendung geführt hat. Das bezeugen alle, die ihn kannten, ob als Kamerad, ob als Offizier, das bezeugt auch sein Lieblingswort: „Leutnantsdienst tun heißt seinen Leuten vorleben – das Vorsterben ist dann wohl einmal ein Teil davon." Das bezeugen seine Briefe: „Ich habe nie um mein Leben gebetet, sondern nur um Kraft. Ich will nicht nur als Offizier tapfer gewesen sein, sondern viel mehr als Christ. Ich bin bereit fürs Letzte." Er war 3x verwundet. 3 Tage vor Kriegsende, inmitten seiner Männer, ist er gefallen, zwar in einem irdischen Krieg, doch für ein himmlisch Vaterland +

Wie sollte ich Gott fürchten, ich liebe ihn ja so sehr.

Friedrich Ozanam.

DstHdh: Nachlass Wellenhofer 41

DstHdh: Nachlass Wellenhofer 41:

Meine Lieben!

Der vorletzte Abend – ich komme vom Abschiedsabend bei den Buben.
Ich will Euch nun einiges sagen.
Wenn Euch dieser Brief erreicht, bin ich irgendwo in Rußlands Erde, doch das Unsterbliche ist daheim – beim Vater. Wenn ich heute daran denke, so kommt mich das Sterben gar nicht hart an – ich denke nur an Mama. Wie wirst Du das tragen. Und Dir sei das als Trost geschrieben.
Ich bin bereit – fürs Letzte. Endlich habe ich es fertiggebracht, zu sagen: Herr, Dein Wille nur! Wenn es heute so ungeheuer viel Leid gibt, wenn die Erde wie wund schreit und klagt, so deswegen, weil der Herr das zuläßt, weil wir gesündigt. Und ich glaub an eine gewisse Kollektivschuld des Volkes. Da ist es bei Gott vielleicht dann besser, es stirbt ein Aufrechter und Edler als das 10 Dutzendmenschen hingemäht werden. Soll ich Priester werden – ich bin bereit – soll ich opfern, alles, auch das Leben – ich bin ebenso bereit. So gehe ich denn in Dankbarkeit hinaus für die 2 Jahre, die mich so reifen ließen, daß ich den letzten Schritt nicht blind machen muß, sondern mit Augen, mit Menschenaugen.

Ich habe nie um mein Leben gebetet, sondern nur um Kraft. Ich will nicht nur als Offizier tapfer gewesen sein sondern viel mehr als Christ. Ich wollte, ich könnte Euch ein sorgenfreies Alter bereiten. Eure Liebe und Güte Euch zu danken – nun muß ich Euch diesen Schmerz zufügen. Und trotzdem bitte ich Euch, seid nicht traurig, es ist ja hier doch nur Kampf und Streit, beim Vater aber ewige, tiefe Herrlichkeit. So freut Euch denn! Auf Wiedersehen!

Auf Wiedersehen! Euer dankbarer Alfred.

Du, mein liebes Schwesterlein, hilf unserer Mutter und sei recht stark!
In Liebe Dein Alfred.

Maschinenschriftliche Abschrift eines undatierten Feldpostbriefes von Leutnant Alfred Urban an seine Eltern und Geschwister.

DstHdh: Nachlass Wellenhofer 63: Christusbriefe:
Bilder junger Christen aus dem Felde.

Aus der Gefangenschaft

Wenn es uns wieder einmal gegönnt sein wird, zusammenzusitzen, werden wir uns viel zu erzählen haben. Aber das Schönste ist doch, zu wissen, daß das Band der Gemeinschaft, das uns alle umschließt, gehalten hat, daß wir nun trotz Entfernung und Zeit, trotz Erlebnisse und Erschütterungen nicht uns verloren haben in unseren eigenen Sorgen, sondern daß wir zusammengehören genau wie früher, wo wir in einer Gruppe waren und auf Fahrt gingen, daß wir uns einmal wiedersehen werden und begrüßen, so, als wären wir nie auseinander gewesen… Ich bin weit davon entfernt, mit dem Schicksal zu hadern, daß es mich hier festhält, dass es mich vom Leben, vom Beruf, von der Heimat getrennt hat. Im Gegenteil, ich danke Gott, daß er mir diese Zeit der Einkehr und Besinnung geschickt hat. Könnte ein Mensch normaler Verhältnisse, unser „Spießer“ z. B. so die Wahrheiten des Evangeliums begreifen und erleben, wie wir, wo wir Not und Elend gesehen haben und unseren Geist frei machen konnten von den Forderungen des Körpers.

Maschinenschriftlicher Auszug eines Briefes, den ein unbekannter Verfasser ohne Datumsangabe unmittelbar nach Kriegsende 1945 in der Gefangenschaft geschrieben hat. Den Glauben und die eigene Identität trotz aller Bedrängnis durch einen immer grausamer und sinnloser werdenden Krieg und dem schier übermächtigen Totalitätsanspruch des NS-Regimes bewahrt zu haben, das ist auch aus der Sicht nach sechs Jahrzehnten als das bleibende Vermächtnis dieser jungen katholischen Wehrmachtsoldaten anzusehen.

Am Grab meines gefallenen Kameraden

Der Tag war heiss und weit das Land
Wir fuhren viele Stunden
Bis wir an einem Waldesrand
Des Freundes Grab gefunden.

Er lag nicht einsam und allein.
Inmitten Kameraden -
Sie werden ihm stets nahe sein -
Hat man ihn still begraben.

In Blumen, die dem Freund so lieb
Ist er dahin gesunken
Sie haben als er sterbend blieb
Von seinem Blut getrunken.

Sein Stahlhelm, noch vom Blute rot
Lag auf dem Grab zerschlagen
Es blieb die letzte große Not
Dem Freund nicht lang zu tragen.

Dann hab ich stumm und schmerzbewegt
Allein bei ihm gestanden
Hab Blumen auf sein Grab gelegt
Die mich mit ihm verbanden.

Die Kreuze glänzen hell und weit
Dem Wanderer entgegen
Es ist ein Hauch von Ewigkeit
Auf diesem Ort gelegen.

Aus: „DAS ERSTE LIED“
Kriegsgedichte von C. J. Schüller, Bonn im Dezember 1992, S. 28

Schlusswort

Zwei Reaktionen gelten für viele andere, wenn man die Frage stellt:

„Wie konntet ihr als katholische Jugendliche dem NS-Regime als Soldaten dienen?“

Willi Strunck, Kriegsteilnehmer
(s. Anlage)

oder

„Warum habt ihr nicht kehrtgemacht?“

Kriegspfarrer Anton Vögtle „Kriegspfarrer im Russlandfeldzug“
(s. Anlage)

ABSCHLIESSENDE BEMERKUNG DES NDERS WILLI STRUNCK[1]

Zehn Jahre war ich alt, als ich 1930 in eine sehr aktive Gruppe des Bundes „Neudeutschland" in Köln aufgenommen wurde. Begeistert von Fahrten und Zeltlagern – ab 1934 die ersten Auseinandersetzungen mit der Hitler-Jugend – so wurden wir zu einer verschworenen Gemeinschaft, die sich nicht auseinanderdividieren ließ.

1937 kassierte die Gestapo gleichzeitig bei unserer Fahrtengruppe die Reisepässe mit Visum nach Italien.

Vom Abitur zu den Soldaten. Schon bald organisierte einer unserer Gruppe, der als Ingenieur bei Messerschmitt u. k. gestellt war, einen regelmäßigen Briefdienst bis die Gestapo einige Jahre später seine Schreibmaschine beschlagnahmte. Wir Soldaten schrieben ihm regelmäßig und er verarbeitete unsere Briefe zu den „Briefe der Kameraden", die vervielfältigt uns dann draußen wieder erreichten. Somit waren wir untereinander verbunden, wussten, wo der andere sich gerade herumtrieb und was in der Heimat lief.

Jeder wusste so vom anderen, erfuhr von Sorgen und Problemen, sodass der eine den anderen wieder aufrichten konnte.

Das war ja überhaupt das Besondere an unserem Bund, dass wir uns unter der Masse der fremden Soldaten immer wieder nach kurzer Zeit erkannten, sei es am Lied oder auch am Wort in der Auseinandersetzung um unseren Glauben.

Hin und wieder greife ich auch heute wieder zu diesen Briefen, Erinnerungen an schwere Stunden werden wach und helfen mir, aktuelle Sorgen nicht über zu bewerten.

Im Gespräch mit den heranwachsenden Enkeln über diese Kriegszeit kommt dann die Frage: „...wie konntest du denn mit solcher Begeisterung Soldat werden, obwohl du mit dem Regime deines Glaubens wegen nicht einverstanden warst...?" Die Antwort auf diese Frage fällt mir schwer. Ich tröste mich mit der nachfolgenden kleinen Geschichte:

In Rom lebte von 234-149 v. Chr. ein römischer Staatsmann, der wegen seiner Integrität hoch geachtet war. Er hieß Cato. Als der 80jährige Cato in ein bevorstehendes Gerichtsverfahren gehen musste, war er aufgeregt. Man fragte ihn: „Warum so aufgeregt in deinem Alter? Es handelt sich um keine Lebens entscheidende Sache." Er antwortete: „Sagt das nicht. Es ist immer schwer, sich vor einer Generation zu verantworten, die nicht mit uns gelebt hat".

1 *Kurz vor Fertigstellung der Druckvorlage nahm Willi Strunck in einem Schreiben an Karl-Theo Schleicher zu dieser Dokumentation abschließend Stellung und bezog sich dabei auf Feststellungen, die er bereits 1995 in einem Brief an diesen getroffen hatte.*
Diese Aussagen können durchaus als Schlusswort eines Zeitzeugen zu der vorliegenden Dokumentation verstanden werden.

AUS ANTON VÖGTLE, KRIEGSPFARRER IM RUSSLANDFELDZUG

„WARUM HABT IHR NICHT KEHRTGEMACHT?“[2]

Ein Vorwurf, den auch unsereiner öfters zu hören bekommt. Er ist verständlich aus dem Mund einer Generation, die sich keine weiteren Gedanken macht, was Kriegsführung, die damalige wenigstens, in concreto bedeutete. Als ob diese Soldaten sozusagen gedankenlos dahingelebt und sich stur geopfert hätten! Als Divisionsgeistlicher bekam ich im Osten sehr wohl Einblick in Überzeugungen und Stimmungen in dieses oft unentwirrbare Geflecht von Verantwortungsbewusstsein, von lähmender Erkenntnis, Enttäuschung, Hoffnungslosigkeit, von ungebrochenem Lebenswillen und Heimweh. Bis auf höchst vereinzelte Ausnahmen, denen das Leben nicht viel wert war, waren sie doch alle Menschen, die leben wollten, die das Leben noch vor sich hatten, die noch etwas leisten, für andere da sein wollten und sollten. Das war ja meist der bitterste Wermutstropfen ihres Soldatenschicksals: der einzelne musste den ihm drohenden Tod nicht nur als ureigenstes persönliches Opfer empfinden. Er musste ihn in seinem Innern als Opfer, als blutende Wunde seiner Familie, seiner Lieben, vorweg erleiden.

„Ihr hättet trotz eidlicher Verpflichtung aber doch den Mut zur Dienstverweigerung aufbringen und dadurch hunderttausende Todesschicksale an der Front und in der Heimat ersparen müssen, je mehr sich die katastrophale Niederlage ankündigte!“ Leider ist diese Meinung nicht mehr als die Kriegssituation verkennende Selbsttäuschung. Man erlebte es ja immer wieder: wenn auch nur ein Mann, eine Gruppe, aus welchem Grunde auch immer, versagte, konnte dieses Versagen Leben und Verwundung mehrerer Kameraden kosten. Vor allem in Rückzugssituationen bereiteten Nachbarn und Schwachstellen an den Flanken bisweilen sogar größere Sorge als das frontal angreifende Gegenüber. Schon ein geringräumiger, erst recht ein weiträumiger Einbruch und Durchbruch hinter die Hauptkampflinie verursachte größte zusätzliche Verluste an Menschenleben, so nicht eine ganze Division, ja ganze Armeen geopfert werden sollten. Leider ist es die furchtbare Regel der Kriegsführung, dass ein vordringender, an Menschen und Kampfmitteln weit überlegener Angreifer dem geschwächten Gegner erbarmungslos auf den Leib rückt, vor allem die ausgedünnte Front zu durchbrechen sucht, um diese von der Seite und von hinten aufzurollen, somit seine Truppenmassen möglichst rasch zu vernichten und die Überreste

2 *Dr. theol. Anton Vögtle (1910–1996) diente von 1940 bis 1945 als Divisionspfarrer in der Wehrmacht. Nach dem Kriege habilitierte sich der promovierte Theologe im Fach Exegese des Neuen Testamentes und lehrte als Professor für Exegese des Neuen Testamentes an der Universität Freiburg. Prälat Professor Dr. Vögtle verstarb 1996.*
Ähnlich wie Pater Delp SJ wird auch hier die moralische Legitimität des Krieges nicht hinterfragt, sondern davon ausgegangen, dass der einzelne Soldat als Bürger seines Vaterlandes schicksalhaft in den Krieg gestellt wurde. Aus den Erfahrungen im Stabe von Großverbänden konnte Dr. Vögtle feststellen, wie bereits das Versagen einzelner oder weniger Soldaten den Tod zahlreicher Kameraden verursachen konnte. So begründet er hier soldatische Pflichterfüllung durch Kameradschaft als spezielle Form der christlichen Nächstenliebe.
Der hier wiedergegebene Text ist das Schlusskapitel aus dem Aufsatz: Anton Vögtle: Als Kriegspfarrer im Russlandfeldzug, in: Militärseelsorge, Zeitschrift des Katholischen Militärbischofamtes, Bonn 31. Jahrgang 1989, S. 284–300, hier S. 299–300.

bestenfalls zu kassieren. Das eigene Leben wie das der Kameraden hing nun einmal ab von der wechselseitig bewährten Verlässlichkeit. Ein übermächtiger Gegner ließ eine andere Wahl gar nicht zu, zumal Fahnenflüchtige im rückwärtigen Partisanengebiet kein besseres Schicksal erwartete.

Im Gedanken an das immer wieder erneut geforderte Ausharren dieser oft zu Tode ermüdeten, dürstenden, frierenden Offiziere und Mannschaften, in Minuten, Stunden, Tagen und Nächten, ja ganze Wochen akutester Todesgefahr und angesichts dieser vieltausendfachen Erweise gegenseitiger kameradschaftlicher Treue und Hilfe auf Leben und Tod, habe ich mir das damals geschworen: So ich selbst überlebe, will ich ja nie mehr im Hinblick auf mich selbst und meinen Beruf von Opferbringen sprechen. Ebenso wenig könnte ich freilich die vielen Tausende gefallener und vermisster Kameraden vergessen. Sie alle verdienen mein bleibendes Gedenken beim Memento mortuorum ad altare. Es ist meine ehrliche Überzeugung und mein einziger Trost, dass weitaus die meisten von ihnen innerlich vorbereitet den Tod erlitten und in Gottes Frieden eingegangen sind. Vergessen dürfen wir ihr Ganzopfer nicht! Wir hätten sonst mit den Toten uns selbst, die Lebenden, vergessen.

Anhang I

Teil 1

Heinrich Walle

Dr. Alfred Delp SJ

NDer, Jesuitenpater, Mann des Widerstandes gegen Hitler und Blutzeuge für Christus

Pater Dr. Alfred Delp SJ zählt unbestreitbar zu den bekanntesten Glaubenszeugen der katholischen Kirche im Kampf gegen den Nationalsozialismus. Er wurde als ältester Sohn unter sechs Geschwistern am 15. September 1907 in Mannheim geboren. Auf Wunsch der katholischen Mutter wurde er katholisch getauft, aber dann im evangelischen Bekenntnis des Vaters erzogen. Ein Konflikt mit dem evangelischen Pastor führte 1921 zu seiner Rückwendung zum katholischen Glauben. Auf Vermittlung seines katholischen Ortspfarrers kam er als Gymnasiast in das katholische Konvikt nach Dieburg, wo er am 16. März 1926 mit gutem Erfolg die Reifeprüfung ablegte. Bereits als Schüler im Konvikt in Dieburg war er Mitglied des 1919 gegründeten Schülerbundes Neudeutschland geworden, wo er auch als Gruppenführer schon in jungen Jahren Verantwortung für junge Menschen übernehmen konnte. Wohl aufgrund seiner Begegnung mit Jesuitenpatres, die sich in besonderer Weise als Jugendseelsorger in Neudeutschland engagierten, trat er am 22. April 1926 in das Noviziat der Gesellschaft Jesu im österreichischen Tisis bei Feldkirch in Vorarlberg ein. Nach der im Orden üblichen Ausbildung in Philosophie und Theologie, die auch eine praktische Tätigkeit als Erzieher in verschiedenen Jesuitenkollegs einschloss, wurde er am 24. Juni 1937 in der St. Michaelskirche in München von Michael Kardinal Faulhaber zum Priester geweiht.

Aufgrund seiner philosophischen Interessen konnte Alfred Delp seine Studien am Berchmannskolleg in Pullach mit der Promotion zum Dr. phil. abschließen, wie auch sein schriftstellerisches Talent und sein großes Interesse an sozialen Fragen die Ordensoberen veranlassten, Dr. Delp als Redakteur der vom Jesuitenorden herausgegebenen Zeitschrift „Stimmen der Zeit" in München einzusetzen. Dr. Delp veröffentlichte hier vornehmlich Beiträge zu soziologischen und theologischen Themen, wie auch den hier wiedergegebenen Aufsatz „Der Krieg als geistige Leistung", der in den Stimmen der Zeit im Sommer 1940 erschienen ist. Nach der Beschlagnahme des Hauses, worin sich die Redaktion befand, am 18. April 1941 durch die Gestapo, war mit dem Verbot der Stimmen der Zeit auch seine redaktionelle Tätigkeit beendet. Pater Delp SJ wurde nun Kirchenrektor an der kleinen St. Georgskirche in München-Bogenhausen, wo er sich besonders in der Jugendarbeit, in der Unterstützung Münchener Katholiken beim Protest gegen die Entfernung der Kreuze aus den Schulen und bei der Hilfe für die ab 1941 verfolgten Juden engagierte. Für engagierte Katholiken waren seine zeit- und kirchenkritischen Predigten ein Geheimtipp.

Aufgrund seines ausgeprägten Interesses an sozialen Fragen bat ihn im Frühjahr 1942 sein Provinzial, Pater Augustinus Rösch SJ (1893–1961), zur Mitarbeit in der Widerstandsgruppe um den Helmuth James Graf von Moltke (1907–1945), die wegen ihrer Zusammenkünfte auf dem Moltkeschen Gut in Kreisau in Niederschlesien von der Gestapo als „Kreisauer Kreis" bezeichnet wurde. In dieser Widerstandsgruppe von 20 Männern aus unterschiedlichen Schichten sollte Alfred Delp SJ bei der Entwicklung einer neuen sozialen Ordnung im Nachkriegsdeutschland mitwirken. Pater Delp SJ versuchte, die sozialen Grundsätze der päpstlichen Sozialenzyklika von Papst Pius XI. „Quadragesimo anno" von 1931 in die Grundsatzerklärungen des Kreisauer Kreises einzubringen, wobei es ihm um Grundbegriffe wie „soziale Gerechtigkeit", um die „Sozialpflichtigkeit des Eigentums", um „Familienlohn" und um „bessere Bildungschancen" für Arbeiter und Bauern ging. Von den drei in Kreisau abgehaltenen konspirativen Treffen nahm Pater Delp SJ im Herbst 1942 an der zweiten und im Frühjahr 1943 an der dritten Zusammenkunft teil.

Nach einer längeren Aussprache mit dem Attentäter vom 20. Juli 1944, Oberst i. G. Klaus Schenk Graf von Stauffenberg, anlässlich eines Vortrages in Bamberg, musste Pater Delp SJ nach dem missglückten Attentat mit seiner Verhaftung rechnen, aber er weigerte sich, dem Rat seiner Freunde zu folgen und unterzutauchen. So wurde er am 28. Juli 1944 nach der Frühmesse von der Gestapo bei der St. Georgskirche verhaftet und Anfang August 1944 nach Berlin überführt. Sein Leidensweg führte ihn zunächst in das Gestapogefängnis in der Lehrter Straße 3, dann in die Haftanstalt Berlin-Tegel und zuletzt in das Hinrichtungsgefängnis Berlin-Plötzensee. Am schlimmsten erging es ihm im Gestapogefängnis in der Lehrter Straße, wo man ihn „verschärft" verhörte und folterte.

Am 8. Dezember 1944 konnte er in der Stube des Justizwachtmeisters seine Profess in die Hände von Pater Franz von Tattenbach ablegen. Dieses Gelübde hätte er eigentlich am 15. August 1944 ablegen sollen, wenn er noch in Freiheit gewesen wäre.

Am 16. Dezember 1944 teilte der Verteidiger Pater Delp SJ die Anklagepunkte mit, wofür ihm beim Volksgerichtshof der Prozess gemacht werden sollte: Konspiration im Kreisauer Kreis, Kenntnis der Planungen dieses Kreises um den ehemaligen Oberbürgermeister und Mitverschwörer Carl Friedrich Goerdeler, Nichtanzeige dieser Verbrechen. Diese Tatbestände galten damals als Hoch- und Landesverrat sowie Zersetzung der Wehrkraft.

Der Prozess gegen die Kreisauer fand am 9. Januar 1945 vor dem Volksgerichtshof unter seinem berüchtigten Vorsitzenden Roland Freisler statt. Hier hatte Pater Delp SJ von Anbeginn trotz standhafter Verteidigung keine Chance. Freisler beurteilte ihn als einen gefährlichen, intelligenten Mann. Pater Delp SJ wurde wie James Graf von Moltke wegen Hoch- und Landesverrat sowie wegen Zersetzung der Wehrkraft für immer ehrlos erklärt und zum Tode verurteilt. Pater Delp SJ hoffte immer noch, mit dem Leben davonzukommen, als aber Graf Moltke am 23. Januar hingerichtet wurde, verfiel er in eine tiefe Depression. Am 31. Januar 1945 wurde Pater Delp SJ zusammen mit Carl Goerdeler und Johannes Popitz gehenkt.

Alfred Delp SJ hatte drei große Visionen, die sein Leben bestimmten: Die Vision einer sozialen und gerechten Gesellschaft, die Vision einer erneuerten, menschenfreundlichen Kirche und die Vision eines neuen, d. h. anbetenden und des liebenden Menschen.

Seinen Tod deutete er in einem Kassiber nach dem 11. Januar 1945: „Wenn der Herrgott diesen Weg will – und alles deutet darauf hin – dann muss ich ihn freiwillig und ohne Erbitterung gehen. Es sollen einmal andere besser und glücklicher leben, weil wir gestorben sind. Ich bitte auch die Freunde, nicht zu trauern, sondern für mich zu beten, solange ich der Hilfe bedarf. Und sich nachher darauf verlassen, dass ich geopfert wurde und nicht erschlagen."

Dieser Beitrag basiert auf: Roman Bleistein: Pater Dr. Alfred Delp, in: Helmut Moll (Hrsg.): Zeugen für Christus. Das deutsche Martyrologium des 20. Jahrhunderts, Bd. 2, Paderborn-München-Wien-Zürich, zweite durchgesehene Auflage 2000, Seite 786–789.

TEIL 2

Aus: STIMMEN DER ZEIT, Katholische Monatsschrift für das Geistesleben der Gegenwart, Bd.137, Freiburg i. Br. 1940, S. 207–211:

Alfred Delp SJ: Der Krieg als geistige Leistung.

„Der Krieg wird von der realen Macht und den idealen Kräften getragen, die in einem Volk zusammenwirken."[1] Das ist einer der Schlußsätze des einleitenden Kapitels „Vom Wesen des Krieges", mit dem Herrn Stegemann den ersten Band seines neuen Werkes „Der Krieg, sein Wesen und seine Wandlung" beginnt, schon hier umrißhaft die Ergebnisse der geschichtlichen Darstellung des Phänomens Krieg vorwegnehmend. Die angeführten Worte nehmen den Krieg aus dem Raum des rein Materiellen, Sachhaften, Machtmäßigen heraus und bringen ihn in Beziehung zur geistigen Wirklichkeit. Er ist ebenso ursprünglich, ja noch früher, eine Angelegenheit und Aufgabe des Geistes.

Dies gilt nicht nur für die gewaltige geistige Arbeit, die seine Planung und Lage verlangt, ohne die er zum sinnlosen Waffenlärm und brutalen Töten entartet. Unabhängig von Planung und Vorsatz ist der Krieg seiner Form und Struktur und seinem innern Gesetz nach jeweils ein Ergebnis der geistigen Leistung. Was Scheler allgemein formulierte: „Aus dem Geist entspringt und für den Geist ist der Krieg in seinem tiefsten Kern"[2], das bringt Stegemann in die kühlere Gestalt eines geschichtlichen Ergebnisses: „Stets hat er den Zustand gespiegelt, in dem die Menschheit und das Völkerleben jeweilen sich befanden" (Stegemann a. a. O. 3).

Tiefer, als die Verwurzelung des Ereignisses Krieg in das geistige Leben der Zeit hinabreicht, greift der konkrete Krieg in das geistige und sittliche Leben des einzelnen ein, der innerhalb des dem Krieg verpflichteten Raumes lebt. Er ist hier zunächst nur ein Sonderfall der Notwendigkeiten, vor die ein Mensch im Lauf seines Lebens gestellt wird. Die Stunden und geschichtlichen Wirklichkeiten seines Schicksals wählt der Mensch sich nicht selbst. Sie sind ihm vorgegeben, und ihm bleibt nur die Aufgabe, damit fertig zu werden. Der Mensch ist unter diesem Betracht nicht Herr seines Schicksals; aber er soll sein Meister sein und sich ihm überlegen erweisen. „Den Krieg zu ertragen, ohne an ihm zu verderben...", nennt Stegemann diese Pflicht (a. a. O. 9). Der Krieg begegnet dem einzelnen als Ereignis, das er nicht gerufen hat und dessen Liquidierung nicht in seiner Macht steht. Er ist als Forderung, gleichsam als zu vergeistigende Materie vor uns gestellt, und seine Meisterung bedarf der geistigen Kraft, beim gläubigen Menschen bis hinein in die Herztiefen des Religiösen.

Anders ist natürlich die geistige Leistung am Kriege und durch den Krieg für den Menschen, der unmittelbar in den Dienst des Krieges gerufen ist, für den Krieger, und anders für den Menschen, der ihn nur mehr mittelbar zu verspüren bekommt. Aber beide werden mit ihm nicht fertig ohne geistigen Einsatz und geistige Leistung. „Der Krieger oder der Soldat ist schlechthin dem Kriege als Objekt verhaftet und ihm dienstbar" (Ste-

1 H. Stegemann, Der Krieg, sein Wesen und seine Wandlung (Stuttgart 1939) S. 20.
2 Max Scheler, Der Genius des Krieges (Leipzig 1915) S. 10.

gemann a. a. O. 9). Die Eigenart dieser Verhaftung fordert ein Höchstmaß geistigen Einsatzes; mit reiner Vitalität und Kampfeslust wird der Mensch der Situation Krieg nicht gerecht; er wird ihn also nicht ertragen, ohne an ihm zu verderben. Selbst E r n s t J ü n g e r[3], für den der Satz gilt: „Der Krieg ist ebensowenig eine menschliche Einrichtung wie der Geschlechtstrieb, er ist ein Naturgesetz, deshalb werden wir uns niemals seinem Banne entwinden…" (37), selbst er, der im Kampf „eine von vornherein gegebene Lebensform" sieht (46), er, der sich so sehr dem Kampf als vorgeistigem Ereignis verfallen fühlt, daß er schreibt: „Nicht wofür wir kämpfen, ist das Wesentliche, sondern wie wir kämpfen" (78), selbst dieser Romantiker des Krieges findet den letzten Sinn der kriegerischen Lage darin, „jedem Schicksal gewachsen zu sein" (50), und erlebt den Kampf als „Ansprung der Idee gegen die Materie" (40), eben die Materie, den Stoff der zu bewältigenden geschichtlichen Stunde.

Am klarsten hat dieses Bedürfnis nach geistiger Leistung, ohne die das Ereignis Krieg nicht zu bewältigen ist, C l a u s e w i t z in seinem klassischen Werk „Vom Kriege"[4] gesehen und gezeichnet. „Wenn wir einen Gesamtblick auf die vier Bestandteile werfen, aus denen die Atmosphäre zusammengesetzt ist, in welcher sich der Krieg bewegt, auf die Gefahr, die körperliche Anstrengung, die Ungewißheit und den Zufall, so wird es leicht begreiflich, daß eine große Kraft des Gemütes und des Verstandes erforderlich ist, um in diesem erschwerenden Element mit Sicherheit und Erfolg vorzuschreiten, eine Kraft, welche wir nach den verschiedenen Modifikationen, welche sie von den Umständen annimmt, als Energie, Festigkeit, Standhaftigkeit, Gemüts- und Charakterstärke im Munde der Erzähler und Berichterstatter kriegerischer Ereignisse finden" (I 50). „Der Krieg ist das Gebiet körperlicher Anstrengungen und Leiden; um dadurch nicht zu Grunde gerichtet zu werden, bedarf es einer gewissen Kraft des Körpers und der Seele, die, angeboren oder eingeübt, gleichgültig dagegen macht" (I 45). „Gehen wir den Forderungen nach, welche der Krieg an seine Genossen macht, so treffen wir auf vorherrschende Verstandeskräfte.... Der Krieg ist das Gebiet der Ungewißheit, drei Vierteile derjenigen Dinge, auf welche das Handeln im Krieg gebaut wird, liegen im Nebel einer mehr oder weniger großen Ungewißheit. Hier also erst wird ein feiner und durchdringender Verstand in Anspruch genommen, um mit dem Takte seines Urteils die Wahrheit herauszufühlen" (I 45).

Schon unter diesen Rücksichten wird der Krieg einen Menschen und ein Volk, die ihn nur mit dem physischen Einsatz meistern wollen, unterlegen finden, wie auch für solche Menschen und Völker die rückwirkende, erzieherische Kraft des kriegerischen Schicksals ausbleibt. Das Ringen mit dem Ungewissen der Existenz und des schwankenden Schicksals bildet den Menschen, der dies alles geraden Sinnes durchhält, weiter und macht ihn stark. „Obgleich sich unser Verstand immer zur Klarheit und Gewißheit hingedrängt fühlt, so fühlt sich doch unser Geist oft von der Ungewißheit angezogen…, und so wird Wagnis und Gefahr das Element, in welches er sich wirft wie der mutige Schwimmer in den Strom" (I 20). Von diesem Menschen, für den die gemeisterte Unsicherheit des kriegerischen Daseins zugleich eine potenzierte menschliche Leistung bedeutet, mag dann auch der Satz Schelers (a. a. O. 119) von der „erkenntnisdisponierenden Bedeutung des Krieges für absolute Wirklichkeiten" gelten.

3 Ernst Jünger, Der Kampf als inneres Erlebnis (4 Berlin 1929).

4 Carl v. Clausewitz, Vom Kriege (Berlin 1867). Die Zitierung erfolgt nach Teilen (I usw.) mit beigegebener Seitenzahl, nicht nach Büchern.

Die geistige Leistung, die der Krieg zu seiner Meisterung verlangt, ist jedoch nicht eingeschränkt auf den Aufschwung der Verstandes- und Charakterkräfte. Sie reicht bis in den Raum des Sittlichen und empfängt erst dort ihre letzte Höhe, Schärfe und Tragfähigkeitsprobe. Auch hier sieht Clausewitz, der soldatische Denker, wiederum klarer und tiefer als manche andere, die nach ihm schrieben. Im Gegensatz etwa zu Scheler, der den Aufschwung des Geistes und die läuternde Kraft des Krieges fast automatisch einsetzen läßt, oder zu Jünger, der den teilweisen sittlichen Abbau seiner Erlebniswelt als notwendigen Tribut an kämpferische Lust und kämpferischen Ernst schweigend in Kauf nimmt, oder zu Stegemann, der den einzelnen und seine persönliche Leistung weitgehend untergehen läßt in der historischen Abfolge der Taktiken, Ausbildungen, Rüstungen usw., schreibt der preußische General ein Kapitel über „moralische Größen", „die zu den wichtigsten Gegenständen des Krieges gehören" (Clausewitz I 165). „Denn ich muß es noch einmal sagen: es ist eine armselige Philosophie, wenn man nach alter Art seine Regeln und Grundsätze diesseits aller moralischen Größen abschließt und, wenn diese erscheinen, die Ausnahmen zu zählen anfängt..." (I 166). Zu diesen moralischen Größen rechnet Clausewitz unter anderem den Volksgeist des Heeres, der sich zusammensetzt aus Enthusiasmus, Eifer, Meinung und Glauben. „Und so sind denn auch die meisten Gegenstände, welche wir in diesem Buche durchlaufen, halb aus physischen, halb aus moralischen Ursachen und Wirkungen zusammengesetzt, und man möchte sagen, die physischen erscheinen fast nur wie das hölzerne Heft, während die moralischen das edle Metall, die eigentliche, blank geschliffene Waffe sind" (I 167).

Wir stehen damit in dem Raum, in dem der Krieg am meisten und betontesten geistige Leistung sein muß, will man ihn ertragen, ohne an ihm zu verderben. Es ist mit anderen Worten die Frage nach der sittlichen Haltung im Kriege gestellt. Die Frage ist keine allgemeine, sondern eine konkrete. Die Frage, die sich stellt, verlangt also eine sittliche Meisterung des Krieges, in den wir gestellt sind. Wir haben ihn nicht gerufen, es ist auch nicht in unsere Macht gestellt, ihn aus der Welt unserer Wirklichkeit zu entrücken. Wir müssen mit ihm fertig werden.

Die Antwort auf diese Frage, wie sie sich uns stellt, ergibt sich aus dem innern Gesetz heutiger Kriege, vielleicht des Krieges überhaupt. Die Behauptung Jüngers, daß die Eleganz des kämpferischen „Wie" ohne Rücksicht auf das „Warum" genüge, ist ungenügend. Es muß ein Wert sichtbar werden, der Einsatz und Leistung ermöglicht, versittlicht und verdient. Auch der Rückzug Stegemanns auf die gleichsam katastrophenartige Notwendigkeit und Tatsächlichkeit („Der Krieg steht am Anfang der Geschichte und beherrscht das Leben der Völker, so viele ihrer auch zum Licht drängten, kamen und gingen", Stegemann 3) vermag nicht zu befriedigen. Er besagt trotz aller Wucht des Einsatzes doch im Letzten Resignation, Verzicht auf geistige Erfassung und Durchdringung.

Der einmal existente Krieg hat sein eigenes Gesetz. Er ist zwar, wie eine der tiefsten Einsichten Clausewitzens sagt, „kein isolierter Akt", sondern kommt aus einem Gesamtzusammenhang politschen Geschehens und tendiert zur Schaffung einer neuen Ordnung, die er organisch mit der Welt, aus der er entsprungen ist, verbindet. Aber einmal ausgebrochen, kennt er nur sein Gesetz, und nach diesem ist er „ein Akt der Gewalt, um den Gegner zur Erfüllung unseres Willens zu zwingen" (Clausewitz I 3). Und „nie kann in die Philosophie des Krieges ein Element der Mäßigung hineingetragen werden, ohne eine Absurdität zu begehen" (I 4). Nach dieser Ordnung transzendiert der existente Krieg seinen Beginn, seine Ursache, die Ordnung, die ihn führt, und stellt sie unter sein eigenes Gesetz. „Der Krieg ist ein Akt der Gewalt, und es gibt in der Anwendung derselben keine Grenzen" (I 6). Dem einmal ausgebrochenen Krieg wohnt die Tendenz zur totalen Intensivierung seines Zweckes und seiner Mittel inne, und vorab dem modernen Krieg erleichtern die technischen Fortschritte diese Tendenz, ja sie fordern sie gerade. „Da die größere Anhäufung von Zivilisationsmitteln von einer größeren Menschenansammlung ausgegangen ist und auch der Krieg der Massenbildung folgte, um ein entsprechendes Gewicht in die Waagschale zu werfen, hat er sich auch auf die Benützung und Ausräumung größerer Kriegstheater eingerichtet. Das ist um so natürlicher, als durch die Kriege nicht mehr einzelne, verloren im Raum stehende Gegner ins Feld gerufen werden, sondern die ganze ausgefüllte Welt in Mitleidenschaft gezogen wird. So bilden sich weit größere Kriegslager, die Millionenarmeen ausspeien, so werden ganze Landbreiten zu Werk- und Wohnstätten des Krieges, der jetzt einem Feldzug von vornherein das Gepräge einer Dauereinrichtung aufdrückt. Damit ist auch die Tendenz gestiegen, den Krieg möglichst aus allen Quellen zu speisen und auf alle Lebensverhältnisse zu erstrecken, um der Waffenwirkung sicher zu sein" (Stegemann 6f).

Infolge seines Gesetzes und der heutigen Kriegsmittel zielt der moderne Krieg tatsächlich, über alle verlautbarten Absichten und Versicherungen hinaus, auf die totale Vernichtung des Gegners. Es handelt sich hier nicht um eine Ethik des Krieges, auch nicht um die sittliche Erlaubtheit einer solchen Kriegführung, sondern um die reine Tatsächlichkeit. Ihr gegenüber hat sich die letzte geistige Leistung dem Krieg gegenüber, die sittliche Haltung und Meisterung, auszusprechen. Und diese Tatsächlichkeit des Krieges geht – zum mindesten heute – auf die Entmachtung, die Vernichtung des letzten Substrates der gegnerischen Kampfkraft – und das ist über alles Geordnete und Gestaltete hinaus das Volk mit seiner Einheit und Gemeinschaft. Die letzte geistige Leistung dem Krieg gegenüber ist also bedingt durch das Verhältnis, in dem der Mensch und Christ zu seinem Volk steht.

Diese Frage ist indessen keine echte Frage mehr, insofern sie kein neues Problem aufwirft. Wie wir Katholiken in der Frage nach der Stellung des Christen zum Staate auf eine klare und saubere Tradition hinweisen müssen und ihr verpflichtet sind, so auch in der Frage nach dem Verhältnis zum Volk, das ein anderes und anders begründetes ist als die Stellung zum Staate. Das Volk ist ein Ergebnis der Schöpfungsordnung, an das uns ursprüngliche Beziehungen und Pflichten binden. Es brauchen nur ein paar Zeugen der christlichen Tradition aufgerufen zu werden, um das Selbstverständliche dieser Aussage sichtbar zu machen. Von Augustinus bis Thomas geht die von Cicero übernommene Behandlung der Frage nach der Stellung zum Volk unter dem Thema der Pietas, und die gleiche Wegstrecke entlang vernehmen wir immer wieder die gleiche Bestimmung: „pietas, per quam sanguine iunctis patriaeque benevolens officium tribuitur et cultus" (cf. Aug., De civ. Dei 10, c.1., n. 3, und Thomas 2, 2, q. 101, a. 1). Klarer umschreibt Thomas die Rechtsträger, denen wir durch die Pietas verpflichtet sind: immer wird die Wirklichkeit umschrieben, die wir heute Volk nennen, die Menschen des gleichen Blutstandes: „Ad certas et determinatas personas, scilicet ad parentes, consanguineos et conterraneos se extendit" (ebd.).

Der eigentliche Sinn und Grund dieser Haltung sind die Ehrfurcht, die Treue und Verpflichtung gegen das Lebensganze, in das der Mensch gestellt ist. „Es ist zu sagen, daß der Mensch auf vielfache Weise anderen verpflichtet ist, und zwar gemäß deren Vorrang und gemäß den mannigfachen Wohltaten, die er von ihnen empfangen hat. In allen Fällen hat aber Gott den obersten Rang, ist er doch der Allerhöchste und unser höchster Seins- und Lenkungsgrund. Dann aber folgen als unser Seins- und Lenkungsgrund die Eltern und das Vaterland, sind wir doch von ihnen bzw. in ihm geboren und ernährt worden. Und so ist der Mensch nächst Gott vor allem den Eltern und dem Vaterland verpflichtet. Wie es Aufgabe der Religion ist, Gott die Ehre zu erweisen, so ist es nachfolgend Sache der Pietät, den Eltern und dem Vaterland die gebührende Ehre zu erweisen."[5] Klar wird die Verpflichtung zum Volk, der Begründung und der Absicht nach, von der Verpflichtung zum Staate, die eine andere Begründung und Absicht hat, abgehoben: „Die Pietät auf unser Verhältnis zum Vaterland, insofern es gewissermaßen unser Seinsursprung ist, während legale Gerechtigkeit das Wohl des Vaterlandes berücksichtigt, insofern es das Allgemeinwohl darstellt."[6]

Die Bindung an das Volk, die Thomas hier darlegt, hat den Charakter eines „debitum legale" (vgl. 2, 2, q. 80, a. 1; Pesch, Prael. IX 243 ff.), d. h. sie beruht auf einem Rechtsanspruch des Volkes und findet sein Maß im Maß der Bedürftigkeit des Rechtssubjektes.

Kein Christ ist durch sein Christsein aus der Seinsordnung und ihren Bindungen entlassen. Wir beweisen höhere Treue nicht durch Treulosigkeit. Es ist nicht unsere Art, den Krieg zu verherrlichen als den Idealzustand männlichen Lebens, aber da er existente Wirklichkeit ist, muß und wird er uns willig finden, mit ihm fertig zu werden und ihn zu meistern, auch aus einer letzten geistigen Haltung und Verantwortung heraus. Für die letzten und äußersten Horizonte unseres Daseins aber gilt das Bewußtsein, daß jede geschichtliche Stunde „direkt zu Gott" ist, und daß jede echte Situation, die wir gemeistert haben in Einsatz und Bewährung, Tor und Weg ist unmittelbar in die Heimat Gottes – ob wir den Sieg unseres Volkes selber noch schauen, oder ob wir – wie unsere gefallenen Helden – ihm unser Leben weihen durften.

5 „Respondeo dicendum, quod homo diversimode fit aliis debitor secundum eorum excellentiam" und „secundum diversa beneficia ab eis suscepta. In utroque autem Deus summum obtinet locum: qui et excellentissimus est et nobis essendi" und „gubernandi summum principium; secundario vero nostri esse et guber nationes principia sunt parentes et patria, a quibus et in qua nati et nutriti sumus. Et ideo post Deum homo est maxime debitor parentibus et patriae. Unde sicut ad religionem pertinet cultum Deo exhibere, ita secundario gradu ad pietatem pertinet, exhibere cultum parentibus et patriae" (2, 2, q. 101, a. Ic).

6 Pietas se extendit ad patriam, secundum quod est nobis quoddam essendi principium, sed iusticia legalis respicit bonum patriae secundum quod est bonum commune" (ebd. a. 3 ad 3; vgl. 2, 2, q. 122, a. 5c ad 1. u.2).

Im Gestapo-Gefängnis Berlin-Moabit, Lehrter Str.3, war Delp vom 7. August bis zum 27. September 1944 inhaftiert, danach im Gefängnis Berlin-Tegel bis zu seiner Überführung zur Hinrichtung in Plötzensee.

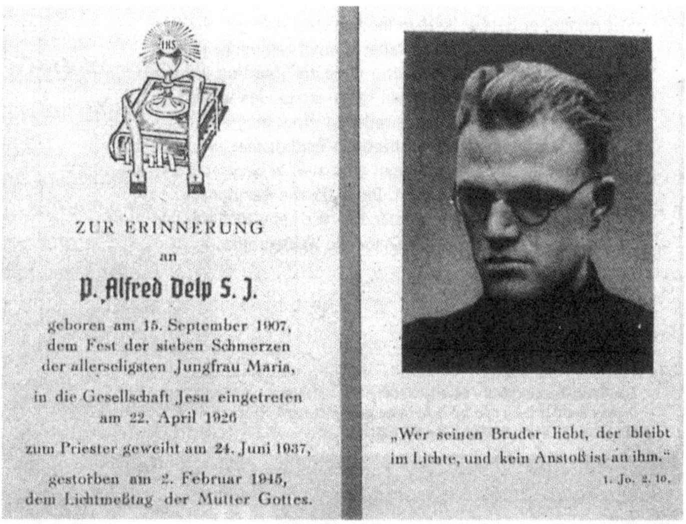

Das Totenbild der Familie in Lampertheim für Pater Delp. Weder Ort noch Anlaß seines Sterbens durften genannt werden, auch ein Grab gibt es nicht. Sein Leichnam wurde verbrannt und die Asche an einem unbekannten Ort begraben oder verstreut.

Aus: Christ in der Gegenwart im Bild, Mai 2003, Heft 5, 14. Jhrg., S. 71

Anhang II

Rückblick und Ausschau[1]

Hirtenschreiben vom 8. Mai 1945

von Dr. Conrad Gröber, Erzbischof von Freiburg

Geliebte Erzdiözesanen!

Die Besetzung meiner Erzdiözese durch die alliierten und französischen Truppen ist erfolgt. Damit hört die Abschnürung weiterer Gebiete von meiner Bischofsstadt auf. Es ist mir darum auch nach längerer Unterbrechung wieder möglich, sowohl die Diözesanen des Frankenlandes als auch jene der Pfalz, des Oberlandes und der Bodenseegegend und Hohenzollern zu erreichen. Und ich fühle es, dass sie alle ein Hirtenwort meinerseits brauchen und wohl auch dringend erwarten. Es wird ein ruhiges und beruhigendes Wort sein müssen, das in Stadt und Land der Wiederherstellung der öffentlichen Ordnung dient, ein gerechtes Wort, aber auch ein Wort, das sich nicht scheut, in aller Klarheit auf die tieferen Ursachen hinzuweisen, die unser Vaterland in die furchtbare gegenwärtige Lage brachten. Eine Wegweisende Antwort ist endlich auf die Frage notwendig, was wir katholischen Menschen der Jetztzeit besonders zu beherzigen und zu tun haben.

In welcher Stimmung ich dieses Hirtenwort verfasse, kann wohl ein jeder sich denken, der mich mehr als oberflächlich kennt. Ich habe als deutscher Mann, trotz aller versteckten und öffentlichen Angriffe auf mich und aller seelisch zermürbenden Leiden der vergangenen Jahre, trotz wiederholter schwerster Bedrohung der früheren Machthaber für die Zeit nach dem Krieg immer ehrlich deutsch empfunden. Ich trauere deshalb tief und aufrichtig über das furchtbare Geschick, das unser deutsches Volk in seiner Gesamtheit, also nicht bloss die Schuldigen, sondern auch die Unschuldigen und bisher ungerecht Zurückgesetzten, Verleumdeten, Eingesperrten und Geächteten traf. Aber wir werden auch das ertragen, wie bisher die Verfolgungen durch unsere Gegner und die Lasten des Krieges ertrugen und unsere Soldaten im Feld oder in der Gefangenschaft und unsere Häuser in der Heimat samt den Bewohnern bei den Bombenangriffen zum schmerzlichsten Opfer brachten.

Dabei getraue ich mir nur in tiefsten Schmerz und verschwiegen, wie vor Scham, zu fragen: Wozu alles das, o deutsches Volk, wo wir nur das Unheil als der Dinge letzten Schluss erblicken! Wozu die Soldatengräber nach Millionen und Millionen, und wozu in der Heimat Trümmer über Trümmer wie noch nie, seitdem die Welt steht, nach einem Krieg! Die niederschmetternde Antwort überlasse ich Euch. Aber das andere fragen wir nunmehr laut vor aller Welt und nicht bloss, wie bisher, mundtot gemacht im öffentlichen

1 *Sieben Seiten umfassende maschinenschriftliche Kopie von 1945 des Hirtenbriefes von Erzbischof Dr. Conrad Gröber. Aus dem Besitz von Pfarrer a. D. Nobert Weber, Wiesbaden, Schierstein. Vgl. auch: Akten deutscher Bischöfe über die Lage der Kirche, Bd. VI: 1943–1945, bearb. von Ludwig Volk SJ, Mainz 1985, Nr. 976, S. 474–486.*

Leben oder mit gehemmter Zunge auf der von Spitzeln belauschten Kanzel: Welche sind denn die Ursachen, die zu dieser schrecklichen Katastrophe führten? Dabei sprechen wir von jenen auf militärischem Gebiete nicht. Wir sind dafür keineswegs zuständig und verfügen auch nicht über das notwendige, fachmännische Wissen. Wir wollen auch nicht jenen deutschen Brüdern unrecht tun und wehe tun, die fast schon sechs Jahre hindurch ihr Blut in Strömen an den Fronten in soldatischer Ehre vergossen. Für mich als den Oberhirten der Diözese erscheint die Beantwortung einer anderen Frage, welches denn die tieferen geistigen Ursachen waren, die zum Ausbruch des Krieges und zur Niederlage führten und unbedingt beseitigt werden müssen, sofern wieder aus dem entstandenen Chaos eine dauerhafte Ordnung und ein reibungsloser Friede im Volk mit den anderen Völkern erwachsen soll. Ich glaube, das recht zu treffen, wenn ich behaupte, dass der letzte Grund all unseres Unglücks in der nicht nur in einer verstiegenen deutschen Studierstube überheblich gehegten, sondern unserem Volk durch Wort und Schrift und Gewalt aufgezwungenen neuen Weltanschauung liegt.

Dabei erinnere ich mich noch sehr gut eines Satzes, den ich im August des Jahres 1939 in einer führenden deutschen Zeitung las, worin es wortwörtlich hiess, dass wir den Krieg gewinnen werden und gewinnen müssen, weil wir neben der furchtbaren Wucht der neuen Waffen und der Unübertrefflichkeit unserer Weltanschauung, die einen glorreichen Ausgang des Krieges unbedingt verbürge. Das war eine jener verheissungsvollen Prophezeiungen, die sich dann im Verlaufe der Jahre als eine schmerzliche Täuschung erwiesen. Es bestätigte die alte Erfahrung: Wenn der Mensch in seiner Kurzsichtigkeit den Vorhang der Zukunft lüften will, so greift er gewöhnlich und gröblich daneben, Gott lässt sich nicht, wie der Volksmund zu sagen pflegt, von uns neugierigen und übermütigen Menschen in seine geheimnisvollen Karten schauen, am wenigsten von solchen, die nicht einmal mehr an ihn glauben. Im Folgenden will ich nun versuchen, diese verhängnisvolle Weltanschauung in ihrem Aufbau und in ihren Zusammenhängen darzustellen. Ihr werdet dann manches in der Gegenwart und jüngsten Vergangenheit besser verstehen und auch unsere Aufgabe für die schwere Zeit der Zukunft bereitwilliger aufnehmen.

Die neue Weltanschauung ging wurzelhaft aus von Rasse und Blut, um zu behaupten, dass von diesen, ja von diesen fast allein das gesamte körperliche und geistige Leben und Schicksal der Einzelmenschen und Völker bedingt sei. Unter allen Rassen aber, so hiess es weiter, nehme die nordische, die germanische die überragende Stellung ein, denn in ihr liege als ausschliessliches Erbgut eine Fülle so herrlicher Anlagen und so hochzielender Antriebe, dass sie von der Natur sichtlich berufen sei, über alle anderen, minder wertvollen zu herrschen. Diese Rasse habe sich nun, so fuhr man fort, vornehmlich, wenn auch in langsamer Entwicklung, im jetzigen deutschen Volke verkörpert, in den Stämmen des nördlichen Deutschlands zumal, während in den süd- und südwestdeutschen Menschen viel beigemischtes anderes Blut ströme. Man blieb bei dieser Höchstbewertung der Rasse und des Blutes nicht stehen, sondern betrieb sogar den Kult, also die Verehrung dieses so auserwählten und meistveranlagten Volkes fast bis zur eigentlichen Vergottung. Zwar sprach man gelegentlich noch von „Vorsehung“ oder einige Male noch von Gott, aber kein klares Wort verriet, was man eigentlich darunter verstehe. Nur das eine war offenkundig, dass sich der neue Gottesbegriff mit dem christlichen nicht im mindesten decke. Tatsächlich wurde das Göttliche ins eigene Volk verlegt, oder richtiger ausgedrückt, der ewige unendliche Gott durch das ewige, deutsche

Volk ersetzt. Mit der Vermischung oder Umdeutung des Begriffes „Gott“ war notwendigerweise auch der Untergang jeder wahren Religiosität verbunden. Man behauptete zwar, dass das schon Religion sei, wenn man das rechte Verhältnis zur deutschen Gemeinschaft besitze und rühmte als heiligsten Gottesdienst den treuen und opferfrohen Dienst am Volk. Aber das war ein grober Missbrauch des Wortes Religion. Ohne einen persönlichen, überweltlichen Gott ist das, was wir Religion nennen, entweder ein Mythos, d. h. eine wandelbare Anschauung je nach Zeit, Rasse und Blut, ein Glaube, der jeder verpflichteten Kraft entbehrt oder einen anderen klingenden Namen trägt, kurz gesagt, ein Götzendienst, der das Wesen der Welt und Gottes verkennt. Im Anschluss an den neuzeitlichen, gottlosen Materialismus wurde auch die Unsterblichkeit der Seele geleugnet und lediglich das Fortleben des Einzelmenschen in der Sippe und Volksgemeinschaft angenommen. Die Aufgabe des Menschen liege und vollziehe sich, so hiess es in gebundener und ungebundener Rede in seiner Ganzheit, also nach Leib und Seele. Wenn daneben von Schöpfung die Rede war, so meinte man damit nur die in ungeheuren Zeiträumen erfolgte Weiterentwicklung eines zufällig entstandenen Lebens ohne jede ausserweltliche göttliche Ursache. Mit alledem erschien das Christentum als für immer erledigt, ganz abgesehen davon, dass man es auch als Judenreligion begeiferte und verwarf. Eine Erlöserreligion, so wurde zudem behauptet, müsse schon deswegen abgelehnt werden, weil der Mensch von Natur aus gut sei und darum auch keine Erlösung brauche. Die Lehre von der Erbsünde sei ein artfremder, vom Osten eingeschleppter und unseren deutschen Vorfahren aufgezwungener Wahn. Es gäbe überhaupt nur eine einzige Sünde, die Sünde gegen Rasse und Volk. Da man weiter behauptete, das Christentum liege wie ein Hemmschuh an unserem Fortschritt oder wie ein Fluch auf unserem Volk, wurde auch die ganze Deutsche Geschichte von diesem falschen und verfälschenden Gesichtspunkt aus betrachtet und namentlich in den Schulen verunstaltet.

Wenn man gegen das alles das einwirft, dass sich laut Parteiprogramm, diese Bewegung doch auf dem Boden des „positiven Christentums“ gestellt und sogar als erste großpolitische Tat ein Konkordat mit dem Papste geschlossen habe, so ist darauf zu erwidern, dass sich beides später als eine bewusste, zweckdienliche Täuschung der Öffentlichkeit erwies. Das positive Christentum, das wir vertreten, wurde als negatives, als verwerfliches umgedeutet und das Konkordat, nachdem es seine politische Betörung des katholischen Volkes und der ganzen Welt erfüllt habe, als „überholt“, als ausgehöhlt, als ein „Fetzen Papier“, d. h. als nicht bindend und verpflichtend betrachtet. Schon der Besuch des katholischen Gottesdienstes oder gar die Teilnahme an einer feierlichen Prozession galt nun als ein Verstoss gegen die Auffassung des herrschenden Volksteiles und wurde zur Gefahr für jede abhängige Existenz. Es hiess sogar: Wer auf dem Boden des neuen Staates, sei es als Lehrer oder Beamter oder sonst vollwertiger Volksgenosse, stehe, habe die Pflicht aus der Kirche auszutreten. Da man Gott und Volk einander gleichsetzte und von einer Gottheit überhaupt keine Rede war, wertete man auch auf dem sittlichen Gebiete in denkrichtiger Entwicklung nur das, was dem Volke mittelbar oder unmittelbar nützte, ob es den alten Gottesgeboten und dem menschlichen Gewissen entsprach oder nicht. Das ewige Volk galt Ziel und Masstab für alles. Neu war dieser Grundgedanke insofern nur, als statt der in Deutschland längst schon von sogenannten Philosophen gelehrten und von vielen ins eigene Leben umgesetzten Vergottung des I c h nunmehr die Vergottung des Volkes behauptet wurde und in unerbittlichen Forderungen zum Ausdruck kam. In durchaus unwissenschaftlicher und willkürlicher Berufung auf altgermanisches Denken und Wesen, das man über zwei Jahrtausende hinweg als vorbildlich und verpflichtend auch der ganz anders gearteten Gegenwart darbot, trat weiter an die Stelle der dem Christentum wesentlichen Nächstenliebe die H ä r t e und der H a s s , an die Stelle der Verzeihung und Versöhnung die u n b l u t i g e oder die b l u t i g e R a c h e , an die Stelle der menschenwürdigen und ruhigen Überlegung und der vernünftigen Anpassung an die nun einmal gegebenen Verhältnisse der ungezügelte blinde F a n a t i s m u s , d. h. die Weckung des tierischen Angriffshungers und Blutdurstes im Menschen, der erst dann gestillt ist und gesättigt, wenn sich das Opfer in seinem Blut am Boden windet oder röchelnd verendet. Damit wurden Leidenschaften als heilig gesprochen und als höchste Triebkräfte empfohlen, die der bisherigen Menschheit als Kennzeichen einer niederen, ans tierische grenzenden Entwicklungsstufe galten. Im Dienste des Volkes hielt man alles für erlaubt, ob es nun Freiheitsberaubung war oder barbarische Misshandlung oder ein mörderisches Attentat, oder die Tötung einzelner oder ganzer Volksteile anderen Blutes, oder der Raub fremden Landes. Ach Gott, wieviel Übles haben wir damit in den vergangenen dreizehn Jahren auf unser Schuldkonto gehäuft! Wie schmerzt es mich, in der Öffentlichkeit davon zu reden, und wie beeile ich mich, meine Gedanken und Blicke schleunigst davon abzuwenden, um die Scham und die Schande meines eigenen Volkes nicht mehr zu sehen! Leider ist es nach den Enthüllungen durch den verlorenen Krieg nicht mehr möglich, sie vor dem alles durchdringenden Licht der Sonne und dem Auge der uns entsetzt verurteilenden Welt zu verdecken. Zu meinem nicht geringen Trost weiss ich aber auch gottlob, dass es l ä n g s t n i c h t a l l e s i n d , die innerhalb der erledigten Bewegung mit einer furchtbaren Verantwortung und tatsächlichen Mitschuld belastet werden müssen, sondern nur gewisse und gewissenlose Kreise, die die verwerflichen Grundsätze ihrer Weltanschauung folgerichtig zu Ende dachten und mit der Entschlossenheit eines verteufelten Fanatismus, der im Verbrechen noch einen Dienst am Volk und Vaterland erblickte, in die Tat umzusetzen.

Von der Wahnidee her, dass die nordische Rasse die vorzüglichste und durch das Schicksal zur Weltbeherrschung bestimmte Rasse sei, wurden endlich auch die politischen Ziele gesetzt und zur Erreichung in systematischen und fast stürmischen Angriff genommen. Das war überhaupt das Eigentümliche, dass man nicht in Ruhe warten konnte und reifen lassen wollte, sondern in masslosem Hochmut vermeinte, man sei dazu berufen, in einem Jahrzehnt eine ganz neue Welt als Wundertäter aufzubauen. Man dachte sich die Entwicklung der Geschichte auf Grund der neuen Weltanschauung etwa so:

E r s t e S t u f e : die Erfassung aller Völker unseres Blutes, die etwa in früheren Jahrhunderten zum Römischen Reiche Deutscher Nation gehörten.

Z w e i t e S t u f e : die Einbeziehung der germanischen Völker überhaupt. Damit streckte sich die gierige politische Hand unter anderem auch nach den längst schon selbständigen nordischen Staaten aus.

D r i t t e S t u f e : der europäische Staatenbund unter autoritärer Führung des neuen Deutschland.

L e t z t e und h ö c h s t e S t u f e : die herrschende Stellung des deutschen Volkes in der ganzen Welt.

Dass in allen diesen Stufen, ähnlich wie im ganzen Wesen der Bewegung, eine versteckte Kriegsgefahr enthalten war, sei nur nebenbei bemerkt. Denn das glaubte doch kein Mensch, dass sich alle diese Ziele nur durch diplomatische Geschicklichkeit ohne Gegenwehr der Bedrohten oder Betroffenen erreichen lasse. Darum auch die geheime und öffentliche Kriegsrüstung und die Sammlung zum Winterhilfswerk, die kaum je zur Linderung der Armut, sondern fast ausschliesslich zur Beschaffung von Kriegsmaterial verwendet wurde. Wir verkennen es nicht, das gesteckte politische Ziel war gewaltig und höchstgespannt und vorzüglich dazu geeignet, jugendliche Menschen, Phantasten, lorbeerlüsterne Generale, Kriegsgewinnler, einseitige und kurzsichtige Nationalisten deren Gott die Nation war, und solche, die Weltwirklichkeit und die Machtverteilung auf der Erde nicht genügend kannten, mit einem trügerischen Schimmer zu berücken. Es war aber, vom Endergebnis aus betrachtet, nur ein fieberhafter Wahntraum, aus dem jetzt, nach kurzem Siegestaumel, in einem trostlosen Elend erwacht und die Augen erschreckt öffnet und ausreibt, ein Zusammenbruch wie jener unserer Städte nach einem konzentrischen Bombenangriff, der alles in Schutt und Asche legte und zahllose Menschenleben darunter begrub. Man muss weit in die Geschichte zurückgreifen, um das Beispiel einer ähnlichen, so raschen und fast restlosen Niederlage zu entdecken. Man denkt dabei an Isaias 14, 14 ff., wo es heisst: „Zu Wolkenhöhe steige ich empor und macht mich dem Höchsten gleich. Nun stürtzest du in Schattenreich zur allertiefsten Grube. Die einsten dich gesehen, gespannt sie dich anblickten, betrachten dich und sagen: Ist das der Mann, der einst die Erde zittern liess, in Schrecken Königreiche setzte? Und der die Welt zur Wüste machte und ihre Städte niederriss, nicht seine Häftlinge nach Haus?“

W a s n u n ? Die Antwort auf diese Frage scheint uns nach den vorausgegangenen Darlegungen nicht schwer zu sein. Als E r s t e s und W i c h t i g s t e s wird wohl gelten müssen, dass wir mit dem gründlich aufräumen, was wir eben als die geistige Ursache unserer Niederlage erkennen. Die neue Weltanschauung hat sich in ihrer Auswirkung selber das Urteil gesprochen. Es trat ein, was reifere Kenner der Verhältnisse längst schon voraussagten: Dass sie wohl zu einem Höhepunkt führen könne, aber dann an ihren Folgerungen zusammenbreche, denn ihre Grundlagen sind falsch. Es ist f a l s c h , dass der nordische Mensch auf Grund seiner Veranlagung alle anderen Menschen wesentlich überrage und damit zur Weltherrschaft berufen sei. Die Gegenwart straft diese stolze Behauptung Lügen, ohne dass wir verkennen, dass das deutsche Volk grosse Vorzüge und Verdienste auf einzelnen Gebieten besitzt. Es ist f a l s c h , die Rasse und das Volk zu vergotten und zu verewigen und den persönlichen Gott zu leugnen, den wir auch wissenschaftlich zu erkennen vermögen. Wie klein war doch neben diesem Allmächtigen dieser deutsche, eingebildete Gott, und wie jämmerlich und unbarmherzig hat der Krieg ihn entthront und ins erbärmliche Elend geworfen! Es ist f a l s c h , den Glauben an ein Leben im Jenseits zu bestreiten und ihn aus den Herzen der Menschen zu reissen. Gerade jetzt, wo wir fast nichts mehr besitzen als unseren himmlischen Erbarmer und unsere bittere Not, wird der Mensch sein Schicksal nur dann ertragen können, wenn seine Seele an den ewigen allmächtigen Gott sich klammert und in ihm ihre Kraft, ihren Trost und ihr letztes Ziel wieder erkennt. Ob nicht auch jene einst so Stolzen und Machtvollen, die nun flüchtig wie der Brudermörder Kain weiss Gott wo herumirren, um der Gefangenschaft und der verdienten Strafe zu entgehen, an den Christengott sich erinnern, vielleicht ehe sie ihren Revolver aus Verzweiflung selbstmörderisch an ihre pochende Schläfe setzen? Es ist f a l s c h , das Christentum als Judentum zu brandmarken, wo doch jeder wissen konnte, wie sich die Juden zu Christus und seiner Lehre und zu den urchristlichen Gemeinden in Feindseligkeiten stellten. Es ist f a l s c h , einem extremen und erbarmungslosen Antisemitismus zu verfallen, um ein Volk auszurotten, das in seiner ihm aufgezwungenen Abwehr uns noch gefährlicher wurde als die grösste feindliche Armee. Es ist f a l s c h , dass das Christentum uns Deutschen artfremd erscheinen müsse, wie ich es in einer besonderen Abhandlung in einem Gang durch unsere Geschichte vor kurzem noch ausführlich bewies. Es ist f a l s c h , zu behaupten, dass der Mensch von Natur aus gut sei und dass es nur eine Sünde gebe, die Sünde gebe, die Sünde gegen das Volk. Durch diesen Satz, der jeder Selbstkenntnis widerspricht und die Herrschaft des Bösen und der Sünde in der Welt übersieht, hat in Wirklichkeit die Sünde bis ins Furchtbar-Verbrecherische überhand genommen, und es fällt unseren Besiegern leider nicht mehr schwer, unsere Schande dokumentarisch und photografisch in ganz Europa nachzuweisen. Es ist f a l s c h , wenn man behauptet hat, der deutsche Mensch brauche nur seine Hände zu rühren und sich tapfer zu wehren, um ohne Herrgott und Gebet über alle widrigen Mächte Herr zu werden, – jetzt wo wir geschlagen sind wie kaum je ein Volk, kann uns nur die Rückkehr zu Gott und zur christlichen Gedankenwelt retten, wie sie in unserem Glauben niedergelegt ist und uns dazu verpflichtet, auf die Stimme unseres Gewissens zu hören und die Gottesgebote im Gedanken an die Verantwortung vor einem Ewigen und Allwissenden zu befolgen. Das ist die allererste Pflicht in dieser jetzigen, dunklen Stunde:

Umkehr durch V e r c h r i s t l i c h u n g ! Das Rad der Zeit können wir freilich nicht zurückdrehen, aber Zeitideen können wir ausmerzen, die sich als verhängnisvoll und mörderisch erwiesen. Und sie müssen ausgerottet werden, in der Jugend zumal, die man, ob männlich oder weiblich, damit systematisch sowohl in der Schule als auch in den Organisationen verdarb. Wenn wir aber diese Heimkehr zu Christus nicht brauchen, weil wir immer treu waren unserem Gott und seiner Kirche, dann muss uns der herrliche Gedanke trösten und mit neuer Schaffenskraft erfüllen, dass wir mit dem verlorenen Krieg zwar unendlich viel einbüssten an natürlichen Gütern und noch mehr vielleicht durch Nachkriegslasten opfern müssen, aber dass doch unser tiefster und zuletzt einzig wahrer und dauernder Reichtum uns blieb und bleiben wird: unser Glaube und die unvergleichlich grossen Gnaden unserer heiligen Religion. Sagen wir Gott für diese Unvergänglichkeiten, die niemand uns rauben kann, demütig frohen Dank auf den Knien. Wie arm sind hingegen die anderen, deren ganze Welt in Trümmern liegt!

Aus der Verchristlichung des deutschen Volkes muss sich dann als Zweites unbedingt ergeben: e i n e w ü r d i g e H a l t u n g u n s e r e r t r o s t l o s e n L a g e . Wir dürfen unter der Wucht des Unglücks nicht zerbrechen, sondern müssen es als aufrechte und entschlossene Menschen ertragen. Wir wollen uns an das schon oft gesprochene Wort erinnern, dass man mit einem verlorenen Krieg nicht auch seine Ehre verlieren dürfe, oder dass man sie wieder herstellen müsse, wenn man sie durch eigene Schuld im Welt- und Gottesurteil verscherzte. Leider haben wir schon wahrnehmen müssen, dass es manche Mitbürger und Mitbürgerinnen gibt, die von dieser Würde nichts mehr zu wissen scheinen.

Oder ist es würdevoll, wenn jene, die bisher an der Spitze des Volkes standen und in den Tagen ihrer Macht und ihres Glanzes und Glücks in lauten Tönen vom heroischen Ertragen des widrigen Schicksals sprachen, das geschlagene Volk nun in seinen Unheil, nur an das eigene Heil denkend, im Dunkel der Nacht mit Flugzeugen oder Autos verlassen, um das Heil ihrer Persönlichkeit und ihrer Habe in der weiten Ferne zu suchen? Man hatte immer von Volksgemeinschaft geredet, warum sollte sie jetzt aufhören, wo es sich darum handelt, während der kommenden schweren Jahre nach dem verlorenen Kriege in festem und treuem Zusammenhalt zu verbleiben? Ist es weiter mit der deutschen Würde und Volksgemeinschaft vereinbar, vor der eigenen Flucht noch rasch vorhandenen Vorräte oder Wohnungen oder landwirtschaftlichen Gebäude und Maschinen oder sogar die Arzneien der Apotheken zu zerstören und so die vor der Flucht Abgeschnittenen oder aus vernünftigen Erwägungen die dazu Nichtbereiten dem Hunger oder der Gnade des Siegers zu überlassen?

Entspricht es dem Charakter und der Würde des deutschen Menschen, im Handumdrehen oder über Nacht seine Überzeugung zu verleugnen und heuchlerisch zu behaupten, dass man sich bisher schon abseits der Bewegung befunden oder wenigstens noch rechtzeitig die Farbe gewechselt habe, obgleich man mitten darin stand oder gar hochmütig an deren Spitze schritt und alles billigte und mitmachte, was gegen Religion und Kirche unternommen wurde? Ist es würdevoll, wenn über Nacht Bekehrte nun zu geheimen Angebern ihrer früheren Gesinnungsgenossen werden und selbst solche, um ihnen zu schaden, in irgend eine Beziehung zum entthronten System bringen, die niemals die neue Weltanschauung vertraten oder in Verbindung mit deren neuen Verkündern standen?

Ist es würdevoll, wenn sich deutsche Frauen und Mädchen in einer Art und Weise sittlich benehmen, dass sie in den Augen der Besatzungstruppen nur als verächtliche Dirnen erscheinen? Ist es nicht die Pflicht der Stunde, dass wir uns in Gottes Namen unterwerfen und die vom Sieger uns auferlegten Gebote oder Verbote, der Ordnung und Erhaltung unseres Volkes zulieb, gewissenhaft halten und alles vermeiden, was geeignet wäre, unsere Besieger zu noch härteren und einschneidenderen Massnahmen zu bewegen?

Entspricht es der deutschen Würde und der menschlichen gesunden Vernunft, in den eroberten Gebieten aus eingebläutem Fanatismus hinterrücks zu schiessen und damit sein eigenes Leben und das Wohl der Volksgemeinschaft zu gefährden und unser Unglück noch zu vermehren! Ist es nicht ein Beweis für das unselige Verführtsein unserer Jugend, dass sie sogar ihren Stolz und ihre Grösse darin erblickt, sich selbst sinnlos aufs Spiel zu setzen, nur weil es noch betörend in ihren Ohren klingt, dass man damit ein deutscher Held sei, wenn man auf einem verlorenen Posten bis zum Ende ausharre und damit sein junges Leben abbreche, das vielleicht Grosses und Dauerndes für das Volk hätte leisten können? Ist es nicht ein würdeloser Wahn, eigene „Volksgenossen" umzulegen wie das verbrecherische Wort heisst, obwohl diese nichts anderes erstreben, als die Einhaltung der Ordnung und die Bewahrung vor Hunger und sonstiger Not? War es wirklich so verwerflich wie man Jahre hindurch landauf, landab behauptet hat, dass die Staatsmänner nach dem ersten verlorenen Weltkrieg noch rechtzeitig Schluss machten und einen glimpflichen Frieden suchten, ehe das Vaterland selber vom Feind überzogen und in seiner Gesamtheit besetzt wurde? Das Deutschland von heute gibt uns eine Antwort darauf, die keinen Widerspruch mehr erlaubt. Ich begreife es und leide selber aufs allerschmerzlichste darunter, wenn zur Zeit Klagen über Plünderungen und Angriffe auf die Frauenehre zu

Bergen sich häufen und die Tränen der geschändeten Frauen und Mädchen zu Strömen sich ergiessen. Ich wiederhole, was ich bereits öffentlich auf den Kanzeln Freiburgs zur Kenntnis brachte, dass ich alles getan habe und weiterhin alles versuchen werde, um diese furchtbaren Kriegsübel abzustellen, und ich bitte und beschwöre von neuem die Besatzung, sich nicht mehr daran zu erinnern, was etwa jenseits des Rheins im Taumel des deutschen Sieges an Freveln geschah, denn Unrecht wird nicht wieder durch Unrecht gutgemacht. Und wie schuldlos sind unsere oft so furchtbar Betroffenen zumeist!

Man wirft uns vielleicht vor, wir hätten das vergangene System unter Anwendung von Gewalt abschütteln sollen und darin bestehe, von anderem abgesehen, unsere allgemeine Schuld, dass wir es nicht tapfer und rechtzeitig unternahmen. Wir antworten: Wer im deutschen Volke lebte, der weiss, dass wir das Letzte versuchten, was in unserem Vermögen stand und charaktervoll uns wehrten und auch entschlossen waren, die Freiheitsberaubung oder sogar den Verlust unseres Lebens zu tragen. Aber die uns gegenüberstehende, brutale und raffiniert organisierte Macht war so gross, dass wir, zumal wir Christen und Katholiken an eine Revolution nicht denken konnten, weil einerseits die Regierung seinerzeit auf Grund einer gültigen Volksabstimmung in die Hände der anderen gekommen war und damit als rechtmässig galt, und weil ausserdem jeder Widerstand an der rücksichtslosen, durch keine Gewissensbedenken gehinderten Gewalt zerbrach. Ich erinnere mich noch gut an jenes Wort, das mir gegenüber, als ich einwarf: Wir haben das Recht auf unserer Seite, von einem hohen Gestapobeamten fiel: Und wir haben die Macht! Und doch trifft auch uns, wenigstens vor Gott, manche Schuld.

So sühnen wir jetzt und das ist das Dritte, das uns obliegt – und ertragen wir im Geiste der Busse alles Schwere, dass uns Heute oder Morgen bringt, ob es Hunger ist oder Unfreiheit oder eine schmerzliche Einschränkung unserer ganzen Lebensführung. Ich befürchte sogar, dass sich die Gelegenheiten zur Sühneleistung in den kommenden Wochen noch wesentlich vermehren. Aber vertrauen wir auch in unserer Ohnmacht und Not auf die Allmacht der göttlichen Kraft. Mehr als einen Tag der Erniedrigung hat Deutschland in seiner Geschichte schon erlebt und sich immer wieder, so -lange es noch christlich war, am Segen unseres Heilands erholt, den wir durch unser Gebet und unseren christlichen Wandel und erwarben.

Und das ist das Vierte, das wir verlangen: Beten wir noch mehr, als wir bisher trotz der Härte des Krieges taten: Für immer sind wohl jene Törichten verstummt, die dem Beten der gläubigen Menschen in öffentlicher Rede Hohn sprachen. Und wie viele Anliegen haben wir, die uns jetzt zum demütigen, vertrauensvollen und beharrlichen Gebete zwingen! Ich erinnere an unsere Gefangenen, an unsere toten Mitbrüder, an ihre Hinterbliebenen und ihren an der Herzkraft zehrenden Schmerz. Leben wir wieder so, wie die christlichen Gebote es verlangen![2] Denken wir an das erste Gebot, das manche unseres Volkes vergassen: „Ich bin der Herr, dein Gott, du sollst keine fremden Götter neben mir haben". Also nicht Menschen in den Himmel erheben und nicht das Volk auf den ewigen Thron setzen, das Volk, das vergänglich ist wie alles, was der kleine Planet trägt, den man Erde nennt. Halten wir den so oftmals entweihten Sonntag

2 *Anmerkung Dr. Heinrich Walle: Erzbischof Gröber ruft hier, wohl in Anlehnung an den letzten gemeinsamen Hirtenbrief der deutschen Bischöfe vom August 1943, dem sog. „Dekalog-Hirtenbrief", den der neue Erzbischof von Köln, Josef Frings, entworfen hatte, zu einer Neuorientierung des Lebens nach den 10 Geboten, dem Dekalog, auf.*

wieder in Ehren! Es liegt auf seiner Entweihung, wie die Erfahrung schon tausendfach bewies, ein Fluch statt des Segens, den der Sonntag gerade vermitteln soll. Und wie hat man ihn entweiht! Und wie beleidigend hat man uns gottesdienstliche Zeiten unter Strafe anbefohlen, die vielen den Besuch der sonntäglichen Messen für lange Monate verwehrten! Prägen wir das Vierte Gebot den Kindern wieder ein, die sich verführt durch die neuen, widernatürlichen Ideen, mächtiger und selbständiger fühlten als die Eltern, ja nicht selten sogar zu Verrätern und Anzeigern der eigenen Eltern wurden! Erziehen wir die Eltern wieder so, wie es Christus von uns verlangt zum pünktlichen Gehorsam, zur Anständigkeit und Höflichkeit, zur Arbeit und zur Wertschätzung und Aneignung der geistigen Güter, die unsere christlichen Schulen ihnen vermitteln. Sorgen wir für Lehrer, die christlich etwas taugen und ihre Schüler nicht entchristlichen und verderben und ohne das notwendige Wissen und Können ins bittere und schwere Leben schikken. Jugend-Führer sollen und müssen es sein, keine Jugendverführer. Haben wir wieder Ehrfurcht vor dem Leben des Menschen, denn es gehört Gott! Nur dann ist es erlaubt, ein Menschenleben zu vernichten, wenn wir in bedrängter Notwehr sind, wenn ein zuständiges Gericht einen Schuldigen verurteilt oder ein gerechter Krieg den Einsatz des Soldatenlebens verlangt.

Sonst aber ist es Mord! Und doch, wieviel unschuldiges Blut wurde namentlich in den letzten Jahren der deutschen Härte, der Rachsucht und Machtgier oder der sogenannten Entlastung des deutschen Staates durch die „Euthanasie“, wie das verbrecherische Wort heisst, der geistig nicht ganz vollwertigen, geopfert! Erhalten wir unser geistiges Leben, solange es Gott will! Es gibt für einen mit gesunder Vernunft begabten Menschen keine Erlaubtheit, geschweige denn eine Ehrenhaftigkeit des Selbstmordes. Feigheit über Feigheit, wenn jetzt manche der ihnen drohenden Strafe und Schande durch eine rasche Kugel sich entziehen. Das sind keine Helden, sondern jämmerliche Schwächlinge, die nicht die Charakterkraft besitzen, für ihre Taten auch vor Gericht und Zukunft einzustehen.

Bringen wir das sechste Gebot wieder zu Ehren! Es gelte der Ehebruch wieder als eines der schimpflichsten Verbrechen, als schreiender Widerspruch zur Treue, von der man sagt: dass sie gerade das deutsche Wesen in Unverbrüchlichkeit verlange. Rechnen wir wieder zum schönsten Reichtum eines jungen Menschen seine Sieghaftigkeit über sich selbst, seine Unberührtheit und Jungfräulichkeit! Mein Gott, wie hat man diese in den vergangenen Jahren verspottet! Ja man schämte sich nicht, kaum schulentlassenen Mädchen in den Lagern und auch sonst einzuflüstern, dass es ihre deutsche Pflicht sei, „dem Führer ein Kind zu schenken“. Was wird jetzt in den Tagen der Not aus diesen unehelichen Müttern mit ihren dem Führer geschenkten Kindern werden?

Arme, betörte, um Unschuld und Lebensglück betrogene Mädchenwelt! Fort mit dem Schmutz, den die vervielfältigende Kunst, das Kino und die illustrierten Blätter verbreiten! Ich schätze den Anlauf, den man eine Zeitlang im Volke dazu ernsthaft nahm, den Schmutz und Schund aus Buch und Bild zu entfernen und namentlich der gefährdeten Jugend die Unversehrtheit wieder zu geben. Es blieb aber leider beim zögernden Anlauf. Die Verführung nahm weiter und verheerend überhand, und die Jugendkraft wurde vergeudet ohne schamhafte Liebe und den ihr eigenen idealen deutschen Schwung. Es sei Natur, so wurde behauptet, war doch die Natur, ehe sie reif sei, schon schwach und zerstörte, oder wenn sie reif war, ihrem heiligen schöpferischen Zweck sündhaft entzog. Immer wieder klinge jetzt in unseren Ohren des Heilandes furchtbar drohendes Wort: „Wehe dem Menschen, der Ärgernis gibt! Es wäre besser, wenn ein Mühlstein an seinen Hals gehängt und er in die Tiefe des Meeres versenkt würde.“ Tasten wir das Eigentum der Menschen nicht an und machen wir wieder gut, was in den vergangenen Jahren durch widerrechtlichen Eingriff in fremdes Gut gefrevelt wurde! Man hat nicht nur das Hab und Gut politisch Anders-Denkender beschlagnahmt und enteignet, sondern auch der Kirche und namentlich den Klöstern das rechtlich erworbene oder in Fleiss und Mühe Geschaffene durch einen Federstrich entzogen, gar nicht zu reden von den Vertreibungen aus Haus und Hof im Osten und den masslosen Plünderungen in den vom Volk überzogenen anderen Staaten und Ländern. Unrecht tut nicht gut und die entwendete Sache ruft jetzt so laut nach ihren Herren, dass es den Dieben und Räubern wie ein Gericht in den Ohren klingt. Auch das 8. Gebot trete wieder in sein Recht und in seine Kraft und nicht bloss im Verkehr zwischen mir und dir, sondern auch zwischen Volk und Volk. Die Vertragstreue gelte wieder als unverletzbar heilig! Man höhle feierliche Abkommen nicht wieder aus, weil sie unbequeme Artikel enthalten, um sie dann aus hochmütiger Willkür ohne jedes Benehmen mit dem anderen Partner in ihrer Gesamtheit als überholt und nicht mehr bindend zu bezeichnen. Und man schliesse keine Verträge ab, wenn man innerlich entschlossen ist, sie nur als leere Attrappe zu behandeln, mit der man die Öffentlichkeit wie der Kaufmann die Passanten täuscht, die vor den Schaufenstern seines Geschäftes die lockenden Auslagen betrachten.

Heuchelei werde wieder als charakterwidrig auch im öffentlichen Leben angeprangert, und die Lüge gelte wieder als Unrecht und Sünde und nicht mehr als Werkzeug und Waffe im Dienste des Vaterlandes. Wir wissen es wohl, dass in der hohen Politik die Sprache nicht selten dazu dient, die Gedanken zu verbergen, aber das darf man getrost behaupten, ohne die Wahrheit zu verletzen, dass das deutsche Volk noch nie so belogen wurde wie in den letzten dreizehn Jahren.

Verleumdung aber und Ehrabschneidung, mit denen man jeden unliebsamen Gegner im vergangenen System unschädlich zu machen suchte, müssen wieder als Mittel bezeichnet werden, deren sich der Vater der Lüge bedient, den man in der christlichen Umgangssprache Teufel oder Satan nennt.

Und noch ein Letztes und für manche vielleicht Schwerstes liegt uns ob: Verzeihen wir jenen, die uns verkannten und verachteten und bis aufs Blut manchmal quälten. Verzeihen wir, wie der Heiland am Kreuze verziehen und bitten wir den barmherzigen Gott, dass er sie in seiner Gnade erkennen lasse, was sie verübten, um es schmerzlich zu bereuen und zu büssen, wie sie es verdienen und heimkehren zu ihm! Denn so lautet des Christen tägliches Gebet: „Vergib uns unsere Schulden wie auch wir vergeben unseren Schuldigern!“

Man spricht davon, dass wir fürderhin auf dem kirchlichen und religiösen Gebiet wieder uneingeschränkte Freiheit besitzen! Benützen wir sie und bauen wir mit heiligem Eifer wieder auf!

Dabei denken wir nicht daran alles Einzelne, was wir vor dem Kriege und Umsturz besassen, auch jetzt wieder in den Bestand der Gegenwart und Zukunft aufzunehmen. Andere Zeiten brauchen andere Mittel. Die Zeitverhältnisse werden sie uns zeigen.

Vom vergangenen Jahrzehnt aber gilt: „Wenn der Herr nicht baut, dann bauen die Bauleute vergebens“. So bauen wir jetzt als Christen mit dem Herrn und für den Herrn!

Es wird ein ausgedehntes Aufbauen sein, wie noch nie zu keiner Zeit vorher, denn ringsum erschrecken uns Verwüstungen und Trümmer in den Städten, in den Dörfern und in den Seelen. Es wird ein mühsames Bauen unter Schweiss und Tränen sein, ob es nun ein neues Wohnhaus zum Ziele hat, oder eine Kirche mit einem feierlichen Hochaltar, einem weithin schauenden Turm und mit Glocken, die wieder Gottes Lob ins friedliche Land hinausläuten, oder unser eigenes, deutsches Volk. Bei all diesem Bauen aber sei der Grundriss und die letzte Bekrönung Christ Kreuz, in dem allein Heil ist und in keinem anderen.

Amen.

Es segne Euch der allmächtige Gott, der Vater, der Sohn und der Heilige Geist.

Gegeben zu Freiburg i. Br., den 8. Mai 1945

Conrad, Erzbischof

Anhang III

Heinrich Walle

Die wichtigsten militärischen Ereignisse des Zweiten Weltkrieges

Alle im Vorangegangenen veröffentlichten Briefe sind vor dem Hintergrund der militärischen Ereignisse des Zweiten Weltkrieges geschrieben worden, worauf auch in den Kommentaren eingegangen wurde. Um dem Leser den geschichtlichen Hintergrund etwas mehr zu verdeutlichen, sollen hier noch einmal die wichtigsten militärischen Ereignisse als eine Zusammenstellung von Fakten aufgeführt werden. Die Darstellung basiert auf dem bekannten Nachschlagewerk, dem „Kriegsmittel-Ploetz“[1]. Da die Briefschreiber zumeist Heeressoldaten waren (nur wenige dienten bei der Luftwaffe und einer bei der Kriegsmarine), beschränkt sich die Faktensammlung auf Eregnisse des Landkrieges.

Nach einer überstürzten Aufrüstung und mit nur einem geringen Prozentsatz an ausgebildeten Mannschaften trat die deutsche Wehrmacht am 1. September 1939 in den Krieg ein. Die Wehrmacht verfügte zu diesem Zeitpunkt über eine hoch qualifizierte, aber zahlenmäßig sehr beschränkte Kriegsflotte. Die seit 1935 offiziell bestehende Luftwaffe war noch in der Aufstellung begriffen, aber den gegnerischen Luftstreitkräften zunächst zahlenmäßig überlegen. Da die gegnerischen Streitkräfte nach 1918 ihre Kampfkraft nicht wesentlich weiterentwickelt hatten, konnte die deutsche Wehrmacht trotz der ihr noch anhaftenden Mängel zunächst ihre europäischen Gegner besiegen. Da diese nun noch Jahre brauchen, um ihre materielle Überlegenheit zum Aufbau ihrer geschlagenen Heere zu kampfkräftigen Verbänden zu nutzen, bleibt der Wehrmacht bis 1942 der Nimbus erhalten, sie sei jedem Gegner gewachsen.

Die Zeit der deutschen Erfolge von 1939 bis 1941

Nach dem am 1. September 1939 begonnenen Einmarsch der Wehrmacht in Polen bezogen die Engländer und Franzosen im Westen eine Abwehrfront. Weil sie infolge ihres strategischen Defensivdenkens die hier zunächst bestehende Schwäche Deutschlands nicht ausnutzten, hatte die Wehrmacht im Westen den Rücken frei, so dass der Kampf gegen das völlig isolierte Polen, der „Fall Weiß“ innerhalb eines Monats zu einem die ganze Welt verblüffenden totalen Erfolg führte, dessen Ertrag Hitler allerdings zur Hälfte der Sowjetunion überlassen musste.

Nach dem Aufmarsch der in Polen freigewordenen Verbände im Westen verringerte sich dort die Gefahr. Der von Hitler im November geplante Angriff musste wetterbedingt bis zum Mai 1940 immer wieder verschoben werden. Aus der Besorgnis vor einer Besetzung Nordnorwegens durch England und Frankreich, um Deutschland von den für seine Rüstung unbedingt notwendigen Erzzufuhren aus Schweden abzuschneiden, wurde die

1 *Die hier wiedergegebene Faktendarstellung entstammt: Ploetz Geschichte des Zweiten Weltkrieges, Teil 1: Die militärischen und politischen Ereignisse, Teil 2: Die Kriegsmittel, Würzburg, 2. erweiterte Auflage, 1960, S. 6–82*

Besetzung Norwegens vorbereitet, die auch das neutrale Dänemark als Brückenpfeiler nach Skandinavien mit einschließt. Als Unternehmen „Weserübung“ gelingen beide Unternehmungen, an deren Vorbereitung Hitler starken Anteil genommen hatte, von April bis Mai 1940.

Als „Fall Gelb“ begann am 10. Mai 1940 der Angriff im Westen. Weil die durch die Maginotlinie geschützte Front entlang der deutsch-französischen Grenze zu stark war, erfolgte der deutsche Vormarsch durch die neutralen Staaten Luxemburg, Belgien und die Niederlande. Nach nur wenigen Tagen sahen sich die Niederlande und Belgien zur Kapitulation gezwungen und am 20. Mai 1940 konnten die deutschen Verbände den Durchbruch zur Sommemündung erzwingen. Ein großer Teil des französischen Heeres wurde vernichtet, während sich das britische Expeditionskorps in Dünkirchen einschiffen konnte, da Hitler am 24. Mai 1940 den vorrückenden Panzerverbänden Halt geboten hatte. Am 5. Juni 1940 begann ein weiterer Angriff, der zum Durchbruch der Somme-Aisne-Stellung und der Maginotlinie führte und die französischen Verbände in Auflösung zurückwarf. Marschall Petain übernahm nun in Frankreich die politische Führung und schloss am 22. Juni 1940 den Waffenstillstand in Compiègne.

Um England endgültig zu besiegen, ließ Hitler Vorbereitungen zu einer Landung (Unternehmen „Seelöwe“) in England beginnen. Aufgrund eines zu hohen Risikos wurde das Unternehmen am 12. Oktober 1940 auf unbestimmte Zeit verschoben. Anstelle der Invasion entwickelte sich die „Luftschlacht um England“, in der es der Luftwaffe bis zum Mai 1941 nicht gelang, die britische Luftverteidigung niederzuringen. Vielmehr erfuhr sie aufgrund empfindlicher Verluste an friedensmäßig ausgebildeten Besatzungen und Material eine wesentliche Schwächung.

Italien, das am 10. Juni 1940 auf deutscher Seite in den Krieg eingetreten war, griff am 28. Oktober 1940 von Albanien aus Griechenland an. Der italienische Angriff blieb aber erfolglos und England landete zur Unterstützung Griechenlands auf Kreta Truppen, wodurch Hitler die Gefahr einer gegen die rumänischen Ölfelder gerichteten Luftbasis sah.

Als Jugoslawien am 27. März 1941 nach einem Putsch in das Lager der Gegner Deutschlands zu schwenken begann, wurde ein Doppelangriff auf Jugoslawien und Griechenland vorbereitet, welcher am 6. April 1941 als Balkanfeldzug begann. Am 17. April kapitulierten die Reste der jugoslawischen Armee und am 27. April rollten deutsche Panzer in Athen ein, Griechenland und die griechischen Inseln wurden bis zum 11. Mai 1941 besetzt.

In der Operation „Merkur“ wurde vom 20. Mai bis 1. Juni 1941 von deutschen Fallschirmjägern und Gebirgstruppen die Mittelmeerinsel Kreta erobert.

Nach ihrem Eintritt in den Krieg an der Seite Deutschlands versuchten die Italiener u. a. auch ihren Kolonialbesitz in Nordafrika zu erweitern und begannen am 12. September 1940 einen Vorstoß von Libyen nach Ägypten, der aber am 9. Dezember 1940 durch einen britischen Gegenstoß zum Stehen gebracht wurde.

Die Briten begannen nun ihrerseits gegen Libyen vorzustoßen, so dass Mussolini Hitler um militärische Hilfe bat. Am 6. Februar 1941 wurde das Deutsche Afrika-Korps unter General Rommel gebildet, dessen erste Verbände am 14. Februar in Tripolis eintrafen. Rommel konnte bis zum April 1940 zur Grenze Ägyptens vorstoßen. Mit ihrer am 18. November 1941 begonnenen Gegenoffensive drängten die Briten das deutsche Afrika-Korps bis zum Januar 1942 auf das Gebiet von El Agheila zurück.

Einzeldaten:
Polenfeldzug (1. September bis 6. Oktober 1939), „Fall Weiß“

31. August 1939:	Befehl Hitlers zum Antreten der Wehrmacht
1. September 1939:	Beginn des Angriffs
3. September 1939:	Kriegserklärung Englands und Frankreichs an Deutschland
12.–18. September 1939:	Schlacht an der Bzura, Einschließung Warschaus
17. September 1939:	Einnahme von Brest-Litowsk, Beginn des sowjetischen Einmarsches in Ostpolen.
27. September 1939:	Kapitulation von Warschau
1. Oktober 1939:	Kapitulation der eingeschlossenen polnischen Streitkräfte auf der Halbinsel Hela, Ende der Kampfhandlungen gegen Polen (letzter Widerstand 6. Oktober 1939).

Die Besetzung Dänemarks und Norwegens (9. bis 30. April 1940), Unternehmen „Weserübung“

27. Januar 1940:	Befehl Hitlers an das OKW (Oberkommando der Wehrmacht) zur Vorbereitung einer Landung in Norwegen und Besetzung Dänemarks
9. April 1940:	Beginn der deutschen Operationen
10.–13. April 1940:	Vernichtung von 10 deutschen Zerstörern bei Narvik durch britische Seestreitkräfte
30. April 1940:	Zusammentreffen der von Oslo und von Drontheim vormarschierenden deutschen Verbände bei Dornbaas. Kapitulation der geschlagenen norwegischen Streitkräfte.

Der „Westfeldzug“ (10. Mai bis 25. Juni 1940) „Fall Gelb“

10. Mai 1940:	Beginn des Westfeldzuges / des Frankreichfeldzuges
10. Mai 1940:	Um 5.30 Uhr Luftlandungen im Raum Den Haag und bei Rotterdam
10./11. Mai 1940:	Öffnung des Weges auf Lüttich durch Überwindung der Maaslinie und Wegnahme der Brücken über den Albert-Kanal
15. Mai 1940:	Um 11.45 Uhr Kapitulation der niederländischen Streitkräfte nach Besetzung des Landes
15. Mai 1940:	Einnahme von Namur und Durchbruch durch die Dyle-Stellung
17. Mai 1940:	Kampflose Besetzung von Brüssel
28. Mai 1940:	Kapitulation der belgischen Streitkräfte nach Besetzung des Landes

1. Phase des Vormarsches: Operation „Sichelschnitt“
(Durchbruch im Schwerpunkt)

13. Mai 1940:	Forcierung des Maasübergangs und Durchbruch zwischen Dinant und Sedan zur Somme nach Überwindung der Ardennen
17. Mai 1940:	Erreichen der Oise östlich von St. Quentin
19. Mai 1940:	Erreichen der Aisne bei Rethel
20. Mai 1940:	Weiteres Vordringen nach Westen zur Sommemündung, danach Schwenkung der Panzergruppe von Kleist nach Norden
23. Mai 1940:	Einnahme von Boulogne
24. Mai 1940:	Einnahme von Tournai
26. Mai 1940:	Einnahme von Calais
29. Mai 1940:	Einnahme von Ypern, Ostende und Lille. Damit ist die französische Nordgruppe eingeschlossen, während sich das britische Expeditionskorps bereits am 26. Mai 1940 auf einen Brückenkopf von Dünkirchen zurückgezogen hatte. Da ein deutscher Angriff auf die eingeschlossenen Engländer von Hitler verhindert wird, können sich die britischen Soldaten unter Zurücklassung ihres Materials nach England über den Kanal retten.
4. Juni 1940:	Einnahme von Dünkirchen

2. Phase des Vormarsches: Die „Schlacht um Frankreich“
(Durchbruch an der Aisne)

5. Juni 1940:	Um 5.00 Uhr, Angriff der Heeresgruppe B gegen die Somme und die untere Aisne (Weygand-Linie), die am 9. Juni 1940 die Seine und die untere Marne erreicht.
9. Juni 1940:	Angriff der Heeresgruppe A gegen die obere Aisne
11. Juni 1940:	Einnahme von Reims
12. Juni 1940:	Einnahme von Chalons sur Marne
14. Juni 1940:	Kampflose Besetzung von Paris, Antreten der Heeresgruppe C zum Einbruch in die Maginotlinie südlich von Saarbrücken
16. Juni 1940:	Übergang über den Rhein bei Colmar Einnahme von Orleans
18. Juni 1940:	Einnahme von Cherbourg und Le Mans
19. Juni 1940:	Einnahme von Brest und Nantes
20. Juni 1940:	Einnahme von Lyon
22. Juni 1940:	Kapitulation der in Elsass-Lothringen stehenden französischen Streitkräfte in den Vogesen. Abschluss des Waffenstillstandes: Besetzung Frankreichs nördlich und westlich der Linie Genf-Dole-Tours-Mont de Marsan-Spanische Grenze, so dass die gesamte Atlantik- und Kanalküste ganz in deutscher Hand ist. Fortdauer der französischen Regierung im unbesetzten Teil Frankreichs unter Marschall Pétain in Vichy.

Nach der Niederringung Frankreichs in dem nur 6 ½ Wochen dauernden Frankreich- oder „Westfeldzug" hatte sich der deutsche Machtbereich vom Nordkap bis zur spanischen Grenze am Atlantik erweitert. In dieser kurzen Zeit hatte die deutsche Wehrmacht das erreicht, wofür die Armeen des Kaiserlichen Deutschlands im Ersten Weltkrieg unter gewaltigen Verlusten vier Jahre lang vergeblich gerungen hatten. Dies führte unweigerlich zu einer erheblichen Siegeseuphorie, die sich auch in den Briefen der katholischen Wehrmachtsoldaten widerspiegelt und selbst auch in dem Artikel von Pater Delp SJ erkennbar ist, wenn er einen deutschen Endsieg nicht ausschließt. Die kurzen Feldzüge waren kühn durchgeführte Unternehmungen mechanisierter Truppen, die ganz nach der Methode des von Moltke d. Ä. entwickelten „operativen Denkens" konzipiert und durchgeführt worden waren. Von der Propaganda wurden sie als „Blitzkriege" hochstilisiert. Weil Hitler, vor allem bei der Operation „Sichelschnitt", sich den zögernden militärischen Führern gegenüber durchgesetzt hatte, sah der Diktator hierin eine Bestätigung seiner „militärischen Unfehlbarkeit" und seines „militärischen Genies", was zur Folge hatte, dass er sich künftig jedem Rat seiner militärischen Führer verschloss. Dieser Eigensinn des „größten Feldherrn aller Zeiten" (hieraus entstand die ironisch gemeinte Bezeichnung GRÖFAZ) sollte künftig fatale Konsequenzen haben.

Der Krieg im Osten

Bereits in seinem programmatischen Werk „Mein Kampf" hatte Hitler die Gewinnung von Lebensraum im Osten als sein vorrangiges Ziel proklamiert. Zwar hatte er 1939 mit der UdSSR aus taktischen Gründen einen Nichtangriffspakt geschlossen, war aber dann zur Überzeugung gelangt, dass die machtpolitischen Interessen der Sowjetunion mit denen des Deutschen Reiches unvereinbar seien und dass das immer noch nicht besiegte England in Russland einen neuen Alliierten finden könne. Außerdem wollte sich der Diktator von der Abhängigkeit der wirtschaftlichen Lieferungen der Sowjetunion und damit vom Wohlwollen des sowjetischen Diktators Stalin lösen. Daher erteilt Hitler am 18. Dezember 1940 die „Weisung 21" für den Fall eines Ostkrieges, d. h. die Vorbereitung des Überfalls auf die Sowjetunion als Fall „Barbarossa".

Die Vernichtung der Masse des im westlichen Russland stehenden Heeres wird als Ziel der Operationen angesetzt. Unter dem Vortreiben von Panzerkeilen und der Bildung großer Kessel sollte der Abzug des russischen Heeres in die Weite des Raumes verhindert werden. Als Endziel der Operationen wurde das Erreichen der Linie Astrachan – Wolga – Archangelsk bezeichnet. Von dort aus sollte gegebenenfalls das noch verbleibende Industriegebiet im Ural durch die Luftwaffe ausgeschaltet werden.

Hitler bevorzugte eine rasche Eroberung der Industriegebiete in der Ukraine (Donezbecken) und Leningrads, wohingegen die Einnahme Moskaus, des politischen, wirtschaftlichen und verkehrstechnischen Zentrums der Sowjetunion, nach seinen Vorstellungen, die denen des Generalstabes entgegengerichtet waren, erst an 2. Stelle erfolgen sollte.

Mit der am 22. Juni 1941 begonnenen Offensive, die auch als „Überfall auf die Sowjetunion" zu bezeichnen ist, begann der Ost- oder Russlandfeldzug als Fall „Barbarossa". Zusammen mit der Wehrmacht beteiligten sich auch die Streitkräfte von Rumänien, Finnland und Ungarn an der Offensive. Nach großen Erfolgen im ersten Anlauf kam der

Vormarsch zunächst im September zum Stehen. Hitler entschied gegen den Rat des Generalstabes, den nächsten Stoß nicht gegen Moskau, sondern nach dem Donezbecken zu führen. Durch die Kesselschlacht von Kiew konnte zwar die sowjetrussische Südflanke aufgebrochen, aber kein entscheidender Erfolg erzielt werden. Der im Oktober jetzt verspätet gegen Moskau erneut gerichtete Vorstoß blieb infolge der plötzlich einsetzenden Kälte, für die das deutsche Heer nicht gerüstet war, stecken. Moskau wurde durch improvisierte Verbände und vor allem durch aus dem Osten neu eingetroffene und für den Winterkrieg gut ausgestattete sowjetische Divisionen gehalten. Gegenstöße der Roten Armee beulten jetzt die weit ausgedehnte und durch lange Nachschubwege gehemmte Front ein. Sie brachten die deutschen Armeen in eine schwere Krise. Nur durch zähen und verlustreichen Widerstand und durch Inkaufnahme einer Einkesselung vermochten sie den Winter 1941/42 zu überstehen.

Zum ersten Mal war die deutsche Wehrmacht auf einen Gegner gestoßen, der ihr hartnäckig Widerstand leistete und ihr dadurch den Nimbus der Unbesiegbarkeit nahm. Mit dem Einsetzen schwerer Gegenangriffe am 5./6. Dezember 1941 durch Einheiten der Roten Armee kam die deutsche Offensive gegen Moskau zum Stehen. Mit diesem, in der Forschung als „Wende vor Moskau“ bezeichneten Rückschlag (Reinhard), war der Zweite Weltkrieg im Grunde genommen für Deutschland verloren, wenngleich das Ausmaß der Katastrophe in der deutschen Öffentlichkeit noch relativ wenig zur Kenntnis genommen wurde. Mit seiner Rede vom 6. November 1941 hatte Stalin in Moskau den „Großen Vaterländischen Krieg“ ausgerufen und damit den Widerstandswillen der russischen Bevölkerung weit über das durch die Parteidoktrin mögliche Ausmaß aktiviert. Von dem geradezu fanatischen Eifer, mit dem die Soldaten der Roten Armee nun ihr Vaterland verteidigten, berichten auch die katholischen Wehrmachtsoldaten. Wurden die deutschen Soldaten im Sommer 1941 teilweise noch als Befreier von der Diktatur Stalins begrüßt, so schlug das schon bald in Hass um, als die russische Bevölkerung von der deutschen Verwaltung, deren Amtsträger oft dezidierte Nationalsozialisten waren, nach der NS-Ideologie als slawische Untermenschen behandelt und ihr Land hemmungslos ausgebeutet wurde. Dies und verbrecherische Ausschreitungen begünstigten das Entstehen einer Partisanenbewegung, die sich ebenfalls unter Berufung auf die Parole vom „Großen Vaterländischen Krieg“ seit Herbst 1941 in den rückwärtigen Gebieten von Jahr zu Jahr stärker ausbreitete, so dass schon bald ganze Divisionen zu ihrer Bekämpfung eingesetzt werden mussten. Auch im besetzten Jugoslawien breitete sich eine immer stärker werdende Partisanenbewegung aus, so dass dieses Gebiet schon bald wieder als Kriegsschauplatz zu gelten hatte.

Einzeldaten:

Der Russlandfeldzug, Fall „Barbarossa“:
1. Phase des Angriffs

22. Juni 1941:	Um 3.15 Uhr: Beginn des deutschen Angriffs ohne Ankündigung. Die Heeresgruppe Süd operiert von den Karpaten und den Pripjetsümpfen in Richtung Kiew – Winniza. Die Heeresgruppe Mitte operiert ausgehend nördlich der Pripjetsümpfe in

	Richtung Minsk und Smolensk. Die Heeresgruppe Nord stößt von Ostpreußen ausgehend in Richtung nach Nordosten auf Leningrad vor. In Finnland stoßen finnische und deutsche Truppen gegen die Murmanbahn vor, und deutsche Gebirgsjäger beginnen den Angriff auf Murmansk.
24. Juni 1941:	Einnahme von Wilna durch die Heeresgruppe Mitte
30. Juni 1941:	Einnahme von Lemberg durch die Heeresgruppe Süd
16. Juli 1941:	Einnahme von Smolensk durch die Heeresgruppe Mitte
9. – 19. August 1941:	Schlacht von Gomel und Vorrücken bis zur Desna durch die Heeresgruppe Mitte
25. August 1941:	Einnahme von Dnjepropetrowsk durch die Heeresgruppe Süd
8. September 1941:	Abriegelung von Leningrad durch die Heeresgruppe Nord
16. Oktober 1941:	Eroberung von Odessa durch rumänische Truppen

2. Phase des Angriffs:

21. August 1941:	Hitler entscheidet sich für den Vorrang der Operationen im Norden und Süden der Ostfront mit dem Ziel der Gewinnung des Donezbeckens und der Abschneidung der sowjetischen Ölzufuhr aus dem Kaukasus.
10. September 1941:	Kesselschlacht von Kiew
19. September 1941:	Einnahme von Kiew
25. September 1941	Einnahme von Charkow
17. – 27. Oktober 1941:	Eroberung der Krim mit Ausnahme der Festung Sewastopol durch Verbände der Heeresgruppe Süd

Der Angriff auf Moskau:

2. – 12. Oktober 1941:	Kesselschlachten von Brjansk und Wjasma
14. Oktober 1941:	Nach der Einnahme von Kalinin (Twer) Beginn der Schlammperiode bis Mitte November. Die Schlammperiode und russische Gegenangriffe bringen den deutschen Vormarsch zum Stehen.
15. November 1941:	Nach erneutem Aufmarsch Beginn der zweiten Phase des Angriffs auf Moskau.
5. Dezember 1941:	Angriff auf Tula
5./6. Dezember 1941:	Starke Gegenangriffe der Roten Armee und einsetzender Frost, gegen dessen Auswirkungen die Truppe nicht gerüstet ist, bringen die deutsche Offensive im verminten Vorgelände von Moskau zum Stehen.
16. Dezember 1941:	Hitler befiehlt, fanatischen Widerstand zu leisten und keinen Fußbreit Boden aufzugeben.
19. Dezember 1941:	Hitler übernimmt anstelle von Generalfeldmarschall von Brauchitsch selbst den Oberbefehl über das Heer.

Ende Dezember 1941 schob die Rote Armee die Front westlich von Moskau vor und die Heeresgruppe Mitte musste sich auf die Linie Orel – Rshew zurückzuziehen. Eine sich links von ihr anschließende Lücke konnte sie nicht schließen. Hier drangen Verbände der Roten Armee im Januar 1942 bis halbwegs Wjasma – Smolensk vor, bedrohten Welikije Luki und Witebsk und schlossen Welisch ein. Durch Einkesselung einzelner Frontabschnitte und weitere Einbrüche geriet das für den Winter nicht ausgerüstete deutsche Ostheer in eine schwere Krise, zumal Hitler das Zurückgehen auf eine begradigte Front mit besseren Verteidigungsmöglichkeiten ablehnte.

Die Zeit der deutschen Niederlagen 1942 bis 1945

Die Achsenmächte konnten 1942 zunächst noch Erfolge erringen, da die seit dem 7. Dezember 1941 in den Krieg hineingezogenen USA noch Zeit für ihre Aufrüstung benötigten. Während im Westen und Norden Waffenruhe herrschte, nahm der Kampf gegen Partisanen im Südosten solche Formen an, dass Jugoslawien wieder als Kriegsschauplatz zu betrachten war.

Mit der am 26. Mai 1942 begonnenen Offensive, mit der Rommel die Briten aus der Cyrenaika wieder vertreiben konnte, errang das Afrika-Korps, jetzt „Panzerarmee Afrika", in Nordafrika noch einmal einen Erfolg. Am 21. Juni 1942 kapitulierte die britische Festung Tobruk, am 23. Juni 1942 wurde die ägyptische Grenze überschritten, am 25. Juni 1942 Sollum erobert und am 28. Juni 1942 das befestigte Marsa Matruk. Am 30. Juni 1942 kam die deutsche Offensive bei der El Alameinstellung zum Stehen, weil die Briten neue Verstärkungen heranführen konnten und die deutschen Truppen aufgrund ihrer mangelhaften Versorgung aus Italien über See erschöpft waren. Am 23. Oktober 1942 begann eine britische Gegenoffensive mit weit überlegenen Kräften, wodurch die deutschen Verbände am 3. November 1942 zum Rückzug gezwungen wurden. Am 13. November 1942 wurde Tobruk, am 17. November 1942 Derna und am 20. November 1942 Benghasi geräumt, womit die Cyrenaika wieder verloren war.

Am 7. November 1942 landeten britische und amerikanische Streitkräfte in Marokko und Algerien in der Operation „Torch". Die deutsche Führung ließ am 9. November 1942 eiligst deutsch-italienische Verbände nach Tunesien übersetzen und am 11. November besetzten deutsche Truppen den bis dahin noch unbesetzten Teil Frankreichs.

Die deutschen und italienischen Streitkräfte befanden sich nunmehr in Nordafrika in einem Zweifrontenkrieg. In hinhaltenden Kämpfen mußten sich die deutschen Verbände nun schrittweise aus ganz Libyen zurückziehen. Am 23. Januar 1943 wurde Tripolis von den Alliierten besetzt. Im Februar konnten sich die deutschen und italienischen Streitkräfte nur noch auf den „Brückenkopf Tunis" zurückziehen. Am 7. Mai 1943 gingen Tunis und Biserta verloren. Am 13. Mai 1943 kapitulierten die letzten noch kämpfenden Verbände auf der Kap-Bon-Halbinsel. Damit waren die Kämpfe auf afrikanischem Boden abgeschlossen und die ganze nordafrikanische Küste in Feindeshand geraten. Auf Kreta, in Griechenland und in Italien sowie auf den vorgelagerten Inseln und in Südfrankreich bestand nunmehr die Gefahr alliierter Landungen.

Trotz der schweren Verluste im Winterfeldzug 1941/42 trat das Ostheer nach einer gewissen Auffrischung, nach der Eroberung der gesamten Krim am 2. Juli 1942, zu einer erneuten Offensive an, die bis zur unteren Wolga und zum Kaukasus vorstieß. Es gelang aber weder, die russisch-persische Grenze zu erreichen, noch die Industriestadt Stalingrad völlig einzunehmen. In Missachtung der katastrophalen Folgen des vergangenen Winters lehnte es Hitler erneut ab, rechtzeitig in eine, den vorhandenen Kräften angemessene Front zurückzuschwenken. Die Verbände der 6. Armee krallten sich in Stalingrad fest, jedoch wurden die Fronten der rechts und links eingesetzten Verbündeten von der Roten Armee durchbrochen, die ihre Spitzen im Rücken der 6. Armee zusammenschloss und diese damit einkesselte. Ein Entsatzversuch misslang und der Ausbruch wurde von Hitler verboten. So wurde Stalingrad zum bisher größten Massengrab der deutschen Geschichte. Die letzten Verteidiger ergaben sich am 2. Februar 1943. Von 222.000 Mann zogen nur noch 90.000 in die Gefangenschaft, von denen kaum mehr als 6.000 Männer später nach Deutschland zurückkehren konnten. Diese von keiner Propaganda abzuschwächende Niederlage empfanden viele in Deutschland nunmehr als Beginn der deutschen Niederlage und das Ereignis gab den Gegnern einen erheblichen Auftrieb zur Siegesgewissheit.

Einzeldaten:

Die Offensive gegen Stalingrad und zum Kaukasus

Im März 1942 erzwingt die Schlammperiode eine Kampfpause an der Ostfront, die zur Auffrischung der Verbände genutzt wurde.

8. – 15. Mai 1942:	Rückeroberung der Halbinsel Kertsch
17. – 28. Mai 1942:	Schlacht bei Charkow
3. Juni – 2. Juli 1942:	Einnahme der Festung Sewastopol und Eroberung der gesamten Krim
28. Juni 1942:	Beginn der Offensive der Heeresgruppe Süd zur Erreichung des Wolgaknies bei Stalingrad mit anschließendem Vorstoß zu den Erdölfeldern des Kaukasus
23. Juli 1942:	Erneute Einnahme von Rostow
	Befehl Hitlers einer Operation auf Batum – Baku und Stalingrad
Ende Juli – August 1942:	Vorstoß der Heeresgruppe A in den Kaukasus, der nach Bildung eines Brückenkopfes über den Terek bei Mosdok zum Stehen kommt.
23. August 1942:	Beginn der Kämpfe um Stalingrad

Damit haben die Erfolge des deutschen Ostheeres ihren Höhepunkt überschritten, bereits im Spätherbst beginnt sich der Rückschlag abzuzeichnen.

19./20. Nov. 1943:	Einkesselung der Verbände der 6. Armee in Stalingrad durch zwei sowjetische Heeresgruppen
12. – 21. Dez.1943:	Vergeblicher Versuch, Stalingrad von Südwesten her zu entsetzen
10. Januar 1943:	Beginn des Endkampfes um Stalingrad
31. Jan./2. Febr. 1943:	Einstellung der Kämpfe im Süd- und im Nordkessel

Das Kriegsjahr 1943

Im Juli 1943 versuchte die Wehrmacht vergeblich, den Frontbogen bei Kursk abzuschneiden. Die von den Westalliierten immer stärker mit Kriegsmaterial ausgerüstete Rote Armee konnte hingegen, als sie kurz darauf ihrerseits zur Offensive ansetzte, in ständigen Kämpfen nach Westen vordringen. Nachdem sie die Ukraine zurückerobert und dann die ehemalige polnische Ostgrenze überschritten hatte, wurde ihr Vormarsch erst durch die im Frühjahr 1944 einsetzende Schlammperiode zum Stehen gebracht. Im Norden war die Rote Armee bereits in Estland eingedrungen.

Im Anschluss an die Landung US-amerikanischer und britischer Streitkräfte am 7./8. November 1942 in Nordafrika wurde auf der Casablanca-Konferenz vom 14. bis 26. Januar 1943 in Marokko, an der US-Präsident Roosevelt und der britische Premierminister Churchill teilnahmen, von den alliierten Kriegsgegnern aufgrund der Forderung Roosevelts die „bedingungslose Kapitulation“ als Kriegsziel angenommen. Die deutsche Öffentlichkeit und zahllose Wehrmachtsoldaten sahen damals die Zerschlagung Deutschlands und nicht eine Befreiung vom Nationalsozialismus als Ziel der alliierten Gegner. Auf der Casablanca-Konferenz beschlossen die Alliierten für den Sommer 1943 eine Landung in Sizilien und für 1944 eine Landung im Westen.

Die alliierte Landung in Sizilien am 10. Juli 1943 führte zu einer raschen Besetzung der Insel, da das italienische Heer keine Schlagkraft mehr besaß. Das hatte am 25. Juli 1943 den Zusammenbruch der faschistischen Regierung in Italien und die Verhaftung des „Duce“ Mussolini durch die Regierung Badoglio zur Folge. Diese setzte zunächst das Bündnis mit dem Deutschen Reich fort, verhandelte aber gleichzeitig mit den Alliierten, die am 8. September 1943 den Italienern einen Waffenstillstand gewährten. Darauf erfolgte in Kürze die Entwaffnung der italienischen Streitkräfte durch die Wehrmacht und die Übernahme der Riviera sowie der jugoslawisch-griechischen Küsten. Die nach Kalabrien übergesetzten Briten und die am 3. und 9. September 1943 bei Salerno gelandeten Amerikaner wurden nun in einer südlich von Neapel quer über die italienische Halbinsel aufgebauten Front von den Deutschen aufgehalten.

Einzeldaten:

18. Januar 1943: Öffnung eines Zugangs nach Leningrad von Osten durch die Rote Armee. Die Stadt war seit 17 Monaten von der Landseite her abgeschnitten.

Im Raum Kursk weist die Front eine fast rechteckige Einbeulung nach Westen auf, die für die Rote Armee eine ideale Ausgangsstellung für eine Gegenoffensive ist. Hitler lehnt es ab, den nördlich anschließenden Frontbogen um Orel zu begradigen und befiehlt den Angriff, das Unternehmen „Zitadelle“.

5. Juli 1943: Beginn des Angriffs vom nördlichen (Orel) und südlichen (Bjelgorod) Frontbogen, der im Süden etwa 35 km Gelände gewinnt, sich im Norden aber an einer ausgebauten Verteidigungslinie der Roten Armee festrennt.

15. Juli 1943: Abbruch des Angriffs, weil Hitler glaubte, Kräfte zur Abwehr der Alliierten in Süditalien zu benötigen und die Reserven der Heeresgruppe Mitte nicht riskieren wollte.

Mit dem Scheitern dieser letzten deutschen Offensive, der größten Panzerschlacht in der Geschichte, setzte sich bei Hitler immer stärker das Prinzip durch, die einmal gehaltenen Fronten starr zu halten, ohne durch Frontbegradigen bessere Stellungen einzunehmen. Die dadurch entstehenden, weit nach Osten vorspringenden Frontbögen bildeten damit ideale Ausgangspositionen für die russischen Gegenangriffe, was beim deutschen Ostheer zu katastrophalen Verlusten und dadurch zu einer nicht mehr ersetzbaren Schwächung führte.

7. September 1943: Nach dem Verlust von Stalino Aufgabe des Donezbeckens
27. Oktober 1943: Durchbruch der Roten Armee bei Melitopol und Vorstoß zum unteren Dnjpr
1. November 1943: Abtrennung der deutsch-rumänischen Kräfte auf der Krim
6. November 1943: Räumung von Kiew
3. Januar 1944: Die Rote Armee erreicht die ehemalige polnische Grenze.
8. Januar 1944: Eindringen der Roten Armee in Kirowograd
12. Februar 1944: Eindringen der Roten Armee in Rowno und Luzk

Der alliierte Luftkrieg gegen Deutschland

Mit dem am 11. Mai 1940 unter Churchill gefassten Kabinettsbeschluss erhielt das britische Bomberkommando freie Hand für den Bombenkrieg im deutschen Hinterland. Nach vorhergehenden britischen Luftangriffen auf Berlin vollzog sich mit der seit dem 6. September 1940 in der Luftschlacht um England beginnenden Bombardierung britischer Städte durch die Luftwaffe die entscheidende Wendung zum uneingeschränkten Luftkrieg. Die jetzt noch vereinzelt erfolgenden Nachtangriffe auf deutsche Städte durch die Royal Air Force beunruhigten die Bevölkerung durch steigende Alarme, richteten aber noch keine empfindlichen Schäden an. Seit Oktober 1940 erhielt England von den USA Flugzeuge geliefert.

Durch den Kriegseintritt der USA begann Deutschland allmählich die Luftherrschaft über dem Reichsgebiet zu verlieren und die Luftwaffe wurde in die Verteidigung gedrängt. Mit dem Erstarken einer britischen Luftüberlegenheit begann im März 1942 eine Großoffensive gegen Fabrikstädte und U-Boot-Basen in Deutschland und im Westen. Seit dem Sommer 1942 führten auch amerikanische Flugzeuge Luftangriffe durch und gingen seit 1943 zu Tagesangriffen über.

Nachdem zuerst die westdeutschen Städte und das Ruhrgebiet Opfer dieser Angriffe waren, dehnte sich ihr Bereich immer weiter nach Osten aus. Ziel dieser Angriffe waren Industrieanlagen, aber auch Wohnviertel, da die Gegner der Auffassung sind, auf diese Weise die Bevölkerung mürbe zu machen, was sich aber als tragischer Irrtum erwies.

29. März 1942:	Erster Großangriff auf Lübeck
30./31. Mai 1942:	Erster Großangriff auf Köln
24. Juli – 3. August 1943:	Großangriffe auf Hamburg
Seit dem 18./19. Nov. 1943:	Beginn der Großangriffe auf Berlin

Die Luftangriffe richteten sich systematisch gegen alle deutschen Großstädte und von den Mittelstädten blieben nur wenige ganz verschont.

Durch die deutsche Abwehr erlitten die alliierten Bomber 1941 etwa 4% Verluste, die Rate sank aber bis 1944 auf 2,2%.

1945 wurde durch alliierte Luftangriffe das Verkehrsnetz im Deutschen Reich nahezu funktionsunfähig. Einen der letzten schweren Luftangriffe flog die Royal Air Force am 13./14. Februar 1945 gegen das mit Flüchtlingen voll gestopfte Dresden, wobei schätzungsweise 60.000 Menschen zu Tode kamen. Militärische Ziele wurden in Dresden nicht bombardiert.

Das Kriegsjahr 1944

Die sich anbahnende Wende machte das Jahr 1944 an allen Fronten sichtbar und vervielfältigte für das Reichsgebiet die Schrecken des alliierten Luftkrieges.

Mit einem Stoß gegen die karelische Front begann die Rote Armee 1944 ihre Sommeroffensive und drückte diese Front Ende Juni 1944 zurück. Dieser Rückschlag führte in Finnland zu einer politischen Umbildung, und nach einem Finnland gewährten Sonderwaffenstillstand durch die UdSSR am 19. September 1944 zogen sich die in Nordfinnland stehenden deutschen Verbände nach Nordnorwegen zurück.

Mit der am 22. Juni 1944 beginnenden Hauptoffensive wurde die Heeresgruppe Mitte vernichtet und es gelang der Roten Armee der Vorstoß bis zur Düna, wodurch die Heeresgruppe Nord in Gefahr kam, eingeschlossen zu werden. Es gelang ihr jedoch, südlich von Riga einen Schlauch offen zu halten und sich nach Kurland abzusetzen. Am 16. Juli 1944 durchbrach die Rote Armee auch die Heeresgruppe Süd und stieß bis zur mittleren Weichsel vor. Den am 1. August 1944 beginnenden Aufstand der polnischen Untergrundbewegung gegen die deutschen Besatzer unterstützte die am jenseitigen Weichselufer stehende Sowjetarmee nicht, so dass die Aufständischen am 2. Oktober zur Kapitulation gezwungen wurden.

Im Südosten erreichte die Rote Armee im August Rumänien, dessen Diktator Antonescu am 23. August 1944 gestürzt wurde. Nach einem Sonderwaffenstillstand drang die Rote Armee durch die Walachei gegen Ungarn vor, das am 28. Oktober 1944 ebenfalls einen Waffenstillstand unterzeichnet. Die Verbände der Heeresgruppe Südost konnten sich nach der Räumung Kretas und des griechischen Festlandes trotz sowjetrussischer und bulgarischer Angriffe und Kämpfen mit Titos Partisanen nach dem Verlust Belgrads am 15. Oktober 1944 hinter Drau und Save zurückziehen. Damit war die Rote Armee zu Ende des Jahres 1944 in die Baltischen Staaten und tief nach Polen vorgedrungen, sie bedrohte Budapest und beherrschte den Balkan.

Eine Landung der Alliierten am 22. Januar bei Anzio im Rücken der italienischen Front führte jedoch nicht zu ihrer Aufrollung und vom 28. Januar 1944 an tobten schwerste Kämpfe um Monte Cassino, das am 31. Mai 1944 von den deutschen Verteidigern aufgegeben werden musste, die sich auf die inzwischen vorbereitete Apenninenstellung zur Verteidigung zurückziehen mussten. Am 4. Juni 1944 besetzten die Alliierten kampflos Rom, am 12. August 1944 wurde Florenz und am 5. Dezember 1944 Ravenna aufgegeben. Ende 1944 hatten sich die deutschen Heeresverbände bis zum Fuß der Alpen zurückgezogen.

Mit der Operation „Overlord" begann um 6.30 Uhr am 6. Juni 1944 auf der Halbinsel Cotentin in der Normandie der „D-Day", die Landung der Alliierten im Westen. Nach schweren Kämpfen vermochten die Amerikaner am 31. Juli 1944 bei Avranches durchzubrechen. Am 25. August 1944 zogen die Amerikaner und freifranzösische Truppen unter General de Gaulle in Paris ein.

Am 15. August 1944 waren von Neapel aus alliierte Truppen auch an der Riviera gelandet und den in Südfrankreich stehenden deutschen Divisionen gelang der Rückmarsch auf die Vogesen. Notdürftig wurde im September 1944 mit dem Rest des Westheeres und Formationen aus dem Hinterland der Westwall besetzt. Da die Gegner keinen Durchbruch an einer Schwachstelle versuchten, sondern den Westwall in breiter Front angriffen, gewann das deutsche Heer Zeit, um sich zu reorganisieren und den Widerstand zu verstärken, so dass die Alliierten nur Teilerfolge erzielen konnten. Die Amerikaner nahmen am 21. Oktober 1944 Aachen, blieben aber an der Rur hängen, besetzten am 22. November 1944 Metz und hielten an der Saar. Mit der am 16. Dezember 1944 begonnenen Ardennenoffensive, für die Hitler als Ziel die Einnahme Antwerpens befohlen hatte, erreichten deutsche Truppen noch einmal einen Teilerfolg. Aufgrund von Materialmängeln und vor allem der alliierten Luftüberlegenheit war der deutsche Angriff jedoch zum Scheitern verurteilt. Im Februar 1945 konnten die Alliierten ihre Offensive wieder aufnehmen.

Einzeldaten

8. April 1944:	Beginn sowjetischer Angriffe auf die seit dem 1. November 1943 auf der Krim abgeschnittene 17. Armee
9. Mai 1944:	Nach dem Einbruch sowjetischer Verbände in die Festung Sewastopol sieht sich Hitler gezwungen, die Festung aufzugeben. Dabei gelingt es nur, einen Teil der deutschen und rumänischen Verteidiger über See zu evakuieren.
9. Juni 1944:	Beginn der sowjetischen Offensive gegen die finnische Front auf der karelischen Landenge.
22. Juni 1944:	Beginn der sowjetischen Hauptoffensive gegen die Heeresgruppe Mitte zwischen den Pripjetsümpfen und der Düna, deren Hauptteil durch zwei sich zusammenschließende Angriffsspitzen eingekesselt, aufgespaltet und zur Waffenstreckung gezwungen wird. Durch das entstandene Loch der deutschen Front dringt jetzt die Rote Armee schnell nach Westen vor.
1. August 1944:	Einnahme von Kowno durch die Rote Armee; ein Vorstoß nach Riga misslingt, die Stadt wird bis zum 13. Oktober 1944 gehalten. Die Heeresgruppe Nord konnte sich nach Kurland zurückziehen.

13. Juli 1944:	Beginn der sowjetischen Offensive gegen die Heeresgruppe Süd in Südpolen und Galizien.
27. Juli 1944:	Einnahme von Lemberg durch die Russen
28. Juli 1944:	Einnahme von Brest-Litowsk. Die Rote Armee erreicht den San und die Weichsel.
6. Juni 1944:	Um 6.30 Uhr Beginn der Operation „Overlord", d. h. der Landung der Alliierten in der Normandie. Die Briten landen an der Ornemündung und die Amerikaner auf der Halbinsel Cotentin.
31. Juli 1944:	Durchbruch der Amerikaner bei Avranches
10. August 1944:	Vorrücken der Amerikaner nach Nantes und zur Loire
16. August 1944:	Durchbruch der Engländer von Caen nach Falaise
20. August 1944:	Die Amerikaner erreichen die Seine beiderseits Paris.
25. August 1944:	Einzug des Generals de Gaulle in Paris
15. August 1944:	Operation „Dragoon", Landung der Alliierten von Neapel ausgehend an der Riviera
23. August 1944:	Einnahme von Grenoble
28. August 1944:	Einnahme von Toulon und Marseille
	Rückzug der zur Heeresgruppe C zusammengefassten deutschen Kräfte auf die Vogesen, die die Mosel beiderseits Metz halten können.
30. August 1944:	Überschreiten der Seine durch die Alliierten und Durchstoßen der deutschen Front durch die Briten
3. September 1944:	Einnahme von Brüssel
4. September 1944	Einnahme von Antwerpen
6. September 1944:	Einnahme von Lüttich
21. Oktober 1944:	Nach schweren Kämpfen wird Aachen von den Amerikanern erobert, doch wird die deutsche Front noch an der Rur gehalten.
22. November 1944:	Einnahme von Metz
23. November 1944:	Einnahme von Straßburg. Die deutschen Truppen werden auf die Saar und von den Vogesen auf den Rhein zurückgedrängt.
16. Dezember 1944:	Um 5.30 Uhr Beginn der deutschen Ardennenoffensive mit dem Ziel der Eroberung Antwerpens. Nach Erringen kleinerer Anfangserfolge bleibt der deutsche Angriff jedoch noch vor Erreichen des Maasbogens am 22. Dezember 1944 nach 60 km von den Ausgangsstellungen bei La Roche stecken.
31. Dezember 1944:	Beginn eines deutschen Stoßes gegen die Nordfront des Elsass, der nach Anfangserfolgen ebenfalls stecken bleibt.
12. Januar 1945:	Abzug der 6. SS-Panzerarmee von der Westfront nach Ungarn zur Rückeroberung des von der Roten Armee eingeschlossenen Budapest und zum Schutz der ungarischen Erdölfelder. Damit muss die Ardennenoffensive abgebrochen werden. Die letzten deutschen Reserven waren verbraucht.

Das Kriegsjahr 1945

Am 12. Januar 1945 begannen die Sowjetrussen auf Drängen der noch im Westen in schwere Kämpfe verwickelten Alliierten südlich von Warschau bei Baranow, wo sie bereits den Übergang über die Weichsel erzwungen hatten, mit einer neuen Offensive und drangen dabei Ende Januar 1945 in das oberschlesische Industriegebiet vor. Dieser Vorstoß der Roten Armee kam erst an der Oder zum Stehen. Gleichzeitig ging Ostpreußen verloren. Die Rote Armee trennte durch einen Stoß nach Pommern hinein die noch bei Danzig kämpfenden Verbände ab. Danzig ging am 30. März 1945 verloren, Königsberg musste am 9. April 1945 kapitulieren. Thorn, Posen, Graudenz und andere Städte, die als „Festungen" verteidigt wurden, konnten bis zum 5. März 1945 den feindlichen Ansturm nur verlangsamen, aber nicht aufhalten.

Die deutsche Zivilbevölkerung versuchte nun nach Westen zu fliehen. So entstand eine regelrechte Völkerwanderung ungeahnten Ausmaßes, die nur z. T. ihr Ziel erreichte. Frost, aber auch Angriffe der Roten Armee erschwerten die Flucht, es herrschten grauenhafte Zustände.

In Ungarn konnte sich die Front nach der endgültigen Eroberung von Budapest durch die Rote Armee am 13. Februar 1945 noch einmal am österreichischen Bergmassiv zusammenfügen. Am 24. März begann beiderseits der Donau ein neuer sowjetischer Angriff mit der Stoßrichtung auf Wien, das am 13. April 1945 nach schweren Kämpfen verloren ging.

Inzwischen war auch Niederschlesien verloren gegangen, wo sich das seit Ende März eingeschlossene Breslau noch bis zum 6. Mai 1945 verteidigte.

Am 16. April 1945 trat die Rote Armee nördlich von Küstrin und südlich von Frankfurt an der Oder zum Großangriff auf Berlin an. Am 20. April 1945 erreichten die zwei Zangen ihrer Angriffsbewegungen das Vorgelände von Berlin. Die Reichshauptstadt wurde am 25. April 1945 von der Roten Armee eingeschlossen. Trotz verzweifelter Abwehr, in die „Volkssturm" und „Hitlerjugend" hineingeworfen wurden, musste Berlin am 2. Mai 1945 kapitulieren. Am 29. April 1945 hatte Hitler den Großadmiral Dönitz zu seinem Nachfolger bestimmt und am 30. April 1945 um 15.30 Uhr Selbstmord begangen.

Am 8. Februar 1945 begann eine britische Offensive südöstlich von Nimwegen im Reichswald. Die Briten erreichten am 27. Februar 1945 bei Kalkar den Rhein. Nachdem die Amerikaner am 23. Februar 1945 an der Rur zum Großangriff angetreten waren, erreichten sie am 7. März 1945 Köln und nahmen die nur leicht beschädigte Brücke von Remagen in einem Handstreich. Sie bildeten dort einen Brückenkopf, den sie bis zum 22. März 1945 auf 50 km erweitern konnten.

Am 24. März 1945 überschritten die Briten den Rhein und rollten Nordwestdeutschland auf.

Die Amerikaner stießen beiderseits des Ruhrgebiets vor und schlossen die Heeresgruppe B im „Ruhrkessel" ein, die sich am 18. April 1945 ergeben musste.

Das durch die ins Emsland vordringenden Briten abgeschlossene und als „Festung" verteidigte, von den Deutschen noch besetzte Holland hielt sich noch bis zur Kapitulation am 5. Mai 1945.

Seit dem 24. März 1945 waren die Amerikaner und die 1. Französische Armee bis zum Rhein vorgestoßen und überschritten den Strom.

Am 22. April 1945 besetzten französische Truppen Stuttgart und kurz darauf auch die Bischofsstadt Freiburg im Breisgau.

Amerikanische Truppen drangen nach Mittel-, Süddeutschland und in die Tschechoslowakei vor. Sie erreichten am 29. März 1945 Frankfurt am Main, am 19. April 1945 Magdeburg, am 20. April 1945 Nürnberg und am 30. April 1945 München. Am 25. April trafen sich Verbände der US-Army und der Roten Armee bei Torgau an der Elbe. Von Italien aus waren britische Verbände nach Kärnten und in die Steiermark vorgedrungen, während die Amerikaner nach Oberösterreich nördlich der Donau bis zur Linie Linz – Budweis – Karlsbad vormarschiert waren. Aufgrund von Abmachungen mit dem sowjetischen Generalstab hielt General Eisenhower seine Truppen an der Mulde an, dagegen stießen die Engländer noch bis zum 2. Mai 1945 über Lauenburg bis nach Mecklenburg vor.

Großadmiral Dönitz, der nach Hitlers Tod seit dem 30. April 1945 die Staatsführung und den Oberbefehl über die Wehrmacht übernommen hatte, leitete von seinem Hauptquartier in Flensburg-Mürwik sofort Kapitulationsverhandlungen ein. Am 4. Mai 1945 wurde bei Lüneburg die Kapitulation der deutschen Kräfte an der britischen Front, in den Niederlanden und in Dänemark unterzeichnet, die am 5. Mai 1945 um 8.00 Uhr in Kraft trat. Am 7. Mai 1945 wurde in Reims um 2.41 Uhr die Gesamtkapitulation der deutschen Wehrmacht unterzeichnet, eine Zeremonie, die am 9. Mai 1945 um 16.00 Uhr in Karlshorst bei Berlin, im Hauptquartier der Roten Armee, wiederholt wurde. Diese „bedingungslose Kapitulation“ trat am 9. Mai 1945 um 1.00 Uhr in Kraft. Bis zu diesem Zeitpunkt kämpften noch abgetrennte Teile der Wehrmacht in Kurland, an der Weichselmündung und auf dem Westteil der Frischen Nehrung. Es hatten sich bis dahin noch gehalten die Verbände in Norwegen, in den Niederlanden und in den Stützpunkten am Kanal und der Atlantikküste sowie die Besatzungen einiger Inseln in der Ägäis.

ANHANG IV

Dokument 1

DstHdh: Abschrift eines Schreibens des Reichsministers für die kirchlichen Angelegenheiten, vom 27. Oktober 1939 vom Ordinariat des Erzbistums München und Freising vom 6. November 1939

Gen. Vic. Nr. 11346 München, den 6. November 1939
Das Ordinariat des Erzbistums
München und Freising

Abschrift

Der Reichsminister Berlin, den 27. Oktober 1939
für die kirchlichen Angelegenheiten
I 24190/39 II

1.) An
die Evangelischen Landeskirchen
2.) An
die Herren Erzbischöfe und Bischöfe

Betrifft: Sammlung von Feldpostanschriften und Versendung religiösen Schrifttums durch Pfarrämter und andere kirchliche Stellen.

----

1. Im Einvernehmen mit dem Oberkommando der Wehrmacht weise ich darauf hin, dass die Sammlung von Feldpostanschriften zum Zwecke der Versendung religiösen Schrifttums aus Abwehrgründen unter allen Umständen unterbleiben muss.

2. Im übrigen muss ich von allen Kirchenbehörden und sonstigen kirchlichen Stellen erwarten, dass sie nur solches religiöses Schrifttum versenden oder durch ihre örtlichen kirchlichen Stellen versenden lassen, das gemäss der zwischen dem Oberkommando der Wehrmacht einerseits und dem Evangelischen Pressverband, Berlin-Steglitz, Baymestr, 8, bezw. der Katholischen Kriegshilfsstelle, Abteilung Schrifttum, Berlin C 2, Oranienburgerstr. 12, andererseits getroffenen Regelung geprüft und für geeignet befunden ist. Es genügt nicht, dass die Listen des so geprüften Schrifttums den Pfarrämtern nur als „Anregung“ übersandt werden (vgl. Ges. Bl. D. Dt. Ev. Kirche 1939 S. 114). Die Geistlichen und anderen nachgeordneten kirchlichen Stellen müssen verpflichtet werden, nur dieses vorgeprüfte Schrifttum an die Soldaten zu versenden. Religiöse Schriften, die von den Pfarrämtern oder anderen kirchlichen Stellen für geeignet zur Versendung an Soldaten gehalten werden, aber noch nicht auf der Liste stehen, sind baldmöglichst zur Veranlassung des Prüfungsverfahrens und nachfolgender Aufnahme in die Liste den obergenann-

ten Stellen (Evangelischer Pressverband bezw. Katholische Kriegshilfsstelle) einzureichen.

Gez. Kerrl

Dieses Dokument enthält ein Verbot des Erstellens und der Versendung von Sammelbriefen an katholische Wehrmachtsoldaten. Alle hier in der Dokumentation veröffentlichten Rundbriefe waren demnach illegale Maßnahmen, die mit z. T. schwerwiegenden Sanktionen belegt waren, so dass eine solche Tätigkeit von Priestern und Laien bereits zu ersten Aktivitäten eines Widerstandes gegen das NS-Regime zuzuordnen waren. Im Ersten Weltkrieg (1914–1918) wurden Personen, die auf diese Weise die an der Front stehenden Soldaten betreuten, ausgezeichnet.

Dokument 2

SKTS: Böhner:

Abschrift

Informationsdienst

Herausgegeben von der Reichjugendführung
Berlin NW 40, Kronprinzenstr. 10

Verantwortlich:
Vertraulich!
Die Informationen sind für den
Innendienst bestimmt.

Berlin, den 28. Oktober 1936

Bericht über die Lage der katholischen Jugendverbände unter besonderer Berücksichtigung der materiellen Vorteile.

Um die katholischen Verbände wirksam bekämpfen zu können, ist es notwendig, daß wir uns über die Art des Kampfes und die einzuschlagende Taktik klar werden.

Feststehen muß jedoch von vorneherein, daß unbedingt der HJ die gleichen wirtschaftlichen und finanziellen Mittel zur Verfügung stehen wie ihren Gegnern! Sonst ist der Kampf aussichtslos. Es gibt nun zwei Möglichkeiten, eine feindliche Bewegung zu vernichten.

Die eine Methode ist die, die gegnerischen Gemeinschaften aufzulösen zu verbieten. (natürlich nicht halb, sondern vollständig), ihren Führern die Agitation unmöglich zu machen, im Widersetzungsfalle mit den brutalsten Mitteln einzuschreiten, um so den Gegner zu vernichten und auszurotten. Diese Bekämpfungsart ist heute unmöglich. Die andere Methode (und sie allein ist erfolgversprechend) fußt auf einer planvollen und systematischen Bekämpfung, die allerdings nur Erfolg haben kann, wenn die hier vorgeschlagenen Aktionen gleichzeitig und bis zum Ende geführt werden.

1. Alle Gegner (hauptsächlich natürlich die konfessionellen Verbände) sind listenmäßig zu erfassen und zwar gebietsweise. Die organisierte Durchführung dieser Aktion ist in meinem an Bannführer Kley gesandten Rundschreiben festgelegt. Diese Maßnahme hat folgende Gründe:
   a) Bei einer späteren endgültigen Auflösung der Verbände wissen wir, wer und wo überhaupt aufzulösen ist, während eine solche Auflösung heute, ohne genaue Kenntnis der Gegner, umsonst wäre.
   b) Wir haben bei späteren Übertritten die Gewähr, daß alle später einzusetzenden Führer auf ihre Vergangenheit in der Gegnerliste geführt werden können. Es muß auf jeden Fall vermieden werden, daß ehemalige Mitglieder der K. A. bei uns Füh-

rerstellen erlangen.

c) Es muß durchgesetzt werden, daß nur noch in Zukunft der in eine führende Stellung des Staates, der Bewegung, des Heeres oder sonst einer staatspolitischen wichtigen Institution kommt, der Mitglied der HJ war.
Darüber hinaus sind nicht nur alle Anwärter und derartige Posten, sondern auch alle Bewerber für den Beamten- und Anstellungsstand in Staats- und Kommunalbehörden abzulehnen, wenn die jeweilig um Auskunft zu fragende HJ an Hand ihrer Listen eine frühere Gegnerschaft feststellt. Diese Maßnahme schützt den Staat zukünftig vor unsicheren Elementen, die ruhig auch der breiten Masse bekannt gegeben werden müßten.
d) Wir könnten uns gleichzeitig vor einer derartigen Aktion eine Aktivierung des Geistes unserer Einheiten versprechen, da die Anlage einer Gegnerpartei oder einer „schwarzen Liste" bekanntlich immer zieht. Wie bereits oben betont, kann diese Aktion auch der Oeffentlichkeit bekannt werden, wodurch doch eine Einschüchterung des Gegners erreicht wird.

2. Der katholischen Jugend (als dem Hauptgegner) ist in Zukunft öffentlich keine Beachtung mehr zu schenken, sie muß vollkommen links liegengelassen werden und höchstens noch lächerlich gemacht werden. Die Taktik des Totschweigens ist hier durchaus am Platz.
Unser geräuschvoller Angriff war für die K. A. ja nur Propaganda. Unsere Haltung den konfessionellen Verbänden gegenüber darf nur noch ein souveränes Mitglied spiegeln. Unser Standpunkt: Ihr seid ja viel zu dumm und armselig! Die katholischen Jugendverbände kommen sich nämlich in der „Verfolgung", der „tyrannischen Unterdrückung" als „verbotene Organisation" äußerst interessant vor. Sie kommen in Kellern und Höhlen zusammen, mit Wachen vor der Türe, ganz wie in der Verbotszeit, sie verabreden für die Nachkommenden geheime Klopfzeichen, erfinden einen Geheimgruß, ein geheimes Abzeichen usw. Wir wollen auch hier die psychologische Wirkung auf die immer romantisch veranlagte Jugend nicht verkennen.
Zum anderen widerspricht diese Haltung auch dem politischen Grundsatz: <u>Man kämpft nie gegen etwas Negatives, sondern für etwas Positives".</u> Indem man das positive Ziel erreicht, schlägt man das negative sowieso. Der Angelpunkt unseres Kampfes darf sich deshalb heute nicht in der Frontstellung gegen die negative katholische Jugend verlieren sondern muß sich um Herausstellung unserer Ziele (Sozialismus, Programm, Ausschaltung des Berechtigungswesens) drehen. Die <u>Guten</u> kämpfen dann mit uns, auf die Schlechten wollen wir dann verzichten.

3. Zuletzt aber darf nicht vergessen werden, daß von der in 2000 Jahren erprobten systematischen Methodik der katholischen Kirche zu lernen ist. Denn man schlägt jeden Gegner am besten mit seinen eigenen Waffen. Zunächst müßten unsere Führer sich die seelenkundlichen und diplomatischen Fähigkeiten aneignen, die beispielsweise den Jesuiten eigen sind. Natürlich nur die höhere Führerschaft, die großteils leider heute noch der katholischen Geistlichkeit unterlegen scheint. Es taucht hier die Frage auf, ob nicht zwei verschiedene Schulungswege zu schaffen sind, einmal für die Führer, dann für die Gefolgschaft. Während die Führer hochpolitisch, psychologisch und umfassend zu schulen sind, müßte der Masse doktrinär und dogmatisch der Nationalsozialismus in <u>primitivster Form</u> eingeimpft werden. Dazu ist notwendig, dass unsere

Schulung für die Masse wenigstens ein über das andere Mal in kultisch religiöser Form vor sich geht. Ein bestimmter Ritus, der Heimabend und Heimschließung mit Gedanken der Toten (Märtyrer) der Bewegung, der Millionen Volksgenossen im Ausland, einer regelmäßigen Lesung aus „Mein Kampf“ als Bibel der Bewegung und aus dem Programm als unserem neuen Testament (oder unseren 10 Geboten) unter Absingung unserer neuen getragenen Lieder, dem Heil auf den Führer, dem Ein- und Abmarsch einiger Fahnen und all das regelmäßig und immer in gleicher Form, aber verschiedenen Inhalts, ist notwendig.
Die Bewegung hat bereits in den Versammlungen der Kampfzeit mit der Eröffnung, dem Fahneneinmarsch, dem dreifachen Heil und dem Horst Wessel-Lied die Ansätze eines solchen Ritus entwickelt. Ob es nicht richtig wäre, auf diesem Weg fortzufahren? Auch der Gottesdienst der Konfessionen ist in der Form ja stets gleich, nur das Thema wechselt. Man sage nicht, daß diese starre Form ja gerade den Tod der Kirche herbeiführe.

1. Man gehe in eine Kirche. 80% der Besucher sind unter 25 Jahren und von diesen 80% sind 2/3 Männer, also keineswegs alte Weiber. Selbst wenn die Kirche stürbe, läge dies keineswegs an ihrer Form, die sich ja 2000 Jahre bewährt hat, sondern an dem Inhalt, der heute überlebt ist. Nicht der Ritus drängt die Leute aus der Kirche, im Gegenteil, ihm verdanken die Konfessionen, daß sie überhaupt noch bestehen. Nein, der Stoff, der im Ritus behandelt wird, interessiert nicht mehr, ist als unwahr und erlogen erwiesen, von der Wissenschaft überholt und wird deshalb vom Volke abgelehnt.
   Wie stabil müßte ein System stehen, das dieselben psychologisch-richtigen und erfolgreichen Methoden auf die wahrhaftigste, neuzeitlichste und wissenschaftlichste Weltanschauung anwendet.

2. Für die breite Masse sind nun einmal Dogmen und Formen notwendig, an die sich auch der einfachste Mann klammern kann. Nicht nur, daß das nun heute einmal durch jahrhundertelange Gewohnheit Gesetz geworden ist und man die einen Dogmen dem Volke nur nehmen kann, wenn man ihm andere gibt. Es kommt dazu, daß eine bestimmte Schicht von jeder, auch der klarsten Weltanschauung nur die Oberfläche versteht und deshalb den Inhalt in kürzesten und primitivsten Formeln vorgesetzt werden muß.
   Wenn also 1. die katholische Aktion statistisch erfaßt und jedem ihrer Anhänger das Vorwärtskommen im staatlichen, kommunalen oder politischen Leben unmöglich gemacht wird, wenn 2. die konfessionellen Verbände als etwas Lächerliches, gar nicht ernst zu Nehmendes hingestellt werden und wenn endlich in planmäßiger Schulung die Kirche einmal nüchtern, rein historisch mit ihren menschlichen Schwächen und Stärken, ihren Krisen, Führerzwistigkeiten und Kämpfen hingestellt wird und jeder erkennt, daß es sich hier um ein Menschenwerk und keine von Gott selbst geschaffene Institution handelt, dann ist der Anfang vom Ende der katholischen Kirche erreicht. Wir aber müssen unsere Ideale und Ziele klar herausstellen und erkennen lassen, dass sie allein die Triebfedern unseres Handelns sind.

   (Über die praktische Durchführung oben genannter Vorschläge könnten wir noch weitere Einzelheiten angeben.)

Maschinenschriftliche Abschrift eines vier Seiten umfassenden Rundschreibens der HJ-Reichsjugendführung vom 28. Oktober 1936.
Darin wird unzweideutig zum Ausdruck gebracht, dass die Katholische Kirche und vor allem die Katholischen Jugendorganisationen bis zu ihrer Vernichtung zu bekämpfen sind.

Dokument 3

SKTS: Brief des NDers Willi Strunck an seinen Bundesbruder Leo Custodis

13. Juli 1940
Köln, den 12. Juli 1940

Lieber Leo!

Seit gut 14 Tagen warte ich nun schon auf eine Antwort und einen Vorschlag von Dir. Scheinbar hast Du sehr wenig Zeit. Da aber eine grosse Sache immer schnell in Angriff genommen werden muss, werde ich Dir nun keine Ruhe mehr lassen. Die Sache ist nun soweit gediehen, dass wir heute noch an unsere erste Zusammenstellung gehen können. Die „Briefe der Kameraden“ werden zwar fürs erste Mal sehr dünn sein, aber wir müssen endlich anfangen, wenn die Sache nicht wiedereinschlafen soll. Hans Bolder und Franz Fein haben mir schon ihre Mitarbeit zugesichert, von den anderen habe ich noch keine Nachricht. Ich lege aber vor allem auf Deine Mitarbeit Wert. Wir wollen so vorgehen, dass wir aus den einzelnen Briefen das Wesentliche, das über das Leben und Tun der Brüder Aufschluss geben kann, herausschreiben und dann vervielfältigen und jedem einzelnen Kameraden zuschicken. Ich erwarte also ab heute regelmässig von Dir Vorschläge.

Gez. In Treue! Dein Willi

In diesem Brief regt Willi Strunck bei seinem Bundesbruder Leo Custodis an, dass dieser als Ingenieur bei den Messerschmittwerken (Bayerische Flugzeugwerke) als UK-Gestellter („unabkömmlich“) in der Heimat am besten die Rundbriefaktion durchführen könne, was Leo Custodis dann bis zum Eingreifen der Gestapo auch getan hatte.

Dokument 4

SKTS: Bericht von Leo Custodis an die Bundesbrüder des ND aus den 80er Jahren

Das Ende der „Briefe der Kameraden“

Am Vormittag des 8. Januar saß ich bei meiner alltäglichen Berufsarbeit im Konstruktionsbüro der Messerschmitt-Flugzeugwerke, als mir telefonisch vom Pförtner Besuch angekündigt wurde. Ich ging nichtsahnend hinunter und da wurde mir ein Ausweis vor die Nase gehalten: STAATSPOLIZEI ! „Wir müssen Ihre Wohnung durchsuchen!“ – Staatspolizei, besser bekannt als „Gestapo“, kein angenehmer Besuch. Und was Wohnungsdurchsuchung bezw. Hausdurchsuchung bedeutete, das wusste man damals nur zu allzu gut: Man suchte nach „staatsfeindlichen“ Schriften und Belastungsmaterial über „staatsfeindliche“ Betätigung. –

Mit einem Personenauto – das war im 4. Kriegsjahr schon etwas besonderes – ging es zu meiner Wohnung. Ich hatte zwar nur ein möbliertes Zimmer, aber das wurde nach allen Regeln der Kunst auf den Kopf gestellt. Ich musste alle verschlossenen Schubladen und Schränke öffnen, alle Bücher wurden durchblättert, und alles Schriftliche, Briefe, Notizen, sogar mehrere abgezogene Blätter von Ausarbeitungen aus dem Religionsunterricht meines letzten Schuljahres 1935/36 wurden als staatsfeindlich beschlagnahmt. Und dann auch noch meine Schreibmaschine. Als ich hierfür eine Empfangsbescheinigung verlangte, anderenfalls würde ich sie nicht herausgeben, wurde sie mir von einem der beiden Männer, Typ Schwerathlet und Boxer, abgenommen mit der Bemerkung, dass er mich sonst selbst mitnehmen müsse.

An drei folgenden Tagen und später nochmals im März und April 1943 wurde ich jeweils mehrere Stunden lang bei der Gestapo zu jedem Stück des beschlagnahmten Schriftmaterials verhört.

Jetzt erfuhr ich auch, was man mir vorwarf: Illegale Fortführung eines staatspolizeilich verbotenen Vereins, nämlich des „Neudeutschlandbundes“. Dabei wurde der Name Josef Trost genannt, der in Dortmund den „staatsfeindlichen Bund Neudeutschland“ weitergeführt haben soll und als „Hauptbeschuldigter“ in dieser Angelegenheit galt.

Und gerade in diesem Punkt war ich eigentlich bereits einige Monate vorher vorgewarnt worden. Meine Mutter hatte mir nämlich im Herbst 1942 von einem merkwürdigen Besuch geschrieben. Er hatte sich nicht vorgestellt und wollte mich sprechen. Als meine Mutter erklärte, dass ich nicht mehr in Köln wohne, hätte er geantwortet: „Ach ja, in Augsburg, Kaiserstrasse 53“. Also wusste der Besucher ganz genau meine Adresse. Bei der Verabschiedung hatte er noch so nebenbei bemerkt, es handle sich um den Bund „Neudeutschland“, und sagte dann noch: „Bestellen Sie ihrem Sohn Grüße von Josef Trost!“ –

Da mir ein Josef Trost ganz unbekannt war, erkundigte ich mich brieflich bei Willi Strunck nach ihm. Willi hat mir darauf geantwortet, ich weiß heute nicht mehr was, ich hatte mir jedoch irgendwo notiert, dass ich von Willi einen beruhigenden Bescheid erhalten habe.

Mir kam jedoch diese ganze Sache nicht geheuer vor. Deshalb brachte ich nach dem Erhalt des Briefes meiner Mutter meine ganze bisherige Korrespondenz und die Adressenlisten außerhalb meines Zimmers in Sicherheit. Da jedoch wochenlang nichts passierte, sammelte sich wieder ein ganzer Packen Briefe an, der dann in die Hände der Gestapo fiel.

Obwohl mir unter Androhung der Verhaftung strengstes Stillschweigen über diese Aktion befohlen worden war, unterrichtete ich zwei Mitarbeiter im Messerschmitt-Werk, ehemalige Sturmschärler aus Essen, über diesen Vorfall. Und da bei der Durchsuchung der Gestapo verschiedene Briefe in die Hände gefallen waren mit meiner Meinung nach recht brisanten Namen wie Angenendt (damals Stadtjugendseelsorger und Kaplan an „St. Maria im Kapitol" zu Köln), Schnippenkötter (der Vater war ein von den Nazis strafversetzter und zum Studienrat degradierter ehemaliger Studiendirektor – ein von uns sehr geschätzter Lehrer am Kölner Apostelngymnasium), Schwering (der Vater war Leo Schwering, vormals Zentrums-Abgeordneter im preußischen Landtag, nach dem Kriege Mitbegründer der CDU) und noch andere, bat ich einen der oben erwähnten Kollegen, am folgenden Wochenende (9./10. Januar) nach Köln zu fahren, um meine Eltern und verschiedene Betroffene zu warnen. Denn es war zu befürchten, dass bei den gefundenen Adressen weitere Haussuchungen stattfinden würden, und es musste verhindert werden, dass weitere Personen in diese Angelegenheit verwickelt wurden.

Da ich nun auch befürchten musste, dass meine weitere Korrespondenz überwacht wurde, und, da ich andererseits durch diesen Vorfall eine starke Abneigung gegen das Briefeschreiben bekam, beschränkte ich meinen weiteren Briefwechsel auf ein Mindestmaß. Das ging soweit, dass auch meine Eltern manchmal über längere Zeit nichts mehr von mir hörten, so daß sie wiederholt in Sorge waren, dass ich weitere Schwierigkeiten gehabt hätte und eventuell sogar eingebuchtet worden wäre.

Gott sei Dank passierte jedoch nichts weiter, und nach der letzten Vernehmung im Frühjahr 1944 hörte ich, dass die Sache eingestellt worden sei. Die Schreibmaschine bekam ich jedoch nicht zurück, da sie zu staatsfeindlicher Betätigung benutzt worden sei.

Das war leider von meiner Seite das Ende der „Briefe der Kameraden".

Leo Custodis

Auf Drängen seiner Bundesbrüder hat der NDer Leo Custodis hier kurz geschildert, wie die Gestapo seine Rundbriefaktion an die an der Front stehenden Bundesbrüder 1943 gewaltsam vereitelt hatte. Leo Custodis wurde am 5. April 1943 und am 9. März 1944 von der Gestapo in Augsburg zum Verhör vorgeladen.

6. April 1943

Vorladung.

[illegible]

[illegible] 53

wird ~~vorgeladen,~~ ersucht, sich in Sachen Neudeutschlandbund

am [illegible] 6.4. [illegible] 8-9 [illegible]

vorm. / nachm. [illegible]

unter Vorzeigung dieser Zuschrift bei der Staatspolizeistelle Zimmer Nr. 32 (2. Stock) im Gebäude der Polizeidirektion Augsburg am Prinzregentenplatz, Eingang Prinzregentenstraße, einzufinden.

Augsburg, den 5. April 43

Geheime Staatspolizei
Staatspolizeistelle

[illegible]

Vorladung.

[illegible]

wird ersucht, / vorgeladen, sich in Sachen [illegible]

am [illegible]

vorm. / nachm.

unter Vorzeigung dieser Zuschrift bei der Staatspolizeistelle Zimmer Nr. 32 (2. Stock) im Gebäude der Polizeidirektion Augsburg am Prinzregentenplatz, Eingang Prinzregentenstraße, einzufinden.

Augsburg, den 9.3.44

Geheime Staatspolizei
Staatspolizeistelle

[illegible]

KTS: Strunck

Dokument 5

SKTS: Strunck:

Diese „B r i e f e d e r K a m e r a d e n"

berichten über die Kriegsjahre hinweg vom Schicksal und vom Miteinander der letzten Obergruppe der NEUDEUTSCHLAND-Gruppe „St. Aposteln" aus Köln.

Diese ND-Gruppe am Apostelngymnasium zu Köln, die mit dem gesamten Bund am 1. Juli 1939 polizeilich verboten wurde, scherte sich nicht um das Verbot, sondern arbeitete weiter. Erschwerend kam hinzu, dass dieses berüchtigte „Apostelngymnasium", das den NS-Leuten ein Dorn im Auge war, in diesem Jahr aus fadenscheinigen Gründen aufgelöst, die Schüler an drei andere Kölner Gymnasien (Schiller-, Kreuzgasse- und Spiesergasse-Gymnasium) abgegeben wurden und das Lehrerkollegium in alle Winde zerstreut wurde. Nachdem fast alle Mitglieder der Gruppe zur Wehrmacht einberufen waren, übernahm es Leo Custodis, der als Einziger infolge seiner kriegswichtigen Tätigkeit als Ingenieur bei den Messerschmitt-Flugzeugwerken in Augsburg nicht Soldat wurde, die Verbindung zu den Bundesbrüdern auf allen Kriegsschauplätzen Europas herzustellen.

Alle berichteten ihm und er tippte mühsam mit vielen Durchschlägen diese Briefe auszugsweise ab und schickte dann diese bis zu 10 Seiten umfassende Zusammenstellungen als „Briefe der Kameraden" heraus. Dieser Nachrichtendienst funktionierte ab Sommer 1940 ausgezeichnet und Jeder war über Jeden informiert.

Auch das letzte Knappenfähnlein „Langemark" praktizierte 2 Jahre später dasselbe und wieder war Leo Custodis bereit, mitzuhelfen bei diesen „Briefen der Knappen", die leider nur noch mit 2 Ausgaben erhalten sind. Im Januar 1943 schlug allerdings dann die Gestapo zu, stellte das Zimmer von Leo total auf den Kopf und nahm Alles mit, was interessant schien, einschließlich seiner Schreibmaschine.

In dieser folgenden Sammlung finden sich auch Briefe von dem damaligen Kaplan Reinhardt Angenendt, in dessen Kirche „St. Maria im Kapitol" sich an jedem Samstagabend alle in Köln noch vorhandenen Mitglieder der aufgelösten kath. Jugendbünde zur „Deutschen Komplet" trafen. Dies war dann auch der Treffpunkt für die gerade in Urlaub befindlichen Soldaten.

Weiterhin befinden sich in der Sammlung Briefe von Ernst Rausch, dem letzten Mitarbeiter des ND-Pfalzkaplans Pater Karl Thielen SJ, der mit unserer Gruppe besonders verbunden war.

Mit viel Freude habe ich als letzter Gruppenführer „St. Aposteln" diese Briefe zusammengetragen und die Originalsammlung dem ND-Bundesamt in Köln übergeben.

Bergisch Gladbach, Willi Strunck
8. Dezember 1984

In diesem Schreiben vom 8. Dezember 1984 hatte der NDer Willi Strunck seinen Bundesbrüdern auf deren Bitte hin kurz über seine Rundbriefaktion während des Zweiten Weltkrieges berichtet.

HISTORISCHE MITTEILUNGEN - BEIHEFTE

Im Auftrag der Ranke-Gesellschaft, Vereinigung für Geschichte im öffentlichen Leben e.V., herausgegeben von **Jürgen Elvert und Michael Salewski**

---

1. **Robert Bohn / Jürgen Elvert / Hain Rebas / Michael Salewski,** Hrsg.: **Neutralität und totalitäre Aggression.** Nordeuropa und die Großmächte im Zweiten Weltkrieg. 1991. XII, 436 S., kt. ISBN 3-515-05887-7
2. **Jürgen Elvert / Michael Salewski,** Hrsg.: **Staatenbildung in Übersee.** Die Staatenwelt Lateinamerikas und Asiens. 1992. VI, 250 S., kt. 05997-0
3. **Jürgen Elvert / Jürgen Jensen / Michael Salewski,** Hrsg.: **Kiel, die Deutschen und die See.** 1992. 255 S. m. 9 Abb., kt. 06266-1
4. **Jürgen Elvert / Michael Salewski,** Hrsg.: **Umbruch in Osteuropa.** 1993. 203 S., kt. 06299-8
5. **Jens Hohensee und Michael Salewski,** Hrsg.: **Energie – Politik – Geschichte.** Nationale und internationale Energiepolitik seit 1945. 1993. 211 S., kt. 06396-X
6. **Robert Bohn,** Hrsg.: **Deutschland, Europa und der Norden.** Ausgewählte Probleme der nordeuropäischen Geschichte im 19. und 20. Jahrhundert. 1993. VIII, 162 S., kt. 06413-3
7. **Jürgen Elvert / Michael Salewski,** Hrsg.: **Deutschland und der Westen im 19. und 20. Jahrhundert.** Teil 1: Transatlantische Beziehungen. 1993. 352 S., kt. 06427-3
8. **Michael Salewski / Ilona Stölken-Fitschen,** Hrsg.: **Moderne Zeiten.** Technik und Zeitgeist im 19. und 20. Jahrhundert. 1994. 227 S. m. 8 Abbildungen, kt. 06521-0
9. **Jürgen Elvert,** Hrsg.: **Nordirland in Geschichte und Gegenwart / Northern Ireland – Past and Present.** 1994. 573 S., geb. 06102-9
10. **Gabriele Clemens,** Hrsg.: **Kulturpolitik im besetzten Deutschland 1945–1949.** 1994. 264 S. mit 12 Abbildungen, kt. 06324-2
11. **Klaus Schwabe / Francesca Schinzinger,** Hrsg.: **Deutschland und der Westen im 19. und 20. Jahrhundert.** Teil 2. Deutschland und Westeuropa. 1994. 271 S., kt. 06640-3
12. **Michael Salewski / Guntram Schulze-Wegener,** Hrsg.: **Kriegsjahr 1944.** Im Großen und im Kleinen. 1995. 343 S., kt. 06674-8
13. **Heinrich Walle: Die Tragödie des Oberleutnants zur See Oskar Kusch.** 1995. 510 S., geb. 6841-4
14. **Robert Bohn / Jürgen Elvert,** Hrsg.: **Kriegsende im Norden.** 1995. 383 S., kt. 6728-0
15. **Michael Gehler, Rainer F. Schmidt, Harm-Hinrich Brandt** und **Rolf Steininger,** Hrsg.: **Ungleiche Partner?** Österreich und Deutschland in ihrer gegenseitigen Wahrnehmung. Historische Analysen und Vergleiche aus dem 19. und 20. Jahrhundert. 1996. 688 S., geb. 6878-3
16. **Jürgen Elvert** (Hg.)**: Der Balkan.** Eine Europäische Krisenregion in Geschichte und Gegenwart. 1997. 367 S., kt. 7016-8
17. **Jens Hohensee: Der erste Ölpreisschock 1973/74.** Die politischen und gesellschaftlichen Auswirkungen der arabischen Erdölpolitik auf die Bundesrepublik Deutschland und Westeuropa. 1996. 324 S., 13 Tab., kt. 6859-7
18. **Jürgen von Ungern-Sternberg / Wolfgang von Ungern-Sternberg: Der Aufruf „An die Kulturwelt!“.** Das Manifest der 93 und die Anfänge der Kriegspropaganda im Ersten Weltkrieg. 1996. 247 S. m. 13 Abb., kt. 6890-2
19. **Armin Heinen: Saarjahre.** Politik und Wirtschaft im Saarland 1945–1955. 1996. 603 S. m. zahlr. Abb., geb. 6843-0
20. **Arnd Bauerkämper** (Hg.): **„Junkerland in Bauernhand“?** Durchführung, Auswirkungen und Stellenwert der Bodenreform in der Sowjetischen Besatzungszone. 1996. 230 S., kt. 6994-1
21. **Stephan Lippert: Felix Fürst Schwarzenberg**. Eine politische Biographie 1998. 446 S., geb. 6923-2
22. **Martin Kerkhoff: Großbritannien, die Vereinigten Staaten und die Saarfrage 1945 bis 1954.** 1996. 251 S., kt. 7017-6
23. **Hans-Heinrich Nolte** (Hg.): **Europäische Innere Peripherien im 20. Jahrhundert.** 1997. 316 S., kt. 7098-2
24. **Gabriele Clemens: Britische Kulturpolitik in Deutschland (1945–1949).** Literatur, Film, Musik und Theater. 1997. 308 S., kt. 6830-9
25. **Michael Salewski: Die Deutschen und die See.** Studien zur deutschen Marinegeschichte des 19. und 20. Jahrhunderts. Hrsg. von **Jürgen Elvert** und **Stefan Lippert.** 1998. 361 S., geb. 7319-1
26. **Robert Bohn,** Hrsg.: **Die deutsche Herrschaft in den „germanischen“ Ländern 1940–1945.** 1997. 304 s. m. 5 Abb., kt. 7099-0
27. **Heinrich Küppers: Joseph Wirth.** Parlamentarier, Minister und Kanzler der Weimarer Republik. 1997. 356 S., kt. 7012-5
28. **Michael Salewski,** Hrsg.: **Das nukleare Jahrhundert.** 1998. 266 S., kt. 7321-3

29. **Guido Müller**, Hrsg.: **Deutschland und der Westen.** Internationale Beziehungen im 20. Jahrhundert. Festschrift für Klaus Schwabe zum 65. Geburtstag. 1998. 381 S., kt. 7251-9
30. **Imanuel Geiss: Zukunft als Geschichte.** Historisch-politische Analyse und Prognosen zum Untergang des Sowjetkommunismus, 1980–1991. 1998. II, 309 S., kt. 7223-3
31. **Robert Bohn / Jürgen Elvert / Karl Christian Lammers,** Hrsg.: **Deutsch-skandinavische Beziehungen nach 1945.** 2000. 234 S., kt. 7320-5
32. **Daniel Gossel: Briten, Deutsche und Europa.** Die Deutsche Frage in der britischen Außenpolitik 1945–1962. 1999. 259 S., geb. 7159-8
33. **Karl J. Mayer: Zwischen Krise und Krieg.** Frankreich in der Außenwirtschaftspolitik der USA zwischen Weltwirtschaftskrise und Zweitem Weltkrieg. 1999. XVI, 274 S., kt. 7373-6
34. **Brigit Aschmann: „Treue Freunde"?** Westdeutschland und Spanien 1945–1963. 1999. 502 S. m. 3 Tab., geb. 7579-8
35. **Jürgen Elvert: Mitteleuropa!** Deutsche Pläne zur europäischen Neuordnung (1918–1945). 1999. 448 S., geb. 7641-7
36. **Michael Salewski,** Hrsg.: **Was wäre wenn.** Alternativ- und Parallelgeschichte: Brücken zwischen Phantasie und Wirklichkeit. 1999. 171 S., 1 Kte., kt. 7588-7
37. **Michael F. Scholz: Skandinavische Erfahrungen erwünscht?** Nachexil und Remigration. 2000. 416 S., geb. 7651-4
38. **Gunda Stöber: Pressepolitik als Notwendigkeit.** Zum Verhältnis von Staat und Öffentlichkeit im Wilhelminischen Deutschland 1890–1914. 2000. 304 S., kt. 7521-6
39. **Andreas Kloevekorn: Die irische Verfassung von 1937.** 2000. 199 S., kt. 7708-1
40. **Birgit Aschmann/Michael Salewski,** Hg.: **Das Bild „des Anderen".** Politische Wahrnehmung im 19. und 20. Jahrhundert. 2000. 234 S., kt. 7715-4
41. **Winfried Mönch: Entscheidungsschlacht „Invasion" 1944?** Prognosen und Diagnosen. 2001. 276 S., kt. 7884-3
42. **Hans-Heinrich Nolte,** Hrsg.: **Innere Peripherien in Ost und West.** Redaktion: **Klaas Bähre.** 2001. 188 S., kt. 7972-6
43. **Peter Winzen: Das Kaiserreich am Abgrund.** Die Daily-Telegraph-Affäre und das Hale-Interview von 1908. Darstellung und Dokumentation. 2002. 369 S., geb. 8024-4
44. **Fritz Kieffer: Judenverfolgung in Deutschland – eine innere Angelegenheit?** Internationale Reaktionen auf die Flüchtlingsproblematik 1933–1939. 2002. 520 S., geb. 8025-2
45. **Michael Salewski: Die Deutschen und die See.** Studien zur deutschen Marinegeschichte des 19. und 20. Jahrhunderts, Teil II. 2002. 252 S., 4 Abb., geb. 8087-2
46. **Jürgen Elvert, Susanne Krauß**, Hg.: **Historische Debatten und Kontroversen im 19. und 20. Jahrhundert**. Jubiläumstagung der Ranke-Gesellschaft in Essen 2001. 2003. 287 S., geb. 8253-0
47. **Thomas Stamm-Kuhlmann, Jürgen Elvert, Birgit Aschmann, Jens Hohensee**, Hg.: **Geschichtsbilder**. Festschrift für Michael Salewski. 2003. 664 S., geb. 8252-2
48. **Dietmar Herz, Christian Jetzlsperger, Kai Ahlborn**, Hg.: **Der israelisch-palästinensische Konflikt**. Hintergründe, Dimensionen und Perspektiven. 2003. 246 S., geb. 8259-X
49. **Jürgen Elvert, Friederike Krüger,** Hg.: **Deutschland 1949–1989.** Von der Zweistaatlichkeit zur Einheit. 2003. 238 S., kt. 8298-0
50. **Alexa Geisthövel: Eigentümlichkeit und Macht.** Deutscher Nationalismus 1830–1851. Der Fall Schleswig-Holstein. 2003. 256 S., kt. 8090-2
51. **Alexander Sedlmaier: Deutschlandbilder und Deutschlandpolitik**. Studien zur Wilson-Administration (1913–1921). 2003. 386 S. m. 5 Abb., kt. 8124-0
52. **Stefan Manz: Migranten und Internierte**. Deutsche in Glasgow, 1864–1918. 2003. VI, 317 S., kt. 8427-4
53. **Kai F. Hünemörder: Die Frühgeschichte der globalen Umweltkrise und die Formierung der deutschen Umweltpolitik (1950–1973)**. 2004. 387 S., kt. 8188-7
54. **Christian Wipperfürth: Von der Souveränität zur Angst**. Britische Außenpolitik und Sozialökonomie im Zeitalter des Imperialismus. 2004. 473 S., kt. 8517-3
55. **Tammo Luther: Volkstumspolitik des Deutschen Reiches 1933–1938**. Die Auslanddeutschen im Spannungsfeld zwischen Traditionalisten und Nationalsozialisten. 2004. 217 S. m. 5 Abb., kt. 8535-1
56. **Thomas Stamm-Kuhlmann / Reinhard Wolf**, Hgg.: **Raketenrüstung und internationale Sicherheit von 1942 bis heute**. 2004. 222 S. m. 3 Abb., kt. 8282-4
57. **Frank Uekötter / Jens Hohensee, Hrsg.: Wird Kassandra heiser?** Die Geschichte falscher Öko-Alarme. 2004. 168 S. m. 6 Abb., kt. 8484-3
58. **Rainer F. Schmidt, Hrsg.: Deutschland und Europa**. Außenpolitische Grundlinien zwischen Reichsgründung und Erstem Weltkrieg. Festgabe für Harm-Hinrich Brandt zum siebzigsten Geburtstag. 2004. 159 S., kt. 8262-X

59. **Karl-Georg Mix: Deutsche Flüchtlinge in Dänemark 1945–1949**. 2005. 230 S. u. 35 Abb. auf 29 Taf., kt. 8690-0

60. **Karl-Theodor Schleicher / Heinrich Walle**, Hg.: **Aus Feldpostbriefen junger Christen 1939–1945**. Ein Beitrag zur Geschichte der Katholischen Jugend im Felde. 2005. 413 S. m. 55 Abb., geb. 8759-1